考選論衡
——公職生涯四十年回顧

李震洲 著

我所認識的李首席參事

李首席參事震洲兄完成「考選論衡」大作，囑為文幾句。基於公私情誼，均不容推辭。與震洲兄結識甚早，情誼深厚。我所認識的震洲兄在公務生涯中，對考銓業務均竭智盡心、有為有守、瀟灑自在。在70年代初期中的政治環境下，他即有現代化民主自由的理念，對時局有獨特開明的見解評論，令同輩十分驚訝、震撼與敬佩！

震洲兄與考選部淵源甚深，從科員、編纂、科長、副司長、司長、參事、首席參事，一步一腳印，逐級陞遷。期間經歷考選部12任部長，擔任職務雖有不同，卻能受到絕大多數長官重視與肯定；在公務上震洲兄勇於承擔，知所進退，充分展現政策規劃與政策辯護幕僚角色之功能。渠信奉聖經：以「用愛心說誠實話，凡事長進」，了悟生命的真諦！不居功、不高傲，深得長官信賴。震洲兄在作公部長任內，主編考選周刊，其職務從編輯到執行編輯到總編輯。周刊內容多元、充實，深受各界好評。同時奉命領導考選部考選制度研究小組，參考先進國家政策法制，規劃出版考選改革總結報告，對往後十年考選制度之興革，奠定穩固基礎！復次召集規劃出版國家菁英季刊，該刊物為理論與實務兼具的高素質政府公辦刊物，各界均極為重視，亦因此建立其專業地位。或因網路快速發展因素，如今上開刊物雖已停刊，在當時的時空背景下，確實為考選內涵注入新的氣象與宏觀的視野，貢獻良多！震洲兄，謹守行政倫理，有情有義；尤對振公、作公部長，在長官退休後，能經常按時節問候。有道是「忠臣出於孝子之門」！震洲兄對父母敬愛至孝，冬則溫，夏則清，晨昏定省。為感念母親的恩德與教誨，長年懸掛母親的字畫，時時自我策勵；並以行動盡己所能、戮力從公的指導後進，期同仁能發揮所長青出於藍。

本考選論衡，內容精闢題材廣泛，為論述考選行政發展之重要事蹟暨公職業務心得。其中有批判，有政策論辯，也有專業討論；有理性評述，或感性點滴，其心路歷程，可供借鏡者多！在各類文章論述過程中，可探尋其從事考選行政的脈絡與巧妙因緣，以及處理政策議題的寶貴經驗，本書出版可為其四十年公職生涯畫下完美句點。無論在考選專業與為人處事上，對我啟發良多。謹為文數語，敬表感佩，並致上無限的祝福。

考試委員 蔡良文

一位稱職的高階文官

　　大約是1990年左右，我從德國返回台灣擔任教職，有機會到考選部開會而認識震洲兄。於2012年4月我到考試院擔任考試委員以後，和他有了更多的接觸。

　　震洲兄很專業，對於考選部業務有關之法律、政策、現行作法、得失情形、外界的批評，都有精確、深刻、具歷史縱深、掌握政策所及關係者及利害配置情形，乃至對於宏觀面國家的憲政、民主、法治的體制與狀況，都有一套持平的見解；從而加以評估選擇改革的可能選項。震洲兄敬業、溫和、人緣好、具溝通協調能力。

　　本書收錄了震洲兄過去多年來，在人事行政相關刊物上發表探討考選政策制度重要議題的文章，例如分階段考試、典試法修正、律師考試制度的變革、導遊及領隊國家考試的定位與爭議、高普考試科目調整、軍職轉任文職考試之政策檢討、開放應考人榜示後閱覽試卷評估、心理測驗與體能測驗之檢討、航海人員考試權之歸屬、特考與高普考的分立與整合關係、全部免試取得專技人員執業資格評析等，從這些文章內涵顯示出他專業、用心、持續學習與堅韌的個性，稱他是一位稱職的高階文官，值得作為文官的榜樣應該算是公允的說法。

　　公務人員在公務體系總有陞遷與發展。隨著年歲漸長及閱歷，我略知道在政府遷台後的政治發展歷程，大致可分為威權體制（1949-1986）、威權轉型（1987-1995）及民主鞏固（1996迄今）的不同階段，各有複雜的宏觀與微觀面向，加上當中歷經多次的政黨輪替，對常任文官來說都會有所影響，甚至造成不同的際遇。對震洲兄來說，他即將完成輝煌的公務生涯，回歸溫馨的退休生活，以及繼續筆耕的未來，謹此表示推崇與祝福。

考試委員 黃錦堂

同學、同事、老友

　　震洲是我東吳大學法律學系的學弟。我在擔任東吳法律系學會會長時，曾經請他負責法律學會期刊「法友」總編輯，他大學時代對於校內外公共議題觀察已相當敏銳，時有投稿見解精闢。由於震洲兄文筆出眾，論述有方法，學會的「法友」期刊深受同學肯定；後來他又去編輯校刊「溪城雙周刊」，因為撰稿尺度太寬而受到校方高度的「關愛」。在和震洲同窗時期，記憶中除了編刊物以外，他很少參加一些動態活動，他認真習法，不時在校內校外刊物發表文章表達意見，他的文采在同學間已經稍有名氣。

　　大學畢業以後，他很快就考上高考，先後在法務部及考選部工作，同時在政治大學中山人文社會科學研究所取得碩士學位。而我則赴德國留學，多年後學成歸國先在母校東吳法學院服務四年，旋轉入政治大學法律系任教。政黨輪替後有幸追隨馬英九總統進入公職體系，先派任為考選部政務次長，後再接任考選部部長，先前共七年半公職生涯。在考選部遇到老同學，這時我是他的長官，這是我第二個角色。而多年的共事經驗，讓我對震洲兄有了更深刻的瞭解。

　　他的法學素養甚佳，心思縝密，認真工作，待人謙和的人格特質，加上公職生涯從基層做起，依靠他的專業能力和勇於任事，對人事考銓業務的理論與實務，有相當的研究。不少考試院部的長官同仁，有考選方面政策法制的疑義，經常私下向震洲兄徵詢，他都是傾囊相告，深獲同仁的敬重。我在考選部服務期間，任何重要考選政策擬定或變更，以及考選法規的修訂，我一定先徵詢他的意見以期周全。在各種會議上，他的發言語總是「言必有中」、「允執厥中」，不因我是他老同學而迎合我的想法。我曾有意請他更上一層樓，他亦極力推辭。以他對人事考選法令的熟悉以及認真積極的做事態度，考選法令如今體系完整，他長期默默的貢獻絕對是功不可沒。我在考選部部長任內力推司法官律師考試改革、警察人員考試雙軌分流等，能夠順利成功，衷心感謝同樣是法律人的震洲在過程中提供智慧。

　　震洲兄是一位奉公守法，做事認真的好公僕，他不以已經擁有一個鐵飯碗為己足，他好學勤勉，不斷的在人事刊物投稿發表意見，並經常參加各種相關研討會充實專業。我在考選部期間有些不成熟的想法主張提出，他總是直率的提醒建言煞車，我非常感謝他。只可惜續任部務的蔡部長，似乎不能理解他的耿直個性，對他的不同意見，視為挑戰首長的領導權威；對曾獲選為考選部模範公務人員、曾兩次被推薦代表考選部參與全國傑出公務人員選拔且連續三十三年甲等考績的震洲兄，於他退休前兩

年連續考列乙等考績，我曾力勸震洲兄識時務者為俊傑，就暫時緘默吧！他告知東吳校訓是「養天地正氣、法古今完人」，所以面對逆境會橫眉冷對；對於他的無奈和委屈，我也只能給予祝福。

早在二十年前，震洲就和東吳法律系畢業的四位同窗好友，四人定期有家庭聚會。每人輪流主辦，夫妻孩子一起成長一起團聚，話家常聊人生。其後偶然的機會，我也帶著家人參加了這個家聚，所以是震洲兄的「老友」，這是我的第三個角色。每次溫馨和樂的家庭聚會中，體會出他是愛家顧家的好爸爸、好先生。如今兒女文彥、文碩皆已成家立業，他也經常在假日載著湘筠遊山玩水尋幽訪勝，讓我好不羨慕。在家聚中知道他即將告別終生熱愛的考選工作。一方面為他感到欣慰，另一方面也期許他能活出快樂的退休生活。

從「同學」、「長官」到「老友」，看到震洲兄一路走來的正直、真誠與親切，在同學時期他是國事、家事、天下事，事事關心的熱血青年；在任職考選部時期，看到他是恪盡職守，信言不美，美言不信的優質公僕；在邁入「老友」時期，他是情同手足的良師益友，也是愛家顧朋友的摯友。祝福他退休生活愉快，並能重拾如椽大筆，回復他青年時期關愛國家社會的熱情。

東吳大學副校長 董保城

自序

對出版本書的幾點說明

我生平出版的第一本著作，書名爲「五年一覺雙溪夢」，由高雄的德馨室出版社在民國68年5月所出版，其中收錄我大學時代及研究所一年級在報章雜誌發表過的若干文章，也算是對階段性的寫作生涯留下一個紀錄。第二本著作是進入考選部服務以後，經考選部唐部長指派負責撰寫，民國73年9月出版的「中華民國特種考試制度」一書，本書是以考選部機關檔案做爲基礎，參酌了政府機關出版品、專書專論、期刊、博碩士論文所編撰寫成；該書爲考試院一系列考銓叢書之一，由正中書局出版，考選部分共有7本（包括公務人員高普考試、特種考試制度，專技人員律師、醫事人員、中醫師、河海航行人員考試制度以及公職候選人檢覈等）。當時擔任叢書主編的考試院首席參事洪德旋（其後擔任過考試委員、監察委員等職務），後來對我說，他認爲我寫的這一本無論是體例格式、引據資料等，都算是這7本書之中最具參考價值的；長官的稱讚溢美讓我受寵若驚，因爲當時我只是一位小小的新進薦任六職等科員。其後數十年公務生涯中，好多次參與叢書寫作，也好多次撰寫出國考察報告，但那都是集體智慧的創作，而非個人獨力所完成。

因此嚴格來說，本書是我個人眞正獨立完成的第三本書。本書書名爲「考選論衡——公職生涯四十年回顧」，主要蒐集最近二十年（因爲較近期文章，許多長官同事亦曾參與相關法案研議制定，會比較有感覺），在風傳媒電子報、國家菁英季刊、考選通訊、考選周刊、人事行政季刊、考銓季刊、公務人員月刊、人事月刊、人事管理等刊物，曾經刊登過之部分文章；原則上都是在討論考選政策、制度及考試方法技術變革與改進。寫文章當然有個人主觀的見解，論衡是多年來寫作時的自我期許，期能夠從中性平衡角度切入討論問題；這和書名副標題——公職生涯四十年回顧也能夠扣合。文章分類部分，我沒有採用傳統的典試及監試、公務人員考試、專技人員考試的分類方法，而是直接依據不同刊物名稱加以分類。另外少部分刊出文章時間雖然略爲久遠，如91年4月刊登之後備軍人轉任公職考試比敘條例制定經過及修正案評析，或84年1月刊登之甲等特考法源刪除始末等，因爲是在探討一個制度上的重大變革，或是某個制度的建置及廢除經過，均有其制度面加以探究之重大意義，因此亦予納入以作爲歷史見證。不過正是因爲將過去發表過的文章彙集，其中又有許多是在討論考選法制變革過程，所以和現行施行之最新條文，可能已經有所改變，這些時序上的落差，也希望大家能夠諒解；我也就不逐一以「後記」方式去交代其間的異動。另外93年5月刊登在公務人員月刊上的「評介『做一個成功的公務員』」一文（這本書是徐

次長有守積幾十年資深優秀公務員經驗，教導公務員做好三件事：如何寫好公文、如何開好會議、如何處理好工作環境，句句務實可行，我加以引申為文推介）。是想表達對我的老師及老長官徐次長的敬意，因為對於公務人事制度而言，他不但被立法委員尊稱為考銓業務的活字典，更是先行者與實踐者，值得後輩公務同仁景仰與效法。從收錄的這些文章中，多少可以窺知我四十年來的公務生涯關注在那些焦點，以及我對國家考試制度的若干興革想法。

對我青年熱血時代就讀政治大學碩士班生涯中，在政論雜誌刊出的102篇文章裡，挑了了縱橫雜誌上的一篇文章「喜見民主中道力量成長茁壯——由包斯文著黨外人士何去何從一書談起」，本文可以看到我的政治理想和價值，就是超越黨派之外對於中間路線的期盼；其實和晚近流行的白（無）色力量，頗有若干神似。另外也收錄中國論壇刊出的「請落實考用配合政策——兼論考選部技術性犯錯」一文，該刊物是當時70年代知識界頗為肯定的一份菁英刊物，我也還沒進入考選部服務，反映的是知識青年對當時政府考銓人事制度的批判。至於大學時期初試投稿在多家報紙副刊寫下的125篇文章中，我只挑了一篇大華晚報刊登的「爸爸和媽媽」，本文軟性描寫爸爸和媽媽平常的相處之道及互動關係，還有眷村生活的記憶，以及我這個兒子對他（她）們平日近距離觀察的感想；以追思紀念陸軍軍醫少校退伍卻勞碌一生的父親；和北平女子高中畢業，口才及文筆都不錯，服務過中國國民黨新竹市黨部、新竹婦女會、輔仁大學女生宿舍等單位，也是我寫作初期每篇文章原始閱讀者的母親。

最後附錄我歷年來在報紙、雜誌上所寫合計1,032篇文章的完整清單，以給自己寫作生涯做個有意義的整理與總結。此外附錄中收錄我新寫的一篇文章，題為「寫作與公職生活回顧」，對我四十年公職期間筆耕與從事公務的經驗與心得加以敘述，並和大家分享。原先只想寫1萬字左右就要收手，誰知道一下筆就洋洋灑灑一發不可收拾，最後寫了逾7萬字始能結束；裡面先談我的寫作生活，再談我的公務生涯，以及我前後追隨過的幾位部長次長。這些位算是和我有緣分的長官，他們的行誼與事功，從我的視角出發，對他們有許多回憶與感念。謝謝長官兼好友考試院蔡委員良文（我和他有超過三十七年共事的革命感情）、長官兼好友黃委員錦堂（我有幸和他合寫過好幾篇文章刊登在國家菁英季刊）、長官兼好友東吳大學董副校長保城（他曾任考選部政務次長及部長，又是我東吳大學法律系學長，在校時他是系學會會長找我編輯系刊「東吳法友」，到了考選部他是長官我是部屬）三位分別賜序，增添本書不少公信力與專業光彩。其次刊登之國家菁英季刊文章中，有幾篇是與錦堂委員、妙津、麗珠、寶珠一起合寫的，一方面我寫的內容篇幅占比較多，再一方面大家都是相熟多年的好朋友，想必他（她）們不會認為我是在掠人之美；所以也要謝謝大家的體諒。最後謝謝婉麗科長的居中牽線，以及承印本書的五南圖書出版公司法政編輯室劉副總編輯靜芬多方協助，使得本書得以順利問世。

謝謝內人湘筠，從銘傳大學畢業她就進入職場，不間斷的工作了三十七年才退

休，靠著我倆的雙薪收入，才能維持一個家庭勉強適足的生活；她同時照顧著公公婆婆、陪同小孩成長，這些都是長年忙於公務的我，力有未逮的。女兒文碩在國內讀書時雖有一些波折，但後來赴英國、日本讀書及進修，獨立的個性加上多重語文能力，使她得以在日本東京順利就業、結婚及定居。兒子文彥大學在中部就讀，研究所經過我的堅持，他終於棄高雄中山而來台北東吳，和我成了校友；現在任職美商公司，化學檢驗有其專業。兒女雖不特別傑出，但是都很認真努力，且能各自在不同領域發展，讓我還算欣慰；美中不足的是兒女都已結婚多年，始終未見小孫子來報到，讓我車子第三排座椅沒有發揮的空間，多少有點遺憾。今後卸下公務上的操心煩惱，終於得以回歸家庭生活，也期待這是我後半截人生的快樂起步。

李震洲 謹識

108年10月

目次
CONTENTS

第三篇　考選通訊　　　　　　　　　　　　　　　294

壹、依法行政真有這麼難嗎？

　　在五權分立憲政架構中，針對新增專技人員職業法律的制定，考試院長期以來都欠缺有效的著力點。早期行政院相關職業主管機關將新職業法草案，常常院會通過後直接送立法院審議，視考試權於無物；而立法委員主動提案立法時，更不會事前告知考選機關。過去行政權獨大，立法權只能爲行政院政策背書照案通過；晚近則立法權強勢，當立法院在審議新職業法草案時，行政院相關職業主管機關與考試院考試主管機關有時立場殊異，甚至會爆出爭論火花。

　　因此在修正專門職業及技術人員考試法時，有必要強化參與主導權，期能在各職業主管機關研定新職業法草案之初先知會考試機關，透過產官學界之參與以及專家諮詢會議，先行建立共識，俟原則方向確立後實際推動時，有利於後續整合行政與考試兩院意見。100年考選部逐開始推動修法，102年1月23日總統修正公布之專門職業及技術人員考試法第2條逐增列第2項規定：「（第一項）本法所稱專門職業及技術人員，係指具備經由現代教育或訓練之培養過程獲得特殊學識或技能，且其所從事之業務，與公共利益或人民之生命、身心健康、財產等權利有密切關係，並依法律應經考試及格領有證書之人員；其考試種類，由考選部報請考試院定之。（第二項）前項專門職業及技術人員考試種類之認定基準、認定程序、認定成員組成等有關事項之辦法，由考選部報請考試院定之。」增列文字最大意義，是行政權對考試權給予適度尊重，並確保透過此一程序，在行政權開始研議新增職業管理法律草案前，先行徵詢考試院意見，促使行政權與考試權意見能夠整合。考選部並據以研訂專門職業及技術人員新增考試種類認定辦法草案一種，報請考試院審議通過後於102年10月21日發布施行。其中明定各職業主管機關研議新增專門職業及技術人員，應提專門職業及技術人員考試種類需求說明書、種類認定審查表及佐證資料行文考選部；考選部收到職業主管機關來函後，應召開諮詢委員會議，審議結果由考選部報請考試院審定之。經考試院審定爲新增專門職業及技術人員，職業主管機關可啓動新職業法立法程序，擬具職業管理法草案送請立法院審議。經考試院審定爲非屬專門職業及技術人員性質，則

建議職業主管機關毋庸訂定新職業法。該辦法通過後，考選部已據此召開多次會議，先後認定衛生福利部主管之公共衛生師為專門職業及技術人員，金融監督管理委員會主管之證券投資分析人員非屬專門職業及技術人員，在報請考試院審議通過後，分別函復各該職業主管機關辦理後續作業在案。

　　105年5月蔡宗珍接任考選部部長，在衛生福利部想要建立新的專門職業前提下，考選部依慣例辦理醫務管理師之認定，並認為醫務管理師非屬專門職業及技術人員，經報請考試院審議，因有多位考試委員有不同意見，召開了三次審查會迄今尚未獲致共識。然後從行政院農業委員會動植物防疫檢疫局制定植物醫師法草案開始（植物醫師係對農民或企業提出診斷及鑑定，擬定植物疾病防治策略，提供具法律效果診斷書之專門職業；行政機關亦可委請植物醫師代辦植物防疫檢疫業務；植物醫師與農藥行之關係，則有如現行醫藥分業關係。因具高度專業，故重要性與人醫、獸醫可以比擬，愛須經通過國家考試方可執行業務）。蔡部長即指示承辦單位，未來專門職業及技術人員考試法暫時不修、專門職業及技術人員新增考試種類認定辦法暫不廢止、專門職業及技術人員新增考試種類認定諮詢委員會將停止運作，並將此一政策方向告知各職業主管機關，爾後如要制定新的職業法，不必再送考選部審議，由各該機關自行研議草案經行政院同意送立法院審議通過，該部即可配合辦理考試。此一政策實施以後，已經產生一個法律上的破口，迄今到底有多少個新的職業法草案因此而被考選部拒審，因未經確實盤點尚不得而知。但是多少讓人起疑，是否是主張三權分立的民進黨，派了主張三權分立的學者，到了五權分立的機關擔任首長；面對部分憲定或法定職掌，以不作為的施政方式，達到弱化考試權的目的，以為未來政治上將採行之三權分立的憲政架構而預做準備。

　　依法行政是法制社會的基本價值，老實說要讓考試權不要介入新的職業法草案制定過程，正辦應該是務實研修專門職業及技術人員考試法，刪除前述第2條第2項授權文字，等立法程序完成以後；再據以廢止專門職業及技術人員新增考試種類認定辦法才是正辦。而在相關法規未修正及廢止之前，是否仍然應該繼續維持現狀並依法行政為妥？所謂人存政舉，人離開了則違法不當的政策，就該適度扭轉與終止。如果忽略此一問題的嚴重性，繼續蕭規曹隨，一旦被媒體踢爆，或是上級機關追究責任時；真正該負政治責任的政務官，早已頭戴桂冠榮任新職而去，而繼任者只能概括承受全部責任。所以要不要懸崖勒馬，其實在於繼任者的一念之間。依法行政朝野之間都能朗朗上口，重點在於依法行政貴在落實執行，而非嘴巴說一套，做的又是另外一套；對於廟堂之上的政治人物來說，難道依法行政真的有這麼難嗎？

（風傳媒，108年10月28日）

貳、可以對身障朋友再公平友善一點嗎？

一、身心障礙者普遍教育程度較低運用資訊能力較差

　　日昨看到考試院訂定發布「身心障礙者應國家考試權益維護辦法」。由於服務公職期間，和身障朋友們多所接觸，所以比較能夠體諒他們的困難，經檢視此一辦法後赫然發現，典試法修正公布二年九個月以後才姍姍來遲的這個法規命令，並沒有因為它的延遲出爐，而對身障朋友更加關懷及友善，和舊制相比較，甚至有些退步情形。

　　根據內政部統計資料，至105年底為止，台灣地區身心障礙者人數為1,170,199人，占台灣地區當年底人口總數23,539,816人的4.97%。另外多項調查研究顯示，就教育程度來看，身心障礙者國中以下比例比起一般民眾明顯為高，大專院校畢業者比例比起一般民眾明顯偏低，顯見其受正規教育環境與機會較差；而不曾使用電腦比例比起一般民眾亦明顯為高，足見運用資訊能力身心障礙者亦屬典型弱勢。因此說到身心障礙者，其具體圖像就是身體系統構造或機能，有損傷或不全，致影響其正常活動與家庭起居；甚至後續的教育過程、經濟生活與政治社會參與。

　　陳前總統水扁在擔任立法委員期間，審議公務人員考試法修正草案時，要求針對身心障礙朋友能夠辦理身心障礙人員特考，時任考選部長的王作榮先生表示同意，逐增訂舉辦特考法源依據（85年1月17日修正公布公務人員考試法第3條「……為因應特殊性質機關之需要及照顧殘障者之就業權益，得比照前項考試之等級舉行一、二、三、四、五等之特種考試，……」）。同年4月身心障礙人員特考規則訂定發布，同年7月28日首次舉辦身障人員特考，為全國身心障礙朋友開啟了應考試服公職的特殊用人管道；該項考試吸引了7,398位身障應考人報考，錄取474人，錄取率為8.04%。爾後每年持續辦理考試以迄於今，是身障朋友入仕最重要的管道。其後為配合聯合國身心障礙者權利公約的國內法化，公務人員考試體格檢查限制大幅鬆綁，專技人員考試更改採考試端全面開放政策，身障朋友就業面向更為寬廣。又為了落實身心障礙者權益保障法第16條「公、私立機關（構）、團體、學校與企業公開辦理各類考試，應依身心障礙應考人個別障礙需求，在考試公平原則下，提供多元化適性協助，以保障身心障礙者公平應考機會。」98年2月考選部訂定行政規則「國家考試身心障礙應考人權益維護措施要點」，將原各種協助或權益維護措施加以統合及法制化，採作用與組織合一方式運作；並成立審議小組，由醫學專家及身障團體代表審議身障應考人提出之

各項權益維護措施；如給予身障應考人延長作答時間、准予使用電腦作答、放大試題及試卡、口述答案專人代筆作答等。以上這些扶助措施，使得身障應考人得以在生理及心理條件不足情況下得到一些支持協助，以利其更公平的參與國考競爭，台北大學法律系畢業第一位通過律師考試的全盲者李秉宏；台灣大學畢業的陳俊翰，神經病變導致肌肉萎縮，法律系及會計系雙主修學位，畢業後先後通過律師及會計師考試；他們都是前述權益維護措施下的成功典範，也給許多身障朋友帶來希望與啓發。

二、彈性延長考試時間值得肯定但配套措施爲德不卒

此次法規提升位階，對考試時延長作答時間作法，從過去不分應試時間長短、不分別一律每節延長1分鐘，改爲視各科目考試時間長短而定，所以考試時間未逾2小時者，以延長20分鐘爲限；考試時間2小時以上，未逾3小時者，以延長30分鐘爲限；考試時間3小時以上者，以延長40分鐘爲限。因爲按照神經系統構造及精神、心智功能；眼、耳及相關構造與感官功能及疼痛；涉及聲音與言語構造及其功能；循環、造血、免疫與呼吸系統構造及其功能；消化、新陳代謝與內分泌系統相關構造及其功能等不同障礙別去區別延長時間多寡，有其專業認定上缺乏客觀標準困難，因此改採考試時間長短作爲認定基準簡單易操作，值得外界肯定。但是卻又狗尾續貂的將「具體延長時間，由身心障礙者應國家考試權益維護審議委員會認定」，故可延長40分鐘爲上限者，委員會亦可同意只延長30分鐘或20分鐘，如此豈不落入原來就個案缺乏客觀認定標準之循環套？原來改採考試時間長短作爲認定基準之良法美意，豈不又完全破了功？

另外明定「申請延長各科目考試時間獲准者，不得請求延長休息時間。」將來執行上是否會對身障應考人造成不利，也有待商榷。因爲延長作答時間之執行，按往例考選機關都是全國各考區一體適用，因此如司法官及律師考試第二試、會計師考試、建築師考試，都有3小時甚至8小時應試科目，逐節延長作答時間30或40分鐘，連帶的就會推遲節與節之間休息時間，全天考試結束時間自然向後順延。目前由於正常上課時間，洽借學校作爲考場不易，因此甚多考試都壓縮成週休二日兩天內辦畢，將來很多考試都會從天明考到黑夜，正常應考人都會身心俱疲，更何況是身障應考人。申請延長各科目考試作答時間獲准者，一律不得要求延長休息時間，面對未來多重障礙或是重度障礙如廁困難的可能，如此是否欠缺了人性的基本關懷？還是立法要從嚴，執法時可以從寬，將來再來彈性處理？

三、申請准駁結果僅在網頁公布無需送達嗎？

因不同身障狀況提出申請各種權益維護措施（如放大燈具、放大試題及測驗試卷、延長每科考試時間、使用電腦作答、口述應試專人代筆等），應在國考網路報名系統隨同報名程序為之，並檢具身障證明文件及衛福部評鑑合格地區級以上醫院相關醫療科別專科醫師出具診斷證明書。申請案應檢附之文件資料不全者，應令其補正，逾期未補正，申請不予受理。此不予受理之決定，僅在國考網路報名系統申請人個人報名網頁上公布，不另以書面通知。另申請案提交審議委員會審議結果，經核定後准駁結果，亦僅在國考網路報名系統申請人個人報名網頁上公布，不另以書面通知。其引據之理由為行政程序法第95條：「行政處分除法規另有要式之規定者外，得以書面、言詞或其他方式為之。以書面以外方式所為之行政處分，其相對人或利害關係人有正當理由要求作成書面時，處分機關不得拒絕。」此准駁結果之行政處分，雖無類似教師法教師證書，或兵役法預備軍官適任證書等要式規定，主管機關固得採網頁公布方式為之。

但104年10月27日考試院訂定發布的國家考試報名及申請案件電子送達實施辦法第2條規定：「本辦法所稱電子送達，指辦理各種考試報名及申請案件時，以電傳文件、傳真、簡訊、電子郵件及其他電子文件方式通知應考人，並視為自行送達。」第3條規定：「（第一項）考選部得就下列事項，依本辦法規定送達方式通知應考人：一、國家考試報名及申請案件，依規定應繳交費件而未繳交或所繳費件未齊全者，請應考人限期繳交或補正之通知。二、國家考試報名及申請案件，不予受理之通知。三、其他回復各類申請案件。（第二項）國家考試報名退件及申請案件否准或需變更原評定成績之處分，應以掛號郵遞方式通知應考人。」爰國家考試報名及申請案件補繳費件通知、不予受理之通知以及其他各類申請案件之回復，均應依本辦法規定送達方式通知應考人；故除了原設計之國考網路報名系統個人報名網頁上公布外，至少要以電子郵件或簡訊併行通知方為妥適。至於申請權益維護措施提經審議委員會審議結果，對應考人權益有直接且重要之影響，此准駁之結果當然是行政處分，應考人如有不服亦會提起行政爭訟，故僅在國考網路報名系統個人報名網頁上公布，而不以掛號郵遞方式通知應考人似有不足，亦明顯和現行法規有所扞格。捨此現行法規規定作法而不為，反而要求應考人如有正當理由者，得要求主管機關作成書面處分，以利後續提起行政爭訟，這不但是高估了身障朋友的資訊處理的能力，更錯誤的認知身障朋友也都具備一定法律素養，懂得如何主張權利；總之，只顧及了機關內部之試務工作簡政，完全不考慮身障應考人是資訊及法律弱勢；僅公布在網頁而沒有送達，對身障應考人的權益保障明顯有所不足。

四、結語——身障應考人至少應該和一般應考人相同待遇

公務人員考試法施行細則第14條第6項規定：「應考人依規定應繳交費件而未繳交或所繳費件未齊全者，試務機關應通知應考人限期繳交或補正，未依限期繳交或補正者，不予受理或予以退件。本項通知得以電傳文件、傳真、簡訊或其他電子文件行之，並視為自行送達。應考人應確保所提供之電子郵件信箱、行動電話等通訊資料可正常使用，並適時查閱試務機關之通知。」據瞭解，考選機關在受理公務人員高普考試、地方政府公務人員特考報名時，應考人如有費件不全之補正通知，都是先發簡訊，如無回應，則再發電子郵件，再無回應則寄發書函通知，連下三道金牌務必通知能夠到位。至於程序不完備不予受理案，以及應考資格不合之否准案，為期慎重，均以掛號郵遞方式通知應考人。對一般應考人尚且如此，則對弱勢身障應考人是否在程序上應享有平等待遇之權利。今天身障應考人並不需要給予特殊權利，請考選機關在程序上加以通融，反而只是要求考選機關一視同仁，給予國民待遇即可；亦即不予受理案件，除在國考網路報名系統個人報名網頁上公布外，至少要依法同步簡訊或電子郵件告知；至於否准案件則應依法同步以掛號郵遞方式通知。這種無差別待遇原則，應該不算過分吧！

民主國家通常對弱勢的身障朋友都有許多照顧措施及福利政策，這種理念應該已經內化到各級政府機關以及所有公務人員具體施政作為中。看到考試院發布的這個新法規，其中對身障應考人權益保障不足的規定，比對一般應考人還要嚴苛，寄語主其事者儘快能夠檢討改進；切莫等到新制上路，引發身障應考人反彈，甚至身障團體群起抗議，屆時就成了綠色執政品質保證的豬隊友，那就太難堪了。

（風傳媒，107年2月2日）

後記：本案在考試院審查時，對於相關條文雖然照案通過，但因為有考試委員對於否准案件僅在報名網頁公布結果提出質疑，考選部同意法規不修正，但做法上將輔以電子郵件、簡訊、電話等多元方式通知應考人，以維護其權益。並載明於審查報告。

參、又見民進黨立委虛而不實的政治操作——從廢止監試法提案說起

一、民進黨對五權分隸憲政架構一向棄之如敝屐

　　民進黨自創黨迄今，為區隔和國民黨政治市場有別，一路走來皆主張多數歐美國家採行之行政、立法、司法三權分立制度，並嘲笑、詆毀國父孫中山先生創建的五權分立制度為世界唯一採行之權力分隸架構，完全不合時宜及違反世界潮流。對於考試院與監察院之存廢，更是長期主張予以廢除。但是政治主張歸主張，在中華民國現行憲法架構中，行政、立法、司法、考試、監察五權同時併存，呈現既分治且平等相維關係，則是當前的政治現實。想要改變憲政體制，僅有修憲一途。依中華民國憲法增修條文第12條規定：「憲法之修改，須經立法院立法委員四分之一之提議，四分之三之出席，及出席委員四分之三之決議，提出憲法修正案，並於公告半年後，經中華民國自由地區選舉人投票複決，有效同意票超過選舉人總額之半數，即通過之，不適用憲法第一百七十四條之規定。」以民進黨現階段在立法院立委席位數，大綠加小綠，外帶變色的橘子，或許有機會通過第一階段提出憲法修正案，但是第二階段公民複決，必須有效同意票過選舉人總額之半數，方才通過；則是高難度的門檻，既要拉高投票率，還得贊成同意票過選舉人總額之半數乃可。所以想要修憲改變中央政府組織結構，不是一件容易的事情。

　　民進黨立委蘇巧慧、張宏陸等41人已連署完成中華民國憲法增修條文修正案，明確主張採行總統制，由總統兼任國家元首及最高行政首長，主持國務會議；考試院廢除，其職掌納入行政權，另設獨立機關；監察院廢除，其職掌改隸立法權；實施行政、立法、司法三權分立制度。本案未來能否形成為民進黨團主流政策主張？在野黨是否同意支持？目前都還言之過早。不過在考試院、監察院尚未廢除之前，民進黨倒是上下一條心，在憲政機關仍存在的前提下，先行弱化或萎縮兩院之法定職掌，比如透過體制外的年金改革委員會、司法改革委員會，對公教年金改革政策方向，或是司法官及律師考試制度考用問題改進，下出指導棋；或是修改職業管理法律削減考選機關業務（如修改發展觀光條例，取消領隊及導遊考試國考地位，回歸觀光局自行辦理）。民進黨立委近日提案廢止監試法，則是一系列的削弱考監兩權的又一力作。

二、又見民進黨立委提案廢止監試法

　　民進黨立委李俊俋等22人，鑒於監試法自民國39年修正後迄今未再修正，惟歷經多次修憲，監察院已非民意機關；復因監察院與考試院同屬憲法機關，依憲法增修條文規定，監察委員、考試委員均由總統提名，立法院同意後任命，故監察權、考試權應各自獨立行使職權。爰監試法中由監察委員派員監試之規定，已不符現行憲法；遂提案將現行監試法廢止。民進黨立委蔡適應等17人，鑒於監試法自民國19年由國民政府制定公布，民國39年修訂後迄今未再修正，惟現行時空環境已截然不同；另自81年修憲後，監察院屬性改變，考試院無須再向監察院負責，故監察委員來監試，不合權力分立原則及憲政制度，因此提案廢止監試法。蔡適應等16位立委並提案修正典試法第9、10條，刪除原「典試委員會開會時，應請監試委員列席。」規定；另將原典試委員會以決議行之事項「彌封姓名冊、著作或發明及有關文件密號之開拆與核對」抽出，加上試卷之彌封、命擬試題之開拆均改由典試委員會推派之典試委員監督辦理。

　　前述提案有三點值得討論，其一，提案及連署的立委似乎不太用功，除惡而沒有務盡。要廢除監試制度，只廢止監試法及修正典試法尚有不足，公務人員考試法第26條「公務人員考試之監試事宜，以監試法定之。」專門職業及技術人員考試法第21條「本法未規定事項，適用典試法、監試法及有關法律之規定。」亦有必要同步修正。否則廢止了監試法，但是監試法的法源尚存，恐會貽笑大方。其二，細究提案立委之邏輯，認為現行國家考試典試制度及試務工作之辦理，已具完善流程規定，闈場闈務工作亦關防嚴密，有無監委來監試完全不影響國考公平公正性；其次監察委員不應該擔任監試工作，因為監委不具考試專業，何德何能來擔任監試工作；最後監委身分已非民意代表，考試院又無需向監察院負責，故監委擔任監試不符合權力分立原則。提案立委既然認為國家考試辦理程序公平公正無虞，所以取消監委監試完全沒有影響；但另一方面卻又修正典試法，將原監試工作內涵的試卷之彌封、命擬試題之開拆、彌封姓名冊、著作或發明及有關文件密號之開拆與核對等工作，改由典試委員會推派之典試委員監督辦理。所以嘴巴說監試工作無效果，行動上卻是肯定其重要性，所以變動的只是轉換其執行人力而已。其次所謂的考試專業究竟何所指？國家考試重點不外乎是考試政策法制規劃、考試類科設置、應考資格及應試科目訂定、命題及閱卷等，如果說監察委員的考試專業不足，則接手的典試委員絕大多數都是學者背景，可能是醫學、工程、會計、歷史、物理、生技等不同領域學門，這些學者專家對考試專業又能夠瞭解多少？（二十年前考試院曾遴聘當時的中央研究院李遠哲院長，擔任公務人員高普考試典試委員長，李院長熱心各項改革，曾在典試委員會中提

出文官制度改革之高見，但因為逾越典試委員會法定職權，最後無疾而終，可為明證）。最後所謂監委擔任監試不符合權力分立原則，恐怕是提案立法委員誤以為憲政機關權力來源僅限於憲法規定，其實也有部分業務職掌，係來自於法律的規範。以考試院職掌來說，憲法增修條文第6條規定：「考試院為國家最高考試機關，掌理左列事項，不適用憲法第八十三條之規定：一、考試。二、公務人員之銓敘、保障、撫卹、退休。三、公務人員任免、考績、級俸、陞遷、褒獎之法制事項。」其中並無公務人員訓練，但是根據公務人員訓練進修法、國家文官學院組織法，考試院所屬機關公務人員保障及培訓委員會依法辦理部分公務人員訓練事宜；立委會質疑其違反權力分立原則嗎？顯然沒有。同理可知，憲法增修條文第7條規定：「監察院為國家最高監察機關，行使彈劾、糾舉及審計權，不適用憲法第九十條及第九十四條有關同意權之規定。」但是根據監察法，監察院亦得行使糾正權、調查權；根據公職人員財產申報法，監察院受理高階軍公教人員財產申報事項；根據政治獻金法，監察院受理政治獻金申報。依照前述立委相同的神邏輯，因為短期之內要廢掉監察院並不可行，是否應該比照處理監試法相同模式，廢止或修正公職人員財產申報法、政治獻金法，剝奪監察院這些法定的權力，而將其移轉給其他機關辦理？其三，再從經費節約角度來看，經過立法院逐年從嚴審查政府機關公務預算結果，自106年開始，監察委員參與監試各階段考試工作，均不得支領任何酬勞，和考試委員相同，都成為本於職權依法執行職務的志工；但是從立委提案內容來看，原有試卷之彌封、命擬試題之開拆、彌封姓名冊、著作或發明及有關文件密號之開拆與核對等，移轉到典試委員會推派之典試委員為之以後，因為典試委員多為學者專家，參與命題須支給命題費、參與閱卷須支給閱卷費、參與著作審查支給審查費，這些額外增加的業務，勢必要增加新的費用開銷（至少要有會議出席費），全年實施新制，多個幾十萬的費用勢不可免。所以如從經濟節約角度考量，也是偷雞不著蝕把米的做法。

三、第一次政黨輪替後曾發生三年無監委空窗期

第3屆監委任期至94年1月31日屆滿，依憲法規定，監委由總統提名，經立法院同意後任命之。陳水扁總統在93年3月獲連任，93年12月總統府公布提名名單，陳總統提名張建邦、蕭新煌為監察院正、副院長，另外27名監委被提名人則為李伸一、趙榮耀、呂溪木、黃武次等人。提名名單公布後引起各種批評，當時立法院的國民黨、親民黨的立委占多數，於立法院程序委員會凍結此案，以致此任命案同意權之行使，無法在立法院進入議程。大法官後來以釋字第632號解釋，認為立法院不將此案排入議事程序違憲。但立法院仍未再行使同意權，陳水

扁曾於第6屆立委期間，將原名單重新送過立法院一次，但被提名人名單，並無更動，立法院亦未排入議程；96年底陳表示願重新提名，並請國、親兩黨推薦人選，但最終並未提出，致監察院無院長、副院長及監委長達三年之久。

考試院在94年1月27日於第10屆第119次會議以臨時動議案方式，就「監察院第3屆監察委員即將於94年1月31日任期屆滿，第4屆監察委員未就職前國家考試應如何因應」，提出報告，並請院會討論。該報告建議甲乙兩案，請考試院院會公決，甲案主張「如期舉辦」，乙案則主張「延期舉辦」。

主張如期舉行的主要理由如下：一、國家考試乃人民應考試服公職之憲法權利，爲「基於保護應考人權益，各種國家考試試程仍依法繼續進行」；二、監試制度是依監試法對國家考試的外部監督機制，考試院依法辦理之考試，自有其「內部效力」，監試制度因係「外部監督」，性質上屬於考試有效之「充分條件」而非「必要條件」。主張延期舉辦之理由則爲，考量監察委員擔任監試工作，對社會各界具有相當程度公信力，爲避免如期舉行考試，事後引發考試適法性爭議而難以善後，仍以延後舉行爲宜。院會最後作成決議：（一）鑒於第4屆監察委員尚未產生，爲尊重監察權及監試規定，本年2月份各項國家考試原則上暫緩舉辦。2月底前，新任監察委員如尚未產生時，本案如何處理，另行提報院會討論；（二）爲維持國家考試業務之推動、維護應考人之權益及配合用人機關之用人需求，已進行之各項考試（包括94年公務人員初等考試、93年公務人員身心障礙特考、93年專技人員建築師技師民間之公證人不動產經紀人地政士高普考等考試）開拆彌封及榜示相關事宜照常進行，如期放榜。各考試試程中，應注意相關配套措施之完善周全與公正性。

考選部遂對外宣布原訂94年2月舉行之第一次專門職業及技術人員醫事人員、中醫師、心理師、呼吸治療師、營養師、獸醫人員等考試暫緩舉行，並將視2月底以前立法院對監察委員行使同意結果，確定恢復舉辦日期，並對外公告。相關配套措施包括：對已派任之監試委員，仍行文請其出席相關考試流程；如卸任監委或雖經提名連任但尚未通過同意權行使之監委不願出席，則典試委員會中推派2位典試委員，代行監試法中監試委員之部分法定職掌；另依監試法規定須監試委員監試之事項，全程錄影錄音存證；和監察院密切聯繫，一俟人事同意權通過，立即行文該院輪派監察委員監試；榜示後並將相關資料函送監察院，由該院依法定程序處理。消息一出各方反應激烈，尤其是原就要準備參加各項考試之應考人；考試院在社會壓力下不得不恢復於三月份起預計舉行之各項考試。包括3月26、27日恢復辦理94年第1次專門職業及技術人員醫事人員、中醫師、心理師、呼吸治療師、營養師、獸醫人員考試；另94年第1次航海人員特考以下之各項考試，均按原訂進度辦理考試。

四、考試院亦曾提案廢止監試法，但立法院國民黨及親民黨席次占多數提案未過

　　91年9月民進黨大老姚嘉文擔任考試院院長，民進黨及台聯推薦考試委員有李慶雄、林玉體、蔡式淵、陳茂雄、張正修、吳茂雄、伊凡諾幹等多人，人數雖未過半，但是在民進黨執政大環境之下，仍然推動廢考史地、國文科閩南語命題等政策。93年5月陳水扁總統連任後，考選部、銓敘部、保訓會三個所屬部會首長，分別由林嘉誠、朱武獻、周宏憲接任，政策上更能配合民進黨執政。

　　由於第4屆監察委員人選於94年1月31日後延宕多時未能產生，造成數項依據監試法規定，須由監察委員監試的國家考試，在部分試務工作上有所窒礙，致產生對人民應考試權的負面影響，基於政府施政以保障人民權利、增進人民福祉為目的等考量，考試院爰政策決定廢除國家考試須由監察委員監試的相關規定，改由典試委員會推派典試委員監督辦理關鍵性程序的制度。查94年3月17日考試院第10屆第125次會議通過廢除監試制度案，包括「監試法廢止案暨典試法第11條、第12條、公務人員考試法第11條、專門職業及技術人員考試法第25條等修正草案」，並函送立法院審議。廢止案中說明理由指出：因時空環境改變，監察院屬性也不再是民意機關，加上考試主體是典試制度及試務工作，監試並非考試必要條件；目前考試制度完備，試務工作亦已建立標準作業程序，因此國考若無監試委員監試，應不影響公平公正性。另亦修正典試法，將原監試委員職權，如試卷彌封、命擬試題開拆、彌封姓名等文件密號之固封、開拆與核對等，均改列為典試委員會職權，並推派典試委員監督辦理。嗣於94年4月11日立法院第6屆第1會期法制委員會第8次全體委員會議與多個立法委員提案版本併案審查，立委意見紛歧，有支持考試院版本者；有主張再召開會議協商者；有認為五權憲法架構未修正前，監試制度應予維持者；最後決議全案均予保留，送朝野黨團協商。94年5月11日立法院朝野黨團協商決議：廢止監試法，典試法、公務人員考試法、專門職業及技術人員考試法相關條文修正案，配合修正通過。惟本案未能於立法院第6屆會期完成議決程序，依立法院職權行使法第13條規定：「每屆立法委員任期屆滿時，除預（決）算案及人民請願案外，尚未議決之議案，下屆不予繼續審議。」遂不予繼續審議在案。總之監試法廢止案，在立法院未能順利完成立法程序，和國民黨及親民黨立委在立法院席位較多有關，而國、親兩黨皆傾向在五權憲政架構未更張前，監試法不宜廢止；尤其對新一屆監察委員尚未產生前，監察院正處於家裡沒大人的狀態，而考試院乘人之危提出廢止監試法之議，引發國、親立委不滿及抵制。嗣第4屆監察委員於97年8月1日就任後，考選部依法報請考試院行文監察院派監察委員監試，續依監試法規定行使監試權。監試制度自

此又恢復正常運作。

五、監試制度存廢之評估

　　綜合各界維持監試制度之理由如下：一、監試制度之存在，有其歷史背景因素使然，如今中央政府組織五權分立架構未變，由立法權發動免除考試之外部監督機制是否妥適？值得考慮。是否俟憲政體制循修憲途徑改為三權分立之後，讓監試制度屆時自動歸於消失較妥；二、監試制度存在雖然是輔助性的，而非考試的主體，但不容諱言國家考試長久以來建立的公平公正公開形象，與監試制度的支持參與多少有其關聯；因此雖是事前參與監督，與一般監察權行使注重事後監督性質有別，但是能夠增加考試公信力之現有機制，何必予以排除，反而引人疑竇；三、歷年來國家考試之辦理，也曾發生過多次個別典試或試務人員有洩漏試題或其他徇私舞弊情形，因為監試委員全程多有參與，所以瞭解其間問題所在。倘真有重大違失，必要時監察委員即可針對個別考試之典試人員或辦理試務人員發動調查、糾舉、糾正或彈劾機制，因此維持現行考試事前監試，其實是提供了一個政治上的防腐及防弊功能；四、僅廢除監試法，並不能讓社會大眾或應考人因此信服國家考試將因此更公平公正，而全靠考試機關內部自律或建立監控功能（如全程錄影錄音等），也無法讓外界相信其功能會比現有監試制度更好；倘因此再去尋求建立其他外部監控機制，如用人機關或職業主管機關，或學者專家，或社會公正人士等，因為考試過程中倘發現有弊端，替代性外部監控機制，因其不具行使公權力身分，所以改制後恐將治絲益棼。在監察院未被廢除之前，前述情形又將回到監察院監察委員去發動行使調查、糾正、糾舉及彈劾之權，既然如此，則維持監試制度現制，使其一條鞭運作，不是會更有效率？

　　至於廢除監試制度之理由如下：一、監試權並非監察委員憲定權力，因此廢除監試制度不涉及憲法條文，僅在法律層次廢止及修正部分法律即可；二、監察權之行使，不論是糾正、糾舉、彈劾、調查、審計等權力，全屬事後之監督權。因此採事前監督之監試制度，確實和監察權本質不符；三、監試制度運作多年，其實是象徵意義大於實質意義，因此取消監試，完全無礙於國家考試之辦理；反而會使試務工作流程更加快速便捷；四、監試法已近七十年未曾修正，時空環境早已變遷，相關規定也多不合時宜，更與現實環境脫節；因此廢止監試法，沒有違憲或違法問題。

　　持平來說，當今社會現存各種典章制度中，能夠得到社會多數民意支持肯定的，已經所剩不多，國家考試制度是少數能夠超越黨派且歷經兩次政黨輪替，整體公信力還能維持不墜的。而這種公信力之建立，與監試制度嚴密監督，當然

有其關聯性。所以維持現行監試制度，並配合現行國家考試變革與時俱進有所調整，期使監試制度更臻周延完善，應該也是一種政策選擇。其修正重點比如：一、配合典試法修正及現況，調整監試制度內涵，如考試期間在各考區，除有典試委員主持分區典試而外，亦應有監試委員主持分區監試事宜，以維持平衡；二、對於應於監試委員監視中為之事項，應按試務作業自動化現況，以及監試委員實際能夠參與的程度酌予增減調整或修正。比如試卷彌封已非早期集中製作試卷時為之，而改為應考人繳卷後黏貼，因此監委無法各處監督，即應修正。反之闈場安全措施查驗、試務作業如何防止資訊系統內部產生弊端、彌封姓名冊以電腦檔案及電子媒體存放保管及自動化比對等，均應增訂；三、增列迴避條款規定，監試委員如有配偶或三親等內血親姻親應考者，對其監試事項，應行迴避。四、現行監試法條文僅有6條，監試委員究竟如何參與監試工作執行，法條中完全沒有規定，而僅在試務作業手冊中詳細規範如何運作，允宜增訂施行細則之法源依據，以為補充規範。總之，考試機關過去長期擔心修正監試法，會被立法院順勢將監試法廢止，所以幾十年來面臨法制面與實務面之落差，也只好以不碰觸此敏感議題來自保。這一次立法委員到家門口來踢館，是否也該認真思考面對監試法存廢問題。如果評估結果，監試制度確無實益，大環境又無法力挽狂瀾，又擔心觸怒立委影響機關預算審查，只好以尊重立法權為由宣告棄守本案；如果評估結果認為監試制度有其正向功能，並非由典試委員會推派典委所能取代，則應該負責任的在國會殿堂提出法理及實務論述說明，明確主張在五權分立憲政架構未變動前，仍宜維持監試制度為妥。

六、結語 —— 期待民進黨以民生為重勿再做些虛而不實的無益政策

全面執政的民進黨，自去年再度執政迄今，許多重要施政都有口是而心非的問題。比如口說政黨和解及朝野團結，但是實際上卻是成立不當黨產處理委員會，挾著政黨及其附隨組織不當取得財產處理條例來清算鬥爭國民黨。口說兩岸關係承諾維持現狀且善意不變，但實際上卻是拒絕承認九二共識，導致兩岸關係倒退，外交關係受到中共強力打壓。口說功能不彰要廢除監察院、考試院，但是馬英九總統任內提名的監察委員，有11名未通過立法院行使同意權，蔡英文總統就任後終於補足提名送立法院，連被提名人劉文雄遽然過世的遺缺也要再補提名，真是缺一不可；同樣的，考試委員浦忠成辭職回到學術界任教，其缺額也要補到好補到滿。如此心口不一的作法，一而再再而三的發生，要說民眾都無感那也太低估選民的智慧了。本案民進黨立委提案廢止監試法，但又認為原監試工作

部分內涵涉及考試公平性，所以移轉其權限交給典試委員會推派典試委員承擔，這樣子的改革，會有利於國計民生嗎？能夠提升辦理考試品質及效率嗎？能夠節省花用經費嗎？其實答案都是否定的。請問提案立委諸公，國事如麻、百廢待舉，是否請大家以民生為重，把精力多放在如何拼好經濟，給台灣老百姓能帶來更好的生活；至於這種弱化監察院職權之投機算計，純屬虛而不實的無益政策，爾後就少提一點吧！

（風傳媒，106年11月17日）

肆、立法院初步修法取消導遊及領隊考試國考地位

一、前言

　　開宗明義先說明何謂導遊及領隊，所謂導遊是指執行接待或引導來本國觀光之旅客旅遊業務而收取報酬之服務人員（也就是外國觀光客來台灣旅遊時，受僱於旅行社，負責接待、交通、食宿、導覽各地名勝古蹟，以及其他必要服務之人）。領隊則指執行引導出國觀光旅客團體旅遊業務而收取報酬之服務人員（也就是旅行社出本國國民赴國外旅遊團體時，隨團同行保管旅客護照及機票、協調機位、巴士、旅館、餐飲，以及確認景點行程，保障團員權益之人。但在國外不同景點，會另有當地國家之導遊來進行導覽）。導遊分為華語導遊與外語導遊（再細分英語、日語、法語、德語等13種）；領隊有華語領隊與外語領隊（分為英語、日語、法語等5種）。在2003年以前，領隊及導遊資格測驗，係由交通部觀光局自行辦理。根據舊發展觀光條例第26條規定：「導遊人員，應經中央觀光主管機關或其委託之有關機關測驗合格，發給執業證書。」舊導遊人員管理規則第2條規定：「導遊人員應經交通部觀光局或其委託之有關機關測驗及訓練合格，取得結訓證書，並受旅行社僱用或受政府機關、團體為舉辦國際性活動而接待國際觀光旅客之臨時招請，請領執業證書後，始得執行導遊業務。」其報名資格為具備一定資格之國內外大專以上學校畢業；測驗內容分為筆試及口試；筆試科目為憲法、本國史地、導遊常識、外國語文。此項測驗原由交通部觀光局辦理，訓練則委託導遊協會及領隊協會辦理。

二、早期國民黨立委質疑職業主管機關自辦證照考試涉及違憲

　　1992年7月立法委員林鈺祥等向行政院提出質詢，略以：對於行政院委託青輔會辦理各項專門職業及技術人員考試（如財政部委託之專責報關人員、保險代理人考試等），違反憲法和專門職業及技術人員考試法規定，為維護考試制度之完整性與公平性，要求行政院立即停止專門職業及技術人員考試之委託，日後行政院辦理任何類似考試時，亦應尊重考試權並事先與考試院協商。林委員亦致函考選部王作榮部長，對青輔會接受委託辦理多項專技人員考試，對考試制度破壞甚鉅，希該部多予研究關注。同年10月財政部函請考試院解釋該部委託青輔會辦

理專責報關人員、保險代理人等資格測驗，及格者核發資格證書與執業證書，究竟有無違反專技人員考試法規定。考試院則行文考選部就該案研議具復。考選部先後多次邀集相關機關代表及法政學者研商，財政部及證管會代表對委託青輔會辦理相關資格測驗，有違憲違法之說有所保留，但表示尊重考試院最後之解釋；古登美教授表示從五權分立觀點來看，所有考試皆應由考試院辦理，考試院可增加編制與人力並收回類此考試，或委託行政機關辦理；傅肅良教授認為因應專技人員範圍擴大，應考資格在大專以上者層次較高，由考試院自行辦理考試為宜，應考資格在高中高職以下者層次較低，可授權職業主管機關辦理；許濱松教授亦認為辦理考試權限，依憲法及增修條文規定應屬考試院職掌，則專技人員考試即應由考試院掌理，這是憲政體制應加以尊重。但蔡志方教授則主張除非公平性有問題，考試院即應收回類此考試自行辦理，如無公平性重大問題，目前由職業主管機關辦理尚不違法。

　　綜合各方意見，1993年4月考選部將研議結果呈報考試院，其中指出依憲法第86條規定，專門職業及技術人員之執業資格，應由考試院依法考選銓定之，內容明確毋庸置疑；同法施行細則第2條第8款「其他依法規應領證書之專門職業及技術人員」係概括規定，則各該職業主管機關所訂定之管理辦法或規則，皆應屬此法規範圍，故相關資格之取得，自應由考試院以考試定其資格。因此職業主管機關以資格測驗或其他名稱取代考試，實有規避考試權行使之嫌；爰專責報關人員、保險代理人經紀人公證人之執業資格測驗，應一併納入考試權行使範圍，由考選部依法辦理考試為妥。考試院主簽本案參事朱武獻，簽註意見表示本案涉及之專責報關人員、保險代理人經紀人公證人，符合「依法規」、「應領證書」規定；至於專門職業及技術人員雖尚無明確定義，但一般情形下，要成為專技人員多具備若干條件，包括「該項職業須具備相當專業知識，此等知識並應有正規教育加以培養」、「取得該項專門職業及技術人員執業資格，應以考試方式為之」、「要訂有職業管理法律」、「從業人員應成立專業性學會或公會」等，故從實務上來看，本案所述人員當可列入專門職業及技術人員。因此簽註同意專責報關人員等執業資格測驗，自應一併納入考試權行使範圍，由考選部依法辦理考試。考試院第8屆第132次會議針對本案作成決議：「一、專責報關人員、保險代理人、保險經紀人、保險公證人，依法應屬專門職業及技術人員，均應納入考試權行使範圍。由考選部即與各有關職業主管機關會商於一年內辦理，在未納入考試權行使範圍前，暫由現行職業主管機關根據實際需要辦理資格測試。二、其餘證券商高級業務員等多種人員，交考選部積極研究，逐步納入考試範圍。」

　　該兩項考試並在1994年首次由考選部收回辦理在案，同時考選機關也積極展開一個大波段的擴大專門職業及技術人員考試種類與範圍的策略行動。

三、經多年協商溝通考選部收回導遊及領隊考試自辦

　　擴大清理過程中，首先是全面整理行政院所屬各部會自行辦理或是委託辦理各種涉及證照資格之考試、測驗、檢定等，初步發現有財政部主管之精算師、核保及理賠人員、證券投資分析人員、證券商高級業務員、證券商業務員、期貨經紀商業務員；行政院勞工委員會主管之技術士、職業訓練師、就業服務專業人員；交通部主管之領隊導遊、航空人員（包括正副駕駛員、飛航機械員、地面機械員、領航員、簽派員、飛航管制員）；經濟部主管之中小企業經營輔導專家；教育部主管之高級中等以下學校及幼稚園教師；行政院環境保護署主管之公民營廢棄物清除處理機構專業人員、空氣污染防制專責人員、毒性化學物質專業技術管理人員、事業或污水下水道系統廢污水處理專責人員、病媒防治業專業人員、公私場所及交通工具排放空氣污染物檢查人員等，以上人員合計共25種。1997年7月考選部將研處意見報請考試院作政策決定，同年8月21日第9屆第46次院會決議精算人員等人員應否納入專技人員考試案，是否以職業主管機關定有職業管理法律，且明定其執業資格應經考試及格為限乙節，由於事關落實憲法賦予考試院之職掌，因此有必要對專技人員執業資格作一釐清；審查會遂決議由考試院邀集行政院所屬相關部會、學者專家成立專案小組，研訂專技人員執業資格、界定標準及相關法令、技術配套等措施，以作為進一步檢討之依據，並推考試委員洪文湘擔任召集人，考選部負責幕僚作業，向院會提出研究報告。專案小組隨後多次邀集學者專家、職業主管機關、全體考試委員開會研商，研擬專案小組報告，全案並經考試院1998年2月26日第9屆第70次院會決議通過，採「依法規」、「應領證書」、「專門職業及技術人員」3項檢視指標加以檢討，均符合者即應納入專技人員考試由考試院辦理，包括不動產經紀人、就業服務專業人員、導遊人員、領隊人員、航空人員（包括正副駕駛員、飛航機械員、地面機械員、領航員、簽派員、飛航管制員）等5種；其餘精算人員、核保及理賠人員、證券投資分析人員、證券商高級業務員、證券商業務員、期貨商業務員、保險業務員、技術士、兒童福利專業人員、中小企業經營輔導專家、高級電信工程人員及電信工程人員、商業會計記帳人等12種，由考選部續洽職業主管機關研訂（修）職業管理法規建立完善職業管理制度，並由主管機關核發證書後，再予納入專技人員考試考試範圍。

四、回歸考試權之後迄今辦理情形及面臨問題

　　考選部遂逐一與擬納入國家考試之相關主管機關溝通協調，其中不動產經紀人由內政部修正不動產經紀業管理條例予以納入，但層次較低之不動產經紀營業員，則回歸中央主管機關辦理訓練後發給證明。導遊及領隊人員則由交通部修正發展觀光條例，修正為應經考試主管機關或其委託之有關機關考試及訓練合格。私立就業服務機構專業人員經與勞工委員會會商研修就業服務法可行性，但勞委會堅持該等人員層次較低，非屬專技人員範疇，最後採法律授權另訂私立就業服務機構許可及管理辦法，將該等人員定位為技術士技能檢定，以規避被納入國家考試。而航空人員部分，考選部派員赴交通部民用航空局聽取簡報後，發現民用航空人員學科、術科檢定種類錯綜複雜，技術難度甚高恐將難以克服，連中央主管機關都採取委託其他機關、團體方式辦理，遂後續不再推動。至於其餘12種職業管理法制尚不健全之類專技人員測驗或檢定等，則協調其研修職業管理法規明確建立證照制度；但多數機關反而逆向操作，將原行政機關委託財團法人辦理之測驗或檢定，改成同業公會委託財團法人辦理，原行政機關發給之測驗合格證書，改為同業公會認可或受委託財團法人自行發給證明，以和職業主管機關在形式上完整切割，如此改變結果離回歸國家考試目標更加遙遠。其中唯一納入國考範圍的是記帳士考試，而納入的原因不是因為財政部配合修正記帳士法；而是利益團體遊說立法院，前後兩度修改職業法由職業主管機關免經考試直接審查後即發給執業證書，或對現職從業人員免試發給與考試及格人員相同名稱之執業證書，考選部為此也兩度主動提出釋憲聲請，司法院大法官先後作成釋字第453號、第655號解釋，支持商業會計記帳人或記帳士為專門職業，應經考試院依法考選銓定其執業資格；因此職業主管機關係依據大法官會議解釋結果，刪除違憲之條文，記帳士始回歸國家考試權運作。

　　為配合發展觀光條例2001年11月14日修正，考選部自2004年11月20日首次接辦導遊及領隊人員考試，報考人數為16,309人，其後因為兩岸交流密切、旅遊活動暢旺，報考人數逐年增加，尤其是華語導遊及華語領隊更是明顯，至2012年因為考選部邀集產官學各界研議將導遊人員考試應考資格，提升至公私立專科以上學校畢業，引發應考人想盡速通過考試之報考熱潮，該年報考人數暴增為118,871人。至2017年，兩岸關係緊張並形成僵局，加上民粹思潮的反中、仇中，陸客來台人數遽減；年金改革又大砍軍公教退休金，造成寒蟬效應，消費因此緊縮，削減出國旅遊費用遂提前反應在市場，造成華語導遊及華語領隊人數太多，執行業務空間不足。此由旅行社少有固定專職導遊及領隊，多是逐案洽請導遊及領隊出團可以窺知一二。該年導遊及領隊人員考試報考人數，降至最近十年

新低，僅37,778人。從考選部2004年接手辦理，至2017年年底為止，共辦理考試14次，報考人數為752,625人（其中導遊人員359,652人、領隊人員392,973人；男性303,108人、女性449,517人），及格人數176,845人（其中導遊人員90,974人、領隊人員85,871人；男性85,091人、女性91,754人）。至2017年5月為止，領取導遊人員執照人數為38,626人（占導遊考試及格人數42.46%），領取領隊人員執照人數為53,412人（占領隊考試及格人數62.2%），前述領照率不高的原因，或許和考試及格人員中有相當比例為外文系、觀光系、餐旅系在學學生，報考本考試是學校畢業資格條件之一，所以並無實際就業意願，也未完成職前訓練，自然無法領取執業證；另一方面，來台陸客人數大幅衰退，亦讓部分旅行業邁入寒冬，連帶華語導遊及華語領隊就業空間緊縮，考試及格者無意接受訓練及領取執業證投入市場。

　　目前業界反映問題包括部分資深導遊及領隊，工作能力甚強，但是年歲偏高，遲遲無法通過國家考試門檻；華語導遊及華語領隊及格人數太多，缺乏執業空間，甚至無團乏帶；反之新南向政策推進，馬來語、印尼語、越南語、泰語等東南亞語系外語導遊，數量嚴重缺乏，應一年舉辦兩次以補市場人力之不足。不過客觀來說，考試就會有不確定因素存在，尤其是國家考試典試權獨立運作，監試制度客觀監督，考選機關應該很難針對年齡偏高的資深導遊及領隊，明確承諾讓他們順利通過考試。尤其是發展觀光條例第32條第4項已明訂：「第一項修正施行前已經中央主管機關或其委託之有關機關測驗及訓練合格，取得執業證者，得受旅行業僱用或受政府機關、團體之臨時招請，繼續執行業務。」對舊制時通過測驗及訓練者，准其繼續執行業務在案，已充分保障其工作權，因此並無太大問題。

　　至於特殊外語導遊人員考試，一年舉辦兩次乙節，因專門職業及技術人員考試法第3條規定：「專門職業及技術人員考試，得分高等考試、普通考試二等，每年或間年舉行一次考試。但得視考試類科需要增減或暫停辦理之。」因此視考試類科需要增減辦理，在法制上應無疑慮；但在現實面來看，以2017年為例，馬來語、印尼語、越南語、泰語等外語導遊報考人數分別為17人、60人、167人、145人，第一試筆試成績滿60分，且第二試外語口試亦達60分者始為及格，各類科及格人數分別為6人、25人、29人、26人，在應考者來源有限情形下，即使一年舉辦兩次考試，因母數並未擴大，成效恐怕有限。立法委員提案，改採中央觀光主管機關自辦測驗及訓練，認為如此即可快速錄取所需人力，其前提是「撿到籃裡都是菜」的邏輯，這樣的外語導遊，觀光基本常識及素養不足，只有母語尚可；此和導遊人員管理規則第6條第3項：「已領取導遊人員執業證者，經交通部觀光局或其委託之有關機關、團體舉辦第一項所定其他外語（即英語、日語以外之外語）訓練合格，得申請換發導遊人員執業證加註該訓練合格語言別；其

自加註之日起二年內，並得執行接待或引導使用該語言之來本國觀光旅客旅遊業務。」之急就章做法，究竟有何差別？倒是及格人數已經爆量之華語導遊及華語領隊，既然法制上允許得視考試類科需要暫停辦理之，則參採部分冷門技師類科兩或三年辦理一次之作法，亦採間年舉辦，實務上應屬可行。

五、民進黨立委提案修法廢除國考改為訓練取證

2017年4月5日立法委員鄭運鵬、陳素月、蔡培慧等20人，提案修正發展觀光條例第32條，將原第1項「導遊人員及領隊人員，應經考試主管機關或其委託之有關機關考試及訓練合格」修正為「導遊人員及領隊人員，應經中央觀光主管機關或其委託之有關機關測驗及訓練合格」。

原第5項「第一項施行日期，由行政院會同考試院以命令定之」刪除。使導遊及領隊取才方式，由考試主管機關修正為交通主管機關，回復2004年以前的選才方式，讓交通主管機關能依據旅遊人口增減變化，適時增補所需之導遊及領隊人才。

提案理由指出近年來，來台旅客已經超過1,000萬人次（2016年為1,069萬人次），過去經濟落後之東南亞國家，近幾年經濟快速成長成為新富國家，來台旅客人數更大幅激增。泰國2016年來台人數195,640人次，較前一年增加57.2%；越南2016年來台人數196,636人次，較前一年增加34.3%；菲律賓2016年來台人數172,475人次，較前一年增加23%；馬來西亞2016年來台人數474,420人次，較前一年增加9.95%；唯一一年舉辦一次之專技人員普考導遊人員及領隊人員考試，完全無法應付多變的旅遊人口對外語導遊之需求。尤其是東南亞語系導遊更是明顯不足，2004年至2016年累計相關外語導遊及格人數，泰國語導遊91人，越南語導遊46人，印尼語導遊41人，馬來語導遊16人；若依2016年各國來台旅遊人數相比，旅客與導遊比分別是泰國2,329：1，越南4,275：1，印尼4,603：1，馬來西亞29,651：1，其間人力落差與考用失調相當嚴重。爰台灣並非沒有東南亞語系人才，國內外籍配偶之新住民，只要經過訓練就可取得導遊證照，根本不會缺人；所以修正發展觀光條例第32條，將考試主管機關修正為交通主管機關，回復2004年以前的舊制，讓交通主管機關能依據旅遊人口增減，隨時調整作法以補足所需之導遊及領隊人力。

2017年10月11日立法院交通委員會召開會議，審議發展觀光條例部分條文修正案，鄭運鵬委員之提案：取消考試主管機關辦理導遊人員及領隊人員考試，改為中央觀光主管機關或其委託之有關機關自辦測驗及訓練一案；經交通委員會初審結果照案通過。並明定新制自2019年1月1日起施行。以民主進步黨在立法院掌

握絕對多數席位前提下，本案未來完成二、三讀程序，應是指日可待且無可逆轉之結局。鄭運鵬委員對媒體表示：本案國內旅遊公會是大力支持的；觀光局局長周永暉也認同此為時代趨勢。

考選部蔡部長則對鄭委員表示「沒有意見」，此沒有意見實有兩層涵義，一種為面對強勢立法權不敢說不，只好沒有意見以策安全；另一種則為取消國考定位結果，並不違反其內心真正本意，甚至可說是樂見其成，所以以沒有意見達到順水推舟的效果。抱持這種棄守心態，自然不會從憲政角度、過去法制變革以及業務轉移經過等觀點，去說服立法委員爭取支持。簡化來說，主張三權分立的蔡部長，不願意為五權分立的憲政職掌辯護，這才是真正的關鍵原因。本案通過以後，未來很有可能是國家考試（尤其是專門職業及技術人員考試）大崩解的開始；連帶衝擊到的，則是獨立的考試權還能存續多久？說不定第12屆考試院就是末代的考試院，而這一切的轉捩點，就從導遊領隊人員的國考棄守開始。

六、考選機關近期法規鬆綁降低門檻，可惜時不我與

基於回應業界的需求：包括東南亞語系外語導遊，應試者多為外籍配偶、新住民第二代或當地華僑，因中文能力有限，閱讀試題較為困難，希望題數減量；筆試比重太高，不利外籍配偶、新住民第二代，其外語口試具優勢之條件展現，故應予降低；英語、日語以外之外語導遊人員，能一年辦理二次考試，以補足市場人力需求；外語導遊應試科目「導遊實務（二）」建議能刪除命題範圍中之臺灣地區與大陸地區人民關係條例，因與外語導遊執業內容無關；已具某種語言別導遊人員考試及格，未來如欲取得他種語言別導遊人員資格，僅須報考該他種語言別導遊人員口試或以具公信力語言測驗成績證明加以取代即可，無須重新再考筆試等。考選部日昨修正了導遊人員考試規則、領隊人員考試規則，並且報請考試院審議中。

為了國家考試的金雞母，不會因為立法委員從旁的強勢修法而回歸行政院交通部自行辦理，考選部大幅向業界立場傾斜，首先同意降低題數，除外國語筆試維持80題，其餘三科導遊實務（一）、導遊實務（二）、觀光資源概要，均從80題減為50題。其次是刪除了原考試規則中的占分比例「筆試成績占總成績75%，第二試口試成績占25%，合併計算為考試總成績。」刪除此一規定後，準備榜示時，將不採計筆試成績，完全以外語口試成績排序；不過對於此一作法也有台灣本地應考人質疑，認為照顧外配或新住民第二代固有其必要；但亦應符合比例原則，不宜過度，以免侵害到本地考生合法權益。再其次經外語導遊人員或華語

導遊人員考試及格，領有各該類科考試及格證書，想再報考其他外語導遊人員類科考試者，第一試僅考外國語筆試一科（其餘三科導遊實務（一）、導遊實務（二）、觀光資源概要等免考），通過60分以後，乃可參加第二試外語口試，亦以口試平均滿60分為及格，即可取得另外一種外語導遊人員執業資格。

　　綜合來看，考選機關顯然是在考試可能不保的前提之下，採納了業者多數的建議，試圖在國家考試保衛戰中，爭取到更多層面的支持；只是這樣的傾斜，和中央觀光主管機關自辦測驗及訓練，何者對旅遊業界較具吸引力？猶有待後續密切觀察。尤其是在立法院已經初步完成發展觀光條例的修法程序以後，明年就是考選部辦理末代導遊領隊考試最後一年，此時端出考試規則重大修正案，具有相當嘲諷的效果，更凸顯了主事者的缺乏政治智慧與敏感度。

七、考試院面對立法院侵權只有冒險聲請釋憲──代結語

　　考試院在1995年曾就立法院通過總統公布之商業會計法第2條，有違憲之虞向司法院提出聲請釋憲；在2008年亦曾就記帳士法第2條，有違憲之虞向司法院提出聲請釋憲；兩案均得到司法院正面回應，宣告相關法律條文有違憲法第86條第2款規定，應不予適用。此次面對立法委員主動修改職業法，將原定位為國家考試之導遊人員及領隊人員考試，改為職業主管機關自辦測驗及訓練，明顯剝奪考試院原有之憲定職掌，雖說目前政治現實環境立法權最大，但是面對此一險峻形勢，恐怕也不容考試院打落牙齒和血吞；否則此例一開，如形成後續骨牌效應，則該院現正辦理之專責報關人員、保險從業人員、記帳士、地政士、消防設備士、不動產經紀人等諸多考試，因層次不高，高中高職畢業即可報考，屬性與導遊及領隊相近，恐均將不保。形成民主進步黨在未能修憲廢除考試院之前，先削減其部分業務，使其功能弱化或萎縮的怪異現象。

　　不過現階段考試院要提出釋憲案聲請，也要面對高度風險。主要原因是從歷史的角度來看，司法院大法官第352號解釋出爐，認定土地登記專業代理人係屬專門職業，依憲法第86條第2款規定，其執業資格應依法考選銓定之；各方並無太大爭議。到了第453號解釋，個案認定商業會計記帳人既在辦理商業會計事務，係屬專門職業之一種；但有2位大法官提出不同意見書，也引起法學界相當迴響。再到第655號解釋，使未經考試院依法考試及格之記帳及報稅代理業務人取得與經依法考選為記帳士者相同之資格，有違憲法規定；有4位大法官提出協同意見書及不同意見書，法理上的討論至今餘波蕩漾。綜上所述，從第352、453號，再到第655號解釋，多數意見前後對於專門職業及技術人員認定精神與見解

雖然維持不變，但是因為不同意見越來越多，顯示支持力道上似乎有所減低；加上現今大法官組成人選及結構已不同於往昔，親綠的法律學者為數不少，考試院應深思以個案認定聲請釋憲方式，能否繼續得到大法官多數見解支持？確實是個未知數。如果聲請釋憲結果是否定的，甚至多數意見確立了「專門職業及技術人員認定，必須委由立法者做進一步的評價判斷，方符合憲法第23條所揭示之法律保留原則以及憲法第86條所指「依法」考選銓定的意旨。」（第453號解釋蘇俊雄大法官不同意見書見解）政策方向，則往後專技人員考試還能維持多大的範圍？前景並不樂觀。但在兩害相權取其輕的政策考量下，冒險向司法院聲請釋憲，恐將成為當前考試院唯一的最佳可能選擇。

（風傳媒，106年10月25日）

伍、食品與營養恩怨情仇二十年

一、亞洲大學漏改系名僅是冰山一角

　　日昨媒體刊登新聞謂亞洲大學「保健營養生技學系」，因2011年12月考選部修正專技人員高考營養師考試規則，應考資格從嚴規範，除原第1款列舉之營養、保健營養、保健營養技術、醫學營養、營養科學、食品營養與保健生技、食品及保健營養、臨床營養、營養科學與教育等系科仍予維持外，刪除原第2款專科以上學校畢業修習生理學、營養學、生物化學、生命營養學、臨床營養等21學科中，至少7科20學分，每學科至多採計3學分之規定。但刪除部分採六年過渡條款，在2017年12月之前仍准予報考。該校本應立即更改系名調整課程以茲配合，可能因為有六年才落日的關係，所以校方掉以輕心，直到今年期限即將屆至，該校因學生要求方才啟動系名更改為「食品營養與保健生技學系」程序；剛好考選部因應落日條款期限屆至，正要修改營養師考試規則，因此該校新舊系名保健營養生技學系、食品營養與保健生技學系均納入應考資格表中列舉，全案並已報請考試院審議後通過，因此問題應該算是已經得到解決。

二、雖已修法規解套，但食品系科將不能報考營養師

　　但是該案在法規預告期間，卻收到不少食品相關科系師生意見反應，認為限縮食品、生命科學、生技、公衛、護理等背景應考人，修習一定營養學科及實習後，得應考營養師機會。同時營養系科畢業者，得以修習食品相關學科7科20學分後，即可報考食品技師，但食品科系畢業者即使修習營養相關學分，因未來應考資格僅採系科名稱列舉，不在列舉範圍之系科即不得報考，遂造成食品與營養不同背景應考人，雙方應試（食品技師與營養師）時的不平衡。亦有應考人認為不宜僅根據科系名稱，即論斷其能否報考，而應有一種認定基準（如修習多少學分、實習多少時數等）來判斷是否具有營養專業為妥。食品背景考生並對營養師應考資格一路走來從嚴規範，多認為是營養學界保護本系所學生就業權益，所為明顯排他（系所）的具體表現。但是類此意見反應，因和2011年12月確立之營養師應考資格從嚴修正既定趨勢方向不符，因此並未具體加以處理。所以如果沒有其他外在因素的干擾，2018年開始，凡非營養主要系科畢業（如食品、食品科學、食品衛生等食品相關系科等），將不能再繼續報考營養師考試。

三、營養師法通過初期，營養師考試食品與營養系科和平共存

　　1984年5月制定公布營養師法規定：「中華民國人民經營養師考試及格，並依本法領有營養師證書者，得充營養師。營養師業務如下：一、對個別對象健康狀況之營養評估。二、對個別對象營養需求所爲之飲食設計及諮詢。三、對特定群體營養需求所爲之飲食設計及其膳食製備、供應之營養監督。四、臨床治療飲食之設計及製備、供應之營養監督。前項第三款所稱特定群體，係指需自團體膳食設施固定接受膳食之群體。」所以營養師執行業務對象，除個別對象外，集體特定群體亦爲對象。另1975年1月制定公布食品安全衛生管理法規定：「經中央主管機關公告類別及規模之食品業，應符合食品安全管制系統之規定。經中央主管機關公告類別及規模之食品業者，應置衛生管理人員。經中央主管機關公告類別及規模之食品業者，應置一定比率，並領有專門職業或技術證照之食品、營養、餐飲等專業人員，辦理食品衛生安全管理事項。」比較營養師與食品技師之職業管理法之法源依據，營養師規範非常具體明確，職業主管機關只要依法行政即可；食品技師規範則較原則性，有賴法律授權明確性，以及職業主管機關具體落實執行力。這也就注定此兩種不同的專門職業，其後的發展與興衰有別。

　　復依食品安全管制系統準則規定：中央主管機關依本法第8條第2項公告之食品業者，應成立管制小組，管制小組成員，由食品業者之負責人或其指定人員，及品保、生產、衛生管理人員或其他幹部人員組成，至少3人，其中至少1人應爲食品業者專門職業或技術證照人員設置及管理辦法規定之專門職業人員。另食品業者專門職業或技術證照人員設置及管理辦法規定：經中央主管機關依本法第8條第2項公告實施食品安全管制系統之食品業者，應依其類別置專任專門職業人員至少一人，其範圍如下：一、肉類加工業：食品技師、畜牧技師或獸醫師；二、水產品加工業：食品技師、水產養殖技師或水產技師；三、乳品加工業：食品技師或畜牧技師；四、餐飲業：食品技師或營養師。所以可以說營養師執業範圍有高度排他性，但食品技師執業範圍則無排他性，甚至和營養師、畜牧技師、水產技師、水產養殖技師、獸醫師等專業部分有所重疊。

　　由於食品技師迄今無法像公共工程專業技師、測量技師、環境工程技師一樣建立專屬的簽證制度，因此影響到其後續發展與證照價值。反之，營養師法通過以後，由於以考試取得證照規範明確，且營養師執業範圍內容具體，都有助於營養師專業價值提升。只是在2000年以前，專技人員高等考試各類科（包括律師、會計師、建築師、32類科技師、8類科醫事人員、營養師、獸醫師、社會工作師等），係採取統合方式辦理，一樣的應試科目數8科、一樣的平線錄取標準

等。1999年配合新專技人員考試法制定公布，專技人員各類科分訂不同考試規則時（如律師考試規則、會計師考試規則、技師考試規則等）；由於食品技師和營養師應考資格有部分相同（食品加工、食品營養、食品工業、食品工程、水產製造、水產食品科學、食品衛生、保健營養、水產加工、食品技術、生活應用科學技術等系科組畢業，該兩類科皆可報考），應試科目亦有一科相近（食品衛生與安全、食品衛生安全與法規），因此研訂新的考試規則時遂併同辦理。與會學者食品與營養專業背景兩者兼顧，甚至在數量上食品學者較營養學者略多；主因是食品系所較多，且食品技師成立較久之故。1999年12月訂定發布專技人員高等考試營養師考試規則，遂在此種兼顧食品與營養兩種不同專業妥協氛圍下完成考試制度草創，應考資格第1款為營養主要系科，採列舉方式，包括國內外專科以上學校營養、保健營養、食品營養、食品營養系營養組等科、系、組畢業，並經實習期滿成績及格，領有畢業證書者；第2款為非營養系科，則採國內外專科以上學校相當科、系、組畢業，領有畢業證書，曾修習生理學、營養學及實驗、生物化學、膳食療養及實驗、生命期營養、膳食計畫及實驗、大量食物製備（團體膳食管理）及實驗、公共衛生營養（社區營養）、臨床營養、營養評估、應用病理（臨床病理）、營養生化或食品衛生與安全等學科至少7科，合計20學分以上，每科目至多採計3學分，並經與前款相同之實習期滿成績及格，有證明文件者。而初期辦理之營養師考試，僅以科系或修習學分數作為應考資格主要認定基準，至於實習部分極為寬鬆，只要學校開出實習課，應考人曾經實習期滿成績及格即可，實習內涵並不具體。所以門檻不高，食品與營養系科遂能維持和平共存局面。

四、隨著營養師醫事人員化，營養壓過食品

營養師專業強化有幾個主要原因，其一為公會及學會高度團結，展現出強大凝聚力。1995年成立之中華民國營養師公會全國聯合會，其宗旨為聯合全國之營養師公會，增進營養專業知能，共謀營養專業發展，促進國民營養，維護營養師權益及提升營養師地位。由台北市、新北市、高雄市、台中市、台南市、彰化縣、南投縣等14個縣市營養師公會所組成。先後擔任過全國聯合會理事長之章樂琦、李蕙蓉、金惠民等人，分別為台北榮總、國泰醫院、三軍總院營養部主任，在營養師實務界甚具影響力。1974年中華民國營養學會成立，成立之初係由一群營養、食品、衛生、醫學等產官學界人士所共同組成，其宗旨以聯繫從事有關營養科學研究者與工作者，共同研究及改進國民營養之合理化為主；參與者仍多以學術界為主力。但早期擔任理事長之謝孟雄、黃伯超、謝明哲、陳維昭等人，學

術領域顯非狹隘的營養領域而已。此營養師公會與營養學會，成員雖稍有重疊，但大體上角色功能有所區別，經常能夠分進合擊，發揮加成功效。其二為1999年7月制定公布醫事人員人事條例，營養師納入醫事人員範圍，與醫師、中醫師、牙醫師、藥師、醫事檢驗師、護理師、助產師、物理治療師、職能治療師、醫事放射師、臨床心理師、諮商心理師、呼吸治療師等併列；並採師（一）級、師（二）級與師（三）級等級分列。凡經公務人員考試醫事相關類科考試及格，或專門職業及技術人員考試醫事相關類科考試及格，並取得中央衛生主管機關核發之醫事專門職業證書者，即分別取得各該類別醫事職務師（三）級醫事人員任用資格。此一條例通過以後，因為人事法規鬆綁，整體解決了公立醫療機構長期以來用人困難（考過專門職業及技術人員醫事人員考試取得職業證書者，即可任職於公立醫療機構，不必再去重複報考公務人員考試醫事相關類科）；對營養師而言，納入醫事人員範圍整體規範，則大幅提升了其專業性與社會地位。

　　對醫事人員來說，從教考用配合角度來看，較其他種類專技人員（如律師、會計師、技師等）是更嚴謹的。所以醫師僅限醫學系畢業報考，藥師僅限藥學系畢業報考，護理師僅限護理、護理助產學系畢業報考；但是律師除了國內外專科以上學校法律、法學、司法、財經法律、財金法律、政治法律、海洋法律、科技法律科、系、組、所畢業外，亦同意國內外專科以上學校相當科、系、組、所畢業，領有畢業證書，並曾修習主要法律科目至少7科，每學科至多採計3學分，合計20學分以上，亦准予報考。各類技師亦同，如以食品技師為例，其應考資格為國內外專科以上學校畢業，領有畢業證書，曾修習各領域（包括食品化學領域、食品分析領域、食品微生物領域、食品加工領域、食品衛生領域、食品工程領域、食品營養領域）相關課程，每領域至少1學科，每1學科至多採計3學分，合計至少7學科20學分以上，其中須包括食品加工學（含實驗或實習）、食品化學、食品分析（含實驗或實習）、食品微生物學（含實驗或實習），有證明文件者。

　　因此為了彰顯醫事人員之屬性，營養師公會及學會開始力推從嚴辦理營養師考試，2003年4月本考試規則修正，刪除普通科目國文及憲法，另增訂實習認定標準，實習共分四個階段，第一階段針對2001年度及之前應屆畢業者適用，以課堂外實習為限，應考人出具登錄有實習學分及成績之學校成績單即可。第二、第三階段，則限制在醫院、學校、工廠、機關團體等場所，在領有執業執照之營養師指導下，從事膳食供應與管理、臨床營養、社區營養等業務方可。第四階段則自2015年度及之後應屆畢業者適用，其實習學分／時數及學習活動均有所提高。另2011年12月考試規則再度修正，主要是針對應考資格第2款以7科20學分資格報考者，採落日條款方式，限於2017年12月31日以前，得應本考試。由於營養師考試已辦理甚久，營養師公會及學會參與人數及影響力，均較過去大為增加；加上

考選機關為了避免會中發生爭議，出席產官學各界以營養專業為主，食品背景者甚少；最後因為還有六年緩衝，影響層面不是立即就會發生，所以食品系科師生也無大動作反彈。直到邁入2017年以後，因為緩衝期即將屆至，反對聲浪遂逐漸浮現。

五、營養與食品專業各有立論，一時真理難明

　　面對當前情勢發展，營養與食品兩種不同的專業背景各有其主張立論。營養系所（包括公會學會）認為營養師既然是醫事人員，其執行業務又涉及人民身體健康與安全，因此應該從嚴規範應考資格，並比照其他醫事人員，回歸單一系科或至少主要營養系科方能應考，而不應再走回頭路，又讓一堆相關系科修習部分營養課程加上鬆散的實習，即可報考並取得營養師資格。另外衛生福利部自2008年5月發布食品安全管制系統（HACCP），其後並提升位階為準則，其中規定食品業者實施食品安全管制系統應設立管制小組，其成員至少一人應具備食品技師證書，並自2012年5月實施；實施後約需1,500名食品技師。所以自2011年起，考選部辦理食品技師高考每年兩次，以加速補足不足之人力。因此食品系科出路已經大有改善，故營養與食品兩種不同專業領域，終須分道揚鑣。

　　但食品相關系所則認為營養專業早期與食品或家政密不可分，在沒有醫院營養師之前，病患飲食問題長期係由護理人員負責；也因此營養師應考資格，長久以來均允許食品加工、食品營養、食品工業、食品工程、水產製造、水產食品科學、食品衛生、保健營養、水產加工、食品技術等食品相關系科報考，更有7科20學分彈性規定廣納各方人才，人才來源呈現多元化，對營養師的未來發展，毋寧說是好的。最後營養師的執業場所未必是醫療院所，亦有可能在對特定群體營養需求所為之飲食設計及其膳食製備、供應之營養監督；餐盒工廠、食品工廠等之食品衛生安全管理及監督；甚至高級中等以下學校，班級數在40班以上者，應至少置營養師1人，各縣市主管機關，應置營養師若干人。以上諸多工作場域及工作內涵，食品科系出身應試通過擔任營養師誰曰不宜？故營養師醫事人員化，反而不利優秀人才之引進。

　　以上兩種不同專業主張各異，似乎都有其立論基礎，究竟誰是誰非，旁觀者一時之間也很難有所定論。

六、期限屆滿影響食品科系出路，考委及立委介入關切後果難料

　　目前考試院中對食品相關系科未來將不得報考營養師，表示關切的某考試委員係成功大學特聘教授，曾任該校生命科學系（所）系主任、所長、生物多樣性研究所所長等職，對保健食品研究學有專長。在院會中她提出質疑，認為2015年起營養師實習學分數與小時數均較過去有所增加，造成食品相關科系學生在校修習課程之外，實習無法達標；且相關研議會議過程中，以營養系科參與為主，而排除食品相關科系，另食品科技學會及保健食品學會亦未邀請與會，排他意圖甚明。其次營養師執業內涵，除醫院中之臨床營養、營養評估、飲食諮詢以外，晚近興起團體膳食供應、餐盒工廠、食品工廠等之食品衛生安全管理及監督事宜，其重要性與日俱增，社會大眾更加重視，所以排除食品系科畢業生報考營養師考試，其實並不合理。因此要求修正營養師考試規則，調整應考資格與應試科目。無獨有偶的，某立法委員亦在立法院召開協調會，邀集食品相關系所教授及考選部代表與會，為食品相關系所畢業得以報考營養師乙節爭取權益；該委員專長為食品安全檢驗，原為台灣大學公共衛生學院職業醫學與工業衛生研究所教授，參與過塑化劑事件、毒澱粉事件以及餿水油事件等，與食品界相熟，此次代替食品界發聲，並不令人意外。

　　本案問題關鍵在於營養師醫事人員化，現階段已經是個既定的事實且無可逆轉。在此一前提之下，過去多年來的從嚴修正，包括提升實習內涵加強其學分數與時數、限制營養本系科始得報考而排除其他系科參與機會等，都是秉持相同的邏輯在思考運作。如今因為考試委員、立法委員的介入與關切，使得問題躍上檯面，後續究竟會如何發展，目前尚難預料；比較令人擔心的是跳出來的委員都是保健食品、食品安全背景的利害關係人一方，這使得問題的討論一開始就陷入能否客觀公正的疑雲之中。如果未來真的又改回過去7科20學分的老路，且放寬實習的認定基準，能否被外界所接受與信服？會不會成為政治干預專業的另一個具體實例？都有待後續密切注意與進一步觀察。

（風傳媒，106年9月16日）

陸、評律師考試制度的變變變

一、楔子——律師高考增加成績特別設限

　　2017年8月考試院第12屆第149次院會審議通過專技人員律師高考規則修正案，主要變動在於第二試及格標準的改變。原來第二試及格標準為「第二試錄取人數按應考人第二試成績高低順序，分別以各該選試科目全程到考人數33%為及格標準。……但第二試筆試應試科目有一科目成績為零分或除選試科目以外其他各科目合計成績未達全部應考人全程到考人數50%成績標準者，均不予及格。」換言之，以第二試各該選試科目全程到考人數33%為及格標準做為原則，例外則是第二試筆試應試科目有一科目成績為零分或除選試科目以外其他各科目合計成績未達全部應考人全程到考人數50%成績標準者，均不予及格（法制上稱之為成績特別設限）。新修正及格標準有一科目成績為零分維持不變，原「除選試科目以外其他各科目合計成績未達全部應考人全程到考人數50%成績標準」則修正為「除國文、選試科目以外其他各科目合計成績未達400分者，均不予及格」。本案通過以後，在媒體以及PTT上雖有少數法律系所學生提出質疑，包括任意改變及格方式，有違法律保留原則；每年命題難易度有別、閱卷標準寬嚴不一，增加成績特別設限門檻反而會失去過去數年穩定錄取率，導致不公平等；也引起了些許的漣漪。但畢竟律師考試制度如何變革與多數國民生計或權益無關，加上本案充分滿足了律師公會的基本立場，即使有考生微弱的呼聲，應該幾無翻案之可能。

二、律師考試變革近七年來接二連三

　　律師考試自1949年政府遷台後，前六十年歲月只有小幅的變動。以應考資格為例，本系科部分從早期專科以上學校法律系畢業，配合國內高等教育發展，逐年調整為法律、法學、司法、財經法律、政治法律、海洋法律、科技法律科、系、組、所畢業；非本系科部分則從3科9學分，從嚴改為7科20學分，且須包括民法、刑法、民事訴訟法或刑事訴訟法等三科核心科目。應試科目方面，1952年時考科最多曾有12科，其後陸續刪除心理測驗（不計分）、本國史地、中國法制史、國父遺教等科目。至於錄取標準方面，政府遷台之初，1950年開始律師高等考試，因和其他會計師、建築師、各類技師、醫事人員等類科同時舉行，所以錄取標準各類科一致，由典試委員會考量一定錄取人數平線錄取；至1958年為止，錄取標準分別為50分、53分、55分、56分、58分。1959年起各類科均採60分，且

實施時間甚長；其主要原因是社會一般觀念上多把60分視爲及格。但實施日久問題逐漸浮現，比如不同類科之間命題難易、閱卷寬嚴均有不同，均採60分平線錄取導致類科之間錄取率相差甚大，無法維持平衡。1983年起採取比較彈性作法，仍採平線但必要時得降低至59分、58分或57分不等，以滿足部分錄取率偏低類科需求。但如此一律平線降低結果，律師、會計師可能錄取數十人，其餘類科則錄取率高達80%，甚至90%，類科之間仍難平衡。1990年起參採常態分配理論T標準分數16%精神，在成績不換算前提下，錄取各類科到考人數16%；但考試總成績滿60分以上，而無「筆試有一科爲0分或專業科目平均不滿50分情形者」，均予錄取。1999年專門職業及技術人員考試法大幅修正，原以應試科目表及應考資格表統合辦理之專技人員高普考試，回歸專業各自訂定單獨考試規則加以規範，類科之間相互比較之壓力不再，類科之間容許差異性存在。2003年改以全程到考人數8%爲及格，足額錄取。

　　2011年開始施行之司法官及律師考試新制重點如下：一、筆試程序改採二試，第一試爲測驗題，第二試爲申論題及國文，並配合法學發展趨勢，大幅調整應試科目內容；二、成績計算由百分制改爲總分制，可視法律科目性質及業務（執業）需要，適度配分，如第二試民法與民事訴訟法占300分，刑法與刑事訴訟法占200分；三、取消司法官考試專業科目平均成績未滿50分不予錄取之成績設限規定，以避免不足額錄取；四、命題融合實體法與程序法，兼備理論與實務；五、第二試採行分題平行雙閱，落實閱卷品質，避免評分寬嚴不一，提升公平性；六、律師整體及格率由原8%提高爲10.89%（即第一試及第二試，各錄取全程到考人數之33%），以讓更多法律人才能爲社會服務。2013年推動本考試線上閱卷；2014年司法官及律師考試第一試合併同時舉行，部分子科目並增採複選題，以提高難度；2015年第二試增列選試科目，以因應法律專業分工及全球化國際競爭趨勢。嚴格來說，最近這幾年的律師考試制度變革，速度之快、幅度之大，遠超過過去六十年變化，已經讓應考人及社會大眾有點眼花撩亂。

三、增加特別設限名爲提升素質實則減少錄取人數

　　此次考選部提出律師考試規則之修正，其實肇因於2016年11月律師公會全國聯合會理事長及多位理、監事，到考選部拜會蔡部長，律師公會當時明確表示：目前律師高考每年固定10.89%錄取率，錄取人數高達900餘人，已經明顯超出社會需求量，造成新進律師收入頓減，整體律師社會地位下滑；目前律師公會全聯會每年接受法務部委託在法務部內湖研習中心辦理律師職前訓練，其中基礎訓

練分為六梯次，每梯次一個月，已到達該會最大容訓量；實務訓練五個月由學習律師在律師事務所或財團法人法律扶助基金會接受訓練，目前則遇到指導律師難覓，必須由全聯會介入及推薦之困境。因此該會建議能夠適度調降律師考試錄取人數，此點與考選部主張一拍即合，所以全案快速推動修法程序。

　　但是修法過程粗糙，讓外界多所質疑，包括：一、2017年4月11日考選部召開會議，邀集司法院、法務部、該部律師考試審議委員會委員、律師公會全國聯合會、各縣市律師公會代表，一次會議即告定案。過程中沒有邀請法律系所教授表示意見，更無各校法律系所學生與會。此外該案法規預告期間，數百則反對意見湧向考選部，該部既不回應亦不採納，以原預告條文逕送考試院完成審議，完全的橫眉冷對千夫指，視不同意見於無物；二、律師考試第二試為申論試題，過去多年來都是採臨時命題方式，根據以前的經驗，每年參與命題及閱卷人選皆有不同，所以不同年度間同一科目命題難易度有別，閱卷寬嚴標準不一，確實難以掌握並維持其衡平；但過去依固定錄取比例10.89%錄取，使得每年錄取人數得以維持相當程度穩定。現在加上400分成績特別設限門檻，將來是否會發生在第二試全程到考人數33%範圍之內應該錄取者，卻因為未達400分門檻而被刷掉情形？只能說非常有可能會發生，問題關鍵在於類此人數究竟多少而已。考試院審查會審查本案時已經預見及此，所以特別做了附帶決議，略以：「……設定第二試筆試公、民、刑、商事法四核心科目總成績及格之絕對門檻，須以試題難易度及閱卷寬嚴之穩定公平為前提，爰請部繼續研究，採行具體有效措施，精進命題閱卷事宜，以維國家考試公平及信度效度。」此一附帶決議隱約透露出一個訊息，就是考試委員明知道試題難易及閱卷寬嚴難以維持跨年度之間穩定性與一致性，但又不願意得罪相關利益團體，所以通過成績特別設限門檻在先；再以附帶決議方式，提醒主管機關考選部要注意命題閱卷事宜公平性及信度效度。此種構築防火牆的方式，就是預防新制實施後不同年度間錄取率及錄取人數差距過大外界有質疑時，能與執行機關清楚切割責任；三、考選部修法理由中清楚指出，鑑於現行律師考試第二試係以錄取各該選試科目全程到考人數33%為及格標準，但未訂定最低錄取分數門檻，為發揮考評律師專業執業能力之功能，提升考試及格者於專業科目公、民、刑、商事法等四大核心領域之水準，所以增訂成績特別設限門檻「除國文、選試科目以外其他各科目合計成績未達400分者，均不予及格」。

　　但專技人員考試總成績計算規則第3條規定：「採以錄取各類科全程到考人數一定比例為及格者，其應試科目有一科成績為零分，或專業科目平均成績不滿五十分者，均不予及格。」試問第二試選試科目（即智慧財產法或勞動社會法或財稅法或海商法與海洋法四科任選一科），屬性是否為專業科目？因此是否條文設計為「但第二試筆試應試科目有一科目成績為零分或除國文以外其他各專業科

目合計成績未達450分者，均不予及格。」更能符合專業科目平均成績不滿50分設限之立法意旨？按律師考試第二試總分原為1,000分，扣除國文100分以後，其他各專業科目合計成績須達450分以上，即相當於前述百分制專業科目平均須達50分以上，不但適法也和其他採一定比例制之專技人員考試，其成績特別設限規定維持平衡。

　　目前不少應考人擔心未來新制上路以後，錄取率會大幅下降至5%，甚至3%，遠低於現行固定錄取比例10.89%，面對外界的此種疑慮，考選機關應以新制設限方式，就2015年、2016年兩年具體資料庫數據跑一下電腦程式，看看錄取率及錄取人數究竟有何變化？如果下降幅度有限，公布以後應考人疑慮消除，自然可以坦然面對。如果打死也不能對外公布，那就恰好坐實了外界「以提升素質為名而行降低錄取人數之實」之批評。

四、台灣律師考試錄取人數太多嗎？

　　台灣的律師考試每年錄取率及錄取人數究竟算多嗎？從2011年至2016年統計資料來看，分別為：10.64%（963人）、10.62%（915人）、10.38%（892人）、10.17%（915人）、9.89%（822人）、9.87%（860人）。看看美國律師考試，採分權方式由各州自行辦理，一年考兩次，2016年錄取率前三高的分別是密蘇里州78%（錄取757人）、內布拉斯加州77%（169人）、猶他州及夏威夷州71%（各318人、200人），其餘各州多在50%－70%之間，錄取率最低的則是加利福尼亞州40%（錄取5,032人）。德國司法考試及格，取得法官、檢察官、律師、公證人、高階文官任用資格，其第一階段考試通過後即進入職前預備訓練階段，為期兩年，期滿再參加第二階段考試；2015年此兩階段平均通過比率為57.3%（7,462人）。日本在2016年（平成28年）司法考試，有7,730人報名，6,899人到考，1,583人合格，錄取率為22.95%。相較於這些國家律師考試錄取人數，台灣其實並未特別偏高，因此也無必要去增設門檻，以刻意降低錄取率與錄取人數。退一步來看，考上律師的人數多了，對民主法治國家來說，絕對不會是一種災難，因為登錄執業律師變多了，律師就會因競爭而展現出服務業本質；其次律師行業中會帶動不同法律專業分工之興起，以處理智慧財產、網際網路、奈米光電、生物科技、醫療或工程糾紛、電子商務、跨國企業併購等新興的法律專業領域。另一方面，政府機關中具有律師資格的公務人員多了，依法行政原則能夠更加落實；而民間企業中，除了傳統的法務人員外，具不同專業背景循法碩乙之途徑，參加律師高考取得律師資格的從業人員多了，對企業法令遵循的防弊功能強化亦有極大助益。

五、考生還要面對多少未知的改變——代結語

　　前述律師高考錄取標準增加成績特別設限以後，可以預見明年開始律師考試錄取率及錄取人數都會明顯下滑。另外還有以下三件事情也會衝擊到應考人應考權益。包括：　其一，因為部分參與司法官及律師考試之典試及閱卷委員建議，考選部正在研議取消原已實施多年之電腦線上閱卷，改回人工閱卷，同時將原平行兩閱制改為單閱制。此議一出，引起多位考試委員在院會中強烈批評（包括視網膜剝離與電腦線上閱卷無直接關係，而和先天性遺傳、糖尿病、外傷及中高度近視有關；本年司法官及律師考試第一試已經舉行完畢，第二試即將上場，此時不宜變更閱卷方式，以免影響應考人權益；根據過去經驗單閱制得分明顯較平行兩閱制為低，故閱卷方式改變，要審慎評估效益並提報院會討論等。）院會並對此並作成決議：「司法官及律師考試第二試閱卷方式，多數委員建議依往例仍採平行兩閱方式辦理，以免爭議。」就制度面來看，紙本閱卷確實相對落伍，所以才會花錢購置電腦設計軟體系統，將考畢試卷掃瞄後由閱卷委員在電腦螢幕上進行評閱；由於電腦線上閱卷可以簡化閱卷程序（如無需取卷還卷、攤卷摺卷、加總分等）、加強自動檢核功能（如對溢給分數、漏未評閱等提出示警），且有利於召集人立即掌握不同委員間的評閱寬嚴差異，而立即協調處理，所以電腦線上閱卷應是時代進步的必然發展趨勢。另單閱係試卷經一位閱卷委員一次評閱，即以所評分數為該科目之分數，所以碰到殺手型的大刀或具獨門暗器學者或是宅心仁厚的長者，評分結果可能會差異很大，當然不公平。而分題平行兩閱則是試卷由不同之閱卷委員，分任每題第一閱及第二閱，以每題兩閱評分之平均數為該題之分數；但兩閱分數相差如達該題題分三分之一以上時，得另請閱卷委員一人評閱，並以分數相近之二位委員評分總和之平均分數為該題之成績，而排除較高或較低之偏離分數。所以平行兩閱制當然較單閱制來得公平合理，且對應考人有利，如今少部分閱卷委員枉顧眾多應考人權益，以眼睛疲勞不堪負荷的理由，要求回復早年的紙本閱卷與單閱制，實在是大開時代的倒車，應予嚴厲譴責。

　　其二，考選部在2017年1月13日曾經大張旗鼓的召開公聽會，邀集大法官、法律學者專家、律師公會全國聯合會及地方律師公會、司法院、法務部等機關團體，討論律師考試改革相關議題。當時獲致初步共識如下，包括：應試資格部分刪除普考及格滿四年及高等檢定考試及格者。應試科目部分，第一試強調法律基本知能，所以在綜合法學（一）及（二）之外，增加七選二的選試科目；第二試強調律師執業能力，所以取消原選試科目，亦考量將國文考試內容改為法律文書寫作（如起訴狀、律師函等）。及格標準第一試三個法學領域皆須及格，始能應第二試（並以限考兩次為限）；第二試及格標準擬採科別及格制（即100分之國

文需達60分，200分之專業科目需達120分），未及格之科目得在往後三年中繼續應考，如仍有未及格之科目，第五年開始則需全部重新再考。前述公聽會辦理情形，該部曾經在考試院會報告，引發多位考試委員發言提出質疑，包括：現制優缺點及實施成效應先進行評估，才能釐清有無改革必要；新制要換算為60分及格制，已脫離原比例及格制，屬重大變革，目的似為減少律師考試錄取人數，應再廣徵各界意見；制度改革要審慎考量全盤思考，以免考生人心惶惶；及格標準改變至關重大，要有清晰政策論述及數據支撐，才能以理服人。該案目前後續尚待進一步推動。

其三，2017年8月12日閉幕之司法改革國是會議總結會議，在「改善法律專業人才養成及晉用」方案中，描述現況具有下列缺失，包括：長期以來法官檢察官進用皆以考試取材，但常有欠缺社會歷練導致裁判遭到質疑的情形；法律人才的考試，分散在律師考試、法官檢察官考試、公務員法制類科考試等項目，分別招考讓考生疲於應試，也造成資源浪費；現制法官、檢察官集中在司法官學院的培訓方式，常被批評為與社會脫節；律師職前訓練因僅有半年，且由新進律師自行尋找指導律師，成效不彰。因此建議未來應建立多合一的共通法律專業資格考試，考生在通過考試之後，均應先經過一年以實務機構為主的培訓，用人機關再依需用名額、培訓成績、考生志向口試篩選候補檢察官、候補法官、律師或其他法律專業人員。制度修改前，應研擬由審檢各自培訓方案。法官檢察官的養成期應拉長，也要到法院與檢察署以外的機關與團體去實習；經選擇擔任法官或檢察官者，必須先到國內外機關或團體歷練二年，再進入法院、檢察署候補養成三年，以汲取社會經驗並加強專業能力。爰本案未來勢必要由司法院、考試院及法務部共同推動司法四合一（含法官、檢察官、律師及法制人員）特別考試條例，送交立法院審議。

前述可能推動的多項改革，有的只是試卷評閱方式改變，但是影響到應考人權益甚鉅；有的則是制度上的變革（包括應考資格、應試科目、及格標準之更張），衝擊程度更廣；至於四合一的考試，涉及到特別考試條例制定以及司法人員人事條例、法官法修正，對應考人來說影響更是翻天覆地，應考人的整個人生規劃都會為之翻轉。考選機關究竟是準備分階段逐步推動改變？還是想要畢其功於一役，諸多改革作法一次到位？恐怕得未雨綢繆理出一個頭緒以後，早點對外說明以安撫人心。

對眾多應考人而言，2011年起施行之律師考試制度改革，幅度已經夠大，其後數年迄今微調不斷，2018年又將增加第二試「國文、選試科目以外其他各科目合計成績需達400分」成績特別設限，變動又添一椿。平實來看，1949年政府遷台以後之前六十年，律師考試制度變動不大，可稱之為相對穩定結構；但2011年以後迄今，甚至展望未來數年可能的發展，律師考試又有點制度過動的跡象，新

的變革似乎隨時都會出爐，讓應考人始終心情無法安定。寄語主其事者要能體會應考人的無助心境，以蒼生爲念，所以要顧及制度適度穩定性；切勿將諸多考生視爲實驗室的白老鼠，不斷以改革之名而推陳出新，只爲了個別的機關或團體利益，或是爲了成就自己在任期中留下虛幻的改革名聲，則全民幸甚！國家幸甚！

（風傳媒，106年8月28日）

柒、全部科目免試取得專技人員執業資格，公平合理嗎？

現行專技人員國考制度中存在著一個既不公平、又不合理之全部科目免試制度。簡言之，具有特定學歷條件，並經公務人員高等考試三級考試特定類科及格，分發任用後，於政府機關、公立學校或公營事業機構擔任與考試類科相關工作三年以上，成績優良，有證明文件者，得申請建築師、技師、地政士等全部科目免試。此一制度有其法理上依據，包括：專門職業及技術人員考試法第13條：「（第一項）具有與專門職業及技術人員考試相當之學歷經歷者，應專門職業及技術人員考試，得視其不同學歷經歷或具專業技能證明文件，爲下列之減免：一、應試科目。二、考試方式。三、分階段或分試考試。（第二項）前項申請減免之程序、基準及審議結果，由各該考試規則定之。」同法施行細則第7條：「考選部得設各種專門職業及技術人員考試審議委員會，辦理本法第十三條申請減免應試科目案件之審議。」專門職業及技術人員考試審議委員會組織規程第8條第1款：「審議委員會審議結果依下列規定辦理：一、經核定准予全部應試科目、考試方式、分階段或分試考試免試者，由本部報請考試院發給及格證書，並函相關職業主管機關查照。……」所以專技人員全部科目免試制度，可以說是雖然於法有據，但情理上似欠妥適且有違公平原則的一種制度。

一、從兼取資格到免試檢覈肇其遠因

依據憲法第86條之規定，公務人員任用資格、專門職業及技術人員執業資格，應經考試院依法考選銓定之。此兩種資格，性質上迥然不同，原本不能相通，在舊考試法中，甚至分章節來規範兩種屬性不同之考試；但是爲了方便應考人，所以1948年7月21日修正以後之考試法第7條規定：「公務人員考試與專門職業及技術人員考試，其應考資格及應試科目相同者，其及格人員同時取得兩種考試之及格資格。」此即所謂兼取制度。此後在實務面執行時，卻遭遇到公平性問題，因爲公務人員考試有其任用上的需求，所以採擇優錄取方式遂最低錄取標準經常低於60分；而專技人員考試屬資格考試性質，爲維持固定水準遂有平均成績60分之門檻設限。爲期二者平衡，1982年6月15日考試院修正發布考試法施行細則第9條第2項增訂規定：「（第一項）舉行全國性公務人員考試時，依本法第七條所定，專門職業及技術人員考試及格人員，同時取得公務人員考試及格資格者，以在公務人員考試規定錄取名額以內者爲限。（第二項）公務人員考試及格

人員，同時取得專門職業及技術人員考試及格資格者，其考試總成績，須達到專門職業及技術人員考試錄取標準。」1986年1月24日總統公布公務人員考試法、專門職業及技術人員考試法，兩法分別立法，原統合之考試法並予廢止，使原考試法中有關公務人員與專技人員之聯結完全消失。後有應考人因無法兼取專技人員及格資格而提起行政爭訟及釋憲，司法院大法官在1990年11月9日作成釋字第268號解釋，認為施行細則增設法律所無之限制，顯與法律使及格人員同時取得兩種資格之規定不符，如認為兼取資格規定有欠周全，應先修正法律為妥。考選部為回應前述解釋，將公務人員與專技人員考試相同類科（如公務人員考試土木工程科別與專技人員考試土木工程技師類科），其應試科目數及科目名稱略加調整，使兩者不完全相同，以迴避適用兼取規定。並修法刪除同時取得兩種考試及格資格規定。

國民政府在大陸時期即已開辦專門職業及技術人員考試以及檢覈，考試採筆試、口試、測驗等方式，檢覈則以審查證件、面試為主。從統計數字來看，此階段檢覈及格人數為考試及格人數的50倍。中央政府遷台以後，專技人員檢覈與考試兩者之間差別，在於僅有學歷條件者參加考試，學歷條件外另有工作經驗者則參加檢覈，通過考試或檢覈所取得之專技人員執業資格並無軒輊。另應檢覈者，再區分為免試檢覈（如早期曾任立法委員、簡任司法行政官、法律系教授、上校以上軍法官等皆可審查證件即取得律師資格），及檢覈筆試（如無普通科目，專業科目亦較公開競爭之律師高考為少）。1999年12月29日專技人員考試法修正公布，取消檢覈制度，但為期改制順利避免外界反彈，遂將原免試檢覈與檢覈筆試，分別轉型為全部科目免試與部分科目免試；其優點為部分科目免試與全部科目考試，能在同一命題、同一閱卷標準下完成，以齊一專技人員素質；而全部科目免試適用類科範圍亦適度縮減。所以現制之中，確實存有部分類科公務人員考試及格，得以全部科目免試方式取得專技人員執業資格情形；但從歷史縱斷面發展來看，整體免試制度變革由寬鬆而嚴謹，而全部免試規定適用類科範圍更是越來越縮小。

二、公務人員與專技人員互轉有其制度上平衡考量

在整體人事考銓法制來看，經過數十年來的持續變革，雖然分別由考選部與銓敘部各自掌理著考試與銓敘；但是很巧合的，在公務人員流動至專技人員，以及專技人員轉任至公務人員不同路徑上，雙方確實維持著某種程度的平衡關係。先論公務人員流動至專技人員，其取得執業資格的途徑有二：其一為全部科目免

試（如曾任法官檢察官得全部免試取得律師資格）；其二爲部分科目免試（如曾任法律系法學助理教授副教授或教授一定年資、得免律師高考第一試，逕行參加第二試）。其次爲專技人員轉任公務人員，亦有兩種途徑，其一爲專技人員轉任公務人員條例，經專門職業及技術人員高等考試或普通考試或相當等級之特種考試及格者，其轉任公務人員，依本條例規定辦理，完全不需再經過任何公務人員考試及格；專門職業及技術人員轉任公務人員，應以轉任與其考試等級相同、類科與職系相近之公務職務爲限。其二爲公務人員高普考試及地方特考中，設有部分公職證照類科（如高考三級公職土木工程技師科、公職食品技師等類科），其應考資格以具備各該專業證照爲前提，且須二年相關工作經驗，應試科目爲筆試專業科目兩科及口試。前述四種管道中，全部科目免試與轉任制度性質相近，都不必再經過考試，只要符合法定要件且經過審查程序即可；部分科目免試與公職證照類科考試性質接近，都要再經過另一種性質考試（但應試科目數較少）且達到及格標準即可通過。所以在制度面上，其實兩者之間維持著另一種相互平衡的關係。

三、全部免試制度的公平性立委提質疑

立法院審議2014年中央政府總預算時，立法委員提案：「中華民國憲法第86條規定，公務人員任用資格及專門職業及技術人員執業資格，應經考試院依法考選銓定之，根據此一規定，我國分別建置公務人員考試及專門職業及技術人員考試，並規劃交流管道諸如部分免試考取證照及全部科目免試換證等。惟該制度實施迄今已近七十年，……建請考選部通盤檢討及審慎規劃全部科目免試制度，並在改制研擬前，應先徵詢相關職業團體意見。」該年9月考選部先徵詢相關職業團體意見，後邀集相關職業主管機關會商專技人員高普考試全部科目免試制度存廢問題，會中決議：「一、藥師、護理師、助產師、醫事檢驗師、醫事放射師、職能治療師、物理治療師、語言治療師、心理師、營養師、獸醫師等11類科，以落日條款方式刪除全部科目免試規定。二、建築師、技師（包含32個分科）、律師、地政士等35類科全部科目免試規定仍予維持。」前項醫事人員相關全部科目免試規定刪除，主要原因是公務人員高普考試醫事類科均已刪除，實務上已無申請全部科目免試可能性；其次醫事人員人事條例1999年施行後，公務人員考試或專技人員考試醫事相關類科考試及格並取得中央衛生主管機關核發之醫事專門職業證書者，均可任職公立醫療機構。因此公立醫療機構人力進用已無困難，職業主管機關及相關公會學會遂樂得放手。反之，建築師、技師、律師、地政士之職業主管機關、學術界及公會學會等，有太多人情與利益糾葛難以割捨，所以無法

同意刪除全部科目免試規定。

　　該案隨後報請考試院審議，第12屆考試委員因為出身學術界者占多數，學者的毛病就是理想性甚高，對考選部所擬分階段處理全部科目免試之作法不表同意，最後在2015年7月作成決議：斟酌專門職業及技術人員專業性與公務人員考試相當類科職務工作之差異性，以及國家整體人力資源運用等各方因素，通盤檢討專門職業及技術人員考試各類科全部科目免試規定妥適性，並將檢討原則、機制及指標，併案儘速報院審議。全案遂退回原點以迄於今。一轉眼兩年已經過去，該案似乎仍在積極研議及檢討中打轉。

四、未來改革的幾種可能面向 ── 代結語

　　解決專技人員全部科目免試制度所造成之不公平現象，其實有數種不同的解決方法，茲分別說明如後：

（一）緩步且低度改革讓被改革者屆退前才能申辦

　　改革就會傷害到原有的既得利益者（如年金改革之於軍公教），所以如果能夠衡量改革範圍並管控損害，既達到改革的公平目的，又讓被改革者留有一線希望，如此的改革雖屬緩步改革，但應該仍算是成功的改革。就目前仍維持全部免試制度的四類專技人員（律師、建築師、技師、地政士）來說，其實律師已經不再成為問題；主要原因為2011年7月6日總統公布的法官法第97條已有規定：「（第一項）實任法官、檢察官於自願退休或自願離職生效日前六個月起，得向考選部申請全部科目免試以取得律師考試及格資格。（第二項）前項申請應繳驗司法院或法務部派令、銓敘部銓敘審定函及服務機關出具之服務紀錄良好證明等文件。」該條文係法官法由司法院送會考試院時，考試院所主動提出之版本文字，其後並經完成立法程序。舊制曾任法官或檢察官者，只要繳驗司法院或法務部派令及銓敘合格任審通知書，即可向考選部提出申請全部科目免試，經審議通過後即發給律師考試及格證書；由於條件極為寬鬆，所以多數法官檢察官在完成候補及試署階段，再任職數年有辦案書類，即來申請律師免試，並取得律師證書在手。惟司法界確有少數實任法官或檢察官，在職期間因個人品德操守引發外界質疑，或被懲戒懲處後申請提前退休或資遣，即使未受法律追訴，但因已具律師執業資格，故仍然轉進律師界成為在野法曹，嚴重影響外界觀瞻。新制實施以後，原服務法院或檢察署因無法（或不願）出具服務紀錄良好證明，當事人即不得申請免試取得律師考試及格資格；因此可以確保聲譽不佳之退離審檢人員，無法輕易進入律師行業。該條文通過後，近些年來申請律師全部科目免試者人數大

幅減少，正面成效顯然已經展現。

　　建築師、技師、地政士全部科目免試制度如欲跟進，可參採法官法立法體例研修建築師法、技師法、地政士法，納入各該公務人員考試類科及格，須於自願退休或自願離職生效日前六個月起，始得向考選部申請全部科目免試以取得建築師、技師、地政士考試及格資格之條文。由於公務人員退休年金大減，未來現職人員普遍會做到屆齡退休，因此本案作法可以有效避免公務專業人力流失，又給屆退公務人員保留一線開啓事業第二春機會；由於其取得專技人員考試及格資格時年事已高（已達65歲），就算再度就業，對社會上原已執業者之衝擊亦屬有限，爰可以嘗試推動。

（二）中度改革取消全部科目免試但保留部分科目免試

　　既然立法委員有所質疑，認爲具有特定資歷者得申請全部科目免試，取得專技人員執業資格，和憲法第86條有違；亦和司法院釋字第453、655號解釋意涵不符；更逾越專技人員考試法第13條規定授權範圍：「具有與專門職業及技術人員考試相當之學歷經歷者，應專門職業及技術人員考試，得視其不同學歷經歷或具專業技能證明文件，爲下列之減免：一、應試科目。……」（法律僅授權減免應試科目，能否擴張至全部科目免試？）則是否各該種類全部科目免試制度均應取消，部分科目免試制度亦予以簡化。以技師考試爲例，重新設計後之技師部分科目免試制度只有兩種：1.爲大學畢業（如土木工程系）、公務人員高考三級土木工程科別及格、分發任用在政府機關、公立學校或公營事業機構擔任該類科技術工作三年以上；2.爲領有外國政府相等之該類科技師證書（如土木工程技師）經考選部認可者；其應試科目均爲筆試專業科目兩科及口試。至於原舊制該類科工作經驗者，或在公私立專科以上學校任講師助理教授副教授或教授一定年資、且講授該類科相關學科，准予部分科目免試之規定則均應取消，並回歸參加全部科目考試，以求其公平。如此則和具專業證照（如土木工程技師）報考公務人員高考三級之公職土木工程技師類科相同，皆爲筆試專業科目兩科及口試。技師、建築師、律師、地政士四類科並應同步改進。至於專技人員轉任公務人員條例，相對於全部科目免試制度的取消，亦應廢止該條例，以維持兩制之間的平衡性。

（三）高度改革取消各種全部科目免試及部分科目免試規定，但保留法官檢察官轉任律師

　　公務人員考試和專技人員考試既爲不同屬性之考試，兩者亦已分別立法規範，則應嚴肅思考其間互相流通效益及其可能造成之弊病。以專技人員建築師、技師、地政士考試爲例，有的應考人直攻各該專技人員考試，以取得執業證照；也有的應考人先報考公務人員高考三級相關類科，分發任用後在政府機關、公立

學校或公營事業機構擔任與考試類科相同工作三年以上，即可申請全部科目免試取得專技人員及格證書。但仔細比較兩者（如公務人員高考三級建築工程科、專技人員高考建築師），其應考資格不同、應試科目有部分區別，只因具有三年公務人員工作經驗即可申請建築師全部科目免試，是否妥適？另外建築工程科分發任用後工作內容，與建築師實際執業內涵，恐亦有相當程度差異性，給予全部免試取得證照，是否符合比例原則及公益原則？所以全面取消現有各種專技人員全部免試及部分免試規定，凡欲取得專技人員執業證照者，一律參加全程專技人員考試，應該也是可能選項之一。當然此一改革，配套必須廢止專技人員轉任公務人員條例以及公職證照類科考試，才能求其平衡。

只是社會上亦有若干呼聲，認為現行法官法既然已經對此有特殊限制，也壓縮法官檢察官申請律師全部免試時機點，至自願退休或自願離職生效日前六個月，似宜維持此一作法。因此可以採差別處理原則，僅保留法官檢察官全部免試轉任律師。審酌實際現況，一位任職司法界三十年經驗豐富之法官檢察官退休後轉任執業律師，其職場表現普遍會較法律系所畢業剛考上律師高考者來得優秀；因此與其維持形式上公平，讓法官檢察官臨老再走進考場，和法律系所畢業生同時應試律師高考，其實意義不大。當然此種改革方案亦會面對社會上另一種質疑的聲音，那就是為何要獨厚於法官檢察官。（難道是因為蔡總統亦為法律專業，所以揣摩上意而放水？或是法官檢察官手上握有偵查及審判權力，所以面對權力就低頭以對其示好？）而對建築師、技師、地政士，就要揮起改革的大刀取消全部免試規定，阻卻其退休後再就業之路？主其政者恐得思考清楚其間利弊得失後，給外界一個合理的說法及交代。

總之，全部科目免試規定是歷史遺留的產物，從考試制度變革歷程來看，其適用類科範圍越來越少，其申請程序與資格條件越來越嚴；在社會整體氛圍朝向公平正義方向前進的時刻，全部科目免試規定存廢，究竟應該如何解套？其實答案已經呼之欲出。

（風傳媒，106年8月18日）

後記：至2019年10月為止，考試院先後通過醫事人員全部科目免試規定取消；建築師、技師、地政士全部科目免試規定取消，並均訂有落日條款以茲緩衝。目前唯一還維持全部科目免試規定者，僅剩實任法官或檢察官、曾任公設辯護人六年以上，得申請全部科目免試以取得律師資格。

捌、航海人員考試究該花落誰家？

　　我國航海人員考試（早期稱為河海航行人員考試）始自政府遷台後1950年首次舉辦，試務工作並委託基隆、高雄兩港務局輪流就地主辦；1961年起由考選部收回試務自辦，並在台北舉行考試。因聯合國國際海事組織在1978年公布航海人員訓練、發證及當值標準國際公約及其附錄規定（簡稱國際STCW公約），我國必須配合辦理，因此2004年本考試簡併為2等級4類科，分別為一等船副、一等管輪（相當於專技人員高等考試）及二等船副、二等管輪（相當於專技人員普通考試）；至於其他等級人員之晉升，則無需考試僅採訓練方式即可，由交通部另訂船員訓練檢覈及申請核發證書辦法加以規範。同年本考試改採網路報名及電腦化線上測驗方式辦理，即測即評且亂題亂序以提升其效率。但因為專門職業及技術人員考試法之限制，應考資格須專科（或高中高職）以上學校相當院、系、所、科、組、學位學程畢業者方得應考；復因及格方式採科別及格制，一次通過全部科目比例者不到一成，使海事院校學生投入海上工作意願大幅降低。經業界及海事教育界建議，將航海人員一、二等船副及管輪考試，改由交通部統一辦理為宜。

一、航海人員考試現已移撥交通部辦理

　　該案由考選部邀集教育部、交通部、台灣海洋大學、輪船商業同業公會、海員總工會等機關團體會商，均同意由交通部接手續辦。並確認應考人在學期間領有國際公約STCW課程學分證明即可報考，但考試及格後向航政機關申領船員適任證書時仍須檢具學校正式畢業證書乃可。2011年4月在得到交通部同意接辦航海人員考試前提下，考選部以「航海人員執業資格取得及發證事宜，擬依國際公約STCW之規定，全部改由職業主管機關交通部統一辦理案」，報請考試院政策決定，經考試院召開三次審查會，考試委員之間原意見紛歧無法建立多數共識，最後勉強作成決議：同意航海人員執業資格取得及發證事宜，全部由交通部辦理。但是為了回應護憲派考試委員之意見，也另外做成兩項附帶決議：一、三年過渡期滿後，請考選部適時修正專技人員考試法施行細則等相關法規；二、有關專技人員考試種類認定基準、認定程序、諮詢委員會組成等事項另訂辦法規範乙節，請考選部積極進行，未來擬增設新的專技人員考試種類，應依該辦法審議。

　　解讀前述決議文與兩項附帶決議，可以用以下8個字加以涵括，就是「揮別過去、展望未來」。揮別過去的原因非常清楚，就是產官學各界（除考試院以外之機關團體）高度認同航海人員考試由交通部辦理比考選部辦理，更能符合國際

公約精神且可提升航運界競爭力，所以揮別過去不再戀棧。也因此科別及格制三年補考過渡期限屆滿，責成考選部修改專技人員考試法施行細則第2條，刪除航海人員考試之種類，並將航海人員考試規則報考試院發布廢止。至於展望未來，則是期許對新增專技人員考試種類之認定，能夠揚棄過去政治力介入之不當運作模式（如由代客記帳同業公會遊說立法委員修正商業會計法，對商業會計記帳人執業資格之取得，不需經過考試，而由中央主管機關逕予認可賦予資格。或由立法委員主導整合業界學界意見，主動提出驗光人員法草案，其後在沒有行政院版對應草案下，完成驗光人員法之立法程序）。改由專業之諮詢委員會初步審議認定，再將審議結果報請考試院確認，如為專技人員考試種類，則職業主管機關應開始啟動新增職業管理法草案研訂事宜；反之如非屬專技人員考試範圍，自無制定職業管理法之必要。前述構想並在2013年1月23日總統公布之專技人員考試法修正案第2條條文中：「（第一項）本法所稱專門職業及技術人員，係指具備經由現代教育或訓練之培養過程獲得特殊學識或技能，且其所從事之業務，與公共利益或人民之生命、身心健康、財產等權利有密切關係，並依法律應經考試及格領有證書之人員；其考試種類，由考選部報請考試院定之。（第二項）前項專門職業及技術人員考試種類之認定基準、認定程序、認定成員組成等有關事項之辦法，由考選部報請考試院定之。」予以落實。按第1項專門職業及技術人員定義，係依據司法院大法官會議釋字第453號解釋內涵而來，爭議不大；第2項則為專門職業及技術人員新增考試種類認定辦法之法律授權依據，符合授權明確化原則。該法及子法規通過以後，迄今已經依此法定程序認定公共衛生師為新增專技人員，證券投資分析人員非屬專技人員，並分別函復衛生福利部及金融監督管理委員會在案。目前正在進行中的，則是衛生福利部主管之醫務管理師法草案，以及農業委員會主管之植物醫師法草案之研擬及推動審議工作。

二、應否辦理專技人員考試，由何機關來決定？

專技人員考試之辦理，因為涉及人民工作權限制及職業自由之選擇，因此基於法律保留原則，新增加之職業管理法，應以立法院三讀通過總統明令公布之法律為限；如醫師法、律師法、建築師法、驗光人員法、記帳士法、發展觀光條例（領隊、導遊）、不動產經紀業管理條例（不動產經紀人）等。不得僅以法規命令或行政規則加以規範管理。在職業管理法立法過程中，早期行政權一權獨大，資深立委為主的立法權成了行政權的橡皮圖章，考試院經常是在立法院審議法案時始被告知派員參與；國會全面改選以後，代表民意之立法權獨大，行政權反向開始弱化，考試權則始終積弱不振如一。其間有短暫幾年，考試權曾經向外積極擴張，在1993年有立法委員提出質詢，認為財政部委託行政院青年輔導委員會辦

理專責報關人員、保險代理人經紀人公證人之資格測驗，及格者並核發資格證書與執業證書，違反憲法第86條有侵犯考試權之虞，要求考試院處理。經考選部邀集相關機關代表及法政學者會商，多數認為宜由考選機關收回自辦為妥；考試院第8屆第132次會議針對本案逐作成決議：專責報關人員、保險代理人、保險經紀人、保險公證人，依法應屬專門職業及技術人員，均應納入考試權行使範圍。由考選部即與各有關職業主管機關會商於一年內收回自行辦理。考選部後續並開始推動一波段擴大專技人員考試範圍之行動，全面整理行政院所屬各部會自行辦理或是委託辦理各種涉及專業證照資格之考試、測驗、檢定等，初步發現有財政部主管之精算師、核保及理賠人員、證券投資分析人員、證券商高級業務員、證券商業務員、期貨經紀商業務員；行政院勞工委員會主管之技術士、職業訓練師、就業服務專業人員；交通部主管之領隊導遊、航空人員（包括正副駕駛員、飛航機械員、地面機械員、領航員、簽派員、飛航管制員）；經濟部主管之中小企業經營輔導專家；教育部主管之高級中等以下學校及幼稚園教師；行政院環境保護署主管之公民營廢棄物清除處理機構專業人員、空氣污染防制專責人員、毒性化學物質專業技術管理人員、事業或污水下水道系統廢污水處理專責人員、病媒防治業專業人員、公私場所及交通工具排放空氣污染物檢查人員等，以上人員合計共25種。經過多年的努力溝通，1998年2月26日第9屆第70次考試院會決議通過，採「依法規」、「應領證書」、「專門職業及技術人員」3項檢視指標加以檢討，均符合者即應納入專技人員考試範圍由考選部收回辦理，包括不動產經紀人、就業服務專業人員、導遊人員、領隊人員、航空人員（包括正副駕駛員、飛航機械員、地面機械員、領航員、簽派員、飛航管制員）等5種。後來考選部成功的收回了不動產經紀人及領隊導遊，改納入國家考試辦理迄今；其餘類科經多方協調困難重重，最後仍然功敗垂成。隨著2000年民進黨勝選取得總統大位，主張三權分立的民進黨視考試院如雞肋，食之無味棄之可惜，但立法院立委席位尚不足以推動修憲廢除考試院，只好採弱化考試院職權方式限縮業務範圍，至此專門職業及技術人員考試擴張政策，已經完全停擺。其後考選部退回體育署之體育專業人員、內政部之殯葬禮儀師等考試規劃案；也將原已辦理多年之漁船船員、船舶電信人員、航海人員等考試，陸續移還職業主管機關行政院農業委員會、交通部自行處理。整體來看，政策方向已經為之逆轉。

　　有部分考試委員有一個錯誤的觀念，認為專技人員考試法第2條既已明定：「專門職業及技術人員考試種類，由考選部報請考試院定之。」所以是否為專技人員考試，基本上是考試院說了算。但其實從時間序列上來看，應該是新增加之職業管理法律完成立法程序在先（如2009年1月23日總統公布之牙體技術師法），考選部修正專門職業及技術人員考試法施行細則及研訂專門職業及技術人員相關考試規則在後（如2010年2月3日配合牙體技術師法，修正專技人員考試法

施行細則第2條，將牙體技術師及牙體技術生納入專技人員考試種類第3款及第10款規範；同年3月29日訂定發布專門職業及技術人員高等考試牙體技術師考試規則）。所以立法機關本於民意，爲增進公共利益之目的，依既存社會制度，就個別專門職業及技術人員資格之取得，衡量其所需具備特殊學識或技能之重要性程度，將重要者劃歸考試院考選銓定；次要者、或雖屬重要，惟爲慮及實施考選之技術性等因素，將其委諸行政主管機關辦理。（如勞動部辦理之技術士技能檢定、教育部主辦之教師資格初檢與複檢等）因此在現階段，是否能成爲專門職業及技術人員，關鍵當然在於立法權的拍板定案，至於下游的考試權，只能被動配合辦理考試而已。如果自認爲考試權說了算且能主導一切，就未免太昧於政治現實，甚至有點不自量力了。

三、硬搶航海人員考試，視航空、鐵路及捷運駕駛於無物？

專門職業及技術人員法定要件之一，係指其所從事之業務，與公共利益或人民之生命、身心健康、財產等權利有密切關係。則涉及公共安全之大眾交通運輸工具，至少有空運的民用航空人員、海運的航海人員、陸運的高速鐵路、台灣鐵路以及大眾捷運等多種。其中基於歷史的原因，只有航海人員考試在1950年開始納入國家考試範圍，至2011年回歸交通部辦理，這種割捨不下的感情，再加上民進黨執政以後有意淡化考試院的角色功能，所以引發部分考試委員強烈的危機意識，遂想以憲定考試權的政治桂冠，拉回已經移撥出去的航海人員考試。可是與民眾生命安全更密切的民用航空人員（如航空器駕駛員、飛航工程師等），從來就沒有納入過考試院辦理之國家考試，自建制之初就由交通部民用航空局或受委託之專業機關團體以學科、術科檢定方式，對合格者發給檢定證。對於高速鐵路與台灣鐵路列車駕駛人員亦同，同樣由交通部委託專業機關團體，辦理各類列車駕駛人員檢定業務，併採學科與術科檢定方式。而大眾捷運系統中，有關從事駕駛、列車運轉之人員，也是應經技能檢定合格之技術人員擔任，其測試重點包括：行車規章、駕駛操作、緊急情況處理及行車安全防護等。前述相關規定，分別載明在民用航空法、鐵路法以及大眾捷運法中。數十年來，未聞考試院曾以相關法律侵犯到憲定考試權，而要求將其統合納入考試院辦理之國家考試。因此爲何惟獨對航海人員考試鍾情不已難以割捨，而對其他民航、高鐵及捷運人員之檢定、檢測等則視若無睹，此點著實令外界不解。難怪有人要質疑考試院，對於各種交通專業人員，只想管海上遊的，不願管、不能管也無力管天上飛的以及地上跑的，這種差別待遇的處理原則，會讓人疑慮柿子只敢挑軟的吃。

四、本案解套的幾個可能方案

　　要解決本案爭議，以下幾個作法似乎可以參考採行：

　　其一，向司法院大法官聲請釋憲，確認航海人員是否為憲法第86條所稱之專門職業及技術人員，如答案為肯定，則考選部就應該續辦航海人員考試。反之，如答案為否定，考試院就該放手任由交通部續辦航海人員測驗。如1995年5月總統公布商業會計法之後，其第5條第4項：「商業會計事務之處理，得委由會計師或中央主管機關認可之商業會計記帳人辦理之；其認可及管理辦法，由中央主管機關定之。」考選部認為該條文有牴觸憲法第86條：「左列資格，應經考試院依法考選銓定之：……二、專門職業及技術人員執業資格。」之虞，因此行文考試院轉請司法院大法官會議解釋憲法，考試院照案通過轉送司法院，1998年5月司法院大法官並作成第453號解釋，略以：「商業會計事務，依商業會計法第2條第2項規定，謂依據一般公認會計原則從事商業會計事務之處理及據以編制財務報表，其性質涉及公共利益與人民財產權益，是以辦理商業會計事務為職業者，須具備一定之會計專業知識與經驗，始能勝任。同法第5條第4項規定：『商業會計事務，得委由會計師或經中央主管機關認可之商業會計記帳人辦理之；其認可及管理辦法，由中央主管機關定之』，所稱『商業會計記帳人』既在辦理商業會計事務，係屬專門職業之一種，依憲法第86條第2款之規定，其執業資格自應依法考選銓定之。商業會計法第5條第4項規定，委由中央主管機關認可商業會計記帳人之資格部分，有違上開憲法之規定，應予適用。」所以在歷史經驗中，考試院曾經吃過立法權與行政權的悶虧，也曾尋求過司法權作為公道伯來認定特定職業屬性，所以說聲請釋憲未嘗不是一種解決方案。

　　但就本案來說與過去聲請釋憲案例略有一些不同，在於執行機關考選部已經在2012年把航海人員考試之辦理，移還給交通部自行處理，連同原有題庫試題及電腦化測驗軟體系統，都已經轉賣交通部。而在合議制之考試院院會，對於已經移撥辦理之航海人員考試，性質上是否為專門職業及技術人員，顯然沒有多數共識，所以才會發生第11屆考試院作成同意航海人員執業資格取得及發證事宜，全部改由交通部辦理之決議；第12屆考試院卻又不認帳，要求考選部會同交通部再研議合憲、合法之方案報院的前後不一致現象。在此種環境之下，似乎顯示考試院與所屬機關考選部對於航海人員考試之歸屬問題見解不一；依據司法院大法官審理案件法第9條之規定：「聲請解釋機關有上級機關者，其聲請應經由上級機關層轉，上級機關對於不合規定者，不得為之轉請，其應依職權予以解決者，亦同。」所以上級機關考試院為了本機關的顏面，應該不會同意層轉釋憲，故此路未必能通；就算勉強層轉送出，現階段親綠的大法官過半，滿腦子都是三權分立

的政治圖像，任何有助於擴大考試權之可能結果，都不會成為選項，考試院想要透過釋憲釐清航海人員屬性，並維護考試權之尊嚴，恐怕也是白忙一場。

其二，在確認航海人員為憲法第86條所稱之專門職業及技術人員屬性前提下，根據典試法第14條規定：「各種考試得採筆試、口試、心理測驗、體能測驗、實地測驗、審查著作或發明、審查知能有關學歷經歷證明或其他報請考試院同意之方式行之。……第一項考試方式性質特殊者，經考選部報請考試院核定後，得委託機關、學校、團體辦理。」爰由考選部來洽商交通部是否願意接受委託續辦航海人員考試，也是另外一種選擇。只是以辦考試為常業的考試機關，自己怠忽職守不辦考試，反而想把本身的法定職掌委託給航海人員的職業主管機關交通部代為辦理，社會大眾會如何看待此事？此外考選部是出了文山區溝子口就無人聞問的冷門機關，交通部則是內閣中排名前三名的泱泱大部，人員充裕且銀彈充沛，前瞻計畫中上千億的軌道運輸建設特別預算更是各直轄市及縣市政府搶攻之對象；所以大哥為何要接受鄰家小弟的委託，為人作嫁來辦理航海人員考試？客觀上來看，其成局的可行性似乎也不太高。

其三，儘速修改船員法相關條文（包括刪除第6條「經航海人員考試及格」、第11條「執業資格考試」等文字），刪除舉辦航海人員考試之法源依據，以徹底解決問題，為考試院部之間的爭議劃下休止符。其途徑有二，一種為循行政程序由主管機關交通部航港局提出修正條文，經過交通部與行政院同意，轉送立法院審議；不過此種法案既無新聞性，又不涉及選票利益，照程序走恐怕曠日廢時，不知何年何月才能完成立法。第二種則是把交通部修法文字版本，改頭換面以立法委員提案方式送出（依立法院議事規則，15位立委即可提出法律案），碰到立法院會期快結束要趕業績，類此修正一、兩條之法律修正案，很快就可完成立法程序。舉辦考試之法源既然已廢，皮之不存毛將焉附，則航海人員考試規則自無存在必要，除了廢止沒有任何其他轉圜空間。

至於採行雙軌制，再從交通部手裡要回航海人員考試，由考選部恢復辦理，以和船員訓練檢覈併行之作法，除了會凸顯相同的政府機關前後政策不連貫之矛盾而引人笑柄外，恐怕亦不能符合航運業界及海事院校之需求與期待（光是在學期間不得報考，與錄取率降低這兩點，就難以說服外界）。萬萬不可採行，以免成為壓垮駱駝的最後一根稻草。總之，要維護憲定考試權的尊嚴，不應該靠著獨家專賣的政治壟斷保障，而輕忽國際社會發展潮流，與社會各界的多數客觀評價，否則就是無視當前政治現實之逆勢操作，到頭來終將被掃進歷史的灰燼當中。

（風傳媒，106年8月10日）

玖、給考試院按個讚 ── 評公務人員高普考試科目調整案急踩煞車

　　公務人員高普考試是當前國家考試中，規模最大且報考人數最多之考試。所以它的應試科目調整，自然為眾多應考人所關注。從2016年底開始啟動之公務人員高普考試應試專業科目調整案，到今年5月考選部報請考試院審議，其間外界意見甚多雜音不斷，迄今仍然沸沸揚揚沒有止息。友人任職於考試院，據其相告該案在副院長李逸洋召集之全院審查會中已經作成決議：俟銓敘部提報之職組暨職系簡併案定案後，考選部配合簡併考試類科及重新調整科目後再行報院審議。考選部也發布新聞稿說明後續作業不及，2018年公務人員高普考試各類科應試科目仍將維持現行規定。至此，可謂高普考試專業科目調整案已經急踩煞車；爾後勢將另起爐灶重新再來。

　　作為一位冷眼旁觀的基層人事人員，也在密切注意這半年多來考選部官方網頁的各項法規預告、新聞稿以及多次發布之不同版本修正科目表草案，老實說心中充滿疑惑與不解。茲分述於後：

一、減列科目政策目的為何？說理不清，難以說服外界

　　該部對外說明減列科目有兩大理由，其一減少應試科目數可減輕應考人負擔，相對提升民眾報考國考意願；其二高考三級原列考6科專業科目，占分比例80%，每科平均占分13.33分，減少2科以後剩下4科，每科平均占分20分，所以可有效提升專業科目重要性，有利於人才篩選。其實國考退燒致報考人數遞減現象，真正關鍵原因是少子化以及年金改革，未來新進公務人員多繳、少領、延後退勢不可免，真正退休時能否領得到更是大問題，這種逆勢發展趨勢，絕非少考兩科就能激起大家報考公職熱情。至於減列科目數以提高占分比之理由，亦不具說服力，否則6科減列4科剩下2科，每科平均占分40分，不是更加妙哉？

二、提出修正科目時機不宜

　　銓敘部近日正在處理公務人員職組及職系簡併案，根據該部規劃現行43個職組96個職系，未來將簡併為21個職組49個職系（其中行政類剩7個職組21個職系，技術類剩14個職組28個職系）。由於職組及職系大幅縮減，考試類科勢必要

跟著緊縮，應試科目就要配合調整；所以簡併類科與調整科目就宜同時進行以畢其功於一役，俾能減少衝擊。但是考選部蔡部長為了展現改革績效，硬是拆成兩階段來處理。所以2018年科目變革帶給諸多考生撼動（只是科目減列而已），到了2020年還會再來一次，其影響層面將更加深遠（因為二分之一以上的類科都將取消，科目重整之幅度會更大）。試問有志於服公職之考生，為何要遭受這樣凌遲式不斷改革？

三、類科之間差別處理，致減列、合併與重整併行，應考人充滿不平且無所適從

改革之初對外普遍稱為專業科目減列，但是徵詢中央機關意見之後，多數機關同意照兩科；少數機關反映每科都重要所以減不下去，只好以合併科目代替減列科目；更有的機關強勢運作主導，造成科目重新調整的結果。減列科目應考人調適不難，科目更張則恐非三、五個月即可彌補，應考人心生恐懼之餘遂四處陳情表達反對意見，橫生許多波折。

四、處理過程只問用人機關意見，學術界聲音與應考人反應完全不予理會，輕忽程序正義

按過去慣例高普考試研修應試科目，一定會召開大型會議邀請學術界及用人機關代表分組會商討論決定，此次修正科目完全排除學術界參與，只徵詢中央機關各院及部會意見即告定案。以致於學術界群情激憤，反彈意見四起，紛紛湧向學界出身的考試委員，最後注定本案暫時擱置的命運。而全案在考選部進行法規預告期間，數以百計應考人所提意見反應，據說該部無一採納，讓人不禁懷疑既然心證已成且無可動搖，又何必還要虛應故事一番？

對數以萬計應考人而言，真的應該感謝考試院此次的勇踩煞車，至少讓全案重新回到原點，應考人也不必在短期之內兩度受到衝擊。俟職組暨職系簡併案確定，考選部應先釐清簡併類科原則為何？並在此原則下廣邀產官學各界先進行類科簡併。至於科目調整部分，因為高普考試應試科目已超過二十年未曾通盤檢討修正，因此原列考科目或是此次減列後之科目皆應該重新歸零思考，面對時代的快速進步，現階段劇變中的國家社會究竟需要怎麼樣的文官？再根據其所需核心職能重新設計出合宜之應試專業科目為妥。

看考選部處理此次高普考試應試科目調整案，其實和小英總統執政風格有諸多相似之處。主政者都是大權在握、獨斷獨行，對於外界各種不同意見，口說謙

卑與溝通，實則霸王硬上弓。至其結果不同，則肇因於民進黨在立法院占多數，所以法律案（如一例一休或年金改革）它可以完全予取予求；但是考試院還是由舊政府舊官僚舊考試委員所主導，所以法規命令層次的高普考試應試科目表修正案會踢到鐵板而卡關。看來民進黨想要真正的完全執政，還是得加速推動修憲廢掉考試院，才能去其心腹大患而在考銓政策上隨心所欲。

（風傳媒，106年7月26日）

壹、幾個值得推動的考選政策改革理念——談分階段考試、資格考試與特考簡併

一、前言

　　考試院第12屆施政綱領據以訂定之行動方案及公務人力再造策略方案,其中涉及考選業務部分共有17項(包括全面檢討考試類科與整併職組職系及考試錄取人員訓練機制、檢討公務人員高等考試一級考試制度、檢討公務人員特考特用制度、檢討專技人員考試制度及法規、實務工作經驗納入專技人員考試、公務人員與專技人員性質相近類科考試內容之區隔等),其中有的涉及跨部會整合業務(如高階文官考訓用制度改革、精進身心障礙人員特考效能),有的屬技術性、細節性檢討(如漸進推動國家考試線上閱卷、研究發展心理測驗等多元考試方式)。在公務人員考試部分有3項政策性議題特別值得關注,分別為分階段考試、資格考試與特考簡併。本文擬就此3議題內涵、過去研究討論過程、可行性分析及具體作法等提出討論,並認為在公務人員考試改革部分,此等議題甚具政策改革理念,值得積極加以推動;惟如何加強與各界充分溝通說明,以降低反對者之疑慮,如何廣納各方民意,形成多數共識,應是新制推動成功與否的關鍵。

二、分階段考試發展

　　在公務人力再造策略方案中,研議辦理合格候選名單等多階段考試策略,具體建議公務人員高等考試三級考試暨普通考試、地方特考三、四等考試,採行二階段考試方式,第一階段測驗所有公務人員都應具備之一般能力或性向,通過後,第二階段再測驗特定應考類科應具備之專業能力;過去相關研究顯示,一般能力或性向測驗與預測未來工作表現具高度相關,故此種二階段考試方向,亦可

提高國家考試信度及效度。（考試院第12屆公務人力再造策略方案）前述方案中提到公務人員高考三級及普通考試採行二階段考試方式，和考選部過去數年中力推，但遲遲未能得到多數考試委員支持的分階段考試規劃極為近似。

（一）歷年來考試院多所討論分階段考試

　　按公務人員考試採行分階段主張，過去歷屆考試院曾多所討論。如1986年考試委員姚蒸民即提出建議，主張公務人員考試普通科目，以預試方式辦理採科別及格制，並得以保留及格成績三年。考試院第7屆第184次院會，曾決議：公務人員考試應考人之普通科目已及格者，今後宜酌予保留其成績，至其保留年限及辦法，由考選部研擬報院審議。1989年考試院施政計畫列入「擴大考試權範圍，配合公務人員考試任用計畫、專門職業及技術人員考試需求辦理各種考試，並研究分階段考試制度及改進考試技術。」（考選週刊，第118期，1987）其後考選部選定推事檢察官考試，推動分階段考試，並草擬特種考試司法人員考試推事檢察官分階段考試規則草案一種，報請考試院審議，以期試辦及推動（採第一階段考試普通科目及格後，第二階段考試只需應考專業科目作法）；惟考試院全院審查會最後決議：本規則草案毋庸訂定，請考選部另擬通則性公務人員考試分階段考試規則草案報院審議。（考選週刊，第223期，1989）1990年考選部研議公務人員考試分階段考試規則草案報考試院審議，其重點包括：公務人員考試分預試、正試兩個階段，預試考通識能力、正試考專業能力，預試未通過，不得應正試；預試採測驗試題，並得換算為標準分數，各科目以60分為及格；雖分階段舉行考試，但成績予以合併計算。本案經考試院會決議：一、公務人員考試分階段考試規則草案退回考選部，參考審查會考試委員意見繼續研議，俟研修公務人員考試法增列應考人於在學期間得應第一階段考試法源完成立法程序後，再報院審議；二、在現行考選法規下，為改進考試作業程序，節省人力物力，各種考試中普通科目及專業科目中基礎性質學科考試成績及格者，予以保留之年限，或考試成績在適當保留年限內與專業科目成績合併計算可行性，併交考選部研究。（考選週刊，第249期，1990）其後考選部研修公務人員考試法，考量原第12條規定：「公務人員各種考試，得合併或單獨舉行，併得分試、分區、分地、分階段舉行。」其中分地與分區、分試與分階段不無概念重複之處，爰修法刪除分階段與分區規定。1996年1月17日修正公布公務人員考試法第12條照考試院送審條文通過，僅保留分試、分地用語。

　　公務人員高等考試三級考試暨普通考試，在1998年起至2005年為止曾經實施分試制度，其程序分為二試，即第一試、第二試；第一試考綜合知識測驗（憲法、英文、法學緒論、本國歷史、數的推理、地球科學等六科，以選擇題為之）、專業知識測驗（兩科專業科目，亦以選擇題為之）二科，並按各科別全程

到考人數之50%擇優錄取參加第二試，第二試考專業科目及國文，再按各科別需用名額決定正額錄取人數，並視考試成績酌增錄取名額。其雖名之為分試，但性質上與過去分階段考試主張頗為類似（雖然也有若干相異之處）。惟八年後因時空環境的改變，高普考試報名人數逐年下降（從最高1994年152,752人，降至2003年63,405人），已無第一試先淘汰一半應考人之必要，加上應考人普遍認為負擔沉重，經考選部詳加研究結果，以現行考試法規及實務運作，恢復一試仍可達成「強化考試之信度及效度，並提升閱卷品質及培養公務人員宏觀視野」之目的，且一試能縮短考試時程，使考用更能密切配合。經審慎研析後於2005年提出「公務人員高等考試三級考試暨普通考試分試制度檢討報告」，擬具分試制度再作調整或恢復一試制度，兩案予以併列，經考試院2005年5月5日第10屆第132次會議決議：自2006年起公務人員高等考試三級考試暨普通考試恢復一試制度。

（二）董部長任內積極推動分階段考試

董部長保城任內，考選部擬重新推動公務人員考試分階段考試，是基於以下幾點原因考量：一、使公務人員考試更具彈性及減輕應考人之考試負擔；二、公務人員考試普通科目受限於題型題數，其深度、廣度不足，且占分比例太低，使應考人不重視；三、普通科目試題用量大，題庫建置成本投入過高，且榜示後須公布試題，致使試題越趨艱澀及冷僻；　四、科目數太多致考試天數多安排為3天，因影響學校正常上課進度，使考選部洽借學校作為考場益形困難；五、配合國家考試職能分析公務共通職能評估小組之建議，共通職能內涵至少包括法學能力、語文能力、公民素養及性向四部分辦理。如果比較此次擬推動之分階考試與過去曾經實施之分試，兩者明顯有所不同，前者目的是減輕應考人負擔（故應考人在學時得考第一階段普通科目考試，及格後其第一階段成績並得保留若干年，此期間其取得第二階段應考資格，得應高考一級、一等特考、司法官考試以外之所有公務人員高普及特考第二階段考試，故可以大量減少往後參加公務人員考試之準備負荷）；後者則以減少進入第二試應考人數為目的，以減低申論試題閱卷委員閱卷之工作負荷為主。前者適用多數之公務人員高普特種考試，範圍甚廣，後者則僅以公務人員高考三級及普考為範圍，所具實益較少。前者連帶的會減少後續應試科目數，考試日程跟著會縮短；後者是增加第一試，第二試科目數依然維持，應考人感受不到簡化或減量之改革實益。（黃錦堂、李震洲，2014）為期法制上完備，2013年考選部研修公務人員考試法，鑒於立法院在第7屆第7會期第17次會議制定法官法時通過附帶決議，法官及檢察官之進用考試應研擬採兩階段舉行，且第二階段考試之應考資格應納入學歷條件、著作發明及工作經驗等，以改善法官及檢察官缺乏社會歷練之現象；為回應前述附帶決議，使考試更具彈性及減輕應考人之考試負擔，特增訂分階段考試法源依據，俾配合類科性質

需要辦理分階段考試。司法及法制委員會審議該法時，尤美女委員對於分階段考試適用範圍有所疑慮，最後在說明欄明確規範「分試考試與分階段考試之定義，與分階段考試將以法官及檢察官採二階段考試進用及公務人員普通科目與專業科目採二階段考試，均於本法施行細則中明定，俾資明確。」相關文字，立法委員始同意過關。（立法院公報，2013）

　　由於現行公務人員考試普通科目存有未與公務人員基礎核心職能緊密結合、考試時間太短列考範圍不足、受限題型題數深度廣度不足、考畢公布試題致試題命擬越趨艱澀、題庫需用量大成本過高等弊病；考選部初步規劃公務人員考試分階段考試方案內容遂如下述：實施範圍：除高等考試一級考試、特種考試一等考試、低於普通考試之考試、司法官特考及國軍上校以上軍官轉任考試外，其餘均納入分階段考試實施範圍。實施程序：考試程序分為二階段，即第一階段考試、第二階段考試；第一階段考試及格，且具該項公務人員考試規則之法定應考資格者，始可參加第二階段該項考試。應考資格：中華民國國民年滿18歲得應分階段考試第一階段考試，且第一階段考試不區分考試等級；第二階段考試應考資格則維持目前學歷條件。應試科目：第一階段考試應試科目初步規劃為「國文」、「公務基礎知識」與「邏輯判斷與資料分析」三科。成績計算：各科目配分100分，考試時間2小時，以一天考畢為原則。各階段考試成績不併計，第一階段考試成績以各科目之平均成績計算之。及格標準：以「國文」、「公務基礎知識」、「邏輯判斷與資料分析」三科成績平均計算之，採全程到考人數40%為及格標準。至於及格資格保留年限則為三年。預期分階段考試實施以後，應考人不必重複應考普通科目，考試日程可縮短，無須於上班日請假考試；用人機關可採多元考試方式並擴大機關參與程度，以篩選更適格公務人力；至於考選機關，因第二階段考試應考人數降低，閱卷品質可以提升，日程縮短洽借試場難度降低；因此應為多贏局面。（考選部，2014）

（三）考試委員意見紛歧尚無多數共識

　　本案曾兩度提報第12屆考試委員座談會聽取委員意見，基於合議制特性，並無多數共識形成；委員意見相當分歧，包括：應試科目的改變將會引導應考人如何準備考試，故應試科目相形更為重要，應慎重探討應試科目之增減，宜漸進就現有應試科目進行調整。公務人員分階段考試之規劃，就其相關分析觀之，確可節省資源，對應考人應也有助益，故建議可就公務人員應具備之素養再行探討，並進一步就得訓練或進修取得知能力予以區隔。「邏輯判斷與資料分析」與公務基礎知識內容，是否均應列考？有些科目內容得否於訓練中加強培訓，即考試科目內容與培訓內容予以區隔？國家現況與發展應包括國際組織、國際經濟形勢、兩岸關係等，但此處似只涉及中華民國，而將國際層面隔絕，建議修正為國家發

展與趨勢，因爲趨勢二字即隱含世界性或國家以外之層面。重大制度改革，不宜太過倉促。關於「公務基礎知識」與「邏輯判斷與資料分析」二科目之設計，應有更具體明確之範圍，俾供應考人明瞭準備。分階段考試可減輕一些成本，所提分階段考試之篩選與應考資格、保留年限等設計均可再研議，建議優先會同銓敘部檢討現行職組職系類科等相關事項，討論其簡化設計之可行性。修正公務人員考試法第18條關於分階段考試規定之原委，是爲賦予已開始施行兩階段考試之司法官特考法源，因而該條文規定爲「得」分階段舉行，而非「應」或「須」，即表示並非有法源就一定要全面實施。分階段考試規劃方案是否符合立法意旨？能否能提升評鑑功能？宜重視「用人機關」意見，了解是否能眞正符合用人需求。公務人員考試應依用人機關年度任用需求決定正額錄取人員，依序分配訓練，所以開科考選前必須要先查缺才能開考，惟目前規劃通過第一階段考試後始得參加第二階段考試，其間可保留資格三年，據此考用之間未來如何操作方能確實達成考用合一之目標？

　　從比較制度來看，日本從2012年起公務人員考試大幅變革，廢止原第一、二、三級考試，改按綜合職、一般職、專門職辦理任用考試，但均有選擇題型之基礎能力測驗與專門能力測驗，和申論題型之專門能力考試，其基礎能力測驗中題目包含文章理解、數的推理與判斷、自然、社會、人文科學等，著重應考人的通識能力。（合田秀樹，2013）韓國公務人員第一階段考試，以語言邏輯、資料解析、情境判斷、英語、韓語、韓國史爲主，簡單說也是強調知識基礎性及廣博度。目前我國國家考試筆試之應試科目主要爲專業導向，加上補教業者推波助瀾，造成頗多考上國考之準公務員，欠缺生活常識及對國家社會基本觀察力，這樣的新進公務員很難體會到社會百姓民生疾苦；因此普通科目如何跳脫原有科目名稱窠臼，從實質內容著手，使想入門的參與競爭者，不能自外於我們的國家與社會，對當前基本政治、經濟、社會、文化常識與時事，國家憲政架構與政府組織，以及人權與法治觀念發展等，都應該有所認識，即便是理工農醫系科畢業之專業背景，未來擔任公職技術性職務以後都會面臨到行政處理、人民陳情、爭訟、申請國家賠償及行政損失補償等問題，所以常識要淵博，要有基本法律與政治認識；此外邏輯判斷能力、對中文理解與表達，判斷推理與分析資料等，亦是擔任公務人員必備之基礎能力。故改變應試科目內涵並整合學者專家命擬出具鑑別力之題目，應較行諸多年之應試普通科目國文、法學知識與英文，會更有實用性且具說服力；由於推動本案有第一階段錄取成績保留年限且縮短考試日程，又實質減少應考人時間與精神負擔等實益，因此預期考生接受度會高。惟細部制度設計時仍應審愼規劃，如過去實施分試僅以高考三級及普考爲對象，且有不同報考類科之設限，按各科別全程到考人數之50%擇優錄取參加第二試，其公平性無虞；但新制推動分階段考試，第一階段考試應試科目皆爲共通職能，而無專業職

能，其後續效應又貫穿各種高普特考，因此至少要區隔行政與技術兩大類，在命題深淺難易上採取不同試題分別競爭，否則如一起競爭並錄取前40%，將對技術類科應考人極為不利。茲以表列方式比較1998年至2005年高普考分試與現擬推動公務人員考試分階段考試，可以明顯區別其差異。（見表1）

表1　1998年至2005年高普考分試與現擬推動公務人員考試分階段考試之比較

項目	高普考分試考試	公務人員考試分階段考試
意義與目的	主要意義在於將考試程序予以區隔，其目的係透過不同試程，施以不同之測驗方式，以篩選及減少參加考試之人數，以提升閱卷品質，選拔優秀人才。	考試分二階段舉行，應考人於在學期間或畢業後得參加第一階段考試，第一階段考試及格後，始得應第二階段考試，其目的係為引進多元考試技術與方法。
應考資格	高考三級之應考資格為獨立學院以上學校畢業後。普通考試之應考資格為高級中等學校畢業後。	中華民國國民年滿18歲得應分階段考試第一階段考試；第二階段之應考資格，回歸各該考試規則訂定。
應試科目內容	第一試考試係以「綜合知識測驗」及「專業知識測驗」廣泛測驗應考人基本知能，第二試則列考國文及專業科目。	第一階段考試應試科目為基礎科目，第二階段考試應試科目為專業科目。分階段考試，應考人無需重複應考相同科目。
實施範圍	以公務人員高普考試為實施範圍。	除部分考試外，整體公務人員考試均納入實施範圍。
及格資格保留	第一試之及格資格無保留之設計。	第一階段考試及格資格可保留一定之年限。
成績計算方式	第一試綜合知識測驗與專業知識測驗各占50%。第二試以各應試科目成績平均計算，不採計第一試成績。	第一階段與第二階段考試成績不予併計，第二階段考試之成績計算與錄取標準，回歸各該考試規則定之。
考試程序	分二試。	分二階段考試。
典試委員會	各試為同一典試委員會。	各階段不同典試委員會。

三、資格考試可行性

在公務人力再造策略方案中，研議辦理合格候選名單等多階段考試策略，具

體建議針對規模較小但卻較重要之公務人員高等考試二級考試可採行招募金字塔及合格候選名單考試方式，第一階段考試錄取一定比例之合格人選，第二階段再由用人機關進行心理測驗及面談。將可使用人機關有更多用人選擇權，依機關性質從考試合格候選名單中選取適用人選，以更能增加用人彈性，並可適才適所，增進國家考試信度及效度，強化機關行政效能。（考試院第12屆公務人力再造策略方案）前述所稱「合格候選名單考試方式」、「由用人機關進行心理測驗及面談」等意涵，其實指涉的就是資格考試，只不過為了避免衝擊太大，爰建議先從等級較高、規模較小之高考二級考試開始試辦以觀後效。

（一）從任用考試轉為資格考試

　　1929年8月1日國民政府公布考試法，1931年7月15日並舉行第1屆高等考試，5類科錄取99人。1934年4月21日舉行第1屆普通考試，9類科錄取118人。1933年3月11日公布公務員任用法，其第9條規定「考試及格人員，得按其考試種類及科別分發相當官署任用」。其後並另訂高等考試及格人員分發規程、普通考試及格人員分發規程，據以辦理高普考試及格人員之分發任用事宜；以高考而論，其中規定「考試及格人員應於銓敘部公示報到日期，向銓敘部報到，銓敘部於報到期限截止後，應將報到人員按其考取種類等第及現有職務，並斟酌其志願，將擬分發機關人數造具清冊，呈由考試院轉呈國民政府，向中央或各省區相當機關分發之。」總之中央政府在大陸時期高普考試及格人員之分發，大體均沿用上述規程規定；自1931年至1948年，中央及各省地方政府需用人員甚多，高普考試及格人員（高考4,034人、普考6,785人）均全數加以分發，堪稱分發任用時期。（蔡世順，1980）中央政府遷台後，1949年4月考試院在訂定施政方針時，對於公務人員高普考試認為：「際此局隅一方需才有限，選拔雖不厭其繁，任使則勢難兼及，故舉行此項考試僅在使優秀人才獲得公務人員任用資格，隨時隨地自由發展，而不必由主管部曹分發各機關敘用。」同年考選部在台灣恢復舉辦全國性高普考試，以及增辦台灣省高普考試，簡章上均明訂為資格考試，以配合反攻大陸政策，預儲各類人才，應考人錄取後僅取得任用資格，及格人員均暫不分發任用。（李華民，1976）其後多年均本此原則辦理，此即一般人所習稱之資格考試，此一階段可謂考用配合停滯時期。在這個階段，公務人員資格大幅放寬，完成公務員儲備登記者高達15萬餘件，其中多數人並陸續得以充任公職；另大專及高職畢業生就業考試的大量舉辦，其及格人員經訓練後即分發任用，更加凸顯高普考試及格者投閒置散的無奈。

　　1954年1月9日總統明令公布公務人員任用法修正案。此次修正重點之一，就是建立編列候用人員名冊制度，該法第4條第2項規定，具有任用資格之人員，應由銓敘部分類分等編列候用人員名冊，送各機關備用。對於此一新法之公布，張

金鑑教授認爲：「各機關用人必須在銓敘部所編列的候用人員名冊中遴選，不能於冊外用人，這樣中國的考試用人制度，便和美國的實施相接近了。考試及格人員雖未必立即獲得任用，但因限制冊外用人，則冊內人員的任用，必將不會落空。新任用法的立法本旨，是考試與任用相配合的，……完全剷除過去考試與任用脫節的不合理現象，使中國的人事行政制度躍步邁進，跨入合理有效的新階段。」（仲肇湘，1954）但是實際的情況並非學者所預期之樂觀，其主要的原因是任用法中將考試及格與銓敘合格並列，而在此之前大批經儲備登記者均已獲得任用資格，因此對高普考試及格者產生排擠效應；而國家行局、公營事業人員等，尚未納入人事行政管理範圍，使得該等機關（構）首長仍可自行進用未經考試及格人員。再其次更有部分特殊人事法規，勿須採取考試用人，凡此種種均導致候用名冊成爲具文。根據銓敘部的統計資料顯示，1950年至1966年，高等、普通及特種考試共錄取69,282人，其中高等考試3,802人，並無一人分發；普通考試錄取6,364人，分發32人；特種考試錄取59,116人，分發2,809人（中央日報，1967年9月17日）；高普考試與特種考試，從任用的角度來看，其間高下優劣可以窺知一二，此一階段亦可稱之爲列冊候用之資格考試時期。

（二）再朝分發任用制度轉向

1966年8月8日考試、行政兩院會同發布「高等考試及普通考試及格人員分發辦法」，恢復了考試及格人員分發制度，並規定由銓敘部分發各機關任用。又因銓敘部隸屬於考試院，分發上難以完全符合行政院所屬機關需求，總統爰依據動員戡亂時期臨時條款規定「總統爲適應動員戡亂需要，得調整中央政府之行政機構、人事機構及其組織」，於1967年9月16日成立行政院人事行政局，以統籌辦理行政院所屬各級行政機關及公營事業機構人事行政業務，行政院所屬各機關需用人員逐由該局辦理分發。1968年6月該局首將1967年高普考試及格人員，依其志願全部予以分發任用，使考用之間關係重新朝分發任用制度方向轉變。考試院長孫科在人事行政局成立典禮上曾說：「人事行政局的成立，將可彌補過去考試院許多無法實現的任務，而可配合考試院完成考用合一的理想，促進人事上的新陳代謝。」衡諸其後人事行政局的組織定位與發展，重新建立分發制度、推動考用配合政策顯然是該局最重要的組織目標之一。其後1970年8月14日前述分發辦法再加修正爲「考試及格人員分發辦法」，並擴大將特考及格人員納入分發對象。1979年開始採行公務人員高普考試分兩類制度辦理，由於第一類錄取人員可依用人需求計畫決定錄取人數，並立即接受分發任用，使考試及格人員分發到職率大爲提高，已較能滿足各機關用人需要。但實施以後，由於同一類科一、二兩類錄取標準不一（第一類依需用名額，故錄取標準最低可降至50分，第二類無立即分發任職需要，故不得低於60分），產生應考人不平；其次無法有效防止在學

者報考第一類，致應考人投機取巧；故外界頗多批評。（蔡良文，2009）1985年9月18日，考選部、銓敘部、人事行政局舉行第一次部局業務座談，會中就高普考試是否仍維持分兩類辦理加以討論，最後獲致結論：取消高普考試現行一、二兩類之規定，採加成錄取方式，並規定筆試及格人員應經訓練或學習一年，方為完成考試程序。因服兵役延期接受訓練或學習者，其延期應不超過服役期滿後一定期限，遇缺分發學習，並由用人機關於訓練或學習期中，切實加強考核工作。1986年1月24日新公務人員考試法制定公布，在考用配合方面特別明定「公務人員高等考試與普通考試及格者，按錄取類科接受訓練，訓練期滿成績及格者，發給證書分發任用」。在公務人員高普考試訓練辦法中，則規定受訓人員如因病、臨時發生重大事故或受領政府公費出國留學無法即時接受訓練者，應檢具證明文件向考選部申請延訓；其餘因在役、在學或將服役無法即時接受訓練者，應於報名時聲明；申請延訓並以一次為限。其期限因服兵役者最長為三年，因重病者最長為一年，在學或臨時發生重大事故最長六個月。此一多元彈性之規定，透過考試程序之訓練而提高到職率，但對在學、在役等情形，又有暫緩受訓之機制，因此對考用配合之政策大致可以達成。（李震洲，2002）1996年1月17日總統修正公布之公務人員考試法第2條規定：「公務人員考試，應依用人機關年度任用需求決定正額錄取人數，依序分發任用。並得視考試成績酌增錄取名額，列入候用名冊，於正額錄取人員分發完畢後，由用人機關報經分發機關同意自行遴用。」此一規定明顯係採任用考試、資格考試雙軌併行方式，正額錄取者依序分發任用，增額錄取者列入候用名冊，於正額錄取人員分發完畢後，由用人機關報經分發機關同意自行遴用。候用名冊有一定有效期限，逾期則喪失考試錄取資格，以避免累積過多，造成分發作業困難。（李震洲，1996）但因增額錄取人員由機關面談後即自行遴用，且不受其增額錄取名次順序限制，另後出之缺額機關（如中央部會）可能較正額錄取者分發之職缺機關（如鄉鎮公所）為佳，遂引發不平爭議。2008年1月16日修正公布之公務人員考試法第2條改為：「公務人員考試，應依用人機關年度任用需求決定正額錄取人數，依序分發任用。並得視考試成績增列增額錄取人員，列入候用名冊，於正額錄取人員分發完畢後，由分發機關配合用人機關任用需要依考試成績定期依序分發任用。」此定期依序分發任用之基礎即是考試成績高低，所以定期依序分發任用，回歸增額錄取者之成績先後順序，不平爭議遂解。

（三）首次政黨輪替推動資格考試無疾而終

　　2000年5月首次政黨輪替，考選部長由劉初枝接任，她認為「目前的考用合一政策，考試及格人員如分發至不喜歡的工作，做起來非常痛苦；未來要更符合人性化，且更有效率，考試政策大方向要有些改變，因此如果公務人員考試改成

任用資格考試，則獲得考試及格證書就有機會服公職，應更能滿足各方需要。」遂指示所屬研議將公務人員考試改成資格考試之可行性。無獨有偶的，亦有考試委員在院會審查替代役與國防役能否保留受訓資格一案時，建議考選部研究能否採行資格考試，以澈底解決層出不窮之保留資格爭議。同年11月下旬，立法院審議考試院暨其所屬機關2001年度預算案時，立法院預算中心提出「考選部各類考試宜採取資格考試，並廢除特種考試」之審查意見，並建議及格人員列冊送各用人機關依需要複選，以減少舉辦特考次數節省人力物力；立法院法制及預算聯席審查會更作成附帶決議：針對全面檢討考選部所辦理之各項考試，尤其是應特殊需求之特種考試應考慮廢止，改採資格考試，以應社會需求，減少考生負擔。考選部爰就公務人員考試採行資格考試之可行性，分函中央各部會及直轄市、縣市政府首長表示意見（發出60份問卷，回收47份），並對現職公務人員（發出1,200份問卷，回收1,076份）及應考人（網路填答，3,464人回傳）進行問卷調查，計有受訪機關首長61.7%、受訪現職公務人員55.3%、填答網友36.03%，均認為現行任用考試與資格考試併行作法，最能落實考用配合；較僅填答任用考試或資格考試為佳者明顯為高。第二題公務人員高普初等考試如能改為資格考試，機關首長42.43%、受訪現職公務人員41.87%、填答網友38.23%，均認為依現有考試等級、類科、缺額由考選機關主動辦理考試為宜；較填答按全程到考人數一定比例錄取、按用人機關提報缺額增加一定成數錄取者為多。第三題如改為資格考試，候用名冊有效期限以多久為宜？機關首長36.37%主張五年，受訪現職公務人員31.56%、填答網友35.93%，均認為永久有效為最多。第四題分發機關開單考試及格人員給用人機關面談挑選，以幾倍為妥？機關首長57.58%，受訪現職公務人員48.47%、填答網友41.66%，均認為三倍開單為妥。　第五題被推薦候用人員或遴用後如因個人因素自願放棄，最多可放棄幾次，機關首長39.4%，受訪現職公務人員38.8%、填答網友36.03%，均認為最多僅能放棄一次。最後一題詢問現職公務人員及填答網友，用人機關如採面談遴用新進人員時是否會受人情請託關說之影響，認為會受影響的分別為48.95%、69.46%（顯見公門內外認知有別），遠高於秉持用人唯才原則不受影響之40.58%、27.46%。（李震洲，2002）

　　此份問卷調查結果，並提考選部考選工作研究委員會討論（委員包括多位大法官、考試委員、法律公行及教育學者、銓敘部、保訓會、人事行政局政務副首長等）。會中委員意見分歧，有的認為採任用考試之公務人員考試，雖影響機關首長人事任用權，被分發者對職缺未盡滿意，但優點為符合公平公正原則、對弱勢族群有所保障；有的認為中國特有講關係重人情文化中，資格考容易徇私用人，因此改良現制，如落實缺額查報或增加增額錄取比例，均可有效改善考用配合現況；有的認為高普初考可以考慮改為資格考試，但錄取人數不宜漫無限制，

而應為需用名額之合理倍數；有的支持採行資格考，但性質應為標準參照測驗，且試題難易分布及評分寬嚴應力求一致。而部會局政務副首長對改採資格考試則均持保留意見，並認為涉及他機關業務職掌，應進行橫向溝通，以免有侵權之嫌。（考選部，2000）2001年1月考試院第9屆第215次院會，考選部並就資格考試可行性提出重要業務報告，有12位考試委員發言，絕大多數均反對採行資格考試；擔任主席之考試院許院長水德亦再三表示是否推動，考選部要慎重。

反映民意之立法院，此時風向亦有轉變。2002年10月立法委員羅志明向行政院提出質詢，針對考選部擬將高普考試派任方式，由現行之任用考改為資格考，將造成準公務人員為求任職不擇手段，助長鑽營之風，嚴重斲傷政府機關之行政中立與清廉。立法委員鄭三元亦向行政院提出質詢，因考選部擬將公務人員高普考試考用合一制度做重大改變，將任用考改為資格考，此舉將嚴重破壞公務人員任用公平性，行政院應即與考試院妥為協調。第5屆立法院法制、預算及決算兩委員會第7次聯席會議審查考試院暨所屬部會2003年度預算時，鄭國忠、李鎮楠、黃德福、黃義交等多位委員發言，均反對任用考試改為資格考試；聯席會議並通過決議如下：現有公務人員考試採「任用考」制度，未來亦應採此一模式，不得改為「資格考」制度。因為考試院不予支持，以及立法部門的強烈反對，使得資格考試之擬議，從提出到終止，一年多的時間即宣告無疾而終。

如今回首過去這些推動失敗的經驗，再次推動時要先瞭解公務人員考試多次在資格考與任用考之間擺盪的歷史背景及其轉折原因；其次先進國家（如美國、英國、法國、德國、日本、韓國等）有無類似制度與作法，是否有完整配套措施，以防止政治力介入、人情關說或是金錢不當影響。最重要的是和社會各界充分溝通，要讓大家相信資格考試制度，比起行之多年的考試分發制度，有更多的優點；外界所顧慮種種疑慮，在嚴格控管機關職務出缺、依職缺辦理考試並合理增額錄取、候用名冊適度限制有效期限、開單推薦公開作業、用人機關高度參與等措施下，會將弊端降到最低。換言之，只有在新制產生正面效益遠超過舊制形式公平，且不致產生太大不良後遺症情況下，資格考試才有推動之可能。

四、特考簡併刻不容緩

在公務人力再造策略方案中，精進公務人員考試制度案策略建議，列有方案目標為「檢討公務人員特考特用制度：重新界定得請辦特考之特殊性質機關範圍，以特殊機關、特殊專業人才需求為限，據以檢討、簡併現有特考種類，並持續精進特考考試方法與技術，提升考試效能，強化特考特用。」（考試院第12屆公務人力再造策略方案）

（一）特考凌駕高普考試長期如此

按考試制度源遠而流長，在中國古代實施之科舉即有定期辦理之常科，與不定期舉行之特科區別。如漢代即有之詔舉之制，不定期舉辦且有時破格擢用（有別於定期舉辦之常舉）；唐代及宋代之制舉亦同，採非常設之科以選拔非常人才（有別於常年之貢舉）；元代及明代，有舉遺逸擢茂異之作法（有別於例行之科舉）；清代也在正常科舉取士之外，有特詔取士作法，至晚清更開經濟特科，策論內政、外交、理財、經武、格物、考工等學。中華民國成立以後，不論北洋政府、廣州大元帥府時代所頒布之法制，如文官高等考試令、司法官考試令、外交官領事官考試令等均分別制定，足見高考與特考之分流在當時已有雛型。1928年國民政府成立以後，考試院陸續訂頒各項考銓法制與官制官規，如1929年8月公布考試法，其中明定考試分為高等考試、普通考試、特種考試，且特種考試另以法律定之。1931年3月公布特種考試法，其中明定任命人員及應領證書之專門職業及技術人員，除高等考試普通考試外，應依本法以考試定其資格（其意為公務人員與專技人員，均有特種考試）；特種考試之種類、應考資格、考試之分科與科目，由考試院定之；特種考試之方法，由考試院依應考人學術技能經驗之性質定之；特種考試之地點由考試院指定，委託其他機關辦理者，由各該機關定之；舉行特種考試時，關於典試事宜由典試委員會任之，但考試院認為有特殊情形時，得派專員或委託其他機關辦理之。其後各項特種考試條例陸續制定公布，如特種考試助產士考試條例、特種考試郵務人員考試條例等；1933年2月考試法修正，增列「考試院認為有特殊情形者，得舉行特種考試，各種特種考試條例另定之。」原特種考試法並廢止。1937年抗日戰爭爆發，政府施政多打破平常程序，為利機關快速用人，1938年10月爰制定公布非常時期特種考試暫行條例，其重點為特種考試由考試院依事實上之需要，隨時舉行之；特種考試得分初試及再試，其初試再試，並得各分若干試；舉行特種考試，得不設典試委員會及試務處，由考試院派員辦理考試；非常時期舉行高等考試及普通考試，得準用前條規定，並得不設試務處。綜觀抗日戰爭進行期間，聲請舉辦特考之機關範圍從中央部會至各省政府；類科涵蓋之種類繁多，考試等級中低層次皆有，許多是與高考相當；為爭取時效，幾乎所有請辦之特考，均委託用人機關自行辦理試務。單以前述暫行條例通過後之1939年當年為例，考試院即公布特種考試教育部所屬機關學校會計人員考試暫行條例、特種考試公路技術人員考試暫行條例、特種考試郵政人員考試暫行條例、特種考試財政部鹽務總局會計人員考試暫行條例、特種考試交通部有線電無線電報務員考試暫行條例、特種考試管理中英庚款董事會會計人員考試暫行條例、特種考試浙江省地方行政人員考試暫行條例、特種考試川康鹽務管理局重慶分局工程人員考試暫行條例等14個特考暫行特別條例。在辦理次數上，

該年舉行高等考試3次，普通考試2次，特種考試33次，即可窺知特考種類及數量快速激增，時任考試院院長的戴季陶先生遂十分憂慮特種考試已經喧賓奪主捨本逐末，1940年4月他曾在考試院院會中表示：「特種考試近來可謂大走其運，然竊恐其將影響甚至妨礙經常的考試制度。清代政治之弊，在不能改良經常的制度，而成立許多非常的辦法，其原因即因當時候補道人員太多，彼輩無事可做，輒上奏章紛紛建議，至將中央地方各機關之經常機構，弄成空虛狀態。……如特種考試變成候補道，喧賓奪主捨本逐末，其必有妨礙經常的考試制度無疑，此不可不及早提防注意者也。」（陳天錫，1967）為避免非常之道化為經常之制，考試院遂將部分特考暫行條例加以整合簡化，如制定公布省縣各級幹部人員考試條例，而廢止19種個別省或縣幹部人員考試暫行條例；另1945年抗戰勝利以後，各項施政逐步恢復正常狀態，前述非常時期特種考試暫行條例爰予以廢止，特考氾濫情況暫時得以減緩。

　　中央政府遷台以後自1950年起至2014年為止，高普初考共辦了94次（早期高考不分級，其後分為三級，一二級合併辦，高三及普考合併辦，初考單辦），應考5,205,093人，到考3,730,731人，錄取189,594人，錄取率為5.08%；特考共辦了768次，應考6,606,226人，到考4,557,390人，錄取530,343人，錄取率為11.64%，特考報考、到考及錄取人數、錄取率，均數倍於高普初考；所以長期以來的發展就是特考凌駕在高普初等考試之上，此一趨勢從政府遷台之後以迄於今，幾乎都沒有太大改變。再從任用角度加以觀察，至2014年12月底為止，全國公務人員（不包括公立學校教師）總人數為347,816人，其中17.76%為高等考試及格、5.96%為普通考試及格、1.61%為初等考試及格、41.06%為特種考試及格、20.71%為其他考試及格（含升等升資考試及格）、12.91%為依其他法令進用（如早期技術人員任用條例）。所以上游的考試分布結果，反映在下游的銓審實務上，依舊是特考錄取人員比例偏高，特種考試錄取仍然成為用人主流管道。

　　從特考法制演變可以窺知公務人員特考發展趨勢有下列各點：一、從特考辦理次數比對歷任考選部長任期，可以看出王前部長作榮任內整併特考最有成效，歷經1989年辦理25種次特考之衝擊，1990年9月接任之王部長，六年任期中他強勢取消甲等特考、研考人員特考、環保人員特考、安檢行政人員特考、公平交易管理人員特考、社會工作人員特考、國防行政及技術人員特考；並將金融人員特考、保險人員特考、稅務人員特考、中央銀行行員特考、技術人員特考、體育行政人員特考予以簡併，回歸納入高普考試類科，同時將各該特考規則均予廢止。可惜的是後繼者又陸續增加稅務人員特考、商標專利審查人員特考、社會福利人員特考、國防部文職人員特考、基層警察人員特考、水利及水保人員特考等，使得原有改革成效功虧一簣（李震洲，2009）；二、隨著行政民主化、政治民主化之發展，部分特考帶有濃厚政策性考量，在強大民意壓力下該等特考逐步走入歷

史。如以協助軍中現役之軍士官於退伍前取得公務人員任用資格為目的之國防行政及技術人員特考，以落日條款方式在1989年辦理最後一次爾後即告終結。另以解決國民黨及救國團專職黨團幹部出路問題而舉辦之社會工作人員特考，也在在野政黨監督下，1979年辦理最後一次以後廢止考試規則。1996年開始辦理之身心障礙人員特考、2001年更名後辦理之原住民族特考，原來均係二年舉辦一次，惟為照顧弱勢族群就業權益，彰顯代表性文官制度精神，爰陸續改為每年定期查報缺額舉行考試；三、2009年開始，公務人員特考辦理次數似乎大幅降低（從2008年的19次降至2009年的7次，爾後2010年至2014年則分別為7次、7次、7次、7次、6次），惟究其原因並非取消或簡併特考之故，而係考選機關為簡化試務，將多種特種考試併辦同時舉行（如關務人員特考、身心障礙人員特考二合一考試；警察人員特考、一般警察人員特考、鐵路人員特考三合一考試等），在計算基礎上，根據考試期日計劃表之特考合併辦理次數，而非考試各自種次。故就其實質而言，不同考試規則及用人機關仍然存在，特考實際並未減少；四、早期特考舉辦高度配合用人機關需求，所以採行限制應考年齡、男性須服畢兵役、須經體格檢查合格、限制報考性別或分列男女錄取名額等作法，其後性別工作平等法、就業服務法、身心障礙者權益保障法制定公布，前述諸多限制受到適法性挑戰，於是體格檢查項目及基準大幅放寬，特考應考年齡上限取消或鬆綁，取消性別設限（僅保留司法人員考試監獄官、監所管理員維持分列男女名額，但名額比例仍受到性別平等諮詢委員會高密度監督）；用人機關只能以體能測驗進行最後把關，但男女及格標準仍為差別處理。使得高普初考與特考最大差別，似乎僅在三年及六年轉調期限。（李震洲，2008）

（二）關鍵在於新增特考欠缺實質審查機制

根據公務人員考試法第6條規定，為因應特殊性質機關需要及照顧身心障礙者、原住民族之就業權益，得舉行一、二、三、四、五等之特種考試，及格人員於服務六年內，不得轉調申請舉辦特種考試機關及其所屬機關、學校以外之機關、學校任職。同法施行細則第7條第3項，採列舉及概括併行方式界定何謂特殊性質機關，意指實施地方自治之政府機關及掌理下列特殊業務之司法院、國安局、內政部、國防部、財政部、法務部、經濟部、交通部、退輔會及海巡署等機關，在立法體例上採取業務及機關雙重規範方式，如掌理審判事項之司法院，審判事項為業務規範，司法院為機關規範。至於概括條款「其他特殊性質機關」則為備而不用性質，或時機急迫未及修正增列法源前，得先據以辦理新增特種考試。過去用人機關想盡辦法來文或建議，將其納入前述業務或機關列舉範圍中，但真正要請辦特考時，往往因為人數太少不符經濟效益，所以也辦不成，如內政部之國家公園規劃及建設管理即是。或是先引用前述施行細則第13款「其他特殊

性質機關」之概括條款辦理考試，等下一次施行細則修正時再予補行增列，如水利及水土保持人員特考即是。另外就是先高層溝通尋求支持，當考選部拍板定案同意舉辦特考後，再補行辦理後續行政及法制作業，將其納入特殊性質機關中，並隨即辦理特考。如商標專利審查人員特考、基層警察人員特考皆透過考試院高層交辦。前述情形共通之處就是都沒有經過一個正式嚴謹的審查機制及程序，始形成同意新增特考之結論。吾人不禁要問，當新的公務人員特考產生時候，究竟是誰有權力最後決定是否增辦特考？同意其辦理之法定程序為何？准予辦理特考之認定基準又是什麼？在現有法規規範中，其實已經有了明確的規定，此即為公務人員考試法施行細則第7條第7項規定：用人機關申請舉辦特種考試時，考選部應就機關性質及其業務需要加以認定，其合於本法第6條第2項舉辦特種考試之規定者，報請考試院核定之。至於「機關性質及其業務需要」為何？認定程序及標準又為何？並無具體規範存在。目前由於新特考之舉辦，幾乎皆由高層或高高層政策決定同意在前，承辦司配合完成行政程序簽報在後，因此從未真正發揮過實質審查功能；加上是否符合本法第3條第2項舉辦特種考試之規定，並無審查小組設置，亦未建制流程及具體審查基準，因此所謂「因應特殊性質機關之需要」成了彈性無限大的不確定法律概念。（李震洲，2009）

（三）確立審查基準可免受外界無謂壓力

　　為了避免新增特考能否舉辦成為人情世故產物，首先應該建立請辦特考之審查基準及負責審查單位，並依公務人員考試法施行細則明文規範加以運作，未來才能有所依循。此一審查基準至少可列舉三點，其一，需有明確舉辦特考之法律依據者：如國軍退除役官兵輔導條例第12條規定：「輔導會為增進退除役官兵就業機會，得洽請有關主管機關舉辦各種考試，使退除役官兵取得擔任公職或執業資格。」又如身心障礙者權益保障法第39條規定：「各級政府機關、公立學校及公營事業機構為進用身心障礙者，應洽請考試院依法舉行身心障礙人員特種考試。」原住民族基本法第9條規定：「政府提供原住民族優惠措施或辦理原住民族公務人員特種考試，得於相關法令規定受益人或應考人應通過族語能力驗證或具備原住民族語言能力。」另公務人員考試法第8條規定：「高科技或稀少性工作類科之技術人員，得由考選部報請考試院另訂特種考試規則辦理之。」其二，需有特別人事管理法律，足以證明其業務性質特殊者：如有警察人員人事條例、司法人員人事條例、關務人員人事條例、駐外外交領事人員任用條例、交通事業人員任用條例等，遂可以舉辦警察人員特考、司法人員特考、關務人員特考、外交領事人員特考、交通事業人員特考等。此特別人事管理法律，與業務性質特殊，兩種條件缺一不可；如僅具其中之一，則仍不得舉辦。如審計人員任用條例、教育人員任用條例、人事管理條例、政風機構人員設置管理條例等，雖具特

別人事管理法律性質,但其業務性質並非特殊,故仍可用高普初考取才。其三,工作性質特殊,非現行高普考試類科設置、考試方式、應考資格、應試科目所能舉才:遂因此必須採取體格檢查、分列男女錄取名額、限制男性應考人兵役條件、限制應考年齡上限等作法,或採取筆試以外之體能測驗、口試、實地測驗、心理測驗等考試方式,方能選拔適格人才者。前述審查基準,除可應用在未來針對新增特考加以審酌外,亦宜採相同原則檢視現行各種公務人員特考規則,至少國防部文職人員特考、專利商標審查人員特考、社會福利人員特考、水利及水土保持人員特考等,不符認定基準應予取消,並回歸高普初等考試用人。時代不斷在進步,未來應否新增辦理特考,宜採公開透明審查機制,依據有無法律依據與業務性質特殊與否等條件公開認定;相信比人治色彩強烈之機關首長請託關說,更能得到人民的信賴支持。

五、改革需要多溝通──代結語

　　分階段考試、資格考試與特考簡併三項議題均已列入考試院第12屆施政綱領之行動方案及公務人力再造策略方案(若要區隔,行動方案是延續施政綱領而來,著重如何落實執行,公務人力再造策略方案則屬理想性與願景式策略性建議,兩者相輔相成),這意味著本屆考試院已將前述具改革理念議題,列為施政要項,將積極推動落實實施。但回顧過去資格考試之推動,因外界反對聲浪太大遂無疾而終;分階段考試推動多年亦難建立共識而無法端上檯面;特考簡併越併反而越多;都顯示這些議題具有爭議性及複雜性。舉資格考試為例,時代不斷在進步,相信絕大多數機關現階段用人都會秉公辦理且用人唯才;二十年前顧慮政治力及金錢可能會不當介入、人情關說壓力更是難以避免。但是如今行政中立、廉能政治逐步落實,公平正義公民社會已經形成,各種監督機制層層把關,倘再度推動候用名冊、數倍開單及機關面談等作法以確定最終進用人選;未必一定會受到抵制。所以溝通、溝通、再溝通應是化解外界疑慮最有效的辦法。

參考資料

一、考選部,考試院第十二屆施政綱領之行動方案及公務人力再造策略方案年度計劃目標及近程執行策略會議紀錄,2016年1月5日。
二、考試院第十二屆施政綱領之行動方案,2015年8月13日考試院第12屆第48次會議通過。
三、考試院第十二屆公務人力再造策略方案,2015年8月13日考試院第12屆第48

會議通過。

四、考選周刊第118、223、249期新聞。

五、黃錦堂、李震洲，國家考試與永續發展──從考選機關幾個重要的政策改革方向說起，國家菁英第10卷第2期，2014年6月。

六、立法院公報，第103卷第5期院會紀錄，2013年。

七、考選部，公務人員考試分階段考試規劃報告，2014年10月1日。

八、李華民，考試與任用相互配合問題，人事行政第47期，1976年12月。

九、仲肇湘，公務人員任用法之立法精神，考銓月刊第34期，1954年1月。

十、本刊編輯部，採行資格考應有理性辯論的空間，考選周刊第791期，2000年12月21日。

十一、李震洲，從考用之間關係演變談資格考試可行性，考銓季刊第29期，2002年1月。

十二、蔡良文，公務人員考選體制的新發展方向，國家菁英第5卷第3期，2009年10月。

十三、李震洲，公務人員考試法修正草案立法經過，人事月刊第125期，1996年1月。

十四、考選部考選工作研究委員會第二次會議紀錄，2000年12月26日。

十五、陳天錫編，戴季陶先生文存續編，中國國民黨中央委員會黨史史料編纂委員會出版，1967年5月，頁82-83。

十六、李震洲，公務人員特考應適度簡併回歸高普考，人事行政第169期，2009年10月。

十七、李震洲，公務人員特考應審時度勢通盤檢討──以國安、警察、退除役轉任三特考為例，公務人員月刊第143期，2008年5月。

（國家菁英季刊第12卷第1期，105年3月）

貳、典試法修正案歷史意義與未來後續配套措施

一、典試制度歷史發展

　　典試二字，依其字面文義，即主持考試事宜之謂。我國古代科舉制度，對於主持考試工作，在唐、宋時期稱為典闈，到明代以後，始稱為典試，如明史記載「兵部主事張汝霖、大學士朱賡婿，典試山東。」其稱之為典，不僅有主其事之意涵，更有嚴謹與崇隆之寓意。典試具有現代意義之法制，最早始於國民政府成立以後，1929年8月2日公布之典試委員會組織法，其重點包括：典試委員長由主考官兼任，典試委員若干人由考試院院長提請國民政府簡派，並共同組成典試委員會；典試委員長得聘襄試委員若干人，襄理典試事宜；典試委員會掌理擬題、閱卷、面試、成績審查事宜；各科試題由典試委員預擬，密呈典試委員長決定；考試成績由典試委員會決定。由前述規定可以窺知，部分典試工作相關規定，其實有其歷史背景與發展脈絡，直至今日仍在賡續維持運作。1930年11月25日公布襄試法，其重點包括：高普考試設襄試處，辦理報名登記、試場設備、警衛、試卷及彌封冊號、試卷之印製保管等；襄試處工作人員由各機關調派之；試場分內外兩部分，內場人員由典試委員長指揮，外場人員由襄試處指揮；試卷評閱完畢對號填名時，方得開拆彌封。由於法制規模初具，前述襄試委員協助辦理典試事宜，又有襄試處處理試務工作，但襄試委員與襄試處其實沒有太大關係，也容易讓外界產生混淆。1935年7月31日公布典試法，前述兩種法律停止適用，新法架構明定凡舉行考試，均組織典試委員會及試務處，分別辦理有關事宜，此一架構實施迄今未曾改變。典試委員會置典試委員長1人，典試委員3至21人，會議由典試委員長擔任主席，並得聘襄試委員若干人亦得列席會議；有關考試日程、命題標準、評閱標準、擬題、閱卷、彌封姓名冊之開拆、對號、榜示等，均由典試委員會決議行之；各科試題由典試委員加倍預擬，密送典試委員長決定；試務處置處長1人，考試在中央舉行者，處長由考選委員會委員長任之，在各省區舉行時，以各省政府主席或廳長任之；試務處人員承處長之命辦理文書擬撰收發、典守印信、會議記錄、布置試場、繕印試題、試卷彌封收發保管、監場、登算分數等事宜；考試完畢典試委員長應將辦理典試情形，試務處處長應將辦理試務情形，連同關係文件送考選委員會呈報考試院；典試委員會在典試相關人員確定後成立，試務處在考試前一個月成立，均於考試完畢後撤銷；在典試期間，典試委員長、典試委員及辦理考試人員，應迴避一切應酬。綜觀前述條文，典試與試務

之基本架構及運作，在本法中已逐步成形，和現行典試制度相比較，也有一定程度連結關係。（李震洲，2001）

　　行憲以後，1948年12月14日典試法首次修正，明定檢覈不適用本法；改定典試委員人數為若干人；增列錄取名額之決定，應經典試委員會會議決定；原試務處有關規定均刪除，改為試務事項由考選機關或委託其他機關辦理之概括規定；刪除迴避一切應酬之文字。1961年1月20日典試法再度修正，明定高考、普考、相當高普考之特考典試委員長資格；特考特殊科目之典試委員，得就高級公務員或專家選派之；由典試委員會會議決議之錄取名額，改為錄取最低標準之決定；新增辦理考試人員觸犯刑法者，加重其刑二分之一。1968年12月12日典試法第15條原規定典試會與試務處呈報事項，文字修正為典試委員會於考試完畢後，應將辦理典試情形與關係文件，送交考選部連同辦理試務情形，一併呈報考試院。1988年11月11日典試法全文修正公布，最大變革有四：其一，為配合時代需要，將典試相關附屬法規命令，明定其法源依據；其二，為取消襄試委員制度，依功能將其改為命題委員、閱卷委員、審查委員、口試委員；其三，確立試卷評閱方式為單閱或平行兩閱，並建立典試委員長與召集人抽閱試卷制度，以強化公平性。其四，考試辦畢典試委員會裁撤後，如有發生涉及該考試之典試事項，由考選部概括承受。（徐有守，2007）

　　2002年1月16日總統修正公布施行之典試法修正案，內容大幅翻新，其重點包括：一、擴大委託辦理考試範圍，並因應專技人員考試日益增加，爰明定性質特殊或低於普通考試之考試，得委託有關機關或具有公信力之團體辦理考試；二、放寬典試委員資格條件擴大選才來源，引進更多年輕優秀學術界人才參與典試工作；三、參照司法院大法官釋字第319號解釋之意旨，將應考人申請複查考試成績予以法制化，賦予法律授權訂定法規命令依據。另因國家考試之評分涉及高度學術性、專業性、屬人性判斷，爰禁止應考人申請閱覽及複製試卷，禁止要求提供申論題參考答案，禁止要求告知典試人員姓名等資料；並以凌越條款方式，排除其他訴願法及行政訴訟法等相關法律適用；四、因應部分性質特殊專技人員考試需要，增設常設典試委員會法源依據，以利經驗傳承；五、為維護應考人之權益及尊重閱卷委員之專業性判斷，明定閱卷開始後，典試委員長如發現評閱程序違背法令或有錯誤或評分不公允或寬嚴不一等情形，得商請原閱卷委員重評或另組閱卷小組評閱；六、除配偶、三親等內血親姻親應考，典試人員應予迴避之原規定外，增列本人對所應考試有關命題、閱卷、審查、口試、測驗、實地考試等事項應行迴避，及參與題庫試題命題與審查者，於參加考試時應主動告知考選部。違反前述規定經發現者，爾後不予遴聘。（黃錦堂等，2012）

　　2002年典試法修正公布施行後，實施多年，由於社會環境快速變遷、試務工作大幅採用資訊化作業、考生權利意識高漲等原因，許多新興問題浮現，均有待

典試法制強化加以解決。考選部遂自2009年8月起成立專案小組，研議典試法修正草案，經過一年半與產官學界溝通協調，在2011年2月24日將典試法修正案函送考試院審議，其重點包括：一、國家考試在100年時報名人數已近80萬人，多年來辦理各類報名表件補件作業，耗費大量人力、物力及時間，為提高行政效能及便民，爰參酌行政程序法第68條規定，增列得以電傳文件、傳真、簡訊或其他電子文件行之，視為自行送達規定；二、目前對於已實施多年之各項考試試題及測驗式試題答案，並無得以對外公布之法源，爰新增本條予以規範；但對於考試性質特殊者，得經考試院同意後不予公布，以肆應各種不同考試之需要。未來部分命題繁瑣且困難，試題消耗量又大之考試（如醫事人員考試），將優先採行此種作法，以使試題能夠重複使用且達到經濟節約效益；三、應考人於考試後對試題或公布之測驗式試題答案如有疑義，應於規定期限內提出，逾期不予受理；但有部分應考人在考畢後提出試題疑義期限內並未提出疑義，但榜示後未獲錄取提起訴願時，始追加針對試題或答案提出疑義，造成考試榜示高度不確定性，爰明文規定不得於事後提起行政救濟程序中爭執試題或公布答案之正確性；四、開放應考人在榜示後得申請閱覽其本人試卷，並採收費方式掃瞄試卷在電腦螢幕上閱覽；閱覽試卷時仍不得有抄寫、複印、攝影、讀誦錄音等複製行為。至於提供申論式試題參考答案，或告知典試委員、命題委員、閱卷委員、審查委員、口試委員、心理測驗委員、體能測驗委員或實地測驗委員姓名及有關資料，則仍在禁止之列；五、目前國家考試同一類科應試科目中，時有選試科目設計，因為命題難易有別、閱卷寬嚴不一，所以在制度上多以選試科目分列錄取名額（如公務人員外交領事人員考試不同外文組別），或是按不同選試科目錄取相同百分比到考人數（如專技人員專利師考試）；但學術界針對不同選試科目之考試成績，參考其試題難易度將原始分數換算為標準分數，亦為一種選擇。所以增定量尺分數換算法源依據即有必要。（考選部報請考試院審議之典試法修正草案，2011）

二、2011年典試法修正案函送考試院審議過程及結果

　　檢視考試院典試法修正案審查報告，發現考選部提報條文多數皆照案通過或文字修正後通過。僅有兩個重點條文未被審查會接受而遭刪除。其一，為借調學者專家辦理試題發展及題庫建置事宜規定，因目前題庫試題建置，參與學者多在教學及研究以外時間為之，時間既不連續，集合多人又有困難；考選部原先構想以特聘研究員或研究員待遇借調休年假之學者，借重其專長一至二年主持指定類科題庫建置工作，以期較長時間產生成效。惟多數考試委員認為題庫建置成效非

借調學者幾人即可有效解決，另被借調者素質及資歷亦很重要，借調學界人力構想並不可行，該條文遂遭刪除。其二，為開放應考人於榜示後申請閱覽本人試卷規定，考選部認為現行典試法第23條禁止閱覽本人試卷，並非該部原始本意，早在2000年5月考試院函送立法院審議之典試法修正草案，其中已經開放應考人在榜示後查分時得申請閱覽本人試卷，但因部分出身學術界立法委員擔心開放閱覽本人試卷後，可能會造成應考人對評閱標準提起行政爭訟，甚至會使典試委員面臨上行政法院說明情形，因而影響其參與典試工作意願，最後經協商後仍將閱覽試卷納入禁止事項。此次修法該部經過評估以後，從行政民主角度考量，認為開放閱覽試卷後會對閱卷委員形成適度壓力，間接可以提升閱卷品質，故仍然維持開放閱覽試卷之政策主張。另政府資訊公開法和個人資料保護法制定公布施行，情勢變遷與過去已有不同；復依訴願法、行政訴訟法規定，訴訟當事人在爭訟過程中亦得閱覽卷宗，爰應採行更開放政策。但多數出身學術界的考試委員以為無法從實證資料中看出開放閱覽試卷和提升命題及閱卷品質有直接關聯，現階段遴聘典試委員已屬不易，若開放閱覽試卷，尤其是閱覽申論式試卷更易產生爭議，故斟酌應考人權益與尊重閱卷委員專業性，兩者相權衡之下，多數委員選擇尊重閱卷委員專業性，而開放閱覽試卷因未獲多數支持因此亦遭刪除。全院審查會並作成兩項附帶決議：一、請考選部就專門技術、專門職業予以明確定義；二、有關應考人因突發重大疾病或傷害致無法參加體能測驗或口試之特殊情況，能否保留筆試成績？請考選部於研擬相關考試規則時併同考量後續配套措施。（典試法修正草案審查報告，2012）

三、立法院司法及法制委員會審議過程及結果

　　典試法修正草案考試院在2012年4月6日送請立法院審議以後，立法院司法及法制委員會遲遲未排入委員會審查。但法制局在2012年5月倒是提出典試法修正草案評估報告，報告中除對於部分修正條文之文字用語建議斟酌調整外，最主要政策性建議有二，其一，計算題型申論式試題答案，宜於考試舉行後對外公布。其二，典試委員、命題委員、閱卷委員等各種委員名單，宜於考試榜示後公布，其中題庫委員名單於題庫更新後亦應公布。該評估報告雖係法制局個別研究員所撰，惟經過該局召開學者專家座談會進行審查及修止，修止後報告並分送立法委員參考，具有一定影響力。（郭爹瑞，2012）

　　2014年12月29日立法院司法及法制委員會召開第8屆第6會期第22次委員會議，審議典試法修正案，顏寬恒委員領銜提案，跨黨派30位立委聯署之典試法第23條修正案亦併案審查。會中立委發言情形如下：廖正井委員表示考選部既已公

布測驗題及申論題之題目，以及測驗試題標準答案，但未公布申論試題參考答案，為期行政救濟時雙方武器平等，則應開放應考人在榜示後閱覽本人試卷，以瞭解其答題得分情形，以利其訴訟進行；爰贊成顏委員之提案。顏寬恒委員則表示目前複查成績只是形式檢查有無加錯分數或漏閱，意義不大；葉蔻案顯示司法的陽光照進學者專業保護傘內，使得專業判斷餘地受到衝擊，考選部應站在考生立場盡速開放閱覽試卷，以免纏訟浪費司法資源。呂學樟委員提出折衷方案，建議應考人在提起行政救濟時，應准其閱覽本人試卷、複製試卷、要求提供申論試題參考答案；但反對限制應考人提起行政救濟之權利，故對「應考人於考試後對試題或公布之測驗式試題答案如有疑義，應於規定期限內提出，逾期不予受理，並不得於事後提起行政救濟程序中爭執試題或公布答案之正確性。」條文不予支持。尤美女委員則強調，考試對於考生而言是非常重要，很多考生也許終其一生都在考試，可是他根本不知道答案錯在哪裡，因此可能每一年都在複製錯誤答案，然後還是每一年都參加考試。典試法到今天對申論式試題的參考答案還是一直沒有對外公布，對於申論式試題的評分標準，也沒有公布；考選部說這涉及高度專業性及屬人性，申論式命題本來就不會有標準答案，何況社會科學更是如此；既然社會科學沒有標準答案，對於考試閱卷評分是依照什麼標準給分數？另外大家所詬病的所謂的獨門暗器，這可能是出題老師的獨門暗器，也有可能是閱卷委員的獨門暗器，只要和他們的見解不一樣就不給分數。她質疑董部長在作教授時曾寫過一篇文章，文章中提到：「如此看待應考人申請閱覽卷宗提供評分標準，請求重新評閱等權利乃係基於基本權利的程序保障作用，以及權利救濟之有效性所作的觀察。德國聯邦憲法法院著有判決指出，凡涉及與工作權相關考試，基於權利有效救濟的原則，必須保障考生享有有效救濟的考試程序。也就是說，申請閱覽卷宗，提供評分標準，請求重新評閱試卷的權利是基本權利。」極具改革開放理念；為何擔任部長以後政策上反而變得保守，為何不能參考德國的作法提供並對外公布評分標準？

逐條審查時，多數皆照考試院版本通過。有異動者僅有第13條增列第6款「其他依本法或其他法令賦予之職權」。第21條第2項刪除「入場」兩字。第24條第1項末段刪除「並不得於事後提起行政救濟程序中爭執試題或公布答案之正確性」等文字。第26條修正為：「（第一項）應考人得於榜示後依規定申請複查成績或閱覽其試卷。（第二項）複查成績之申請期限、收費及相關程序等有關事項之辦法，由考選部報請考試院定之。（第三項）應考人閱覽試卷不得有抄寫、複印、攝影、讀誦錄音或其他各種複製行為。（第四項）閱覽試卷之方式、範圍、申請期限、收費及相關程序等有關事項之辦法，由考選部報請考試院定之。」第27條修正為：「（第一項）應考人不得為下列之申請：一、任何複製行為。二、提供申論式試題參考答案。三、告知典試委員、命題委員、閱卷委員、

審查委員、口試委員、心理測驗委員、體能測驗委員或實地測驗委員姓名及有關資料。（第二項）其他法律與前項規定不同時，適用本條文。」其中第26條及第27條因立委之間意見不一，遂休息協商。顏寬恒委員版本主張開放應考人閱覽試卷、開放行政救濟時應考人得複製試卷、開放公布申論試題參考答案。尤美女委員版本則要求開放應考人閱覽試卷、以及公布申論試題參考答案及評分標準。呂學樟委員版本則提折衷案，建議僅在應考人提起訴願或行政訴訟時，方可要求閱覽試卷、或複製試卷、或要求提供申論試題參考答案。至於廖正井委員版本則僅支持開放應考人榜示後閱覽試卷，至於複製試卷、開放公布申論試題參考答案等，他認為牽動甚多有待進一步評估其影響。爰立法委員之間的最大公約數只有開放應考人榜示後閱覽試卷，其餘部分並無多數共識。考選部董部長亦力陳複製試卷、或公布申論試題參考答案及評分標準之不可行，如一旦全面開放，對典試人力衝擊甚大，甚至會影響到典試人員參與國家考試命題及閱卷意願、命題遂競相改採測驗試題會限縮學生思考等。至於開放閱覽試卷部分，因立法委員咸表同意，考選部反對無效，遂表示尊重會中最後決議。

會中並通過附帶決議一項：請考選部研議公布申論試題參考答案及評分標準之可行性，於六個月內完成，並向立法院司法及法制委員會提出書面報告。此外由於本案審議結果朝野政黨共識甚高，並無歧見，因此會議決議二讀前不需交由朝野黨團協商。（立法院第8屆第6會期司法及法制委員會第22次全體委員會議議事錄，2014）

四、對立法院強勢開放閱覽試卷部分考試委員反彈

2015年1月8日考試院第12屆第18次會議，考選部提報典試法修正案立法院完成委員會初審情形。部分考試委員強烈反彈，指責考選部沒有善盡職責擋下該案。有委員提到開放應考人可申請閱覽試卷，對國家考試與相關典試工作，都將造成空前衝擊，已有許多學者反應將來不願再擔任國考命題與閱卷工作。也有委員擔憂未來各項典試試務之運作將廣受衝擊，影響層面難以預估；本院所定典試法係經9次全院審查會審查竣事而後院會通過，固屬本院重要政策；並要求相關部會於立法院審議本院重大法案出列席備詢時，應力守本院立場，善盡說明之責不可讓步。有的委員擔心開放應考人聲請閱覽試卷，勢必增加國家考試命題、審題、閱卷的行政負荷，故應以密集方式說服立法院，研究如何使衝擊降至最低；至於未來一旦要公布參考答案，其所引發問題，更將如同星火燎原般不可收拾。亦有的委員認為典試法修正通過後開放應考人可申請閱覽試卷，影響層面深遠，

幾乎動搖國本，現在應考人已有救濟制度，可提起訴願，或提出行政訴訟後由法院來調卷，實不應准許榜示後開放閱覽試卷。

惟亦有部分委員持贊同意見，有的委員明確支持立法院修法意見，因為世界性趨勢，在人權、法治意識高漲時代，及全球化傳播互相聲援批大結構下，全世界施政都強調透明，任何部門之施政均朝此方向進行，考試之評分本應在時代趨勢下應適度透明，故命題與閱卷標準應適度公開透明，讓應考人閱覽並與其本人答題內容相較，或許可杜悠悠之口。因為現今臺灣政治環境結構，許多應考人都會到處陳情或透過司法訴訟來達到目的，令人難以招架。以世界性趨勢來看，本次修法並非不妥當，許多立委都支持開放透明方向。從行政程序上來看，若無法閱覽卷宗，如何進行後續主張？又如評分或標準答案等有無疑義等，雖行政機關可透過程序阻擋，但在進行訴願與行政訴訟時，特別是訴訟過程時，不但可以閱覽卷宗，應考人委託律師亦可依相關規定申請閱覽抄錄等，一樣能全盤了解資訊，故在時代性潮流下，實在難以阻擋。也有委員提醒有關立法院司法及法制委員會審查通過典試法修正案，可謂幾已完成立法程序，一旦通過法，將僅能就應考人申請閱覽試卷方式、申請期限及相關程序辦法，由考選部報請本院會議通過後施行。當前社會觀感與本院有不同解讀，本院立場若被簡化為站在命題委員角度反對開放應考人閱覽試卷，恐造成兩種價值之對比，易招致社會議論，事態可大可小，故本案宜往前看，亟思國家考試制度應如何因應變遷，並對應考人閱覽與公開資訊之範疇詳細審酌，方為正辦。（考試院第12屆第18次會議紀錄，2015）

考選部根據院會決議協調立法院朝野黨團，建議考量該案能否暫時不列入立法院會二讀會程序，惟未獲支持；因該案朝野之間並無歧見，因此程序委員會反將第8屆第6會期第18次院會議案順序，典試法修正案提前至第11案，並在2015年1月20日完成該案二、三讀程序，其內容與司法及法制委員會召開第8屆第6會期第22次委員會議通過者完全相同。該案通過後，立法委員顏寬恒登記發言指出：開放閱覽試卷，在我國考試史上跨出一大步，也是重大突破，長遠來看，考試機關應該進一步改變保守心態，讓人民能取得行政訴訟之武器對等；未來更應將資訊公開，從負面表列改為正面表列，除閱覽試卷外，更應開放各種複製行為，及要求提供申論試題參考答案，以滿足人民之需要。

2015年3月12日考試院第12屆考試委員第15次座談會，考選部提報應考人申請閱覽試卷辦法草案，仍有考試委員批評開放閱覽試卷作法不妥，並認為九成以上委員反對開放閱覽，主因是憂慮應考人閱覽試卷後產生之影響，考選部應先進行分析與評估；如開放閱覽試卷後，所增加之訴願或行政訴訟其行政成本有多少，或引起錄取人員變動可能性等。亦有委員要求如果開放閱覽試卷影響到典試人員參與命題、閱卷時，典試人力資料庫應如何充實人才之遴聘？如未來因開放

閱覽試卷而引發爭議，考選部能如何給予典試人員協助？應考人如進一步要求提供提供申論試題參考答案，該如何處理？個別命題或閱卷委員是否會去自行面對行政法院之爭訟案件？（考試院第12屆考試委員第15次座談會會議紀錄，2015）

　　前述考試委員的若干疑慮用意雖好，但真的是多慮了。首先開放閱覽試卷的功能（或說是殺傷力），其實非常有限，只不過是複查成績的加強版而已，絕對沒有那麼大的後座力；因為閱覽本人試卷的結果，最多能夠發現的就是偶有閱卷委員漏未評閱，或是分數加錯的情形，這種情形在過去未開放閱覽試卷階段，應考人透過申請成績複查同樣可以發現，發現之後依法重新評閱試卷及加總計分，如獲致錄取，該有的後續通知及報考試院補行錄取等，皆依規定辦理。開放閱覽試卷以後，只不過將過去人工調卷查閱，轉變為掃描試卷影像檔以後，讓應考人本人在電腦螢幕上看（閱卷委員姓名亦已遮蔽），和過去唯一差別就是眼見為憑如此而已。所以這股閱覽試卷的熱潮（如果有的話），相信很快就會退燒，而回歸常態。至於應考人閱覽試卷以後，如有不滿該如何後續處理？如閱覽試卷的結果，應考人仍有不服，並要求告知閱卷委員姓名、要求複製試卷、要求提供申論試題參考答案等，考選機關自應依據典試法第27條規定：「（第一項）應考人不得為下列之申請：一、任何複製行為。二、提供申論式試題參考答案。三、告知典試委員、命題委員、閱卷委員、審查委員、口試委員、心理測驗委員、體能測驗委員或實地測驗委員姓名及有關資料。（第二項）其他法律與前項規定不同時，適用本條文。」予以駁回。至於應考人如對未錄取或成績偏低之結果不服，欲提起訴願或行政訴訟，考選機關只能尊重其應有權利；但此與有無開放閱覽試卷無關，因為過去亦常有應考人在榜示後或成績複查後即提起行政爭訟程序之故。所以開放閱覽試卷，但仍維持不得要求告知閱卷委員姓名、不得要求複製試卷、不得要求提供申論試題參考答案之三種禁制，所造成之影響其實有限。至於讓命題或閱卷委員曝露在司法體系面前，屆時典試人員將遭到傳喚作證或究責之說法，更屬不可思議；按從過去到現在，考試過程中發生命題委員命題錯誤或瑕疵，以及閱卷委員之閱卷疏失等所在多有，考選機關處理原則始終如一就是概括承受，既保護學者專家之個人隱私，也由機關派員赴上級機關訴願單位，或是各級行政法院進行說明答辯，從來沒有讓學者專家曝光或是站到台前說明而受到外界之壓力；唯一後續處理的僅有依據內部行政規則「典試人員服務紀錄作業要點」，視其影響嚴重程度（如試題外洩、或試題與近三年試題有高度雷同、或命題錯誤致無法作答、或命題或閱卷疏失造成補行錄取或撤銷錄取等情形），而給予爾後不再遴聘、定期停止遴聘等處分。此一處理模式，在未來開放閱覽試卷以後，仍將賡續辦理。爰參與典試工作之學者專家，對此應該可以放心。

　　根據考選部製作開放閱覽試卷後對典試人員參與命題及閱卷意願有無影響電子問卷，請2014年公務人員高普考試、建築師技師考試、高考一二級考試、警

察及鐵路人員考試等典試委員、命題委員、閱卷委員填答，寄出1,998份，回收548份。統計數字顯示，開放應考人閱覽試卷時，閱卷委員之簽名或蓋章均已遮蔽，不得閱覽，應考人僅能看到其試卷之評閱分數及評語，在此一架構下，您是否仍願意擔任國家考試閱卷委員參與閱卷工作，選填非常願意和者願意者，占81.93%；其次開放應考人申請閱覽試卷後，您是否仍願意擔任國家考試命題委員參與命題工作，選填非常願意和願意者，占82.66%；再其次，開放應考人申請閱覽試卷後，您是否願意參加其相關會議協助處理後續試務與行政爭訟事宜，選填非常願意和願意者，占63.14%。（國家考試開放應考人申請閱覽試卷問卷結果分析，2015）因此開放閱覽試卷對典試人力之衝擊影響，預期應在可以容忍之範圍。

五、附帶決議對公布申論試題參考答案作可行性評估

　　有關公布申論試題參考答案一節，學者之間看法不一，如湯德宗教授即主張：對外公布申論試題參考答案、榜示後一定期間公布各種典試人員名單、榜示後開放應考人得閱覽本人試卷、刪除典試法第23條其他法律與本條規定不同時適用本條文之規定。（湯德宗等，2005）程明修教授亦從隱私權保障角度，認為：相關法律禁止提供相關資訊之規定，若以保障典試人員隱私之名，而與考試制度公平及公信要求兩相權衡，正當性顯得相當不足。（程明修，2008）江義雄教授則批評，過去他參與國考出題及閱卷，就碰過閱卷老師對答案看法與命題老師不同，根本不甩參考答案，這對應考人權益影響很大，故參考答案一定要公布，評分才能有一致之標準，不該保障老師、犧牲考生。但施能傑教授則認為，申論式試題的參考答案不宜公布，是基於申論試題容易有見仁見智的看法，理工科閱卷還算單純，但人文社會科學類科就複雜很多。（自由時報，2009）

　　而從法制角度來看，考生不得要求提供申論試題參考答案規定，最早係夾在應考人申請複查成績辦法第8條：「申請複查成績，不得要求重新評閱、提供參考答案、閱覽或複印試卷。亦不得要求告知典試委員之姓名或其他有關資料。」不過該等限制應考人權益事項，以法規命令為之，不符中央法規標準法涉及人民權利義務事項，應以法律定之規定。以及司法院大法官會議解釋：國家之行為如涉及限制人民權利之行使者，其要件應以法律明文定之，如授權行政機關發布相關命令，其規定應具體明確。1993年6月4日司法院大法官會議公布第319號解釋，內容略以：考試院於1986年11月12日修正發布之「應考人申請複查考試成績處理辦法」，其第8條規定：「申請複查考試成績，不得要求重新評閱、提供參

考答案、閱覽或複印試卷。亦不得要求告知閱卷委員之姓名或其他有關資料。」係為維護考試之客觀與公平及尊重閱卷委員所為之學術評價所必要，亦與典試法第23條關於「辦理考試人員應嚴守秘密」之規定相符，而如發見有試卷漏閱等顯然錯誤之情形，該辦法第7條又設有相當之補救規定，與憲法尚無牴觸。惟考試成績之複查，既為兼顧應考人之權益，有關複查事項仍宜以法律定之。其後1988年11月11日總統修正公布典試法，始將該等限制內涵位階提升至法律層次。

面對立法院通過之附帶決議一項：請考選部研議公布申論試題參考答案及評分標準之可行性，於六個月內完成，並向立法院司法及法制委員會提出書面報告。該部經製作電子問卷乙種透過全球資訊網，請103年參與多項考試之典試委員、命題委員、閱卷委員填答，寄出1,739份，回收541份。統計資料顯示，對於應否公布申論式試題參考答案及評分標準，受訪者認為不應公布的占67.84%，認為應予公布的占27.54%。認為不應公布參考答案及評分標準的理由，包括：申論式試題由於學派見解不一，公布後易產生爭議；應考人對公布之參考答案及評分標準提出質疑，要求重新評閱，影響考試安定性；考試爭訟案件恐將大幅增加；命題委員為避免爭議，趨向記憶或法條式命題，窄化命題範圍；公布制式的答案將限縮應考人作答空間；公布後會影響閱卷委員評分判斷等。至於詢問本部如果實施公布申論式試題參考答案及評分標準，您願不願意擔任國家考試命題工作？選填非常願意和願意者，占59.52%；詢問本部如果實施公布申論式試題參考答案及評分標準，您願不願意擔任國家考試閱卷工作？選填非常願意和願意者，占61.18%；詢問本部如果實施公布申論式試題參考答案及評分標準，您願不願意協助處理後續試題疑義等試務與行政爭訟事宜？選填非常願意和願意者，占49.54%。顯然多數近七成受訪典試人員，認為不宜公布申論式試題參考答案及評分標準；而如果一旦立法通過公布申論式試題參考答案及評分標準，雖然仍有六成左右願意繼續擔任命題及閱卷工作；但是願意協助處理後續試題疑義等試務與行政爭訟事宜典試人員不到一半，這意味著倘沒有充分溝通就貿然修法開放公布申論式試題參考答案及評分標準，恐將嚴重衝擊國家考試之正常舉辦，立法部門對此應該慎思。（國家考試申論式試題公布參考答案及評分標準可行性問卷調查結果分析，2015）

六、典試法附屬法規積極研議並將分批報請審議

典試法修正案總統公布以後，27個附屬法規考選部現正積極研訂（修）之中，其中7個列在第一批報考試院審議範圍，包括本法施行細則、試場規則、監場規則修正案，以及母法授權新訂之應考人申請閱覽試卷辦法、國家考試採行分

數轉換辦法、考選部受理報名及申請案件電子送達辦法，以及修正應考人申請複查成績辦法等（此一修正案列為第一批報院，係因為應考人申請閱覽試卷或複查成績，基於使用者付費考量，將要開始收取費用，此收費之依據並非修正公務人員考試規費收費標準及專技人員考試規費收費標準，而係在申請閱覽試卷辦法及申請複查成績辦法等作用法中植入法源；但依規費法第10條規定，考選部應檢附收費基準及成本分析資料，先洽商財政部同意後始能送立法院備查，遂先行送出爭取時效）。第二批則為命題規則、閱卷規則、國家考試偶發事件處理辦法等16個法規命令修正案。第三批則為行政規則提升位階到法規命令之4個新訂法規命令案，包括國家考試闈場管理要點及國家考試闈場安全規範整併成新訂之國家考試闈場安全及管理辦法；典試人力資料庫專長審查作業要點及典試人員服務紀錄作業要點整併成新訂之典試人力資料庫專長審查及典試人員服務紀錄作業辦法；建置電子化試題闈場管理要點及題庫電子化試題安全管理作業要點整併成新訂之題庫電子化試題闈場安全管理及保密作業辦法；新訂身心障礙應考人權益維護措施辦法取代原身心障礙應考人權益維護措施要點等。

　　至於考試委員最為關切之應考人申請閱覽試卷辦法草案，目前規劃研訂之條文重點為：一、本辦法所稱試卷，指經評閱完畢之筆試申論式試卷及測驗式試卷。而不包括口試、體能測驗、實地測驗之評分表在內；二、應考人閱覽試卷限本人為之，並以閱覽其作答之試卷為限。應考人閱覽試卷之方式，以使用試務機關提供之電腦設備閱覽試卷影像檔為原則。應考人申請閱覽試卷每次考試以一次為限，應於該項考試筆試榜示之次日起10日內，登入考選部國家考試網路報名資訊系統申請閱覽試卷，填具申請閱覽之科目數及繳納費用後始完成申請程序，非本人申請或申請逾期或未依限繳費者均不予受理；三、應考人申請閱覽試卷，每科目應繳納閱覽費新臺幣80元。經核准閱覽試卷之應考人應依試務機關指定期日至考選部指定場所進行閱覽試卷。應考人閱覽試卷之時間，每科目為10分鐘為限；四、應考人閱覽試卷中認有疑義時，應即查明處理之，並告知應考人查核結果，應考人如有不服得依法請求救濟；五、應考人閱覽試卷時，不得有下列行為：（一）冒名頂替；（二）抄寫、複印、攝影、讀誦錄音或其他各種複製行為；（三）隨身攜帶紙筆、行動電話、穿戴式裝置或其他具資訊傳輸、感應、拍攝或記錄功能之器材及設備。如有違反前項各款規定之一者，工作人員得當場中止其閱覽並禁止續閱。另屬技術性、細節性規範，如閱覽試卷每日起迄時間、閱覽地點、工作流程及人員調派分工等作業規定，將由考選部另定行政規則處理。這其中有關閱覽之範圍（如全面開放閱覽試卷範圍，或是適度限制閱覽範圍），或閱覽試卷收費標準（應否以價制量以減少閱覽件數）等，各方尚有不同之意見，有待積極整合儘速定案。

七、其餘多項改革創新亮點具有歷史意義

　　除開放閱覽試卷外，此次典試法修正，亦有多項規定極具改革意義應予肯定，茲分述如下。如成績得採用分數轉換方式以維持公平即屬重要變革，按考選部早期針對醫事人員檢覈筆試（均採測驗式試題）曾經採行量尺分數換算之作法。其法源為當時專門職業及技術人員考試法施行細則第18條：「依本法第十七條規定專門職業及技術人員檢覈之筆試口試或實地考試，其辦法另訂之。」1986年7月2日訂定發布之專門職業及技術人員檢覈筆試口試及實地考試辦法第9條遂規定：「筆試科目採測驗式試題者，得依有關之規定，將原始分數化為標準分數，並以標準分數為實得成績。」各該醫事人員檢覈筆試並一體適用。惟實施過程中，屢有分數換算之後更低甚至換算為零分情形，爰外界質疑批評聲浪不斷，甚至對試務作業公正性產生懷疑。經過多年檢討，決定取消量尺分數換算作法，改以平均滿60分錄取併行錄取全程到考百分之三十一方式加以取代（即以平均滿60分為及格，但達60分以上之人數未超過百分之三十一時，得降低其及格標準，錄取至該階段全程到考人數百分之三十一）。此一改變使醫事人員考選維持穩定錄取率，符合社會需求，亦不致發生換算後成績降低情況，外界批評聲音遂逐漸歇止。其後專技人員考試法修正，專門職業及技術人員考試得視等級或類科之不同，採下列及格方式：一、科別及格；二、總成績及格；三、以各類科全程到考人數一定比例為及格。前項及格方式，並得擇一採行或併用。其中總成績滿60分及格制，在同一科目多人評閱致閱卷標準寬嚴不一，或不同選試科目命題難易度有別等特殊情形，會有可能有分數轉換之適用情形。

　　目前分數轉換辦法草案，初步規範重點如下：限各種考試之筆試方得採用分數轉換。界定原始分數、標準分數、顯著差異之名詞定義。另各種考試典試委員會第1次會議時列討論案，由典試委員會決議依典試法第9條第2項，授權典試委員長邀集各組召集人或典試委員啟動分數轉換會議。前項會議進行時，準用典試委員會會議規則規定；並應邀請測驗專業領域之學者專家列席提供諮詢意見。分數轉換會議結果，應提報典試委員會第2次會議加以確認。另分數轉換公式分為同一試題不同閱卷委員評分有顯著差異、不同選試科目得分有顯著差異、應試科目所有到考人分數與歷年分數有顯著差異等，均得參考不同公式採行分數轉換。此外各種考試筆試之分數轉換，該應試科目到考人數不足30人時，其原始分數均不予換轉。另依本辦法採行筆試分數轉換，應遵守該應試科目或該題之計分範圍。（考選部法規委員會第526次會議紀錄，2015）總之法源依據有了，具體分數轉換辦法草案訂出來了；但最大推動之困難所在，在於典試人員長期玉尺量才，各界亦高度尊重其評分結果，如今透過分數轉換制度，使其原始分數變低或

調高，觀念上能否被接受？尤其是此一分數轉換，可能會改變應考人是否錄取之最終結果，造成其人生命運爲之翻轉，應考人接受程度尤應密切加以觀察。

此外報名及申請案件，得以電傳文件、傳眞、簡訊及電子文件方式代替書面送達，亦有其簡化行政事務之功能；目前初步規劃之電子送達辦法草案重點如下：本辦法所稱電子送達，指辦理各種考試報名及申請案件時，以傳眞、簡訊、電子郵件及其他電子文件方式通知應考人，並視爲自行送達。考選部得就下列事項，依本辦法規定送達方式通知應考人：一、國家考試報名及申請案件，依規定應繳交費件而未繳交或所繳費件未齊全者，請應考人限期繳交或補正之通知；二、回復各類申請案件。但國家考試報名退件及申請案件否准之處分，因涉及應考人權益，仍應以郵遞方式通知應考人。依本辦法規定送達方式傳送未成功時，應再行傳送或併採其他視爲自行送達方式爲之。應考人應確保所提供之電子郵件信箱、行動電話等通訊資料正確無誤且可正常使用，並適時查閱試務機關之通知。（法規委員會第528次會議紀錄，2015）其次題庫試題來源得公開徵求、交換、購置國內外試題，經審查後入庫以充實試題來源，亦構想甚佳；如試題可與學校教學內容及產業實務作法緊密結合，及時掌握全球學術發展趨勢，對提升教考用合一之考試信度與效度甚有助益；不過各國公務人員考試或各項專業證照考試甚多係不對外公開試題及答案者，故購買試題頗爲困難，因此未來尤其需要加強推動。又性質特殊之考試，經考試院同意後得不公布試題及答案；如以心理測驗爲例，心理測驗試題設計難度高，程序長，且需要多次預試始得建立常模，一旦公布試題及答案，其信度、效度及常模將失去準確性，不公布試題及答案，心理測驗方有重複使用之效益。另如情境式測驗爲例，如不公布該等試題及答案，將可依據應考人作答結果分析試題難易度及鑑別度，反覆進行問題討論及試題編修，未來重複使用以後，對掌握試題眞實狀況及改善試題品質會甚有助益。以上諸多修法重點，均是此次改革中之亮點，也具有特殊歷史意義，如能妥爲規劃設計，預期將對國家考試典試制度帶來許多正面功能。

八、結語——正視行政民主化發展進程

本次立法院朝野立委不分黨派共同提案及連署，在場立委各個贊成開放榜示後應考人閱覽本人試卷，意謂著民意是站在應考人立場充分支持這個開放政策的。至於公布申論試題參考答案及評分標準，立法院要求考選部半年之內研究其可行性；而任何複製行爲及告知典試委員、命題委員、閱卷委員、審查委員、口試委員、體能測驗委員或實地測驗委員姓名及有關資料等，仍列爲禁制事項；則代表著民意機關審酌的情況以後，認爲客觀環境尚不成熟，因此沒有逕予開放。至

於學者背景居多之考試委員，則在乎開放榜示後應考人閱覽試卷，可能會影響到爾後典試人員參與典試工作之意願，爰在衡酌應考人權益與尊重命題閱卷委員專業之間，選擇了後者。其實這只是判斷政策的角度與偏好，並沒有所謂對或錯的問題。但是民主政治畢竟有其法定程序，考試院通過法律修正案依法函送立法院審議，立法院依法作了修改並咨請總統公布，總統也依法公布在案；這就只能尊重法制，並在法律授權範圍內，妥適研訂法規命令據以落實執行。倘強制要求考選機關在立法院寸土不能讓的結果，只會造成社會輿論交相指責考選機關食古不化、不知民間疾苦，議案仍會修正通過；或是全案擱置，等待屆期不連續時法案退回，這種做白工的結果豈是大家所樂見？行政機關在國會部門面臨立法委員之強勢問政，想要法案通過，就得深諳有捨有得之硬道理；捨此不為，要求法案儘快通過又堅持政策不可退讓，這對第一線作戰護土有責之公務員來說，應該算是不可能的任務吧！

　　另因有某應考人應2009年司法官特考（該年仍屬舊制，第一試筆試，依需用名額加成百分之二十進入第二試口試，合併計算成績後最後採擇優錄取），該員第一試成績57.1713分，未達錄取標準57.2142分（差0.0429分）而未獲錄取，經收到成績通知書以後申請複查成績，發現商事法第三題得分偏低，爰以閱卷委員有濫用權力、不尊重應考人作答餘地等違法情事，要求「考選機關調閱獲評高分之試卷與聲請人試卷內容加以比較，並請公正人士開會評議」、「公布標準答案以示公平」，考選部拒絕其請求。該員遂提起訴願，要求分組召集人商請原閱卷委員重閱，或另組閱卷小組評閱，並請求閱覽試卷、複製該試卷；同時要求提供該題參考答案，經考試院訴願審議委員會駁回其訴願。該員再提起行政訴訟，先後經台北高等行政法院、最高行政法院判決駁回起訴與上訴。行政法院駁回之理由包括：聲請人有關重新評閱試卷、申請閱覽試卷、複製該試卷，以及提供或公布該題參考答案等請求，核與釋字第319號解釋、原典試法第23條第2項及第3項、第24條第3項、典試法施行細則第12條之1第1項規定有所不合。該員在2012年遂向司法院大法官會議提出釋憲聲請，請求宣告典試法施行細則第12條之1第1項規定，牴觸憲法第172條、第23條及典試法第24條第3項無效；請求宣告典試法第23條第2項及第3項規定，牴觸憲法第16條、第18條、第22條、第23條而無效，在此範圍內，釋字第319號解釋應予變更。其後司法院大法官受理該案，並責成考選部就聲請人質疑提出說明。經查該案司法院大法官在2014年7月25日第1420次不受理案件會議中決議：應不受理。其理由為本案與司法院大法官審理案件法第5條第1項第2款：「人民、法人或政黨於其憲法上所保障之權利，遭受不法侵害，經依法定程序提起訴訟，對於確定終局裁判所適用之法律或命令發生有牴觸憲法之疑義者。」得聲請解釋憲法之規定不符，該院爰將不予受理之結果連同理由函知聲請人在案。由於司法審查權對於典試法制並無進一步擬作成解釋之立即

壓力，因此預期典試制度在歷經本年修法以後，會維持相當期限穩定。

　　長期觀察典試制度變革，可以清楚看到從威權體制轉型到民主體制的軌跡發展，更加重視人權與民主。所以在典試制度中取消襄試制度，將其角色轉化成為命題委員、閱卷委員；從全面單閱試卷，改成視科目性質、應考人數，採單閱、分題評閱、平行兩閱、線上閱卷等多元化閱卷方式；應考人申請複查成績法源，從職權命令提升位階為法律授權訂定法規命令，且要求授權目的及範圍要明確；而長期以來典試制度中之多種禁制事項，終於打開一小扇窗開放應考人榜示後得申請閱覽本人試卷，使得應考人權益得以彰顯。這些進步開放作法，明顯是政治民主、經濟民主衝擊下，激盪出行政民主的重要環節。近些年來應考人不斷質疑典試制度若干限制性條款之合憲性及適法性，司法機關在審查行政爭訟案件時審查密度亦在增強中（如對試卷評閱個案介入實質審查），台北高等行政法院對葉蔻案之判決是個代表性警訊，使得長期以來專業判斷餘地不受司法干預之防護傘受到嚴重挑戰。由於行政民主之變革方向勢不可擋，所以對於此一發展趨勢要嚴肅面對並且妥適回應，才能符合時代需求。

參考資料

一、徐有守，考銓制度，台灣商務印書館，2007年。

二、郭冬瑞，典試法修正草案評估報告，立法院法制局，2012年。

三、黃錦堂、李震洲，典試制度應與時俱進——對典試法修正草案之省思，國家菁英季刊第8卷第4期，2012年。

四、李震洲，典試法修正草案評析，公務人員月刊第64期，2001年。

五、李震洲，國家考試申論式試題應否公布參考答案之研究，考銓季刊第42期，2005年。

六、陳彥慈，典試法第23條之評議，考選論壇第3卷第1期，2013年。

七、2011年2月24日考選部報請考試院審議之典試法修正草案。

八、2012年3月29日考試院第11屆第181次院會通過典試法修正草案審查報告。

九、2012年6月7日司法院秘書長致考試院秘書長函，請就卓○○聲請大法官解釋案惠復意見案。

十、2014年7月25日司法院大法官第1420次會議議決不受理案件。

十一、2014年12月29日立法院司法及法制委員會編印考試院函請審議典試法修正案、委員顏寬恒等30人擬具典試法第23條條文修正案條文對照表。

十二、2014年12月29日立法院召開第8屆第6會期司法及法制委員會第22次全體委員會議議事錄。

十三、2015年1月8日考試院第12屆第18次會議紀錄。

十四、2015年3月12日考試院第12屆考試委員第15次座談會會議紀錄。

十五、自由時報，典試法修法，四不惡令未除，2009年10月4日。

十六、2015年5月1日、5月14日考選部法規委員會第526、528次會議紀錄。

十七、2015年5月11日國家考試開放應考人申請閱覽試卷問卷結果分析。

十八、2015年5月11日國家考試申論式試題公布參考答案及評分標準可行性問卷
　　　調查結果分析。

（國家菁英季刊第11卷第2期，104年6月）

　　後記：2015年2月4日典試法修正公布，僅開放了應考人在榜示以後得申請閱覽本人試卷，其餘提供申論試題參考答案、複製試卷、告知典試人員資料等仍在禁止之列。惟因立委質詢要求司法官律師考試公布參考答案，爰自2017年起，司律考試榜示後公布各該考試第二試法律專業科目試題解析與評分要旨，2018年以後賡續辦理迄今；此舉雖係個案，但畢竟又向前跨了一步，值得加以肯定。

參、軍職轉任文職政策建制、發展及其未來改進方向

一、前言

　　台灣的威權體制及威權轉型，在構成因果相連的歷史整體的同時，也制約了台灣各種重要政策、組織與制度的形成和發展；以文官政策為例，戰後台灣的威權體制、威權轉型與全球化的潮流，都對台灣的文官政策產生強烈的制約，而且要求其不斷的調整。學者指出威權體制下，專為軍人舉辦之特種考試轉任公務人員考試，其及格率曾經普遍偏高；而高階文官人才外補管道，其中七成以上來自上校以上軍官轉任公務人員檢覈。在大量軍職人員，尤其是高階者，轉任國防、情治、警政、人事行政、交通、主計、工務系統及公營事業等情況下，普遍出現軍職轉任人員領導與主導現象，而其死板與嚴峻之意識形態特質、僵化與權威之組織行為，都容易促成獨斷、保守與低效率之行政文化。（蕭全政，1994）自1980年以後，台灣地區出現各種政治及社會運動，大部分都以政府為衝突對象，要求重新釐定政府與民間較為公平合理之政經關係；這種紛擾現象，並不因戒嚴解除而有所改善，因為殘留之戒嚴與戡亂體制仍與真正民主體制大有扞格，加上外來政經挑戰與壓力，加速政府公權力之弱化與不彰，政府若想重振公權力，則必須加強政治民主化，方能取得統治正當性。（蕭全政，1995）亦有學者論及台灣文官政策之發展，以戰爭體制時期（1949年至1967年）、經濟發展時期（1967年至1987年）、社會轉型時期（1987年至1992年）、民主鞏固時期（1992年迄今），來區隔我國文官政策之歷史發展進程；而戰爭體制時期文官政策表徵，包括長期實施戒嚴、考試院憲定職掌式微、特別權力關係管理模式、人事一條鞭之強化以及廣開軍職轉任文職管道；到了經濟發展時期，以軍職轉任文職政策來說，石覺與陳桂華等軍方將領先後接掌銓敘部，政策意涵上代表當局要進一步落實軍職轉任文職政策實施；至社會轉型時期，戒嚴體制解除重視憲政法治，軍職轉任文職管道備受外界質疑，爰國防行政及技術人員特考停辦，其餘管道陸續加嚴轉任條件及限縮優待範圍；進入民主鞏固時期，政黨競爭興起、政府進行組織改革、考試院逐步擴權（如保訓會及退撫基金監理及管理委員會之成立等），軍職轉任文職政策進一步朝公開透明方向變革，上校以上外職停役檢覈取消並轉型為考試，以符憲法精神。（江大樹，1997）本文之敘述，大體延續此一歷史縱斷面之脈絡，以利讀者能和政治發展、民主轉型經驗相結合。

二、中國近代史上軍人地位曾經非常特殊

　　為何軍人長期以來在我國政治社會上具有舉足輕重的影響力，而政府也費盡心思設法處理好軍人退伍後之安置工作，似有以下幾個原因：一、從近代歷史角度來看，中華民國肇建之初，國內仍處於軍閥分裂割據的狀態，中國國民黨靠著黃埔軍校以及黨軍的軍事力量，短短十幾年間完成了東征、北伐的任務，統一了全中國；其後的抗日戰爭及剿匪戡亂等，造成軍人角色地位益形重要；二、當時國家領導人蔣介石先生出身軍旅，因此對於軍人尤其重視，此從不同的場合中對文、武職幕僚幹部講話，可以明顯的看出他的重武輕文。1940年5月12日，中央政治學校成立十三週年紀念，他以「中央政校創設的宗旨和教學的方針」為題訓勉全體師生，指出「軍官學校可以說完全達到總理當初創辦黃埔軍校的期望，黨國賦予他們的責任大部分已經作到了，政治學校相形之下，不能不格外努力急起直追。」1946年4月24日他曾對軍官總隊以「軍官總隊的任務及其訓練的要點」為題發表演說時指出，「這些隊員都是最難得的幹部（指轉業軍官），比任何大學畢業出來的學生還要寶貴，他們一個人將來訓練轉業之後，要使他們能當1,000個人來用，甚至他們將來發生的效能比1萬個人還來得大。」（蔣總統集編輯委員會，1974）從前述講話可以看出，當時的國家領導人對軍人的高度肯定，這種認知及價值取向，深深影響到往後國家考選用人政策；三、在對日抗戰勝利以後，復員軍人的轉業處理不當，裁減軍隊的未能因勢利導，使得中共在短期內相對獲得大量具戰爭經驗之兵源，因而導致戡亂剿匪的失敗，這個教訓凸顯了對軍人退伍安置的重要性；四、軍隊要維持戰力必須要年輕化，因此要吸引有志青年從軍報國，則軍中必須建立一套公平有效的陞遷體系，更要適度建立軍中疏退制度，以暢通人事管道；五、中國傳統的崇功報德的觀念，認為軍人長年征戰沙場，對國家生存與安全維護卓具貢獻，因此其退伍後之生計，國家應予以妥當照顧，並助其重新調適平民生活。（李震洲等，2007）

　　以上種種原因，造成在大陸時期國民政府時代許多人事法制設計上，即對軍人極度優遇保障；1949年中央政府播遷來台以後，此一趨勢仍然持續發展，政府設立專責機關投下龐大的人力物力設法安頓解決退伍軍人的出路，考銓機關也在職掌上配合建立轉任及比敘制度；但是隨著其後國內民主化的發展，政黨政治興起，使得針對軍人退伍後就業特別照顧及權益維護措施，受到社會上部分不同意見者質疑批評，爰軍人轉任文職之制度不斷被迫修正緊縮，未來究該如何改進檢討，確實值得大家加以關注。

三、軍職轉文職相關法制探討

（一）復員軍官佐考試及格人員轉任文職條例

　　在訓政時期即有許多考銓法制納入軍人轉任文職規定，比如1935年10月制定，1945年4月修正並由國民政府公布之警察官任用條例第5條；1944年9月國民政府公布之軍法人員轉任司法官條例規定等。最典型的例子即是1946年4月，考試院公布復員軍官佐轉業考試辦法，其中分為警政人員、交通管理人員、地方行政人員、土地測量人員、財政金融人員、地方衛生人員、農林墾牧人員、工礦管理人員等8類；凡校官以下軍官佐有下列資格之一者得參加轉業考試：國內外軍事院校一年以上畢業、曾受軍事教育六個月以上、公私立中等學校畢業、曾任正式軍職二年以上。轉業考試分初試及再試，初試分體格檢驗及筆試，初試及格分送中央訓練團及各省訓練團訓練，訓練期滿舉行再試，再試就訓練科目考試之；初試筆試占30%、訓練成績占30%、再試占40%；考試及格者由考試院發給證書，並由有關部會署參酌考試訓練成績及各員學識經驗分發任用。本考試之舉辦，組織復員軍官佐轉業考試委員會，由行政院秘書長擔任主任委員，考試日期、地點、日程、主考監考人員派定、命題及閱卷標準、擬題及閱卷之分配、成績審查、及格人員榜示等試務，均由復員官兵安置計畫委員會處理。1948年1月國民政府公布之特種考試復員軍官佐轉業考試及格人員轉任文職條例，其中曾任上校或中校軍官佐，經最高軍事主管機關核定有案，並經轉業考試及格得有證書者，得以薦任或相當薦任文職任用；曾任上尉軍官佐，經最高軍事主管機關核定有案，並經轉業考試及格得有證書者，得以委任或相當委任文職任用。復員軍官佐轉業考試及格人員轉任文職，核敘級俸時，得參酌曾任軍職年資，予以提敘。1946年公務人員特種考試共錄取76,524人，其中行政院舉行之復員軍官佐轉業考試錄取人員即達72,485人，占95%；1947年公務人員特種考試共錄取33,587人，其中復員軍官佐轉業考試及格人員即達27,264人，占81%；1948年公務人員特種考試共計錄取20,881人，其中復員軍官佐轉業考試及格人員即達18,063人，占86%（考試院施政編年錄，1951），其人數之多足以說明當時時代環境的特殊性。

（二）軍人及其家屬優待條例

　　優待軍人相關法制，首見於1947年2月19日公布施行之兵役法施行法第80條（現已改為第50條）明定「軍人及其家屬優待條例另定之」。根據本條文，1960年12月28日總統公布「軍人及其家屬優待條例」，其優待對象分為兩類，分別為現役軍人及其家屬、後備軍人；對現役軍人及其家屬之優待，包括公私債務無力

清償或回贖，得因應徵召服役而延展期限；終止租典契約之禁止；應徵召服役之軍人，於在營服役期間，其家屬賴以維持生活所必需之財產，債權人不得請求強制執行；薪餉所得免稅；現役軍人乘坐公營之火車、輪船、飛機、公共汽車等交通運輸工具時，得予以減費優待；現役軍人之子女，就學中等以上學校時，得減免學費；應徵召服役前原為職工，其家屬得優先受僱為代理人等。對後備軍人之優待，則有政府機關公立學校公營事業，任用新進人員時如資格相等應優先錄用後備軍人；後備軍人轉任公職時，軍中服役年資之合併計算；後備軍人轉任公職時，考試與比敘之優待；轉任公職後如機關縮編或改組，得優先保留職位；後備軍人因服役致學業技藝荒廢者，於復學復職或就學就職後，應予補習訓練之機會；後備軍人承租承領承墾公地時，如與其他承租承領承墾人具有同等條件時，應享有優先權等。惟本條例規定多屬概括性之原則，細節仍須另定（如後備軍人轉任公職時，其考試與比敘另以法律定之）。復因對違反規定者並無強制拘束力，因此屬宣示性法律規定。

（三）國軍退除役官兵輔導條例

　　1964年行政院草擬國軍退除役官兵輔導條例草案，送請立法院審議通過，總統在同年5月15日明令公布，由於本條例的制定，遂使退除役官兵之輔導安置，有了明確的法律保障。迄今退除役官兵之範圍逐步擴充為志願服一定年限之現役軍官、士官、士兵，依法退除役者；服軍官、士官、士兵役，因作戰或因公致病傷或身體障礙，於退伍除役後，生計艱難需長期醫療或就養者；服軍官士官士兵役，曾參加1958年八二三台海保衛戰役及其他經國防部核定之關係國家安全重要戰役者。條例中對退除役官兵之輔導安置及其應享之權益，均有明確之規定，包括就業、就醫、就養、就學、優待及救助等；由於明定本條例之施行以行政院國軍退除役官兵輔導委員會為主管機關，各有關部會及直轄市及縣市政府為協管機關，因而確保了退除役軍人輔導安置政策之貫徹實施。其中與就業及優待有關者，包括下列諸項：如退除役官兵之輔導就業，由輔導會創設附屬事業機構，或分別介紹於各機關學校社團等機構予以安置；政府機關、公營事業及公立學校任用新進人員時，其條件相等而為退除役官兵者，應予優先錄用；政府興辦開發建設生產事業，應盡先遴用退除役官兵參與工作；輔導會為增進退除役官兵就業機會，得洽請有關主管機關舉辦各種考試，使退除役官兵取得擔任公職或執業資格；輔導會為使退除役官兵適合就業需要，得舉辦各種訓練或委託有關機關、學校及公私企業代為訓練；退除役官兵參加各種任用資格考試或就業考試時，應分別職業酌予優待；退除役官兵轉任公職，除各級學校教員外，其原服之軍職年資應予合併計算。其中若干具體之規定，已替退除役軍人轉任公務人員特考之舉辦、考試加分優待等，植下了堅實的法律基礎。

（四）後備軍人轉任公職考試比敘條例

　　1967年6月22日，總統公布後備軍人轉任公職比敘條例，其後備軍人定義包括常備軍官依法退伍者、志願在營服役士官士兵依法退伍者、作戰或因公負傷依法離營者，因此排除了服義務役依法退伍並列管之後備軍人。其優待內容則爲前述後備軍人參加公務人員考試時，應考資格除特殊類科外，得以軍階及軍職年資，應性質相近之考試；考試成績得酌予加分，以不超過總成績10分爲限；應考年齡得酌予放寬；體格檢驗得寬定標準；應繳規費得予減少。另上校以上軍官外職停役轉任公務人員尚未取得任用資格者，其考試得以檢覈行之。其後並相繼訂定本條例施行細則、上校以上軍官外職停役檢覈規則、檢覈筆試口試審查知能有關學歷經歷證明辦法等。其中上校以上軍官外職停役轉任公務人員尚未取得任用資格者，其考試得以檢覈行之的條文，立法院在本條例立法過程之中曾經引起高度爭議，持反對意見的，有張金鑑委員，他表示：既然是後備軍人轉任公職考試比敘條例，上校乃現役軍人，當然不包括在本條例中，此項規定與法律名稱不合；上校以上可藉此取得任用資格，爲了優待上校以上少數軍官，而得罪多數中校以下軍中人員，將會造成不平影響士氣；上校以上軍官可進退自如，左右逢源，可文可武，但文官卻不能轉任武官，將使文官也爲之不平；檢覈並非眞正之考試，且與憲法的精神不相符合，因此對審查會通過之意見不敢苟同。嚴廷颺委員則認爲憲法規定公務人員非經考試不得任用，故由軍職轉文職應該也要經過考試，才合乎國家之制度；本條係有害無利、害多利少，故應予刪除；爲了調和不同意見，可在第3項末句加上「且以本法施行前轉任者爲限」字樣，以解決現實問題。趙珮委員表示，國防部想爲一百多位已轉任文職之上校以上軍官，解決任用資格問題，如今演變爲永久制度，一方面破壞文官體系，另一方面也影響到軍中軍官整體士氣；公務人員非經考試不得任用，爲憲法硬性規定，幾十年努力建立之文官制度，不宜因少數軍人轉任文職而加以破壞。本院不能一面在立法，一面在毀法。張子揚委員則表示，上校以上外職停役軍官不經考試轉任簡任官顯然牴觸憲法，因檢覈代替考試係掩耳盜鈴，公務人員考試方式不包括檢覈，始符憲法考試用人精神；其次上校外職停役軍官不符本法第3條後備軍人之定義，且上校以上軍官其尊嚴與榮譽，並非外職停役即可任意捨棄；再其次中校以下軍官不能援例比照，如此之差別待遇容易造成紛擾不平，又上校以上軍官直接廣泛轉任簡任官，亦將影響皓首蒼顏勞碌終年之大量文職人員士氣，因此建議將第2項修正爲「上校以上外職停役轉任公務人員尚未取得任用資格者，得應公務人員特種考試之甲等考試」，並可適用考試加分優待。如此既達到國家優待軍人目的，又可維護憲法考試用人之規定。（立法院，1967）但最後國民黨中央政策委員會動用黨紀處分，該條仍然多數立委贊成遂予通過；如今省思這些反對意見，仍有其

智慧與見地。

　　2002年1月30日總統修正公布比敘條例第3條、第5條，增訂第5條之1，由於配合兵役制度之演變，適度擴充了後備軍人的定義範圍，因此對志願在營服役之軍校專修班畢業及志願留營之預備軍官、預備士官依法退伍後得以適用本條例。其次廢除上校以上軍官外職停役檢覈制度，以符憲法第85條公開競爭、公務人員任用法第9條依法考試及格始得任用之規定。再其次為借重高階軍官之經驗智慧，轉任制度仍予維持，但程序從先占缺後檢覈改為先考試後任用，以符公務人員考試法第1條、第2條之規定；並授權考試院訂定考試規則，統籌規範應考類科設置、應考資格、應考年齡、工作經驗、應試科目、成績計算、及格標準等。最後考量到國家安全會議、國家安全局、行政院海巡署、國防部、退輔會等機關，業務性質差異甚大，為利業務推動，轉任考試採分別機關報名、分別機關錄取任用，並得依應考人軍職官等官階採行不同考試方式；但本考試及格人員仍可在上述機關之間相互轉調，以維持整體高階人力運用之彈性。

四、軍職轉文職相關考試辦理

（一）國防行政及技術人員特考

　　國防行政及技術人員特考舉辦之原因，根據國防部請辦考試時之說法，為使優秀軍官及軍中聘僱人員取得公務人員任用資格，並適應軍事需要，拔擢社會青年從事國防工作起見，奉考試院令核准辦理。（國防部，1964）真正原因就是政策上讓現役軍人在退伍前參加特考，以取得公務人員任用資格，俾退伍後利於就業，繼續服務社會。1965年本考試首次辦理，僅有乙等考試，應考資格為專科以上學校畢業，或普通考試及格滿三年，但以受畢軍官教育（預備軍官教育亦可）且服軍官現役滿五年，年齡在現役限齡內；類科設置為人事行政、普通行政、新聞行政、教育行政、財政金融等12類科；考試程序分為一、二兩試，筆試通過方得參加口試；各類科考試及格人員，由國防部派任軍事機關學習六個月，期滿成績合格發給考試及格證書。國防行政及技術人員特考有以下特色：應考人為現役軍人而非退除役軍人；考試無加分優待；性質為任用資格儲備考試，政府不負分發之責；考場秩序尚佳，錄取人數相對於退除役轉任特考來說較少。（李震洲，1987）但是對一般應考人而言，在高普考試及地方特考窄門難進心理挫折下，看到現役軍人在退伍之前透過此種限制競爭考試取得公務人員任用資格，心中難免不平；就本考試錄取人員來說，取得任用資格但不分發工作，心中也有不滿怨氣；最後公務人員考試法揭櫫「為事擇人考用合一」、「配合任用計畫辦理」之原則，讓本考試有所扞格。因此考選部提出1987年、1989年各舉辦一次本考試

後，爾後即停止舉辦；經考試院第7屆第102次院會照案通過，1990年起本考試走入歷史。

表1　1965年至1989年國防行政及技術人員考試錄取人數及錄取率

年度	報考人數	到考人數	錄取人數	錄取率（%）
1965年	3,020	2,367	509	21.5
1967年	5,356	3,681	1,068	29.01
1969年	4,427	2,951	1,119	37.92
1971年	6,197	5,149	1,955	37.97
1973年	8,501	6,314	1,829	28.97
1975年	4,112	3,265	1,779	54.49
1977年	7,377	5,906	1,688	28.58
1979年	4,842	3,561	978	27.46
1981年	4,544	3,314	1,259	37.99
1983年	5,159	4,104	825	20.1
1987年	7,606	5,631	367	6.52
1989年	12,374	11,349	1,319	11.62
合計	73,515	57,592	14,695	25.52

（二）退除役軍人轉任公務人員特考

1954年11月成立行政院國軍退除役官兵就業輔導委員會，專責辦理國軍退除役官兵輔導事宜。為協助退除役軍人轉任公職，考試院於1958年2月20日訂定發布特種考試退除役軍人轉任公務人員考試規則，同年9月辦理第一次考試。本考試自1958年起至2013年，共舉辦26次。總計報考196,847人，到考160,449人，錄取65,238人，錄取率40.66%。本項考試應考資格早期規定「經國防部核准之退除役、假退除役軍官、停除役士官士兵」，嗣後修正為常備軍官、預備軍官（志願役）及士官、士兵（需在營服現役先後合計五年以上），適用三等或四等考試應考資格。目前除比照公務人員考試應考資格規定外，另增加曾任中尉以上三年或中士以上三年之軍人資歷，得分別應三等或四等考試。考試性質亦有轉變，從早期資格考試，到資格與任用考試並行，再到目前任用考試性質，如1965年以前考試獲錄取者，均未能分發任用；1970年以後，考試名次在預定分發名額內者，始

表2 1958年至2013年退除役軍人轉任公務人員考試錄取人數及錄取率

年度	報考人數	到考人數	錄取人數	錄取率（%）
1958年	8,087	7,107	3,070	43.20
1962年	22,322	19,013	8,243	43.35
1965年	26,362	22,016	8,074	36.67
1968年	2,629	2,231	1,452	65.08
1970年	3,089	2,769	2,155	77.83
1971年	5,462	5,068	4,033	79.58
1973年	12,012	10,636	6,554	61.62
1975年	13,223	11,593	6,953	59.98
1977年	13,333	11,164	6,251	55.99
1979年	10,112	8,408	3,760	44.72
1981年	15,788	13,274	7,467	56.25
1983年	10,343	8,715	1,737	19.93
1985年	9,276	8,070	1,369	16.96
1987年	10,370	8,039	1,095	13.62
1989年	7,303	5,015	1,128	22.49
1991年	6,820	4,963	630	12.69
1993年	6,705	3,792	348	9.18
1995年	3,587	2,312	278	12.02
1997年	3,350	2,236	225	10.06
1999年	1,214	655	52	7.94
2001年	940	617	35	5.67
2004年	530	312	22	7.05
2007年	948	605	91	15.04
2009年	1,125	666	62	9.31
2011年	1,009	628	72	11.46
2013年	908	545	82	15.05
合計	196,847	160,449	65,238	40.66

獲分發任用；其餘錄取人員，僅取得任用資格；1999年以後則配合用人機關任用需要擇優錄取，為任用考試性質。同時自本年起，本考試及格人員以分發國防部、行政院退輔會、行政院海巡署及其所屬機關為限；另後備軍人參加公務人員高等暨普通考試、特種考試退除役軍人轉任公務人員考試之加分優待，以獲頒國光、青天白日、寶鼎、忠勇、雲麾、大同勳章一座以上，或因作戰或因公負傷依法離營者為限。由於數字會說話，雖然歷年平均錄取率超過四成，但本考試近些年來之從嚴辦理，錄取人數大幅降低之趨勢極為明確，對於一般應考人之實質影響其實極其有限。

（三）上校以上軍官轉任公務人員檢覈（考試）

　　1967年6月22日制定公布「後備軍人轉任公職考試比敘條例」第5條規定，國軍上校以上軍官外職停役轉任公務人員，尚未取得任用資格者，其考試得以檢覈行之。考試院爰於1968年5月15日訂定發布國軍上校以上軍官外職停役轉任公務人員檢覈規則，作為辦理檢覈之依據。1968年至2005年本檢覈合（及）格總人數合計2,077人。依辦理方式及時間，可分為下列4階段：1.僅採書面審查證件辦理時期：1968年5月至1988年8月止，檢覈合格1,482人，幾無淘汰；2.除書面證件審查外，兼採筆試3科或口試方式辦理時期：1988年9月至1991年10月止，共舉辦6次檢覈筆試，應考總人數210人，及格170人；3.書面審查證件兼筆試4科時期：1991年11月至1998年12月止，應考總人數418人，及格233人；4.除審查證件外，兼以筆試2科，口試及筆試1科或口試及審查知能有關學歷、經歷證明及論文方式辦理時期：1999年1月至2005年12月止，應考總人數252人，及格192人。本項檢覈筆試辦理特色為：先派代到職、後取得資格，在考選部設有「國軍上校以上軍官外職停役轉任公務人員檢覈委員會」，專司審議檢覈案件，檢覈及格者取得公務人員任用資格。檢覈資格門檻為軍階必須為上校以上，須經國防部核准外職停役，且外職停役仍在繼續中；轉任之外職需與其曾任軍職經歷或軍職專長相近者。1995年研修檢覈規則，規定自1996年1月起，外職停役轉任現職者，於連續參加兩次檢覈後，尚未取得擬任職務任用資格者，應由用人機關停止其派代。另1998年起限定檢覈及格者，僅得於國家安全會議、國家安全局、國防部、行政院國軍退除役官兵輔導委員會、行政院海岸巡防署及所屬機關、中央及直轄市政府役政、軍訓單位任用及其相互轉調，不得轉調其他中央或地方機關任職。

　　2002年1月30日後備軍人轉任公職考試比敘條例修正公布第5條、增訂第5條之1，廢除上校以上軍官外職停役檢覈制度，改為須以考試定其資格。自2003年舉辦以來，報考及錄取人數均以當年97人、25人為最多，爾後錄取人數逐年降低至個位數，甚至經常發生錄取人員任公職待遇因低於其軍職退休俸，故放棄分發報到情形；至2014年為止，本考試總計報考419人，到考313人，錄取124人，錄

取率為39.62%。本項考試辦理特色為：1.以考試取代檢覈，應考人仍限定中將、少將及上校等階級的軍官，並按其軍階分別辦理各階轉任考試，合於應考資格者皆可報名，符合公開競爭考試原則；2.按轉任機關分別報名及分別錄取任用；3.考試方式依階級差異規劃，中將轉任考試最複雜，併採筆試、審查學經歷；及口試等3種考試方式；少將及上校轉任考試併採筆試及口試；4.嚴格限制轉調範圍，本考試及格人員僅得於國家安全會議、國家安全局、國防部、行政院國軍退除役官兵輔導委員會、行政院海岸巡防署及其所屬機關、中央及直轄市政府役政、軍訓單位任用及相互轉調，永久不得轉調其他中央或地方機關任職。

表3　2003年至2014年國軍上校以上軍官轉任公務人員考試錄取人數及錄取率

年度	報考人數	到考人數	錄取人數	錄取率（%）
2003年	97	87	25	28.74
2004年	60	41	22	53.66
2005年	33	21	10	47.62
2006年	26	19	5	26.32
2008年	43	29	13	44.83
2009年	39	24	10	41.67
2010年	17	6	4	66.67
2011年	19	16	6	37.50
2012年	23	19	8	42.11
2013年	31	29	9	31.03
2014年	31	22	12	54.55
合計	419	313	124	39.62

備註：本考試前身為國軍上校以上軍官外職停役轉任公務人員檢覈，2002年訂定國軍上校以上軍官轉任公務人員考試規則，設中將、少將及上校三等別；至2006年廢止檢覈規則前，轉任考試與檢覈雙軌並行。

五、公務人員考試法修正朝公平方向調整

　　王作榮先生在1990年9月奉派主持考選部部務，1991年3月即曾提出公務人員考試法之修正，重點為公務人員考試從即考即用改為資格考試；廢除甲等特考；特考及格人員不得轉調等；惟因行政院人事行政局對修正重點多持反對立場，該

案遂未能獲得考試院會支持。爲此他指派同仁赴美、英、法、德、日、韓等國考察文官考試制度，提出考察報告以爲改革借鏡；1992年公務人員考試法再修正草案提出後，多次邀集學者專家、中央及地方機關代表徵詢意見，並向考試委員簡報後，儘量容納各方意見而後重新報請考試院審議。考試院全院審查會初期各方仍無共識，1993年初立法院通過立法院盧修一等73位立法委員之提案，刪除公務人員考試法中甲等特考法源依據，立法院此一支持性動作，對考試院審查公務人員考試法修正案，產生立即而明顯之催化作用，審查會共識逐漸浮現。其後考選部所提公開競爭原則之天王條款、特考特用限制轉調、任用考及資格考雙軌併行、全面建立考試程序之訓練制度等，均獲得採納納入條文，並在1993年7月函送立法院審議。其中第2條：「公務人員之考試，以公開競爭方式行之，其考試成績之計算，不得因身分而有特別規定。其他法律與本法規定不同時，適用本法。」其立法意旨是以天王條款立法體例，排除後備軍人應公務人員考試之加分優待；以上條文並經考試院第8屆第131次院會支持通過。在立法院法制委員會審議本案時，亦照案通過。但在立法院院會二讀之前的國民黨黨政協調會議中（當時立法院會議規則中尚無朝野協商機制），因爲軍系立委杯葛反對，認爲影響軍人權益甚大不能同意，使得全案爲之受挫。經考選部提報考試院第8屆第210次院會並授權該部與退輔會、國防部及相關立委協調，雙方折衝再三並各退一步，遂透過立法委員提案另增列第23條，規定自1999年起，限制退除役軍人轉任公務人員特考及格人員，以分發國防部、退輔會及其所屬機關任用爲限；上校以上軍官外職停役轉任公務人員檢覈及格，僅得轉任國防部、退輔會、中央及省市政府役政、軍訓單位；後備軍人參加公務人員高普考試、退除役軍人轉任公務人員特考之加分優待，以獲頒國光、青天白日、寶鼎、忠勇、雲麾、大同勳章一座以上，或因作戰或因公負傷依法離營者爲限。其後終能完成立法程序，並在1996年1月17日由總統修正公布。（李震洲等，2007）人事行政學者對於此次修法，也給予極高之評價，如張世賢即認爲：「高等考試按學歷分爲一、二、三級，容易引進高學歷者進入政府機關做事；特考特用，可杜絕投機取巧；對軍人轉任文職有合理規定，及格人員只能分發與軍事有關部門，屬專才專用性質。」（張世賢，1995）蔡良文則指出：「王院長在考銓政策上之重要貢獻，包括推動廢除甲等特考，改進退除役軍人轉任公務人員特考，從嚴辦理上校以上軍官外職停役轉任公務人員檢覈；停辦現職人員銓定資格考試等。」（蔡良文，2013）王作榮在他的回憶錄中對此有所描述：「公務人員考試法修正重點，均係針對現有缺失而來，目的在使國家文官考試制度稍趨完備，還談不上大幅改革，但已受到強烈反彈。由於對軍人轉任文職方面限制較多，軍系立委反彈最爲強烈。退伍軍人協會在各報刊登廣告，大肆中傷栽誣，令人遺憾。由此可見落後國家從事改革，可謂寸步難移。……現在本案已完成立法程序，內容有若干修正，主要係對軍方之讓步，

但尚不致損害原修正案之基本精神，仍能保持一完整文官考試制度公正性，過去漏洞可說百分九十幾已被消除。」作老之自我評價忠實點出此次修法最大的成績在於消除文官考試中制度性之漏洞，揆諸此次國防部及退輔會透過募兵制度配套措施，多次建議軍職轉任文職相關考試宜擴大機關轉調範圍，適足以說明當初之修法真正卡住了關鍵要害。（王作榮，1999）

2001年12月26日再度修正之公務人員考試法第23條，對退除役轉任特考及上校以上軍官外職停役轉任公務人員檢覈及格，轉任機關均增列行政院海岸巡防署及其所屬機關。另由於2001年修正之公務人員考試法將原特考永久限制轉調放寬為「……除本法另有規定者外，及格人員於六年內不得轉調申請舉辦特種考試機關及其所屬機關以外之機關任職」。因為原來對於公務人員特考採「特考特用永久限制轉調」一體適用原則，並無差別規定。但修法後，卻變成所有公務人員特考在轉調上均予鬆綁為六年，僅退除役軍人轉任公務人員特考，因「除本法另有規定者外」（即第23條）而仍維持永久限制轉調，似有獨薄於退除役軍人之嫌。2005年4月立法委員帥化民等33位委員提案修正公務人員考試法第23條，使退除役軍人轉任公務人員特考及格，亦得比照其他公務人員特考及格者，於實際任職滿六年後即得轉調其他機關；並經立法院第6屆第4會期第15次院會通過。2007年1月24日總統修正公布第23條條文。

六、我國軍職轉任文職考試制度現況檢討

（一）公開競爭原則不能無限上綱解讀

1996年1月17日由總統修正公布之公務人員考試法第2條雖有天王條款規定，惟當初之立法意旨僅限於成績之計算（如加分優待等），並非漫無限制之擴大適用。原條文為「公務人員之考試，以公開競爭方式行之，其考試成績之計算，除本法另有規定外，不得因身分而有特別規定。其他法律與本法規定不同時，適用本法」。因此在國防部最初制訂推動募兵制暫行條例草案時，其第12條、13條特別規定均有「本條不受公務人員考試法第24條第1項、後備軍人轉任公職考試比敘條例第5條之1第4項規定之限制」等文字，曾有論者認為公務人員考試法第2條之「公務人員之考試，以公開競爭方式行之」規定，可以連結至後段「其他法律與本法規定不同時，適用本法」，所以該條文足以對抗任何非公開競爭辦理之考試，不過此種延伸解讀法條，當初立法時總說明及條文對照表中均未提及，現在來事後詮釋，是否符合當初立法本意令人存疑。其次公務人員考試法施行細則第3條界定「公開競爭」之意涵為「指舉辦考試時，凡中華民國國民，年滿18歲，符合本法第7條、第9條及第13條至第17條之規定，且無第12條不得應考情事

者，皆得報名分別應各該考試」，換言之只要符合應考資格積極條件（如學歷、年齡、體檢等），而無消極條件者（如內亂外患罪、有貪污行為、經褫奪公權尚未復權者），均得報考各該考試；此公開競爭與否之認定，有如刀之二刃，不宜以常識概念即行加以認定，如認為退除役軍人轉任公務人員考試，其應考資格為具退除役軍人身分者始得報考，故此即為限制競爭考試，違反公開競爭原則。如此說成立，則身心障礙人員特考需具身障人員手冊，原住民族特考需具平地或山地原住民身分，高考一、二級考試需具博碩士學位資格等方得報考，豈非皆屬限制競爭考試？亦違反公開競爭原則乎？既違反公開競爭原則，考試院舉辦類此考試數十年，也不主動聲請釋憲，豈不立場前後矛盾？再其次，退除役軍人轉任公務人員考試有退除役官兵輔導條例之法源依據「輔導會為增進退除役官兵就業機會，得洽請有關主管機關舉辦各種考試，使退除役官兵取得擔任公職或執業資格」，上校以上轉任考試有後備軍人轉任公職考試比敘條例之法源依據「國軍上校以上軍官轉任公務人員，以考試定其資格；其考試類科、應考資格、應考年齡、工作經驗、考試方式、應試科目、成績計算、及格標準及其他有關事項，由考試院另以考試規則定之」，既是於法有據，只好依法行政。最後前述推動募兵制暫行條例草案，其立法體例係採「條例」方式，條文草案中又明確排除公務人員考試法、後備軍人轉任公職考試比敘條例相關條文適用，其具有特別法屬性，應優先適用及排他適用應無疑義。

（二）軍職轉任文職制度能修不能廢

　　從正面角度來看，軍職轉任文職制度至少發揮以下數種功能：其一，政治上穩定國家政局：因為中央政府遷台以後，幾十萬國軍追隨來台，一方面軍中員額有限容納不易，另一方面軍人年齡增長體力逐漸衰退亦無法勝任職務所需，爰大批軍人相繼退伍，就業輔導及安置工作益形重要。退輔會在1954年11月1日因應此一需要而成立，考量當時經濟發展不足，民間人力需求有限，所以退輔會積極創設各類農、林及生產事業機構，使退除役軍人得以平順就業（榮民服務白皮書，2004）；另外轉任公職也是重要就業安置管道，所以政府遷台後辦理之退除役軍人轉任公務人員特考、國防行政及技術人員特考，以及上校以上軍官外職停役轉任公務人員檢覈，軍職轉文職同時多管道運作，此對軍中人力適度疏退，以及政局安定極具穩定作用。其二，內政上促進社會安定：完善的退除役輔導就業制度，可使退伍軍人迅速融入平民生活，而不致流離失所，於是有效的安定軍人心理，使其受到良好的照顧；再加上轉任公職後生涯穩定，亦使退除役官兵維持對政府之向心力。其三，國防上保持國軍精壯：國防武力要維持精壯，就必須維持人員年輕化，而部隊組織呈現金字塔型結構，不論是作戰或幕僚後勤單位，將校階層數目均呈等比級數遞減；政府遷台以後，軍事上及財政上均無法負擔數十

萬大軍，但當時台灣社會軍人退伍以後謀生不易，所以考銓機關政策上配合辦理各種退除役軍人轉任公務人員考試，有轉任一般行政機關之公務人員者，也有轉任交通事業人員者（包括鐵路、公路、港務等業別），加上國防特考之舉行，每年錄取人數亦相當可觀。軍中幹部因退伍並轉任文職，原軍職出缺，低一層級軍士官得以晉升，國軍遂能維持人員青壯。曾擔任國防部副部長之柯承亨在評估軍職轉任文職制度成果時指出：「軍職轉文職之成果包括了照顧軍人與為國留才，前者再任公職人數雖遠低於相關考試錄取人數，但政府用心仍是值得肯定；後者則因為轉調機關緊縮、任用考試錄取人數大幅減少，為國留才成效不若已往。」實已點出情勢變遷之後的實際困境。（柯承亨，2006）

　　但從負面角度來看，外界對軍職轉任文職也有許多批評與質疑。比如有人認為此種制度影響行政機關組織氣候（軍人轉任文官以後，由於長期軍事生活影響，言語直率行事呆板，更和一般公務人員考試及格分發者思想觀念格格不入）；侵擾考選運作（早期轉任考試試題較容易，評分標準較寬，錄取人數眾多且試場秩序欠佳）；阻礙青年就業（早期之退除役特考，與同年公務人員高普考試相較，前者錄取人數數倍於高普考試，遂引起青年學子不平，所以為了解決退除役軍人轉業問題，結果產生更多其他民怨）；貶抑高級人力（上校軍官在軍中可擔任旅長職務，屬重要領導幹部，但其通過上校外職停役檢覈筆試（或考試）後，多數轉任行政機關薦任第八職等以上職務，如秘書、視察、專員等，對高級人力反而造成貶抑）；悖離輔導目標（早期退除役官兵，歷經剿匪抗戰戡亂，許多人出生入死或因傷成殘，這是政府當初輔導就業之主因，但現今承平時期，新制軍校畢業服役期滿，年齡尚青又無輝煌戰績，仍然維持轉任制度，似已失去其原始崇功報德之用意）。（杜煜慧，1987）亦有論者認為，某些特考確實是有點政策性或政治性，考試院與考選部對於這類性質的特考，都感覺非常痛苦。（馬漢寶，1981）此外學者強調先進國家之做法僅對戰時服役或有戰功人員給予優待；僅對傷殘人員或其遺族給予優待；僅對低階退伍之軍官士官士兵給予優待；僅對中低級職位可以適用優待及轉任。我國對退伍軍人優待，給予加分、減費，轉任職務又遍及高中低階，不僅違反公開競爭原則，更破壞功績制度。（許濱松，1992）由於正反意見相互激盪，所以軍職轉任文職政策存廢，確實值得深入探討。

　　上校以上軍官轉任公務人員考試以及特種考試退除役軍人轉任公務人員考試之存在與發展，各有其特殊之時空背景。就法制面來看，後備軍人轉任公職考試比敘條例第5條之1、退除役官兵輔導條例第12條、公務人員考試法第23條皆有明確依據，爰其賡續辦理之適法性應無疑義。再就政治現實面來看，考選部王前部長作榮任內，曾經試圖透過公務人員考試法研修，全面取消上校以上軍官轉任公務人員檢覈考試以及退除役軍人轉任公務人員特種考試，但是因為相關法律皆有

明確依據，最後送至立法院審議之條文，僅能取消後備軍人應公務人員考試之加分優待。但即便如此，在立法院仍然受到軍系立委強烈杯葛，最後與退輔會、國防部協調出折衷意見，雙方各退一步並簽字換文，委由立法委員提出增訂第23條條文案，公務人員考試法修正案始能在1996年1月順利完成立法程序。在現階段立法院的政治生態環境下，全面取消各種軍職轉任文職之制度及優惠，恐難得到多數立委支持；因為不論何黨執政，都需要堅實的國防力量與高昂的軍隊士氣。因此上校以上軍官轉任公務人員考試以及退除役軍人轉任公務人員考試，目前在策略上仍應維持可修不可廢之原則，未來應在考試之方法技術上謀求改進，俾使本考試之辦理更能符合社會各界的期待，以及達到對退除役官兵輔導安置之政策目的。

（三）上校以上軍官轉任公務人員考試應不違憲

　　上校以上軍官透過外職停役檢覈轉任公務人員是否違憲問題，從比敘條例建制之初，立法過程的高度爭議有如前述，到司法院大法官會議就軍人外職停役擔任文職，與憲法第140條有無牴觸作成解釋，大法官亦有不同意見書出現[1]，均可看出其法制上確實有高度爭議性。但依多數通說，在現代民主國家，為避免軍人執政實行獨裁，均採文武分治方式，現役軍人不得兼任文官，文官亦不得兼任軍官；以使軍人在文人政府統帥下，發揮軍事專業功能。中華民國憲法第140條規定：現役軍人不得兼任文官。至於軍人已經退役、除役或停役後，因非現役軍人，其充任文官，自不在限制之列。（陳華倫，2004）1990年1月5日司法院公布大法官第250號解釋，強調正在服役之現役軍人，不得同時兼任文官職務，以防止軍人干政，而維民主憲政之正常運作。現役軍人因故停役者，轉服預備役，列入後備管理為後備軍人，如具有文官法定資格之現役軍人，因文職機關之需要，在未屆退役年齡前辦理外職停役，轉任與其專長相當之文官，既與現役軍人兼任文官情形有別，尚難謂與憲法牴觸。惟軍人於如何必要情形下始得外職停役轉任文官，及其回役之程序，均涉及文武官員之人事制度，現行措施宜予通盤檢討，由法律直接規定。

　　按舊陸海空軍軍官服役條例施行細則第9條第3項第2款規定，應國家需要，

---

[1] 1990年司法院大法官會議在審議台北市議會所提出，就「軍人外調停役與解職退役是否相等意義」聲請釋憲案時，作成第250號解釋。但大法官劉鐵錚提出不同意見書，其中略以：一、外職停役違法。……軍人具有文官任用資格者，本可循退伍方式，以轉任文官，行政機關竟以違背停役精神之外職停役辦法，使現役軍人改為預備役軍人，規避退伍之規定，明顯為一脫法行為。……二、外職停役違憲。……現役軍人中之技術軍官或下級軍官，依憲法第140條規定，自亦不得兼任文官，可見防止軍人干政，固為本條主要立法理由，但避免文武官員身分混淆職權衝突，以及一人不得兼任性質不相容之二職，勿寧亦為本條立法精神之所繫。……故外職停役不僅牴觸憲法第140條，實也與憲法上平等原則有所違背。

於軍事無妨礙且專長盈餘時，經核准任軍職以外之公職者，自核准之日起停役；其停任公職時，再予回役。（劉國棟，2005）由於前述大法官解釋提出「如何必要情形下始得外職停役轉任文官，及其回役之程序，均涉及文武官員之人事制度，現行措施宜予通盤檢討，由法律直接規定」意見，因此1995年8月11日制定公布之陸海空軍軍官士官服役條例中（原陸海空軍軍官服役條例廢止），第14條規定常備軍官、常備士官在現役期間，有下列情形之一者，予以停役：……六、任軍職以外之公職者。前項第6款人員並不予回役。因此上校以上軍官透過外職停役檢覈制度轉任公務人員，其合憲性應無疑慮；至於外職停役轉任文官及其回役程序，宜由法律直接規定的意見，亦在1995年陸海空軍軍官士官服役條例制定公布後有所回應。

　　2002年1月後備軍人轉任公職考試比敘條例修正，原第5條第2項「上校以上軍官外職停役轉任公務人員尚未取得任用資格者，其考試得以檢覈行之」規定刪除，增列第5條之1，由上校以上軍官轉任公務人員考試之法源依據加以取代，法制上應更無違憲疑慮。

（四）轉調機關宜適度擴大範圍

　　從退輔會整體就業安置內容來看，近些年已將重點放在加強職業訓練轉介至民間企業工作為主，在退輔會所屬事業機構服務為輔；至於轉任公職，因為時代變遷，相關法律修正，空間已經壓縮得非常有限。退除役軍人轉任公務人員特考、上校以上軍官轉任公務人員考試之分發任用機關能否放寬轉調限制一節，衡諸軍中專長認定確有部分為政府公部門所需要者，故空軍飛行員退伍以後可以轉任中華航空公司、長榮航空公司擔任民航機駕駛員，沒有理由不能進入民航局或空中勤務總隊服務；空軍戰管導航人員軍中經驗歷練豐富，退伍後只要經過適度轉任訓練，即可成為優秀民航航管人員；同樣道理在海軍歷任艦長或輪機長，退伍以後可以登上國籍輪或外籍輪擔任船長，當然經過一定轉任考試程序，也可以進入航港局及其所屬各航務中心來服務；而曾服役軍中擔任憲兵，甚至管理過軍中監獄及看守所，在軍事審判法2013年8月13日修正，現役軍人非戰時犯「陸海空軍刑法第44條至第46條及第76條第1項之罪」、「前款以外陸海空軍刑法或其特別法之罪」，依刑事訴訟法追訴、處罰之後，承平時期軍人犯罪，已全面移審司法機關審理。這些有軍事檢察審判或獄政經驗之軍法人員及憲兵，應是司法機關或矯正機關可考量進用之適當人力；此外軍中兩棲偵搜大隊、夜鶯突擊隊中射擊、搏擊、潛水、爆破高手如雲，退伍之後為何不能透過特殊考試方式使其轉任警察、海巡、消防救難需求之人力。因此審酌軍中專長與政府部門業務專業相關性，並在原國防部、退輔會、海巡署之外，適度機關鬆綁增加交通部民航局、航港局、氣象局、法務部矯正署、內政部消防署、警政署等機關，應是具體可行改

進方向。爰從衡平性與業務需求加以考慮，似有必要適度增列軍職轉任文職之轉調機關範圍。

（五）類科調整考試方式及應試科目變更

　　現行退除役轉任特考三等考試設一般行政等13類科，四等考試設12類科；允宜根據退除役轉任特考各轉調機關所有職務歸系狀況，參酌職系說明書、職組暨職系名稱一覽表規定，重新設計調整退除役轉任特考類科科目。如果轉調機關範圍能夠適度擴大，自然對於新增機關職系分布可以選擇增設部分考試等級及類科。另外現行退除役轉任特考三、四等考試，其應試科目分別為8科及6科，其中除兩科為普通科目外，其餘科目均為專業科目，專業科目名稱與公務人員高普考試完全相同，退除役軍人轉任特考之應考人平均應考年齡已逾40歲，服役期間戎馬生涯讀書不易，退伍之後應試，考的是與其軍旅生涯毫不相干之○○法、○○學、○○研究法、各國○○制度等，多年相沿如此這般豈非強人所難？退除役軍人只好臨老入書叢，透過補習教育短期密集填鴨，爭取上榜之機會。國家考試之考試方式眾多，從考試方式多元化角度來說，退除役轉任特考應該減少筆試科目數、降低筆試占分比例、增加口試及實地考試，使其軍中經驗智慧能和政府部門所需專業結合，這樣才能使合格和合用密切配合。

（六）增列五等考試以達照顧低階士兵士官政策目的

　　嚴格說來台灣早期兵役制度，早就是募兵與徵兵雙軌併行制度，對中尉以上軍官及多數之士官來說，透過各種軍官及士官學校招募招進來之軍士官就是募兵，而少尉軍官及士兵則透過義務役進行徵兵。現在要朝全募兵制邁進，軍官及士官招募程序其實改變不大，士兵因為義務役的即將屆期結束，如何找到足夠數量與資質的志願役士兵，才是當前募兵制最大之困難所在；根據立法委員林郁方提供資料，2013年國軍服役之志願役士兵，在服役期限四年屆滿後選擇繼續服役者占志願役士兵45.4%，但以後勤支援單位比例較高，戰鬥部隊則甚低，如裝甲兵僅30.8%、步兵則為27.4%，基層人力補充明顯不足。另外少校以上軍官服役年限滿二十年，即可支領月退休俸，因此即使退伍亦能維持一定生活所需；反之上尉以下低階軍官、士官及士兵，因支領一次性退伍金且金額有限，有待退伍後國家給予更多之關注與照顧。因此制度設計上，在退除役軍人轉任公務人員特考方面增設五等特考，並酌為放寬轉調機關範圍限制，即使提報職缺不多，亦有照顧低階士官兵之象徵意義。

七、立法推動募兵制暫行條例草案過程

（一）少子化發展致推動全募兵產生困難

　　由於受子女少子化影響，自2018年起役男人數開始逐年遞減，將自目前每年12萬人減少至2024年時僅約8萬餘人，長期來看役男人數將無法滿足國軍兵力維繫。而國防科技長足進步、社會條件明顯改變，義務役役期亦已縮短為一年，導致部隊經驗不易累積、訓練成效不易保持、武器裝備不易妥善維護、部隊戰力難以維持，徵兵制之缺點逐漸凸顯，因此推動募兵制勢在必行。國防部自2002年起即編成專案小組研究推動「募兵制」可行性，於2003年奉行政院游前院長指示成立「兵役制度全面檢討改進推動小組」，研提「兵役制度改進方案」。同年於陸海空三軍各選定一個營列為實驗編裝單位，驗證招募志願役士兵。由於軍中之軍官與士官，絕大部分皆為志願役之募兵，而士兵則絕大部分皆為義務役之徵兵。依據驗證結果，自2005年起擴大招募志願役士兵，募兵與徵兵之比例，乃由當時之43比57調整為60比40。因此，「徵募兵併行制」，逐年向募兵制傾斜。2008年5月馬總統上任後，持續推動募兵制，預定於2014年底達成百分之百募兵目標。正面來看，藉由募兵制推動，當年之役男不必人人服役，可釋出多餘人力投入國家各種建設，將有效節省人力資源、減輕國民兵役負擔；且由於服役出於自願，對工作投入程度高，施以嚴格訓練後，自然獲得素質優、戰力強、役期長之戰鬥人員，以建構固若磐石的國防力量。同時，有效釋出人力資源，直接投入生產或研發工作，推動國家整體經濟、文化、社會建設，亦可提升國家競爭力。（國防部，2009）

　　但是實際呈現事實卻是行政院在2012年1月核定募兵制實施計畫，歷經二年之推動，因為誘因不足，致志願役人力成長未如預期；現已將實施期程，自2014年底展延至2016年底，顯見全募兵制成敗正面臨嚴苛挑戰。以2013年為例，該年志願役現員數達16萬1,000人，至該年年底志願役官士兵現員數為13萬1,000人，達成度為81.37%。（國防部，2013）另根據軍方對陸軍志願役士兵所作問卷調查顯示：志願士兵在役期服務屆滿後，有意願繼續留營之生涯規劃者僅占47.4%，不到一半；服務於部隊單位人員之滿意度最低；屬於戰鬥兵科之志願士兵滿意度最低；未選擇繼續留營者，其複選原因包括：生涯期望落差、薪資太少、陞遷與進修機會有限、內部管理規範過嚴等。（楊志清等，2009）加上年輕一代出生與成長環境安逸，缺乏吃苦耐勞習慣，社會上誘惑又多，軍中生活刻板印象使然等，使得從軍報國難成青年朋友生涯發展之優先選項。

（二）推動募兵制暫行條例草案迄今尚未完成立法

　　由於推動全募兵制涉及跨院際及跨部會之不同職掌，如協調大專院校以外加名額方式，專案核定於營區內開設學位在職專班，即涉及到學位授予法之修正。協調勞動部開放所屬職業訓練機構所設之證照訓練班部分員額，由志願役現役軍人參訓，即涉及到職業訓練法之修正。而退除役軍人轉任公務人員特考、上校以上軍官轉任考試及格者，其轉任機關範圍適度擴大，亦涉及公務人員考試法及後備軍人轉任公職考試比敍條例之修正。因涉及修正之法律不少，協調相關機關曠日廢時，因此國防部草擬推動募兵制暫行條例草案一種，以期畢其功於一役。細究該暫行條例草案性質，應屬特別法，有其專門性、特殊性與臨時性（有如過去懲治叛亂條例優先於刑法內亂罪適用；或前考選部研訂法官檢察官及律師考試條例草案時，即因公務人員考試法、專技人員考試法，對相關應考資格、有無訓練、取得資格等規定不一，遂以特別條例方式排除不同法律規範），爰其一旦完成立法程序，法理上應較公務人員考試法優先適用，應無疑義。

　　因為軍中組織文化刻板印象、軍旅生涯相對於民間職務辛勞、退伍以後軍中所學無助於其回歸社會重新就業等諸多原因，使得推動多年之募兵制成效不佳。立法院外交及國防委員會曾於2013年12月11日舉行全體委員會議，由國防部、退輔會及內政部專案報告「推動募兵制跨院際、部會的窒礙問題與策進」，會中國防部報告提到軍人轉任公職能量不足，且釋出公職職等偏低及服務機關受到限制，故多數屆退軍人無法轉任公職，只能從事門檻較低之保全業。退輔會報告則明確建議：退除役軍人轉任公務人員特考放寬應考資格，從服志願役滿十年且領有榮民證，改為服志願役四年以上退伍者；建議刪除公務人員考試法、後備軍人轉任公職考試比敍條例中對退除役軍人轉任公務人員特考、上校以上軍官轉任公務人員考試轉調機關限制，及將上校以上軍官轉任公務人員考試永久限制轉調改為六年限制轉調；上校以上軍官轉任公務人員考試放寬應考資格，使服滿法定役期之現役軍官士官士兵均得報考，並得保留錄取資格，以建立公職儲備制度。委員會作成多項附帶決議，與考選業務有關者為第10項：「建請考試院研修退除役軍人轉任特考考試規則、公務人員考試法、後備軍人轉任公職考試比敍條例，以解除應考資格、分發任用機關及永久不得轉任之限制等，以落實憲法賦予其權益保障。並於會期中，向本委員會提出報告說明。」立法院司法及法制委員會，2013年12月23日舉行全體委員會議，審議通過公務人員考試法修正案，其中涉及軍轉文之第23條，內容未變，僅條次變更為第24條。惟會中通過附帶決議：「有關現役軍士官及退除役軍人轉任公務人員考試，其及格人員之分發任用及轉調限制及後備軍人轉任公職考試比敍條例，請考選部會同相關機關，針對國軍募兵制之推動，及行政院組織改造等因素，研擬相關配套機制與修法，於三個月內送立

法院審議」。行政院於2014年2月6日召開「研商國防部所報募兵制配套措施需各部會配合及協助事項會議」，其中第3案有關研修「公務人員考試法」、「後備軍人轉任公職考試比敘條例」，提升轉任成效一項，其會議結論略以：「至輔導會所提放寬現役軍人及退除役軍人轉任公務人員考試資格、取消分發任用限制、放寬轉調年限及轉調機關限制等意見，請輔導會研擬具體條文或措施建議送請考選部審酌，並請考選部邀集銓敘部、保訓會、國防部、輔導會、本院人事總處等相關機關協商，協助爭取相關制度上之合理考量。」

　　2014年3月24日上午考選部邀集國防部、退輔會、行政院人事行政總處、銓敘部、保訓會等機關，討論退除役軍人轉任公務人員特考規則是否在應考資格、應試科目及限制轉調機關範圍等方面鬆綁事宜；上校以上軍官轉任公務人員考試有關轉調年限及限制轉調機關範圍鬆綁事宜。國防部力推制定募兵制暫行條例草案，2014年4月23日、5月14日該部先後邀集會議討論，並將上校以上軍官轉任考試放寬轉調年限、退除役軍人轉任特考擴大轉調機關範圍等納入條文；考選部出席代表建議相關條文刪除，由該部研修公務人員考試法及後備軍人轉任公職考試比敘條例以資配合，但未獲採納。該草案仍報請行政院審議。行政院最後通過之募兵制推動暫行條例草案第14、15條條文，則已採納考選部代表意見予以刪除，該條例草案並於同年11月21日已函送立法院審議。2015年1月5日立法院第8屆第6會期外交及國防委員會亦召開第29次全體委員會議，併案審議行政院版之募兵制推動暫行條例草案、立法委員陳鎮湘等31人版推動募兵制暫行條例草案，兩版本中對考試院而言，最大的差別在於立法委員版本第15條、第16條又恢復了行政院原已刪除之兩條文。外交及國防委員會經過一天冗長之大體及逐條討論，整合了行政院版及立法委員版條文，其中「提供志願役現役軍人多元進修管道，主管機關得協調大專院校，以外加名額方式，專案核定於營區內開設學位在職專班」、「主管機關及所屬機關構、部隊及學校辦理未達依政府採購法公告金額之勞務採購，於合理價格內，應由志願役退除役軍人個人、法人或團體優先承包。但志願役退除役軍人個人、法人或團體無法承包者，不在此限」，兩條文因有爭議，遂保留朝野協商。被外界批評為二代眷村改建之條文，因各方爭議甚大，國防部同意刪除。至於立法委員版之退除役軍人轉任公務人員特考擴大轉調機關範圍，採列舉與概括併行方式納入條文，且不受不受公務人員考試法第24條第1項限制；以及上校以上軍官轉任考試擴大範圍至所有軍官士官士兵皆可參加，且擴大轉調機關範圍，鬆綁永久限制轉調之條件等，不受後備軍人轉任公職考試比敘條例第5條之1第4項規定之限制等條文。因考選部董部長報告指出：「該等條文以特別法排除公務人員考試法、後備軍人轉任公職考試比敘條例相關條文之適用，對憲定之考試權似不尊重；另擴大現役軍人轉任考試範圍，依應考人軍職官等、官階採行不同考試方式，和現行公務人員考試以學歷區隔應考資格之基本原則不相符

合，制度尚難以設計規劃，因此建議刪除，改由考選部本於職權研修公務人員考
試法、後備軍人轉任公職考試比敘條例相關條文為妥。」陳鎮湘委員最後同意刪
除相關條文，並作成兩項附帶決議：「對現役軍人屆退前轉任公職考試，……
建請考試院儘速研修公務人員考試法第24條第1項後段、後備軍人轉任公職考試
比敘條例第5條之1，以彰顯政府機關大破大立，全力支持兵役制度重大轉型工程
之決心。」「對退除役軍人轉任特考，……建請考試院儘速檢討現行考試科目及
考試方式，並研擬修正公務人員考試法第24條第1項前段，以強化招募及留營誘
因，助益推動募兵制。」目前推動募兵制暫行條例草案僅完成立法院委員會初
審，二讀之前尚有部分爭議條文留待朝野協商解決，何時才能完成立法，尚無定
論。

　　按行政院函請立法院審議之「國軍退除役官兵輔導條例第3條之1、第33條及
第34條條文修正草案」，係為因應兵役政策轉型，審慎規劃退輔措施方案，並考
量國家財政能力及維持現有取得「榮民」身分條件為前提，將服役四年以上未達
十年之志願役退除役官兵亦納為新增服務對象，並依其貢獻度及服役年資等條
件，提供「分類分級」退輔措施，以期增加招募誘因，達成預期目標。由於退除
役軍人身分鬆綁後，涉及到退除役軍人轉任公務人員特考規則應考資格之修正，
屬法規命令層次，且限制競爭考試影響範圍有限，原則應屬可行。而國軍上校以
上軍官轉任公務人員考試限制轉調年限從永久限制不得轉調，比照其他特種考試
下修為六年，因符合平等原則；且該等轉任人員年齡本已偏高、職務專長與轉調
機關雙重受限、人數不多，影響層面有限，應可以考慮放寬。至於上校以上軍官
轉任公務人員考試放寬應考資格，使服滿法定役期之所有現役軍官士官士兵均得
報考，並按轉任機關分別報名、分別錄取任用，並依應考人軍職官等官階採行不
同考試方式；在考試制度設計上幾無可能，主要原因公務人員考試（除原上校以
上軍官轉任考試外），皆以考試等級與學歷結合，故博士得報考高考一級、碩士
得報考高考二級、大學畢業報考高考三級、高中高職畢業報考普考，和其軍中官
等官階及職務毫無關係。所以博士小兵如考上高考一級就從九職等本俸一級起
敘，上校軍官考上普考只能從三等本俸一級起敘，頂多軍官服役年資得以提敘俸
級而已；但確定和其軍中官等官階職務不相干。另國軍退除役官兵輔導條例規定
「國軍退除役官兵之輔導安置及其應享權益，依本條例之規定」、「輔導會為增
進退除役官兵就業機會，得洽請有關主管機關舉辦各種考試，使退除役官兵取得
擔任公職或執業資格」，均以退除役身分規範為前提；此種全面擴大現役軍人應
公務人員考試之構想，破壞了原上校以上軍官轉任公務人員考試和退除役軍人轉
任公務人員特考之區隔，此兩者法律制度設計上係分別解決現役高階軍官及退伍
中低階軍官士官出路問題之初衷，這將會造成兩種考試性質混淆不清，以及取得
任用資格和其軍中官等官階無關之現象，國防部及退輔會應再審慎考慮可行性。

以免今日之部屬成了退伍後明日之長官，且完全翻轉軍中長久建立之期別倫理
制度。至於適度擴大轉調機關範圍部分，站在考試院的立場或許可以研究其可行
性，但是其複雜程度比想像中還要困難；原陳鎮湘委員版本中曾以列舉方式納入
交通部民用航空局、航港局、中央氣象局等數個機關名稱，但是交通部代表在會
中即明白表示：我國文武官員分屬不同體系，文官養成訓練、專業要求、作業分
工及管理模式，與軍方人員均不相同；該部所屬機關業務特殊，且具高專業性，
更攸關人民生命財產安全福祉，人才養成須相當時日培訓方能勝任，因此建議將
擴大轉任考試適用機關範圍刪除交通部所屬機關。（交通部，2015）因此足見行
政院對此並未整合各相關部會意見，未來修法時對此宜採概括性文字「行政院會
同考試院認定之機關」，以避免捲入不同機關間爭議。

　　綜合來看募兵制度建制，仍宜從國家整體角度來思考（如政府財政負擔、民
眾愛國心維繫、退伍軍人輔導就業不能太過優厚以致其它民眾感到不平等），而
非僅從募兵制成敗單一角度來檢視；同時輔導就業重點應在加強退伍軍人職業訓
練內涵，並以轉進民間企業為主軸，切勿本末倒置，以公部門為主要轉任安置對
象。這才是正確的處理態度。

八、未來改進方向──代結語

　　軍職轉任文職制度有其歷史淵源與發展背景，現階段在法源上有明確法律依
據，也經過大法官會議釋憲，並無違憲之疑慮；在政治現實上，不論任何政黨執
政，都會致力於維持強大國防與軍人高昂士氣，因此面對此一制度，可修不可廢
應是基本處理原則。其次為因應全募兵制之建立，在原有對軍官與士官之照顧而
外，尤其應該針對志願役之士兵加強制度面保障，以利人員之招募。因此退除役
軍人轉任公務人員特考，考試方式應該彈性多元（如筆試之外加強運用口試、實
地考試或學經歷知能審查），筆試科目也要和公務人員高普考試適度脫鉤，讓軍
人服役期間之經驗智慧能和其未來轉任職務適當接軌；增列五等考試以期照顧低
階士官兵權益；最後考量軍中專長與政府部門業務相容性，適度擴大上校以上軍
官轉任公務人員考試、退除役軍人轉任公務人員特考及格者之轉調機關範圍，以
符平等原則，皆是可以努力推動之方向。

參考資料

一、蕭全政，文官政策的時代意義與改革方向，載於重建文官體制，業強出版
　　社，1994年。

二、蕭全政，台灣新思維：國民主義，時英出版社，1995年。

三、江大樹，國家發展與文官政策，慣藝公司出版，1997年。

四、蔣總統集編輯委員會，蔣總統集第二冊，中華大典編印會，1974年。

五、中華民國現行法律彙編編訂委員會，中華民國法律彙編，第1屆立法院，1958年。

六、考試院施政編年錄（中華民國35年至37年），1951年。

七、立法院公報第56卷第4冊第7期、第5冊第4期、第5冊第7期、第6冊第2期、第6冊第3期，1967年。

八、陳華倫，國防法立法過程之研究──以立法技術為中心，國防大學國防管理學院法律研究所碩士論文，2004年。

九、劉國棟，軍人法立法之研究，國防大學國防管理學院法律研究所碩士論文，2005年。

十、國防部頒預字第506、507、539號函，1964年。

十一、考選部，公務人員考試法修正案專輯，1996年。

十二、柯承亨，軍職轉文職政策評估與探討，國家菁英季刊第2卷第2期，2006年。

十三、國防報告書編纂委員會，中華民國95年國防報告書，2006年。

十四、杜煜慧，退除役軍人轉任公務人員制度之研究，國立政治大學公共行政研究所碩士論文，1987年。

十五、許濱松，中華民國公務人員考試制度，五南圖書出版公司，1992年。

十六、張世賢，邁向公平合理之公務人員考試制度，月日台灣日報二版學人論壇，1995年。

十七、蔡良文，國家考試與文官制度──王前院長作榮對文官制度貢獻與啓發，刊載於王作榮教授與國家發展研討會，財團法人台灣金融研訓院發行，2013年。

十八、王作榮，壯志未酬──王作榮自傳，天下遠見出版公司，1999年。

十九、2009年4月9日國防部募兵制新聞稿。

二十、國防部102年度施政績效報告。

二十一、楊志清、郭國誠，因應募兵時期士兵工作滿意度研究──以陸軍志願士兵為例，陸軍學術雙月刊，2009年10月。

二十二、立法院第8屆第6會期外交及國防委員會第29次全體委員會議開會通知單（附行政院版之募兵制推動暫行條例草案、立法委員陳鎮湘等31人版推動募兵制暫行條例草案），2015年。

二十三、交通部，立法院第8屆第6會期外交及國防委員會第29次全體委員會議「推動募兵制暫行條例草案報告」，2015年。

二十四、李震洲，公務人員特種考試制度之研究，唐山出版社，1987年。

二十五、李震洲、高素眞，軍職轉文職考試制度檢討及其未來改進，國家菁英季刊第3卷第2期，2007年。

二十六、李震洲，後備軍人轉任公職考試比敘條例制定經過及修正案評析，人事行政季刊第139期，2002年。

（國家菁英季刊第11卷第1期，104年3月）

　　後記：推動募兵制暫行條例草案，其後立法院在104年9月15日完成二、三讀程序，總統在同年9月30日公布施行。條文中雖未涉及考試，但立法院以附帶決議方式建議考試法修正相關法律，取消上校以上轉任考試永久限制轉調改爲六年限制轉調；另適度擴大與國防事務及軍職專長較爲密切之機關納入轉調範圍等。但隨著國民黨105年1月的立委選舉失利，推動本案甚力的國民黨不分區立委陳鎭湘未能連任；此案後續乏人追蹤力推，附帶決議內容成爲空言。

肆、從台灣政經發展談律師考試制度變革走向

一、前言

　　法律是涵蓋整個社會的基本價值規範，不僅條文多內容複雜且經常修改，其衍生出來之解釋與判例更是日新月異；而訴訟制度又涉及專門知識與程序技巧，因此遂有協助當事人進行訴訟之專業誕生，此即律師制度之由來。所以簡單的說，律師就是一種精通法律的專業人士；早在古希臘時代便有專精修辭之學者，以辯護者之角色，咬文嚼字爲當事人進行辯護，至羅馬時代口才便捷深諳詭辯技巧之神職人員亦加入此一行列；時至近代，律師普遍建立起保障人權及實現社會正義之形象，其社經地位大幅向上攀升，受尊重程度早已今非昔比，各國亦多有律師從政擔任國家領導人之實例發生。

　　我國古代有兩種與法律事務有關之人，即代書與訟師，代書是由官府就轄內識字之誠實民眾予以考試，及格者准予充任照本人口述代撰訴訟狀之行業；訟師則是鄉里粗識法律之人，利用鄉民不諳訴訟，遂多方包攬從中漁利，春秋時代之鄧析就是訟師之鼻祖。（尤英夫，1972）總之代書與訟師，其評價明顯貶多於褒。清朝末年時任刑部左侍郎之沈家本，在1902年受命修訂法律，他提出罪刑法定、審判公平、陪審制度等主張，對於律師制度他認爲是「各國通例，爲我國亟應取法者」；「律師日本謂之辯護士，蓋人因訟對簿公堂，惶恐之下言詞每多失措，故用律師代理一切質問、對詰、復問等事宜；各國俱以法律學堂畢業者給予文憑，充補是職，若遇重大案件，則由國家撥予律師，貧民由救助會派律師代申權利，不取報酬」。（王申，1994）其進步之觀念，可說是中國近代律師制度之先聲。

　　隨著時代之進步，律師長期參與維護社會人權活動，促進民主法治進步，其日積月累努力之成績，使得民眾多數得以認同「律師作爲在野法曹」之正義角色。本文擬從民國以後律師制度建制過程開始敘述，其次談到1949年中央政府遷台後至2010年台灣辦理律師考試概況以及檢覈免試取得律師資格之爭議，及2011年起之律師新制考試，並嘗試從經濟發展角度及法律系所成長、司法機關組織變化狀況，和律師考試制度變革之間找到相關連結性；再其次對同爲大陸法系之德國及日本律師考試制度內涵有所介紹，並對專科律師制度在台灣建制可能性加以討論；最後以穩定當中求取進步作爲結語。

二、我國近代律師考試制度之建制

我國近代最早見到律師名稱之法制，首推1912年（民國元年）9月16日，接續南京臨時政府之北洋政府公布施行「律師暫行章程」，其中明訂「依律師考試章程考試合格或依本章程有免考試之資格者」得充律師；有下列資格之一者得應律師考試「一、公私立法政學校修法政之學三年以上有畢業文憑。二、本國或外國專門學校修法律法政之學二年以上有有證明書。三、本國或外國專門學校學習速成法政一年半以上有畢業文憑。四、公私立大學或專門學校充任律師考試章程內主要科目之一之教授滿一年半者。律師考試章程以司法部部令定之」。1927年7月23日北洋政府公布律師章程（原暫行章程廢止），其中明訂「律師應具備下列資格：一、中華民國人民滿二十一歲以上者。二、依律師考試章程考試合格或依本章程有免考試之資格者」。「有下列資格之一者，不經考試得充律師：一、依司法官任用法令具有司法官資格者。二、經甄拔律師委員會審議合格者。三、依本章程充律師後經其請求撤銷登錄者。四、在本章程施行前領有律師證書者」。1941年1月11日國民政府公布律師法（原律師章程廢止），明訂「中華民國人民，經律師考試及格者，得充律師」。「具有下列資格之一者，前項考試，以檢覈行之：一、曾任推事或檢察官者。二、曾在公私立大學獨立學院專門學校教授主要法律科目二年以上者。前項檢覈辦法由考試院會同行政院定之」。其後1945年、1948年、1949年多次修正，其中1945年修正得應檢覈資格條件增列「有法院組織法第33條第4款（即教育部認可之專科以上學校，修習法律學科三年以上畢業，曾任薦任司法行政官辦理民刑事件二年以上成績優良者）或第37條第5款（即曾任立法委員三年以上者）之資格者」，以迂迴方式擴充應檢覈範圍，並對具特定資格條件者大開取得律師資格方便之門，埋下後來紛爭伏筆。

1941年8月16日考試院會同司法院公布律師檢覈辦法，引用律師法第1條第3項作為法源依據，其中界定律師法所稱「推事或檢察官」、「主要法律科目」之意涵；並明訂律師檢覈由考選委員會組織律師檢覈委員會，常態辦理。某種程度補強律師考試與檢覈之適法性。1942年9月24日專門職業及技術人員考試法由國民政府公布，其中明定專門職業及技術人員指律師、會計師、農業技師、工業技師、礦業技師、醫師、藥劑師、牙醫師、獸醫師、助產士、護士、藥劑生、河海航行員、引水人、民用航空人員等；其考試方法有試驗、檢覈兩種，試驗如同今日之筆試，檢覈則以證件審查為原則，舉行面試為例外。根據考選部統計資料，律師檢覈委員會自1942年起受理申請檢覈，至1949年為止，以審查學經歷證件方式，通過免試取得律師資格者有2,248人。（任拓書，1991）至於在1949年以前，國民政府在大陸時期辦理之律師考試，只有在1946年辦理過一次，錄取

1人。該次考試之舉辦，其背景爲台灣光復以後，原日據時代取得資格之台灣籍辯護士，在國民政府時代能否繼續執業問題形成爭議，要求該等辯護士重拾書本且以中文參加考試，雖然難度甚高；但最後政策上仍決定要求原台灣籍辯護士凡「領有日本或前總督府辯護士證書」或「經日本高等文官考試、司法科考試及格或經日本辯護士及格領有證書」，皆具有應考資格准予報考。於是配合台灣光復特殊需要而舉辦之考試，成爲中華民國律師考試制度史上，第一次以考試方式而非審查證件方式來選拔律師；該考試遂併同1946年台灣省第二次司法人員考試與中醫師特考，同時舉行，律師考試部分共到考27人，僅錄取1人，相對於國民政府在大陸時期檢覈以證件審查即可取得律師資格之標準寬鬆，此次考試結果可謂相當嚴格。（林志潔，2006；王泰升，2005）

三、中央政府遷台後律師考試之辦理

　　1949年中央政府播遷來台以後，隔年開始各項國家考試陸續恢復舉行，以安定政局穩定人心。以律師考試來說，其取得資格途徑仍僅有考試及檢覈（審查證件）兩種；1961年5月26日考試院、司法院、行政院會同修正發布律師檢覈辦法，增訂「律師之檢覈除審查證件外得舉行面試」。此之面試實際執行時，並非採行口試概念之當面考試方式，而係以筆試方式行之，公平性較過去遂有提升。茲依律師高等考試、律師檢覈，分別加以敘述：

（一）律師高等考試

　　考試法於1929年8月1日由國民政府公布，係採統合立法方式，將公務人員考試、專門職業及技術人員考試合併規範。1942年國民政府復公布專門職業及技術人員考試法，以特別法之立法方式，規範專門職業及技術人員考試相關事宜，至1948年7月21日總統修正公布考試法，再將專技人員執業考試納入列爲專章，回復統合立法。政府遷台之初，公務人員高普考試、專門職業及技術人員高普考試係同時合併舉行，惟各自有各自加冠年度之應考資格表、應試科目表報考試院核定通過後於當年實施，因此律師與會計師、建築師、各科技師、醫事人員等類科，係統合辦理同時舉行考試。1986年1月24日由立法委員主動提案，將考試院原送審之考試法分爲公務人員考試法、專門職業及技術人員考試法兩法，原考試法並予以廢止。1987年考試院先後制定常態性不冠年度之公務人員高普考試類科及應試科目表、應考資格表，以及專門職業及技術人員高普考試類科及應試科目表、應考資格表，原則上適用三年且每三年定期檢討一次。1999年12月29日專門職業及技術人員考試法大幅修正，其重點爲取消檢覈回歸考試，使專技人員執業

資格能透過相同考試管道取得；另原以應試科目表及應考資格表統合辦理之專技人員考試，新制則打散回歸專業各自訂定單獨考試規則（如律師則訂定專門職業及技術人員高等考試律師考試規則），將應考資格、應試科目、報名程序、成績計算及錄取標準等完整加以規範。

1. 應考資格方面

　　1950年至2001年之間，律師考試並未單獨辦理，而係與會計師、建築師、各科技師等統合辦理專門職業及技術人員高普考試，惟並無單行考試規則，而係以應試科目表、應考資格表形式來運作（考試法係規定：各種考試之分類分科及其應試科目與應考資格，由考試院分別列表定之）。以1950年律師高考應考資格三款為例，包括「公私立專科以上學校或教育部承認之國外專科以上學校法律學科畢業得有證書者」、「同類之高等檢定考試及格者」、「普考法院書記官、監獄官考試及格者」；所稱同類之高等檢定考試，係指與律師列在同一類之警察行政人員、司法官、監獄官等類科。1952年刪除原第3款「普考法院書記官、監獄官考試及格者」規定；1957年再將普考及格者納入，但增加限制為「普考法院書記官考試及格任法院書記官，連續擔任審判紀錄三年以上者」，並增列第4款「公務人員任用法施行前，在公私立中等以上學校畢業，曾任委任職或相當委任職三年以上，並任法院書記官，連續擔任審判紀錄三年以上者」。至1986年應考資格再微調為「公私立專科以上學校或教育部承認之國外專科以上學校法律系科畢業得有證書者」、「經高等檢定考試相當類科及格者」、「普考法院書記官考試及格，任法院書記官連續擔任審判紀錄，或檢察處書記官連續擔任偵查紀錄，或財務、民事執行四年以上者」；附註欄中特別規定，第一款表列以外之系科，應考人如修習課程與某一類科專業科目有3科以上相同（每科3學分以上），亦得報考該一類科，此即為3科原則。1999年專門職業及技術人員考試法大幅修正，取消檢覈回歸考試，原以應試科目表及應考資格表統合辦理之專技人員高普考試，新制則回歸專業各自訂定單獨考試規則加以規範。以律師高考規則為例，應考資格遂規範為「公立或立案之私立專科以上學校或經教育部承認之國外專科以上學校法律、法學、司法、財經法律、政治法律科、系、組、所畢業，領有畢業證書者」（其後配合法律系所之增列陸續增加海洋法律、科技法律等系所）；「公立或立案之私立專科以上學校或經教育部承認之國外專科以上學校相當科、系、組、所畢業，領有畢業證書，並曾修習民法、商事法、公司法、海商法、票據法、保險法、民事訴訟法、非訟事件法、仲裁法、公證法、強制執行法、破產法、國際私法、刑法、少年事件處理法、刑事訴訟法、證據法、行政法、證券交易法、土地法、租稅法、公平交易法、智慧財產權法、著作權法、專利法、商標法、消費者保護法、社會福利法、勞工法或勞動法、環境法、國際公法、國際

貿易法、英美契約法、英美侵權行爲法、法理學、法學方法論等學科至少7科，每學科至多採計3學分，合計20學分以上，其中須包括民法、刑法、民事訴訟法或刑事訴訟法，有證明文件者」；「普通考試或相當於普通考試之特種考試法院書記官考試及格後任法院書記官擔任審判紀錄、財務、民事執行署或處擔任行政執行職務四年以上，有證明文件者」；「高等檢定考試法務相當類科及格者」。由於原3科9學分之應考資格案例廢除，改爲7科20學分，外加核心必修科目3科，門檻突然增高，爲避免外界反彈，並符合終身學習之社會發展趨勢，考選部遂政策決定學分「不以在校時修習學分爲限，亦包括畢業後在各大專院校補修學分及推廣教育選修學分得有證明者」以迄於今，新制爰能順利過渡。2013年第3款再修正爲「普通考試或相當於普通考試之特種考試司法行政職系各類科考試及格後任司法行政職系職務四年以上，有證明文件」，以擴大司法機關現職人員得以報考。

2. 應試科目方面

　　1950年律師高考應試科目爲國父遺教、憲法、民法、刑法、商事法、行政訴訟法、民事訴訟法、刑事訴訟法、強制執行法或破產法等9科；1951年增加不計算成績之心理測驗；1952年增加列考國文、本國史地2科，行政訴訟法改爲行政法，考科增加至12科；1953年刪除行政法；1957年刪除心理測驗；1958年民事訴訟法、刑事訴訟法合併爲訴訟法，商事法改爲商事法規，增加列考國際私法；1959年刪除本國史地、國際私法，增加列考中國法制史，商事法規再改爲商事法；1967年訴訟法改爲民事及刑事訴訟法，破產法單獨列考，增加國際私法，與強制執行法並列爲選試；1973年刪除中國法制史，國際私法改爲必考，強制執行法及破產法又合爲1科；1983年國父遺教、憲法合併爲1科，國文中也刪除公文；1987年國父遺教及憲法又分列爲2科，民事訴訟法及刑事訴訟法也分列爲2科，商事法與國際私法合併爲1科；1993年刪除國父遺教；1999年憲法改爲中華民國憲法，行政法與強制執行法合併。2011年新制律師考試上路，考試程序改爲二試，第一試應試科目如下，以測驗試題方式爲之，綜合法學（一）：包括憲法、行政法、刑法、刑事訴訟法、國際公法、國際私法、法律倫理；綜合法學（二）：包括民法、民事訴訟法、公司法、保險法、票據法、海商法、證券交易法、法學英文。至於第二試應試科目如下，以申論試題方式爲之：一、憲法與行政法；二、民法與民事訴訟法；三、刑法與刑事訴訟法；四、商事法（公司法、保險法、票據法、證券交易法）；五、國文（作文與測驗）。其中國文一科，自1968年起增設倘未滿50分，即使其考試總成績達到錄取標準仍不予錄取之門檻規定；但亦有不同之主張，認爲國文閱卷主觀性較強，且以一科語文科目否決其餘法律專業能力，也未盡合理。1989年上述國文門檻設限之規定，由考選部報請考試院取消。

3. 錄取標準方面

　　政府遷台之初，1950年開始律師高考因和其他會計師、建築師、各類技師、醫事人員等類科同時舉行，所以錄取標準各類科一致，由典試委員會考量一定錄取人數平線錄取；至1958年為止，錄取標準分別為50分、53分、55分、56分、58分。1959年起各類科均採60分，且實施時間甚久；其主要原因是社會一般觀念上多把60分視為及格。但實施日久問題逐漸浮現，比如不同類科之間命題難易、閱卷寬嚴均有不同，均採60分平線錄取導致類科之間錄取率相差甚大，無法維持平衡。1983年起採取比較彈性作法，仍採平線但必要時得降低至59分、58分或57分不等，以滿足部分錄取率偏低類科需求。但如此一律平線降低結果，律師、會計師可能錄取數十人，其餘類科則錄取率高達百分之八、九十，類科之間仍難平衡。1990年起參採常態分配理論T標準分數16%精神，在成績不換算前提下，錄取各類科到考人數16%，但考試總成績滿60分以上，而無「筆試有一科為0分或專業科目平均不滿50分者」，均予錄取。1999年專門職業及技術人員考試法大幅修正，原以應試科目表及應考資格表統合辦理之專技人員高普考試，回歸專業各自訂定單獨考試規則加以規範，類科之間相互比較之壓力不再，類科之間容許差異出現。2003年改以全程到考人數百分之八為及格，足額錄取；但總成績之計算，不適用專業科目平均不滿50分不予錄取之限制。2011年開始實施律師高考新制考試，第一試、第二試各錄取全程到考33%，等於總錄取率為10.89%，以迄於今。

　　綜合來看，政府遷台後辦理律師高考，數十年間應考資格多次微調，始終對於法律系所以外其他系所畢業生開了一扇門；加上高等檢定考試法務類及格、普考法院書記官及格滿四年等規定之長期存在，因此律師高考應考資格規範還算友善。應試科目多年來也有多次變動，查其原因皆為司法院、法務部、律師公會全國聯合會、大學法律系所等相關機關學校所建議，但尚乏證據顯示係因經濟層面因素所導致改變。至於錄取標準變革，按律師高考錄取人數及錄取率過去長期維持偏低，主要原因是考選制度面問題使然（如認為60分及格方能確保錄取人員水準）。1980年以後台灣政治民主化浪潮襲捲而至（包括台灣第一個反對黨成立、解除戒嚴、廢除黨禁報禁、開放赴大陸探親、總統公民直選、國會全面改選等），社會上各種不同理念與意見併陳，公民團體影響力增加；不少律師投入選舉參與政治，而法律系所及其畢業學生快速成長，也造成法律人就業及出路問題浮上檯面。前述諸多因素匯集之下，到了1990年考選機關順勢改採全程到考人數16%錄取律師，錄取人數遂大幅成長；但細審其原因，來自經濟層面影響小，政治層面影響則大。

表1　歷年專門職業及及技術人員高等考試律師錄取人數統計表

年度	報名人數	到考人數	錄取人數	錄取率	年度	報名人數	到考人數	錄取人數	錄取率
1946	27	27	1	3.7%	1982	2,086	1,786	6	0.34%
1950	25	22	11	50%	1983	2,088	1,676	44	2.63%
1951	41	32	6	18.75%	1984	2,143	1,773	50	2.82%
1952	42	37	5	13.51%	1985	2,208	1,675	24	1.43%
1953	68	57	4	7.02%	1986	2,201	1,742	29	1.66%
1954	39	35	7	20%	1987	2,292	1,842	100	5.43%
1955	53	47	9	19.15%	1988	2,644	2,142	16	0.75%
1956	74	64	8	12.5%	1989	2,698	2,048	288	14.06%
1957	180	146	29	19.86%	1990	3,472	2,801	290	10.35%
1958	186	154	13	8.44%	1991	3,976	3,258	363	11.14%
1959	626	551	34	6.17%	1992	4,223	3,296	349	10.59%
1960	842	694	17	2.45%	1993	4,695	3,700	563	15.22%
1961	385	298	11	3.69%	1994	5,108	3,803	215	5.65%
1962	414	350	4	1.14%	1995	5,173	3,758	287	7.64%
1963	413	349	4	1.15%	1996	5,202	3,805	293	7.7%
1964	216	184	28	15.22%	1997	5,440	3,915	265	6.77%
1965	386	331	6	1.81%	1998	5,714	4,129	231	5.59%
1966	374	319	5	1.57%	1999	6,009	4,064	564	13.88%
1967	240	192	9	4.69%	2000	6,565	4,395	264	6.01%
1968	273	226	28	12.39%	2001	6,424	4,616	326	7.06%
1969	973	805	13	1.61%	2002	6,455	4,641	359	7.74%
1970	1,285	992	8	0.81%	2003	6,727	4,799	388	8.09%
1971	1,087	826	29	3.51%	2004	7,084	4,979	399	8.01%
1972	1,239	952	25	2.63%	2005	7,502	5,300	427	8.06%
1973	1,459	1,149	10	0.87%	2006	7,942	5,546	448	8.08%
1974	1,182	963	22	2.28%	2007	8,266	5,677	455	8.01%
1975	1,095	869	22	2.53%	2008	8,469	6,128	494	8.06%

表1　歷年專門職業及及技術人員高等考試律師錄取人數統計表（續）

年度	報名人數	到考人數	錄取人數	錄取率	年度	報名人數	到考人數	錄取人數	錄取率
1976	1,237	984	12	1.22%	2009	8,947	6,644	536	8.07%
1977	1,181	932	7	0.75%	2010	9,822	7,482	600	8.02%
1978	1,134	903	24	2.66%	2011	10,545	9,055	963	10.64%
1979	1,337	1,064	26	2.44%	2012	10,249	8,619	915	10.62%
1980	1,203	970	27	2.78%	2013	10,200	8,595	892	10.38%
1981	1,419	1,182	50	4.23%	合計	203,282	154,368	11,956	7.75%

（二）律師檢覈

1.應檢覈資格方面

　　律師檢覈資格條件，最早即規範在國民政府時期制定公布之律師法，中央政府遷台以後此一立法政策賡續沿用至今。以應檢覈資格範圍而論，1962年6月5日修正律師法，除原有3款「一、曾任推事或檢察官者。二、曾在公私立大學獨立學院專門學校任教授、副教授、講師，講授主要法律科目二年以上者。三、有法院組織法第三十三條第四款或第三十七條第五款資格者」外，另增列2款「四、公私立專科以上學校修習法律學科二年以上，或經軍法官考試及格，而任相當薦任職軍法官二年以上者。五、在軍事審判法施行前，曾經修習法律學科二年以上，並任相當薦任職軍法官四年以上者」。1973年6月7日律師法修正，刪除原有法院組織法第37條第5款（即曾任立法委員三年以上者）之資格者，以回應律師公會之陳情、以及立法院嚴肅紀律辦法之修正（明訂立法委員在任職期間，不得執行律師、會計師業務）；另刪除軍事審判法施行前有特定學歷經歷條件者。1982年1月6日針對第2款教職任職年資修正，依教授、副教授、講師之區別，分別訂為二年、三年、五年之要求。1997年4月23日律師法修正，增訂曾任公設辯護人六年以上，其考試得以檢覈行之；蓋因公設辯護人應考資格與應試科目與法官檢察官相近，其執行職務內容又與律師高度雷同之故。

2.全部科目免試範圍方面

　　根據律師法訂定之律師檢覈辦法，基本上照列應檢覈資格條件，並界定「推事檢察官」、「主要法律科目」、「修習法律學科」、「相當薦任職軍法官」等名詞定義。但1961年5月26日律師檢覈辦法修正，增訂「除審查證件外得

舉行面試。」法源依據。1976年11月3日修正律師檢覈辦法，對聲請檢覈者一律參加檢覈面試，列考民法、刑法、民事訴訟法、刑事訴訟法四科；但有「具有法律學科博士學位經教育部認定者」、「曾任推事或檢察官者」、「服務年資均為簡任或相當簡任之主管副主管或參事者」、「任教年資均為教授者」、「曾任上校以上軍法官滿二年者」等資格條件者，方得例外免予面試。1987年4月29日修正律師檢覈辦法，刪除法學博士全部免試一款；服務年資均為簡任或相當簡任之主管副主管或參事，增加限制需辦理民刑事件且年資均在五年以上。1998年8月14日修正律師檢覈辦法，增訂曾任公設辯護人六年以上免予筆試；檢覈筆試則除原民刑法及民刑訴訟法4科外，增加列考商事法及強制執行法。1999年12月專門職業及技術人員考試法修正公布，取消檢覈，將其精神融入考試之中，原檢覈制度並訂有五年辦理過渡條款爾後結束；為降低各該職業主管機關及專業團體之反彈壓力，考選部依現制狀況，將原免試檢覈及檢覈筆試，分別調整為全部科目免試及部分科目免試以迄於今，檢覈制度於焉終結。2011年開始實施之律師新制考試，曾任法官或檢察官者、曾任公設辯護人六年以上者仍維持全部科目免試，由考選部報請考試院發給及格證書，其餘全部免試條款均已刪除；擔任教授二年副教授三年助理教授五年，講授主要法律科目三年以上者，軍法官考試及格並曾任相當於薦任職軍法官六年以上者，得准第一試免試，直接應第二試全部科目考試。雖然律師免試制度經過長期演變，已較過去嚴謹許多，但仍有立法委員質疑其公平性，認為考選部透過專技人員考試法之授權，規定超過30種考試類別，應試者得依據特定資歷申請全部科目免試，取得專技人員執業資格，此規定顯與憲法第86條有違。儘管考選部對全部科目免試之評估及執行非常慎重，但此項規定仍然不符釋字第453號及第655號之大法官解釋；爰此，考選部是否研擬相關作為，以符憲法規範，同時兼顧信賴保護原則，以及專業證照品質？（尤美女立委辦公室103年度預算提案，2014）考選部回復表示：全部科目免試申請人已先經公務人員考試及格，且全部科目免試制度有其發展背景及不同法源依據，全部科目免試制度又設有審慎嚴謹之審議程序，該部將審時度勢檢討全部科目免試制度存廢。該部並就律師全部免試制度應否變革一節，徵詢司法院及法務部之意見，該二機關皆認為法官及檢察官參加司法官考試科目與律師考試雷同，且經過長期養成與訓練，法律經驗豐富，應具有律師執業所需之知識能力；爰以免試方式取得律師資格，應與憲法第86條意旨無違。（考選部，2014）

　　過去曾任法官或檢察官者准予全部科目免試，多數均為法官或檢察官實任以後（候補及試署階段尚不合規定），即繳驗司法院或法務部派令、辦案書類及銓敘合格任審通知書，即可申請全部科目免試，取得律師考試及格證書；此律師證書在手，即可確保其未來退休退職後，順利開啟事業第二春。2011年7月6日公布一年後施行之法官法第97條規定：「（第一項）實任法官、檢察官於自願退休或

自願離職生效日前六個月起，得向考選部申請全部科目免試以取得律師考試及格資格。（第二項）前項申請應繳驗司法院或法務部派令、銓敘部銓敘審定函及服務機關出具之服務紀錄良好證明等文件。」考選部並已配合修正發布專技人員高等考試律師考試規則在案，此對少數實任法官或檢察官如在職期間因個人品德操守引發外界質疑，或被懲戒懲處後申請退休或資遣，即使未受法律追訴，但原服務機關因無法（或不願）出具服務紀錄良好證明，當事人於退職日前六個月，即不得申請免試取得律師考試及格資格；因此可以確保聲譽不佳之退離審檢人員，無法輕易進入律師行業。

3. 檢覈筆試錄取標準方面

在律師檢覈之應檢覈資格方面，從前述可知是從寬鬆而嚴格，所以全部科目免試人數逐年減少，部分科目免試人數和通過考試人數相比較，錄取率也是逐年降低。以2001至2013年為例，審核通過部分科目免試有271人，及格人數只有2人，及格率為1.08%。檢覈筆試應試科目部分，係就律師高考應試科目部分加以列考，如1987年律師高考列考9科，檢覈筆試僅考其中5科，即民法、刑法、民事訴訟法、刑事訴訟法、商事法及強制執行法。2011年新制律師考試實施，部分科目免試者免考第一試測驗試題，直接應第二試申論試題科目，包括憲法與行政法、民法與民事訴訟法、刑法與刑事訴訟法、商事法、國文等5科。至於檢覈筆試錄取標準，長期以來均為各科目平均滿60分為及格；2011年新制律師考試，按應考人第二試成績高低順序，以全程到考人數33%為及格標準，但第二試筆試應試科目有一科目成績為零分者，不予及格。

表2　政府遷台後歷年律師檢覈及格人數統計表

年度	檢覈及格人數	免試檢覈及格人數（全部科目免試）及比例	檢覈面（筆）試及格人數（部分科目免試）及比例	備註
1950	50	50人（100%）		
1951	181	181（100%）		第1屆立法委員三年任期屆滿
1952	162	162（100%）		第1屆立法委員三年任期屆滿
1953	65	65（100%）		
1954	67	67（100%）		
1955	13	13（100%）		

表2　政府遷台後歷年律師檢覈及格人數統計表（續）

年度	檢覈及格人數	免試檢覈及格人數（全部科目免試）及比例	檢覈面（筆）試及格人數（部分科目免試）及比例	備註
1956	36	36（100%）		
1957	40	40（100%）		
1958	42	42（100%）		
1959	62	62（100%）		
1960	18	18（100%）		
1961	17	17（100%）		
1962	94	93（98.94%）	1（1.06%）	本年起開始辦理檢覈筆試，1人經核定准予檢覈筆試，錄取率100%
1963	25	25（100%）		本年無人申請應檢覈筆試
1964	160	159（99.37%）	1（0.63%）	一、薦任以上軍法官以服務年資申請者眾 二、本年1人經核定准予檢覈筆試，錄取率100%
1965	87	86（98.85%）	1（1.15%）	一、薦任以上軍法官以服務年資申請者眾 二、本年3人經核定准予檢覈筆試，錄取率50%
1966	141	141（100%）	0	一、薦任以上軍法官以服務年資申請者眾 二、本年2人經核定准予檢覈筆試，無人錄取

表2　政府遷台後歷年律師檢覈及格人數統計表（續）

年度	檢覈及格人數	免試檢覈及格人數（全部科目免試）及比例	檢覈面（筆）試及格人數（部分科目免試）及比例	備註
1967	158	156（98.73%）	2（1.27%）	一、薦任以上軍法官以服務年資申請者衆 二、本年2人經核定准予檢覈筆試，錄取率100%
1968	110	97（88.18%）	13（11.82%）	本年19人經核定准予檢覈筆試，錄取率68.42%
1969	81	74（91.36%）	7（8.64%）	本年19人經核定准予檢覈筆試，錄取率41.18%
1970	44	34（77.27%）	10（22.73%）	本年56人經核定准予檢覈筆試，錄取率20.41%
1971	101	90（89.11%）	11（10.89%）	本年85人經核定准予檢覈筆試，錄取率15.94%
1972	30	15（50%）	15（50%）	本年123人經核定准予檢覈筆試，錄取率14.15%
1973	108	79（73.15%）	29（26.85%）	本年137人經核定准予檢覈筆試，錄取率30.85%
1974	66	58（87.88%）	8（12.12%）	本年188人經核定准予檢覈筆試，錄取率5.03%
1975	68	44（64.71%）	24（35.29%）	本年263人經核定准予檢覈筆試，錄取率11.65%
1976	65	45（69.23%）	20（30.77%）	本年307人經核定准予檢覈筆試，錄取率8%

表2　政府遷台後歷年律師檢覈及格人數統計表（續）

年度	檢覈及格人數	免試檢覈及格人數（全部科目免試）及比例	檢覈面（筆）試及格人數（部分科目免試）及比例	備註
1977	17	7（41.18%）	10（58.82%）	本年267人經核定准予檢覈筆試，錄取率4.93%
1978	30	15（50%）	15（50%）	本年305人經核定准予檢覈筆試，錄取率6.67%
1979	51	16（31.37%）	35（68.63%）	本年282人經核定准予檢覈筆試，錄取率15.84%
1980	40	38（95%）	2（5%）	本年283人經核定准予檢覈筆試，錄取率1.07%
1981	22	15（68.18%）	7（31.82%）	本年218人經核定准予檢覈筆試，錄取率4.43%
1982	121	109（90.08%）	12（9.92%）	本年187人經核定准予檢覈筆試，錄取率8.51%
1983	76	66（86.84%）	10（13.16%）	本年179人經核定准予檢覈筆試，錄取率6.94%
1984	137	124（90.51%）	13（9.49%）	本年166人經核定准予檢覈筆試，錄取率13%
1985	151	133（88.08%）	18（11.92%）	本年160人經核定准予檢覈筆試，錄取率14.63%
1986	61	53（86.89%）	8（13.11%）	本年131人經核定准予檢覈筆試，錄取率7.92%
1987	78	72（92.31%）	6（7.69%）	本年135人經核定准予檢覈筆試，錄取率5.61%

表2　政府遷台後歷年律師檢覈及格人數統計表（續）

年度	檢覈及格人數	免試檢覈及格人數（全部科目免試）及比例	檢覈面（筆）試及格人數（部分科目免試）及比例	備註
1988	132	115（87%）	17（13%）	158人經核定准予檢覈筆試，錄取率12.88%
1989	69	63（91.3%）	6（8.7%）	167人經核定准予檢覈筆試，錄取率4.35%
1990	91	37（40.66%）	54（59.34%）	222人經核定准予檢覈筆試，錄取率29.19%
1991	83	79（95.18%）	4（4.82%）	232人經核定准予檢覈筆試，錄取率2.3%
1992	23	13（56.52%）	10（43.48%）	210人經核定准予檢覈筆試，錄取率7.25%
1993	18	16（88.89%）	2（11.11%）	174人經核定准予檢覈筆試，錄取率1.89%
1994	19	13（68.42%）	6（31.58%）	119人經核定准予檢覈筆試，錄取率6.98%
1995	60	53（88.33%）	7（11.67%）	109人經核定准予檢覈筆試，錄取率10.45%
1996	108	100（92.6%）	8（7.4%）	101人經核定准予檢覈筆試，錄取率11.76%
1997	42	40（95.24%）	2（4.76%）	64人經核定准予檢覈筆試，錄取率6.9%
1998	41	41（100%）	0	40人經核定准予檢覈筆試，無人錄取
1999	39	38（97.4%）	1（2.6%）	46人經核定准予檢覈筆試，錄取率5%
2000	55	52（94.5%）	3（5.5%）	54人經核定准予檢覈筆試，錄取率12.5%
2001	16	16（100%）	0	12人經核定部分科目免試，無人錄取
2002	23	22（95.66%）	0	19人經核定部分科目免試，無人錄取

表2 政府遷台後歷年律師檢覈及格人數統計表（續）

年度	檢覈及格人數	免試檢覈及格人數（全部科目免試）及比例	檢覈面（筆）試及格人數（部分科目免試）及比例	備註
2003	29	28（96.55%）	1（3.45%）	46人經核定部分科目免試，錄取率5.56%
2004	33	32（97%）	1（3%）	38人經核定部分科目免試，錄取率4%
2005	33	33（100%）	0	21人經核定部分科目免試，無人錄取
2006	30	30（100%）	0	24人經核定部分科目免試，無人錄取
2007	64	64（100%）	0	23人經核定部分科目免試，無人錄取
2008	27	26（96.3%）	1（3.7%）	21人經核定部分科目免試，錄取率8.33%
2009	29	29（100%）	0	25人經核定部分科目免試，無人錄取
2010	66	66（100%）	0	28人經核定部分科目免試，無人錄取
2011	52	52（100%）	0	14人經核定參加第二試，無人錄取
2012	45	44（97.78%）	1（2.3%）	15人經核定參加第二試，錄取率7.7%
2013	0	0	0	20人經核定參加第二試，無人錄取
合計	4,102人	3,699人（90.18%）	403人（9.82%）	

（三）兩種管道及格人數與及格率比較分析

從前述表1、表2專技人員律師高考與律師檢覈錄取人數之統計數字，可以得知以下幾點結論：一、專技人員律師高考自舉辦考試之初，難度即甚高，報考人數雖有增長，但錄取人數多為個位數或兩位數；不論總成績滿60分及格，或是平線降低錄取標準皆係如此。直到王作榮先生1990年擔任考選部長以後，從經濟角

度看問題，爰參採常態分配理論T標準分數16%精神，在各科考試成績不換算前提下，錄取全程到考人數16%，律師錄取人數開始快速成長。但是到了2011年律師新制考試實施以後，每年律師高考錄取人數穩定維持在900人左右，創下歷年新高；律師公會配套分五梯次辦理律師考試職前訓練以爲因應。律師考試每年是否錄取太多，也引發社會不同層面討論；二、在律師檢覈方面，1951、1952年全部免試檢覈及格人數甚多，是因爲第1屆立法委員三年任期屆滿，所以申請者眾；1964至1968年全部免試檢覈人數又激增，則是因爲大批薦任以上軍法官以服務年資申請，取得律師資格後即行退伍並執業；三、整體趨勢是1950至1986年都是專技人員律師高考錄取人數少於檢覈及格人數，而檢覈筆試及格人數又少於全部免試檢覈及格人數；因此呈現出考試前門緊閉，免試檢覈後門大開情形。其後法學教授講授主要法律科目三年、具有法律學科博士學位、簡任司法行政主管副主管辦理民刑事件五年以上、上校以上軍法官三年以上等得予全部免試規定陸續刪除後，全部免試及格者大幅減少，檢覈筆試及格者逐漸增加；近年來部分科目免試（原檢覈筆試）應試科目數增加至五科且難度提高，通過人數越來越少，與專技人員律師高考大門洞開相較，部分科目免試反而成爲窄門。近十年來多數皆無人錄取，能夠錄取也僅有一人而已；四、歷年申請全部科目免試者，以曾任法官檢察官爲最多，此一部分爭議較少。2011年7月6日公布之法官法（自公布後一年施行），其第97條規定：「實任法官、檢察官於自願退休或自願離職生效日前六個月起，得向考選部申請全部科目免試以取得律師考試及格資格。」故2013年以實任法官、檢察官申請全部科目免試者人數掛零；此一現象彰顯出社會各界對法官檢察官退休或離職並轉任律師，採取更高道德標準來面對。

四、2011年起迄今律師考試制度變革

（一）2011年新制建制

考選部擬具「司法官及律師考試制度改進專案報告」，於2008年12月19日報請考試院審議，其後修正通過；前揭報告提出具體改進方案，自2011年開始實施，並就現制進行改革，不涉及法律制定或修正，僅需研修律師考試規則及研訂司法官考試規則，即可達成。其重點包括：

1.考試程序採兩試並調整應試科目

筆試程序改採二試，提升閱卷品質，節省考試資源。第一試採測驗式試題，以廣泛測試應考人法律基本知能，錄取後再參加以申論式試題爲主之第二試法律科目，以測試應考人法律專業知能。藉由第一試篩選前33%應考人，降低第

二試試卷數量，減輕閱卷委員負荷，有助提升整體閱卷品質。配合法學發展趨勢，調整應試科目內容，擴展法律人國際視野。故第一試應試科目除原已列考之基礎法學科目，如憲法、行政法、民法、民事訴訟法、刑法、刑事訴訟法、商事法（公司法、保險法、票據法、海商法）、國際私法等11科目外，增列法律倫理、法學英文、國際公法、證券交易法等4科目，並刪除強制執行法。列考「法律倫理」係為回應實務界對於法律人應具法律倫理基本認知之要求，期藉由研讀對應考人產生潛移默化之影響。列考「法學英文」有助法律專業及走向國際化。又在具體司法案件中能正確適用「國際公法」，以保障人民之生命、身體及財產安全，爰將其納為應試科目；為健全金融活動，提升國家財政金融國際化之競爭力，爰增列「證券交易法」科目。

2. 實體法與程序法結合強化實務見解

為使應考人能依照實際情形通盤適用各領域法律條文，以符合實際辦案及執業需要，新制考試第二試將實體法與程序法合併，包括憲法與行政法、民法與民事訴訟法、刑法與刑事訴訟法；以民法與民事訴訟法為例，民法占45%、民事訴訟法占25%、民法與民事訴訟法綜合題占30%。試題採用理論與實例混合之綜合題型，邀請學者及法官、檢察官、律師等實務工作者共同命題及審題，俾篩選出能視案例情況判斷適用法律條文之準司法官及律師。

3. 打破百分制另錄取率調整為 10.89%

成績計算由百分制改為總分制，符合實務需求。司法官考試第一試總分為600分，第二試總分為1,000分，第三試為100分。第二試、第三試成績合併計算為總成績1,100分。律師考試第一試總分為600分，第二試總分為1,000分，以第二試成績為總成績。採總分制的優點在於可視法律科目性質，分別訂定分數，符合實務需求。律師第一試及第二試錄取率各為33%，整體及格率由原8%提高為10.89%，以符合法治國發展需求，有助強化國家整體競爭優勢，亦可藉由市場競爭機制，提升律師服務品質，提供人民普及化之法律諮詢服務。

4. 分題平行兩閱及推動線上閱卷

第二試申論試題採行平行雙閱，落實閱卷品質，確保考試公平。第二試4科法律科目均採分題平行兩閱，第一閱與第二閱分數差距達該題題分三分之一以上時，另請第三位閱卷委員評閱，並以分數相近者之平均分數為該名應考人實得分數，俾降低試卷評閱受人為主觀因素影響，提升考試信度及效度，確保考試公平。線上閱卷係運用資訊科技，於考試結束後將應考人作答申論式試卷，立即透過高速優質影像掃描設備，轉換為影像資料檔，並經電子簽章彌封後，於閱卷時

將應考人試卷原樣影像，直接顯示於電腦螢幕上，供閱卷委員採線上方式進行電腦閱卷，以縮短管卷、理卷、登分、核校之流程，節省人力成本，及免除試卷保管與流通所擔負的風險，委員評閱情形並可藉由系統自動檢查，避免漏閱、溢給分數、題分顛倒錯置、分數加總錯誤等情形，進而提高閱卷效率與正確性。司法官考試及專技人員律師高等考試第二試，自2013年起改採線上閱卷方式進行閱卷。

5. 第一試部分子科目首採複選題

　　2014年起律師考試第一試與司法官考試第一試同時舉行，並採同一試題，其中「海商法」科目刪除，改列考「強制執行法」。成績計算時各自回歸該類科原報名人數，分別計算其第一試錄取33%，以減低應考人重複報考之負擔；同時為了增加成績鑑別度，第一試15子科目中，計有憲法、行政法、民法、民事訴訟法、刑法、刑事訴訟法等6子科目首次採用五選至少二之複選題（單選題則為四選一）。複選題實施結果，其困難度顯然高於單選題，如此考試鑑別度可以提高，應考人之間差距更加可以區隔。

（二）新制建制後之微調

　　2011年新制律師考試首次實施，司法官與律師考試榜首均為同一人，且司法官考試錄取71人中，除47人同年律師考試及格外，其餘21人為100年以前律師考試及格；2012年司法官考試錄取75名中，亦有41名重複錄取同年律師考試，顯見新制司法官及律師考試評分確較以往更具信效度。鑑於二項考試第一試應試科目、題型、考試時間、錄取方式均相同，為能有效減輕應考人壓力、提升試題品質，考選部積極研議二項考試第一試合併辦理方案，應考人如符合二項考試應考資格，可同時報名二項考試，錄取標準依各該考試全程到考人數分別計算。全案配合研修二項考試規則相關條文，陳報考試院審議通過，並自2014年開始實施。

　　2012年7月5日考試院第11屆第195次會議，林委員雅鋒等18位考試委員提案：「建議專門職業及技術人員高等考試律師考試第二試增加選試科目設計，以甄拔多元法律專才」，經院會決議，請考選部邀集產官學各界研議於律師考試第二試增列選試科目及科目應涵蓋之範圍與命題大綱等，並研議是否以相同比率錄取各選試科目全程到考人數33%，以兼顧專業發展與公平合理。為因應法治國現代化、社會專業分工及全球化國際競爭趨勢，各界對於律師服務之專業項目需求日益提升；加之選試科目多元化亦可促進國內法學教育教學正常化，各校可各自發展其專業特色，配合開設各類特定領域專業法律課程，並設立各相關法律專業研究系、所。考選部經邀集產、官、學界共同研議，並配合研修律師考試規則，報請考試院審議通過，第二試原商事法200分減列100分，改考公司法、保險法與

證券交易法；多出來之100分，增加列考智慧財產法或勞動社會法或財稅法或海
商法與海洋法四選一之選試科目；第二試錄取人數按應考人第二試成績高低順
序，分別以前述各該選試科目全程到考人數33%為及格標準。預定於2015年開始
實施。即將上路之律師選試科目，在建制之初為了避免爭議確實存有妥協色彩，
因此也應該從產業界需要、法學教育健全發展等角度，思考下一步該如何適度擴
大選試科目範圍以因應實際需要。

五、從政經發展角度觀察律師考試之改進方向

　　從政府遷台後開始觀察，早先之律師考試之變革，應是司法機關業務需
要、法律系所發展與執業市場需求使然，其中台灣政治民主化的驅動亦有推波助
瀾之功。但1990年以後則是現代化工商企業之發展、國際經貿與科技成長、世界
性經濟成長、全球化之發展、兩岸關係良性互動等等，都是主要影響變革原因。

（一）律師定位為法律服務業

　　經濟學者葉萬安對台灣經濟發展劃分為六個時期，分別是戰後經濟重建時
期（1946年至1952年），政府推動農地改革、外匯管制、幣制改革；依賴美援且
農業為主轉向工業發展時期（1953年至1960年），以農業培養工業、工業發展農
業，輔以產業干預及關稅保護措施；推動勞力密集產品出口時期（1961年至1972
年），獎勵投資及設立加工出口區，鼓勵投資與出口；因應國際經濟劇變由勞力
密集轉向重化工業發展時期（1973年至1986年），世界性糧食減產、油價大幅提
高、推動十大建設；技術密集產業拓展時期（1987年至1991年），推動資訊、光
電、自動化、能源等重點產業；兩岸經貿交流時期（1992年迄今），積極開放結
果，對大陸投資及兩岸貨貿往來我方大量出超，均創下歷史新高。（葉萬安，
2010）程麗弘則從經濟發展過程及產經重要現象，敘述其和新建立專門職業之
關係，如1949至1970年出口擴張、外貿興盛且發生石油危機，新增報關人員、驗
船師；1971至1980年經濟起飛、發展策略性工業，新增消防設備師及士；1981至
1998年經濟過熱、房地產狂飆及股市上萬點，新增地政士、不動產經紀人、不動
產估價師；1999年迄今，網路產業及衍生性金融商品興起，社會福利預算大幅增
長，人民身體健康日益受到重視，爰新增物理治療師、職能治療師、呼吸治療
師、心理師、牙體技術人員、專利師、領隊導遊。（程麗弘，2005）另根據行政
院主計處行業標準分類，對「法律服務業」之定義為：凡從事提供法律服務之行
業均屬之，其中包括律師事務服務業、代書事務服務業及其他法律服務業。其中
律師事務服務業係指：凡從事提供民事、刑事、行政訴訟及法律顧問與諮詢等律

師服務之行業均屬之（如非訟事件及契約處理、軍法辯護、法律顧問與諮詢、財稅案件處理、民事訴訟、刑事訴訟、行政訴訟代理、依法註冊登記事件處理、民事、商事、海事案件處理），代書事務服務業則指從事提供土地登記專業代理服務者；其他法律服務業主要是從事律師服務及代書事務服務以外之公證等法律服務行業均屬之。1949年政府遷台後，由於經濟的逐漸起飛，法律服務業的發展更形蓬勃。除了傳統的法官、檢察官、律師等較為人熟悉的法律業者外，政府機關、公司行號及傳播媒體等亦開始大量聘用熟諳法律的專業人士充當法律顧問，以處理日漸增加的法律難題，至此，法律專業人士乃成為各行各業不可或缺的重要人力。近年全球化發展，國際性事務的增加，許多大型律師事務所將業務重心轉為投資評估與商務諮詢，往更多元面向發展的經營態勢已然確立，同時，結合各種專長的律師或者是相關的專業人士組成合夥型事務所，也是未來的重大趨勢之一；未來律師的角色定位將逐步邁向世界性投資、稅務、投標與合約簽定、商標專利、著作權等國際專業角色，加上併購案日增，甚至國與國談判桌上都是不可或缺的必要角色。另外，在全球專利訴訟中，智慧財產管理重要性不斷提升，越來越多業者逐漸加重對於協助企業導入智財管理之服務；然而2009年全球金融風暴亦衝擊律師服務業，企業對法律需求縮小，多家大型律師事務所均凍結人事，收入亦呈現衰退態勢，此外國內律師事務所面臨台灣產業外移，案件數減少的問題，市場競爭激烈，因此新興產業如文創產業、綠能產業都是2010年以來的發展重點。此外，生技產業涉及專利權的授權及技術移轉亦是商機。在西進中國方面，兩岸簽署ECFA之後，律師業務也見到新的契機，未來兩岸的併購、投資、專利、侵權訴訟，都是可拓展的重要業務商機，特別是2010年國內併購案較2009年增加，2011年更將因進入後ECFA時代而使併購進入高峰年。（陳衍潔，2010）

（二）產業教育經貿整體發展

　　從時間橫斷面加以比對，國內法學教育數十年來的發展趨勢，隨著時代的進步、經濟的發展，法律系所數量快速成長；在1960年代左右，只有台灣大學、政治大學、輔仁大學、東吳大學、文化大學五校設有法律系所，每年畢業生400餘人。時至今日，法律相關系所擴張至39所學校114個系所，法律系所發展更呈現分殊化現象，除原有傳統法律系所外，財經法律、科技法律、科技整合法律、政治法律、文教法律、海洋法律、法律與政府、智慧財產法律、學士後法律等系所，如雨後春筍般出現，這意味著法律與其他領域專業整合實乃大勢所趨；大學部及博碩士班畢業生每年更高達4,300人左右。（教育部，102學年度大學院校一覽表及各校科系別畢業生數）再從司法機關法院之設置狀況來看，除傳統地域劃分之各地方法院外，行政法院早已單獨抽離出來另設，專責處理行政訴訟案

件（2012年各地方法院亦成立行政訴訟庭便利民眾訴訟）；2008年相當二審之智
慧財產法院成立，掌理關於智慧財產之民事刑事訴訟及行政訴訟審判事務；2012
年少年及家事法院成立，管轄少年事件、家事非訟事件、民事保護令事件、兒
童及少年保護安置事件、遺產繼承事件等。另法院組織法規定，法院必要時得設
專業法庭，2008年司法院指定台北地方法院設置審理金融等社會矚目案件之專業
法庭；2010年再指定台北地方法院設置工程專業法庭；顯見亦是配合社會需要及
審酌案件專業性之考量。（林雅鋒等，2012）再以律師執行業務範圍來說，早期
律師多著重在傳統民事刑事訴訟案件、非訟事件，部分大型事務所才會涉足公
司、海商、保險、證券交易、涉外法律等案件；但晚近以來由於科技發展與產業
轉型關係，智慧財產權案件異軍突起（包括著作權、商標、專利等），其次網際
網路、資訊科技、奈米、光電、生物技術、製藥、醫療糾紛、電子商務、金融服
務、不動產及其衍生性金融商品交易、跨國企業併購等，更需要大量具有不同專
業法律背景之律師提供法律服務。（劉孔中，2005）由於法律案件種類及其複雜
度提升，已非傳統單兵作戰之律師可以掌握；加上律師考試制度即將實施選試科
目制度，已為未來律師分科建立相當基礎條件；因此現階段著手推動專科律師制
度，時機應該已經趨於成熟。如此上游法學教育分化發展、中游律師考試選試科
目、下游專科律師制度建制才能前後一氣呵成首尾相連，完整發揮功能。

（三）政治社會影響大於經濟因素

　　從經濟發展角度檢視1950年至2000年律師考試之變革，嚴格來看在高考應考
資格上變化不多，除法律系所畢業外，亦准許修習一定學科學分數者報考；倒是
應檢覈資格條件，隨著公平正義原則落實，範圍越來越小，條件越來越嚴，免試
已成為特殊例外規定。長期以來應試科目變動亦屬有限，其原因除考量到法律
系所必修課程穩定性之外，司法及考試機關個性保守，對於經濟活動發展導致法
律服務內涵轉變因應變化明顯不足，亦是重要原因。上述這些微調，發軔原因多
為司法機關、民意機關、律師公會、各大學法律系所等，基於業務考量、彰顯代
表之民意、律師執業需要以及法學教育健全發展等，政治社會層面影響居多，經
濟因素較少。1996年開始，考選機關積極推動法官檢察官律師三合一考試條例草
案，前後三次送進立法院審議，因屆期不連續都沒有完成立法程序；2006年總統
府也曾大力推動法律專業研究所（即學士後法律研究所）之設立，可惜欠缺社會
多數共識，最後均未能成功。比較有意義之變革，是在2011年以後新制律師考試
推動，採分試制度大幅增列法律倫理、法學英文、國際公法、證券交易法等應試
科目，輔以實體法整合程序法、理論結合實務考選政策調整，可以說一定程度反
應了產業界之需求，以及和國際接軌發展趨勢；再加上2015年才要實施之智慧財
產法或勞動社會法或財稅法或海商法與海洋法四選一之選試科目制度，讓外界感

受到近五年之變化遠大於過去五十年；司法考試改革也終於回應了律師界發展現況與實際需要。

六、公職律師類科考試制度之推動

美國有政府及公部門律師制度Government and public sector lawyer, (general) attorney，其程序係由各用人機關自行公開對外招聘律師；至2011年3月為止，聯邦政府僱有35,718個general attorney，其中僱用律師人數最多五個部會依序排列為：司法部10,967人、國防部2,895人、財政部2,348人、國土安全部2,019人、退伍軍人部946人等。政府律師的工作內容視其所任職的（專門）政府機關而定，大體上包括：草擬、諮詢、解釋、執行法律及法規、對機關政策提出法律面之評估及建議、代表政府辯論民事及刑事案件等。英國則有Government Legal Service制度，Government Legal Service包含了主要的各個政府機關，政府律師共約有2,000人，散布於約30個不同的政府機關，不同機關有其法律小組（legal team），法律小組由不同的人數所組成，各個（專門）機關政府律師的主要（專門）工作內容公布在（各別機關）網頁上，並對外公開招考。政府律師的工作內容涵蓋國際法、國內法、公法、私法，主要包括：起草法案、制定法律、解釋法律、提出法律或政策建議、訴訟、起訴、規劃政策、提供公共服務、向政府機關提出建議（使其符合國際法、條約）及促進司法行政等。（劉慧娥，2012）美國與英國相同，其政府用人皆採機關分權模式，故由出缺機關自行對外招募合格律師擔任政府律師職務，雖以契約進用，性質上應屬永業人員。

我國公務人員考試則為中央集權模式，由考選部統籌辦理考試。公務人員考試法第19條（2014年1月22日修正後為第17條）前於2013年1月23日修正公布，除依法律規定外，增訂用人機關可因業務性質需要，就機關部分缺額於應考資格要求須具備相關專門職業證書及工作經驗，始得應考之規定。考選部於2013年1月28日起陸續函請中央及地方政府各機關檢視現行業務現況及用人情形，評估有無增列以執業證書及工作經驗，作為應考資格之公職專技人員類科需求，經彙集各機關之建議，並經考試院2013年12月3日修正發布公務人員高等考試三級考試增列公職土木工程技師、公職測量技師、公職食品技師、公職護理師等11類科在案。

鑒於國際間貿易日趨頻繁，我國參與國際經貿組織活動、貿易談判、諮商與爭端之處理及協調、推動洽簽自由貿易協定等業務，均亟須熟諳經貿實務與法律專業人才，進入政府服務。經濟部與衛生福利部在業務面與涉外談判相關為優先考量之原則下，復在高考三級經建行政及衛生行政職系下新增經建行政公職律

師、衛生行政公職律師類科，擬列考筆試二科及口試，即可取得公務人員任用資格進入政府部門服務；其後配合用人機關需求研修考試規則報請考試院審議。惟考試院召開審查會時，有部分考試委員強調因高考三級列等不高（僅薦任第六職等本俸一級），且錄取人員僅能支領一般之專業加給表（一），故誘因不足而有所質疑。本案規劃經建行政公職律師、衛生行政公職律師類科，係分隸經建行政職系、衛生行政職系之下，而非隸屬於法制職系；其理由為各該公職律師錄取後，係擔任該機關辦理業務人員，而非法制人員，以免因為法制職系職務稀少，而影響其未來公務生涯陞遷及發展。其在法院出庭係以機關公務員身分而非律師身分，亦無收費或兼職問題。考選部更建議行政院人事行政總處，前述相關證照類科之專業加給能夠略為突破，至少比專業加給表（一）為高，以增加本考試未來對具律師資格者之吸引力。另亦研究將公職律師相關類科改列高考二級設置可行性（限具碩士以上學位者報考），以同步解決列等與待遇偏低問題。本案卒經考試院審查會以公職律師分列不同職系是否妥適？規劃任用條件是否足資吸引有經驗之優秀人才任職？公職律師與法制人員權益衡平性？如公職律師名稱改稱某某法務則應適用新增類科處理要點，而非具備專門職業證書始得應考類科審核標準來處理。本案最後決議：有關新增類科一節，請就設置類科之配套措施與相關機關協商，並就本案是否應循公務人員考試設置新增類科處理要點規定，審慎研酌後再行報院審議。（考試院，2014）

七、德國及日本律師考試制度

我國現行律師考試制度自2011年開始實施新制考試，其考試程序分一、二試、應試科目有所變動、閱卷方式採分題平行兩閱、及格標準一、二試各錄取全程到考33%等，均和過去有所不同。但從應考人權益角度來思考，我國律師考試應考人，現況面對的是考試後參考答案並未對外公布；榜示後應考人不得申請閱覽本人試卷、不得對本人試卷為任何影印或照相或其他複製行為、不得要求告知命題委員或閱卷委員等之姓名，在個人權益維護及權利救濟方面，保障程度略顯不足。德國司法考試閱卷委員應在試卷上加註評語，評閱試卷並且尊重應考人作答餘地；日本司法考試在榜示後會公布經全體閱卷委員共同審視過之試題命題要旨及評分意見等作法，均值得我國借鏡。

（一）德國司法考試制度概述

就法律人之國家考試，因屬於各邦之立法權與執行權之事項。各邦都制定有專法，例如Baden-Wuerttemberg邦「法律人國家考試暨實習法」（Gesetz ueber die juristischen Staatspruefungen und den juristischen Vorbereitungsdienst; Juristenausbildungsgesetz - JAG, vom 16. Juli 2003. https://beck-online.beck.de/default. aspx?bcid=Y-100-G-BWJAG1971 - FN1#FN1），作為規範依據。其次，就法官、律師、公務人員、公證人之任用資格與職業要求等，則分別規定於各該法律。其中「法官法」規定取得法官資格之要件，而其他法律又以「當事人已經取得法官資格」作為要件，所以法官法第5a條的規定，最低修業年限為四年，其中至少二年修業須在德國，以及區分必修與選修課程，乃相形重要。廣義言之，大學教育有關之「大學框架法」（由聯邦制定旨在建立聯邦、邦之大學教育共同框架）與各邦於此框架所制定的「大學法」，也是規範依據。

在執行上，各邦原則上於邦司法部之下設置專責機關，例如上述邦之「邦法律人考試署」（Landesjustizpruefungsamt），但北來茵—西伐利亞邦則是例外，而於邦之諸高等法院內設置之。考試署屬於合議制機關，成員需具有相關專業資格，任期受有保障（例如北來茵—西伐利亞邦者三年），由邦司法部長任命，依如上法律受到邦政府之監督，但於職權行使上不受指令監督。

1. 德國法學教育與司法考試緊密結合

德國高中畢業生參加中學畢業考以後，就可申請登記進入大學法學院就讀（德國大學基本上都是公立，而且主要為各邦所設立）。儘管法官法規定至少修業四年，但各法學院的規劃不同，大部分學生藥酒個學期才能完成修課。由於考生原則上只有兩次應考機會，所以許多考生會在課程修完之後自行在學校多停留半年或一年，才去應試。考生修習完基礎法學課程（包括民法、刑法及公法）及方法學，以及選修專業法律課程（如商業法、媒體法、國際法、歐洲法等），即可參加「第一階段法律人國家考試」（Erstes Staatsexam）。（Martin Gross, Philip Draeger, 2013）

經由法官法相關規定之修改，自2003年起第一階段法律人國家考試改分成兩部分，其中總成績70%來自國家考試，亦即屬於必考科目；另外的30%則來自於大學「重點領域考試」（Schwerpunktbereichspruefung），亦即由各大學在聯邦法律、邦法律所設下的框架之下決定科目並執行考試。所以嚴格言之，此階段之考試不再是百分百之國家考試。大學選修科目考試，其內容包括一篇論文、一次筆試、一次口試，由各大學自行指定專責辦理單位及教授。國家考試亦包括筆試與口試，素材涵蓋民法、刑法及公法三大領域，由各邦自行組成國家法律考試理事會來辦理，每年辦理兩次；考官由法律教授、法律實務經驗豐富之法官、檢察官及公證人擔任。考試及格與否係根據具有法律位階之評分等級表而來，在滿分18分之等級表中，第一階段考試至少要在4分以上方為合格。考生一般而言只能有兩次應考機會，與我國考生得無數次者，有所不同。

2. 職前預備訓練階段落實實習

　　第一階段考試通過後即進入「職前預備訓練」（Das Referendariat）階段，此一階段訓練重點為以實習生身分參加法律實務訓練，期限為二年，由各地方上訴法院規劃督導實施，政府並支付費用以讓實習生無財務負擔，其內容包括專業法律授課（由不同領域法律實務工作者講課），以及在民事法庭、刑事法庭、檢察處、行政機關、律師事務所等不同處所之實習；其中律師事務所之實習期間至少要九個月。實習生被指派給不同法律實務工作者指導，故必須參與各種法庭聽證，學習如何代表法官檢察官或律師處事、準備相關法律文件、研究訴訟案件及出席會議。在不同實習階段開始前，實習生必須參加特定法律專業領域議題相關課程討論，由有充分實務工作經驗之法官檢察官或律師擔任授課。

3. 第二階段考試命題全為法律實務工作者

　　兩年實習結束後，必須參加「第二階段國家考試」（Zweites Staatsexam），這是道道地地之國家考試，沒有各大學所選定與執行之重點選試科目。其程序包括筆試與口試，筆試著重在評量法律實務技能，所以試題就是提供法律文件，直接要求應考人撰寫起訴書、判決書、答辯狀、行政裁定或契約等，閱卷標準亦是從實務角度要求其符合真實法律文件各項要件。通過筆試方能參加口試，口試時應考人會被要求當場處理一個個案，考生必須提出明確法律建議以及適合處置程序，並模擬向合議庭之其他成員提出法庭判決建議，參與第二階段考試命題閱卷及口試者，沒有法學教授，全部都是法官、檢察官、律師、公證人或高階公務員。考生一旦通過第二階段考試，便取得律師、法官、檢察官、「一般行政與內政職組之較高官等」（Hoeherer Dienst；得比擬為我國之簡任官等）文官、公證人之資格。但是否能夠成為法官或檢察官，則要視其考試成績是否優異而定（通常僅有15%畢業生能達到等級為佳、優等或特優之高標），經被指派為法官或檢察官者，試用期至少三年以上，才會被正式任用為法官或檢察官。（Martin Gross, Philip Draeger, 2013）在大學之博士班入學考試招生要件上，或在公務人員職缺出缺之招攬公告上，得經常見到「限國家考試成績達一定高級數者」之要求。整體而言，第二階段國家考試及格者只有10%到15%有好的就業未來；剩餘者只能擔任律師，所以德國也出現律師供過於求的情形。從大學入學起，一直到通過第二階段考試，至少需時七年。

4. 德國司法考試過程重視應考人權益

　　迄今德國司法考試考畢後，申論試題的參考答案並未對外公布。但是閱卷委員必須在試卷上將該試卷評分的重要理由及對該評分結果有關的觀點，以簡短且

完整的文字而爲敘述，並加註書面評語，對於不及格者更需附記理由；而應考人榜示後提出爭訟時，亦有權請求公布或閱覽其試卷的評分理由。

德國聯邦憲法法院於1991年4月17日作成兩件考試評分的裁判，針對職業證照考試宣告向來低密度審查之規定與實務違憲。自此之後，德國考試評分區分爲「考試評分行爲使然下之評價」與「特殊專業有關之評價」兩種。前者屬於評分者之「判斷餘地」，包括：論證的手法、答題之架構、表達方式、各該題之如何配分、整體答卷之印象、該考題之困難度、文字用語使用風格與品質、與其他考卷之比較等等。凡此項目，除非評分者有恣意或重大疏漏，否則行政法院應尊重原考試機關之評分決定，即行政法院只享有非常有限度的審查權。後者「特殊專業有關之評價」則爲專業題目與答案之對錯問題，包括：解題的方式技巧、題目與答案之正確與否、考生答題內容儘管與參考答案不同，但是否尚屬「說得過去」或「說不過去」等。以上項目，有對或錯可言，行政法院從而得進行審查；爲克服法官相關試題之專業性不足，必要時行政法院得委請學者專家進行「專業鑑定」。換言之，閱卷者固然有判斷餘地，但這是指考試評分行爲之性質使然者，但就專業有關者，則考生也有「作答餘地」。所以，並不是任何與參考答案不同的作答都是毫無可取，考生所答之非屬通說但有相當說理且實質上說得過去之答案，也應酌予計分。（黃錦堂等，2014）以上作法皆能有效維護應考人權益，值得我國引據參探。

5. 通過司法考試法律人建構健全法制

整體來看，德國法學教育與考試制度是不可分割的，法學院學生必須於四年半到五年將所有法律課程完整學習後才能通過第一階段考試，其後二年實習著重在各種不同法律工作者實務訓練，再通過第二階段考試，即取得法官、檢察官、律師、高階文官、公證人任用資格，並展開不同職業生涯發展；各部會進用具法律背景之公務員情形，視工作性質而定，內政部、經濟部、稅務機關等因業務屬性與法律較具關聯性，高階文官多偏向任用法律人。這一批法界菁英，受過良好的法學教育與訓練，有著共同思維與行爲模式，建構了德國的健全法制，並維繫政府體系於不墜。高階公務員中亦有許多都是法律系畢業且通過司法考試者。

（二）日本司法考試制度概述

1. 舊制司法考試外界批評缺失多

日本係大陸法系國家，其司法制度受德國、法國及奧地利等歐洲國家影響頗深。其舊司法考試制度，係採法官檢察官律師三種類科合一辦理方式（即審檢辯三合一考試及合訓），每年錄取定額人數（長期以來均爲500人左右），參加司

法研修；研修期滿根據成績及志願，選填擔任法官及檢察官職務，在法官檢察官名額之外者，則從事律師工作。舊司法考試制度常被外界批評，應考資格過於寬鬆、和應考人數相比錄取率太低（通常不超過5%）、考上司法考試多數需大學畢業後花費數年時間、且錄取者有極高比例依賴補習班記憶性教學。

2. 新制司法考試 2006 年上路

　　至2000年開始，日本先從應考資格改革做起，應考者需先修畢法科研究所課程（類似美國Law School制度，未修過法律者讀三年，修習過法律者讀二年），修習內容包括法律科目、實務科目、書狀撰寫及判例研究等。新司法考試制度，自2006年上路，但在2011年為止新舊制同時併行，以利應考人選擇。新制司法考試應考資格為法科研究所畢業者，或是通過司法考試預備考試者（以短答式考試評量7個法律科目及一般教養科目、以論文式考試評量民刑事及法曹倫理之法律實務基礎科目、以及口試）；以上兩種應考資格，報考司法考試，最多均只能考3次。

3. 新制司法考試已取消口試

　　正式司法考試由短答式考試和論文式考試所構成，和舊制最大不同處，在於新制取消了口試。短答式考試，考基本7科目，每科目各20題；論文式考試則考憲法與行政法（200分）、民法民事訴訟法與商法（300分）、刑法與刑事訴訟法（200分）、選試科目從破產法、租稅法、經濟法、智慧財產法、勞動法、環境法、國際公法及國際私法等8科中任選考一科（100分），每科目各3題，以上合計共800分。各科目成績均不得低於40分，短答式考試及論文式考試成績合併計算，總成績依當年實際需用名額決定，每年均有所不同，如2012年司法考試最低錄取標準即為61.5分。

4. 通過考試者司法研修期間仍有淘汰

　　通過司法考試後，進入最高法院轄下司法研修所，研修期限為一年，分別在研修所上課及考試、在檢察、審判及律師系統實習，期間各三個月；研習結束後應再參加司法研習生考試，考民事裁判、刑事裁判、檢察、民事辯護、刑事辯護5科。合格者選填志願分配到審、檢、辯不同職務；不合格者可以再補考一次，仍不通過則予淘汰，每年都有數名至十餘名研習生因此被淘汰。

5. 榜示後對外公布申論試題參考答案

　　在合格發表（榜示）後，日本法務省網站會對外公布司法考試各該科目經閱卷委員共同審視過之試題命題要旨及評分意見，命題要旨強調題目評量重點何

在？其解題之大方向爲何？評分意見則近似我國之試卷評閱標準，答出或未答出哪些具體內容可以爲優良、良好、普通及不良等級，均有其答題要點可以參考依循。（日本法務省網頁，資格採用情報之司法試驗，2014）

6. 目前尚難論斷新制實施成敗與否

　　2013年日本政府對法科研究所及司法考試制度實施成效加以檢討，初步發現法科研究所設立太多，其間水準參差不齊，整體看來法科研究所畢業報考司法人員考試，其合格率並無原先預期的高比例；其次同爲法科研究所畢業，有法律系背景者和非法律系背景者，應司法人員考試之合格率，前者高出後者一倍；因此決定法科研究所將推動減少招生名額、部分司法考試合格率偏低之法科研究所將強制退場。在司法考試制度方面，是否要大幅提高每年合格人數至3,000人左右（目前約爲每年1,000人），因各界尚無共識，將再進行實證研究；此外預備考試之存廢；司法考試應考次數從五年3次增加爲五年5次；司法考試短答式考試科目減少爲憲法、民法、刑法3科；廢止選試科目與否；重新檢視合格標準等；都還在檢討評估中還沒有定論。所以目前尚難據此論斷日本司法考試及法科研究所制度改進，是否已經宣告政策失敗。（岡田正則，2013）

八、專科律師制度之探討

（一）醫師及護理師專科制度

　　醫師、律師、會計師、建築師等行業被國人視爲專業（profession），而非職業（occupation），代表其專業領域知識博大而精深，爰有進一步細分規範及管理之必要；但因爲政府資源有限，此種細部分工及其專業水準認定，多以委託專業學會方式辦理。如國內醫師制度，自1986年起建立專科醫師制度，當醫學院醫學系科畢業並經實習期滿成績及格，領有畢業證書者，得應醫師考試，如獲錄取，取得醫師執業資格並得請領醫師證書；醫師經完成專科醫師訓練，並經中央主管機關甄審核格，得請領專科醫師證書。專科醫師之甄審，中央主管機關得委託各相關專科醫學會辦理初審工作。非領有專科醫師證書者，不得使用專科醫師名稱。目前醫師之專科分科，計有家庭醫學科、內科、外科、兒科、婦產科、骨科、神經外科、泌尿科、耳鼻喉科、眼科、皮膚科、神經科、精神科、復健科、麻醉科、放射診斷科、放射腫瘤科、解剖病理科、臨床病理科、核子醫學科、急診醫學科、職業醫學科、整型外科等23分科；專科醫師訓練應在中央主管機關認定之專科醫師訓練醫院爲之。專科醫師之甄審，各科每年至少應辦理一次；甄審以筆試爲之，並得實施口試、測驗或實地考試（分見醫師法、專科醫師分科及甄

審辦法）。自2000年起護理人員亦建立專科護理師制度，按大專院校護理科系畢業，經護理師考試及格得請領護理師證書；護理師經完成專科護理師訓練，並經中央主管機關甄審核格，得請領專科護理師證書。專科護理師之甄審，中央主管機關得委託各相關專科護理學會辦理初審工作。目前專科護理師僅分內科、外科兩科；專科甄審，以每年辦理一次為原則；甄審以筆試為之，並得實施口試或實地考試，筆試、口試或實地考試各以60分為及格；筆試及格後方得參加口試或實地考試，筆試及格有效期並得保留兩年（分見護理人員法、專科護理師分科及甄審辦法）。醫師及護理師專科制度之先行，可為律師建立專科制度之參考借鏡。

（二）德國專科律師制度

再從德國律師制度來看，早在1929年德國律師公會全國聯合會即以公會自治方式，通過設置專科律師，以標示該律師具有特定法律領域專長，最早設有稅法、著作權與出版法、國家與行政法、外國法、勞工法五種。1991年德國律師法修正，立法納入專科律師法源，專科律師種類調整為行政法、稅法、勞工法、社會法、刑法、親屬法6種；爾後陸續增列破產法、保險法、醫師法、租賃與住宅法、交通法、建築法、繼承法、運輸航運法、營業權保障法、商法與公司法、著作權與媒體法、資訊科技法、銀行與資本市場法、農業法等，合計共20種專科律師名稱。專科律師由律師公會負責組設不同種類委員會辦理甄選，申請專科律師之條件為三年律師執業經驗、優異學理能力（包括修習專科律師學程及通過專科學程能力測驗）、優異實務能力（以律師身分獨自經辦專科領域內之案件一定件數）、專科口試（45至60分鐘專業口試，由律師公會負責組設委員會負責辦理），以上各項皆通過方可取得專科律師資格。每位律師最多只能取得兩種專科律師資格，另該資格並非永久有效，而必須每年持續進修，包括發表專科法律學術著作，或參加專科律師進修活動一定時數等，方能賡續有效。（楊君仁，2010）我國未來如要採行此制，律師主管機關法務部應研修律師法增列專科律師法源依據，至於具體分科及甄審條件、程序之辦法則應授權另定法規命令；專科律師之具體分科，可參考德國分科種類，並審酌我國律師考試選試科目來訂定；限制取得分科種類上限以及定期更新換證等，應優先納入規劃考量。

（三）律師公會全聯會已初步規劃專業律師制

目前未見法務部有任何研修律師法動作，但是中華民國律師公會全國聯合會已經在2014年3月15日該會第9屆第14次理監事聯席會議通過「中華民國律師公會全國聯合會專業律師證書授予辦法」一種，惟辦法之施行日期由該會理事、監事聯席會議另訂之，顯見迄今尚未施行。其立法目的為肯定律師在特定專業領域之能力，而辦理專業律師證書之授予；律師公會會員執業逾六年者，得依本辦法向

本會申請專業律師證書之授予。但每一律師最多僅授予三種證書。專業律師證書之授予，以下列七種專業領域為限：一、不動產法律；二、家事法律；三、勞工法律；四、營建及工程法律；五、金融及稅務法律；六、財經法律；七、智慧財產法律。申請程序是提出足以證明其具特定專業領域之理論知識與實務經驗之資料文件，供審查委員會審查即可。理論知識凡大學助理教授以上教授相關法律課程、或與該專業領域相關之碩士以上學位論文、或最近六年內參加與該專業領域有關之研習課程領有證明，合計時間120小時以上者皆可；實務經驗之審查，申請人應提出特定專業領域內親自承辦之案件20件之相關資料文件。經審查委員會審查通過者，由該會授予該特定領域之專業律師證書；前項專業律師證書有效期限六年，並應定期換證。總之，缺乏職業法授權、以審查代替考試、沒有強制拘束力等諸多問題，應是國內推動專業律師（或專科律師）制度時應審慎面對的課題。

九、穩定中求進步——代結語

　　我國司法官及律師考試，政府遷台後近六十年除司法官考試一度改列高考、國文科未滿60分（後降至50分）不予錄取之否決權取消，以及律師考試錄取方式調整（從根據社會需求量錄取、60分平線錄取、再到依全程到考人數16%、8%錄取）而外，其餘應考資格、考試方式及應試科目等，幾乎長期維持穩定。1996年開始，考試院及考選部積極推動法官檢察官律師三合一考試條例草案，前後三次送進立法院審議，因屆期不連續都沒有完成立法程序。2006年總統府大力推動法律專業研究所，並與各大學法律系所多方協調，但各界反彈聲浪甚大，最後無疾而終。司法官考試與律師考試屬性雖然不同，但從過去規劃法官檢察官律師考試各種改革方案時，兩者幾乎多是合併規劃同步改革。惟現階段考量到2011年起實施之司法官及律師考試新制改革迄今甫滿四年，應考人還在適應新制實施震盪之中；因此續推下一波司法官或律師任何改革規劃，都要思考與現制作某種程度接軌，以期變革最小化。

　　立法院第7屆第7會期第17次會議制定法官法時，曾通過多項附帶決議：「一、有鑒於現行法官及檢察官之進用，以修畢法律系課程參加考試為主，錄取人員大多過於年輕、缺乏社會歷練與欠缺同理心，常遭受社會批評為『娃娃法官』與『恐龍法官』，為改善此一情形，法官及檢察官之進用考試應研擬採二階段進行，凡具備司法官考試應考資格者，得參加由考選部舉辦第一階段考試，及格者始得依其志願參加由考試院與司法院或考試院與法務部分別組成的遴選委員會進入第二階段遴選，第一階段考試及格證明有效期間為五年，第二階段應考資

格之學歷條件、論文著作、發明與應具有三年以上工作經驗等條件，遴選組織、遴選方式、程序及其他應遵行事項之辦法，由考試院與司法院、考試院與法務部分別研擬之，而未通過第二階段遴選之應考人得於通過第一階段考試後第四年起取得身心健全證明者，得申請免試取得律師考試及格證書等，相關制度之變革，建議於本法通過後三年，考試院應會同司法院及行政院共同研擬法官與檢察官之進用採二階段考試之可行性與相關配套措施，並至立法院進行專案報告。二、自法官法施行屆滿十年起，依考試進用法官占當年度需用法官總人數之比例，應降至20%以下。」前述決議雖不具法律效力，僅有政治性宣示作用，但充分反應出立法部門對法官年齡普遍太輕，社會經驗歷練不足之疑慮；以及政策性引導大幅降低考試出身之法官名額，並期許多數法官能從工作經驗豐富，並經多年社會歷練之現職檢察官、法學教授、律師中加以遴選進用，以符合社會各界期待。其立意至為良好。

　　惟如真正規劃欲加以落實實施，仍有部分環節應審慎思考。如第二階段遴選時，擬採論文或著作審查，就會引起爭議；主要原因是應考人未必都來自學界，即使具有博碩士學位，現階段著作發明審查規則亦排除博碩士論文送審，所以應否將論文或著作審查列為必要條件，應再審酌。其次三年以上工作經驗認定，應否與司法實務工作相關或完全不限工作內涵，旨在著重具備人生歷練養成即可？其起算時點必須先通過第一階段考試方可開始採計年資，或未通過考試之前工作經驗亦可回溯採計？再其次如明訂應司法官分階段考試第二階段考試未獲錄取者，得申請律師全部科目免試，以取得律師執業資格，此舉將對律師社會地位及職業尊嚴都將有所衝擊，更會加深社會大眾「律師乃司法二軍」之錯誤刻板印象，尤其應該慎思。考選機關目前除依照立法院附帶決議規劃司法官考試分二階段實施草案外，考量到實務面可行性，亦參酌公務人員考試法第17條，研議須具備相關專門職業證書及工作經驗始得應考之規定，爰設計需具備律師證書及五年工作經驗方得報考司法官考試之可行性；其考試程序第一試為筆試、第二試為口試及學歷經歷證明審查，合併計算考試總成績後按缺額擇優錄取。該案將一併徵詢產官學各方之意見後再向考試院提案。總之，司法官及律師考試制度，過去長期以來維持在超穩定結構，近些年來一波波改革陸續推出，學術界、實務界及應考人都在適應調整當中，因此如何在穩定中求取進步，應是當前考選機關必須嚴肅面對之課題。

　　具體建議我國律師考試，未來似可推動以下之諸項改進，以更加提升該項考試應考人滿意度及建立社會普遍公信力：

　　一、研議在榜示後公布申論試題參考答案（含命題要旨及評分原則），以滿足應考人知的權利，並讓長期受到過度保障之命題及閱卷委員專業性屬人性判斷餘地，能適度接受外界之公開檢驗。

　　二、研議由閱卷委員必須在試卷上將該試卷評分的理由，以簡短且完整的文字而爲敘述，對於不及格者更需附記理由（目前線上閱卷，僅該題零分者需由閱卷委員點選已設計好之原因，如抄寫試題、文不對題、未作答、答錯等）；以爲未來開放應考人申請閱覽本人試卷而預做準備。

　　三、推廣建立閱卷委員能有應考人作答餘地觀念，以尊重與參考答案不同但言之成理之作答內容，以保障應考人合法權益。

　　四、2011年以後推動新制律師高等考試迄今，當時雖然產官學多數意見同意第一試及第二試各自錄取全程到考人數33%，整體及格率由原舊制8%提高爲10.89%，其時並無堅實之學理基礎，亦無社會需求量之精細推估，如今實施多年，每年逾900人之律師高考錄取人數，不但造成學習律師在參加職前訓練第二階段實務訓練時，尋覓律師事務所實習產生相當困難；同時完成訓練投入市場之律師起薪亦屢創新低，中華民國律師公會全國聯合會也多次反映並發出警訊，認爲律師高考錄取人數及錄取率均嫌太高應予檢討。因此適度調降合理錄取比率，穩定執業市場秩序應是當務之急。

　　五、邀集產官學形成共識後，研修律師法增列專科律師法源依據，至於具體分科及甄審條件、程序之辦法則應授權另定法規命令加以規範；另專科律師之具體分科，可參考德國現行分科種類，並審酌我國律師考試選試科目以及律師公會全國聯合會草擬之專業律師種類來訂定；其中限制取得分科種類上限以及定期更新換證等，尤應優先納入規劃考量。

參考資料

一、任拓書，中華民國律師考試制度，正中發行書局，1991年。

二、尤英夫，中國律師制度概論，著者自印，1972年。

三、王申，中國近代律師制度與律師，上海社會科學院出版社，1994年。

四、Martin Gross, Philip Draeger，德國法學教育與司法考試制度，載於考選部編印，2013考選制度國際暨兩岸學術研討會會議實錄，2013年。本篇文章非常細緻且指出許多關鍵點，例如德國與美國法學教育之差別，值得推薦。

五、Dr. Jan ZieKow著，詹鎮榮譯，德國司法考試制度，國家菁英季刊第5卷第2期，2009年。

六、岡田正則，日本法曹培育制度及司法考試制度之改革，載於考選部編印，2013考選制度國際暨兩岸學術研討會會議實錄，2013年。

七、陳新民，法律思考和國家考試方法論──以最近二則德國司法人員考試公法試題爲例，律師通訊第166期，1993年

八、黃錦堂、李震洲，國家考試與永續發展，國家菁英季刊第10卷第2期，2014年6月。

九、李震洲，專門職業律師高考錄取標準釋疑，律師通訊第176期，1994年。

十、劉孔中，從法律服務業之發展論律師高考制度之改革，國家菁英季刊第1卷第2期，2005年。

十一、楊君仁，我國律師專科制度化芻議，國家菁英季刊第6卷第1期，2010年。

十二、林雅鋒、詹琇蓉，律師高考增列選試科目必要性及具體作法之探討，國家菁英季刊第8卷第3期，2012年。

十三、林志潔，律師考試與台灣社會之變遷——以重建律師價值與考試制度為中心，國家菁英季刊第2卷第3期，2006年。

十四、葉萬安，台灣究竟創造那些經濟奇蹟，台灣經濟論衡第8卷第8期，2010年。

十五、程麗弘，專門職業及技術人員與服務經濟時代證照市場發展趨勢探討，國家菁英季刊第1卷第3期，2005年。

十六、中華民國律師公會全國聯合會網頁，http://www.twba.org.tw/。

十七、考選部編印，專門職業及技術人員考試法新制說明手冊，2013年10月。

十八、王泰升，二十世紀台北律師公會會史，2005年。

十九、行政院衛生署編印，醫事相關法規彙編，2013年3月。

二十、考選部編印，中華民國考選部部史，2013年10月。

二十一、考試院，審查考選部函陳公務人員高考三級暨普考規則部分條文修正草案審查報告，2014年8月。

二十二、考選部，研商專門職業及技術人員高等暨普通全部及部分科目免試考試相關規定妥適性會議議程，2014年9月。

二十三、陳衍潔，法律服務業基本資料，台灣經濟研究院，2010年12月。

二十四、劉慧娥，從美國英國新加坡政府律師制度探討我國引進之可行性——公共行政的觀點，國家菁英季刊第8卷第2期，2012年。

（國家菁英季刊第10卷第3期，103年9月）

伍、國家考試與永續發展──從考選機關幾個重要的政策改革方向說起

一、前言

二十世紀後半工業及人類活動的急遽擴張，加上大量生產、大量消費、大量廢棄的生活型態，造成環境污染、資源銳減，進而危及人類世代的生存與發展。1992年6月，聯合國於巴西里約召開「地球高峰會」，邀請一百多個國家元首出席，其間通過「二十一世紀議程」重要文件，並簽署「氣候變化綱要公約」及「生物多樣性公約」。其中「二十一世紀議程」呼籲各國制定永續發展政策，鼓勵國際合作，加強夥伴關係，共謀全人類的福祉。1993年1月聯合國設置「永續發展委員會」，協助及監督各國推動永續發展工作。「世界貿易組織」於1995年成立後，大力推動貿易自由化，加速全球化的腳步，加上網際網路的普及，資金、人才、技術及商品在國際間快速移動，產品生命週期亦快速短縮，此現象影響了全球包括我國在內的經濟與社會結構，亦影響了永續發展的推動方式與成效。

台灣面對永續發展政策，除了國土利用、環保生態以外，面對未來的國際競爭，在社會永續發展方面，人口結構的問題已逐漸浮現，少子化及高齡人口比率的增加，社會福祉、老人安養、健康維護等課題，均為未來永續發展的工作要項。經濟的永續發展方面，是要充分認知不應追求短期利益，而忽略長期永續發展目標；是要以綠色生產技術，形成高科技製造業產業體系，讓台灣成為智慧型科技島。至於文化的永續發展方面，則要鼓勵不同族群認同自身傳統價值及文化財產，同時包容與欣賞不同文化價值。（行政院永續發展政策綱領，2009年9月）

考試院第11屆第250次院會時，黃錦堂委員曾提出國家考試典試及試務工作聯繫作業繁複，讓考選部同仁疲於奔命，致無法更進一步思考如何改進及突破現有瓶頸。加上目前應考人權益意識高漲，故考試出題及評分等要更加精緻，例如律師考試及格者，其錄取名次屬較後段者，對其就業不甚有利，或採選擇題方式，因已框定範圍，容易產生疑義並引發後續行政爭訟。以德國醫學院醫師、護理人員考試為例，由聯邦及各邦出資成立獨立公法人，負責持續性研究考試相關事項例如考試科目、試題內容之精進，以及提供後續爭議時標準答案等。簡言之，就是一個獨立設置並具有民主意涵之機構，並透過各大學醫學院之參與，持續性做相關研究。另各國國情雖有不同，但可考量是否設置三級機關（構），協

助處理國家考試相關試務，故可朝這方面思考，並採持續性委外方式辦理，或跟相關大學合作，以落實民主性參與精神。總之制度化、穩定化及民主化，應是考選機關應努力精進方向。考試院關院長肯定黃委員提出之主張，並認為考選部長期在試務工作所做努力，已達相當水準，目前遇到的瓶頸與困境，在現況下要加以突破，確屬不易。但在追求效率的時代，花如此大的力氣，所得到的成果卻已達到一個瓶頸，就應該好好思考有無更好的辦法。將來試務工作不僅是技術面要做到零缺點，但更重要的關鍵，在於有無時間研究更好的制度以減少人為疏失，如對一年有3,000餘位學者專家參與典試工作，其個人表現是否都如預期？對其表現該如何客觀評估？故不斷探討更好的制度或作法，應是考選部當仁不讓的責任。又我國考試及文官制度，屬高度中央集權，故一致化與法令化行之多年，這在日常工作領域中早已習以為常，但這並非民主國家應有的方法及作為。若取法乎上，OECD國家過去20年在分權、彈性與鬆綁方面作了非常多的努力，且相當有成就，有很多地方值得我們學習；只有從制度面不斷的改進，才能突破現狀，使國家考試制度朝永續化方向發展。（考試院第11屆第250次會議紀錄，2013年8月22日）

　　從最近十年（2004年至2013年）國家考試報考人數加以觀察（如表1），可以看到幾個趨勢：其一，前九年呈現逐年上升趨勢，2013年起開始翻轉減少，至2014年上半年完成報名之各項考試，此一翻轉下降趨勢不變。細究報考人數成長之原因，論者多認為和全球性金融海嘯及經濟不景氣有關，連帶影響到民間企業裁員、減薪、無薪假、進用人力派遣，遂造成民間職務相對不如政府公職有保障，所以公職考試人數大幅成長。至於報考人數開始翻轉減少之原因，亦和公務人員近些年來被污名化、社會地位及形象下滑，公務人員福利待遇削減（如取消公務人員交通費及取消退休人員年終慰問金等），退撫制度從嚴改革造成新進公務人員原期待之退撫權益大幅縮水等，因此入行意願降低。其二，專技人員考試之報考人數隨著專技人員教育制度及證照制度建立而小幅穩定成長，由於部分專門職業（尤其以醫師、護理師、醫事技術人員為最明顯）沒有證照在該業界根本寸步難行無法執業，因此通過入門考試成為該職業之必備要件，此所以顯示專技人員考試受經濟景氣與否之衝擊較小。比較特殊情形為2012年突然增加4萬餘人，隔年即拉回原點，主要原因為當時考選部正邀集產官學各界研議提高導遊人員應考資格，從高中職畢業提升至大學畢業，引起應考人搶搭最後一班列車，致報考人數從8萬3,000人暴增為11萬8,000人；惟其後提高學歷案未能達成多數共識，次年遂回歸常態9萬7,000人。其三，報考人數總計增加導因是公務人員考試，人數減少還是公務人員考試，以2014年而論，初等考試較2013年減少22,740人，身障人員考試少1,203人，鐵路人員考試少1萬1,000人，高考三級及普考減少2萬6,000人，全年預估將較2013年再減少10萬人，幾乎減少人數全落在公務人員

考試之上。其四，根據2014年3月Cheers雜誌的調查，針對每年研究所及大學應屆畢業生追蹤，連續五年排名新生代最想進入行業高居榜首之公職類，今年首次被出版媒體娛樂及廣告公關設計行業所超越，而退居第二，而類公職之國營事業，如中國石油、台灣電力、台灣糖業、台灣自來水、中華郵政、中華電信等公司，報考人數及排名順序同樣向下滑落；排名大躍進的，是服務業及觀光業。此一調查結果和公職考試報考人數退潮，幾乎若合符節。

表1　最近十年（2004年至2013年）國家考試報考人數變動情形

單位：人

年別	總計	公務人員考試	專門職業及技術人員考試（註）
2004年	399,130	247,085	152,045
2005年	480,180	291,408	188,772
2006年	465,319	283,109	182,210
2007年	528,698	318,026	210,672
2008年	592,832	396,904	195,928
2009年	694,871	500,749	194,122
2010年	749,054	536,803	212,251
2011年	749,000	510,114	238,886
2012年	794,867	518,349	276,518
2013年	688,452	455,802	232,650

備註：專門職業及技術人員考試報考人數含檢定考試及檢覈考試，其中中醫師檢定考試辦理至2008年，專技人員檢覈考試辦理至2005年。

二、近年來重要考選改革已見成效

考選部在最近幾年針對考選政策與法制推動頗多改進，也產生一定成效。如2014年1月22日公務人員考試法修正，重點包括：一、遇有同項考試同時正額錄取不同考試等級或類科者，應考人應擇一接受分配訓練，未擇一接受分配訓練者，由分發機關或申請舉辦考試機關依應考人錄取之較高等級或名次較前之類科逕行分配訓練；二、進修公立或立案之私立大學或符合教育部採認規定之國外大學碩士或博士學位，其保留期從三年、五年，一律縮短為不得逾二年、三年；另

增列養育3足歲以下子女，其保留期限不得逾三年。但配偶依法已申請育嬰留職停薪者不得申請保留；三、服兵役為憲法規定國民應盡之義務，為維護增額錄取人員之權益，並參照司法院大法官第455號解釋，基於法律體系正義之原則，增訂增額錄取人員如因服兵役未屆法定役期無法立即接受分配訓練者，得檢具事證申請延後分配訓練；四、公務人員高普初考限制轉調年限從一年修正為三年，以維護機關人事安定，更可提升用人機關報缺高普初考意願；五、高科技或稀少性工作類科之技術人員考試，刪除「經公開競爭考試，取才仍有困難者」之前提要件，前項考試及格人員，並明確界定不得轉調原分發任用機關以外之機關任職；六、為使考試更具彈性及減輕應考人之考試負擔，增訂分階段考試之法源，至於分階段考試之年齡、應考資格、考試科目、分階段通過資格之保留年限等相關執行細節，將另於本法施行細則及各該考試規則規範；七、基於考試公平性及衡平性，及其及格人員所擔任職務攸關人民生命健康及財產安全，與公共利益息息相關，爰增訂不應錄取而錄取者，由考選部報請考試院撤銷其錄取資格之規定。並和專門職業及技術人員法立法體例一致；八、為加強照顧弱勢，在原身心障礙、原住民之外，增列低收入戶、中低收入戶及特殊境遇家庭，得以減少考試之報名費。另2013年1月23日專門職業及技術人員考試法修正，重點包括：一、為符應司法院大法官解釋精神，並落實憲法所列專門職業及技術人員憲定考試權以及保障人民工作權，明定本法適用範圍與界定專技人員定義。另面對近年來社會各界迭有建議增設專技人員種類，如公共衛生師、室內設計師、景觀技師、生物科技等，賦予考選機關可辦理有關專門職業及技術人員之實質認定標準、認定程序等事項之審議，以確定是否屬專技人員範疇並納入國家考試；二、增訂分階段考試之法源，未來專技人員考試可視類科性質，凡在學期間即可報考者，採分階段考試及多元考試方式辦理，預料將能有效改善長期以來的國內社會產學落差問題；三、增列各種考試及格方式得擇一或併用，俾各專技人員依其類科及性質需要，得彈性併採不同及格方式，以維持符合市場需求的適當錄取率，同時確保及格者之專業素質；四、訂定對原住民族及特殊境遇家庭等弱勢族群減徵、免徵或停徵考試及格證書費法源，以照顧原住民族及特殊境遇家庭應考人。以上興利且除弊之法制變革，短期內成效還無法顯現，未來一至二年即會陸續看到具體成果。

　　另外2011年開始之司法官及律師考試改進成果亦屬有目共睹，新制司法官律師考試特色包括：一、筆試程序改採二試，提升閱卷品質，節省考試資源。第一試採測驗式試題，以廣泛測試應考人法律基本知能，錄取後再參加以申論式試題為主之第二試法律科目，以測試應考人法律專業知能。藉由第一試篩選前33%應考人，降低第二試試卷數量，減輕閱卷委員負荷，有助提升整體閱卷品質；二、配合法學發展趨勢，調整應試科目內容，擴展法律人國際視野。故第一試應試科目除原已列考之基礎法學科目，如憲法、行政法、民法、民事訴訟法、刑法、

刑事訴訟法、商事法（公司法、保險法、票據法、海商法）、國際私法等11科目外，增列法律倫理、法學英文、國際公法、證券交易法等4科目，並刪除強制執行法。列考「法律倫理」係爲回應實務界對於法律人應具法律倫理基本認知之要求，期藉由研讀對應考人產生潛移默化之影響。列考「法學英文」有助法律專業及國際觀之培養。又在具體司法案件中能正確適用「國際公法」，以保障人民之生命、身體及財產安全，爰將其納爲應試科目；爲健全金融活動，提升國家財政金融國際化之競爭力，爰增列「證券交易法」科目；三、成績計算由百分制改爲總分制，符合實務需求。司法官考試第一試總分爲600分，第二試總分爲1,000分，第三試爲100分。第二試、第三試成績合併計算爲總成績1,100分。律師考試第一試總分爲600分，第二試總分爲1,000分，以第二試成績爲總成績。採總分制的優點在於可視法律科目性質，分別訂定分數，符合實務需求；四、命題融合實體法與程序法，兼備理論與實務。爲使應考人能依照實際情形通盤適用各領域法律條文，以符合實際辦案及執業需要，新制考試第二試將實體法與程序法合併，包括憲法與行政法、民法與民事訴訟法、刑法與刑事訴訟法；以民法與民事訴訟法爲例，民法占45%、民事訴訟法占25%、民法與民事訴訟法綜合題占30%。試題採用理論與實例混合之綜合題型，邀請學者及實務工作者共同命題及審題，俾篩選出能視案例情況判斷適用法律條文之準司法官及律師；五、律師整體及格率由原8%提高爲10.89%，以符合法治國發展需求，有助強化國家整體競爭優勢，亦可藉由市場競爭機制，提升律師服務品質，提供人民普及化之法律諮詢服務；六、第二試採行平行雙閱，落實閱卷品質，確保考試公平。第二試4科法律科目均採分題平行兩閱，第一閱與第二閱分數差距達該題題分三分之一以上時，另請第三位閱卷委員評閱，並以分數相近者之平均分數爲該名應考人實得分數，俾降低試卷評閱受人爲主觀因素影響，提升考試信度及效度，確保考試公平。

　　新制實施三年司法界反應頗佳，而統計數據顯示，由於應考人來源相同，故司法官與律師考試重複報名者眾（分占當年律師及司法官考試六成至八成左右），司法官錄取者中絕大多數爲當年或之前年度律師考試及格，所以對司法官及律師考試而言，實力至上應該沒有太多僥倖的空間。（如表2）如2011年新制司法官考試錄取71人，錄取率0.99%，律師考試及格963人，及格率10.64%，兩項考試雙榜者47人，占司法官錄取人數66.20%。司法官考試錄取71人中，除47人同年律師考試及格外，其餘21人爲以前年度律師考試及格，3人未報考律師考試。2012年新制司法官考試錄取75人，錄取率1.15%，律師考試及格915人，及格率10.62%，兩項考試雙榜者41人，占司法官錄取人數54.67%。司法官考試錄取75人中，除41人同年律師考試及格外，其餘31人爲以前年度律師考試及格，3人未報考律師考試。2013年新制司法官考試錄取75人，錄取率1.17%，律師考試及格892人，及格率10.38%，兩項考試雙榜者27人，占司法官錄取人數36%。司

法官考試錄取75人中，除27人同年律師考試及格外，其餘46人爲以前年度律師考試及格，2人未報考律師考試。爲了簡化試務及減輕應考人負擔，2014年起司法官與律師考試第一試同時舉行，部分試題並擬採用複選題；另爲因應法官審理案件及律師處理受委任事件等實務運作之需要，第一試應試科目綜合法學（二）之「海商法」修正爲「強制執行法」。另2015年起律師考試第二試增設選試科目，原第二試刪除「票據法」，增加一科選試科目，包括「智慧財產法」或「勞動社會法」或「財稅法」或「海商法與海洋法」（四科任選一科），並以錄取各該選試科目全程到考人數33%爲及格標準，預期增列選試科目以後會擴大律師專業領域分工，並對訴訟當事人提供更優質法律服務。

表2　2011年至2013年司法官及律師考試統計表

單位：人，%

項目別	2011年	2012年	2013年
司法官考試			
報考人數	7,982	7,488	7,367
到考人數	7,144	6,501	6,386
錄取或及格人數	**71**	**75**	**75**
錄取或及格率%	0.99	1.15	1.17
律師考試			
報考人數	10,545	10,249	10,200
到考人數	9,055	8,619	8,595
錄取或及格人數	**963**	**915**	**892**
錄取或及格率%	10.64	10.62	10.38
重複報考人數	6,475	6,002	5,852
占司法官報考%	81.12	80.15	79.43
占律師報考%	61.40	58.56	57.37
重複錄取或及格人數	**47**	**41**	**27**
占司法官錄取%	66.20	54.67	36.00
占律師及格%	4.88	4.48	3.03

　　警察人員雙軌分流考試也是重要變革之一，2010年之前警察人員考試分爲警察人員特考、基層警察人員特考兩種管道，但應考資格完全未加區隔。遂造成如下之缺失：一、警大、警專畢業生係入學時即以擔任警察爲志業，對工作具使命感，而一般生固有此志向者，然亦不乏職業取向者，以尋求一份穩定工作爲主要考量，不同想法自影響工作之遂行，警察任務難以有效完成；二、警察特考、基層警察特考爲牽就一般生亦得參加同一考試，以致在應試科目之選定上，必須

考量一般生應試之專業能力，儘量採基礎性、概念性之科目（如刑法、刑事訴訟法等），一般生均可透過民間補習業者，或部分學校專門為警察人員考試開設之進修學分班，獲得此類科目填鴨式學習，進而考取警察人員考試，該等人員是否具備擔任警察之能力，殊值疑慮；三、警大及警專應屆畢業生為準備警察人員考試，無法專心課業，違背國家教育資源合理規劃投資之原則、衝擊警察教育體系之正常運作；而就學期間費時頗多之術科訓練（如柔道、游泳、射擊、駕駛、體能、綜合逮捕等術科），因不能以筆試展現，故完全無法評量；四、警察特考三等考試及格人員如係警大畢業生，得分配擔任巡官，而一般生因未受過警大教育或訓練，限於警察人員人事條例等規定，僅能在警專訓練並從事警員工作，兩者任用陞遷制度不同，易生爭訟。考選部會同警政機關研議推動從2011年開始實施之警察人員雙軌分流考試，採警大、警專畢業生及一般大學、專科、高中畢業生雙軌制實施之方式；考試名稱分別為警察人員特考與一般警察人員特考。基於維護警察核心價值並兼顧一般生權益，三等考試部分，警大畢業生及現職警員與一般生比例分別訂為86%與14%；至於四等考試部分，警專畢業生與一般生比例分別訂為70%與30%（警大警專畢業結業之現職警員，僅能報考內軌之警察人員考試）。新制實施結果，有效解決了困擾多年之流浪警察問題，也使得警大及警專教育回復正軌，警察人員特考列考警察情境實務、警政專業科目，有助實務執行及警察專業教育之特色發展及課程深化；雖有一般生應考人因應考資格按身分分別規範，不服分流政策而提起行政爭訟，惟均為考試院訴願會及台北高等行政法院駁回，認並無違反實質上之平等原則、公開競爭之原則及憲法第23條之比例原則。

　　未來短期內考選機關應檢討雙軌制需用名額比例之訂定基礎，並酌增一般考生需用名額比例；外軌考試命題能貼近一般考生實際知能狀況，並增加第一試筆試錄取人數、調整體能測驗項目，俾改善一般警察人員特考錄取不足額情形；檢討警察特考三等考試應試專業科目，避免過度向警察大學課程傾斜，以適度提升現職警員錄取機會；另檢討警察特考類別組設置，避免與警察大學現有科系設置完全對應。也要檢討內軌警察特考及格人員分發方式，除在校成績外不宜完全排除考試成績及順序，以和公務人員考試法適度接軌。尤其要注意警察特考一般生與警校生之需用名額比例，隨政經情勢變遷成為高度政治化議題，主要原因為當今社會年輕人薪資水準普遍偏低，在失業博、碩士滿街跑、工作一席難求的情況下，工作權在當代社會具有高度意義，有工作才有行動力、購買力，有工作才有人生、人格與尊嚴，有工作方能交友、戀愛、結婚等，使人生歷程得上是順遂。是以在工作與人格權、人性尊嚴高度連結之世界潮流下，國家如何適度創造新的工作機會，或分配既有工作機會，乃成為重大議題，警察特考改進方向若僅維持既有雙軌分流模式或比例配置，將疏忽時代之脈動。對於警察特考擬議之未

來改進方向，恐不宜僅和警政署、警察大學及警察專科學校等直接利害關係機關會商，而應有更大格局，組成跨部門或不同產官學領域小組，瞭解參考外國作法，做更進一步周延之討論為妥。總之現行警察特考雙軌考試制度已呈現的問題，包括一般生考試是否過於嚴苛？是否多由警校老師命題而使試題過於偏頗？警察特考四等考試錄取率高達99%等，相關之出題老師與出題方式或題型是否合理？均有可以討論空間。甚至於應思考不再舉辦警察人員考試可能性，警校生一律比照軍校生，要做警官或警員，先考學士後警官班或警員班，畢業後即授予警察官階職務擔任警察工作，即警察人員不再具有公務人員身分，而與公務人事制度脫鉤。或是警察大學及警察專科學校均轉型為訓練機構，所有警官與警察均來自一般大學，全面採取先考、再訓、後用方式，以培育各級警察人員。總之多傾聽外界不同意見，平衡考慮各種利益，才能找到各方能接受之最大公約數。

三、即將規劃推動的幾個新政策方向

（一）公務人員考試普通科目建立分階段考試

公務人員高等考試三級考試暨普通考試，在1998年起至2005年為止曾經實施分試制度，其程序分為二試，即第一試、第二試；第一試考綜合知識測驗（憲法、英文、法學緒論、本國歷史、數的推理、地球科學等6科，以選擇題為之）、專業知識測驗（兩科專業科目，亦以選擇題為之）2科，並按各科別全程到考人數之50%擇優錄取參加第二試，第二試考專業科目及國文，再按各科別需用名額決定正額錄取人數，並視考試成績酌增錄取名額。惟八年後因時空環境的改變，高普考試報名人數逐年下降（從最高1994年152,752人，降至2003年63,405人），已無第一試先淘汰一半之必要，加上應考人認為負擔沉重，經考選部詳加研究結果，以現行考試法規及實務運作，恢復一試仍可達成「強化考試之信度及效度，並提升閱卷品質及培養公務人員宏觀視野」之目的，且一試能縮短考試時程，使考用更能密切配合。經審慎研析後於2005年提出「公務人員高等考試三級考試暨普通考試分試制度檢討報告」，擬具分試制度再作調整或恢復一試制度，兩案予以併列，經考試院2005年5月5日第10屆第132次會議決議：自2006年起公務人員高等考試三級考試暨普通考試恢復一試制度。

此次考選部擬重新推動公務人員考試分階段考試，是基於以下幾點原因考量：一、使公務人員考試更具彈性及減輕應考人之考試負擔；二、公務人員考試普通科目受限於題型題數，其深度、廣度不足，且占分比例太低，使應考人不重視；三、普通科目試題用量大，題庫建置成本投入過高，且榜示後須公布試題，致使試題越趨艱澀；四、科目數太多致考試天數多安排為3天，因影響學校正常

上課進度，使考選部洽借學校作為考場益形困難；五、配合國家考試職能分析公務共通職能評估小組之建議，共通職能內涵至少包括法學能力、語文能力、公民素養及性向四部分辦理。如果比較此次擬推動之分階考試與過去曾經實施之分試，兩者明顯有所不同，前者目的是減輕應考人負擔（故應考人在學時得考第一階段普通科目考試，及格後其第一階段成績並得保留若干年，此期間其取得第二階段應考資格，得應高考一級、一等特考、司法官考試以外之所有公務人員高普考及特考第二階段考試，故可以大量減少往後參加公務人員考試之負荷）；後者則以減少進入第二試應考人數為目的，以減低申論試題閱卷委員閱卷之工作負荷為主。前者適用多數之公務人員高普特種考試，範圍甚廣，後者則僅以公務人員高考三級及普考為範圍，所具實益較少。前者連帶的會減少後續應試科目數，考試日程跟著會縮短；後者是增加第一試，第二試科目數依然維持，應考人感受不到簡化或減量之改革實益。1998年實施之分試與2014年實施之分階段考試之差異比較。（如表3）再從比較制度來看，日本從2012年起公務人員考試大幅變革，廢止原第一、二、三級考試，改按綜合職、一般職、專門職辦理任用考試，但均有選擇題型之基礎能力測驗與專門能力測驗，和申論題型之專門能力考試，其基礎能力測驗中題目包含文章理解、數的推理與判斷、自然、社會、人文科學等，著重應考人的通識能力。（合田秀樹，2013）韓國公務人員第一階段考試，以語言邏輯、資料解析、情境判斷、英語、韓語、韓國史為主，簡單說也是強調知識基礎性及廣博度。目前我國國家考試筆試之應試科目主要為專業導向，加上補教業者推波助瀾，造成頗多考上國考之準公務員，欠缺生活常識及對國家社會基本觀察力，這樣的新進公務員很難體會到社會百姓民生疾苦；因此普通科目如何跳脫原有科目名稱窠臼，從實質內容著手，使想入門的參與競爭者，不能自外於我們的國家與社會，對當前基本政治、經濟、社會、文化常識與時事，國家憲政架構與政府組織，以及人權與法治觀念發展等，都應該有所認識，即便是理工農醫系科畢業之專業背景，未來擔任公職技術性職務以後都會面臨到行政處理、人民陳情、爭訟、申請國家賠償及行政損失補償等問題，所以常識要淵博，要有基本法律與政治認識；此外邏輯判斷能力、對中文理解與表達，判斷推理與分析資料等，亦是擔任公務人員必備之基礎能力。故改變應試科目內涵並整合學者專家命擬出具鑑別力之題目，應較行諸多年之應試普通科目國文、法學知識與英文，會更有實用性且具說服力；由於推動本案有第一階段錄取成績保留年限且縮短考試日程，又實質減少應考人時間與精神負擔等實益，因此預期考生接受度會高。惟細部制度設計時仍應審慎規劃，如過去實施分試僅以高考三級及普考為對象，且有不同報考類科之設限，故按各科別全程到考人數之50%擇優錄取參加第二試，其公平性無虞；但新制推動分階段考試，第一階段考試應試科目皆為共通職能，而無專業職能，其後續效應又貫穿各種高普特考一體適用，因此至少要區隔行政

與技術兩大類，在命題深淺難易上採取不同試題並分別競爭，否則如一起競爭並錄取前40%，將對技術類科應考人極為不利。

表3　1998年實施之分試與2014年規劃之分階段考試之差異比較

比較內涵　　種類	1998年實施之分試	2014年規劃之分階段考試	說明
名稱	分試	分階段考試	法源及定義均不相同
實施範圍	高考三級及普考	高考一級、一等特考、低於普考之考試、司法官考試、上校以上轉任公務人員考試以外之其他高普特考	分階段考試排除適用高考一級、一等特考係因現行考試即無普通科目；排除低於普考之考試，係因初考及五等特考僅考4科，抽離2科普通科目，第二階段不符經濟規模；司法官考試係因另有規劃不同設計之二階段考試；上校以上轉任公務人員考試則因應試科目僅3科，其中包括中華民國憲法與英文，再分階段也有經濟成本考量
第一試應考資格	學校畢業後	在學期間	
第一試資格有無保留	無保留制度	可保留三年	
實施目的	減少一半進入第二試之應考人，以利閱卷委員減少閱卷負荷	應考人爾後參加公務人員考試，不必重複列考普通科目；可節省時間及精力	
後續影響	第二試科目未減少，高考等級考試日程仍為3天	配套要減少應試科目數，考試日程將縮短為2天	

（二）司法官考試依立法院決議改採兩階段進行規劃

　　立法院第7屆第7會期第17次會議制定法官法時，曾通過多項附帶決議，包括：1.有鑒於現行法官及檢察官之進用，以修畢法律系課程參加考試為主，錄取

人員大多過於年輕、缺乏社會歷練與欠缺同理心，常遭受社會批評為「娃娃法官」與「恐龍法官」，為改善此一情形，法官及檢察官之進用考試應研擬採二階段進行，凡具備司法官考試應考資格者，得參加由考選部舉辦第一階段考試，及格者始得依其志願參加由考試院與司法院或考試院與法務部分別組成的遴選委員會進入第二階段遴選，第一階段考試及格證明有效期間為五年，第二階段應考資格之學歷條件、論文著作、發明與應具有三年以上工作經驗等條件，遴選組織、遴選方式、程序及其他應遵行事項之辦法，由考試院與司法院、考試院與法務部分別研擬之，而未通過第二階段遴選之應考人得於通過第一階段考試後第四年起取得身心健全證明者，得申請免試取得律師考試及格證書等，相關制度之變革，建議於本法通過後三年，考試院應會同司法院及行政院共同研擬法官與檢察官之進用採二階段考試之可行性與相關配套措施，並至立法院進行專案報告；2.自法官法施行屆滿十年起，依第5條第1項第1款考試進用法官占當年度需用法官總人數之比例，應降至百分之二十以下。

　　按法官法係總統2011年7月6日公布施行，一轉眼迄今已近三年，在可以預見之未來，以考試進用之法官占法官人數之比例將只占各該年度法官人力需求之五分之一，律師、法學教授等各種不同管道甄選者反將成為法官主要人力來源。在此一前提基礎之下，參酌立法院附帶決議規劃設計新制司法官二階段考試時即應注意以下各點：1.立法院之附帶決議既稱「本法通過後三年，考試院應會同司法院及行政院共同研擬法官與檢察官之進用採二階段考試之可行性與相關配套措施，並至立法院進行專案報告」。其所稱可行性顯已保留相當彈性，故附帶決議規劃內容中如屬顯不可行，則不予列入亦無不可；2.2011年起實施之司法官及律師考試改革，與原舊制相較變革甚大，應考人迄今還在適應新制實施震盪之中；因此續推下一波司法官分階段考試規劃，要思考與現制某種程度接軌，務期變革最小化，方不致引起應考人恐慌與反彈。另外規劃其他新制公務人員考試改革時（如公務人員考試分階段考試），亦要考慮與擬議中之司法官分階段考試規劃能夠局部相容，而不要有所扞格，故前述公務人員普通科目之分階段考試似應排除司法官考試之適用，以免治絲益棼；3.未來司法官考試第一階段考試是否仍要區分三試（第三試為口試），應再審酌，因為第二階段考試係由考試院與司法院或考試院與法務部分別組成的遴選委員會來辦理，程序上用人機關一定會兼採口試（其他如筆試或審查知能有關學歷經歷證明等），如此口試有無必要反覆施測？故建議第一階段口試可以刪除；4.第二階段遴選時，有無必要採論文或著作審查，也應慎思；主要原因是應考人未必都來自學界，即使具有博碩士學位，現階段著作發明審查規則亦排除博碩士論文送審，所以應否將論文或著作審查列為必要條件，應多徵詢各方意見再作決定；5.未來如依附帶決議規劃，在律師考試規則中明訂應司法官分階段考試第二階段考試未獲錄取者，得申請律師全部科目

免試，以取得律師執業資格，此對律師公會將情何以堪？形成被司法官考試淘汰者，還能全部免試取得律師資格，如此律師社會地位及專業尊嚴將大幅降低。爰此處應採正面表述方式，司法官分階段考試第一階段考試及格後，有三年全職工作經驗者，即得申請律師全部科目免試，至於其是否曾參加司法官分階段考試第二階段甄選，或甄選是否通過，均在所不問，以避免引發無謂爭議。

（三）配合募兵制適度放寬軍轉文限制範圍

　　國防部近年來正積極推動募兵制度，但因為軍中組織文化刻板印象、軍旅生涯相對於民間職務辛勞、退伍以後軍中所學無助於其回歸社會重新就業等諸多原因，使得募兵制成效不佳。立法院外交及國防委員會曾於2013年12月11日舉行全體委員會議，由國防部、退輔會及內政部專案報告「推動募兵制跨院際、部會的窒礙問題與策進」，會中國防部報告提到軍人轉任公職能量不足，且釋出公職職等偏低及服務機關受到限制，故多數屆退軍人無法轉任公職，只能從事門檻較低之保全業。退輔會報告則明確建議：退除役軍人轉任公務人員特考放寬應考資格，從服志願役滿十年且領有榮民證，改為服志願役四年以上退伍者；建議刪除公務人員考試法、後備軍人轉任公職考試比敘條例中對退除役軍人轉任公務人員特考、上校以上軍官轉任公務人員考試轉調機關限制，及將上校以上軍官轉任公務人員考試永久限制轉調改為六年限制轉調；上校以上軍官轉任公務人員考試放寬應考資格，使服滿法定役期之現役軍官士官均得報考，並得保留錄取資格，以建立公職儲備制度。委員會作成多項附帶決議，與考選業務有關者為第10項：「建請考試院研修退除役軍人轉任特考考試規則、公務人員考試法、後備軍人轉任公職考試比敘條例，以解除應考資格、分發任用機關及永久不得轉任之限制等，以落實憲法賦予其權益保障。並於會期中，向本委員會提出報告說明。」立法院司法及法制委員會，2013年12月23日舉行全體委員會議，審議通過公務人員考試法修正案，其中涉及軍轉文之第23條，內容未變，僅條次變更為第24條。惟會中通過附帶決議：「有關現役軍士官及退除役軍人轉任公務人員考試，其及格人員之分發任用及轉調限制及後備軍人轉任公職考試比敘條例，請考選部會同相關機關，針對國軍募兵制之推動，及行政院組織改造等因素，研擬相關配套機制與修法於三個月內送立法院審議。」行政院於2014年2月6日召開「研商國防部所報募兵制配套措施需各部會配合及協助事項會議」，其中第3案有關研修「公務人員考試法」、「後備軍人轉任公職考試比敘條例」，提升轉任成效一項，其會議結論略以：「至輔導會所提放寬現役軍人及退除役軍人轉任公務人員考試資格、取消分發任用限制、放寬轉調年限及轉調機關限制等意見，請輔導會研擬具體條文或措施建議送請考選部審酌，並請考選部邀集銓敘部、保訓會、國防部、輔導會、本院人事總處等相關機關協商，協助爭取相關制度上之合理考量」。

　　2014年3月24日上午考選部邀集國防部、退輔會、行政院人事行政總處、銓敘部、保訓會等機關，討論退除役軍人轉任公務人員特考規則是否在應考資格、應試科目及限制轉調機關範圍等方面鬆綁事宜；上校以上軍官轉任公務人員考試有關轉調年限及限制轉調機關範圍鬆綁事宜。按行政院函請立法院審議之「國軍退除役官兵輔導條例第3條之1、第33條及第34條條文修正草案」，係為因應兵役政策轉型，審慎規劃退輔措施方案，並考量國家財政能力及維持現有取得「榮民」身分條件為前提，將服役四年以上未達十年之志願役退除役官兵亦納為新增服務對象，並依其貢獻度及服役年資等條件，提供「分類分級」退輔措施，以期增加招募誘因，達成預期目標。由於退除役軍人身分鬆綁後，涉及到退除役軍人轉任公務人員特考規則應考資格之修正，屬法規命令層次，且限制競爭考試影響範圍有限，原則應屬可行。至於退除役軍人轉任公務人員特考之分發任用機關能否放寬一節，衡諸軍中專長認定確有部分為政府公部門所需要者，故空軍飛行員退伍以後可以轉任中華航空、長榮航空擔任民航機駕駛員，沒有理由不能進入民航局或空中勤務總隊服務；同樣道理在海軍歷任艦長或輪機長，退伍以後可以登上國籍或外籍輪擔任船長，當然經過一定轉任考試程序，也可以進入航港局及其所屬各航務中心來服務；而曾服役軍中擔任憲兵，甚至管理過軍中監獄及看守所，在軍事審判案件全面移審司法機關以後，這些有獄政經驗之憲兵，應是法務部矯正署所屬監所可考量進用之人力。因此審酌軍中專長與政府部門業務專業相關性，並在原國防部、退輔會、海巡署之外，適度機關鬆綁增加交通部民航局、航港局、氣象局、法務部矯正署、內政部消防署等，應是具體可行改進方向。而國軍上校以上軍官轉任公務人員考試限制轉調年限從永久限制不得轉調，比照其他特種考試下修為六年，因符合平等原則；且該等轉任人員年齡本已偏高、職務專長與轉調機關雙重受限、人數不多，影響層面有限，應可以考慮放寬。至於上校以上軍官轉任公務人員考試放寬應考資格，使服滿法定役期之現役軍官士官均得報考，並得保留錄取資格，以建立公職儲備制度一節，因違反公務人員考試法「應依用人機關年度任用需求決定正額錄取人員，依序分發任用。並得視考試成績增列增額錄取人員列入候用名冊，……定期依序分配訓練」基本原則；以及國軍退除役官兵輔導條例規定「國軍退除役官兵之輔導安置及其應享權益，依本條例之規定」、「輔導會為增進退除役官兵就業機會，得洽請有關主管機關舉辦各種考試，使退除役官兵取得擔任公職或執業資格」退除役身分規範；更破壞了原上校以上軍官轉任公務人員考試和退除役軍人轉任公務人員特考，此兩者法律制度設計上係分別解決高階軍官及中低階軍官士官退伍後出路問題之初衷，這將會造成兩種考試性質混淆不清，以及取得任用資格者和其軍中官階無關之矛盾現象，故不可不慎。

　　綜合來看募兵制度建制，仍宜從國家整體角度來思考（如政府財政負擔、民

眾愛國心維繫、退伍軍人輔導就業不能太過優厚以致其它民眾感到不平等），而非僅從募兵制成敗來檢視；同時輔導就業重點應在加強退伍軍人職業訓練內涵，並以轉進民間企業為主，切勿本末倒置，以公部門為主要轉任安置對象。考試院關中院長對此一問題明確表示：「尊重軍人愛護軍人要用對方法，放寬任職機關、任職年限，政策面可以支持；但考試要符合公平、公正、公開原則。退輔會設立目的在照顧退伍軍人，但該會所屬事業單位功能正在萎縮中，應從這方面著手；以美國為例，美軍經常從長春藤名校中挑選優秀學生參軍，或幫助軍人及退伍軍人參加各項進修，退伍後即可輕易融入社會。」誠哉斯言。（關中，2014年4月3日考試院第11屆第279次院會）

（四）大地工程技師應考資格納入實務工作經驗

我國現行技師考試制度，存有兩大缺失，其一為應考資格僅有學歷條件，而無工作經驗限制，連帶影響到命題及閱卷皆以學者為主，具證照之實務工作者甚少參與，所以考出來的技師，進入業界其能力不能馬上執行業務；此一經驗不足現象，在與其他國家談判雙邊專業證照相互認許時，經常被外國政府提出質疑。其二為32個技師分科中，除土木、結構、電機、冷凍空調、食品等少數幾個技師類科，有建立簽證管理制度外，其餘多數技師類科，考試與執業之間高度落差，通過該等技師類科考試仍然投閒置散，無法發揮功能。後者問題考試院已透過二年或三年舉辦一次考試，甚至停辦考試，以減低其負面之影響。至於前者問題之解決，則須從制度面進行變革。由於2013年1月23日總統修正公布之專門職業及技術人員考試法第10條規定：「專門職業及技術人員高等或普通考試之應考資格，除依第八條、第九條規定外，並得視考試等級、類科之需要，增列下列各款為應考資格條件：一、提高學歷條件。二、具有與各該類科相關之工作經驗、實習或訓練並有證明文件。三、經相當等級之語文能力檢定合格。」賦予應考資格增列工作經驗已有明確之法律依據，考選部爰加速推動技師考試之改進，並擬由大地工程技師優先實施。目前初步規劃之技師新制考試架構原則，擬採分階段考試，第一階段考試檢測其基礎工程知識能力，第二階段考試則衡鑑其實務專業能力，第一階段考試及格者，應自行擇定實務經驗合格機構，經過二年以上實務工作經驗期滿經審查合格後，始得報考技師考試第二階段考試。

應考資格草案第1款維持現行應考資格第1款列舉科系，第2款則採修習分領域最低修課標準，每領域至少須各修習1學科，每學科至多採計3學分，合計須達10學科28學分以上（其中須包含核心科目課程）。應試科目部分，1.第一階段考試：列考4科專業科目，原則採混合式試題題型，除以學校教育專業知識理論為主，並研議納入第二階段考試部分實務科目之命題大綱，以強化第一階段考試之試題深度；2.第二階段考試：列考4科專業科目，採申論式試題題型，試題內容

著重評量工程整合及實作能力，提升不同專長領域的整合分析能力，命題閱卷委員將以實務專家爲主。至於實務工作經驗認定，以大地工程技師爲例，通過第一階段考試後，必須自行擇定合格的實務工作經驗機構，完成4類實務工作內容，包括「調查、試驗或監測」、「規劃、分析或設計」、「施工、監造或管理」及專業研習，完成全部單元後，由專業團體負責審查作業，審查合格始可報考第二階段考試。第一階段考試及格者實務工作經驗及專業研習紀錄之審查、管理及發給合格證明等事項，考選部得會同行政院公共工程委員會共同委託相關專業團體辦理。實務工作經驗審查作業，以書面審查爲原則，必要時得邀請應考人到會說明，審議結果並提請考選部營建工程技師考試審議委員會核定，二年實務工作經驗及專業研習紀錄審查通過後核發合格之證明文件。制度設計中並有第一階段考試免試或實務工作經驗減免之規劃，以利新制轉型推動。最後之及格方式，1.第一階段考試及格標準，採全程到考人數一定比例爲及格，第一階段考試及格資格可永久保留；2.第二階段考試及格標準，採科別及格制。此一準備首先上路之大地工程技師分階段考試，期待在產官學各界皆能支持前提下，順利完成法制作業程序，並帶動其他技師類科及建築師考試後續變革，方能眞正與國際社會接軌。

（五）研議試辦公布申論試題參考答案及審閱制度

按現行考選相關法令規定，並無任何有關考試後得以公布試題及答案之規範依據。但自1992年專門職業及技術人員高普考試起，考選部以行政措施方式，實施考畢後公布全部試題及測驗式試題答案之作法，而申論式試題參考答案，爲了避免爭議，迄今始終未能對外公布。由於典試法第23條規定：「（第一項）應考人得於榜示後申請複查成績。（第二項）應考人不得爲下列行爲：一、申請閱覽試卷。二、申請爲任何複製行爲。三、要求提供申論式試題參考答案。……」近年來屢有應考人透過訴願、行政訴訟挑戰該條文違反憲法及比例原則、平等原則，並向司法院大法官提出釋憲聲請，司法院現已接受該聲請解釋案件，並推派大法官進行審查中。未來不論釋憲結果如何，勢必會對典試制度及專業判斷餘地有所衝擊，故在現階段思考由考選部主動對外公布申論試題參考答案，由於典試法第23條之禁止事項係針對應考人而言，文義極爲明確；故如由考選機關於考畢後審酌廣大應考人知的權利，主動對外公布申論式試題參考答案，其適法性應屬無虞。至於前在2012年4月6日考試院函送立法院審議之典試法修正草案第23條業已增訂條文「國家考試舉行竣事，試題及測驗式試題答案得對外公布。但考試性質特殊者，經考試院同意後，不予公布。」對公布試題及答案予以法制化。第24條疑義提出亦維持現況規定「應考人於考試後對試題或公布之測驗式試題答案如有疑義，應於規定期限內提出，逾期不予受理。……」未來立法院司法及法制委員會審議該法案時，法制上只要將該二條文文字刪除「測驗式」三字，即可因應

公布申論式試題參考答案以後之實際現況。另2012年11月11日國內知名律師及法學教授陳長文先生，在中國時報撰寫「律師考試改得好，但還要更好」一文，其中特別提到「考試評閱標準不透明是亟需改善之重點，……封閉的評閱環境使得閱卷委員於審閱評分之際，因為不會受到考生之挑戰，容易發生評閱標準不一致或因閱卷委員僅因見解不同而排斥應考人以其他見仁見智學說為見解之情形，失去適用法律應與時俱進落實正義的目的。……若能讓陽光進來，使參考答案透明化，學子當能補強所學之不足。況且社會上常稱與民情現狀脫節之法律人為食古不化之恐龍，主要原因就與當前教育與考試制度相關。」「考生無法知道客觀評閱標準，深怕自己想法不為閱卷委員接受，只好一昧迎合出題者喜好而失去自我見解。長此以往，實務的舊判例代代相傳，致使不合時宜的判決見解不斷出現。」陳律師針對當前部分司法判決結果與人民情感悖離，一針見血點出其中的原因之一，而考畢後公布司法官及律師考試申論式試題參考答案顯然是治療此陳疾藥方之一。

　　從比較制度角度來看，日本司法考試命題及閱卷委員名單，在考試舉行前，即在法務省之官方網頁揭露；考畢試題除口試不予公開外，其餘選擇題、填充題及申論題，筆試後一律對外公開。至於答案部分，選擇題及簡答題之答案，係考試後即對外公布的；但有關申論題之解答及評分標準，則迄今多數公務人員考試猶未對外公開。（范姜真媺，2014）唯一例外情況是日本的司法考試，在榜示後其法務省網站會對外公布經過閱卷委員共同審視過之申論試題參考答案及評分標準；其公布內容除試題外，尚包括各該題目之出題旨趣及作答要點，出題旨趣強調題目評量重點何在，及其解題之大方向為何；作答要點則近似我國之試卷評閱標準，答出或未答出哪些內容可以為優良、良好、普通及不良，均有其具體內容可以參考依循。（日本法務省網頁，資格採用情報之司法試驗，2014）德國司法人員考試，申論試題參考答案考後並未對外正式公布，但閱卷委員必須在試卷上將該試卷評分的重要理由及對該評分結果有關的觀點，以簡短且完整的方式而為指陳，並加註書面評語，對於不及格者更需附註理由；進一步看考生有權請求公布其試卷的評分理由，且該評分理由須是可閱讀者，亦即不得草率到無法判讀。另德國有考生作答餘地之判例保障，按德國聯邦憲法法院於1991年4月17日作成兩件考試評分的裁判，其中包括申論式試題的評分，而且係發生於法律職業有關的國家考試，爭點在於行政法院之「審查密度」，宣告向來一律低度審查之規定與實務違憲。自此之後，德國考試評分區分為「考試評分行為使然下之評價」（Pruefungsspezifische Wertung）與「專業有關之評價」（Fachspezifische Wertung）。前者屬於評分者之「判斷餘地」，包括：論證的手法、答題之架構或風格、表達方式、對考生自己觀點之說理、對於何謂一般水平要求之界定、對於哪些為各該考題之核心或外圍議題之界定、各該題之如何配分、整體答卷之印

象、對於各該錯誤點與其後果之評定、邏輯性的思考過程、實體的表現方式、重點之掌握情形、該考題之困難度、語言使用風格、語言的品質、與其他考卷之比較等。凡此項目，除非評分者有恣意或重大疏漏，否則行政法院應尊重原考試機關之評分決定，換言之，行政法院只享有非常有限度的審查權。後者「特殊專業有關之評價」則為專業題目與答案之對錯問題，包括：答題之架構與方法、解題的方式技巧、題目與答案之正確或不正確、答題內容儘管與參考答案不同，但是否仍屬「說得過去」或「說不過去」；以上項目，有對或錯可言，行政法院從而得完全審查；為克服法官相關試題之專業性不足，於必要時，行政法院得委請學者專家進行「鑑定」。換言之，閱卷者固然有判斷餘地，但這是指考試評分行為之性質使然者，就專業有關者，則考生有「答題餘地」。所以考生所答之非屬通說但有相當說理且實質上說得過去之答案，也應酌予計分。此外應考人在行政訴訟過程中並得透過聲請閱覽試卷，得以對評分結果提出異議；而閱卷委員整體評分因係依據該參考答案，則該參考答案必須提供法院於訴訟時供閱覽。（黃錦堂，2013）另中國大陸司法人員考試自2004年起，考畢後立即對外公布司法考試全部4科目試題及答案（3科選擇題、1科申論題），應考人對答案有異議，可在5天內提出意見及附具理由，相關意見經蒐集後在閱卷前提交「試題參考答案審查專家組」研究討論，確認調整後的參考答案則作為閱卷委員評閱試卷之依據；此最後確認之參考答案，並不會再對外公布，因此應考人所提異議及理由是否被採納，並無從得知。（李震洲、蔡寶珠，2013）

　　如果考選機關可以考量考後公布申論試題之參考答案，預期可以產生以下之正面效益：1.近年應考人以資訊公開為理由，不斷要求考選機關於考試後公布申論試題參考答案，一方面和自己實際得分作一比較，另一方面也從參考答案內容得以調整自己準備方向。隨著社會的開放進步，此一壓力只會越來越升高。因此考選機關應該考量應考人權益，對民意適度有所回應；2.由於學術界常有學派見解不同因而形成門戶之見情形，為避免發生應考人於試卷撰寫不同見解答案未受青睞，而有遺珠之憾，未來倘能於考畢後公布申論試題參考答案，以接受學術界同僚及應考人之挑戰質疑，此種回饋整合起來，在閱卷之前召開之試卷評閱會議充分討論，並能斟酌調整答案內容及評分標準，以作為閱卷之參據。如此將能使命題者面對外界可能之挑戰，出題時更審慎、更有責任感；3.公布申論式試題參考答案以後，可使應考人自我評估其得分，相對亦可審酌閱卷委員有無按照參考答案及評分標準，就應考人作答內容，為客觀之專業判斷。此一結果會使閱卷委員更加審慎小心，亦有助於閱卷品質之提高。但相對來看，申論式試題一旦考後對外界公布參考答案，其後續可能會引發諸多問題，如可能會影響部分學者專家參與國考命題意願；參考答案引起爭議喧騰於媒體，導致民意代表以選民服務為由積極關切個案；考生據以提出行政爭訟要求重新評閱試卷；行政法院法官根據

公布參考答案而介入更多個案審理（近日先後有2012年工業安全技師類科考試，有應考人對其中「風險危害評估」科目解題方式有不同看法，以及2013年關務人員三等考試化學工程科「物理化學」科目成績偏低有所質疑，經提起行政訴訟，台北高等行政法院法官均要求考選部提供各該科目系爭試題申論試題參考答案供參，甚至另請學者專家進行專業鑑定）。這些可能存在因素均會造成榜示後之不確定性。因此允宜採取試辦方式，選擇社會各界重視之部分考試（如司法官、律師、會計師等類科），考畢後先行公布申論試題參考答案，並視其執行成效及外界反應，適時後續研議是否擴大或全面辦理。

　　至於考後主動公布申論試題參考答案之時機，有兩種不同的可能選擇。其一，考畢後比照試題及測驗試題答案，採機關主動立即對外公布申論試題參考答案（不含評分標準），並於五日內內受理外界提出之疑義，各方疑義需附理由及佐證資料文獻，均提交試卷評閱會議加以討論，該會議並可酌為調整參考答案內涵及評分標準，始開始正式進行閱卷。但此最後定稿之參考答案及評分標準，並不再行對外公布，以保持彈性有所緩衝。其二，榜示後一定期限（如三個月），始將據以評閱試卷之參考答案對外公布；由於考試評分係全體應考人共同比較之結果，其情境無法事後回復，應考人於榜示後即使知悉參考答案，亦難單獨就個案予以要求重新評閱或救濟；只是此時公布，無法在第一時間廣泛彙集應考人之意見反應而有所調整，較缺乏正面積極意義。

（六）規劃建立國家考試園區

　　考選部為縮短產學落差，從傳統筆試一試定終身的考試型態，增加多元考試方式，透過符合職能之臨床技能測驗（OSCE）、口試、體能測驗、情境測驗及實地考試等，以掄選適格合用之人才，爰正規劃設置「國家考試園區」。2011年5月17日經行政院核定撥用監察院1,370坪土地，並於2014年1月經立法院同意編列295萬元預算進行規劃評估。本案預定興建地上13層、地下2層之2棟建物，除規劃設置「國家考試臨床技能與職能測驗中心」，主要用在臨床技能測驗場地、筆試、口試及實地考試測驗場地、心理測驗、體能測驗及職能評鑑中心（Assessment Center）場地；另考量現有闈場及閱卷空間極為窘迫，中南部遠道的閱卷委員住宿場所亦感不足，為提升委員閱卷品質與效率，並充分發揮國家考試軟硬體設施設備之功能，將另設置「國家考試闈場與多功能會館」，採現代化多功能之國家考場、闈場、國際會議廳、多功能會議室、住宿會館及餐廳等。

　　未來預估醫師、牙醫師及護理師等類科將有數萬人應考OSCE，OSCE可以納為國家考試程序之一環，應考人需集中且分梯次於本中心依序進行應試，以齊一標準避免目前23個施測中心可能造成之評分差異與不公；如間有空檔時間，亦可提供其他機關、學校、團體等做為臨床技能考試教學訓練用，以提升其使

用效能。此多功能之測驗中心，雖然沒有標準400公尺長跑道，但一樓超大之空間設計卻可以實施現行採用之折返跑、負重跑走、立定跳遠、引水梯攀登以及未來可能取代800／1600公尺跑走之漸速有氧耐力跑（PACER）等。按PACER係以漸進式速度方式進行測驗，每趟為20公尺，測驗方式分為多級別制並需搭配測驗音效。第一級別每趟間隔約9秒；第二級別每趟減少0.5秒，以下類推。級別增加往返速度及趟數也會跟著增加，直到受測者跟不上兩次速度即測驗結束。本測驗之體能要素為心肺耐力，預測最大攝氧量的效度優於800／1600公尺跑走。施測場地及器材只需：（一）28公尺×15公尺之場地（約一個籃球場面積），可同時測驗8至10人；（二）PACER CD；（三）測量皮尺；（四）角錐；（五）CD播放器；（六）熱身及緩和區域。既可避免室外施測之天候影響，也可節省租借學校場地費用；加上國外競技運動多以PACER篩選運動員；軍警人員之篩選，如澳洲、加拿大、英國、新加坡等國亦皆採用。所以政策上如評估PACER具有實益，且可取代跑走，則除了測驗中心大樓設計興建外，考選機關也該同步進行PACER之準備工作，如進行測試，建立合格標準，據以擬定合理的PACER級別、速度；以及建立施測標準程序，作為未來培訓施測人員及加強宣導之需。總之，考試辦理方式多元化，除了充分人力、經費而外，優質硬體設備亦極為重要，值得加速推動。

（七）加強運用外部人力資源協助推動考選業務

我國五權分立的考選制度，將公務人員考試（含中央與地方公務人員）、專技人員考試全部集中在考選部辦理，這和其它多數先進國家採取用人機關分權、地方分權、民間分權的發展情形迥不相同；所以多年來考選部多數人力資源皆放在維持試務工作順利進行，以期考試能夠如期完成及放榜。在第一次政黨輪替民進黨執政時期，部曾經一度考量將辦理考試所需之試務性人力抽離出來，成立行政法人性質之試務中心，以利經費及人事制度鬆綁，但後來引起現職同仁恐慌，擔憂公務年資結算及身分保障權改變，年資較短之科員及助理員階層逐離職人數大增，最後由考試院院長出面說明將暫緩推動，人事浮動始能趨緩。另數年前部亦曾考量組織變革，將題庫管理處擴大編制改為題庫管理署（屬於部附屬之三級機關），但因中央機關組織簡併及業務重整，員額絕少增加，加上組織擴編部評估將難得到立法部門支持，全案遂告停擺。目前國家考試典試業務中，命題、審題及試題疑義之處理，占了極大分量（單以命題而論，每年即逾3,000科），而其關鍵人力需求多依賴公私立大學及研究機構之專業人才來協助，而現階段典試制度使然，使得該等人才皆在臨時性任務編組中貢獻智慧，榜示以後典試委員會即行裁撤，典試經驗遂無法有效傳承。似可參考德國成例，德國醫師及護理人員考試，由聯邦及各邦出資共同成立獨立公法人，負責持續性研究考試相關事項，

例如考試科目、試題內容之精進，以及提供後續爭議時標準答案釐清等。甚至中國大陸亦多在行政機關下設置事業單位，以協助機關擔負部分事務性工作，如人力資源及社會保障部所屬之人事考試中心、國家衛生和計劃生育委員會所屬國家醫學考試中心、住房和城鄉建設部所屬執業資格註冊中心等。我國醫事人員教育、考試及管理，皆具相當專業水準，不但國內各界普遍認同，在國際上亦備受肯定；加上公會及學會發展健全，因此足以堪當大任（如醫學系學生應屆畢業時所進行之OSCE，即由台灣醫學會統籌負責辦理，考選部、教育部、衛生福利部共同分攤補助經費，所以跨域合作早有經驗）。故如由醫學類大學加上公會學會共襄盛舉，成立法人組織，協助考選部處理醫事類考試應考資格研訂、應試科目調整及命題審題、疑義善後處理等，相信必能有效分擔及協助考選部業務推展。至於是何種型態之法人組織為宜？衡諸行政法人屬性（中央目的事業主管機關，為執行特定公共事務，該公共事務須具有專業需求或須強化成本效益、不適合由政府機關推動亦不宜交民間辦理、所涉及公權力行使程度較低等特性），以及現已成立之四個行政法人組織態樣與業務性質，如國家表演藝術中心、國家運動訓練中心、國家中山科學研究院、國家災害防救科技中心等，和構想擬議中之處理命題審題及疑義善後性質之組織，顯然落差甚大。因此考慮比照大學入學考試中心模式，由考選部和各大學醫學院共同出資成立財團法人，應是另一種正面思考方向。

四、期待改革順利推動 —— 國家考試才能永續發展

　　考試制度在中國源遠而流長，1949年中央政府遷台以後，隨著國家政治社會環境穩定，國家考試恢復正常運作。其後經濟建設成長進步、政治與社會民主深化、國民教育水準普遍提升、照顧弱勢保障人權政策逐步落實，考選部面對各種新興挑戰，能夠穩健的調整政策步伐，並在考試方法技術上運用資訊科技求新求變，為國家考試厚植社會公信力。從客觀角度來看，經過數十年來努力，當前國家考試制度公平、公正、公開形象已經建立，更是當前社會上少數能夠跨越藍綠意識型態對立，得到社會各界普遍信任之機制之一；其次國家考試制度設計與操作經驗，彰顯了布衣可為卿相真實典範，有助於加大社會階級的橫向及縱向流動機會；再其次透過身心障礙人員特考、原住民族特考之舉辦，刻意保障弱勢族群有服公職機會，連帶擴大文官選才來源，文官隊伍不再是高學歷、高社經地位及中產階級為主之刻板印象；使得文官代表性更加多元化，此將有助於政府施政措施能夠貼近庶民經驗。

　　但是時代不斷在進步，應考人公平正義需求越來越高，維持典試及試務工作零缺點，只是最基本的服務要求；考選機關應在行政民主化前提下，推動部分非核心業務委外辦理，並擴大用人機關（或職業主管機關）行政協助範圍；部分考試研議委託用人機關或專業團體辦理，以及思考試務工作採取行政法人化可行性，以有效達到工作減量之目的。原有人員則應依其研究與專業能力，搭配產官學界菁英經驗智慧，積極推動各項政策與制度面之改進，從而帶動國家考試整體發展與進步，國家考試方能眞正永續發展。

參考資料

一、行政院國家永續發展委員會全球資訊網，http://nsdn.epa.gov.tw/。
二、日本法務省網頁，www.moj.go.jp。
三、考選部編印，中華民國考選部部史，2013年10月。
四、考選部，研商警察人員考試雙軌分流制度事宜會議紀錄，2014年5月9日。
五、考試院2013年8月22日第11屆第250次會議紀錄。
六、考試院2014年4月3日第11屆第279次會議紀錄。
七、李震洲、蔡寶珠，中國大陸公務人員及專技人員考試制度評述─從臺灣觀點的觀察，國家菁英季刊第9卷第2期，2013年。
八、范姜眞媺，有關國家考試之個人資料保護與公開，載於考選部編印，2013年度考選制度研討會會議實錄，2014年3月。
九、黃錦堂，國家考試評分制度的挑戰與展望，考選通訊第25期。
十、合田秀樹，日本國家公務員招募考試制度，載於考選部編印，2013年度考選制度國際暨兩岸學術研討會會議實錄，2013年12月。

（國家菁英季刊第10卷第2期，103年6月）

陸、欣見行政、考試兩院開啟良性互動──從幾個新專技人員擬建立職業法草案說起

一、專技人員職業法立法體例形態分析

現行專門職業及技術人員考試，細查其職業管理法律立法體例與法源依據，有以下數種形態：（一）最完整者有屬事法律與屬人法律併行，如醫療法與醫師法、藥事法與藥師法、建築法與建築師法、商業會計法與會計師法等；以藥事法為例，其規範藥品相關名辭定義、藥商管理、藥局管理及藥品調劑、藥物查驗登記、藥物販賣及製造、藥物廣告管理及稽查取締。藥師法則規範藥師資格取得、執業、業務及責任、懲處、公會及附則。兩者事與人各自屬性區隔分明；（二）僅有屬事法，並無其他附屬管理法規。如不動產經紀業管理條例，其中條文規範經不動產經紀人考試及格且領有不動產經紀人證書者，得充不動產經紀人。本條例公布施行前已從事不動產經紀業之人員，得自本條例公布施行之日起繼續執業三年；三年期滿後尚未取得經紀人員資格者，不得繼續執行業務。前項特種考試，於本條例公布施行後五年內至少應辦理5次。外國人得依中華民國法律應不動產經紀人考試或參加營業員訓練。除此之外，並無屬人法或法規命令層次管理規範；（三）僅有屬事法，但授權訂定各該專技人員管理規則，如消防法規定：依各類場所消防安全設備設置標準設置之消防安全設備，其設計、監造應由消防設備師為之；其裝置、檢修應由消防設備師或消防設備士為之。前項消防安全設備之設計、監造、裝置及檢修，於消防設備師或消防設備士未達定量人數前，得由現有相關專門職業及技術人員或技術士暫行為之；其期限由中央主管機關定之。消防設備師之資格及管理，另以法律定之。在前項法律未制定前，中央主管機關得訂定消防設備師及消防設備士管理辦法。目前即採法律授權訂定消防設備師及消防設備士管理辦法之作法。另如關稅法規定：報關業者之最低資本額、負責人、經理人與專責報關人員應具備之資格、條件、許可之申請程序、登記與變更、證照之申請、換發、辦理報關業務及其他應遵行事項之辦法，由財政部定之。其亦採法律授權訂定報關業設置管理辦法作法，該辦法中規定：專責報關人員須經專門職業及技術人員考試專責報關人員考試及格。但曾經海關所舉辦之專責報關人員資格測驗合格，領有合格證書者，得繼續執業。其他類似者尚有保險法授權訂定保險代理人管理規則、保險經紀人管理規則、保險公證人管理規則；發展觀光條例授權訂定領隊人員管理規則、導遊人員管理規則；船舶法授權

訂定驗船師執業證書核發規則等；（四）僅有屬人法統一規範，並無其他附屬管理法規，如護理人員法、營養師法、醫事檢驗師法、醫事放射師法、職能治療師法、物理治療師法、助產人員法、心理師法、獸醫師法、聽力師法、語言治療師法、牙體技術師法、社會工作師法、法醫師法等，其中條文規範執業資格取得、執業、公會、罰則等規定。惟別無屬事法或授權訂定之職業管理法規；（五）除屬人法以外，另授權訂定相關附屬管理法規。如記帳士法中，授權訂定記帳士法第35條規定之管理辦法、記帳士證書核發辦法、記帳士證書費收費標準、記帳士懲戒委員會與懲戒覆審委員會組織及審議規則等。以技師法立法體例來看，比較近似前述第五種態樣，即除屬人法技師法以外，另授權訂定相關附屬管理法規。如技師法規定技師資格之取得、執業、業務及責任、公會、獎懲、罰則及附則。但技師法母法中授權訂定技師分科、各科技師執業範圍、以及各種不同專業技師簽證規則等（如公共工程專業技師簽證規則、經營或受聘於測繪業之測量技師簽證規則、建築物結構與設備專業工程技師簽證規則、環境工程技師簽證規則等）。按早期1960年時技師僅大範圍區分為農業技師、工業技師、礦業技師三種，至1977年技師細分為20類科，再到1989年技師種類增加為32類科；但技師法母法中，從未就技師分類分科採取列舉方式規範，反而彈性規定為「技師之分科，由行政院會同考試院定之」，使得實際操作上技師種類的消長，充滿了可以彈性調整的想像空間。

相較於絕大多數職業法係針對單一職類規範（如律師法適用於律師、會計師法適用於會計師、法醫師法適用於法醫師等）；少部分職業法則是一對多（如心理師法適用於臨床心理師與諮商心理師、牙體技術師法適用於牙體技術師與牙體技術生、消防法適用於消防設備師與消防設備士、醫師法適用於醫師牙醫師與中醫師、發展觀光條例適用於導遊與領隊等）；技師法授權訂定的技師有32個，所以1對32也是目前各種職業法之冠。另早期對專技人員職業管理並不嚴謹，頗多採取法律空白授權訂定職業管理辦法情形；但從最近幾年新增專技人員考試種類來看，其職業法如牙體技術師法、聽力師法、呼吸治療師法、語言治療師法、記帳士法等，均為單一規範特定專技人員職業法情形，由行政部門提出職業法草案，完成立法程序，經總統公布後，本部始邀集產官學各界研訂相關專技人員考試規則，配合辦理考試。

二、職業法建制過程中考試院長期處於弱勢角色

中央政府在大陸時期，專門職業及技術人員考試種類有限且規模不大，復因年代久遠爰不詳論。但政府遷台以後，從1950年開始專門職業及技術人員考試

類科設置，隨著時代快速進步發展，社會分工越來越細，專技人員考試種類也逐年成長增加；其中服務業崛起之趨勢，更帶動許多新興專技人員考試類科增加，如專利師、民間之公證人、不動產估價師、不動產經紀人、記帳士、保險代理人經紀人公證人、領隊、導遊等。此期間專技人員考試種類認定政策，歷經「被動轉向主動（1981年至1991年）」、「積極擴大專技人員考試範圍（1992年至1998年）」、「積極轉向消極（1999年迄今）」等三個不同時期。（楊戊龍，2005）長期以來新職業法制定程序，多是產業界有此需求然後結合學術界建立共識，訂出該行業基本核心工作能力、執行業務範圍、職業倫理規範內容、國內教育人才培育狀況等，最後透過職業主管機關整合產官學力量草擬出職業法草案，再邀集相關機關、學校及專業團體參與討論；考選機關通常是在此一最後階段才會被告知參與，如果大勢已定，不論考選機關贊同與否，職業法制定仍會賡續推動，最後經過立法部門審議完成立法程序，一個新的專門職業於焉產生。1992年至1998年考試院曾一度積極擴大專技人員考試範圍，但細審其推動內涵，雖然涉及是否為專技人員之認定，但皆為原有專技人員考試、測驗或甄選辦理權限歸屬與機關間業務移轉（即從行政院相關部會移轉到考試院所屬考選部辦理），而較少涉及新職業法草案制定。1998年以後考選機關首長人事更迭，接著2000年主張三權分立廢除考試院之民主進步黨執政，原來擴張行使之專技人員考試權明顯萎縮，此一自我弱化政策迄今雖然再度換黨執政，似乎仍然持續進行沒有明顯改變。近幾年來在新職業法制定過程中，考選機關曾明確告知職業主管機關前行政院體育委員會有關體育專業人員非屬專技人員範疇，也告知內政部殯葬禮儀師不宜納入專技人員考試範圍（最後由內政部協調行政院勞工委員會改以職業訓練法之技術士技能檢定方式考照），更婉拒教育部擬將教師資格檢定移轉考選部辦理之建議；晚近更進一步將原已舉辦多年之漁船船員、船舶電信人員、航海人員等考試，協商職業主管機關回歸行政院農業委員會、交通部自行辦理。（李震洲、林妙津，2008）總之現階段被動、消極走勢始終如一，並無太大政策方向改變。

　　專技人員職業管理法制之建置，究竟是行政權可以全權主導？或是立法權獨大可以拍板定案？從過去的立法經驗，兩權各有其著力點。反倒是考試權夾在其間，沒有太多可以著墨之空間；只有少數幾次憲法賦予獨立地位之考試權，完全受到忽視甚至被踐踏（如透過修法爰不經考試逕由職業主管機關發給現職從業人員職業證書准予執業，或未經考試及格之現職從業人員逕由職業主管機關發給與考試及格人員相同名稱之職業證書等），考試院遂提出釋憲聲請，也得到司法院大法官第352、453、655號解釋的多次支持，相關職業法（如商業會計法、記帳士法等）遂被迫修法調整內容，只是隨著大法官的人選陸續輪替更新，相關解釋協同意見書及不同意見書比例日增，所以類此專技人員之最後認定，未來也很難期待透過逐案釋憲尋求司法權之支持。（李震洲，2011）爰如何在行政、考試兩

院之間建立有效互動機制，以形成共識利於後續職業法之制定推動，並共同面對立法院，確實是一個重要議題。

三、2013年1月23日專技人員考試法修正開展新契機

　　1994年6月17日司法院大法官第352號解釋文中認定土地登記專業代理人爲專門職業，解釋理由書中則說明其緣由，因土地登記涉及人民財產權益，故以代理當事人申辦土地登記爲職業者，需具備相關專業知識與經驗，始能勝任，是故土地登記專業代理人係屬專門職業；前述解釋中約略提到專門職業之構成要件，包括「以該項工作爲職業」、「具備相關專業知識與經驗」等，但可惜只界定「專門職業」，而未觸及「技術人員」。1998年5月8日司法院大法官第453號解釋出爐，針對商業會計記帳人亦確認其爲專門職業之一種，解釋理由書中則就憲法第86條第2款所稱之專門職業及技術人員，明確界定其意涵爲具備經由現代教育或訓練之培養過程獲得特殊學識或技能，而其所從事之業務，與公共利益或人民之生命、身體、財產等權利有密切關係者而言。依此意旨而言，公法學者認爲專技人員需具備三項條件，其一，須有特殊學識或技能，此知識技能倘不需具備高深學識亦能操作，如水電技工、汽車駕駛等即不屬於專技人員範圍；其二，需能經由現代教育或訓練達成培養目的，所謂現代教育或訓練指其教育或訓練方法、內容符合現代科學精神，故民間堪輿或卜卦等雖是職業，但無由現代教育或訓練可供培養；其三，從事之職業與公益或人民重大法益如生命、身體、財產等有關。（吳庚，2003）

　　1986年1月24日從考試法脫離，由立法委員主動提案制定公布之專門職業及技術人員考試法第2條原規定：「專門職業及技術人員考試種類，由考試院會同關係院定之。前項考試，得以檢覈行之。」但考試院長期以來都是被動配合，在立法院通過總統公布新職業法以後，於專門職業及技術人員考試法施行細則第2條專門職業及技術人員考試種類，予以增加列舉。該條文運作十餘年後，基於以下兩點原因而思有所調整：一、貫徹憲法及其增修條文所賦予考試院有關考選銓定專門職業及技術人員執業資格之完整權力，爰刪除專門職業及技術人員考試法各條文中「會同關係院」文字。即未來有關專門職業及技術人員考試之應試科目、應考資格、體格檢查標準等事項，不再會同關係院訂定發布，惟在研訂過程中仍會徵詢相關職業主管機關專業意見，以配合職業管理之需要；二、取消檢覈，將原檢覈精神融入考試，即規定應考人僅具學歷條件者，應全部科目考試，學歷條件外另具有實務經驗者，視其條件之不同，給予減免應試科目，使得專門

職業及技術人員執業資格之取得，能在同一命題、閱卷標準下完成，以齊一專技人員素質。因此刪除原第3條第2項有關「考試得以檢覈行之」之條文。（考選部，2001）1999年12月29日專門職業及技術人員考試法第2條遂修正爲：「本法所稱專門職業及技術人員，係指依法規應經考試及格領有證書始能執業之人員；其考試種類，由考試院定之。」考選機關在認定某項職業是否屬於專技人員時，通常綜合前述法律與大法官之解釋，即以「依法規」（指職業管理法律及法律授權訂定法規命令，排除職權命令或行政規則）、「應領證書」（指職業證書或執業證照）、「屬性爲專技人員」（指須特殊學識或技能、需能經由現代教育或訓練達成培養目的、從事之職業與公益或人民重大法益如生命、身體、財產等有關）三者作爲具體檢視之指標。此次修法雖拿掉了會同關係院之文字，考試種類由考試院即可定之，但職業法先行，完成立法程序後考試始能配合跟進的歷史宿命依舊未變。

　　有鑒於在認定某種新增專業是否爲專技人員時，考試院長期以來欠缺有效著力點，因此再度修法時有意加深參與主導權，期能在各職業主管機關研定新職業法草案之初，能先知會考試機關，透過產官學界之參與以及專家諮詢會議，先行建立共識，俟原則方向確立後實際推動時，有利於整合行政與考試兩院意見。因此基於專技人員本質，並參酌司法院大法官釋字第352、453號解釋，將「專門職業及技術人員」加以定義，俾資規範明確。惟因司法院大法官解釋內容有高度判斷餘地，甚難於條文中訂定具體客觀標準，故須有相關組織及程序加以認定，爰增訂有關專門職業及技術人員實質認定標準，由考選部報請考試院另爲訂定。（董保城，2012）未來認定成員包括相關機關、公會、學會及學者專家代表，其中固定委員需常態性參與各種專技人員認定會議，浮動委員則僅在與其相關專技人員認定時方需開會。2013年1月23日總統修正公布之專門職業及技術人員考試法第2條遂規定：「（第一項）本法所稱專門職業及技術人員，係指具備經由現代教育或訓練之培養過程獲得特殊學識或技能，且其所從事之業務，與公共利益或人民之生命、身心健康、財產等權利有密切關係，並依法律應經考試及格領有證書之人員；其考試種類，由考選部報請考試院定之。（第二項）前項專門職業及技術人員考試種類之認定基準、認定程序、認定成員組成等有關事項之辦法，由考選部報請考試院定之。」當初本案由考選部報請考試院審議時，本條文有部分考試委員提出質疑，包括職業法如限制爲依法律乃可，則以法規命令呈現之管理法規，即不能據以辦理考試，爰部分現行辦理中之專門職業及技術人員考試，其法源係法規命令層次之管理規則，未來適法性即有疑慮。亦有委員質疑將新增專技人員種類之認定權限，交由考選部組成之委員會，等於弱化考試院有關考選之憲定職權決策功能，等於考試權流於被動化、下游化。考選部則提出明確說明如後，其一，司法院大法官多次揭櫫授權明確化原則，同意立法機關以委任立法

之方式，授權行政機關發布命令，以為法律之補充，此為憲法所許，惟其授權之目的、內容及範圍應具體明確，始符合憲法第23條之意旨。（如第390號、第522號解釋）第538號解釋針對營業自由更指出：「建築法第15條第2項規定：『營造業之管理規則，由內政部定之』，概括授權訂定營造業管理規則。此項授權條款雖未就授權之內容與範圍為規定，惟依法律整體解釋，應可推知立法者有意授權主管機關，就營造業登記之要件、營造業及其從業人員準則、主管機關之考核管理等事項，依其行政專業之考量，訂定法規命令，以資規範。……營造業之分級條件及其得承攬工程之限額等相關事項，涉及人民營業自由之重大限制，為促進營造業之健全發展並貫徹憲法關於人民權利之保障，仍應由法律或依法律明確授權之法規命令規定為妥。」第612號解釋則就人民選擇職業自由更指出：「憲法第15條規定人民之工作權應予保障，人民從事工作並有選擇職業之自由，如為增進公共利益，於符合憲法第23條規定之限度內，對於從事工作之方式及必備之資格或其他要件，得以法律或經法律授權之命令限制之。其以法律授權主管機關發布命令為補充規定者，內容須符合立法意旨，且不得逾越母法規定之範圍。」所以依法律除意指立法院通過總統明令公布之法律外，以法律授權主管機關發布命令為補充規定者，亦包含在內。其二，專技人員考試法中建立制度，賦予專門職業及技術人員考試種類之認定，由委員會來認定之法源依據，係捍衛考試權，也是爭取考試權受到尊重，且審議結果不論認定是否為專技人員均需報考試院最後審定確認，並非將專技人員最終認定權力讓渡給考選部；因此絕對沒有考選部擴權問題。（考試院，2012）考選部之說明遂得到多數考試委員支持，爰第2條照部擬文字通過；其後在立法院司法及法制委員會，亦得到立委之充分支持，該條照案通過。考選部並配合研訂專門職業及技術人員考試種類認定辦法草案，報請考試院審議中。

四、幾個新專技人員建立職業法草案實例

（一）公共衛生師

　　鑒於2003年嚴重急性呼吸道症候群（SARS）無預警襲擊台灣，重創我國產業、醫療體系及人民之健康，加以近來新興的公共衛生議題層出不窮，如食品、藥品添加塑化劑問題、乳製品添加三聚氰氨事件及禽流感、腸病毒與登革熱等疾病的流行發生，在在影響國民健康及生命安全甚鉅。爰此，行政院衛生署（現已更名為衛生福利部，以下同）著手「公共衛生師法草案」之立法，以期達到新興疾病防治、健康產業整合管理、健全公共衛生服務體系之目的。

　　根據行政院衛生署提供之資料，英國（2003年起）、美國（2008年起）及歐

洲（2011年起）已推動對公共衛生專業人力的登錄認證或考試，以美國公共衛生國家考試董事會所舉辦的公共衛生認證考試爲例，至2012年底有超過2,500人通過考試，每百萬人有8.1人取得證照，未來並有增加趨勢。目前國內在公共衛生專業人力的就業市場可分三大類：公部門、學術機構、私部門。但公部門人力受編制員額限制，無法隨公共衛生需要的增加而成長，公衛師法通過後，在私部門，公共衛生師可獨立受政府或其他私人單位委託，執行如環境健康影響評估、食品安全檢驗或監控等工作，保守估計（初期建議從嚴），未來十年可能需要至少750至1,250人。至於與公共衛生師類似或相對應之類科，在公務人員考試爲衛生行政與衛生技術類科，在專技人員考試則有環境工程技師、工業安全技師、勞工安全管理師、勞工衛生管理師、工礦安全技師等。現代化教育或訓練所獲得之學識或技能部分：台灣公衛相關學系發展至2009年初，共計已有54個，且於1990年代之後即無新設立者，以發展醫務管理學系、職業安全衛生與其他類別之科系爲主。其五大核心職能相關專業領域，包括生物統計、流行病學、衛生行政與管理、環境與職業衛生、社會行爲科學等。近年台灣公共衛生相關系所每年畢業生人數約5,000人，自1982年起至2012年止已有約76,000位畢業生。畢業生工作性質，大多仍與公衛領域有關，占就業總人數之81%，顯示畢業生在校所學與其畢業多年後之就業職場屬性有高度關聯。至於職業管理法草案內容部分：公共衛生專業人員從事之業務與國民生命、身體安全，有重大密切的相關性；紛爭或責任鑑定之困難程度則爲中度。鑑於專業人員種類日增，業務互相重疊，已難完全獨占或排他，故「公共衛生師法（草案）」採「有限排他」的立法精神，可處理公共衛生專業與其他專業重疊的狀況，減少專業競合與衝突；未來對公共衛生相關業務，主管機關或民間可依專長需要採多重委託方式，列舉有資格執行業務之專業人員類別，以解決專業重疊與無法完全排他之問題。草案並規定公共衛生師執行業務時所出具之報告，應由公共衛生師本人簽名或蓋章，不得使他人假用本人名義執行業務，並有相關罰則規定。另根據草案之規劃，公共衛生師必須籌組公會，公共衛生師非加入公共衛生師公會，不得執業，且須遵守公共衛生工作倫理守則之規定。

　　對於公共衛生師專業之設立，衛生署經審愼研議並尋求建立各方共識，研擬公共衛生師法草案初稿後，並檢附專門職業及技術人員考試種類需求說明書、認定審查表等資料及「公共衛生師法草案」，函請考選部審議公共衛生師是否爲專技人員。

（二）證券投資分析人員

　　1986年1月24日總統制定公布與公務人員考試分別立法之專門職業及技術人員考試法，其中明定專技人員考試之種類，由考試院會同關係院定之。但在實務

操作上則是新的職業法完成立法程序，考試院配合修正專門職業及技術人員考試法施行細則，將新增專業納入專技人員考試種類及範圍，並邀集相關產官學研訂考試規則籌辦考試。至1998年2月26日第9屆第70次院會決議通過，採「依法規」、「應領證書」、「專門職業及技術人員」3項檢視指標加以檢討各類由行政院各部會自辦涉及專業人員證照之檢定、測驗及甄試等，凡均符合者即應納入專技人員考試由考試院辦理，包括不動產經紀人、就業服務專業人員、導遊人員、領隊人員、航空人員（包括正副駕駛員、飛航機械員、地面機械員、領航員、簽派員、飛航管制員）等5種；其餘精算人員、核保及理賠人員、證券投資分析人員、證券商高級業務員、證券商業務員、期貨商業務員、保險業務員、技術士、兒童福利專業人員、中小企業經營輔導專家、高級電信工程人員及電信工程人員、商業會計記帳人等12種，由考選部續洽職業主管機關研訂（修）職業管理法規建立完善職業管理制度，並由主管機關核發證書後，再予以納入專技人員考試範圍。當時考選部即已認定證券投資分析人員有職業管理法規，但測驗合格發給之測驗合格證書，既非考試及格證書亦非執業證書，據此爰暫不納入專技人員考試範圍。另根據考試院會決議，考選部分梯次邀集相關職業主管機關召開會議，告知考試院會決議內涵及其後續建議配套修法措施；惟該案移請財政部研訂（修）相關職業管理法規，建立完善職業管理及證照核發制度後，再予納入專技人員考試範圍；但從事後演變經過來看，全案實質上財政部（其後相關業務並移轉到金融監督管理委員會）並未後續配合推動修法。主管機關反而研修相關法規，將原主管機關委託辦理之證券投資分析人員資格測驗，改為同業公會委託辦理，以規避核發證書等責任義務。（李震洲，2011）

　　2009年年底立法院預算中心提出2010年中央政府總預算案評估報告，其中第45點提到「以民間舉辦之測驗限制金融從業人員資格，牴觸法律規定，並圖利金融研訓院及證基會等非官方機構」，內容略以：證券業務人員、投資業務人員等之資格測驗，尚未納入專技人員考試，該等人員之資格條件卻於相關法規中限定參加非由考試院委託之民間法人機構（如金融研訓院及證基會）舉辦之測驗，經測驗合格始得擔任；類此資格條件之限制導致金融證照滿天飛，卻均不屬於國家考試範疇，相關規定顯有牴觸憲法保障工作權及專技人員考試法之虞，類此應以考試定其資格始能從事之行業，考試院及金管會宜正視並依法研議對策。（立法院預算中心，2009）2010年11月3日，立法院第7屆第6會期司法及法制委員會第8次全體委員會議，審議2011年中央政府總預算案考試院主管部分，會中通過李俊毅委員提案、涂醒哲、柯建民委員連署之決議案：金管會以民間團體舉辦之測驗限制金融從業人員資格，若該等金融從業人員依規定屬於經測驗合格始能從事之職業，則依專技人員考試法及典試法規定，其測驗應納入專技人員考試範疇，由考試院主辦或由考試院委外辦理，以強化考試之專業性及公信力。爰要求考試

院儘速召集金管會等相關機關共同研商，檢討金融測驗合格證書是否屬於金融從業人員必備之資格條件，如係屬應經測驗合格取得證書始能從事者，該等測驗應回歸專技人員考試法等相關法令規定，由考試院主辦或由考試院委外辦理。如測驗合格證書非屬金融從業人員必需之要件者，亦應要求目的事業主管機關儘速配合修正相關業務人員管理規則之法令，該相關考試應由目的事業主管機關逐年公開徵選並公告得辦理測驗、訓練之機構、學校或法人團體，不得指定專由特定財團法人或單位辦理。」（立法院，2010）2010年11月9日考選部邀集金管會副主委、銀行局及證期局之副局長等多人，到部研商證券投資分析人員資格測驗納入國家考試相關事宜會議，會中該副主委表示：依學界及公會之意見，金融從業人員證照考試宜維持現行之辦理方式，以符合國際潮流及市場需求，似無納入國家考試之必要。該委員會尊重立法委員建議將金融從業人員納入國家考試一案之建議，會列爲未來政策規劃之重要參考，並將進行可行性之研究；惟該會相關法規或政策之研修，仍須經過內部合議制委員會討論始能定案。會中最後做成兩點決議：1.短期作法：建請行政院金融監督管理委員會評估證券投資分析人員納入國家考試之可行性，並就法規面研議是否可參酌保險代理人經紀人公證人之立法體例，以增修授權命令（即管理規則）之方式，於「證券投資顧問事業負責人與業務人員管理規則」第4條第1項第1款增列「經專門職業及技術人員證券投資分析師考試及格者」規定（是否用○○師未來可再討論，但經國家考試及格之專業名稱，必須和原經資格測驗合格之名稱不同，以利消費者明確辨識區隔），賦予該類科納入國家考試之法源依據。即使考選部接辦考試，管理規則中對原已通過證券投資分析人員資格測驗者，仍應准其繼續執業，以保障其工作權；2.中長期作法：建請行政院金融監督管理委員會研修「證券投資信託及顧問法」，參酌「公證法」或「不動產經紀業管理條例」立法體例，於屬事法中納入專門職業屬人相關考試規定。（考選部，2010）

　　金管會雖曾多次邀集學者專家及業者會商，絕大多數意見亦均認爲應維持現狀，即由同業公會繼續委託金融研訓院辦理資格測驗。但畢竟立法院壓力太大，金管會配合逐研修證券投資顧問事業負責人與業務人員管理規則第4條，擬將原條文「（第一項）擔任證券投資顧問事業證券投資分析人員，應具備下列資格之一：一、參加中華民國證券投資信託暨顧問商業同業公會（以下簡稱同業公會）委託機構舉辦之證券投資分析人員測驗合格者。二、在外國取得證券分析師資格，具有二年以上實際經驗，經同業公會委託機構舉辦之證券投資信託及顧問事業業務之法規測驗合格，並經同業公會認可者。三、九十三年十月三十一日前，已取得證券投資分析人員資格者。（第二項）前項第一款、第二款之測驗及認可事項，由同業公會擬訂，申報本會核定後實施；修正時，亦同。」修正爲「擔任證券投資顧問事業證券投資分析人員，應具備下列資格之一：一、經專門

職業及技術人員證券投資分析人員考試及格者。二、○年○月○日前已經同業公會認可擔任證券投資顧問事業證券投資分析人員者。三、○年○月○日前，已取得證券投資分析人員資格者。」該會並檢附專門職業及技術人員考試種類需求說明書、認定審查表等資料及「證券投資顧問事業負責人與業務人員管理規則第4條修正草案」，函請考選部審議證券投資分析人員是否為專技人員。

（三）景觀師

　　景觀技師推動，最早源於2001年5月28日中華民國景觀學會以為確保公共工程質與量之品質、景觀工程範疇之釐清與景觀專業技師證照制度之建立勢在必行、確保景觀專業系所畢業人力資源之有效投資與養成、確保現行景觀專業者之工作權等理由，陳請設立景觀技師證照制度。內政部營建署曾於該年4月間召開研商「推動景觀專業考試制度暨設立景觀技師證照制度案相關事宜」會議，結論為：1.建立景觀技師證照制度確有必要性；2.建請行政院公共工程委員會配合辦理建立景觀技師證照制度相關事宜。惟行政院公共工程委員會政策上為減併現有技師類別數目，對前開會議決議將景觀專業人員定位為技師部分持不同看法，爰其定位問題尚無定論。2004年12月7日台灣景觀建築管理學會函以各公共工程中景觀工程之規劃及施作數量與日俱增，均需仰賴景觀專業人才建立之理由，建請考選部研擬辦理景觀設計師及景觀技師等二類專技考試；考選部函覆：目前尚無「景觀設計師」或「景觀技師」之職業管理法律（規），如該類人員屬專門職業及技術人員，且經職業主管機關研訂職業管理法律（規）完成立法程序，本部再據以訂定該專門職業及技術人員考試規則並辦理該項考試。2005年3月29日中華民國景觀環境學會致考試院院長函，以避免台灣景觀環境持續惡化及明確業務範圍等理由，建議逐步推動建立景觀從業人員專業證照考試制度，考選部回覆以按職業主管機關擬建立新的專技人員證照制度並規定以考試選才，須依據司法院釋字第352、453號解釋之意旨，確認是類人員是否符合專門職業及技術人員之定義及納入國家考試範疇之必要性；且該類人員納入專技人員體系後，尚須就該專業之排他性、執業空間、是否易與其他專技人員之職業範圍產生重疊等問題，做充分討論及釐清，以更能保障該從業人員之工作權益及專業水準。另景觀法草案雖前於2004年1月8日經立法院內政及民族委員會完成初審，惟因第27條有關創設景觀專業制度條文，各方尚有爭議未能獲致共識，遂未能於第5屆立法委員任內完成三讀程序，已因屆期不連續規定遭到退回原主管機關。未來該法如完成立法程序，並規定景觀從業人員應經考試及格始得執業，本部將配合研訂專門職業及技術人員高等考試規則。2006年9月22日中華民國景觀學會函以，為保障國內景觀專業之工作與生存權利，建議增設「景觀技師」，考選部回覆略以，專門職業及技術人員高等考試技師考試如欲新增「景觀技師」科別，宜先由職業主管機關行

政院公共工程委員會會同目的事業主管機關納入職業管理，並俟相關機關於技師分科、各科技師執業範圍等法規增列景觀技師科別後，本部始得據以增設該類科技師考試。

（四）室內設計師

　　2005年8月10日台灣室內空間設計學會函以室內設計高等專業教育已具相當歷史、積極參與國際活動表現優異、整體發展漸趨成熟且爲照顧畢業學子之就業與出路等理由，建議辦理「室內設計師」專技人員高等考試；考選部回覆，經查目前尚無「室內設計師」之職業管理法律（規），鑒於大專院校已有室內設計相關系科之設置（如室內設計系、建築與室內設計系、空間設計系等），學校及業界亦有增列室內設計師執業資格考試之建議，爲使教、考、用密切配合，前曾函請內政部營建署研訂室內設計師法草案，俟該法完成立法程序，本部即可據以訂定該專門職業及技術人員高等考試室內設計師考試規則，並辦理該項考試。另中華民國室內設計裝修商業同業公會全國聯合會於2012年4月27日至30日舉行「2012年第1屆室內設計暨材料大展」，其中「論壇三：產業提升競爭力與定位」因涉及國家考試事宜，出席論壇之國內室內設計師、建材業者、室內裝修相關業者、專家代表等就室內設計相關考試、建立職業法等提出許多建議。

五、審議委員會審議情形

（一）公共衛生師

　　與會委員多數發言支持公共衛生師法草案之立法，贊成理由包括：1.公共衛生師與照顧「個人」的醫師、護理師等醫事人員不同，是在協助公、私單位做好「群眾」的健康管理，是站在宏觀的觀點，另外雖然各領域的專業人員都可以參與公共衛生事項，但大部分的人都還是在從事各自的專業範疇，極少有人從事整合性的事情，因此近年來各國開始推動公共衛生專業人員的認證和考試；2.我國現處於經濟轉型階段，健康問題日趨複雜，必須有人在社區、工廠等任何單位從事風險因子分析的規劃和評估，而公共衛生的訓練最重要的是技術整合組織運作，因此公共衛生專業人員不僅在公安、傳染病流行事件中有需要，包括推動健康促進醫院、工廠的風險分析、透過social marketing去教育民眾，使其具備健康素養等各層面都是公共衛生的範疇，因此成立公共衛生師有其必要；3.公共衛生是以宏觀的角度把各個領域整合起來，而衛生行政人員都需要這些能力，所以希望能訂定公共衛生師法，讓從事公共衛生的人將來都有機會取得公共衛生等專技證照，並且藉由公共衛生師考試，驅使公共衛生教育往相同的方向聚焦，把公

共衛生的體系再重新建構起來；4.若要新設公共衛生師，需將其權利義務考慮清楚，例如公共衛生師是個人執業或是依附機構？若是個人執業，需獨自擔負刑事責任、民事責任、行政責任和專業責任，但若是依附機構，機構也許會代負其民事責任；5.從臨床、社區、國家健康促進的角度來看，公共衛生師有設置必要，但公共衛生涉及所有與健康照護有關的專業人士，強調團隊合作，故需處理排他性的問題，若能藉由成立公共衛生師考試制度，來提升其專業、品質，並對健康照護的團體合作作出貢獻，會是相當好的結果；6.公共衛生師的服務範圍很廣，甚至需要具備危機處理等能力，因此屬於專門領域研究人員，且是技術人員，故訓練上必須包含實習，則四年的大學部訓練可能不夠，並且因為公共衛生除了概括性的服務領域外，還有更專業的領域，因此建議可採取醫師和專科醫師的做法，取得公共衛生師證照者代表具備基本能力，但對公共衛生碩士級以上的人可另外採取專科認定，惟此等專科認定無須納入國家考試範圍；7.任何領域的專業人員都可以擔任公共衛生師的工作，公共衛生師不是要取代其他醫事人員，每位人員的工作都有其專業性，是無法取代的，公共衛生師需要有面對問題時處理的能力，要在較不善於協調、整合的各個專業人員合作時，由公共衛生師做協調人，讓各專業人員在職場上能有互動，因此公共衛生師的成立對職場上有很大的幫助。

　　但也有委員提出部分質疑，包括：1.專技人員考試種類認定審查表中之認定指標很多，但符合多少項才屬於專技人員並無規定，故建議回歸到專技人員考試法第2條來認定，較具體明確；2.職業管理法規的建立，須確保取得執業資格之該類人員未來有就業空間，舉辦考試才有實益；3.公共衛生師法草案部分，建議刪除第2條應考資格規定，因專技人員考試法內已有應考資格及應試科目等於考試規則訂定等規定，且基於五權分立原則，應考資格訂定屬考試權一環，應由考試院訂定為妥；4.公共衛生師和營養師、醫事檢驗師、食品技師等的部分業務重疊，若將來公共衛生師錄取人數增加，也許會不想讓其他領域的人進入到自己的專業領域，因而透過立委來修法排他，過去消防設備師（士）就曾發生過此種狀況，因此公共衛生師應避免有限排他以免未來可能會演變成完全排他，而產生執業範圍之爭議；5.贊成公共衛生現行從業人員於過渡時期舉辦五年5次特考，若應考人限期內特考沒過，但學歷條件符合高考資格，可再報考常態性高考，並不影響應考人的應考試權益。另外關於資深人員得全部免試取得考試及格證書部分，其他醫事類職業法規並無類此前例，恐要審慎。

　　就公共衛生師屬性應屬專技人員一節，多數與會委員具有高度共識，會中遂決議同意推動建制公共衛生師法草案，並將提報考試院確認。惟以下10點建議，請衛生署研議並於公共衛生師法草案中加以落實強化：1.降低學用落差，保障現行從業人員權益；2.公共衛生師之核心職能及專業認定須具體明確；3.公共

衛生師為整合性人才，其執業排他性須審慎釐清；4.釐清公共衛生師之權利及義務；5.公共衛生師應兼顧教、考、用等理論及實務環節；6.避免過度專科化發展；7.公共衛生師應加強技術整合及組織運作之核心職能；8.研擬全方位之訓練方式；9.提升實習認證質量；10.各項配套措施須妥善可行。（考選部，2013a）

（二）證券投資分析人員

　　根據金管會提供之資料，以美國、歐洲、日本及韓國為例，各國同類證照與我國證券投資分析人員考試，在考試內容、及格標準、命題方式與應試資格方面或有不同之設計，但在測驗主辦單位上，皆是由民間組織及自律機構主辦。我國截至2012年6月底持有證券投資分析人員證照者總計共有4,009人，任職於投顧事業者計475人，其中「於傳播媒體從事證券投資分析活動者」計有205人，未來或有可能增加。此外就現代化教育或訓練所獲得之學識或技能部分：目前國內大專院校各科系主修科目含證券投資分析人員資格測驗考科狀況而言，財務金融學類之必修科目完全涵蓋證券投資分析人員資格測驗之投資學、會計及財務分析、總體經濟及金融市場等專業考科，應是較為緊密與直接相關之科系，惟就證券投資分析人員從事業務內容來說，商學類科之專業教育均屬證券投資分析人員之養成教育；其核心職能相關專業領域，包括財務分析、會計學、投資學、經濟學及金融市場等。近三年商學相關院校系所畢業生累計共155,866人次，其中財務金融相關系所有29,882人次；畢業生工作性質，以製造業跟金融保險業為主。整體而言，目前並無專屬證券投資分析人員之養成科系，且投資分析尚有主觀及經驗之評估，其專業技能與知識是否得以系統化保存及傳承，仍存有疑義。職業管理法草案內容部分：證券投資分析人員有助於投資人之投資決策，提供投資人有價證券之分析意見或推介建議，關乎投資人財富效益的提升，惟投資決定仍由投資人自主判斷，屬私己效益較高之行為，與公共利益、國民生命、身心健康、財產權利之密切性較低。投資人為取得投顧服務，須與投顧公司簽訂投顧委任合約，證券投資分析人員係受僱於投顧公司，爰投資糾紛存在於契約雙方之投資人與投顧公司間，紛爭或責任鑑定之困難程度相對較低。證券投資分析人員無專屬業務範圍，不得單獨執業，無簽證制度之規劃，亦無籌組公會問題；符合投信投顧業務人員資格者均得受僱於投顧事業從事證券投資分析業務，投顧事業從業人員如於傳播媒體從事證券投資分析活動，始須具備證券投資分析人員資格，因此其執業特性雖具高度專業性但非專屬不可替代。

　　認為考試權不應介入之與會委員發言重點如下：1.證券投資分析人員資格認定較適宜由民間辦理，因為金融市場內的專業人員應具備何種能力，是該行業內的人比較知道，且每個行業都是要透過自我反省和自律才能發展越來越好，故由民間辦理考試較能產生自律機制；2.投資理財行業是由民間自主發展起來的，國

際上的投資人員考試均是由民間自行辦理，主管機關只是希望投資顧問公司配置一定的投資專業人員以方便監理，並非主導，我國的現況也是如此；3.金融市場是國際化市場，投資理財人員證照要求宜與其他國家一致，俾利國際接軌，且由行業的自律組織主導行業的發展，才能維持能順應國際市場變化的靈活度，故政府只適合監督，不適合介入主導；4.投資分析與公益性的相關性不高，投資分析市場瞬息萬變，一有訊息出現就要提供分析意見，所以投資分析意見並非提供事實，而是提出各種可能性，且任何人都可以提出分析意見，因此要求公開提供投資分析意見的人需具備一定資格，是為了方便監督單位管理；5.投資分析市場是非常自律的領域，應完全由民間處理，僅在自律出現問題時他律才進入，故主管機關只需監督金融秩序，或於民間自辦的資格考試公信力出現嚴重問題時才介入；6.證券投資分析與公共利益的相關性低，因為只有部分人民在做理財投資，故僅涉及私益。另投資分析不具不可替代性，任何人都可做投資分析；7.立法院做成考試權收回辦理之決議，是希望遏止證券投資分析人員在媒體上恣意吹噓，導致投資民眾受損的亂象，但改變辦理考試之機關並無法改善此問題，規範投資分析人員的行為才是解決之道；8.金融市場上除了證券投資分析人員外，尚有其他類金融人員（如期貨交易分析人員），若把證券投資分析人員納入專技人員考試範疇，其他金融人員是否也要納入？這是值得深思的；9.現行證券投資分析人員考試是由主管機關委託民間具公信力的團體辦理，辦得相當好，而且非常有彈性，某些投資分析人員造成的亂象應責由主管機關訂立懲處規範，例如取消該投資分析人員的執業資格等。但也有少數委員認為：1.經由現代教育或訓練之培養過程獲得特殊學識或技能部分，按證券投資分析人員需商學背景者才能從事，故具備此一要件；其次，其所從事之業務，與公共利益或人民之生命、身心健康、財產等權利有密切關係部分，民眾可能因聽信證券投資分析人員的分析投資而有嚴重財產損失，故不能全謂非與公共利益無關，因此也吻合此一要件；倘再加上依法律應經考試及格領有證書，則三個要件均齊備；2.專技人員考試，其職業管理法律大致有四種體例，其中之一即為由屬事法授權另訂管理規則，如關稅法第22條授權訂定報關業設置管理辦法，於管理辦法中再規定報關人員須經考試及格。若證券投資顧問事業負責人與業務人員管理規則中增訂證券投資分析人員須經考試及格，即屬此種立法方式；3.若增設證券投資分析人員考試，對目前的執業人員可有兩種處理方式，一為允許其繼續執業，一為設過渡條款，於一定期間後未考取證照者即不得執行證券投資分析業務；惟不論採何種做法，未具國家考試及格證照者在名稱上都要與「證券投資分析人員」有所區別，俾利民眾分辨；4.考試院訂定之考試規則，同樣可以因應產官學界的需求隨時修訂，並無難以配合外界變動致不易修法的問題。

　　就證券投資分析人員非屬專技人員一節，多數與會委員具有高度共識，會

中遂決議維持現狀，由同業公會繼續委託台灣金融研訓院辦理證券投資分析人員測驗，其理由如下：1.投資市場是結果論，目的乃在追求高報酬，勢必會有高風險，與保障人民生命、財產安全之概念無涉；2.投資是看未來並著眼於評估企業之真實價值，主觀判斷成分大，且無準則可資依循、無法量化；3.投資分析是特殊產業，應尊重產業自律；4.金融投資產業應與國際接軌，國際上為配合市場彈性，以求靈活應變，現皆由民間辦理考試；5.證券投資分析人員行為應透過產業自律作規範，並由相關主管機關監督；由考選部辦理該類人員考試既無實益，且公益性不高，從業人員之品德操守、自律程度難以確實衡鑑，無法解決當前問題。（考選部，2013b）

（三）景觀師及室內設計師

　　考選部對景觀師及室內設計師之立法，初步草擬兩種處理意見徵詢委員意見，其中甲案為：由職業主管機關內政部營建署研擬景觀法草案（或景觀師法草案）、室內設計法草案（或室內設計師法草案）；再依考選部專門職業及技術人員考試種類認定諮詢委員會設置要點規定，將相關職業管理法草案，併同專門職業及技術人員考試種類需求說明書、專門職業及技術人員考試種類認定審查表及佐證資料行文本部；俟報請考試院審議通過後，送還有關機關再循立法程序辦理，包括提報行政院院會，通過後再函送立法院審議完成立法程序。乙案為：由景觀及室內設計產業及學術界，積極協調技師職業主管機關行政院公共工程委員會、目的事業主管機關內政部營建署，在技師法不修前提下，同意增列技師分科、各科技師執業範圍，納入景觀技師、室內設計技師，並建立相關簽證制度；雖然本（102）年1月23日修正公布專技人員考試法第2條規定：「（第一項）本法所稱專門職業及技術人員，係指具備經由現代教育或訓練之培養過程獲得特殊學識或技能，且其所從事之業務，與公共利益或人民之生命、身心健康、財產等權利有密切關係，並依法律應經考試及格領有證書之人員；其考試種類，由考選部報請考試院定之。（第二項）前項專門職業及技術人員考試種類之認定基準、認定程序、認定成員組成等有關事項之辦法，由考選部報請考試院定之。」由於技師分科有技師法第4條之法律授權依據（「技師之分科，由行政院會同考試院定之。」）技師各科執業範圍有技師法第13條第2項法律授權依據（「各科技師執業範圍，由中央主管機關會同目的事業主管機關定之。」）司法院大法官釋字第612號解釋更明確指出：「憲法第15條規定人民之工作權應予保障，人民從事工作並有選擇職業之自由，如為增進公共利益，於符合憲法第23條規定之限度內，對於從事工作之方式及必備之資格或其他要件，得以法律或經法律授權之命令限制之。其以法律授權主管機關發布命令為補充規定者，內容須符合立法意旨，且不得逾越母法規定之範圍。」因此循技師分科、各科技師執業範圍之增

訂，建立景觀技師、室內設計技師之明確法源依據，符合授權明確原則，適法性應該無虞。惟在程序上，職業主管機關行政院公共工程委員會仍宜循依考選部專門職業及技術人員考試種類認定諮詢委員會設置要點規定，擬具技師分科及技師各科執業範圍修正草案，並擬提專門職業及技術人員考試種類需求說明書、填具專門職業及技術人員考試種類認定審查表及佐證資料行文本部，俟審議通過；報請考試院最後確定後再行發布相關法規命令為妥。

　　與會委員意見包括：1.若真要增景觀師考試，欲增加法源且採不訂定「專法」（配合之執業管理法）之方式，建議於建築法中訂定相關規定，因建築法有包含景觀與室內裝修部分，於建築法中增設數條文規定即可，此方式較為簡便；2.專技人員考試類科不宜規定得太細，如何分科應由相關學會、公會去發展、規範，如發展成熟，已有相關職業群體、市場區隔明顯，再由其請求考選部舉辦考試，而非考選部在發展尚未成熟時即先介入舉辦考試，否則將為考選部帶來許多問題；3.要求人民需具備一定執照才能執行業務，屬對人民營業自由之限制，須符合憲法第23條之限制，應檢視是否符合必要性之要求？是否符合技師法之要求；4.景觀或室內設計要建立專業，首先應由主管機關確定執業範圍、其與其他專技人員分際，基本上需要相關職業法制完備時，考選部才能舉辦考試。無論如何，應持「慎始」之態度；5.證照有無必要性，與公共利益或個人生命財產有關非常重要。如室內裝修涉及防火材料，有安全上問題，具專業應無疑義。但景觀設計涉及美學，不影響公共利益與安全，又屬建築之一環，對此部分是否為專業持保留意見。建築師應是此二類科之上位專業。對此二類科屬於技術士部分，應無疑問，但是否為技師則持保留意見。營建署代表認為：1.2002年訂定景觀法，分別於2003年、2005年送立法院審議，延宕迄今尚未完成立法程序係因以下幾點爭議：景觀法之立法必要性、景觀技師是否具有排他性，因而遭立法院退回。該署與技師公會多次開會後，仍無法對「景觀技師是否具有排他性」達成共識，此部分涉及土木技師、建築師執業範圍之劃分，故有紛爭；2.建築法中有授權訂定建築物室內裝修管理辦法。另室內裝修行為因涉及公共安全，如室內隔間、天花板及牆面材料、固定隔坪，須由經過內政部許可之專業人員為設計、施工。建築物室內裝修管理辦法中，針對室內裝修的行為分為二類技術人員：設計技術人員及施工技術人員。前者之資格限制：(1)領有建築師證書者；(2)建築物室內設計乙級以上技術士證，並經參加內政部主辦或委託專業機構、團體辦理之建築物室內設計訓練達21小時以上者。後者之資格限制：(1)領有建築師、土木、結構工程技師資格者；(2)領有建築物室內裝修工程管理、建築工程管理、裝潢木工或家具木工乙級以上技術士證，並經參加內政部主辦或委託專業機構、團體辦理之建築物室內裝修工程管理訓練達21小時以上者。其為領得裝潢木工或家具木工技術士證者，應分別增加40小時及60小時以上，有關混凝土、金屬工程、疊砌、粉

刷、防水隔熱、面材鋪貼、玻璃與壓克力按裝、油漆塗裝、水電工程及工程管理等訓練課程。此為目前行政部門法規有規範從事行為之範圍及資格。考選部目前所規範之室內設計執業範圍是限縮或擴大室內裝修之範圍？若為擴大，未來將如何與室內裝修辦法銜接？或直接取代該辦法？以上問題均有待釐清。公共工程委員會之意見則認為：活化技師制度很關鍵，因有許多技師科別很少人應考。新增一技師分科容易，但其後常面臨無主管機關之窘境。如冷凍空調技師，經濟部能源局有訂定冷凍空調業管理條例，但能源局不承認其為冷凍空調業之主管機關。能源局認為冷凍空調業多從事建築工程領域，惟內政部營建署不願成為冷凍空調業主管機關。換言之，冷凍空調業如有需政府輔導、協助卻找不到主管機關，工程會無法源且無權限予以協助。一般思考以增加分科方式去新增一專技人員類科時，應考量其提供服務、執業之事項，應和其主管機關權責一致。如環保署管理環境工程技師，有相關環保法令來管理。又如消防設備師，有消防法、消防設備人員管理規則，前者規定那些工作應由消防設備師或士來做，後者規定消防設備師、消防設備士之資格、執業規範。如此方能達到權責一致。故欲增加景觀或室內設計類科，首先應考量是設置「景觀師」或「景觀技師」？二者為不同概念。否則如未來設置「景觀技師」後，卻發生無人報名之情形即不妥當。因此，應從源頭就考慮清楚，以免未來發生無主管機關等問題。

　　會中最後決議如下：1.請職業主管機關先行訂定相關專屬職業管理法律為妥，不宜循增列技師分科方式處理；2.新增類科為主管機關權責，本部應持慎始之立場，原因如下：(1)景觀設計為建築師執業之一部分，有無必要細分建築師與景觀技師，應審酌；(2)景觀技師之執業範圍與建築師如何明確區隔切割，實務上很困難。也因此衍生利益衝突，造成立法困難；(3)現行法律並無相關管理規範，故應先定有相關職業法律（規）方能舉辦考試；(4)室內設計裝修之新增途徑應如景觀技師一樣，仍以專屬職業管理法律為妥；(5)未來如要立法，對現行從業人員之工作權應如何處理及保障，應審慎；(6)室內設計與建築之軟體硬體分合有無必要？且是否符合技師法之規定，亦有疑慮；(7)室內設計從業人員是否需取得執照方能執業仍有極大討論空間，換言之其必要性並不明顯；(8)室內設計執業影響多為家庭，對公共利益並無顯著影響；(9)此兩新行業的利益糾葛為立法困難之所在；(10)政策上要推動景觀師法草案、室內設計師法草案，需先確定其執業範圍。在未確定其執業範圍情形下，後續推動及舉辦國家考試皆有困難；(11)在職業主管機關不明確或意願不高之情形下，縱使舉辦國家考試，考試錄取人員其執業管理及權益維護，仍無法充分落實執行；(12)行政院公共工程委員會及內政部營建署，對循技師法技師分科增列景觀技師及室內設計技師作法，均持保留意見；(13)主管機關應再深入研究，或透過學術界作委託研究，以瞭解先進國家作法，方具說服力及判斷後續如何推動。（考選部，2013c）

六、新的互動關係仍有值得改進之處——代結語

　　專門職業及技術人員考試法在2013年1月23日修正公布以後，行政院主管部會陸續將公共衛生師、證券投資分析人員等職業法法源依據，函送考選部認定是否為專門職業及技術人員，新的良性互動關係建立令各界充滿期待。但從審議委員會法制面與執行面來檢視，以下各點仍應予以注意及設法改進：

　　其一，**應增訂除職業主管機關外，學術界及產業界亦得提案進行審議**：目前擬具之認定處理程序不宜僅針對各職業主管機關研議新增專門職業及技術人員考試種類時，應先擬具職業管理法草案，函送考選部審議；以避免部分主管機關對不擬納入國家考試範圍者，以消極不作為即可維持現狀，遊走法律邊緣，規避制定職業法。故除職業主管機關主動送請審議者外，應另有機制如產業界、學術界或一般社會大眾，在踐行完成一定程序且提出新增專技人員種類需求說明書等文件後，亦可成案進行審議。

　　其二，**審查基準要依法認定而非囿於學理**：委員會個案審議是否為新增專門職業及技術人員時，目前經常流於委員盍各言爾志情形，有時無法有效聚焦而影響結論形成，似仍應以司法院大法官第453號解釋內涵及新修正通過之專技人員考試法第2條：「本法所稱專門職業及技術人員，係指具備經由現代教育或訓練之培養過程獲得特殊學識或技能，且其所從事之業務，與公共利益或人民之生命、身心健康、財產等權利有密切關係，並依法律應經考試及格領有證書之人員；其考試種類，由考選部報請考試院定之。」為認定主軸；換言之該新增專業只要符合「具備經由現代教育或訓練之培養過程獲得特殊學識或技能」、「所從事業務，與公共利益或人民之生命、身心健康、財產等權利有密切關係」等條件，「而職業管理法律草案中應有需經○○考試及格領有證書方得執業」等文字，即可實質認定為專技人員。至於學理上之依據，各方意見多有不同，如「執行業務具高度自主性、自律性、獨立性及專屬不可替代性」；「具執業資格者對他人具有排他性與壟斷性」；「紛爭責任鑑定具高度專業性與困難度」；「是否能夠獨立執業」等條件是否皆須逐項具備，並採高密度審查？或屬輔助性條件，低密度審查即可？應有審酌討論之空間。也惟有如此，才能有效切入討論核心議題，否則擔任諮詢委員之學者專家各自表述立場以後，將難以形成多數共識獲致具體結論。

　　其三，**對職業管理法律之判斷，要能務實面對且彈性從權**：對專技人員考試法第2條所稱之「……並依法律應經考試及格領有證書之人員」，其依法律究係指立法院三讀通過總統明令公布，且體例需為法、律、條例、通則四種為限？或亦除法律外尚涵蓋法規命令在內？司法院大法官釋字第612號解釋已明確指出：

「憲法第15條規定人民之工作權應予保障，人民從事工作並有選擇職業之自由，如爲增進公共利益，於符合憲法第23條規定之限度內，對於從事工作之方式及必備之資格或其他要件，得以法律或經法律授權之命令限制之。其以法律授權主管機關發布命令爲補充規定者，內容須符合立法意旨，且不得逾越母法規定之範圍。」因此循母法授權訂定之法規命令，只要符合授權明確原則，且其立法意旨不逾越母法規定範圍，其適法性即應無虞。

其四，對於部分游走邊緣涉及專技人員執業之多種專業，應能妥善有效處理：在1997年考試院擴大專技人員考試範圍案時，曾全面整理行政院所屬各部會自行辦理或是委託辦理各種涉及證照資格之考試、測驗、檢定等，初步發現有財政部主管之精算師、核保及理賠人員、證券投資分析人員、證券商高級業務員、證券商業務員、期貨經紀商業務員；內政部主管之不動產經紀人；行政院勞工委員會主管之技術士、職業訓練師、就業服務專業人員；交通部主管之領隊導遊、航空人員（包括正副駕駛員、飛航機械員、地面機械員、領航員、簽派員、飛航管制員）；經濟部主管之中小企業經營輔導專家；教育部主管之高級中等以下學校及幼稚園教師；行政院環境保護署主管之公民營廢棄物清除處理機構專業人員、空氣污染防制專責人員、毒性化學物質專業技術管理人員、事業或污水下水道系統廢污水處理專責人員、病媒防治業專業人員、公私場所及交通工具排放空氣污染物檢查人員等，以上人員合計共25種。其後經由考試院之認定，考選部後續溝通協調，僅從行政院各主管部會手中接辦了領隊、導遊、不動產經紀人等納入國家考試，其餘各種測驗、檢定迄今辦理依舊。只是有的機關後來逆向修法，將原本公部門介入委託辦理測驗或發給證書者，改爲公會或財團法人出面委託辦理及發給測驗合格證書，使公部門退居第二線，形式上完全加以切割區隔，金管會前曾修正證券投資顧問事業負責人與業務人員管理規則，即爲具體實例。這一塊灰色地帶，可想而知各主管機關均樂見其維持現狀，而不會主動研定新職業法律（規）草案去面對立法部門之審議或備查，更遑論檢送專門職業及技術人員考試種類需求說明書、認定審查表等資料送考試院來審議認定，以將其回歸國家考試；爰這一塊涉及專技人員之資格認定、證照考驗及執業管理之「類專技人員」，有無妥善有效的處理方法以改變現狀，值得大家再行深思。

其五，應協調各職業主管機關以多元化方法處理職業法建置，以即時面對各種新興專業出現：從近些年各種職業法草案推動立法過程可以得知，在法律保留原則之下，頗多職業法草案（如驗光人員法草案、景觀法草案、消防設備人員法草案等）在立法院因爲各方利益爭取與競逐，始終無法達成共識完成立法，最後因立法院屆期不連續又退回行政部門重擬。事實上台灣地區現有許多新興行業，如電子商務、物流、企業人力資源管理、職業指導、價格鑑定師、投資建設專案管理師及地震安全評價工程師等等，何嘗不是當前工商企業界及服務業所亟需要

的新興職業。但是有的因爲欠缺明確主管機關，有的因不同行業間有重疊執業部分造成利益衝突，有的對現職從業人員工作權該如何保障難以建立共識（要限期參加考試或就地合法），所以欲完成新增職業法可說是困難重重。考選機關是否應該建議及協調各職業主管機關，對新職業法之建置，應該按照該專業屬性不同而採取差別處理原則，如涉及公共安全、人身健康、人民生命安全等特定職業，應維持法律保留原則由職業主管機關制定單一職業管理法律完整統籌規範；如屬性僅涉及人民財產交易安全，則可採取法律授權明確化原則，於相關法律中授權職業主管機關訂定該專業人員管理規則規範細節即可，如此方能因應快速變動社會中各種新興專業的崛起。（李震洲、周麗珠，2010）現行保險法第163條授權訂定保險代理人、經紀人、公證人之管理規則；現行發展觀光條例第66條授權訂定導遊人員、領隊人員管理規則等，皆爲現有成例足資參採。

　　專門職業及技術人員考試法在2013年1月23日修正公布以後，行政院主管部會陸續將公共衛生師、證券投資分析人員等職業法法源依據，函送考選部認定是否爲專門職業及技術人員，此一新的良性互動關係，改變了過去長久以來考試權對此一問題使不上力之窘境；也讓行政、考試兩院在新職業法制定過程中，產生了新的跨域合作關係。吾人期待在憲法五權分隸架構未變動前，此一合作關係能有助於對未來各種新的專門職業之建立，並對國家發展及社會需求能夠快速予以回應。

參考資料

一、楊戊龍，專技人員考選制度八十年的變革回顧與未來展望，國家菁英季刊第6卷第1期，2010年。

二、李震洲，證券投資分析人員資格測驗屬性定位——兼論專技人員考試法修正疑慮，國家菁英季刊第7卷第1期，2011年。

三、李震洲、林妙津，專技人員考試建制、發展及未來改進方向，國家菁英季刊第4卷第4期，2008年。

四、李震洲、周麗珠，職業法對現職從業人員執業資格處理之研究，國家菁英季刊第6卷第2期，2010年。

五、李震洲、蔡寶珠，中國大陸公務人員及專技人員考試制度評述——從臺灣觀點的觀察，國家菁英季刊第9卷第2期，2013年。

六、考選部，職業主管機關辦理涉及專門職業及技術人員執業資格考試案專輯，1998年。

七、考選部，專門職業及技術人員考試法新制說明手冊，2001年。

八、吳庚，憲法的解釋與適用，三民書局總經銷，2003年。

九、考試院，專門職業及技術人員考試法修正草案審查報告，2012年。

十、董保城，專門職業及技術人員考試法修正草案口頭報告，立法院第8屆第2會期司法及法制委員會第8次全體委員會議，2012年。

十一、立法院預算中心，2010年中央政府總預算案評估報告，2009年。

十二、立法院第7屆第6會期司法及法制委員會第8次全體委員會議紀錄，2010年。

十三、考選部，研商證券投資分析人員資格測驗納入國家考試相關事宜會議，2010年。

十四、考選部，專門職業及技術人員考試種類認定諮詢委員會公共衛生師組第一次會議紀錄，2013年a。

十五、考選部，專門職業及技術人員考試種類認定諮詢委員會證券投資分析人員組第二次會議紀錄，2013年b。

十六、考選部，法規委員會第507次會議紀錄，審議景觀及室內設計等新增專業技術人員能否納入技師分科，以確立其專門職業及技術人員法律地位之適法性研究案，2013年c。

（國家菁英季刊第9卷第3期，102年9月）

柒、中國大陸公務人員及專技人員考試制度 評述——從臺灣觀點的觀察

一、前言

　　考選部董部長長期參與海峽兩岸法學界交流活動，和大陸法學界、司法實務界多所互動往來，此種因緣際會遂促成2012年12月9日至15日，考選部得以派員赴北京人力資源和社會保障部參訪；本次參訪係由大陸中國法官學會發出邀請函，最高人民法院洽請國務院台灣事務辦公室協助聯繫相關部門，主要參訪人力資源和社會保障部國家公務員局考試錄用司、人事考試中心。兩岸互動雖然頻繁，但雙方對涉及公權力行使部分，仍有若干潛規則存在，最後以人民團體「中國人事行政學會」身分登陸始完成審批。但至相關機關參訪及座談過程中，考選部機關名稱及個人職稱均可順利使用，亦列入座談資料。

（一）對中國大陸法制位階理解

　　透過法制面瞭解中國大陸考試制度最爲準確，但其法律體系和我國相較確有不同；雖仍有憲法＞法律＞行政法規＞地方性法規及部門規章之位階效力。但較難從其外觀名稱（如法、律、條例、命令、辦法、通知、決定、意見等）即認定其位階高低，而應從發布機關來加以認定。故全國人民代表大會及全國人民代表大會常務委員會，制定及修改憲法、法律；國務院制定行政法規，發布決定和命令；省、自治區、直轄市人大及其常委會制定地方性法規；國務院各部、委員會和具有行政管理職能之直屬機構，在本部門權限範圍內，得制定部門規章。

　　細究其法源依據，中華人民共和國憲法第62條第1款及第64條規定，全國人民代表大會職權爲行使制定及修改憲法之權力。中華人民共和國憲法第62條第3款規定，全國人民代表大會制定及修改刑事、民事、國家機構和其他基本法律。中華人民共和國憲法第67條規定，全國人民代表大會常務委員會職權爲解釋憲法，制定和修改除全國人民代表大會制定法律以外的其他法律，在全國人民代表大會閉會期間對全國人民代表大會制定法律進行部分補充及修改。中華人民共和國憲法第89條第1款規定，國務院根據憲法和法律，規定行政措施，制定行政法規，發布決定和命令。中華人民共和國立法法第71條規定，國務院各部、委員會、中國人民銀行、審計署和具有行政管理職能的直屬機關，可以根據法律和國務院的行政法規、決定、命令，在本部門的權限範圍內，制定規章。

（二）人力資源和社會保障部之職掌

2008年中國大陸將原人事部、原勞動和社會保障部之職責整合組建，成立人力資源和社會保障部，其業務涵括範圍甚廣，包括：擬訂人力資源市場發展規劃和人力資源流動政策，建立統一規範的人力資源市場；負責促進就業工作，擬訂統籌城鄉的就業發展規劃和政策，完善公共就業服務體系，擬訂就業援助制度；完善職業資格制度，統籌建立面向城鄉勞動者的職業培訓制度；統籌建立覆蓋城鄉的社會保障體系；負責就業、失業、社會保險基金預測預警和資訊引導；擬訂機關、事業單位人員工資收入分配政策，擬訂機關企事業單位人員福利和離退休政策；擬訂機關、企事業單位人員工資收入分配政策，建立機關企事業單位人員工資正常增長和支付保障機制，擬訂機關企事業單位人員福利和離退休政策；制定專業技術人員管理和繼續教育政策，牽頭推進深化職稱制度改革工作；擬定軍隊轉業幹部安置政策和安置計畫，負責軍隊轉業幹部教育培訓工作；負責行政機關公務員綜合管理，擬訂有關人員調配政策和特殊人員安置政策；擬訂農民工工作綜合性政策和規劃，推動農民工相關政策的落實；統籌擬訂勞動、人事爭議調節仲裁制度和勞動關係政策，完善勞動關係協調機制等。前述各種國家公務員進用管理離退、企事業單位人員進用管理退離、農民工就業就養、勞動關係與勞資爭議處理、軍官轉任、社會保險等業務範圍，前述內涵相當於我國內政部、經濟部、行政院勞工委員會、行政院農業委員會、行政院國軍退除役官兵輔導委員會、行政院人事行政總處、銓敘部、考選部、公務人員保障暨培訓委員會等機關各自部分業務之綜合，因此算是一個大部。至於中國大陸公務人員考試及專技人員考試，則由人資和社保部所屬國家公務員局、人事考試中心及地方省市人力資源和社會保障廳（局）、人事考試中心負責辦理。

（三）其餘部會辦理之專技人員考試

人資和社保部尚設有專業技術人員管理司，擬訂專業技術人員管理和繼續教育政策；承辦深化職稱制度改革事宜；承擔高層次專業技術人才規劃和培養工作，承擔組織享受政府特殊津貼專家的選拔工作；擬訂吸引國（境）外專家、留學人員來華（回國）工作或定居政策；擬訂國（境）外機構在國內招聘專業技術骨幹人才管理政策。人資和社保部所屬事業單位人事考試中心，則負責辦理律師、醫師、註冊會計師（原已有律師法、執業醫師法、註冊會計師法等相關法律規範者，仍由司法部、衛生部、財政部繼續辦理）以外之專技人員證照考試。比如司法部辦理之國家統一司法考試（包括法官、檢察官、律師、公證員等四種法律從業人員），每年舉行1次。司法部會同最高人民法院、最高人民檢察院組成國家司法考試協調委員會，就國家司法考試的重大事項進行協商；國家司法考試

則由司法部負責實施，各省（自治區、直轄市）司法廳（局）設立專門機構，具體承辦有關考務工作。考試科目共4科，分為試卷一、試卷二、試卷三及試卷四，其中試卷一、試卷二、試卷三為選擇題，設有單項選擇題（4個選1個正確答案）、多項選擇題（4個選2個以上正確答案）及不定項選擇題（不告知係單選或多選，4個選至少1個以上正確答案）等題型，考試時間各為180分鐘；試卷四為申論式實例（案例）分析及法律文書試題，並設置選作題，應試人員可選擇其一作答，考試時間為210分鐘；各試卷占分均為150分，合計總分為600分。考畢主動對外公布測驗與申論試題及參考答案，並接受應考人提出異議（但異議彙整後提專家會議討論之結果形成最後評閱試卷之參考答案，則不對外公布）。合格分數線，近年來均採360分。因為報考學歷或合格分數線有無降低，而區分為A、B、C三類法律職業資格證書，執業範圍適用地區並因此有所區別。

　　衛生部設醫師資格考試委員會，負責全國醫師資格考試工作；委員會下設辦公室和專門委員會；各省、自治區、直轄市衛生行政部門成立醫師資格考試領導小組，負責本轄區的醫師資格考試工作；領導小組組長由省級衛生行政部門的主要領導兼任。醫師資格考試考務管理實行同級衛生行政部門領導下的國家醫學考試中心、考區、考點三級分別負責制。衛生部主管之醫師資格考試分為執業醫師資格考試和執業助理醫師資格考試；醫師資格統一考試的辦法，由衛生部制定。醫師資格考試由省級以上人民政府衛生行政部門組織實施。具有高等學校醫學專業本科以上學歷，在執業醫師指導下，在醫療、預防、保健機構中試用期滿一年的；或取得執業助理醫師執業證書後，具有高等學校醫學專科學歷，在醫療、預防、保健機構中工作滿二年的；或具有中等專業學校醫學專業學歷，在醫療、預防、保健機構中工作滿五年的；均得參加執業醫師資格考試。具有高等學校醫學專科學歷或者中等專業學校醫學專業學歷，在執業醫師指導下，在醫療、預防、保健機構中試用期滿一年的，得參加執業助理醫師資格考試。經醫師資格考試成績合格，取得執業醫師資格或者執業助理醫師資格。醫師資格考試是評價申請醫師資格者，是否具備執業所必須的專業知識與技能的考試。考試類別分為臨床、中醫（包括中醫、民族醫、中西醫結合）、口腔、公共衛生四類。考試方式分為實踐技能考試和醫學綜合筆試。省級醫師資格考試領導小組根據本轄區考生情況及專業特點，依據實踐技能考試大綱，負責實施實踐技能考試工作；承擔實踐技能考試的機構或組織內設若干考試小組，每個考試小組由3人以上單數考官組成，其中1名為主考官；主考官應具有副主任醫師以上專業技術職務任職資格，並經承擔實踐技能考試機構或組織的主要負責人推薦。實踐技能考試合格者方能參加醫學綜合筆試。國家醫學考試中心向考區提供醫學綜合筆試試題和答題卡、各考區成績冊、考生成績單及考試統計分析結果。

　　財政部成立註冊會計師考試委員會，組織領導註冊會計師全國統一考試工

作；財政部考委會設立註冊會計師考試委員會辦公室，辦公室設在中國註冊會計師協會。各省、自治區、直轄市財政廳（局）相對成立地方註冊會計師考試委員會，組織領導本地區註冊會計師全國統一考試工作；地方考委會設立地方註冊會計師考試委員會辦公室，組織實施本地區註冊會計師全國統一考試工作。具有完全民事行為能力之中國公民，且具有高等專科以上學校畢業學歷、或者具有會計或者相關專業中級以上技術職稱，即可報考註冊會計師全國統一考試。考試劃分為專業階段考試6科目和綜合階段考試職業能力綜合測試1科目。考生在通過專業階段考試的全部科目以後，才能參加綜合階段考試。考試方式為閉卷、筆試。報名人員可以在一次考試中同時報考專業階段考試6個科目，也可以選擇報考其中部分科目。具有會計或者相關專業高級技術職稱的人員，可以申請免予專業階段考試1個專長科目的考試。每科考試均實行百分制，60分為成績合格分數線。專業階段考試的單科考試合格成績五年內有效。對在連續五個年度考試中取得專業階段考試全部科目考試合格成績的考生，財政部考委會頒發註冊會計師全國統一考試專業階段考試合格證書。綜合階段考試科目應在取得註冊會計師全國統一考試專業階段考試合格證書後之五個年度中完成考試。對取得綜合階段考試科目考試合格成績的考生，財政部考委會頒發註冊會計師全國統一考試全科考試合格證書。

二、公務員考試制度

（一）簡介

　　大陸公務員錄用考試係採二元管理之分權制，中央及地方公務員之錄用分別由中央公務員主管部門、省級公務員主管部門負責組織辦理。2008年大陸人事部、勞動和社會保障部整合組建為人力資源和社會保障部，下設之國家公務員局負責實施公務員錄用考試工作、起草公務員相關法律法規草案等，另一直屬事業單位人事考試中心則負責承擔中央國家行政機關公務員錄用考試的考務工作。在地方部分，省、自治區、直轄市人力資源和社會保障廳（局）和其人事考試中心，為地方錄用公務員負責招考機構，主要職責為依據國家公務員錄用法規，制定本行政轄區內國家公務員錄用的有關規定、組織省級政府各工作部門錄用國家公務員的考試和審批工作、規定市（地）級以下國家機關錄用考試的組織辦法、指導和監督市（地）級以下機關公務員錄用的管理工作等。

　　大陸公務員錄用考試係依公務員法、公務員錄用規定（試行）等相關法規辦理，其實施對象為主任科員（相當我國薦任科員）以下非領導職務，包括主任科員、副主任科員、科員、辦事員。至於副調研員以上職務，各機關得設定條件並

自行對外辦理甄選。另中國大陸政治體制特殊，中國共產黨及各民主黨派機構服務人員亦屬公務員一環，納入公務員錄用考試範圍。錄用程序包括考試、體檢與考察、公示、審批或備案，但錄用特殊職位的公務員，經省級以上公務員主管部門批准，可以簡化程序或者採用其他測評辦法。考試方式併採筆試和面試，筆試主要為公共科目考試，如有需要，得另舉行專業科目考試。經公共科目考試錄取者，始能進入面試和專業科目考試。另對專業性較強的部門（單位）包括7種非通用語言職位和中國銀監會及其派出機構，並實施外語水準考試或專業考試。

中央公務員錄用考試每年辦理1次，報名人數約100多萬人，錄取約2萬餘人；地方公務員錄用考試原則在上、下年度各辦理1次，近年公共科目考試有十幾個省聯合舉行者，其面試及體格檢查等仍由各省自行完成，整年報名人數約400多萬人，錄取約15萬餘人。從報名到考試錄用完成，約需七至八個月時間。

整體而言，大陸公務員錄用考試並未分級，僅針對不同之職業領域區分為綜合管理類、行政執法類和專業技術類等，而區別其公共科目筆試內容；至於專業科目固得依不同職位類別、工作性質和專業知識要求分別設置，然非所有職位都要求列考專業科目，與台灣分等級、分類科辦理且強調專業之公務人員考試比較，其考試內容相對簡略。

（二）考選組織

1.國家公務員局

國家公務員局成立於2008年7月，為大陸人力資源和社會保障部所屬機關，內設5個單位，包括綜合司、職位管理司、考試錄用司、考核獎勵司、培訓與監督司。其工作重點和主要任務包括深入貫徹落實公務員法、完善選人用人機制、加強作風建設和能力建設、切實規範行政獎勵表彰工作等。詳細職責如下：

(1) 會同有關部門起草公務員分類、錄用、考核、獎懲、任用、培訓、辭退等方面的法律法規草案，擬訂事業單位工作人員參照公務員法管理辦法和聘任制公務員管理辦法，並組織實施和監督檢查。

(2) 擬訂公務員行為規範、職業道德建設和能力建設政策，擬訂公務員職位分類標準和管理辦法，依法對公務員實施監督，負責公務員資訊統計管理工作。

(3) 完善公務員考試錄用制度，負責組織中央國家機關公務員、參照公務員法管理單位工作人員的考試錄用工作。

(4) 完善公務員考核制度，擬訂公務員培訓規劃、計畫和標準，負責組織中央國家機關公務員培訓工作。

(5) 完善公務員申訴控告制度和聘任制公務員人事爭議仲裁制度，保障公務員合法權益。

(6) 會同有關部門擬訂國家榮譽制度、政府獎勵制度草案，審核以國家名義獎勵的人選，指導和協調政府獎勵工作，審核以國務院名義實施的獎勵活動。

(7) 承辦國務院及人力資源和社會保障部交辦的其他事項。

2. 人事考試中心

人力資源和社會保障部人事考試中心（以下簡稱中心）前身為人事部全國職稱考試指導中心，成立於1990年11月。計設有7個處（室），包括辦公室、研究與發展處、命題處、考務處、資訊技術處、公務員考試與人才測評處、培訓與教材發行處；近日重新整建，改按公務人員及專技人員考試加以區隔。中心負責中央國家機關公務員錄用考試和全國統一組織的專業技術人員資格考試相關工作。每年承擔的政策性考試多達30餘種，並為上百家組織機構提供考試服務。主要職責如下：

(1) 擬訂專業技術人員資格考試考務管理制度、標準與技術規範，並組織實施；指導、協調、監督地方各級公務員錄用考試、有關專業技術人員資格考試考務管理工作。

(2) 負責專業技術人員資格考試題庫建設，擬訂試題、試卷品質評價標準及辦法，並組織實施；承辦有關資格考試專家委員會的具體工作。

(3) 承擔中央國家機關公務員錄用考試命題、筆試、閱卷等考務管理工作，承擔公務員考試試題建設。

(4) 負責有關專業技術人員資格考試之考試大綱、考試用書的編寫及命題組織工作；參與協調專業技術人員資格考試水準。

(5) 承擔公務員錄用考試、專業技術人員資格考試理論與實踐、技術與方法等研究。

(6) 承擔有關專業技術人員資格證書的印製、發放及資訊化管理工作。

(7) 負責人才測評的科研、資訊技術的開發應用、市場開發工作。

(8) 開展人才測評和社會化考試服務工作；開展國際間考試、人才測評業務的交流與合作；研究、拓展國外考試代理業務。

(9) 負責有關考試的考試大綱、考試用書的出版聯繫和發行工作。

(10) 承辦人資和社保部交辦的其他事項。

（三）考選運作情形

1982年大陸頒布「吸收錄用幹部問題的若干規定」，考試開始運用至幹部任用制度之中。1989年下發「關於國家行政機關補充工作人員實行考試辦法的通知」，初步確立大陸地區考試錄用工作。1993年頒布「國家公務員暫行條例」，規定「國家行政機關錄用擔任主任科員以下非領導職務的國家公務員、採用公開

考試、嚴格考核的辦法，按照德才兼備的標準擇優錄用」。1994年頒布「國家公務員錄用暫行規定」，國家公務員考試錄用制度可謂正式建立。2005年更進一步制定「公務員法」，「國家公務員暫行條例」同時廢止，確定政府機關錄用擔任主任科員以下及其他相當職務層次的非領導職務公務員，採取公開考試、嚴格考察、平等競爭、擇優錄取的方式進行。2007年並發布「公務員錄用規定（試行）」據以執行。

要對大陸國家公務員錄用考試制度有所瞭解，宜先就其公務員制度有一梗概認識。按公務員法所稱公務員，是指依法履行公職、納入國家行政編制、由國家財政負擔工資福利的工作人員。大陸實施公務員職位分類制度，職位類別按照其職位的性質、特點和管理需要，劃分為綜合管理類、專業技術類和行政執法類等三類別。對於具有職位特殊性，需要單獨管理的，可以增設其他職位類別。各該公務員職位類別並設置職務序列。公務員職務則分為領導職務和非領導職務。領導職務層次分為：國家級正職、國家級副職、省部級正職、省部級副職、廳局級正職、廳局級副職、縣處級正職、縣處級副職、鄉科級正職、鄉科級副職。綜合管理類的非領導職務分為：巡視員、副巡視員、調研員、副調研員、主任科員、副主任科員、科員、辦事員。職務及其級別如表1。

茲就實地參訪大陸國家公務員局、人事考試中心及2013年度大陸中央機關及其直屬機構考試錄用公務員辦理情形，分別從籌備、報名、考試、體檢與考察、公示、審批或備案各階段，說明大陸公務員錄用考試制度如下：

1. 籌備階段

(1) 辦理錄用考試機關為中央機關公務員主管部門、省級公務員主管部門及獲授權設區的市級公務員主管部門

大陸公務員錄用考試係採二元管理之分權制，中央機關及其直屬機構公務員的錄用，由中央公務員主管部門負責組織，包括中央組織部、人力資源和社會保障部、國家公務員局。地方各級機關公務員的錄用，由省級公務員主管部門負責組織，必要時省級公務員主管部門可以授權設區的市級公務員主管部門組織，工作人員多達4,000餘人。

(2) 錄用考試前須先擬定錄用計畫，揭示出缺機關、職位屬性、名額、報考資格條件及採用之考試方法等

錄用公務員，必須在規定的編制限額內，並有相應的職位空缺。招錄機關根據空缺情況和職位要求，提出招考的職位、名額和報考資格條件，擬定錄用計畫。計畫內容包括：出缺機關、職位屬性、職位名稱、招考人數、專業、所需資格條件及採用的考試方法等。中央公務員考試職位分屬中央黨群機關、中央國家行政機關、中央國家行政機關直屬機構和派出機構、國務院系統參照公務

表1　職務及職級一覽表

職務序列	職務級別	職務	
		領導職務	非領導職務
一	一級	國務院總理	
二	二至三級	國務院副總理 國務委員	
三	三至四級	部級正職 省級正職	
四	四至五級	部級副職 省級副職	
五	五至七級	司級正職 廳級正職	巡視員
六	六至八級	司級副職 廳級副職	副巡視員
七	七至十級	處級正職 縣級正職	調研員
八	八至十一級	處級副職 縣級副職	副調研員
九	九至十二級	科級正職 鄉級正職	主任科員
十	九至十三級	科級副職 鄉級副職	副主任科員
十一	九至十四級		科員
十二	十至十五級		辦事員

員法管理事業單位等系統。以2013年度為例，公告總招考人數20,879名，招考人數最多的是中央國家行政機關直屬機構和派出機構，計16,234名，占總需用人數77.75%，中央黨群機關最少，計455名，占總需用人數2.18%。

2. 報名階段

(1) 招考公告藉由各種媒介向社會發布

　　藉由廣播、電視、報刊、政府公報、政府網站等大眾傳播媒介，將招考相關事項向社會發布，其內容包括招錄機關、職位、名額、報考資格條件、報名方式、報名時間和地點、報考需要提交的申請材料、考試科目、考試時間和地

點等。

(2) 應考資格分積極資格及消極資格，由招錄機關進行資格審查

　　應考資格審查工作由招錄機關負責，招錄機關應在報考人員報名之次日起二日內提出資格審查意見。

　A. 積極資格著重學歷、基層工作經歷與年齡

　　(A) 一般條件：

　　除中華人民共和國國籍規定外，年齡須在18歲以上，35歲以下；具有良好的品行；具有正常履行職責的身體條件；具有符合職位要求的工作能力；具有大專以上文化程度；具備公務員主管部門規定的擬任職位所要求的其他資格條件等。其中年齡及文化程度經省級以上公務員主管部門批准，可以適當調整。目前無論中央或地方機關多數仍要求具備大專以上文化程度，有些職位甚至要求具碩士以上學位元，僅在部分鄉鎮放寬至高中畢業。年齡部分，以2013年度中央機關及其直屬機構公務員錄用考試為例，應屆畢業碩士研究生和博士研究生（非在職）年齡調整放寬至40歲以下。另就外交部等特殊職位，設有應具大學英語四級或六級合格證書條件。

　　(B) 基層工作經歷：

　　a. 基層工作經歷定義：基層工作經歷是指具有在縣級以下黨政機關、國有企事業單位、村（社區）組織及其他經濟組織、社會組織等工作的經歷。離校未就業之高校畢業生，到高校畢業生實習見習基地（該基地為基層單位元）參加見習或到企事業單位參與項目研究的經歷，可視為基層工作經歷。在軍隊團和相當於團以下單位工作的經歷，可視為基層工作經歷。報考中央機關的人員，在地（市）直屬機關工作的經歷，也可視為基層工作經歷。

　　b. 中央機關進用具基層工作經歷者擔任公務員之比例逐年提升：近年報考者之基層工作經歷相當受到重視，亦為錄用考試重要改革之一，進用比例逐年提升，主要係考量大學甫畢業之學生固充滿朝氣及活力，但缺乏實務工作經驗，所擬定之政策，不易切合實際需求。2008年至2009年大陸相關機關先後印發「關於發展從優秀村幹部中考錄鄉鎮機關公務員工作的意見」、「關於注重從基層和生產一線選拔黨政領導機關幹部的意見」、「關於統籌實施引導高校畢業生到農村基層服務項目工作的通知」、「關於開展從大學生『村官』等服務基層項目人員中考試錄用公務員工作的通知」，均加強推動高校畢業生到基層、農村（社區）就業及從基層、農村選拔公務員的力度。根據深化幹部人事制度改革規劃綱要的通知，2013年度中央機關及其省級直屬機構公務員錄用考試除特殊職位外，全部招錄具有二年以上基層工作經歷人員。甚至到2015年，中央機關和省級機關工作部門領導幹部，具有基層領導工作經驗的應達到一半以上；中央機關司局級領導幹部和省級機關處級領導幹部中，有二年以上基層工作經歷的，應達到三分之二

以上。對缺乏基層工作經歷的機關年輕幹部，則要有計劃的安排到基層培養鍛鍊。因此重視基層工作歷練已是選拔人才的重要原則。

B. 消極資格主要指有受過刑事處罰等不得錄用爲公務員之情形

曾因犯罪受過刑事處罰者、曾被開除公職者，以及在各級公務員招考中被認定有舞弊等嚴重違反錄用紀律行爲的人員、現役軍人、在讀的非應屆畢業生、服務年限不滿二年（含試用期）的公務員、公務員被辭退未滿五年者，以及法律規定不得錄用爲公務員的其他情形的人員，均不得報名。另報考人員不得報考錄用後即構成迴避關係的招錄職位。

C. 具備農村基層服務項目工作經歷者，設有一定比例名額錄用

依中央機關及其直屬機構2013年度考試錄用公務員公告，中央機關及其省級直屬機構除特殊職位外，12%左右的職位專門用於招收服務期滿、考核合格的大學生村官、「三支一扶」計劃、「農村義務教育階段學校教師特設崗位計劃」、「大學生志願服務西部計劃」等服務基層項目人員；中央直屬機構市（地）級職位、縣（區）級及以下職位（含參照公務員法管理的事業單位），10%左右的職位專門用於招錄服務期滿、考核合格的大學生村官等服務基層項目人員。其中「大學生村官」指具有大專以上學歷的應屆或往屆大學畢業生，到農村（含社區）擔任黨支部書記、村委會主任助理，或其他村黨支部委員會和村民委員會的職務，工作多爲社區（村）事務；「三支一扶」指大學生在畢業後到農村基層從事支農、支教、支醫和扶貧工作。

(3) 報名方式

A. 採網路報名，應考資格審查通過後，應考人再上網繳交報名費及列印准考證

依公務員法規定，招錄機關應當採取措施，便利公民報考。目前報名主要採取網路方式進行，其程式包括在政府網站（中央機關考試爲考試錄用公務員專題網站）提交報考申請、查詢資格審查結果、查詢報名序號，並至所選區考試機構網站進行網上報名確認及繳費。網上報名確認時，報考人員應上傳本人近期免冠2寸（35×45mm）正面電子證件照片。報名確認成功後登錄所選考區考試機構網站下載列印准考證。

B. 每位報考人員限報考1個職位

報考人員只能報考1個職位，招錄機關在對報考人員報考資訊進行資格審查之前，報考人員可以更改報考職位。沒有通過招錄機關資格審查的報考人員，在報名時間截止前，可以改報其他職位。報考人員報考某一職位資格審查未通過，不可再報考同一職位。通過招錄機關資格審查者，不可再改報其他職位。

C. 考務費（報名費）由各地相關部門核定

考務費以當地財政、物價部門核定的標準爲依據，故各省市報名費多有不同。以2012年四川成都市考試錄用公務員筆試爲例，考務費爲每科人民幣50元。

另農村特困人員、城市低保人員、享受最低生活保障城鎮家庭、農村絕對貧困家庭的報考人員等得減免考務費。

3. 考試階段

(1) 考試方式併採筆試及面試

　　大陸公務員錄用考試併採筆試和面試二種方式，以測驗報考人員的基礎知識、專業知識，以及其他適應職位要求的業務素質和工作能力。筆試為公共科目考試，如有需要，得另舉行專業科目考試。經公共科目考試錄取者，始能進入面試和專業科目考試。另報考中聯部、外交部、教育部、科技部、商務部、文化部、國家旅遊局、國家外國專家局、中央編譯局、對外友協、外交學會、中國貿促會等部門日語、法語、俄語、西班牙語、阿拉伯語、德語、朝語（韓語）等7個非通用語職位的人員，除公共科目外，還須參加外語水準考試；報考中國銀監會及其派出機構、中國證監會及其派出機構特殊專業職位的人員，須參加專業考試，以滿足招錄機關對專業人才的需求。

　　茲就公共科目考試、專業科目考試及面試分述如下：

A. 公共科目考試

　　公共科目由中央公務員主管部門統一確定，訂有考試大綱供報考人員準備參考，不過細究其大綱，雖列有應試範圍，但內容簡略，主要在敘述測評的能力。公共科目分行政職業能力測驗與申論兩科，均為臨時命題，尚未建立題庫。

　　(A) 行政職業能力測驗為客觀性試題（即選擇題），考試時間120分鐘，滿分100分：

　　涉及多種題目類型，題型多為四選一，考試時間限120分鐘，滿分100分。2007、2008、2009、2010年均為140題，2011年及2012年為135題。主要在測驗與公務員職業密切相關的、適合通過客觀化紙筆測驗方式進行考查的基本素質和能力要素，包括言語理解與表達、數量關係、判斷推理、資料分析和常識判斷等5部分，涵蓋內容相當廣泛，且因每題作答時間平均僅約53秒，應考人須有效掌控速度，才能完成全卷作答。

　　a. 言語理解與表達：主要測評報考者運用語言文字進行思考和交流、迅速準確地理解和把握文字材料內涵的能力，包括根據材料查找主要資訊及重要細節；正確理解閱讀材料中指定詞語、語句的含義；概括歸納閱讀材料的中心、主旨；判斷新組成的語句與閱讀材料原意是否一致；根據上下文內容合理推斷閱讀材料中的隱含資訊；判斷作者的態度、意圖、傾向、目的；準確、得體地遣詞用字等。常見的題型有：閱讀理解、邏輯填空、語句表達等。

　　b. 數量關係：主要測評報考者理解、把握事物間量化關係和解決數量關係問題的能力，主要涉及資料關係的分析、推理、判斷、運算等。常見的題型有：數

位推理、數學運算等。

　　c. 判斷推理：主要測評報考者對各種事物關係的分析推理能力，涉及對圖形、語詞概念、事物關係和文字材料的理解、比較、組合、演繹和歸納等。常見的題型有：圖形推理、定義判斷、類比推理、邏輯判斷等。

　　d. 資料分析：主要測評報考者對各種形式的文字、圖表等資料的綜合理解與分析加工能力，這部分內容通常由統計性的圖表、數位及文字材料構成。

　　e. 常識判斷：主要測評報考者應知應會的基本知識以及運用這些知識分析判斷的基本能力，重點測評對國情社情的瞭解程度、綜合管理基本素質等，涉及政治、經濟、法律、歷史、文化、地理、環境、自然、科技等方面。2002年至2012年中央公務員錄用考試考最多的是法律，其次為科技、人文。

　　(B) 申論為主觀性試題，考試時間限150分鐘，滿分100分：

　　a. 申論試題由注意事項、給定資料和作答要求三部分組成，題數約4至5題，題型原則包括歸納概括、綜合分析、應用文寫作、提出對策、文章論述等。申論考試按照省級以上（含副省級）綜合管理類、市（地）以下綜合管理類和行政執法類職位的不同要求，設置兩類試卷。省級以上（含副省級）綜合管理類職位申論考試主要測驗報考者的閱讀理解能力、綜合分析能力、提出和解決問題能力、文字表達能力。市（地）以下綜合管理類和行政執法類職位申論考試主要測驗報考者的閱讀理解能力、貫徹執行能力、解決問題能力和文字表達能力。

　　b. 申論試卷採電腦線上閱卷。為求客觀公平，閱卷前先選出標準卷，再進行分題平行兩閱，兩閱委員不知彼此身分，評閱差異達一定比例時，進行第三閱，差異比例依需要設置，並非固定，差異仍大時，可能進行第四閱。另設有抽閱制度，並注意評分是否呈常態分佈，如有異常，則予重閱。

　　B. 面試和專業科目考試

　　(A) 專業科目考試視需要設置，並由招錄機關自行決定及實施：

　　a. 專業科目由省級以上公務員主管部門根據需要設置。因此不是所有職位都要進行專業科目考試，只有《招考簡章》事先公布需要進行專業科目考試的職位，才進行專業科目考試。

　　b. 專業科目考試的時間、地點、考試大綱及要求等內容由招錄機關確定，並依不同職位類別、工作性質和專業知識要求分別設置，其組織實施亦由招錄機關負責。以大陸外交部2013年度公務員錄用考試為例，地區業務司英語一至英語五職位專業科目考試內容包括：綜合知識與能力測試（筆試）、英語測試（筆試）、英語口語及聽力測試；行政司建築學職位專業科目考試內容包括：專業測試（筆試）、英語水準測試（筆試）。

　　(B) 面試內容和方法由省級以上公務員主管部門規定，省級以上公務員主管部門或委託招錄機關或授權設區的市級公務員主管部門組織實施：

a. 運用較多者爲爲結構化面試、情景模擬面試、無領導小組討論面試、文件筐測驗面試（類似我國企業界面試常用之收文籃測驗或主管籃中測驗）和演講法面試等。面試應當組成面試考官小組，面試考官需事先接受必要的培訓，並有60%～70%人員應獲得中央或省級公務員主管部門頒發的資格證書。面試考官主要由組織人事部門人員、用人單位人員及有關專家構成，面試小組成員約7至9人不等。

b. 面試時，報考人員須提供本人身分證件（身分證、學生證、工作證等）原件、所在單位出具的同意報考證明（加蓋公章）或所在學校蓋章的報名推薦表、報名登記表等材料。對於在職人員，開具所在單位同意報考證明確有困難者，經招錄機關同意，可在體檢和考察時提供。凡有關材料主要資訊不實，影響資格審查結果者，招錄機關有權取消該報考人員參加面試的資格。

(2) 調劑

大陸公務員錄用考試職位未採選填志願方式，每人限塡1個職位報考的結果，有些職位報名人數眾多，甚至有數百人至數千人報考1個職位者，競爭相當激烈；有些職位，報名人數相對較少（如艱苦邊遠地區和特殊專業職位），致通過公共科目筆試最低合格分數線的人數達不到計劃錄用人數與面試人選的比例。爲滿足機關用人需求，爰有調劑制度的設計，招錄機關通過調劑補充人選，並在公共科目筆試成績公布後，通過網站向社會統一公布。

(3) 成績計算及錄取標準

A. 公共科目考試

依《招考簡章》規定的面試人選的比例，按照筆試成績從高到低的順序，確定參加面試和專業科目考試的人選名單後公布。其中，7個非通用語職位按照公共科目筆試成績與外語水準考試成績1：1的比例進行合成後排序；銀監會、證監會及其派出機構特殊專業職位按照公共科目筆試成績與專業考試成績1：1的比例進行合成後排序。依中央機關及其直屬機構2013年度考試錄用公務員招考簡章規定，面試人選與計劃錄用人數的確定比例有3：1、4：1、5：1三種，其中以5：1比例最多。另對西部地區和艱苦邊遠地區職位、基層職位和特殊專業職位，在劃定最低合格分數線時予以政策傾斜。

B. 面試和專業科目考試

面試和專業科目考試結束後，按照綜合成績從高到低的順序確定進入體檢和考察的人選。綜合成績的計算方法爲：公共科目筆試總成績（非通用語職位和特殊專業職位筆試合成成績）占50%，面試成績和專業科目考試成績共占50%。

(4) 少數民族或其他特殊情形之加分優待

依公務員法第21條第2項及公務員錄用規定（試行）第6條規定，民族自治地方依照規定錄用公務員時，依照法律和有關規定對少數民族報考者予以適當照

顧。具體辦法由省級以上公務員主管部門確定。目前得加分之對象除少數民族報考人員外，尚包括烈士子女、配偶或因公犧牲武警子女等。另亦有特殊情形而加分者，例如2012年四川成都市錄用考試針對在「汶川大地震」抗震救災中表現突出而受到相關機關表彰者，亦得依規定加1分至3分不等。

(5) 防弊措施嚴密，違紀處罰嚴厲

A. 防弊措施

(A) 內部人員：

試卷送至各考區均採密封方式，無縫對接，考試時應考人可驗封，考試結束後，專人送回，人不離卷，甚至派有第三方監督。另設有舉報專線，供應考人檢舉不法情事。

(B) 報考人員：

考試時嚴密監控作弊資訊，為防報考人員運用高科技作弊，並洽請相關部門協助監控。每一試場設有監場人員2位，均經培訓，其培訓重點即在教導如何防弊，並設有督考員、巡考員、公安民警、無線電信號管理人員等，共同維護考場內外秩序。考試結束後，針對報考人員作答內容啟用雷同卷甄別系統，對使用高科技設備作弊的行為進行篩查、認定和處理。

(C) 閱卷委員：

申論試卷隨機分配給閱卷委員，閱卷委員不知應考人准考證號碼，並採平行雙閱，以期公平客觀。

B. 違紀處罰

為規範公務員錄用考試違紀違規行為的認定與處理，嚴肅考試紀律，確保錄用工作公平、公正，大陸於2009年發布公務員錄用考試違紀違規行為處理辦法（試行），對違反錄用考試紀律的報考人員，視情節輕重，分別施予責令改正、考試成績無效、取消錄用、五年內不得報考公務員、終身不得報考公務員等相應處理方式。違紀情節嚴重的，由公務員主管部門或公務員考試機構向報考者所在單位（學校）通報，追究其相應責任。構成犯罪的移送司法機關處理。因防弊措施嚴謹，違紀處罰嚴厲，考試作弊比例低於萬分之一。

(6) 不公布試題及答案

應考人於考試結束後，不可攜帶試題離場，錄用考試機關亦不公布試題及答案。惟坊間仍有許多出版社運用各種方式搜集試題，予以出版，並公開販售。因此常見公務員錄用考試公告會特別註明：「本次考試不指定考試輔導用書，不舉辦也不委託任何機構舉辦考試輔導培訓班」等文字，以提醒廣大報考者，切勿上當受騙。

4. 體檢與考察階段

體檢和考察由招錄機關負責。進入體檢階段的人選比例未有一致規定，原則上會比錄用名額多錄取一些人進入體檢程式，以備有人體檢不合格時，尚有遞補人選。此階段人選比例及實施方式，以國家統計局為例，2012年2月21日至22日在北京舉行面試，按錄用計劃數1：2的比例確定參加體檢人員名單，2月24日上午統一實施體檢，3月31日前，由該局派人到擬錄用人員的學校或單位進行考察，考察以等額進行。

(1) 體檢

A. 體檢標準

(A) 一般體檢：

考試錄取人員均須體檢，一般公務員按照公務員錄用體檢通用標準（試行）、公務員錄用體檢操作手冊（試行）、《關於修訂〈公務員錄用體檢通用標準（試行）〉及〈公務員錄用體檢操作手冊（試行）〉的通知》等規定組織實施。

(B) 特殊體檢：

公安機關、國家安全機關、監獄、勞動教養管理機關的人民警察和人民法院、人民檢察院的司法員警職位，以及外交、海關、海事、檢驗檢疫、安監等部門對身體條件有特殊要求的職位錄用公務員，應按照《公務員錄用體檢特殊標準（試行）》的規定檢查有關體檢項目；如人民警察職位對視力、色盲、影響面容難以治癒皮膚病、紋身、肢體功能障礙、嗅覺遲鈍等，均多所設限。該特殊標準未作規定的職位或項目，其公務員錄用的體檢標準仍按照《公務員錄用體檢通用標準（試行）》執行。

B. 體檢機關

體檢工作由設區的市級以上公務員主管部門負責組織，招錄機關實施，並在設區的市級以上公務員主管部門指定的醫療機構進行。

(2) 考察

考察內容主要包括報考者的政治思想、道德品質、能力素質、學習和工作表現、遵紀守法、廉潔自律以及是否需要迴避等方面的情況，並核實考察對象是否符合報名資格條件，提供的報考資訊和相關材料是否真實、準確等。考察應當組成考察組，考察組由兩人以上組成。考察組應當廣泛聽取意見，做到全面、客觀、公正，並據實寫出考察材料。

5. 公示、審批或備案階段

(1) 公示

擬錄用人員由招錄機關按規定之程式和標準，從考試成績、考察情況和體檢結果合格的人員中綜合考慮，擇優確定，並在網站公示。公示內容包括擬錄用人員姓名、性別、准考證號、所在工作單位或畢業院校，同時公布舉報電話，接受社會監督，公示期為7天。舉報者應以真實姓名實事求是地反映問題，並提供必要的調查線索。公示期滿，對沒有問題或者反映問題不影響錄用者，按照規定程式辦理審批或備案手續；對有嚴重問題並查有實據者，不予錄用；對反映有嚴重問題，但一時難以查實者，暫緩錄用，待查實並做出結論後再決定是否錄用。

(2) 審批或備案

中央機關及其直屬機構擬錄用人員名單報中央公務員主管部門備案；地方各級招錄機關擬錄用人員名單報省級或者設區的市級公務員主管部門審批。新錄用的公務員試用期為一年。試用期內，由招錄機關對新錄用的公務員進行考察，並安排必要的培訓。試用期滿合格的，予以任職；試用期不合格的，取消錄用。中央機關取消錄用的，報中央公務員主管部門備案。地方各級機關取消錄用的審批許可權由省級公務員主管部門規定。

6. 台灣與大陸公務員考試制度比較

台灣公務員考試配合任用制度，分等級、類科辦理，針對特殊性質機關並舉辦特考，統由考試院辦理，此與大陸公務員考試由中央與地方分權辦理，以職位為報考對象未分等級、類科，且多數無組織專業科目考試，二者之間有很大差異。大陸與台灣公務員考試制度比較詳如表2。

7. 大陸公務員考試制度之特色

中國大陸學者對目前辦理之公務員錄用考試制度，有頗多之批評。如敬義嘉教授即認為：「……統一考試的內容，忽視了個人的專業背景，另外在分級的考試上也沒有具體措施，將來應當根據報考者的專業和工作資歷建立分級分類的考試機制。」（敬義嘉等，2011）丁煌教授認為：「……年齡和健康是最嚴重就業歧視的類型，……考錄加分的名目繁多，逐漸氾濫變質，有些甚至引發爭議，如優秀論文可加分、工作人員子女可加分，明顯有悖公平的加分方式。……政府部門在殘疾人的考錄工作上，應該扮演帶頭示範的角色，更應該有較高的殘疾人錄用比例。」（丁煌等，2011）王雲駿教授亦認為：「……大陸公務員錄用中公平性要求與職業化門檻的失衡，不僅對於行政隊伍整體優化是有害的，同時對大陸政治學與行政學專業教育的負面影響也非常嚴重。」（王雲駿等，2011）本文嘗

表2　大陸與台灣公務員考試制度比較表

項目	大　陸	台　灣
考試流程	公告→網路報名（無紙化）→考試→體檢與考察→公示→審批或備案→試用→任職	公告→網路報名（無紙化與網路下載紙本寄送雙軌制）→考試→體檢（部分考試，時間安排在各試之間或最後一試考試結束後）→訓練→任用
考試等級、類科	未設考試等級、類科，以職位為報名單位。例如外交部地區業務司英語一職位。	設有考試等級、類科。計分5個考試等級，類科則配合職系設置。
應考資格（學歷部分）	多數職位為大學以上學校畢業，僅少部分鄉鎮職位元可降低至高中畢業。	配合考試等級，分別訂定學歷條件，高考一級為博士、高考二級為碩士以上、高考三級為學士以上、普考為高中以上、初等不限學歷。相當等級特考比照辦理。
考試方式	筆試併採面試。	得採筆試、口試、測驗、實地考試、審查著作或發明、審查知能有關學歷經歷證明等方式行之。除採筆試者外，其他應採2種以上方式。
筆試科目	1. 公共科目： (1) 行政職業能力測驗：包括言語理解與表達、數量關係、判斷推理、資料分析和常識判斷等5部分，為客觀性試題（即選擇題），題數135題，考試時間120分鐘，滿分100分。 (2) 申論：由注意事項、給定資料和作答要求三部分組成，為主觀性試題，題型原則包括歸納概括、綜合分析、應用文寫作、提出對策、文章論述等，題數約4至5題。考試時間限150分鐘，滿分100分。 2. 專業科目考試： 視需要設置，並由招錄機關自行決定及實施（2013年度中央機關及其直屬機構公務員考試設有專業科目考試之缺額，比例不到一成）。	1. 普通科目： 除高考一級（或一等特考）外，各等級普通科目2科。 2. 專業科目： 高考一級3科、高考二級4科、高考三級6科、普考4科、初等考試2科；相當等級特考比照辦理，惟部分特考如國家安全情報人員特考、調查人員特考、移民行政人員特考相當等級減列1至2科。
口試	運用較多者為為結構化面試、情景模擬面試、無領導小組討論面試、文件筐測驗面試和演講法面試等。	個別口試、集體口試、團體討論。

試從台灣角度加以觀察，不用優點或缺點的對立觀念，統稱其為特色，茲分述如下：

(1) 需具基層工作經驗始得報考：中央機關多數職務均限具二年以上基層工作經歷始得報考；甚至其中12%職位僅限大學生村官〔指具有大專以上學歷的應屆或往屆大學畢業生，到農村（含社區）擔任村委會主任助理，或相關的基層職務，工作多為社區（村）事務〕、參與三支一扶（支農、支教、支醫、扶貧）計畫之大學畢業生始得報考。

(2) 全網路報名及線上閱卷：一百多萬人報名之考試，均採全網路報名且應考人自行下載印製准考證，不論測驗式試題或申論式試題，均已全面採行線上閱卷。

(3) 面試考官須經過培訓取得證書方能參與面試，面試時並需攜帶證件前往。

(4) 公示前有考察程序：用人機關於公示前派員（二人一組）至擬錄取人員服務機關或學校進行實地考察，據實提出考察意見。

(5) 公示後定期接受舉報：公示內容包括擬錄用人員姓名、年籍、性別、准考證號碼、畢業學校或工作單位等資料均對外公布，一定期限內並接受社會各界舉報以反映問題。公示期滿，無問題者完成審批，有嚴重問題且查有實據者，不予錄用。

(6) 考試未分等級及類科：應考學歷資格原則上均為大學畢業，特殊職位則限博碩士。並以個別職位競爭為原則，故有的職位近萬人競爭一個，有的偏遠地區職位則無人報名。

(7) 多數職位皆不考專業科目：2013年度中央機關及其直屬機構公務員考試設有專業科目考試之缺額，比例不到一成（如外交部、旅遊局、銀監會、證監會之相關職務），其餘多數均僅以行政職業能力測驗、申論、面試即決定錄取與否。

(8) 行政民主程度尚不足（因為政治體制的不同），故中國共產黨及民主黨派黨職亦列入公務員考試缺額範圍；部分職位且限中共黨員始得報考。

(9) 對中高齡及身障者應考權未充分保障：公務員考試普遍限制應考年齡上限為35歲以下，且要有正常履行職責之身體條件，並未考慮中高齡或身障弱勢者就業問題。但少數民族、烈士子女等，應考試則有加分優待。

(10) 考畢試題及答案均不對外公開：但民間培訓輔導考試機構想盡辦法蒐集題目販售並開班授課，除輔導應考人應答筆試外，連結構化口試亦有專人教導應對技巧。

三、專技人員考試制度

中國大陸學者陳粟將大陸專業及技術人員資格考試分成三部分，分別為職稱

考試、職業資格考試、職業技能鑑定，若與台灣制度相比較，前二種應屬本部辦理之專門職業及技術人員考試之範圍，第三種即為行政院勞委會職訓局辦理之技術士技能檢定。（陳粟，2010）

（一）辦理考試範圍

　　人資和社保部內設有專業技術人員管理司、職業能力建設司，負責專業技術人員管理制度建立、職業技能資格制度建立。所屬事業單位人事考試中心，則負責辦理律師、醫師、註冊會計師（原已有相關法律規範者）以外之專技人員證照考試。目前以國家職業資格全國統一鑑定為名之考試，每年辦理兩次，計有物流師、電子商務師、心理諮詢師、理財規劃師、營銷師、企業培訓師、網路編輯員、職業指導人員、項目管理師、企業信息管理師、企業人力資源管理師等12種；另全國翻譯專業、義肢製作師、執業藥師、招標師、拍賣師、房地產估價師、會計、衛生、註冊建築師、註冊土木工程師、註冊結構工程師、註冊電氣工程師、監理工程師、環境影響評價工程師、管理諮詢師、棉花質量檢驗師、社會工作師、土地登記代理人、註冊核安全工程師、物業管理師、註冊城市規劃師、造價工程師等50餘種專業技術人員執業資格考試則是個別單獨辦理。考試方式有題卡作答、紙筆作答、口頭答辯、上機作答等多重方式。由於職業類別繁多，部分僅要求學歷條件，部分學歷條件外另需工作經驗。各類科及格標準由人資及社保部會同職業主管機關訂定。

（二）新專技人員職類建立快速

　　專技人員新職類的增加，由人資和社保部會同相關職業主管機關部會，在權限範圍內訂定部門規章即可開始運作，勿需制定法律，由人民代表大會或人大常委會審議通過，因此新的專業近些年來快速增加。

（三）專技人員統考外語及計算機能力

　　人事考試中心統籌辦理之全國專業技術人員職稱外語等級統一考試（分英、日、俄、法、德、西班牙等六種語文），考題全部為測驗題，應考人在答題卡上作答，考試時可攜帶一本正式出版的通用外語詞典（但不得攜帶電子詞典）。全國專業技術人員計算機應用能力考試（分操作、辦公應用、網絡應用、數據庫應用、圖像製作多種應用系統），部分科目需任選其一，考試採機上作答方式，考畢現場立即公布成績。（與我國醫事人員採電腦化測驗，即測即評方式相同。）近些年來報考人數也呈現快速成長，均超過100萬人以上。大陸專技人員外語等級統一考試級別劃分、專技人員計算機應用能力考試科目設置，詳表3、表4。

表3　專技人員外語等級統一考試級別劃分

職稱系列 ＼ 考試級別 ＼ 申報職稱	A級	B級	C級
衛生技術（醫、藥、護、技）	主任醫（藥、護、技）師 副主任醫（藥、護、技）師	(1) 主治（管）醫（藥、護、技）師 (2) 在縣及縣以下所屬單位工作的人員申報正、副主任醫（藥、護、技）師	在縣及縣以下所屬單位工作的人員申報主治（管）醫（藥、護、技）師
工程技術	高級工程師（含教授級高級工程師）	(1) 工程師 (2) 在縣屬單位工作的人員申報高級工程師（含教授級高級工程師）	在縣屬單位工作的人員申報工程師
農業技術	農業技術推廣研究員	高級農藝師	農藝師
實驗技術		高級實驗師	實驗師
經濟專業	高級國際商務師	高級經濟師 國際商務師	經濟師 助理國際商務師
會計專業		高級會計師	會計師
統計專業		高級統計師	統計師
審計專業		高級審計師	審計師
體育教練員	國家級教練	高級教練	一級教練
播音專業	播音指導	主任播音員	一級播音員
新聞專業	高級記者（高級編輯）	主任記者（主任編輯）	記者（編輯）
藝術（廣播電視藝術）	藝術一級	藝術二級、主任舞臺技師	藝術三級、舞臺技師
出版專業	編審	副編審	編輯（一級校對）
文博專業、圖書資料專業、檔案專業	研究館員	副研究館員	館員
公證員	一級公證員	二級公證員	三級公證員
律師	一級律師	二級律師	三級律師

表4　大陸專技人員計算機應用能力考試科目設置

應用類別	科目	備註
操作系統	中文Windows XP操作系統	
辦公應用	Word2003中文字處理	考生任選其一
	金山文字2005	
	Excel2003中文電子表格	考生任選其一
	金山表格2005	
	PowerPiont2003中文演示文稿	考生任選其一
	金山演示2005	
網絡應用	Internet應用	考生任選其一
	FrontPage 2000網頁製作	
	Dreamweaver MX 2004網頁製作	
	FrontPage 2003網頁設計與製作	
數據庫應用	Visual FoxPro 5.0數據庫管理系統	
	Access 2000數據庫管理系統	
圖像製作	AutoCAD2004制圖軟體	考生任選其一
	Photoshop 6.0 圖像處理	
	Photoshop CS4 圖像處理	
	Flash MX 2004動畫製作	
	Authorware 7.0多媒體製作	
其他	Project 2000項目管理	考生任選其一
	用友財務（U8）軟體	
	用友（T3）會計信息化軟體	

（四）大陸專技人員考試制度特色

　　1. 職業管理規範，不以制定法律為必要程序，故以訂定部門規章即可快速因應市場需要，符合民間社會脈動。

　　2. 對專門職業及技術人員，以統考方試辦理外語等級統一考試、計算機應用能力考試等，使其專技人員外語水準及資訊能力能與時代接軌、與世界各國接軌。

四、制度上可能之借鏡

中國大陸政治社會經濟體制和台灣相比較，由於幾十年的各自分隔發展，造成海峽兩岸頗多差異性，所以有時評斷對方制度的好壞，更應審慎爲之；尤其是借鏡其作法更要評估我國政治社會文化接受度，所以不可完全照著移植。爰提出以下幾點或可嘗試酌爲參採之作法：

（一）公務人員考試方面

1. 重視應考人基層工作經驗

大陸中央公務員考試相當重視應考人工作經歷，除特殊職位以外，全部招錄具有二年以上基層工作經歷人員。台灣初任公務人員經由競爭激烈之國家考試脫穎而出，均相當優秀，惟因缺乏基層實務經驗，歷來受用人機關及民眾詬病，難以符合業務需求，亦無法體察民意。基於考用配合，本部積極推動公務人員考試法第19條修法工作，放寬類科應考資格增列工作經驗或專門職業證書條件，獲得立法部門認同，已完成立法程序。未來將會商用人機關，於適當類科納入工作經驗或專門職業證書要求，相信將使考用配合更加緊密。長遠來看，逐步增加部分類科應考資格需具基層工作經歷，相信對新進公務人員進用將可使其具備社會敏感度，能夠苦民所苦，研擬決策方不致太脫離人民感受。

2. 考試方法技術之彈性與進步

如大陸統一司法考試三個科目採測驗式試題，設有單項選擇題（4個選1個正確答案）、多項選擇題（4個選2個以上正確答案）及不定項選擇題（不告知係單選或多選，4個選至少1個以上正確答案）等題型，多選、少選、錯選或不選均不給分，此制實施多年有利於應考人鑑別度提升，未聞各界有太大爭議。我國國家考試長期採取單選試題，近年來才增列複選試題之法源，但究該如何實施學界意見紛歧，至今第一步擇定考試試辦尚無法踏出。大陸經驗或可酌爲參照。此外針對報考人員試題作答內容可疑，啓用雷同試卷甄別系統加以比對，對使用高科技設備作弊的行爲進行篩查、認定和處理，亦可有效嚇阻電子舞弊行爲。

3. 透過社會群體力量查察不法

公示前有考察程序，用人機關於公示前派員至擬錄取人員服務機關或學校進行實地考察，據實提出考察意見。公示後定期接受社會各界舉報，公示內容包括擬錄用人員姓名、年籍、性別、准考證號碼、畢業學校或工作單位等資料均對外公布，一定期限內並接受舉報以反映問題。公示期滿，無問題者完成審批，有嚴

重問題且查有實據者，不予錄用。此一作法和我國公務人員考試法第22條規定：有冒名頂替、偽造或變造應考證件、不具備應考資格、以詐術或其他不正當方法使考試發生不正確之結果等情形，於考試前發現者，撤銷其應考資格。於考試時發現者，予以扣考。於考試後榜示前發現者，不予錄取。於榜示後至訓練階段發現者，撤銷其錄取資格。於考試及格後發現者，撤銷其考試及格資格，並註銷其及格證書。頗有異曲同工之妙。只是我國制度向前向後更加延伸（前者向前延伸到考試前、考試時、考試後榜示前，後者則向後延伸至訓練期滿考試及格後發現亦屬之）。但在實務作業上榜示前，由用人機關派員至擬錄取人員服務機關或學校進行實地考察，並提出考察意見的作法，或許在學識之外能對當事人的品格、工作態度、為人處事等，有另一層面的瞭解；只是如果發現當事人人格偏差或不適任公務員，要據以淘汰，其標準該如何建立，應一併研議規劃。

（二）專技人員考試方面

1. 專技人員職業管理法令訂定快速，充分反應民間社會需求

　　看看大陸專技人員考試職類，如物流師、電子商務師、理財規劃師、營銷師、企業培訓師、網路編輯員、職業指導人員、項目管理師、企業信息管理師、企業人力資源管理師、全國翻譯專業、義肢製作師、招標師、拍賣師、監理工程師、管理諮詢師、棉花質量檢驗師、註冊核安全工程師、物業管理師、造價工程師等，其實許多都是我國工商企業界亟需之專業人員。但在台灣要建立一個新的專門職業，就要產官學建立共識，還不能和其他專門職業有競業情形發生，然後職業主管機關擬出職業法草案送請立法院完成審議，總統公布施行，才能啟動專技人員考試機制。其中任何一個環節發生爭議，都會影響到新職業法的立法。從景觀規劃師法草案，到驗光師法草案等，前後蹉跎數年遲遲不能完成立法。民主的代價真的就是無效率嗎？能不能夠思考由立法授權職業主管機關訂定各種專技人員執業管理法規即可運作的可行性？而不必非堅持國會立法保留不可。換言之，應該慎重考慮擴大對行政部門立法授權範圍，讓政府有能力去管理目前部分毫無規範的不同職業場域。

2. 專技人員加考外語等級統一考試、計算機應用能力考試，使其執業能力符合時代需要

　　目前從專業技術人員職稱外語等級統一考試之職類加以觀察，和國家職業資格全國統一鑑定考試、專業技術人員資格考試之職類雖不完全相同，但顯然相當比例專業技術人員均已將外語等級統一考試納入範圍。未諳其計算機應用能力考試，是適用在全部或部分專業技術人員考試中？另通過各該專業證照考試，但未

通過外語等級統一考試、計算機應用能力考試，能否取得專技人員證書後即准予執業？也尚有待進一步理解。不過對比多年前考選部曾經研議對專技人員證照考試加考英文一科，擬案一出後考生群起反彈，認爲國內專技人員執業對英文需求不大，且增加準備考試負擔，全案遂予以擱置。究竟我國考出來的專技人員，要能走出去與國際社會接軌，外語能力與計算機能力是否爲必要的基礎能力？大家應該冷靜思考。

五、未來努力方向

　　站在考選機關的立場，維持海峽兩岸相關考試機關持續交流往來，進一步瞭解大陸公務人員及專技人員考試制度的發展，絕對有其必要性，因此在作法上以下幾點應該持續努力推動：
　　（一）賡續邀請以訪問學者名義來台短期研究之大陸學者到部演講，期以最少演講鐘點費發揮介紹新制度之最大邊際效益。
　　（二）國家菁英季刊過去多年來，先後兩次以大陸公務員錄用考試、統一司法考試爲主題，邀請大陸相關領域學者撰稿。未來宜持續推動，並朝不同種類公務人員、專門職業及技術人員類別分別加以探討。
　　（三）在適當時機、以適當身分（如海峽兩岸關係法學研究會）邀請大陸相關機關人員或相關大學學者來台灣參訪本部或參加學術研討會，俾能進行經驗交流。
　　（四）持續指派同仁赴大陸進行參訪，包括人力資源和社會保障部、財政部、衛生部以瞭解更多專技人員考試辦理情況；並至地方政府人力資源和社會保障廳，瞭解地方公務人員考試及進用情形。

參考資料

一、法規
　　中華人民共和國憲法
　　中華人民共和國立法法
　　中華人民共和國律師法
　　中華人民共和國執業醫師法
　　中華人民共和國註冊會計師法
　　醫師資格考試暫行辦法
　　公務員法

　　　　公務員錄用規定（試行）

　　　　公務員錄用體檢通用標準（試行）

　　　　公務員錄用體檢特殊標準（試行）

　　　　中央機關及其直屬機關2013年考試錄用公務員公告

　　　　2010-2020年深化幹部人事制度改革規劃綱要的通知

　　　　關於2013年度全國專業技術人員職稱外語等級統一考試有關問題的通知

　　　　關於全國專業技術人員計算機應用能力考試科目更新的通知

　　　　關於做好2012年國家職業資格全國統一鑒定工作的通知

　　　　關於2012年度專業技術人員資格考試計劃及有關問題的通知

二、其他

　　　　敬義嘉、李濟涪，大陸地區公務員考試制度的變遷及影響因素分析，國家菁
　　　　　英季刊第7卷第4期，2011年。

　　　　王雲駿、蔡葉飛，公務員錄用中公平性要求與職業化門檻的平衡──以近年
　　　　　來中國大陸公務員考試命題思路為觀察點，國家菁英季刊第7卷第4期，
　　　　　2011年。

　　　　丁煌、田蘊祥，中國大陸文官考錄改革策略回顧與展望，國家菁英季刊第7
　　　　　卷第4期，2011年。

　　　　陳粟，中國大陸專門職業及技術人員考試綜述，國家菁英季刊第6卷第4期，
　　　　　2010年。

（國家菁英季刊第9卷第1期，102年3月）

捌、證券投資分析人員資格測驗屬性定位——兼論專技人員考試法修正疑慮

一、楔子——立委質詢引發推動專技人員考試範圍擴大

　　我國專門職業、技術人員用語首見於1928年制定之考試法，1930年12月30日公布考試法施行細則，界定應領證書之專門職業或技術人員，包括律師、會計師、農工礦業技師及公營事業技術人員、醫師、藥師、獸醫、化驗技士、助產士、看護士、其他法令規定應領證書之人員。1943年起，考試院陸續開始舉行多種專技人員考試，包括醫事人員考試、中醫師考試、農業工業礦業技師考試、律師考試、會計師考試等，至1949年為止共錄取47,550人，考試等級則分高等考試、普通考試、特種考試與檢覈；其中檢覈及格者遠遠超過考試及格者；檢覈及格者，又以審查證件免試者居多，參加面試或實地考試者少。中央政府遷台以後，從1950年開始迄今，專門職業及技術人員考試類科設置，隨著時代快速進步發展，社會分工越來越細，新的專技人員考試種類日益增加；但原有的部分考試類科（如船舶電信人員中之話務員、報務員，有線電話作業員，醫事人員中之醫用放射線技術士、物理治療生、職能治療生等），也因為產業轉型、執業水準提升及社會無此需求等多種原因，而予以停辦。此期間專技人員考試種類認定政策歷經「被動轉向主動（1981年至1991年）」、「積極擴大專技人員考試範圍（1992年至1998年）」、「積極轉向消極（1999年迄今）」三個不同時期。（楊戊龍，2005）本文敘述者，即從積極擴大專技人員考試範圍時期發生之事件開始。

　　1992年7月立法委員林鈺祥向行政院提出質詢，對於行政部門委託青輔會辦理各項專技人員考試（如財政部委託辦理之專責報關人員、保險代理人資格測驗），違反憲法及專技人員考試法規定，為維護考試制度完整性與公平性，要求行政部門立即停止此種委託，日後亦應尊重考試權並事先與考試院協商（如今回溯觀察這段歷史，此一質詢在專技人員考試發展進程上來看，有如辛亥革命武昌起義熊秉坤所開的第一槍）。林委員亦致函考選部王作榮部長，對青輔會接受委託辦理多項專技人員考試，對考試制度破壞甚鉅，希該部多予研究關注。同年10月財政部函請考試院解釋該部委託青輔會辦理專責報關人員、保險代理人資格測驗，及格者核發資格證書與執業證書，究竟有無違反專技人員考試法規定。考試院則行文考選部就該案研議具復。考選部先後多次邀集相關機關代表及法政學者

研商，財政部及證管會代表對委託青輔會辦理相關資格測驗，有違憲違法之說有所保留，但表示尊重考試院最後之解釋；古登美教授表示從五權分立觀點來看，所有考試皆應由考試院辦理，考試院可增加編制與人力並收回類此考試，或委託行政機關辦理；傅肅良教授認為因應專技人員範圍擴大，應考資格在大專以上者層次較高，由考試院自行辦理考試為宜，應考資格在高中高職以下者層次較低，可授權職業主管機關辦理；許濱松教授亦認為辦理考試權限，依憲法及增修條文規定應屬考試院職掌，則專技人員考試即應由考試院掌理，這是憲政體制應加以尊重。但蔡志方教授則主張除非公平性有問題，考試院即應收回類此考試自行辦理，如無公平性重大問題，目前由職業主管機關辦理尚不違法。

　　綜合各方意見，1993年4月考選部將研議結果呈報考試院，其中指出依憲法第86條規定，專門職業及技術人員之執業資格，應由考試院依法考選銓定之，內容明確毋庸置疑；同法施行細則第2條第8款「其他依法規應領證書之專門職業及技術人員」，係概括規定，則各該職業主管機關所訂定之管理辦法或規則，皆應屬此法規範圍，故相關資格之取得，自應由考試院以考試定其資格。因此職業主管機關以資格測驗或其他名稱取代考試，實有規避考試權行使之嫌；爰專責報關人員、保險代理人經紀人公證人之執業資格測驗，應一併納入考試權行使範圍，由考選部依法辦理考試為妥。考試院主簽本案參事朱武獻，簽註意見表示本案涉及之專責報關人員、保險代理人經紀人公證人，符合「依法規」、「應領證書」規定；至於專門職業及技術人員雖尚無明確定義，但一般情形下，要成為專技人員多具備若干條件，包括「該項職業須具備相當專業知識，此等知識並應有正規教育加以培養」、「取得該項專門職業及技術人員執業資格，應以考試方式為之」、「要訂有職業管理法律」、「從業人員應成立專業性學會或公會」等，故從實務上來看，本案所述人員當可列入專門職業及技術人員。因此簽註同意專責報關人員等執業資格測驗，自應一併納入考試權行使範圍，由考選部依法辦理考試。考試院第8屆第132次會議針對本案作成決議：「一、專責報關人員、保險代理人、保險經紀人、保險公證人，依法應屬專門職業及技術人員，均應納入考試權行使範圍。由考選部即與各有關職業主管機關會商於一年內辦理，在未納入考試權行使範圍前，暫由現行職業主管機關根據實際需要辦理資格測試。二、其餘證券商高級業務員等多種人員，交考選部積極研究，逐步納入考試範圍。」該兩項考試並在1994年首次由考選部收回辦理在案，同時考選機關也積極展開一個大波段的擴大專門職業及技術人員考試種類與範圍的策略行動。（考選部，1998）

二、曾鎖定證券投資分析人員惟主管機關消極以對

　　擴大清理過程中，首先是全面整理行政院所屬各部會自行辦理或是委託辦理各種涉及證照資格之考試、測驗、檢定等，初步發現有財政部主管之精算師、核保及理賠人員、證券投資分析人員、證券商高級業務員、證券商業務員、期貨經紀商業務員；行政院勞工委員會主管之技術士、職業訓練師、就業服務專業人員；交通部主管之領隊導遊、航空人員（包括正副駕駛員、飛航機械員、地面機械員、領航員、簽派員、飛航管制員）；經濟部主管之中小企業經營輔導專家；教育部主管之高級中等以下學校及幼稚園教師；行政院環境保護署主管之公民營廢棄物清除處理機構專業人員、空氣污染防制專責人員、毒性化學物質專業技術管理人員、事業或污水下水道系統廢污水處理專責人員、病媒防治業專業人員、公私場所及交通工具排放空氣污染物檢查人員等，以上人員合計共25種。1997年7月考選部將研處意見報請考試院作政策決定，同年8月21日第9屆第46次院會決議精算人員等人員應否納入專技人員考試案，是否以職業主管機關定有職業管理法律，且明定其執業資格應經考試及格為限一節，由於事關落實憲法賦予考試院之職掌，因此有必要對專技人員執業資格作一釐清；審查會遂決議由考試院邀集行政院所屬相關部會、學者專家成立專案小組，研訂專技人員執業資格、界定標準及相關法令、技術配套等措施，以作為進一步檢討之依據，並推考試委員洪文湘擔任召集人，考選部負責幕僚作業，向院會提出研究報告。專案小組隨後多次邀集學者專家、職業主管機關、全體考試委員開會研商，研擬專案小組報告，全案並經考試院1998年2月26日第9屆第70次院會決議通過，採「依法規」、「應領證書」、「專門職業及技術人員」3項檢視指標加以檢討，均符合者即應納入專技人員考試由考試院辦理，包括不動產經紀人、就業服務專業人員、導遊人員、領隊人員、航空人員（包括正副駕駛員、飛航機械員、地面機械員、領航員、簽派員、飛航管制員）等5種；其餘精算人員、核保及理賠人員、證券投資分析人員、證券商高級業務員、證券商業務員、期貨商業務員、保險業務員、技術士、兒童福利專業人員、中小企業經營輔導專家、高級電信工程人員及電信工程人員、商業會計記帳人等12種，由考選部續洽職業主管機關研訂（修）職業管理法規建立完善職業管理制度，並由主管機關核發證書後，再予納入專技人員考試考試範圍。

　　以當時鎖定之證券投資分析人員為例，其法規依據為證券交易法第70條規定：「證券商負責人與業務人員之管理事項，由主管機關以命令定之。」證券商負責人與業務人員管理規則第5條第2款規定：「……二、財政部證券管理委員會

（以下稱本會）認可或測驗合格之證券投資分析人員。」證券投資顧問事業管理規則第8條規定：「擔任證券投資顧問事業投資分析之人員，應具備下列資格之一：一、經證管會或證管會指定機構舉辦之測驗合格者。二、在國外取得證券分析師資格，並有二年以上實際經驗，經證管會認可者。三、本規則修正施行前，曾取得證券投資分析人員資格者。」財政部代表在協調會議中多次表示，目前並無證券投資分析人員專責管理法規，亦無強制規定從事證券投資分析工作者必須具有證券投資分析人員資格，因此證券投資分析人員似不屬專門職業範疇；且參酌美、日等先進國家證券分析師考試及證照授予，皆由民間自律團體負責運作及推展。證管會對證券投資分析人員測驗合格，係發給測驗合格證書，而非考試及格證書或執業證書；證券投資分析人員係證券公司、投資顧問公司內部受聘受僱人員，執行公司政策，並非獨立執行業務，因此屬性上非屬專技人員，以不納入專技人員考試為宜。考選部則認定證券投資分析人員有職業管理法規，但測驗合格發給之測驗合格證書，既非考試及格證書，亦非執業證書，據此暫不納入專技人員考試範圍。另根據考試院會決議，考選部分梯次邀集相關職業主管機關召開會議，告知考試院會決議內涵及其後續建議配套修法措施；惟請財政部研訂（修）相關職業管理法規，建立完善職業管理及證照核發制度後，再予納入專技人員考試範圍之決定作成後，此時修法主動權回到職業主管機關手裡，職業法修法進度已非考選機關所能掌握及置喙，此從事後演變經過來看，全案實質上已經停擺。

　　1998年以後考選機關首長人事更迭，接著2000年主張三權分立廢除考試院之民主進步黨執政以後，原來擴張行使之專技人員考試權明顯萎縮，此一自我弱化政策迄今雖然再度換黨執政，似乎仍然賡續進行沒有明顯改變。此期間在新職業法建制階段，考選機關曾明確告知主管機關行政院體育委員會有關體育專業人員非屬專技人員範疇，不宜辦理考試；也告知內政部殯葬禮儀師不宜納入專技人員考試，最後改以技術士技能檢定方式考照。甚至原已舉辦多年之漁船船員、船舶電信人員考試，也協商職業主管機關農業委員會、交通部自行辦理；最新的發展是基於尊重國際公約（如STCW）的考慮，凡是有和國際接軌相關之證照（如航海人員考試），均將回歸職業主管機關自行辦理。

三、現行法制認定標準顯有盲點容易產生漏洞

　　1998年2月考試院在認定各職業主管機關辦理涉及專技人員執業資格之考試是否應回歸考試院辦理時，係以「依法規」、「應領證書」、「專門職業及技術人員」3項指標加以檢視；其主要考量是和當時在立法院審議中（等待二讀）之

專技人員考試法修正草案第2條：「本法所稱專門職業及技術人員，係指依法規應經考試及格領有證書始能執業之人員；其考試種類，由考試院定之。」互相聯結（該法在1999年12月29日總統修正公布，亦即現行之第2條）。其中「依法規」，係以職業管理法律及法律授權訂定之法規命令為限，排除職權命令與行政規則；「應領證書」之範圍，係考慮專技人員考試法第1條規定：「專門職業及技術人員之執業，依本法以考試定其資格。」而現行各相關職業管理法規均規定，專技人員之執業，均須考試及格據以申領職業證書及或執業證照後始得執業，爰應領證書之規定，應係指職業證書及或執業證照而言；至於「專門職業及技術人員」之屬性認定，依1994年6月17日司法院大法官第352號解釋理由書，土地登記涉及人民財產權益，其以代理當事人申辦土地登記為職業者，須具備相關之專業知識與經驗，始能勝任，是故土地登記專業代理人係屬專門職業。故專門職業及技術人員界定要件，即為「涉及人民生命財產安全」、「且須具備相當之專業知識與經驗始能勝任」之行業，即屬專門職業。以此「依法規」、「應領證書」、「專門職業及技術人員」3項指標逐一檢視，皆符合者，即應納入專技人員考試範圍準備收回；如屬專門職業及技術人員屬性，但職業管理法規尚不健全，或未發職業證書及或執業證照者，則暫不予收回，由考選部續洽職業主管機關研訂（修）職業管理法規建立完善職業管理制度，並由主管機關核發證書後，再予納入專技人員考試考試範圍。

　　但如今回頭省思前述作法，顯然並不周延，因為從當初檢討職業管理法規尚不健全，或未發職業證書及或執業證照之12種準專技人員──包括精算人員、核保及理賠人員、證券投資分析人員、證券商高級業務員、證券商業務員、期貨商業務員、保險業務員、技術士、兒童福利專業人員、中小企業經營輔導專家、高級電信工程人員及電信工程人員、商業會計記帳人等，在考選部告知相關職業主管機關應強化職業管理法制，以利後續納入專技人員考試權行使範圍之後，迄今沒有一個部會主動配合修正職業管理法規，加入該專業人員須經國家考試及格之條件，以及考試及格領有證書始能執業規定。有的部會繼續維持法制不健全之現況，以避免未來被納入國家考試；也有的部會更逆向操作，根據考選部的提醒修正職業管理法規，將原行政機關委託財團法人辦理之測驗或檢定，改成同業公會委託財團法人辦理，原行政機關發給之測驗合格證書，改為同業公會認可或受委託財團法人發給證明，以和職業主管機關在形式上完整切割，如此改變結果離回歸國家考試目標反而更加遙遠。其中唯一納入國家考試權行使範圍的，僅有記帳士一種而已（原商業會計記帳人轉型而來），而納入的原因不是因為相關部會配合考試院政策方向修法；而是利益團體遊說立法部門，前後兩度修改職業法由職業主管機關直接審查後發給執業證書，或對現職從業人員免試發給與考試及格人員相同名稱之執業證書，考選部為此也兩度提出釋憲聲請，司法院大法官先後

作成釋字第453號、第655號解釋，支持商業會計記帳人或記帳士爲專門職業，應經考試院依法考選銓定其執業資格；因此職業主管機關係依據大法官會議解釋結果，刪除違憲之條文，記帳士始回歸考試權運作。此一經驗足證以大法官解釋及現行專技人員考試法規範，面對不願納入國家考試範圍之職業主管機關及業界，現行法制認定標準顯有盲點因而容易產生漏洞，未來應該調整認定原則及基準以符實際。

四、立法部門關注證券投資分析人員再度受到各界矚目

　　2009年年底立法院預算中心提出2010年中央政府總預算案評估報告，其中第45點提到「以民間舉辦之測驗限制金融從業人員資格，牴觸法律規定，並圖利金融研訓院及證基會等非官方機構」，內容略以：證券業務人員、投資業務人員等之資格測驗，尚未納入專技人員考試，該等人員之資格條件卻於相關法規中限定參加非由考試院委託之民間法人機構（如金融研訓院及證基會）舉辦之測驗，經測驗合格始得擔任；類此資格條件之限制導致金融證照滿天飛，卻均不屬於國家考試範疇，相關規定顯有牴觸憲法保障工作權及專技人員考試法之虞，類此應以考試定其資格始能從事之行業，考試院及金管會宜正視並依法研議對策。（立法院預算中心，2009）2010年7月28日，行政院金融監督管理委員會邀集產官學界，召開「金融相關從業人員納入專技人員考試可行性」會議，劉宗德教授表示：專技人員考試法第2條條文之修正，如要創造雙贏局面，未來即使將部分金融相關人員納入專技人員考試，建議考選部亦宜採委外辦理方式，以提高考試辦理之彈性及效率。目前金管會對金融相關事業之管理，係採2至3層之管理方式，即直接管理事業，再管理負責人，最後爲對所屬業務人員之管理等，此管理模式應係目的主管機關認爲最佳之管理方式，透過作用法予以明確規定，不宜冒然更動此管理模式。本案如緣起爲社會期盼或國會之要求，認現行作用法有規範不足情形，而擬藉將從業人員納入國家考試以收管制之效，建議目的事業主管機關可思考何種管理方式對該目的事業，較具可操作性。例如針對數量龐大之金融相關從業人員，尤其事業派遣之分析人員上媒體所爲分析言論，如有違反作用法規時，可以施以行業導正；亦即修正作用法加強管理即可收效，而無須變更現行監督管理方式。林國全教授表示：按現行納入專技人員考試者，多係可獨立執行業務之專業人員，依此標準而言，因現行證券／期貨分析人員，及金融相關從業人員，即使通過相關資格測驗，亦無法單獨執業，故並不宜納入專技人員考試。另因上揭修正條文第2條存有諸多不確定法律概念，而重要性原則亦爲一抽象概

念，考選部未來如依修正後條文及重要性原則，將不能獨立執業之證券/期貨分析人員亦納入專技人員考試，則未來有可能範圍不斷增加，致所有金融從業人員均須經國家考試。為避免該情形發生，建議應訂定明確之納入專技人員考試標準。林繼恆教授則認為：專技人員之認定，應參照大法官釋字第453號、第454號等解釋，依重要性原則應越來越縮限，以避免妨礙工作權；而當憲法第86條限縮解釋時，於符合法律保留原則及比例原則下，對工作權或業務人員做合理限制，應係憲法第23條所允許。以美國考試制度為例，其對會計師，律師等高度專業人士之資格，均係由民間自律組織辦理，對證券相關從業人員之測驗，則由證管會轄下之一專門機構辦理，依不同從業人員特性，訂定不同之測驗。建議我國專技人員由國家考試之範圍，應採縮限解釋，依重要性原則，針對影響公益之特殊行業，更應強調憲法第23條意旨，於符合法律保留原則及比例原則之下，允許行政權以訂定法律之方法，針對證券從業人員之考試，予以個別化及特別化，以達到行政管制之目的，故相當贊同金管會作法。其餘與會之投信投顧公會、期貨公會、證基會、金融研訓院、信託公會、票券公會、壽險公會、產險公會、券商公會等，均一面倒支持由金管會繼續採取目前方式，由證基會、金融研訓院辦理相關專業人員資格測驗。金管會並將會議紀錄送給考選部，作為訂定專技人員之實質認定標準、認定程序等事項之參考。（金融監督管理委員會，2010）

　　同年11月3日，立法院第7屆第6會期司法及法制委員會第8次全體委員會議，審議2011年中央政府總預算案考試院主管部分，會中通過李俊毅委員提案、涂醒哲、柯建民委員連署決議案「……金管會以民間團體舉辦之測驗限制金融從業人員資格，若該等金融從業人員依規定屬於經測驗合格始能從事之職業，則依專技人員考試法及典試法規定，其測驗應納入專技人員考試範疇，由考試院主辦或由考試院委外辦理，以強化考試之專業性及公信力。……爰要求考試院儘速召集金管會等相關機關共同研商，檢討金融測驗合格證書是否屬於金融從業人員必備之資格條件，如係屬應經測驗合格取得證書始能從事者，該等測驗應回歸專技人員考試法等相關法令規定，由考試院主辦或由考試院委外辦理。如測驗合格證書非屬金融從業人員必需之要件者，亦應要求目的事業主管機關儘速配合修正相關業務人員管理規則之法令，該相關考試應由目的事業主管機關逐年公開徵選並公告得辦理測驗、訓練之機構、學校或法人團體，不得指定專由特定財團法人或單位辦理。」（立法院，2010）同年月4日考試院第11屆第110次院會，關院長中亦發言表示：金融專業證照考試列入本院專技考試範圍問題，依大法官會議解釋，應依法考選銓定之專技人員，須符合3項要件：1.一定專業知識與經驗；2.經現代教育養成；3.性質涉及公共利益與人民權益。本院職司國家考試，過去多係被動因應用人機關要求而辦理，但現在必須有所改變，應主動適時回應人民需求與社會需要，例如環保、生技等人才需求甚殷，但卻苦無相關考試可資甄拔，請考選部

研議改進。關院長的政策性談話，最重要的意義應是對外宣示從今以後專技人員考試之舉辦，應揚棄過去消極被動之態度，只要人民及社會有需求，考選部即應積極主動籌辦相關考試。（考試院，2010）

五、考選部會商金管會協調證券投資分析人員後續處理

　　目前以行政院金融監督管理委員會為職業主管機關之專技人員，納入國家考試範圍由考選部辦理考試者，僅有會計師、保險代理人、保險經紀人、保險公證人4種。其餘涉及專技人員性質之專業人員，由金管會或同業公會委託證券基金會辦理資格測驗者，有證券商業務員、證券商高級業務員、證券投資分析人員、投信投顧業務員、期貨商業務員、期貨交易分析人員、期貨信託基金銷售機構銷售人員、債券人員、股務人員、票券商業務人員等10種之資格測驗。由金管會或同業公會委託金融研訓院辦理資格測驗者，有初階（進階）授信人員、初階外匯人員、信託業業務人員、理財規劃人員、銀行內部控制與內部稽核、中小企業財務人員、結構型商品銷售人員、債權委外催收人員、金融人員風險管理等10種之專業能力測驗。另簽證精算人員（分壽險類、產險類）之資格測驗，則由金管會委託中華民國精算學會辦理。以上各種專業人員，其職業管理法律（或法規）種類繁多、執行業務範圍不同、是否符合專技人員定義範圍性質各異，為避免通盤檢討牽涉廣泛難以推動，爰以單一性質且業務執行明顯涉及人民財產權益之證券投資分析人員為對象，先行釐清後研議納入國家考試運作。

　　按現行證券投資信託及顧問法第69條規定：「證券投資信託事業及證券投資顧問事業，其應備置人員、負責人與業務人員之資格條件、行為規範、訓練、登記期限、程序及其他應遵行事項之規則，由主管機關定之。」證券投資信託事業負責人與業務人員管理規則第2條規定：「本規則所稱負責人，指依公司法第8條或其他法律之規定應負責之人。本規則所稱業務人員，指為證券投資信託事業從事下列業務之人員：一、辦理受益憑證之募集發行、銷售及私募。二、投資研究分析。三、基金之經營管理。四、執行基金買賣有價證券。五、辦理全權委託投資有關業務之研究分析、投資決策或買賣執行。六、內部稽核。七、法令遵循。八、主辦會計。」該規則中對證券投資信託事業董事長、總經理、副總經理、協理、經理、分支機構經理人、基金經理人、內部稽核及法令遵循業務人員、業務人員等，皆應具備符合證券投資顧問事業負責人與業務人員管理規則所定證券投資分析人員資格，而目前此項證券投資分析人員資格測驗，係由證券投資信託暨顧問商業同業公會委託證券基金會辦理。另證券投資顧問事業負責人與業務人

管理規則第2條規定：「本規則所稱負責人，指依公司法第八條或其他法律之規定應負責之人。本規則所稱業務人員，指為證券投資顧問事業從事下列業務之人員：一、對有價證券、證券相關商品或其他經行政院金融監督管理委員會（以下簡稱本會）核准項目之投資或交易有關事項，提供分析意見或推介建議。二、從事證券投資分析活動、講授或出版。三、辦理全權委託投資有關業務之研究分析、投資決策或買賣執行。四、對全權委託投資業務或證券投資顧問業務，為推廣或招攬。五、辦理境外基金之募集、銷售及私募。六、內部稽核。七、法令遵循。八、主辦會計。九、辦理其他經核准之業務。」同規則第4條規定：「擔任證券投資顧問事業證券投資分析人員，應具備下列資格之一：一、參加中華民國證券投資信託暨顧問商業同業公會（以下簡稱同業公會）委託機構舉辦之證券投資分析人員測驗合格者。二、在外國取得證券分析師資格，具有二年以上實際經驗，經同業公會委託機構舉辦之證券投資信託及顧問事業業務員之法規測驗合格，並經同業公會認可者。三、九十三年十月三十一日前，已取得證券投資分析人員資格者。」

根據大法官會議第453號解釋之理由書，憲法第86條第2款所稱之專門職業及技術人員，係指具備經由現代教育或訓練之培養過程獲得特殊學識或技能，而其所從事之業務，與公共利益或人民之生命、身體、財產等權利有密切關係者而言。以證券投資分析人員在證券投資信託事業、證券投資顧問事業中擔任負責人或業務人員，其從事之業務範圍，如證券投資分析活動與講授、投資或交易有關事項之提供分析意見或推介建議、境外基金之募集銷售及私募等，都明顯「和人民財產權益有關」，其需具備之學歷資格條件或工作經驗，亦非任何人皆可從事，而「需具備經由現代教育或訓練之培養過程獲得特殊學識或技能」者始得為之。故初步檢視證券投資分析人員應符合司法院大法官釋憲理由書專技人員定義範圍。另專技人員考試法第2條規定，本法所稱專門職業及技術人員，係指依法規應經考試及格領有證書始能執業之人員；其考試種類，由考試院定之。依此定義加以檢視證券投資信託及顧問法為證券投資分析人員之職業管理法，其法律授權訂定管理規則中，證券投資信託事業負責人與業務人員管理規則、證券投資顧問事業負責人與業務人員管理規則，分別規範投信與投顧，故符合「依法規」之定義；其次各該管理規則中，完全規避「考試及格」用語，而以「測驗合格」加以取代；再其次管理規則中也看不到「領有證書始能執業」之規定，因此歷來考選部均將證券投資分析人員列為職業管理法規尚不齊備者，爰非屬專門職業及技術人員考試法之規範範圍。

2010年11月9日考選部邀集金管會副主委、銀行局及證期局之副局長等多人，到部研商證券投資分析人員資格測驗納入國家考試相關事宜會議，會中吳當傑副主委表示：依學界及公會之意見，金融從業人員證照考試宜維持現行之辦理

方式，以符合國際潮流及市場需求，似無納入國家考試之必要。本委員會尊重立法委員建議將金融從業人員納入國家考試一案之建議，會列爲未來政策規劃之重要參考，並將進行可行性之研究；惟本會相關法規或政策之研修，仍須經過內部合議制委員會討論始能定案。會中最後做成兩點決議：1.短期作法：建請行政院金融監督管理委員會評估證券投資分析人員納入國家考試之可行性，並就法規面研議是否可參酌保險代理人經紀人公證人之立法體例，以增修授權命令（即管理規則）之方式，於「證券投資顧問事業負責人與業務人員管理規則」第4條第1項第1款增列「經專門職業及技術人員證券投資分析師考試及格者」規定（是否用○○師未來可再討論，但經國家考試及格之專業名稱，必須和原經資格測驗合格之名稱不同，以利消費者明確辨識區隔），賦予該類科納入國家考試之法源依據。即使考選部接辦考試，管理規則中對原已通過證券投資分析人員資格測驗者，仍應准其繼續執業，以保障其工作權；2.中長期作法：建請行政院金融監督管理委員會研修「證券投資信託及顧問法」，參酌「公證法」或「不動產經紀業管理條例」立法體例，於屬事法中納入專門職業屬人相關考試規定。（考選部，2010a）

　　按專技人員職業法立法體例中，有相當比例採屬事法與屬人法併行方式，如醫療法與醫師法、藥事法與藥師法、建築法與建築師法、商業會計法與會計師法、專利法與專利師法等，其屬人法中且必須訂有「中華民國國民經○○○考試及格，並依本法領有證書者，得充○○○。」經立法機關三讀通過總統明令公布後，考選部始能研修專技人員考試法施行細則第2條，將其納入新專技人員考試種類中，並研訂相關考試規則準備辦理專技人員考試。另一種則爲屬事法中一併規範屬人相關規定之立法體例，如公證法中規範民間之公證人、不動產經紀業管理條例中規範不動產經紀人、發展觀光條例例中規範領隊導遊人員、保險法中規範保險代理人經紀人公證人。此種體例再分兩類：（一）考試相關規定於母法中明定，如公證法第25條規定：「民間之公證人，應就已成年之中華民國國民具有下列資格之一者遴任之：一、經民間之公證人考試及格者。……」或不動產經紀業管理條例第13條規定：「中華民國國民經不動產經紀人考試及格並依本條例領有不動產經紀人證書者，得充不動產經紀人。」（二）母法中授權訂定管理規則，考試相關規定則於管理規則中規範，如保險法第177條規定：「代理人、經紀人、公證人及保險業務員之資格取得、登錄、撤銷登錄、教育訓練、懲處及其他應遵行事項之管理規則，由主管機關定之。」保險代理人管理規則第5條則規定：「代理人應具備下列資格之一：一、經專門職業及技術人員保險代理人考試及格者。二、前曾應主管機關舉辦之代理人資格測驗合格者。三、曾領有代理人執業證書並執業有案者。具備前項第三款資格者，以執行同類業務爲限。」以上多種立法體例，可供金管會參考借鏡。

六、專技人員考試法修正案僅能處理擬主動納入國考者

　　憲法第86條規定：「左列資格，應經考試院依法考選銓定之：一、公務人員任用資格。二、專門職業及技術人員執業資格。」其中公務人員之意涵，銓敘部在公務人員任用法施行細則第2條中界定為：「（第一項）本法所稱公務人員，指各機關組織法規中，除政務人員及民選人員外，定有職稱及官等、職等之人員。（第二項）前項所稱各機關，指下列之機關、學校及機構：一、中央政府及其所屬各機關。二、地方政府及其所屬各機關。三、各級民意機關。四、各級公立學校。五、公營事業機構。六、交通事業機構。七、其他依法組織之機關。」同理現行專門職業及技術人員考試法第2條則界定專技人員之定義，為「本法所稱專門職業及技術人員，係指依法規應經考試及格領有證書始能執業之人員；其考試種類，由考試院定之」；長期以來，考試院對本條文執行皆採取極為克制之消極被動作法，必須職業主管機關先制定職業法草案，且其中明文規定「中華民國國民經○○○考試及格，並依本法領有證書者，得充○○○」。該法經立法機關三讀通過總統明令公布後，考選部始能研修專技人員考試法施行細則第2條，將其納入新專技人員考試種類中，並研訂相關考試規則準備辦理考試。此一自我弱化的角色作法，學術界中頗多學者予以支持贊同，反之考試院如擴張考試權限則學者反而認為不妥，比如2010年9月1日考選部舉辦專技人員範圍定義與考試類科之研討會，擔任評論人之郭介恒教授即認為專技人員考試法修正案授權考選部設委員會認定專技人員種類，有侵犯行政權之虞應再斟酌。（考選部，2010b）因此本案首應考量關鍵問題在於新專門職業建立，到底程序上是該由行政權發動，立法權通過，考試權配合辦理考試（即目前現況）？或是行政權制定新職業法草案之前，應先經考試權同意認定其為專門職業以後，行政權始能賡續推動新職業法草案之立法工作（即未來可能新制）？顯有很大討論空間。

　　2010年10月函送立法院審議之專門職業及技術人員考試法修正案，該草案第2條規定：「（第一項）本法所稱專門職業及技術人員，係指具備經由現代教育或訓練之培養過程獲得特殊學識或技能，且其所從事之業務，與公共利益或人民之生命、身心健康、財產等權利有密切關係，並依法律應經考試及格領有證書之人員；其考試種類，由考選部報請考試院定之。（第二項）前項專門職業及技術人員考試種類之認定基準、認定程序、認定成員組成等有關事項之辦法，由考選部報請考試院定之。」其立法旨意係基於專技人員本質，並因應專技人員證照考試屬性，保障人民的工作權，故應以符合重要性原則並參酌司法院大法官釋字第352、453號解釋，將「專門職業及技術人員」之定義內涵予以具體化，俾資規

範明確。另為符應司法院大法官解釋之精神，將考試權之專業層次分工，除各職業主管機關管理角色外，職業法建制過程應讓考試權能有整體參與及事前溝通權限；爰修訂有關專技人員之實質認定標準、認定程序及認定委員會組成等事項，由考試院另訂定辦法規範，其中認定之成員當包括相關機關、公會、學會團體等產官學界代表。未來各職業主管機關擬增設新的專門職業及技術人員，即應依該辦法規定之認定基準、認定程序進行審議。換言之，按照此一立法授權，未來新專門職業之建置，各職業主管機關應先研提新增專技人員需求及確定新增專技人員名稱、蒐集調查相關佐證資料、研提職業管理法律草案，並先函請考選部專技人員認定委員會進行審議；審議基準包括「具備經由學校正規教育及實務訓練之長期累積培養過程獲得並能系統化保存及傳承之特殊學識或技能」；「所從事業務或提供服務有高度外部效益，並與公共利益或人民之生命、身心健康、財產等權利有直接重要密切相關」；「執行業務具高度自主性、自律性、獨立性及專屬不可替代性，強調親力親為並對其服務親負其責」；「具執業資格者對他人具有排他性與壟斷性」；「紛爭責任鑑定具高度專業性與困難度」等多項。審議結果報請考試院同意後復知各部會，如確認為專技人員，始有職業法草案之後續推動事宜（包括部會通過送行政院，行政院會再通過則送立法院審議等）。

　　不過前述條文未來即使通過，能否對於目前新增專門職業法制建立權限分工不明、何機關始有專技人員最終認定權限等問題有效加以解決，顯然仍有很大疑慮。主要原因在於專門職業及技術人員考試法第2條文字，只是宣示性規定，行政院各部會如不配合執行照做，逕行將新職業法草案報行政院院會通過後，轉送立法院審議，考選部恐亦無可奈何；此外各部會（或相關利益團體）亦有可能將新職業法草案直接委請立法委員提案，一樣可以不受認定基準規範。但本條最大之問題在於僅能針對積極主動想納入國家考試範圍之新增專技人員類科（如教師資格檢定教育部想移轉考選部辦理考試、或學術界力推景觀師之增列等），發揮實質審議功能；反之部分不欲納入專技人員考試範圍者，其職業主管機關多強調該專業層次不高、尚不符專技人員定義範圍、該專業係受聘受僱非可獨立執業、職業管理法規並未明定須經考試及格、委託辦理測驗及測驗合格後發證均係由公會為之而職業主管機關並未介入等理由，而規避國家考試權之行使。此一部分未來新法並無法規範。

七、認定為專技人員即應收回辦理考試──代結語

　　綜觀過去的歷史與經驗，並審酌未來專門職業及技術人員考試法第2條通過

以後可能面臨之狀況，研訂附屬法規專技人員認定基準、程序、成員組成事項之辦法時，以下各點應予注意：其一，認定處理程序不宜僅針對各職業主管機關研議新增專門職業及技術人員考試種類時，應先擬具職業管理法草案，函送考選部審議；以避免部分不擬納入國家考試範圍者，以消極不作為即可維持現狀，遊走法律邊緣。故除職業主管機關主動送請審議者外，應另有機制如產學界或社會大眾之反應，亦可成案進行審議。其二，審查基準仍應以大法官第453號解釋內涵為主軸，只要「具備經由學校正規教育及實務訓練之長期累積培養過程獲得之特殊學識或技能」、「所從事業務或提供服務，與公共利益或人民之生命、健康、財產等權利有直接重要密切相關」，即可認定為專技人員；至於學理上之依據，各方意見多有不同，如「執行業務具高度自主性、自律性、獨立性及專屬不可替代性」；「具執業資格者對他人具有排他性與壟斷性」；「紛爭責任鑑定具高度專業性與困難度」等條件是否皆須逐項具備，並採高密度審查？或屬輔助性條件，低密度審查即可？應有審酌討論之空間。其三，為避免落入過去執行不力之歷史窠臼，對有辦理爭議之各類專技人員測驗或檢定，不宜以形式上職業管理法規沒有「應經考試及格」文字，或測驗合格發給證明書非「領有證書」等原因，即行認定職業管理法規不健全而予以排除在外（如考選部針對立法院預算中心所做評估報告，提及「以民間舉辦之測驗限制金融從業人員資格，牴觸法律規定，並圖利金融研訓院及證基會等非官方機構」案之說明，略以：「本部歷來辦理各項專技人員考試，均依各該職業管理法及相關考試之規定辦理，對於符合專門職業及技術人員屬性之行業，如果制定公布職業管理法律，明定應經考試及格始能執業，本部即可據以研訂考試規則，報請考試院辦理考試，如律師依律師法、會計師依會計師法、醫師依醫師法、建築師依建築師法等均有相關規定；經查證券商高級業務員、證券商業務員等金融從業人員，因向無職業管理法律規範，爰非屬專門職業及技術人員考試法規範之考試。」）（考選部，2010c）主要原因在於職業主管機關心態，本不願意改變目前同業公會委託財團法人辦理資格測驗之現況，如此明示需建立職業管理法律，其中且需明定應經考試及格始能執業文字，本部方能配合辦理考試；則可想而知相關職業管理法規絕對不會因此而修正，現況仍將賡續維持。故仍應回歸事物本質，視該專業是否為專技人員始為正辦，如屬專技人員，則其餘法制規範及形式要件，應責成相關機關限期配合修正。

　　專技人員法制建置，究竟是行政權可以全權主導？或是立法權獨大可以拍板定案？過去的立法經驗，兩權各有其著力點。反倒是考試權夾在其間，沒有太多可以著墨之空間；只有少數幾次憲法賦予獨立地位之考試權，完全受到忽視甚至踐踏，考試院遂提出釋憲聲請，也得到司法院大法官第352號、第453號、第655號解釋的多次支持，只是隨著大法官的人選輪替更新，相關解釋協同意見書及不

同意見書比例日增，所以類此專技人員之最後認定，也很難期待逐案釋憲尋求司法權之支持。比較可行作法，應該是考試院與行政院院際高層會商，針對延宕多年始終無解之多種專技人員考試歸屬，在政策上做一原則性明確決定，所屬部會才能持續磋商溝通眞正落實解決問題。

參考資料

一、楊戊龍，專技人員考試種類認定政策變遷之研究，國家菁英季刊第1卷第3期，2005年。

二、李震洲、林妙津，專技人員考試建制、發展及其未來改進方向，國家菁英季刊第4卷第4期，2008年。

三、考選部，職業主管機關辦理涉及專門職業及技術人員執業資格考試案專輯，1998年。

四、立法院預算中心，2010年中央政府總預算案評估報告，2009年。

五、金融監督管理委員會，金融相關從業人員納入專技人員考試可行性會議紀錄2010年。

六、立法院第7屆第6會期司法及法制委員會第8次全體委員會議紀錄。

七、考試院第11屆第110次院會紀錄。

八、考選部，研商證券投資分析人員資格測驗納入國家考試相關事宜會議，2010年a。

九、考選部，專門職業及技術人員範圍定義與考試類科之研究研討會，2010年b。

十、考選部，對立法院預算中心所提「以民間舉辦之測驗限制金融從業人員資格，牴觸法律規定，並圖利金融研訓院及證基會等非官方機構」案之說明，2010年c。

（國家菁英季刊第7卷第1期，100年3月）

玖、職業法對現職從業人員執業資格處理之研究

一、新的職業法制定發動權為何機關

　　1929年8月1日國民政府公布考試法，凡候選及任命之人員及應領證書之專門職業或技術人員，均須經中央考試定其資格；此乃我國考選法制首見「專門職業」、「技術人員」用語；考試種類分為高等考試、普通考試、特種考試，並各訂有不同應考資格、考試程序、消極條款、撤銷錄取資格規定；由於並未明確區隔兩者，顯係任命人員與專技人員之共通性規範。1930年12月30日公布考試法施行細則，界定候選人員指有被選舉資格之人員；任命人員指政務官以外之簡任薦任及委任公務人員；至於應領證書之專門職業或技術人員，則包括律師會計師、農工礦業技師及公營事業技術人員、醫師藥師獸醫化驗技士助產士看護士、及其他法令規定應領證書之人員。同時考試院陸續公布多種專技人員考試條例，一種體例為完全的專技人員考試條例（如西醫醫師考試條例、藥師考試條例、引水人考試條例、河海航行員考試條例）；另一種體例為兼具任命人員與專技人員雙重屬性考試條例（如司法官律師考試條例、會計人員會計師考試條例）。

　　1942年9月國民政府公布專門職業及技術人員考試法，全文共14條，重點包括：專門職業及技術人員指下列依法應領證書之人員：律師會計師、農業技師工業技師礦業技師、醫師藥劑師牙醫師獸醫師助產士護士藥劑生、河海航行人員引水人員民用航空人員、其他依法應領證書之專門職業及技術人員；專技人員之考試方法分試驗、檢覈二種，檢覈除審查證件外，必要時得舉行面試；專技人員之考試種類科別及其應試科目，由考試院定之；專技人員高等及普通試驗、檢覈各訂有應考試資格，另外應檢覈者所具資格須與所應考試同等同科，應試驗者所具資格須與所應考試類別科別相當；非中華民國國民應專門職業及技術人員考試，另以法律定之；專技人員經考試及格者，由考試院發給及格證書，並送各主管機關依法登記。1948年7月21日總統修正公布考試法，再將公務人員任用考試、專技人員執業考試予以統一合併立法，專技人員考試另有專章，考試方式除筆試、口試、測驗及實地考試外，另有檢覈（以審查證件、面試、實地考試為之）；專技人員高考之檢覈、專技人員普考之檢覈資格條件均有規範。由於原專門職業及技術人員考試法主要內容均已納入考試法專技人員考試專章中，爰同年12月25日總統令專門職業及技術人員考試法即予廢止。（陳天錫，1945）以後公務人員與專技人員維持在一個統合性的考試法架構下，長達三十餘年。1955年3月5日修正

發布考試法施行細則，其中明定以考試定其資格之公務人員，包括：行政司法考試等機關事務人員、立法監察及省市縣各級民意機關事務人員、自治行政機關事務人員、公營事業人員、其他依法應經考試之公務人員；至專門職業及技術人員之種類，則包括：律師會計師、農業技師工業技師礦業技師、醫師藥劑師牙醫師護理師護士助產士藥劑生鑲牙生、中醫師、河海航行人員引水人員驗船師民用航空人員、其他依法應領證書之專門職業及技術人員。此一立法體例確立了一個重要原則，就是過去在母法中規範的公務人員及專技人員的種類，轉變為母法中只界定公務人員之任用與專門職業及技術人員之執業，以考試定其資格，但那些公務人員及專技人員須經考試？則在施行細則中列舉規範，此一體例一直沿用迄今未曾改變。

　　1986年立法院審議考試院所函送之考試法時，法制委員會初審時多數立法委員認為該法內容過於龐雜，且未能解決當時簡薦委制及分類職位制併行之缺失，因而主動將該法一分為二，並由立法委員就原考試法文字重行整理為公務人員考試法，另外立法委員主動提案連署專門職業及技術人員考試法草案，另行交付審查通過，並在1986年1月24日由總統制定公布。（李震洲、林妙津，2008）分別立法以後之專技人員考試法，由於考試屬性與公務人員確實有區別，近年來多次修正，已和公務人員考試法差距越來越大，在1999年12月29日制定公布之專門職業及技術人員考試法中，明確界定專技人員定義範圍，係指依法規應經考試及格領有證書始能執業之人員；另在同法施行細則中，則以列舉方式規範專技人員考試之種類，目前共列有13款80餘種，以及概括條款其他依法規應經考試及格領有證書始能執業之專門職業及技術人員。從實務操作面加以檢視，目前新職業法制定程序，多是產業界有此需求然後結合學術界建立共識訂出該行業基本核心工作能力、執行業務範圍、職業倫理規範內容、國內教育人才培育狀況等，最後透過職業主管機關整合產官學力量草擬出職業法草案，再邀集相關機關學校團體參與討論，考選機關通常是在此一最後階段才被告知參與，如果大勢已定，不論考選機關贊同與否，職業法制定仍會賡續推動，最後經過立法部門審議確定通過，一個新的專門職業即可誕生。考選機關數十年來皆秉持消極被動而且樂見其成的態度面對新的職業法的出現，最近十餘年來各種新的職業法不間斷的推陳出新完成立法；考選機關最多只能在附則中就現職從業人員取得執業資格方法上表示意見。從過去長久以來，僅同意五年過渡期間辦理三次（或五次）特考，以解決現職從業人員繼續執業問題，如未通過考試，逾期則不得繼續執業；但此一固定作法逐漸不能得到行政部門及立法部門的支持，而「就地合法」、「保障現有從業者工作權」似乎成了另一種立法趨勢；本文旨在探討面對此一趨勢，考選機關究該如何彈性從權因應處理，以兼顧維護憲定考試權與保障民眾之工作權。

　　至於考選機關最近積極研修專門職業及技術人員考試法，很想扭轉過去長期

以來面對行政部門及立法部門創造新的專門職業時，考選機關一貫秉持的消極被動立場而化為主動；所以準備立法賦予法源依據，要求行政部門擬制定新的職業法之前，應先將職業法草案函請考選部就該專業是否符合專門職業及技術人員定義範圍先行確認，專家審議後如獲同意再報經考試院核定及復知，始能賡續推動職業法之立法程序。此一改革構想，因與現行各職業主管機關研訂職業法草案之程序有很大不同，能否獲致共識？恐仍有待各方協調溝通。

二、從釋字第352號、第453號到第655號解釋見解未變

（一）第352號解釋

　　1987年12月29日修正公布之土地法第37條之1規定：「（第一項）土地登記之申請，得出具委託書，委託代理人為之。（第二項）土地登記專業代理人，應經土地登記專業代理人考試或檢覈及格。但在本法修正施行前，已從事土地登記專業代理業務，並曾領有政府發給土地代書人登記合格證明或代理他人申辦土地登記案件專業人員登記卡者，得繼續執業；未領有土地代書人登記合格證明或登記卡者，得繼續執業至中華民國八十四年十二月三十一日。（第三項）非土地登記專業代理人擅自以代理申請土地登記為業者，其代理申請土地登記之件，登記機關應不予受理。」有未領有土地代書人登記合格證明或登記卡者，認為其原有工作權應予保障，遂要求補發登記卡，以利繼續執業而維法益，在歷經訴願、再訴願、行政訴訟皆被駁回情況下，遂向司法院大法官提出釋憲聲請，1994年6月17日大法官作成釋字第352號解釋指出，土地登記專業代理人係屬專門職業，依憲法第86條第2款規定，其執業資格應依法考選銓定之。中華民國78年12月29日修正公布之土地法第37條之1第2項規定，符合上開意旨，與憲法並無牴觸。解釋理由書中略以：土地登記涉及人民財產權益，其以代理當事人申辦土地登記為職業者，須具備相關之專業知識與經驗，始能勝任，是故土地登記專業代理人係屬專門職業。憲法第86條第2款規定，專門職業人員之執業資格，應依法考選銓定之。中華民國78年12月29日修正公布之土地法第37條之1第2項規定，旨在建立健全之土地登記專業代理人制度，符合憲法規定之意旨。且該法對修正施行前，已從事土地登記專業代理業務，並依照當時法規取得合格證明或登記卡者，准予繼續執業。至於實際上已從事土地登記代理業，而未取得合格證明或登記卡者，本無合法權利可言。而上開法條既定有五年之相當期間，使其在此期間內，自行決定是否參加考試或檢覈，或改業，已充分兼顧其利益，並無法律效力溯及既往之

問題。

　　這是司法院大法官首次對憲法第86條第2款專門職業，以個案認定方式，兼而論及專門職業定義為「涉及人民財產權益」、「須具備相關之專業知識與經驗始能勝任」。此一解釋後來明顯影響到考試院第9屆第70次院會通過之「專門職業及技術人員定義範圍及考試權歸屬」案之決議，其中明確指出參採司法院大法官第352號解釋理由書內涵，即「涉及人民財產權益」、「須具備相關之專業知識與經驗始能勝任」之行業，即屬專門職業；經考試院決議納入專技人員考試範圍者，由考選部與各職業主管機關會商納入考試權行使範圍，未來如協調不成，仍宜向司法院大法官提出釋憲聲請，以期根本釐清。（考選部，1998）

（二）第453號解釋

　　按商業會計事務係依據一般公認會計原則從事商業會計處理及據以編製財務報表，商業會計事務之處理，以設置專責會計人員辦理為原則，至於未僱用專責會計人員之中小企業，1985年經濟部即修訂商業會計法，對前述中小企業其商業會計事務得委由會計師或依法取得代他人處理會計事務資格之人代為辦理會計事務。1991年5月立法院經濟、司法委員會聯席審查商業會計法修正案時，原增列第5條第5項，明定商業會計事務專業代理人，應經考試或檢覈及格。至1995年4月立法院對本案進行二讀時，由於稅務會計記帳代理業職業公會強力進行遊說，朝野立委在選票考量下，將原有考試及檢覈規定刪除，修正為「商業會計事務得委由會計師或經中央主管機關認可之商業會計記帳人辦理之；其認可及管理辦法，由中央主管機關定之」。其後完成三讀，並在1995年5月19日修正公布。既稱認可，且刪除考試相關規定，顯然將由主管機關直接發給證書。對於此一結果考選機關以其有違反憲法第86條規定之虞，遂向司法院提出釋憲聲請，聲請書中指出：憲法第86條第2款規定，專技人員執業資格應經考試院依法考選銓定，因此中央主管機關以認可方式即賦予執業資格，有違憲之虞。其次商業會計事務之處理，既由會計師或經中央主管機關認可之商業會計記帳人辦理之，前者應經考試及格，後者沒有理由例外規定。再其次釋字第352號解釋之解釋理由書中，已明確界定專門職業之要件為，「涉及人民財產權益」、「以代理當事人申辦特定業務為職業」、「須具備相關之專業知識與經驗始能勝任」，從此一定義出發，商業會計記帳人應屬專門職業洵無疑義。（考試院，1995）1998年5月8日司法院大法官作成第453號解釋，解釋文指出商業會計事務，依商業會計法第2條第2項規定，謂依據一般公認會計原則從事商業會計事務之處理及據以編制財務報表，其性質涉及公共利益與人民財產權益，是以辦理商業會計事務為職業者，須具備一定之會計專業知識與經驗，始能勝任。同法第5條第4項規定：「商業會計事務，得委由會計師或經中央主管機關認可之商業會計記帳人辦理之；其認可及

管理辦法，由中央主管機關定之。」所稱「商業會計記帳人」既在辦理商業會計事務，係屬專門職業之一種，依憲法第86條第2款之規定，其執業資格自應依法考選銓定之。商業會計法第5條第4項規定，委由中央主管機關認可商業會計記帳人之資格部分，有違上開憲法之規定，應不予適用。此號解釋理由書中，對專門職業及技術人員下了更明確的定義，係指具備經由現代教育或訓練之培養過程獲得特殊學識或技能，而其所從事之業務，與公共利益或人民之生命、身體、財產等權利有密切關係者而言。當時擔任起草本解釋文之吳庚大法官，事後評論此號解釋認為對專門職業及技術人員之認定，建立一項準則。根據解釋意旨，專門職業及技術人員需具備三個要件，其一，「需有特殊學識與技能」，故不需具備高深或相當學識即能操作之簡易技術，如水電技工、美髮造型、汽車駕駛或修理等便不屬於專技範疇；其二，「需能夠經由現代教育或訓練而達成培養目的」，所謂現代教育或訓練指其教育或訓練方法、內容符合現代科學精神者而言，所以民間堪輿、卜卦、命理師等也是一種職業，但尚無現代教育或科學可供培養，當然無從經由考試而發給證照；其三，「從事之職業與公共利益或人民重大法益如生命、身體、財產等有關」（吳庚，2003），惟此一基準在實際認定時，常因人而異而有不同認知及解讀。另外李念祖教授則認同本項解釋，因為專門職業及技術人員一詞，載明於憲法之中，大法官若不解釋其在憲法上之固有意義，任由立法權以法律加以解釋，可能會形成弊端；考試院既能勝任辦理會計師考試，沒有理由不能勝任辦理商業會計記帳人考試；憲法特設考試院專門辦理國家考試，依法銓定專技人員，應係藉此建立客觀可信之公共標準。（李念祖，2003）

不過本號解釋除了多數意見之外，有二位大法官分別提出不同意見書，孫森焱大法官認為：依法律之規定，賦予專門職業及技術人員執業資格者，並非全為考試院之職權。其他中央或地方行政主管機關，於各執掌之職權範圍，亦得依法發給資格證書。要在立法機關本於民意，為增進公共利益之目的，依既存社會制度，就個別專門職業及技術人員資格之取得，衡量其所需具備特殊學識或技能之重要性程度，將重要者劃歸考試院考選銓定；次要者、或雖屬重要，惟為慮及實施考選之技術性等因素，將其委諸行政主管機關辦理。此為憲法第86條規定「應經考試院依法考選銓定」之意旨所在，現行法制即係循此途徑而形成。理由書中所稱：專門職業及技術人員，係指具備經由現代教育或訓練之培養過程獲得特殊學識或技能，而其所從事之業務，與公共利益或人民之生命、身體、財產等權利有密切關係者而言；若依此定義衡量，則專科醫師及適用職業訓練法之技術士莫不屬於專門職業及技術人員。大法官蘇俊雄則認為在憲法的權限分派秩序中，「專門職業及技術人員」的考選固然是考試院的職權，可是究竟那些職業活動屬於憲法第86條所稱的「專門職業及技術」，毋寧還必須委由立法者做進一步的評價判斷，方符合憲法第23條所揭示之法律保留原則以及憲法第86條所指「依法」

考選銓定的意旨。憲法第86條第2款，雖然對於「專門職業及技術人員」設定了資格考試的要求，但是所謂「專門職業及技術人員」的不確定法律概念，由於另外關係到人民的職業自由以及社會、市場的規範秩序，其主要內涵無疑還需要立法者做進一步的評價判斷後，才能予以確定。此等不同意見，在法學界也引起很大之迴響，如葉俊榮教授等即引伸二位大法官之見解，並提出質疑憲法第86條將專技證照考試權限給予特定國家機關獨攬，是否可能侵害專門職業團體之自主性？將專門職業認證交由考試院，而非行政院來行使，是否真能有效確保專業品質？（林子儀、葉俊榮等，2008）

（三）第655號解釋

93年6月2日制定公布之記帳士法第2條，明定中華民國國民經記帳士考試及格，並依本法領有記帳士證書，得充記帳士。附則中第35條規定：「（第一項）本法施行前已從事記帳及報稅代理業務滿三年，且均有報繳該項執行業務所得，自本法施行之日起，得登錄繼續執業。但每年至少應完成二十四小時以上之相關專業訓練。（第二項）前項辦理專業訓練之單位、訓練課程、訓練考評、受理登錄之機關、登錄事項、登錄應檢附之文件及其他相關事項，其管理辦法由主管機關定之。」係根據立法院朝野黨團協商結果文字照案通過，與行政院原草案七年辦理五次特考顯不相同。（立法院公報，2004）對於此一結果，可能顧及院際間和諧，行政院未移請立法院覆議，考試院也未提出釋憲聲請，等同默認此一立法體例合憲性。對未具執業資格之現職從業人員，在未經考試取得執業資格前提下，繼土地法第37條之1之後，再創一個得以繼續執業之新例，推測相關機關默示同意之原因，可能因為使用職業名稱為記帳及報稅代理業務人，與考試及格之記帳士，在消費者選擇服務時可以明確區分，因此考選機關對此也未置一辭。

但是取得繼續執業資格之記帳及報稅代理業務人顯然並不以此為滿足，在裡子及面子都要的考慮下，渠等再度挾選票實力透過119位立法委員連署，擬具記帳士法第2條修正案，增訂第2項：「依本法第三十五條規定領有記帳及報稅代理業務人登錄執業證明書者，得換領記帳士證書，並充任記帳士。」2007年4月26日立法院財政委員會開會審議本案，財政部何部長志欽面對立法委員排山倒海且幾乎一面倒之質詢壓力，堅持原則不予同意，其理由包括：1.如同意記帳及報稅代理業務人換領記帳士證書充任記帳士，將違反憲法規定，也侵犯考試院職權；2.記帳士法第35條規定立法意旨，是保障原業者工作權，而非同意渠等得不經考試取得記帳士資格；3.記帳士考試已經辦理二次，已有6,500人通過考試，目前約8,500位之記帳及報稅代理業務人之中也有約1,000位通過記帳士考試，所以如果全面免試換證，對已經過記帳士考試及格人員將欠公允。（立法院公報，2007）惟委員會仍然做成決議審查完竣提報立法院院會，並完成二、三讀程序，於同

年7月11日修正公布。考試院經過審慎思慮後，在2008年5月8日向司法院提出釋憲聲請，其釋憲理由略以：96年7月11日修正公布之記帳士法第2條第2項規定：「依本法第三十五條領有記帳及報稅代理業務人登錄執業證明書者，得換領記帳士證書，並充任記帳士。」與憲法第86條第2款專門職業及技術人員執業資格，應經考試院依法考選銓定之規定及貴院釋字第453號解釋相牴觸。該條文已逾越憲法賦予立法院權限而侵犯考試院及其他機關憲法之權限，違反憲法權力分立之原則。本院因行使職權適用憲法發生疑義，及與立法院之職權，發生適用憲法之爭議，爰依司法院大法官審理案件法第5條第1項第1款規定聲請解釋。（考試院，2008）2009年2月8日司法院作成釋字第655號解釋，解釋文中明白指出：記帳士係專門職業人員，依憲法第86條第2款規定，其執業資格應經考試院依法考選之。記帳士法第2條第2項之規定，使未經考試院依法考試及格之記帳及報稅代理業務人取得與經依法考選為記帳士者相同之資格，有違上開憲法規定之意旨，應自本解釋公布之日起失其效力。解釋理由書中重申釋字第453號解釋意旨，並強調系爭規定使未經考試及格之記帳及報稅代理業務人得逕以登錄換照之方式，取得與經依法考選為記帳士者相同之資格。惟未經考試及格之記帳及報稅代理業務人，其專業知識未經依法考試認定，卻同以記帳士之資格、名義執行業務，不惟消費者無從辨識其差異，致難以確保其權益，且對於經考試及格取得記帳士資格者，亦欠公允，顯與憲法第86條第2款規定意旨不符。第655號解釋作成以後，財政部在2009年3月18日廢止「財政部受理記帳及報稅代理業務人申請換領記帳士證書辦法」，並註銷原已發出之證書。

　　前述解釋除了多數見解之解釋文而外，多位大法官提出協同意見書及不同意見書，顯見此一問題之複雜性與爭議性。大法官林子儀提出部分協同意見書，認為多數意見係以系爭規定違反憲法第86條第2款規定而導出違憲結論，而忽視系爭規定本具過渡條款之性質，為立法者調整或建立專業證照制度時，衡酌當時社會情形，為使制度之建立或調整能平順進行，認有適度維護既有執行相同業務者之職業自由，而制定之過渡條款；原即為使具有一定條件或資格者，暫時不適用憲法第86條第2款之一種設計。其次立法者若以法律規定某種職業為專門職業，並須經依法考試及格，始得執業，其規定是否合憲，即須就該職業之種類性質及立法所擬採取之管理方法，從立法目的及手段分別予以審查其合憲性。再其次以未經依法考試及格，而可取得與經考試及格者之相同記帳士資格、執行相同業務，該手段並非立法者審慎選擇而為達成上開目的之必要手段；與上述之系爭規定立法沿革，立法者所採取之不同程度保護方法加以比較，可見立法者以系爭規定對未依法考試及格之既有從事相同業務者職業自由之保護，已屬過度。故系爭記帳士法第2條第2項規定不符憲法第7條平等原則之意旨，而屬違憲之規定。大法官李震山提出協同意見書則認為，未經考試及格但依記帳士法第35條規定領

有記帳及報稅代理業務人登錄執業證明書者，只須每年完成24小時以上之相關專業訓練，即得無限期繼續執業。姑不論因工作權所生信賴利益之保護是否過度，相關人等既已取得實質執行記帳士工作之「裡子」，再進一步依系爭規定獲得記帳士證書之「面子」，本件解釋宣告後者違憲只是不給其「面子」，但仍尊重聲請意旨而保留「裡子」。但「裡子」與「面子」，各所依據的同法第35條及第2條第2項之間，明顯具有表裏之重要關聯性。然本件解釋多數意見仍不為所動，就記帳士法第35條與憲法第86條第2款之關係問題保持沉默。若只是為了信守不一定合乎憲法解釋性質與功能的前揭程序制約，其所堅持者就未必是「程序正義」，甚至可能是違反「體系正義」，從而有虧闡明憲法真義的職守。

大法官葉百修協同意見書指出，本件解釋聲請人考試院雖僅就記帳士法第2條第2項聲請本院解釋，然系爭條文之規範核心，即該條項規定所稱得換領記帳士證書，並充任記帳士之構成要件，乃係以同法第35條第1項所定領有記帳及報稅代理業務人登錄職業證明書者為必要前提；換言之，記帳士法第35條第1項與本件解釋系爭條文即同法第2條第2項之規定，於是否有違反憲法第86條第2款專門職業及技術人員執業資格應經考試院依法考選之規定有其重要關聯性。本院解釋憲法時，自應本於上開維護人民基本權利與憲法秩序之意旨，就本件聲請系爭條文外，就與其具重要關聯性之相關條文一併予以審查，方符人民聲請解釋憲法之目的與大法官解釋憲法之功能。大法官許玉秀不同意見書，則認為聲請意旨大半篇幅除論述第35條規定立法過程之外，主張該規定屬於保護信賴的措施，並指出記帳及報稅代理業務人與記帳士的區別，更認為宣告第2條第2項違憲，不影響第35條對記帳及報稅代理業務人權益的保障。足見聲請人的真意實為主張第2條第2項下半句違憲，第35條的行為規範則屬合憲。多數意見沒有反駁聲請人對於第35條的合憲主張，似乎可以解讀為認同第35條沒有違憲疑義，因為憲法訴訟是客觀訴訟，大法官在應該審理的範圍，不應保持沉默。但事實上記帳士法第35條，不必要地犧牲了憲法所要求的考選管制，對於未經考試及格的記帳及報稅代理業務人，實屬過度保護，因此不能根據信賴保護原則，阻卻對考試權的侵害。並具體主張記帳士法第35條及第2條第2項，為保護信賴這兩條規定的記帳及報稅代理業務人，這兩條規定不宜立即失效，由於基本保護規定已經存在，應該定一年期限，由相關機關修法；且因為縱使是最簡單的考選程序，也需要相當時間準備，修法時並應制定過渡條款。前述協同及不同意見，在法學界也引起很多討論，比如董保城教授即認為大法官界定專技人員定義，並斬釘截鐵認為系爭職業為憲法第86條第2款所稱專技人員，此等勇於任事是否侵犯了立法者政策形成權限？（董保城，2009）

從第352號解釋出爐各方並無爭議，到第453號解釋2位大法官提出不同意見書，也引起法學界相當迴響，再到第655號解釋4位大法官提出協同意見書及不同

意見書，法理上的討論至今還餘波蕩漾，加上現今大法官組成人選及結構已不同於往昔，考選機關應深思以個案聲請釋憲方式，爾後能否繼續得到大法官多數見解支持？此外考選機關亦應省思，第655號解釋中多位大法官以協同意見書及不同意見書指摘聲請釋憲機關，漠視記帳士法第35條規定：「本法施行前已從事記帳及報稅代理業務滿三年，且均有報繳該項執行業務所得，自本法施行之日起，得登錄繼續執業。但每年至少應完成二十四小時以上之相關專業訓練。」並視其為合憲合法之作法，顯有不當。如今後續效應並造成接二連三職業法立法體例，對現職從業人員工作權保障，相繼以就地合法方式准其繼續執業。

三、歷年來新職業法制定對現職從業人員不同處理模式

（一）附則規範參加限期停辦之特考，逾期未通過即不得執業──多數職業法皆採此體例

　　職業法中立法體例其實最多的是在附則中規範五年辦理若干次特考，以利現職從業人員應試，取得執業資格，過渡期滿仍未通過考試，則不得繼續執業。其中醫事人員執業，由於涉及人民生命安全及身體健康，加上職業主管機關行政院衛生署強力把關，所以體例齊一而且完整。如1997年5月21日制定公布職能治療師法第58條規定：「本法公布施行前曾在醫療機構從事職能治療業務滿三年，並具專科以上學校畢業資格，經中央衛生主管機關審查合格者，得應職能治療師特種考試。本法公布施行前曾在醫療機構從事職能治療業務滿三年，並具高中、高職畢業資格，經中央衛生主管機關審查合格者，得應職能治療生特種考試。前二項特種考試，於本法公布施行後五年內舉辦三次為限。」2000年2月3日制定公布醫事檢驗師法第60條規定：「五十六年七月一日以前曾在醫療機構從事第十七條第一項所規定醫事檢驗生業務，經中央衛生主管機關審查認可者，得應醫事檢驗生特種考試。前項特種考試，以本法施行後五年內舉辦五次為限。依第一項規定，經審查認可得應醫事檢驗生特種考試者，在未取得醫事檢驗生資格前，於本法施行後五年內得繼續從事醫事檢驗生業務。」1995年2月3日制定公布物理治療師法第58條規定：「本法公布施行前曾在醫療機構從事物理治療業務滿三年，並具專科以上學校畢業資格，經中央衛生主管機關審查合格者，得應物理治療師特種考試。本法公布施行前曾在醫療機構從事物理治療業務滿三年，並具高中、高職畢業資格，經中央衛生主管機關審查合格者，得應物理治療生特種考試。前二項特種考試，於本法公布施行後五年內舉辦三次為限。」其餘心理師法、語言治

療師法、聽力師法、牙體技術師法等均有類似規定。

　　與服務業有關之專門職業人員，亦有部分採此一模式。如1997年4月2日制定公布社會工作師法第55條規定：「本法公布施行前，曾在相關社會福利機關（構）、團體從事社會工作業務滿三年，並具有專科以上學校畢業資格，經中央主管機關審查合格者，得應社會工作師特種考試。前項特種考試，於本法修正施行後五年內辦理三次。」2000年10月4日制定公布不動產估價師法第44條規定：「本法施行前已從事第十四條第一項所定不動產估價業務者，自本法施行之日起，得繼續執業五年；五年期滿後尚未取得不動產估價師資格並依本法開業者，不得繼續執行不動產估價業務。本法施行前已從事不動產估價業務滿三年，有該項執行業務所得扣繳資料證明或薪資所得扣繳資料證明並具有專科以上學校畢業資格，經中央主管機關審查合格者，得應不動產估價師特種考試。前項特種考試，於本法施行後五年內辦理三次。」1999年2月3日制定公布不動產經紀業管理條例第37條規定：「本條例公布施行前已從事不動產經紀業之人員，得自本條例公布施行之日起繼續執業三年；三年期滿後尚未取得經紀人員資格者，不得繼續執行業務。本條例公布施行前已從事不動產仲介或代銷業務滿二年，有該項執行業務或薪資所得扣繳資料證明，經中央主管機關審查合格者，得自本條例公布施行之日起繼續執業三年；並得應不動產經紀人特種考試。前項特種考試，於本條例公布施行後五年內至少應辦理五次。」

（二）以原發職業登記卡直接換證或以原發執業證繼續執業且職業名稱相同——以地政士、領隊導遊為例

　　1989年12月29日修正公布之土地法第37條之1規定：「（第一項）土地登記之申請，得出具委託書，委託代理人為之。（第二項）土地登記專業代理人，應經土地登記專業代理人考試或檢覈及格。但在本法修正施行前，已從事土地登記專業代理業務，並曾領有政府發給土地代書人登記合格證明或代理他人申辦土地登記案件專業人員登記卡者，得繼續執業；未領有土地代書人登記合格證明或登記卡者，得繼續執業至中華民國八十四年十二月三十一日。」所稱「曾領有政府發給土地代書人登記合格證明或代理他人申辦土地登記案件專業人員登記卡」又係源於該法前於1975年7月24日修正條文第37條之1即有：「土地登記之聲請，得由代理人為之。但應附具委託書。前項代理人為專業者，其管理辦法，由中央地政機關定之。」之規定，上開法律授權訂定之「土地登記專業代理人管理辦法」（70年6月22日訂定發布，92年4月24日廢止）第4條規定：「合於下列資格之一者，得請領專業代理人證書：一、經專業代理人考試或檢覈及格者。二、領有直轄市、縣（市）政府核發土地代書人登記合格證明者。三、領有直轄市、

縣（市）政府核發代理他人申辦土地登記案件專業人員登記卡者。」其第2、3款規定之人員，即指土地法1975年7月24日修正後至1981年6月22日該管理辦法訂定前，該段期間已經由中央地政機關依土地法規定視為專業，而發給土地代書人登記合格證明或專業人員登記卡並予納入管理之人員而言。

　　而2001年10月24日制定公布地政士法第54條規定：「本法施行前，領有直轄市、縣（市）政府核發土地代書人登記合格證明或領有代理他人申辦土地登記案件專業人員登記卡，而未申領土地登記專業代理人證書者，應於本法施行後一年內申請地政士證書，逾期不得請領。」前後條文對照可以得知，早期未經土地登記專業代理人考試或地政士考試及格人員，但領有土地代書人登記合格證明或代理他人申辦土地登記案件專業人員登記卡者，既得依舊制請領土地登記專業代理人證書，亦得按新制申請地政士證書。此一立法例是現行職業法中，對部分未具執業資格從業人員處理最優惠者，既不必經過考試，且制度轉換完全不受影響，取得和考試及格人員完全相同職業名稱及執業範圍。此一體例後來也不斷被專利師法、記帳士法相關業者加以比附援引。所以站在考選機關立場來說，基本上認為這是不恰當的立法體例。

　　與此類似的還有領隊及導遊，2001年11月14日修正公布發展觀光條例第32條規定：「（第一項）導遊人員及領隊人員，應經考試主管機關或其委託之有關機關考試及訓練合格。（第二項）前項人員，應經中央主管機關發給執業證，並受旅行業僱用或受政府機關、團體之臨時招請，始得執行業務。（第三項）導遊人員及領隊人員取得結業證書或執業證後連續三年未執行各該業務者，應重行參加訓練結業，領取或換領執業證後，始得執行業務。（第四項）第一項修正施行前已經中央主管機關或其委託之有關機關測驗及訓練合格，取得執業證者，得受旅行業僱用或受政府機關、團體之臨時招請，繼續執行業務。」所以領隊及導遊，原交通部觀光局考照時代已通過測驗取得執業證者，目前仍得以原職業名稱受旅行業聘僱繼續執行業務；其和原持有土地代書人登記合格證明或代理他人申辦土地登記案件專業人員登記卡者，其後換證之地政士最大之不同，在於領隊導遊原業經過主管機關觀光局之證照考驗。

（三）以原發職業證照名稱繼續執業以區隔新專門職業——以專利師法、記帳士法為例

　　2007年7月11日制定公布之專利師法第35條規定：「（第一項）本法施行前，具有下列資格之一，且有證明文件者，得申請專門職業及技術人員高等考試專利師考試全部科目免試：一、經專門職業及技術人員技師、律師或會計師考試及格，且領有專利代理人證書，從事第九條所定業務一年以上。二、經公務人員高等考試、相當於高等考試之特種考試或專門職業及技術人員考試及格轉任公務

人員，實際擔任專利實體審查工作二年以上，且領有專利代理人證書，從事第九條所定業務一年以上。三、經專利專責機關聘用為專任之專利審查委員，實際擔任專利實體審查工作二年以上，且領有專利代理人證書，從事第九條所定業務三年以上。（第二項）依前項規定得申請專門職業及技術人員高等考試專利師考試全部科目免試者，應於本法施行後一年內申請免試，逾期不得申請。（第三項）符合前二項規定者，應於本法施行後三年內經專業訓練合格，始得申請核發專利師證書。」同法第36條規定：「（第一項）本法施行前領有證書者，於本法施行後，得繼續從事第九條所定之業務。（第二項）專利代理人從事業務之管理，準用第五條後段、第七條、第八條及第十一條規定。」故本法所稱專利代理人及專利師，新舊職業名稱不同，但執業範圍均相同。

　　2004年6月2日制定公布之記帳士法第2條規定：「中華民國國民經記帳士考試及格，並依本法領有記帳士證書者，得充任記帳士。」第35條規定：「（第一項）本法施行前已從事記帳及報稅代理業務滿三年，且均有報繳該項執行業務所得，自本法施行之日起，得登錄繼續執業。（第二項）但每年至少應完成二十四小時以上之相關專業訓練。前項辦理專業訓練之單位、訓練課程、訓練考評、受理登錄之機關、登錄事項、登錄應檢附之文件及其他相關事項，其管理辦法由主管機關定之。」所以記帳士考試及格者稱之為記帳士，未經此考試及格之原已從事記帳及報稅代理業務滿三年且均有報繳該項執行業務所得之現職人員則稱之為記帳及報稅代理業務人，兩者新舊職業名稱不同，但執業範圍及權利義務大體相同。

（四）在特定條件下得以限期內暫行繼續執業──以消防法為例

　　消防法最早在1985年11月29日制定公布，其第9條原規定：「（第一項）消防安全設備之裝置及保養，由內政部檢定合格之技術人員為之。（第二項）前項技術人員，在未經內政部檢定合格前，得由現有技術人員暫行為之；其期限由內政部定之。」惟施行之後發現經技能檢定合格之消防技術士僅能擔任裝置與保養作業，而消防安全設備能否發揮作用，其間流程尚包括設計、監造與維修，每一環節均需借重消防專業技術人員，始可確保其性能，爰予增列由消防設備師及消防設備士擔任各該項作業。爰1995年3月，內政部消防署成立後立即提出消防法修正案，原先該署規劃中華民國國民經消防設備師考試及格並依本法領有消防設備師證書者，得充消防設備師。中華民國國民經消防設備士技術檢定及格並依本法領有消防設備士證書者，得充消防設備士。惟在立法院內政委員會審查本案時，考選部出席代表極力爭取，表示專技人員士及生級考試，考選機關辦理多種次，如護士、助產士、放射線技術士、藥劑生等，後經立委採納將消防設備

士檢定改為考試，並由考試院辦理。同年8月11日消防法全文修正公布，其第7條規定：「（第一項）依各類場所消防安全設備設置標準設置之消防安全設備，其設計、監造應由消防設備師為之；其裝置、檢修應由消防設備師或消防設備士為之。（第二項）前項消防安全設備之設計、監造、裝置及檢修，於消防設備師或消防設備士未達定量人數前，得由現有相關專門職業及技術人員或技術士暫行為之；其期限由中央主管機關定之。（第三項）消防設備師及消防設備士之管理辦法，由中央主管機關定之。……」第8條規定：「（第一項）中華民國國民經消防設備師考試及格並依本法領有消防設備師證書者，得充消防設備師。（第二項）中華民國國民經消防設備士考試及格並依本法領有消防設備士證書者，得充消防設備士。……」第9條第1項規定：「依第六條第一項應設置消防安全設備場所，其管理權人應委託第八條所規定之消防設備師或消防設備士，定期檢修消防安全設備，其檢修結果應依限報請當地消防機關備查；消防機關得視需要派員複查。但高層建築物或地下建築物消防安全設備之定期檢修，其管理權人應委託中央主管機關審查合格之專業機構辦理。」

　　前述由消防設備師、士為之消防安全設備，其設計、監造、裝置、檢修等，即為專技人員消防設備師及士之商業利基所在。但消防設備師或消防設備士未達定量人數前，得由現有相關專門職業及技術人員或技術士暫行為之的階段性措施，卻也埋下今日不同專業領域相互搶食市場大餅之爭議。1996年7月23日內政部發布之申請暫時從事消防安全設備設計監造裝置及檢修人員須知中明訂：1.合於下列規定者，得申請暫行從事消防安全設備之設計、監造業務：建築師，土木工程科、機械工程科、冷凍空調工程科、電機工程科、工業安全科、環境工程科及結構工程科技師，或已取得行政院勞工委員會核發之消防職類三種乙級技術士證（不包含滅火器類科）以上者；2.合於下列各款規定之一者，得申請暫行從事消防安全設備之裝置、檢修業務：(1)取得行政院勞工委員會核發之消防職類五種乙級技術士證之一者；(2)領有暫行從事消防安全設備設計、監造之暫行執業證書者；3.申請暫行從事消防安全設備設計、監造、裝置及檢修之人員，應檢具相關資格證明文件，向內政部消防署辦理登錄。其中並特別訂定，暫行執業期限自即日起，至經考試及格領有執業證書之消防設備師人數滿500人且消防設備士人數滿5,000人之翌年6月30日止。至2009年底為止，消防設備師考試及格人數已達1,545人，消防設備士考試及格人數亦達5,517人，雙雙超過前述設定標準，但暫行執業狀態顯然仍在賡續進行中；更因為消防設備人員法草案之立法，而引發出部分已暫行執業之專技人員，要求立法保障其得以永久繼續執業之爭議。（李震洲，2009）所以在過渡時期，考量市場專業人力需求不足，而允許持有其他專技人員證照者暫行執業，亦有可能演變為尾大不掉難以善後之困局。

四、應以彈性多元方式處理現職從業人員執業資格問題──代結語

　　時代快速進步社會分工越細，新的專門職業及技術人員也不斷蓬勃發展，而未建立職業管理制度之前已經從事該行業之現職人員，其執業資格究該如何處理？才能夠維護專業品質水準，又不過度侵害人民工作權，確實是一個兩難的問題。由於職業法制定屬於法律保留事項，多由行政權發動，立法權確認而後拍板定案，考試權長久以來多以消極被動或樂見其成態度加以面對。至於現職從業人員資格取得，考選機關習慣只以一套「五年辦理考試若干次」作法加以因應，現在這道防線顯然已經無法固守。在立法過程中，現職從業人員多寡及遊說能力強弱經常決定民意抗衡之力道，所以會發生從商業會計法到記帳士法，同一職業反覆透過立委提案修法又反覆釋憲互相攻防之實例，面對此一叢林法則，考選機關應該針對專技人員屬性區隔予以差別處理，換言之要有幾套不同對案加以因應，才能保持彈性。

　　因此以下幾個原則，應該加以充分考慮：其一，涉及人民生命安全或身體健康之行業，應採限期辦理特考方式處理，考試方式及命題內容宜採實務導向，以和業界現況結合，過渡期滿如仍未通過特考，即不得繼續執業；但如具法定學歷條件，仍得應常態性辦理之高普考試。其二，如非屬醫事人員屬性，且為服務業性質，執業僅涉及人民財產或交易等安全，應考資格層次為士或生級，如原經職業主管機關納入管理且核發執業證或其他資格證明文件者，則同意以其原職業名稱賡續執業，以和考試及格之專技人員有所區隔，並利消費者明確辨識及選擇。其三，職業法應避免制度設計在過渡階段，准許其他類別專技證照者得以暫行執業，以免未來市場逐漸飽和後，要求暫行執業者退場時引發糾紛。其四，不同專業有不同專業核心能力需求，因此職業法制度設計亦應避免對持有其他專業領域之專技人員證照者，得以全部科目免試方式取得該領域專業證照，以免造成不同專業領域性質混淆，且有違專業分工；惟可考量針對持有相關專業領域之專技人員證照者，規劃其得以部分科目免試方式應考，以建立不同專業間之區隔。

參考資料

一、陳天錫，考試院施政編年錄（上、中、下冊），1945年12月初版。

二、李震洲、林妙津，專技人員考試建置發展及其未來改進方向，國家菁英季刊4卷4期，2008年12月。

三、考選部編，職業主管機關辦理涉及專門職業及技術人員執業資格考試案專

輯，1998年11月初版。

四、1995年9月26日考試院考台組一字第07295號函及釋憲聲請書。

五、李震洲，從商業會計法修正說起，考選周刊第680期，1998年10月22日。

六、李震洲，記帳士法完成立法以後的思考，考選周刊第973期，2004年7月15日。

七、吳庚，憲法的解釋與適用，三民書局，2003年4月初版。

八、李念祖，案例憲法II──人權保障的程序，三民書局，2003年7月初版。

九、林子儀、葉俊榮等編著，憲法權力分立，新學林出版公司，2008年9月初版。

十、2008年5月8日考試院考台組一字第09700032161號函及釋憲聲請書。

十一、董保城，從大法官釋字第655號解釋論憲法第86條專門職業資格專業證照之建構，月旦法學雜誌第172期，2009年9月。

十二、立法院公報第84卷第46期院會紀錄；第93卷第28期院會紀錄；第96卷第37期委員會紀錄。

十三、行政院法規委員會編印，我國專門職業及技術人員管理法制之檢討，2008年12月。

十四、李震洲，消防考試及相關問題平議，國家菁英季刊5卷4期，2009年12月。

十五、考選部全球資訊網。

十六、內政部消防署全球資訊網。

十七、司法院大法官全球資訊網。

（國家菁英季刊第6卷第2期，99年6月）

拾、專技人員考試建制、發展及其未來改進方向

一、何謂專門職業及技術人員

　　中華民國憲法第86條：「左列資格，應經考試院依法考選銓定之：一、公務人員任用資格。二、專門職業及技術人員執業資格。」至於何謂專門職業及技術人員，學者觀點論述多有不同，如張金鑑認爲專門職業需具備五要素，分別爲：知識技術之獲得，須經正式教育及訓練；須以專門知識及特別技術爲基礎；須具政府所承認之資格與憑證，非取得執照不得執行業務；有相當數量合格執行業務者組織專業團體，此團體並有能力維持執業標準；同業間具有執業倫理道德觀念，以決定其內外關係。（張金鑑，1961）郭介恆認爲專門職業指該項職業需具特別智能，經專業訓練，同時強調該項專業之社會性及自律性，由於專門職業涉及公眾利益，國家經由認可以保障其獨占地位，以維持其專業品質。（郭介恆，1999）李惠宗則認爲專門職業及技術人員業務之執行，必與第三者發生關係，考試制度之目的，乃使其具備一定之最低標準；現今分工越細密之社會，應由考試制度漸次形成證照制度。（李惠宗，2004）

（一）司法院大法官解釋有明確界定

　　1994年6月17日司法院大法官第352號解釋解釋文中認定土地登記代理人爲專門職業，解釋理由書中則說明其緣由，因土地登記涉及人民財產權益，故以代理當事人申辦土地登記爲職業者，需具備相關專業知識與經驗，始能勝任，是故土地登記專業代理人係屬專門職業；前述解釋中約略提到專門職業之構成要件，包括「以該項工作爲職業」、「具備相關專業知識與經驗」等，但可惜只界定「專門職業」，而未觸及「技術人員」。1998年5月8日司法院大法官第453號解釋出爐，針對商業會計記帳人亦確認其爲專門職業之一種，解釋理由書中則就憲法第86條第2款所稱之專門職業及技術人員，明確界定其意涵爲具備經由現代教育或訓練之培養過程獲得特殊學識或技能，而其所從事之業務，與公共利益或人民之生命、身體、財產等權利有密切關係者而言。依此意旨而言，專技人員需具備三項條件，其一，須有特殊學識或技能，此知識技能倘不需具備高深學識才能操作，如水電技工、汽車駕駛等即不屬於專技人員範圍；其二，需能經由現代教育或訓練達成培養目的，所謂現代教育或訓練指其教育或訓練方法、內容符合現代科學精神，故民間堪輿或卜卦等雖是職業，但無由現代教育或訓練可供培養；其

三，從事之職業與公益或人民重大法益如生命、身體、財產等有關。（吳庚，2003）

　　專門職業及技術人員考試法第2條規定：「本法所稱專門職業及技術人員，係指依法規應經考試及格領有證書始能執業之人員；其考試種類，由考試院定之。」考選機關在認定某項職業是否屬於專技人員時，通常綜合前述法律與大法官之解釋，即以「依法規」（指職業管理法律及法律授權訂定法規命令，排除職權命令或行政規則）、「應領證書」（指職業證書或執業證照）、「屬性為專技人員」（指須特殊學識或技能、需能經由現代教育或訓練達成培養目的、從事之職業與公益或人民重大法益如生命、身體、財產等有關）作為具體檢視之指標。（考選部，1998）

（二）現職從業人員取得執業資格問題處理費思量

　　專門職業及技術人員考試之開辦，涉及到憲法保障人民之工作權，因此一定要社會上有此專業需要、產官學各界形成共識建立新的職業法律，該法中列入一條文「中華民國國民，經○○○考試及格，領有○○○證書，得充任○○○」；完成立法程序後，考選部始配合邀集學界相關系所、職業主管機關、公會學會研訂考試規則，並籌辦考試。在各種職業法律中之立法體例，除常態性考試公開辦理高等或普通考試而外，對於原已從事該行業之現職人員執業問題，概採兩種方式處理，其一為在附則中訂定舉辦特考之條文（如2008年7月公布之語言治療師法，採五年舉辦5次特考方式過渡，只准許經中央主管機關審查合格之現職從業人員參加）；其二為附則中訂定原有從業人員得繼續從事該項專門業務，但不得使用新專門職業名稱（如2007年7月公布之專利師法，原繼續執業之專利代理人，不得使用專利師之名稱）。如立法機關打破此項規律，對現職未具資格從業人員就地合法，考選機關基於維護考試及格人員權益考量，則會主動提出釋憲聲請。以2007年7月11日總統公布之記帳士法修正案第2條增列第2項為例，其中規定對領有記帳及報稅代理業務人登錄執業證明書者，不需經過考試，即得換領記帳士證書，充任記帳士。前述條文似有牴觸憲法第86條第2款及司法院大法官釋字第453號解釋之虞，考選部爰提出釋憲聲請，經考試院審議通過業已於2008年5月8日轉送司法院釋憲中。

二、我國專技人員考試之建制（1949年之前）

（一）專技人員考試法制面

　　1929年8月1日國民政府公布考試法，凡候選及任命之人員及應領證書之專門

職業或技術人員，均須經中央考試定其資格；此乃我國考選法制首見「專門職業」、「技術人員」用語；考試種類分爲高等考試、普通考試、特種考試，並各訂有不同應考資格、考試程序、消極條款、撤銷錄取資格規定；由於並未明確區隔兩者，顯係任命人員與專技人員之共通性規範。1930年12月30日公布考試法施行細則，界定應領證書之專門職業或技術人員，包括律師會計師、農工礦業技師及公營事業技術人員、醫師藥師獸醫化驗技士助產士看護士、其他法令規定應領證書之人員。同時考試院陸續公布多種專技人員考試條例，一種體例爲完全的專技人員考試條例（如西醫醫師考試條例、藥師考試條例、引水人考試條例、河海航行員考試條例）；另一種體例爲兼具任命人員與專技人員雙重屬性考試條例（如司法官律師考試條例、會計人員會計師考試條例）。前者明訂應考資格、考試程序及應試科目，並規範該項考試及格人員，得依法充任該項專技人員；後者應考資格及應試科目，均以規定公務人員考試爲主，但取得該特定公務人員資格，即得依法充任相對應之專技人員；所以性質上有全部免試取得專技人員執業資格意涵。

　　1934年11月全國考銓會議召開，考試院交議專門職業及技術人員考試辦法案，其理由中略以：考試院成立以來，悉心規劃者止於任命人員之考試，至其他考試則未遑顧及；現在任命人員考試之法規已大致粗備，而專門職業及技術人員之考試，於人民之生命財產、社會之安寧所關甚鉅，亟應賡續規劃開始舉行，以完成考試院之職責。爰就本項考試擇其重要之點擬定原則四項：1.各種專門職業及技術人員，應一律由本院考試銓定資格，發給及格證書，並送主管機關依法登記；2.前項人員業經各主管機關審查登記領有證書或證照，准其有效，不必再經追認之法律手續；3.專門職業及技術人員之考試分類如下：律師、會計師、醫師、牙科醫師、法醫師、藥師（以上均高等）、牙醫（普通）、助產士、護士、引水人、河海航行員（以上均特考）、農業技師（高等）分農科林科農藝化學科蠶桑科水產科畜牧獸醫科、工業技師（高等）分應用化學科土木科電氣科機械科紡織科、礦業技師（高等）分採礦科冶金科應用地質科、農業技副（普通）分科與農業技師同、工業技副（普通）分科與工業技師同、礦業技副（普通）分科與礦業技師同、其他依法應領證書之專門職業及技術人員等18類；4.專門職業及技術人員之考試方法，分爲檢選與考試兩種，檢選方法除審查證件外，於必要時得舉行面試。其下再分定得用檢選方法銓定專技人員高等考試或普通考試及格之資格、專技人員高等考試或普通考試及格之應考資格。本案經大會審查後修正通過：1.各種專門職業及技術人員，應一律由考試院考試；其有主管機關者，應由主管機關先行審查其應考資格，經考試院考試及格後，由考試院發給及格證書，並送主管機關依法登記；2.前項人員業經主管機關審查登記，領有證書或執照者，准其有效；3.刪法醫師，農業技師下畜牧獸醫科改爲畜牧科、獸醫科，工

業技師下增建築科；4.檢選資格文字修正爲具有左列資格之一，得應專門職業及技術人員高等考試（或普通考試）之檢選，餘照原案通過。（陳天錫，1945）考選委員會並據以研修考試法，擬修正條文包括：候選人員及專門職業或技術人員考試，得以檢選行之；前項檢選除審查證件外，必要時並得舉行面試。候選人員及專門職業或技術人員考試之檢選，由考選委員會隨時行之，但遇必要時得委託其他機關辦理。舉行考試時，除檢選外，應派監試人員監試。但1935年7月國民政府修正公布考試法，前述規定未獲立法院同意均未予以納入。整體來看，國民政府成立初期，專技人員考試發展緩慢，法制上雖先後訂頒會計師、律師、西醫醫師、藥師等個別考試條例，但實質上相關專業人員考試並未開辦；復受戰亂影響，考選行政仍以公務人員考試爲重心。（任拓書等，1983）

　　1942年9月國民政府公布專門職業及技術人員考試法，全文共14條，重點包括：專門職業及技術人員指下列依法應領證書之人員：律師會計師、農業技師工業技師礦業技師、醫師藥劑師牙醫師獸醫師助產士護士藥劑生、河海航行人員引水人員民用航空人員、其他依法應領證書之專門職業及技術人員；專技人員之考試方法分試驗、檢覈二種，檢覈除審查證件外，必要時得舉行面試；專技人員之考試種類科別及其應試科目，由考試院院定之；專技人員高等及普通試驗、檢覈各訂有應考試資格，另外應檢覈者所具資格須與所應考試同等同科，應試驗者所具資格須與所應考試類別科別相當；非中華民國國民應專門職業及技術人員考試，另以法律定之；專技人員經考試及格者，由考試院發給及格證書，並送各主管機關依法登記。1948年7月21日總統修正公布考試法，將公務人員任用考試、專技人員執業考試再度統一合併，專技人員考試另有專章，考試方式除筆試、口試、測驗及實地考試外，另有檢覈（以審查證件、面試、實地考試爲之）；專技人員高考之檢覈、專技人員普考之檢覈資格條件均有規範。由於原專技人員考試法主要內容均已納入考試法中，爰同年12月25日總統令專門職業及技術人員考試考試法即予廢止。

（二）專技人員考試執行面

　　自專技人員考試法公布之次年（即1943年）起，考試院每年均舉行專技人員考試，包括1943年醫事人員考試（及格17人）；1944年醫事人員考試（及格14人）；1945年醫事人員考試（及格15人）；1946年醫事人員工業技師考試（及格129人），中醫師律師考試（及格363人）；1947年農工礦業技師考試（及格81人），醫事人員中醫師考試（及格218人）；1948年第一次農工礦業技師考試（及格40人），醫事人員中醫師第二次農工礦業技師考試（及格71人）。另律師、會計師、醫事人員、中醫師、農業技師、工業技師、礦業技師等類科，1943年起亦均有辦理各該專技人員檢覈；就檢覈及格類科來看，中醫師最多、醫事人

員次之、工業技師再次之。

倘就考試及格人員等級加以區分，1943年至1949年，專技人員高等考試及格287人，專技人員普通考試及格65人，專技人員特種考試及格600人；屬於專技人員高等考試檢覈及格者18,510人，專技人員普通考試檢覈及格者7,983人，專技人員特種考試檢覈及格者20,105人。（考選部，1966）

（三）國民政府時期辦理專技人員考試特色

國民政府在大陸時期，專技人員考試之辦理，有以下數點特色：

其一，在法制上，包括律師會計師、農業技師工業技師礦業技師、醫師藥劑師牙醫師獸醫師助產士藥劑生、河海航行人員引水人員民用航空人員等四類。但自1942年至1949年，僅前三類考試曾經辦理多次，第四類並未舉行。

其二，專技人員考試方法包括試驗（1948年以後始改爲考試）與檢覈，從及格人數來看，檢覈及格者遠遠超過試驗及格者；檢覈及格者，又以審查證件者居多，面試或實地考試者少。

其三，專技人員考試及格者，有許多因爲公務人員考試與專技人員考試應考資格及應試科目相同，爰參加公務人員考試建設（技術）類科及格，除取得公務人員任用資格外，尚得同時兼取專技人員執業資格。

其四，1941年8月16日，考試院及司法院即會同訂頒公布律師檢覈辦法，故律師檢覈之辦理，歷史最爲悠久，在1942年專技人員考試法未公布前即已根據律師法及前開檢覈辦法先行運作，1942年律師檢覈及格618人。

三、我國專技人員考試之發展（1950年迄今）

（一）專技人員考試法制面

1949年中央政府遷台以後，仍然維持公務人員考試與專技人員考試合併立法（即考試法）之體例逾三十年，規範二種考試共通性之考試等級分類、高考及普考應考資格條件、消極條款、考試舉辦省區及次數、考試方式、兼取資格規定、典試法監試法法源依據、撤銷資格吊銷證書規定等，均列在總則；另有公務人員考試專章（主要爲分區定額具體規定、升等考試及雇員考試之法源）、專技人員考試專章（主要爲檢覈之依據、檢覈考試方式、專技人員高考檢覈及普考檢覈資格條件、外國人應專技人員考試法源依據）及附則。1983年7月考試院將考試法修正案函送立法院審議，法制委員會初審時多數立委認爲未能解決現行簡薦委制及分類職位制之缺失，因而暫時擱置；至1986年重行審查時，法制委員會主動將該法一分爲二，公務人員考試法草案部分由張金鑑、吳延環、郭林勇三位委員就

原考試法文字重行整理，並在該年12月11日完成委員會審議；至於專門職業及技術人員考試法草案，則由張子揚、蔡慶祝等44位委員提案連署，另行交付審查，該年12月24日完成委員會審議，1986年1月24日總統制定公布。其重點包括：專技人員考試，分高等考試、普通考試二種，為適應特殊需要，得舉行特種考試；專技人員高等考試、普通考試，每年或間年舉行一次，遇有必要得臨時舉行之。專技人員考試之種類，由考試院會同關係院定之。舉行專技人員高普考試之前，考選部得定期舉行檢定考試。專技人員高普考試應考資格及應檢覈資格，除本法之規定外，分類分科應考資格及應檢覈資格，由考試院定之。專技人員之檢覈，應就申請檢覈人所繳學歷經歷證件，審查其所具專門學識經驗及執業能力，並得以筆試、口試或實地考試核定其執業資格；必要時得視類科性質，按基礎學科及應用學科分階段舉行，應考人於在學期間得參加前階段考試。（考選週刊，1985）配合刑法第100條之修正，對政治犯生存權及工作權給予復權考量，立法委員主動提案立法通過，總統爰在1995年1月28日修正公布專技人員考試法第10條，刪除原消極條款中第1款「犯內亂罪外患罪，經判刑確定者」。（立法院公報，1994）

　　考選部於1992年針對專技人員考試法實施後之缺失進行檢討，包括檢覈規模日益擴大、專技人員特考等級不明、應考消極條款限制過嚴、考試方法技術欠缺彈性等，經多方召開會議溝通各界意見，完成專技人員考試法修正草案於同年12月10日由考試院函送立法院。嗣於1996年1月15日經立法院法制委員會審議通過，惟遲遲未能完成二、三讀程序（當時尚未制定立法院職權行使法，因此也無屆期不續審原則適用），最後透過立法委員提案將第13條中醫師檢定考試落日條款，從本法修正公布後三年辦理3次放寬到五年辦理5次；第23條有冒名頂替、偽造變造應考證件、自始不具備應考資格之情事，增列考試時發現之處理規定；第27條將本法修正條文之施行日期，明定自2001年1月1日起施行，以利順利轉型過渡至新制。全案在1999年12月7日完成立法程序，同年月29日總統修正公布全文，其重點為：明確界定專技人員定義範圍；將考試等級分為高等、普通、初等考試三級，特種考試並比照列等；取消檢覈但將其精神融入考試，以齊一專技人員素質，另有五年內新舊制雙軌併行之落日條款；考試方法、辦理次數、錄取方式等均採取彈性多元原則；放寬應考資格消極條款，以強化專業屬性，並啟勵自新；為確保執業水準，刪除檢定考試，以回歸專技人員應經正規教育養成之正軌等。（考選部，2000）

　　2000年6月14日總統修正公布本法第13條（本次修正係由立法委員主動提案），刪除原第1項文字：「本法修正公布施行前，經中醫師檢定考試及格者，取得專門職業及技術人員高等考試或特種考試中醫師考試之應考資格，部分科目不及格並於三年內繼續補考及格者亦同。」使得中醫師檢定考試限期停辦後，原

檢考及格者僅得繼續應中醫師特考，以減低正規中醫學系學生之反彈與不安。2001年5月16日總統修正公布本法第19條，將考試及格方式之一「各科目平均滿60分及格」修正為「總成績滿60分及格」，以加重專業科目之計分比重，降低普通科目比例，期更能重視專業。

2001年11月14日專門職業及技術人員考試法第24條修正公布，此次修正原係考試院將外國人應專門職業及技術人員考試條例修正案函送立法院審議，但立法院法制委員會審議結果做成決議：鑑於外國人與本國人應專技人員考試之相關規範將趨於一致，為精簡立法，外國人應專技人員考試事項應納入專門職業及技術人員考試法規範，有關該法第24條及相關條文修正草案，由朝野黨團協商提案逕付二讀，並同時廢止外國人應專技人員考試條例，修正公布第24條條文主要內容為：外國人申請在中華民國執行專門職業及技術人員業務者，應依本法考試及格，領有執業證書並經主管機關許可。外國人應專技人員考試種類，由考試院定之（本項係因原條例已開放醫事人員應考，又加入WTO時我國並未承諾全面開放服務業准許外國人執業，因此授權考試院在細則中周延規範外國人准予應試之考試種類）。外國人應專技人員考試時，其應考資格、應試及減免科目、考試方式、成績計算、及格方式等，準用專技人員考試法規等。

2002年6月26日專門職業及技術人員考試法再修正公布第14、16、18、22條等條文，主要是配合行政程序法第150條規定，法規命令之訂定應基於法律授權，爰將原由施行細則授權訂定之高等普通初等考試規則及應考資格審查規則，改由母法授權訂定；另應考人申請減免應試科目繳交費用，以及引水人、中醫師、消防設備人員特考筆試錄取人員，應經訓練或學習及格，始發給考試及格證書等，均涉及應考人權益至鉅，爰從各該考試規則、訓練辦法中規範，提升位階至母法規範。（立法院公報，2000）

（二）專技人員考試執行面

中央政府遷台後，專門職業及技術人員考試之種類，因時空環境背景、分工專業及職業管理法律之相繼通過而時有變動，內容包羅萬象。現行專技人員考試按其性質概分為四大類：1.社會科學類：包括律師、會計師、專利師、民間之公證人、社會工作師、不動產估價師、不動產經紀人、地政士、導遊人員（分華語、外語）、領隊人員（分華語、外語）、記帳士、專責報關人員、保險從業人員（含代理人經紀人公證人）等20種；2.工程科學類：包括建築師、技師（32類科）、消防設備師、消防設備士等35種；3.醫事科學類：包括醫師、牙醫師、中醫師（含高考、特考）、法醫師、藥師、醫事檢驗師、醫事放射師、護理師、助產師、營養師、心理師（分臨床心理師、諮商心理師）、物理治療師、職能治療師、呼吸治療師、語言治療師（分高考、特考）、護士、助產士、物理治療生、

職能治療生、獸醫師、獸醫佐等24種；4.海事科學類：包括航海人員（分一、二等航行員及輪機員）、引水人（分甲種、乙種）、驗船師等7種。以上專技人員考試種類合計有86項考試類科，在考試等級上分高等考試（名稱多為○○師），普通考試（名稱多為○○士、生、佐、人員），特種考試則等級視其性質相當於高等考試或普通考試。一般常態性及永續辦理之考試，多以高普考試名之，針對特定應考人限期停辦之過渡性考試，則以特考名之，以明確區別二者屬性。（各種專技人員考試種類彙整，見表1）

表1　各種專技人員考試種類彙整表

性質分類	類科	等級				合計
		高考	普考	特考		
				相當高考	相當普考	
社會科學	律師、會計師、專利師、民間之公證人、社會工作師、不動產估價師、不動產經紀人、地政士、導遊人員（分華語、外語）、領隊人員（分華語、外語）、記帳士、專責報關人員、保險從業人員（含代理人經紀人公證人）	6	14	0	0	20
工程科學	建築師、技師（32類科）、消防設備師、消防設備士	34	1	0	0	35
醫事科學	醫師、牙醫師、中醫師（含高考、特考）、法醫師、藥師、醫事檢驗師、醫事放射師、護理師、助產師、營養師、心理師（分臨床心理師、諮商心理師）、物理治療師、職能治療師、呼吸治療師、語言治療師（含高考、特考）、護士、助產士、物理治療生、職能治療生、獸醫師、獸醫佐	17	5	2	0	24
海事科學	航海人員（分一、二等航行員及輪機員）、引水人（分甲種、乙種）、驗船師	2	0	3	2	7
合計		59	20	5	2	86

由於各職類職業主管機關未就各該專技人員適當之社會需求量提出明確數據，目前每年辦理之專技人員考試次數及錄取人數均依專技人員考試法規定之次數及錄取方式辦理。為因應社會需求，各專技人員考試辦理次數，考試院每年

以舉辦1次爲原則，醫事人員按往例每年舉行2次，航海人員考試因海員長年在海上工作之職業特殊性，無法定期參加考試，爰特別配合船員需求每年舉行4次考試。

近年來社會發展快速，各種專門職業日趨專業性，各類經濟活動及行業之分工亦趨多元化而精細，相關專技人員於執行業務時與一般大眾之權益關係日漸趨緊密，部分職業均規定未取得職業證照不得執業，爰檢視專技人員考試報考人數、到考人數，以每十年爲一級距，呈現快速且倍數成長，96年報考人數更高達20萬以上，惟及格率自1991年以來，均維持在百分之二十左右。政府遷台後，專技人員報考人數、及格人數、及格率，以十年爲一級距加以比較，見表2。

表2　政府遷台後歷年專技人員報考人數比較

年度（西元）	報考人數	到考人數	及格人數	及格率
1951	740	674	288	42.73
1961	1,108	923	203	21.99
1971	5,332	4,485	764	17.03
1981	12,855	10,497	1,293	12.32
1991	48,011	36,958	8,983	24.31
2001	83,089	59,341	13,187	22.22
2007	207,773	157,843	40,449	25.63

備註：不含檢覈、檢定考試。

以2007年專技人員考試爲例，依各不同考試類科加以區分，其報名人數、到考人數、及格人數、及格率，如表3。倘就考試及格人員等級性質加以區分，2007年專技人員高等考試報考83,945人、到考65,524人、及格15,017人，專技人員普通考試報考118,830人、到考88,139人、及格25,143人，專技人員特種考試報考4,998人、到考4,180人、及格289人（考選部，2008）。詳細資料見表4。

表3　2007年專門職業及技術人員考試報考人數、到考人數暨及格人數統計表

性質分類	考試類科		報考人數	到考人數	及格人數	及格率
社會科學	導遊人員	第1試	23,071	19,036	7,651	40.19
		第2試	1,306	1,235	1,113	90.12
	領隊人員		27964	23,408	6,502	27.78
	律師		8,266	5,677	455	8.01
	會計師		6,769	2,466	456	18.49
	民間之公證人		未考			
	社會工作師		2,601	1,923	200	10.4
	不動產估價師		1,090	565	17	3.01
	地政士		4,537	2,284	209	9.15
	不動產經紀人	第1次	9,985	5,168	980	18.96
		第2次	11,662	5,645	1,050	18.60
	記帳士		13,009	8,851	740	8.36
	專責報關人員		609	311	40	12.86
	保險從業人員	人身保險代理人	163	60	10	16.67
		財產保險代理人	314	150	53	35.33
		人身保險經紀人	579	288	35	12.15
		財產保險經紀人	297	156	26	16.66
		一般保險公證人	43	24	15	62.50
		海事保險公證人	41	17	10	58.82
工程科學	建築師		2,492	1,516	94	6.20
	技師	土木工程技師	2,687	1,421	127	8.94
		水利工程技師	409	208	34	16.35
		結構工程技師	422	210	34	16.19
		大地工程技師	333	190	31	16.32
		測量技師	135	66	11	16.67
		環境工程技師	337	150	24	16

表3　2007年專門職業及技術人員考試報考人數、到考人數暨及格人數統計表（續）

性質分類		考試類科	報考人數	到考人數	及格人數	及格率
工程科學	技師	都市計畫技師	323	187	30	16.04
		機械工程技師	80	30	5	16.67
		冷凍空調工程技師	154	79	13	16.46
		造船工程技師	8	4	1	25
		電機工程技師	277	136	23	16.91
		電子工程技師	39	16	2	12.5
		資訊技師	61	34	6	17.65
		航空工程技師	2	1	0	0
		化學工程技師	35	16	3	18.75
		工業工程技師	25	7	2	28.57
		工業安全技師	194	99	11	11.11
		工礦衛生技師	157	81	5	6.17
		紡織工程技師	6	1	0	0
		食品技師	223	128	21	16.41
		冶金工程技師	11	7	2	28.57
		農藝技師	52	30	5	16.67
		園藝技師	155	95	16	16.84
		林業技師	222	131	21	16.03
		畜牧技師	80	47	8	17.02
		漁撈技師	12	4	1	25.00
		水產養殖技師	120	73	12	16.44
		水土保持技師	293	128	21	16.41
		採礦工程技師	2	2	1	50.00
		應用地質技師	85	43	7	16.28
		礦業安全技師	2	1	1	100
		交通工程技師	110	51	9	17.65
	消防設備師	第1次	857	427	77	18.03
		第2次	750	315	43	13.65

表3　2007年專門職業及技術人員考試報考人數、到考人數暨及格人數統計表（續）

性質分類	考試類科		報考人數	到考人數	及格人數	及格率
工程科學	消防設備士	第1次	2,679	1,665	151	9.07
		第2次	2,228	1,179	221	18.74
醫事科學	中醫師（特考）		2,962	2,344	14	0.60
	第1次	醫師	628	578	296	51.21
		醫師（一）	3,948	3,874	2,737	70.65
		醫師（二）	0	0	0	0
		藥師	1,807	1,451	351	24.19
		醫事檢驗師	907	750	62	8.27
		醫事放射師	574	497	79	15.9
		護理師	10,707	9,588	1,322	13.79
		護士	6,396	5,692	923	16.22
		物理治療師	984	856	39	4.56
		物理治療生	573	530	99	18.68
		中醫師（高考）	62	41	9	21.95
		營養師	1,386	1017	260	25.57
		臨床心理師	40	33	25	75.76
		諮商心理師	116	94	41	43.62
		牙醫師	125	111	47	42.34
		助產師	57	52	36	69.23
		助產士	7	7	3	42.86
		職能治療師	215	189	9	4.76
		職能治療生	276	235	30	12.77
		呼吸治療師	23	19	5	26.32
		獸醫師	351	285	60	21.05
		獸醫佐	194	153	18	11.76
	第2次	醫師	786	744	374	50.27
		醫師（一）	2,205	2,156	1,273	59.04
		醫師（二）	832	831	821	98.8

表3　2007年專門職業及技術人員考試報考人數、到考人數暨及格人數統計表（續）

性質分類	考試類科		報考人數	到考人數	及格人數	及格率
醫事科學	第2次	藥師	2,435	2,090	499	23.88
		醫事檢驗師	1,819	1,656	448	27.05
		醫事放射師	1,011	933	353	37.83
		護理師	16,917	15,773	6,257	39.67
		護士	12,528	11,760	6,155	52.34
		物理治療師	1,699	1,565	325	20.77
		物理治療生	1,023	969	306	31.58
		中醫師（高考）	312	293	248	84.64
		營養師	2,172	1,774	184	10.37
		臨床心理師	58	53	41	77.36
		諮商心理師	195	154	128	83.12
		牙醫師	416	399	332	83.21
		助產師	134	117	88	75.21
		助產士	54	38	26	68.42
		職能治療師	499	434	182	41.94
		職能治療生	364	323	73	22.60
		呼吸治療師	154	142	99	69.72
		獸醫師	494	409	167	40.83
		獸醫佐	234	190	11	5.79
	法醫師		1	1	1	100
海事科學	驗船師		3	2	1	50.00
	引水人		35	29	12	41.38
	航海人員第1次	一等船副	181	163	21	12.88
		一等管輪	198	189	27	14.29
		二等船副	39	33	8	24.24
		二等管輪	27	25	2	8.00
	航海人員第2次	一等船副	222	194	35	18.04
		一等管輪	229	217	17	7.83

表3　2007年專門職業及技術人員考試報考人數、到考人數暨及格人數統計表（續）

性質分類	考試類科		報考人數	到考人數	及格人數	及格率
海事科學	航海人員第2次	二等船副	49	42	8	19.05
		二等管輪	43	38	4	10.53
	航海人員第3次	一等船副	217	201	26	12.94
		一等管輪	193	176	15	8.52
		二等船副	35	26	7	26.92
		二等管輪	29	23	3	13.04
	航海人員第4次	一等船副	216	196	42	21.43
		一等管輪	254	236	41	17.37
		二等船副	25	17	3	17.65
		二等管輪	41	29	3	10.34

表4　2007年專門職業及技術人員考試依考試等級性質區分統計表

等級性質	報考人數	到考人數	及格人數	及格率
高等考試	83,945	65,524	15,017	22.92
普通考試	118,830	88,139	25,143	28.53
特種考試	4,998	4,180	289	6.91
合計	207,773	157,843	40,449	25.63

（三）政府遷台後專技人員考試發展趨勢

　　中央政府遷台後，從1950年開始迄今，專門職業及技術人員考試類科設置，隨著時代快速進步發展，社會分工越來越細，專技人員考試種類也日益增加。此期間專技人員考試種類認定政策歷經「被動轉向主動（1981年至1991年）」、「積極擴大專技人員考試範圍（1992年至1998年）」、「積極轉向消極（1999年迄今）」三個不同時期。（楊戊龍，2005）現階段配合政府再造去任務化之理念，此一消極政策至今仍然賡續執行，近年來在職業法建制階段，考選機關明確告知主管機關行政院體育委員會有關體育專業人員非屬專技人員範疇，也告知內政部殯葬禮儀師不宜納入專技人員考試（最後改以技術士技能檢定方式考照）；甚至原已舉辦多年之漁船船員、船舶電信人員考試，也協商職業主管機關農業委員會、交通部自行辦理。再從經濟及產業發展之角度來看政府遷台初期辦理之專

技人員考試，分爲律師會計師、相關技師、醫事人員、航海人員四大類；而且技師、醫事人員分科也不多。但隨著時代發展進步，可以發現現階段專技人員考試之辦理，呈現以下多種變化趨勢：

其一，分工越來越細密，以往單一的醫事技術類專業，現在已經分化出醫事檢驗師、醫事放射師、物理治療師、職能治療師、呼吸治療師、語言治療師等多種不同專業區隔。

其二，產業結構改變，部分專技人員已無執業市場，被迫走入歷史，如鑲牙生、藥劑生、有線電話作業員考試停辦，如漁船船員、船舶電信人員考試停辦，移轉回歸職業主管機關農業委員會、交通部以訓練加以取代。

其三，王前部長作榮任內推動之積極擴大專技人員考試範圍政策，成功的從職業主管機關手中收回專責報關人員、保險從業人員（含保險代理人經紀人公證人）、消防設備士、領隊人員、導遊人員、不動產經紀人、記帳士等多種考試；但是隨著情勢移轉與人事變遷，目前專技人員考試辦理趨向消極。除非產業界、學術界及相關職業主管機關有高度共識制定職業法，且願意將該一專業納入國家考試並見諸明確條文，完成立法後考選機關才會配合辦理。

其四，服務業崛起，帶動許多新興專技人員考試類科發展，如專利師、民間之公證人、不動產估價師、不動產經紀人、保險代理人經紀人公證人、領隊、導遊等；這些通過考試之專業人員，也多能符合社會發展及需求。

其五，高普考試爲主，特種考試爲輔，將常態性辦理之特種考試陸續修正爲高普考試，如2007年起將消防備人員特種考試改爲高普考試、專責報關人員、保險從業人員（含保險代理人經紀人公證人）特種考試改爲普通考試，2009年起擬將引水人特種考試改爲高等考試。再以2007年專技人員考試報考人數觀之，高普考試報考人數202,775人（97.59%），特種考試報考4,998人（2.41%）即可得知高普考試乃爲專技人員考試辦理之主流。

其六，因應高等教育成長及與國際制度接軌，部分專技人員考試類科大幅提高應考學歷條件，如臨床心理師及諮商心理師，應考資格從法定專科畢業提升至臨床（或諮商）心理研究所碩士乃可報考。甚至現正積極推動專技人員考試法研修，必要時將視考試等級、類科需要，應考資格得提高學歷條件或相關工作經驗等。另外結合學術界力推教育品質認證制度，如中華工程教育學會現正進行之國內工程及科技教育認證，加速國內工程科技領域科系教學品質之提升，改善學生學習效率，並使教育內容能配合產業界及國際發展需求。

其七，考試公開性逐年增加，透明度日益提升，公正公平性大體無虞。專技人員考試在政府遷台後經過數十年發展，取得執業資格方式，呈現由寬而嚴的發展趨勢，取消檢覈制度，完全回歸考試單軌，目前僅剩少部分類科有全部免試規定（且多爲相對應公務人員類科考試及格），其餘皆已刪除。此外專技人員考試

大部分專業應試科目均公布有命題大綱，部分類科科目更有參考書目，以供應考人週知準備；並大量建立題庫試題，根據公私立大學平衡原則、南北大學平衡分布原則，擴大參與命題教授任教學校來源範圍；考畢後公布全部試題及測驗試題答案，應考人可以據以提出試題疑義；榜示以後應考人可以複查成績等；都有效的讓考試透明度增加。

四、我國專技人員考試現況之檢討

（一）專技人員定義範圍不明易造成爭議

專技人員定義雖在專技人員考試法第2條已有所界定，加上司法院大法官第352、453號解釋釐清，但對於某種專業（尤其是現在已經存在，且由職業主管機關自辦或委託相關團體辦理證照考驗者），考選機關如欲將其認定為專門職業及技術人員而擬納入國家考試，往往會造成與職業主管機關及民間團體間之爭議。以2008年10月考選部舉辦「財務金融專業人員納入專技人員國家考試可行性研討會」為例，業界及主管機關對評價師、精算師、證券分析師等擬納入國家考試範圍之構想，多持保留之態度。反對之理由不一而足，包括：國家考試偏重筆試，無法評量出實務經驗能力；辦理考試結果，業界多數無法考上，考上之研究所或大學畢業生，並不符合業界需求；甚至萬一考得太多會形成過度供給，影響執業空間；國外先進國家多由相關職業團體或公會訂定考試科目及資格認定規章，在主管機關監督下為之等等。（陳柏松，2008）目前最關鍵問題在於當考選機關與職業主管機關、業界及學術界，對於是否為專門職業及技術人員認定結果有爭議時，那一機關具有最後認定之裁量權或認定解釋權？抑或各業應否納入國家考試規範，逐案都要送請大法官會議做成解釋才能服眾？

（二）考試以筆試為主其他考試方式甚少採用

現行典試法第20條明定考試方式有筆試、口試、測驗、實地考試、審查著作或發明、審查知能有關學歷經歷證明等7種方式。但在專技人員考試實務上，除了引水人考試，在筆試之外，另採口試（個別口試）與體能測驗（引水梯攀登），外語導遊人員筆試之外另有外語口試外，其餘之專技人員考試，皆僅採取單一筆試方式（紙筆測驗或電腦化測驗），相較於公務人員考試筆試、口試、體能測驗、實地考試、審查著作、審查知能有關學歷經歷證明等多種方式彈性交互運用，相形之下，專技人員考試顯然在考試方式多元化方面尚有極大改進空間。

（三）應考資格學分認定寬鬆恐影響專業素質

　　1999年12月專門職業及技術人員考試法全盤修正，在應考資格規範上朝從嚴方向設計，所以取消檢覈回歸考試、取消檢定考試回歸正統教育、取消沿用多年之3科9學分原則及五專四年級肄業比照高中職畢業之應考資格案例等；新法架構下之專技人員考試應考資格規範，第1款為本系科所，第2款為相當系科所（採修習主要學科科目若干學分為認定標準，大部分均規定為7科20學分，但醫事人員類科不納入研究所亦不適用相當系科）。從過去3科9學分原則一下提升到7科20學分，當時引起不少應考人之反彈，為了消弭民怨，對學分數認定同步開放不以在校時修習學分為限，畢業後在各大專院校補修學分及選修學分，以及推廣教育修習學分均可採認。此一彈性措施造成部分學校推廣教育開設學分班氾濫，不但人文社會類律師會計師類科紛紛開設，應用科學類建築師、土木工程技師、電機工程技師、消防設備師等技術類科亦大幅跟進；和正規教育之授課師資、上課時數、授課內容等標準相較，大專院校開設推廣教育修習學分班取得之學分明顯過於寬鬆，形成類似補習教育之翻版，嚴重影響專業人員素質。

（四）應試科目該如何設計及提升免試公平性

　　專技人員考試應試科目究該如何設計，才能符合社會需要，目前係採取邀集學術界、產業界及職業主管機關共商方式來處理，產官學之間也經常考量角度不同造成僵持情形。未來應否先會同職業主管機關或委託相關機構、學者專家先行確認各該專門職業需具備何種核心工作能力，再配合設計規劃妥適之應試科目？此一職能分析程序並應列為標準作業程序，以避免爭議。另國文科目雖已有部分類科不再列考，但其餘尚維持列考國文之類科，有無再檢討空間？應否視類科需要加考英文及職業倫理，以和國際接軌，並利於未來和其他國家在WTO架構下談判專技人員證照相互承認。

　　另由於專技人員考試有其歷史發展背景，多年來學歷之外具有工作年資即可參加檢覈，檢覈又因為資格條件不同，而分為免予筆試、應予筆試2種，以律師檢覈舊制而論，曾任推事檢察官、具有法律學博士、曾任立法委員三年、曾任上校以上軍法官二年、曾任簡任司法行政主管四年等條件，均可免予筆試及格取得律師資格，造成社會各界批評；因此近年來逐步從嚴規定，目前僅有曾任法官檢察官、曾任公設辯護人六年以上，仍給予全部科目免試規定，其餘皆已刪除。但目前律師、建築師、技師、醫事人員、地政士等，仍保留有公務人員相對應考試類科及格，且符合相關學經歷條件，即可經審查證件程序後給予全部科目免試及格制度，以取得專技人員資格，此一方面相對於全部科目應試應考人而言，有無違反考試公平原則常引起爭論；再一方面免試給予換領證書作法，似與當初立法

取消兼取資格制度初衷有違，值得檢討。

（五）資格審查費時且網路報名流於半套

　　目前專技人員考試報名，應考人須將報名履歷表填妥，連同應考資格證明文件、繳費收據等，一併郵寄考選部；如為網路報名，仍須登錄資料後下載報名表件，併同學歷證件影本、繳費單據，寄送考選部審查，形成網路報名功能減半且名實不符。由於應考資格審查有時程上之壓力必須依限完成，另一方面審查如有錯誤，致應予報考而不准報考將嚴重損及應考人權益，反之不應報考而准予報考，則會導致榜示後如果錄取，需報請考試院撤銷考試及格資格情事，因此報名資格審查重要性不可小覷。目前應考資格在考試報名時即行審查，產生二大問題，其一，浪費大批人力物力時間金錢進行審查（以2008年專技人員律師、會計師、民間之公證人、社會工作師、不動產估價師、專利師及地政士考試為例，共計26,198人報名；審查工作計14個工作天；參與應考資格審查之考選部職員人數為26人；以支出費用而論，審查工作費用共計支出新台幣140,920元），以專技人員考試平均及格率不過百分之一、二十，八成以上之資源付出其實毫無意義。其二，因為時間有限，參與審查人員眾多，針對系科認定或是修習科目採計，審查基準多少會有個別差異性，甚至次年同樣類科審查人員更迭，容易造成審查基準寬嚴不一而有爭議。以上這些問題，如能在程序上改變為考試後榜示前，僅審查考試錄取人員之應考資格或可有效改善現行試務工作忙碌容易出錯之現況。

（六）大陸學歷開放採認可能會造成衝擊

　　2008年5月新政府上任以來，整體大陸政策朝開放鬆綁方向發展。對國家考試而言，大陸地區高中以下學歷在過去依大陸地區學歷檢覈及採認辦法規定，經由地方主管教育行政機關認定早已採認多年，並無任何問題；此次係針對大陸地區高等教育學歷部分研議如何逐步放寬採認。逐步開放大陸地區高等教育學歷採認，涉及到二個層面，包括：1.陸生來台就讀國內研究所及大專院校，其後能否繼續在台應考試及就業問題；2.台生前往大陸就讀研究所及大專院校，回台後能否據以應各種公務人員考試及專技人員考試問題。可能產生之影響則有是否會排擠到國內學生受教育之有限資源？政策未開放前已先行偷跑就讀者能否給予追溯承認？大陸地區醫事教育品質較台灣地區為差，因此大陸醫事相關院校學歷能否開放採認？開放政策對國內專技人員執業人力供需是否會雪上加霜？對國內景氣低迷的就業市場是否將產生巨大衝擊？

　　從法制面來看，專門職業及技術人員考試法第8條規定，中華民國國民，具有本法所定應考資格，且無禁治產宣告尚未撤銷、褫奪公權尚未復權等消極條款情形，得應專技人員考試。因此具中華民國國民身分之台商子弟或其餘赴大陸就

讀之國人同胞，在取得大陸大專以上學歷，該學歷又被列入開放採認名單，應可參加專技人員考試無虞；至於未在開放採認之列的學校，或基於兩岸教育水準及品質差異而暫不開放之專業領域（如醫事護理類等），自不得據以參加專技人員考試。至於大陸地區人民，無論其持大陸大專學歷或來台灣就讀取得台灣地區大專學歷，因未具中華民國國民身分，自不得報考專技人員考試；惟其如透過先居留後定居方式，取得中華民國國籍以後，自得應專技人員考試。

此外，專門職業及技術人員考試法第24條雖有外國人得應我國專技人員考試之規定，但其得應考試之種類受到限制（如涉及領海及港口航行權等主權象徵意義之引水人，及涉及刑事司法鑑定之法醫師等專門職業，外國人皆不得應考）；且大陸地區人民係適用臺灣地區與大陸地區人民關係條例特別規範，並非外國人，自然沒有前述專技人員考試法第24條適用情形，也因此大陸地區人民不得應我國專技人員考試，法理依據極為明確。唯一例外情形，則是香港澳門關係條例中，對香港及澳門特別行政區之居民，如應我國專技人員考試，準用外國人應專技人員考試之規定辦理。

（七）部分專技人員考試證照作用不大

考選部辦理專技人員考試種類繁多，絕大部分專業之建立，均有其社會的實際需要，但也有少部分專技人員考試類科（如社會工作師或部分技師），由於職業管理法律不健全，亦未建立完整證照簽證及管理制度，造成通過相關考試者無法執業或投閒置散，不能落實發揮作用。以社會工作師為例，自1997年開始辦理之本考試，迄今已錄取2,569人，但獨立掛牌執行業務之社工師事務所屈指可數，多數社工師係受聘受僱在公私部門社福機構、醫療機構、非營利組織等；並以透過專技人員轉任公務人員條例轉任政府機關社會行政工作，或公職社會工作師作為其主要努力目標，公會甚至一度推動里幹事出缺由社工師轉任遞補之主張。至於技師類科考試，重點在於32個技師分科中，除了公共工程專業技師（如機械工程技師、電機工程技師、水利工程技師、水土保持技師等）、建築物結構與設備專業工程技師（如土木工程技師、結構工程技師等）、環境工程技師訂有簽證規則，規範應實施技師簽證之工程種類、實施範圍、應予簽證之工作項目等，其餘多數技師因為缺乏簽證管理制度，所以考試及格之後，經濟價值不高；換言之，對資訊技師、食品技師、農藝技師、園藝技師、林業技師、畜牧技師……而言，教育、考試、訓練和執業之間，不但不能接軌，反而產生相當落差。

考選部多年前即曾洽商經濟部工業局（在公共工程委員會未設立之前，技師之職業主管機關為工業局）及各目的事業主管機關（如農、漁、牧相關技師目的事業主管機關為行政院農業委員會）、教育部等機關，針對部分無簽證制度及就

業市場之技師類科，建議能從上游大專院校相關科系減少招生、視社會需要進行學生數總量管制、相關技師考試改爲二至三年辦理一次、現有技師分科重整簡併等，但最後各方意見紛歧難以推動。部分學校則希望透過專技人員轉任公務人員制度，爲技師考試及格者開闢轉任公職之途徑，但是政府再造組織精簡是多年來既定政策方向，因此轉任制度逐步從嚴限制；2007年12月銓敘部會同考選部修正發布專技人員得轉任公務人員考試類科適用職系對照表，能轉任之專技人員考試類科僅剩27類科，其中技師部分有農業技師、林業技師、森林技師、土木技師、交通工程技師、機械工程技師、電機工程技師、電子工程技師、化學工程技師等9類科，而近些年適用轉任條例進用之公務人員，每年已不滿百人，因此不宜對轉任制度寄以厚望，認爲得以解決相關專技人員執業困難問題。

（八）專技考試法制整建應再予通盤檢討

目前專技人員考試法制，存在若干問題有待改進。如：1.應考資格中，缺乏工作經驗限制，造成外界質疑考試錄取者只能紙上談兵，進入產業界需要長時間調適磨練才能上陣，有無必要增加授權限制具備語文條件、工作年資、服務經驗等限制；2.消極條款部分規定過於陳舊，影響人民工作權及職業選擇權，應予檢討；如褫奪公權作爲應考資格消極條款，最早見諸於考試法統合立法時代，即國民政府1935年7月31日修正公布之考試法，當時適用對象包括公職候選人、任命人員及依法應領證書之專門職業及技術人員，但一度單獨立法之專門職業及技術人員考試法中（1942年9月24日公布），則完全未訂消極條款，至1948年新考試法公布，原專技人員考試法廢止，二者又共用消極條款規定；到了1986年立法院立法委員主動提案制定專門職業及技術人員考試法時，多數條文照抄原考試法規定，所以褫奪公權納入消極條款應該只是一個偶然的錯誤。以2008年1月2日修正之刑法第36條：「褫奪公權者，褫奪下列資格：一、爲公務員之資格。二、爲公職候選人之資格。」之規定觀之，完全沒有剝奪任何人報考專門職業及技術人員考試之意涵或立法旨意，專門職業及技術人員考試法卻擴大此種限制？令人不解；3.專門職業及技術人員考試法中原訂有榜示後一年內發現典試或試務疏失，致不應錄取而錄取者，應予撤銷資格規定，惟2008年9月報請考試院審議有關2006年中醫師特考部分應試科目重新評閱後補行錄取案，在確認重新決定評閱範圍及評閱標準時，考量到榜示以後安定性及已榜示錄取人員之信賴保護等因素，最後決定已錄取人員不再重新評閱試卷，以免產生重閱後分數減少需報院撤銷資格問題；如實務上爲避免引發爭議，僅允許補行錄取資格，而不能容忍補行撤銷錄取資格，則法制上似應儘速配合修正。

五、未來專技人員考試之改進方向——代結語

（一）釐清專技人員屬性並積極推動委託辦理考試

　　專技人員之定義，雖有大法官第453號解釋，以及專技人員考試法及施行細則之規範，但面對新增職業法建制時，或現有部分專技人員測驗甄試等，由民間團體辦理，應否回歸國家考試管理時，經常會產生爭議；未來在法制上，除期能更加釐清專技人員意涵外，考量政治現實，應與主管機關及業界多溝通，並強調雖回歸國家考試，但作法上仍將採取委託方式辦理考試；具體委託對象，應以職業主管機關優先於公會學會，因前者社會公信力、人力資源協助、經費調度能力等，都應該優於後者。考選部目前編制員額200人左右之人力規模，有3個辦理考試之業務司，其中高普考試司與特種考試司均辦理公務人員考試，僅專技考試司（劃分5個科）負責辦理80餘種次專技人員考試，雖已充分借重外部資源及人力，仍有捉襟見肘之感。所以未來如何充分運用委託及行政協助方式，由具公信力之機關或團體辦理考試，考選機關僅負責法制規劃及試務監督責任，值得積極推動。

（二）配合時代需求通盤檢討專技考試類科

　　配合時代需求，徹底通盤檢討專技人員考試類科，除目前已由考選機關辦理者外，確屬專技人員性質者應積極收回考選機關自辦；反之，雖已辦理國家考試但非屬專技人員性質者則回歸職業主管機關自行處理。其間區隔標準，或許能將專業之層級高低納入考慮，換言之，專技人員考試之辦理應以大專以上畢業學歷為主，高中高職畢業較欠缺相關專業知識與經驗者，應逐步放手並轉軌，以回歸主管機關辦理。

（三）視類科性質考試方式宜採取多元化

　　專技人員考試長久以來參與典試工作者，皆以學術界之教授為主，實務界專家則少有機會，此和考試方式以筆試為主與典試法委員遴聘資格規範有絕對關係。考試結果，常產生經驗豐富的實務工作者，考不贏剛出校門的年輕學生，而通過專技人員考試者實務經驗欠缺，業者未必樂意進用；產生部分甲級技術士證比起技師考試及格證書更受歡迎趨向。據報載機械工程學會與工業技術研究院合辦機械產業專業人才能力鑑定，並請產業界參與命題，以真正符合業界需要，本年吸引近2,000人報名，是同年應專技人員機械工程技師高考報名人數的25倍；而超過六成的上市上櫃相關產業廠商，把通過該項認證者列為優先面試對象。（中國時報，2008年11月3日）所以專技人員考試視類科性質，多採用筆試以外

之實地考試、口試等考試方式，多引進實務界參與命題，也是重要努力方向。

（四）為利與國際接軌應考資格應該逐步從嚴

　　1999年專技人員考試法修正，重點之一是回歸正規教育提升執業水準，所以取消檢定考試、檢覈制度採落日條款方式逐漸廢除、應考資格加嚴舊有寬鬆事例不再適用（如3科9學分原則，或五專四年級肄業視同高中職畢業等），但又顧慮遽然加嚴應考人難以接受，所以放寬採認推廣教育學分。如今推廣教育氾濫，水準與正規教育明顯有別，放寬結果已逐漸侵蝕到各個不同專業領域的基礎。加上第1款本系科之列舉部分類科設計寬鬆，甚至連第2款相當系科修習學分基準（如7科20學分）皆無法達到，使得二者失去平衡。未來為加強與國際社會接軌之需求，應考資格必須逐步從嚴規範，而限期取消推廣教育學分認定或取消第2款修習相當學分數准予報考均是可以考慮之方向。

（五）建立專技人員核心職能據以訂定考試方式及應試科目並檢討全部免試

　　未來應建立專技人員職業核心能力分析制度，以確保考試方式及應試科目訂定較具科學化，避免淪為市場叫賣式討價還價。此外考量職業需求特性，審酌申論試題作答水準足以具備並反映出國文程度之功能，因此除非有特殊需要之理由，其實可以賡續檢討減列國文科目；反之，考量到未來國際間證照相互承認發展趨勢，專技人員考試制度必須與國際接軌，考慮加考英文及不同職門職業倫理之必要性。至於全部免試制度之存廢問題，在平衡考慮專技人員轉任公務人員，以及公務人員取得專技人員證照二種不同面向及作法以後，其實比較值得推動，也符合公平正義原則之方向，應該是參考公務人員高普考試設置公職社會工作師類科，應考資格除限制學歷外尚須兼具專技人員社會工作師類科執業證書乃可（必先通過專技人員社會工作師考試，才能向主管機關請領社會工作師執業證書），應試科目較少僅以執行公務必要之行政性及法規性科目為原則（一般專業科目6科、本類科專業科目僅3科）；換言之，目前全部科目免試制度應考慮廢除，改以部分科目免試取代，至少對該專門職業執行業務所必須之知識，應以筆試1至2科加以測試評量，另輔以口試由產官學界共同參與。

（六）資格審查改榜示前並採取全套網路報名

　　報名時審查應考資格，既浪費人力物力時間，對錄取者寡落榜者眾考試結果而言，又屬效益不大之程序，加上參與審查人數眾多基準難趨一致，所以改革勢不可免。但顧慮如榜示後才針對錄取人員審查應考資格，屆時倘發現資格不合，會造成報考試院撤銷錄取資格與衍生之行政爭訟雙雙增加，同時如有資格不合者

報院撤銷後也已無法遞補錄取，更會讓錄取人員心情起伏落差極大而難以平復，導致激烈抗爭；因此應考資格審查改在第二次典試委員會議以後榜示以前，僅針對錄取人員繳驗畢業證書進行審查，其後才榜示，此應最具實益；如此亦應可採取全套網路報名措施上路，讓紙本報名方式走入歷史。

（七）切割考試與執業並區別台胞與陸胞

由於近些年來國內經濟環境不甚景氣，企業裁員失業人口激增，大專院校畢業生謀職困難，同時世界性金融海嘯導致各國經濟均嚴重衰退；再加上國內統獨意識對立，不但未見緩和反而更為激盪。處在如此險惡關口，對大陸大專學歷開放認證尤其需要謹慎小心。目前針對大陸大專學歷開放認證政策方向應採取緩步推動有限開放；對於醫學護理等相關領域，考量兩岸教育水準有別，因此暫緩開放；對於政策開放前先行偷跑者，也未必當然向前追溯適用。站在考選機關立場，尤其應該切割處理考試與執業問題不同，並明確區隔台灣人民與大陸人民身分有別、因此權益也有不同。尤其在WTO架構下，切不可將中國大陸視為外國，以免陷入無法處理之困境。

（八）協調相關機關強化專技證照之功能

要提升證照功能，僅靠考選機關努力並不足以落實，重點還在職業主管機關及教育機關。以技師為例，在上游教育部份，有必要參採醫事人員人力推估模式，以瞭解未來十年、二十年各該專業社會人力需求，並由教育機關對大專院校相關科系調整招生名額、進行學生數總量管制；考選機關則對該等類科考試，改為二至三年辦理一次，避免多餘人力充斥；職業及目的事業主管機關則應對現有技師分科重整簡併，以符合實際需要。更重要的，則是洽商職業主管機關建立完善執業管理制度，以開拓專技人員就業市場，避免專技人員考試及格，其證照完全缺乏市場價值。如行政院勞工委員會，為提升技術士技能檢定之證照功效，洽商各該職業主管機關研修相關管理規章納入最低雇用技術士比例或人數，如內政部主管管道工程業下水道設施操作及維護，交通部主管大眾捷運系統設施之操作及維護，全部皆應雇用相關職類技術士；經濟部主管礦業重機械操作，至少百分之三十以上應雇用相關職類技術士。這些都值得學習及推動。

（九）彈性增列年資限制並取消補行撤銷

專門職業及技術人員考試法研修時，除前述重點應予考量外，部分較細節條文亦應一併處理。比如增列「……必要時得視考試等級類科需要，增列語文能力檢定合格、提高學歷條件、具相關工作經驗或訓練、或具有相關類科職業證書始得報考」規定，以取得改變之授權依據；比如刪除褫奪公權之消極應考資格條

款，以保障人民之工作權及生存權；刪除補行撤銷錄取資格規定，以和公務人員考試法制維持平衡等；均值得加以注意。

參考資料

一、張金鑑，人事行政學，中國行政學會，1961年。
二、郭介恆，專門職業及技術人員考試範圍──從憲法工作權與考試權競合之觀點觀察，考選制度與國家發展研討，1999年。
三、李惠宗，憲法要義，元照出版有限公司，2004年。
四、吳庚，憲法的解釋與適用，三民書局總經銷，2003年。
五、考選部，職業主管機關辦理涉及專門職業及技術人員執業資格考試案專輯，1998年。
六、陳天錫，考試院施政編年錄（上、中冊），考試院考銓研究發展委員會影印，1945年。
七、考試院編印，考試院施政編年錄（中華民國35年至37年）。
八、考選部編印，民國20年至40年全國考試要覽，1966年。
九、任拓書等，中華民國考選制度，考試院考銓叢書指導委員會，1983年。
十、考試院，考銓法規集，1947年。
十一、考選週刊，第25期、第27期、第737期、第740期，1985年。
十二、立法院公報第83卷第31期、第49期；第90卷第22期、第53期，1994年。
十三、考選部，專門職業及技術人員考試法修正案專輯，2000年。
十四、考選部，專門職業及技術人員考試法新制說明手冊，2001年。
十五、楊戌龍，專技人員考試種類認定政策變遷之研究，國家菁英季刊第1卷第3期，2005年。
十六、陳伯松，財務金融專業人員納入專技人員國家考試可行性研討會，97年度考選制度研討會系列三，與談人書面資料，2008年。

（國家菁英季刊第4卷第4期，97年12月）

拾壹、國防部文職人員特考建制、發展及其未來改進之研究

一、前言

　　文人領軍是民主國家統帥三軍與國防管理之重要原則，其主要內涵在於文人領袖負責制定國防與軍事政策，軍人則採行軍事專業主義，執行國家的國防政策，並服從文人領導，且不得干預政治。在我國由於軍中人事體系長期處於封閉狀態，國防軍事部門中主要幹部均係三軍官校及各軍事院校畢業之軍官背景；加上國防軍事事務具有機密及安全性，因此不但國防體系中之政務人員由文人出線機率甚少，各階層文官也很難經由公開競爭之考試及格分發至國防部門，而逐級歷練、培訓及陞遷至高階文官職位；以國防部部本部而論，僅法制司司長、整合評估室主任、5位參事為文職簡任第12職等高階職務，其餘高階職務皆為軍職（劉健怡，2005）；最常見之高階文官，皆是經由過去上校以上軍官外職停役檢覈制度（現已改為上校以上軍官轉任公務人員考試）而轉任文職，而非公開競爭之高普特考及格分發任用後，逐級歷練陞遷而來。

　　早在1937年7月22日，國民政府即公布現任軍用文職人員登記條例、軍用文職人員轉任普通公務員條例等，前者所稱軍用文職人員，係指國民政府統治下陸海空軍各部隊各軍事機關各軍事學校編制中之軍用文官軍法官及軍用技術人員；現任同中將少將上校軍用文職人員，具特定資格者，得以簡任職登記；現任同中校少校軍用文職人員，具特定資格者，得以薦任職登記；現任同上尉中尉少尉軍用文職人員，具特定資格者，得以委任職登記；軍用文職人員經登記後即付審查，合格者由銓敘部登記並發給證書；領有登記證書之軍用文職人員，於擬任簡任薦任委任公務員時，由銓敘部依所登記等級，分別比照甄別審查合格人員辦理。後者所稱軍用文職人員，以依軍用文官軍法官監獄官及軍用文職人員各種任用暫行條例任用經銓敘部登記者為限；軍用文職人員登記後，任各級職位二年以上成績優良，經考績核定得轉任普通公務員，如同中將轉任簡任職2級至1級、同少將轉任簡任職5級至3級、同上校轉任簡任職8級至6級……；軍用文職人員轉任普通公務員時，不得超越擬任職務之最高級。（陳天錫，1945）中央政府遷台以後，1959年廢止軍用文職人員登記條例、軍用文職人員轉任普通公務員條例等法律，原有軍用文職人員或予以資遣或轉任聘雇，國軍並建立聘雇人員制度，國防部爰訂定發布國軍聘雇人員管理規則，1971年修正更名為國軍聘任及雇用人員管理規則，至2002年7月31日該規則廢止。

　　國防文官（此用語為國防部編印之國防報告書對外之統一用語）與軍中非軍職人員概念並不等同，現行國防組織體系下任職之非軍職人員，包括國防文官、教職員及聘雇人員。（潘文秀，2000）其中教職員係國防大學、中正國防幹部預備學校等軍事院校之聘任教師及職員；聘雇人員指非適用勞動基準法之軍中聘任及雇用人員，聘任分9等，雇用分2等，其遴用方式為招考、遴選、輔導、職介等，聘雇人員期限至少一年，期滿依需要繼續聘雇或解除聘雇[1]。而國防文官則指以考試分發或公開甄選方式進入國防部等機關，占定有職稱及官等職等之職務，有身分保障權之常任文官而言，故不含政務人員及機要人員在內。另後備司令部、軍事情報局、中山科學研究院等機關，因相關單位業務及人員移撥，或為軍文通用職缺適用單位，前以國軍編裝表所進用之文官，因法制上並無文官之編設，且採出缺不補方式，因此本文不予討論。至於考選機關在研訂相關考試規則時，由於考量避免和過去曾舉辦並自1990年以後廢考之國防部行政及技術人員特考（該考試當初舉辦之目的，係為使軍中之軍官士官及軍中聘雇人員取得公務人員任用資格而辦理，性質為資格儲備考試，國防部、退輔會、人事行政局均不負分發之責）名稱混淆，故稱之為公務人員特種考試國防部文職人員考試規則以資區隔。爰國防文官或國防部文職人員，用語雖然有別，但指涉意涵其實相同。

二、國防部組織法修正導入國防文官制度

　　我國憲法第137條規定：「中華民國之國防，以保衛國家安全，維護世界和平為目的。國防之組織，以法律定之。」1970年11月13日國防部組織法制定公布，1978年7年17日國防部參謀本部組織條例制定公布，採軍政軍令二元化國防體制。1997年12月31日行政院政策決定，應制定國防法，並修正國防部組織法，其研擬原則為：軍事事務採軍政軍令一元化設計；參謀總長應專注戰備整備及部隊訓練，使國防事務與作戰指揮權責分明；1999年2月4日國防部再依權責相符、分層負責、注重機制功能等原則，重新檢討前述國防二法後送行政院院會通過函送立法院審議。其中國防法之重點包括：確立整體國防觀念、明定國防武力範圍、貫徹軍隊國家化精神、律定國防體制與權責、明定國防部長及參謀總長權責、明定軍隊指揮事項、依法實施動員民防等；國防部組織法之重點包括：明訂國防部掌理事項、修正參謀總長為國防部長軍令幕僚、各軍種總部修正改隸屬國防部、國防部部本部新增內部單位、修正國防部員額職等。（國防部，2006）

　　由於時代潮流發展趨勢要求文人領軍與軍政軍令一元化，以及高科技戰爭時代來臨、聯合指揮作戰重要性提高等諸多原因，使得國防部組織法修正必須因

應變化而有所調整。為能貫徹軍政軍令一元化,該部爰調整相關政策規劃幕僚單位,增設戰略規劃司、資源司、後備事務司、整合評估室等,以輔助部長綜理軍政軍令全般國防事務;並將各軍總部等軍事機關直接隸屬國防部,以落實文人領軍理念。由於國防法第12條已明定,國防部部長為文官職,掌理全國國防事務。原國防部組織法第12條僅規定:國防部置部長一人,特任;副部長二人,特任或上將。至於原第16條至第19條,規定參事、主任、司長、局長、處長、科長、參謀等各種職務官等、職等及員額規定,參考中央政府機關總員額法草案第9條規定,機關組織法所規定員額不再適用,而以訂定編制表作為辦理銓審依據之精神,故予以刪除;僅於修正條文第14條規定國防部所置人員之職稱:「國防部置參事、主任、司長、副主任、副司長、處長、副處長、技正、專門委員、科長、參謀、秘書、稽核、編審、專員、編輯、軍法官、書記官、辦事員、書記。」至各職稱之官等、職等及員額等規定,則移列修正條文第20條,明定:「本法所列各職稱之官等、職等及員額,另以編制表定之。前項各職稱之文職人員,其職務所適用之職系,依公務人員任用法第八條之規定,就有關職系選用之。」但行政院所提之第14條及第20條條文、國防部編制表等,均經立法院法制、國防委員會聯席審查會決定保留送院會處理。經朝野協商後,國防部組織法第15條修正為:「(第一項)國防部置參事六人至九人,主任三人,司長六人,職務均列簡任第十二職等或中將;副主任、副司長十二人至十八人,處長、主任二十二人至三十人,職務均列簡任第十一職等或少將;專門委員十二人至三十人,職務列簡任第十職等至第十一職等或上校;副處長、副主任二十五人至三十五人,職務均列簡任第十職等或上校;科長十人至二十人,職務列薦任第九職等或上校;秘書十人至二十人,技正三人至八人,稽核二十七人至五十二人,編纂二十三人至四十八人,職務均列薦任第八職等至第九職等或中校,其中秘書十人,技正四人,稽核二十六人,編纂二十四人,職務得列簡任第十職等至第十一職等或上校;專員七人至十五人,職務列薦任第七職等至第九職等或中校、少校;編輯十一人至二十二人,書記官七人至十五人,職務均列薦任第六職等至第八職等或中校、少校;辦事員十二人至二十八人,職務列委任第三職等至第五職等或上尉、中尉、少尉;書記十人至二十人,職務列委任第一職等至第三職等;軍法官十人至二十人,職務列上校;參謀一百七十五人至二百九十人,職務列中校或少校,其中五十七人至一百十三人,得列上校。(第二項)本法修正公布後三年,文職人員之任用,不得少於編制員額三分之一。但必要時,得延長一年。」第21條修正為:「第十四條至第十七條所定列有官等、職等之文職人員,其職務所適用之職系,依公務人員任用法第八條之規定,就有關職系選用之。」並依此文字立法院院會完成二、三讀程序(立法院公報,2000),2000年1月29日國防部組織法由總統修正公布。其後2002年2月6日總統公布之國防部軍醫局組織條例,除局長單列軍

職外，從副局長以下之處長、副處長、專門委員、秘書、視察、稽核、編審、專員、設計師、技士、科員等職務，均採軍職階級與文職官職等並列方式，助理設計師、辦事員、書記等，甚至均列單文職；處長及副處長職務，各處其中1人，得依醫事人員人事條例規定，由師級醫事人員擔任。2003年1月22日總統公布之國防部軍備局組織條例，局長軍職階級與文職官職等並列，副局長2人，1人列軍職1人列文職；其下處長、副處長、主任、副主任、專門委員、科長、秘書、技正、編纂、稽核、專員、技士、科員、辦事員、書記，均採軍文職並列。

　　國防部組織法修正案於立法院法制、國防委員會召開聯席會議審查時，立法委員丁守中曾質詢表示：一、許多國家皆在國防部組織法中確立文官體系，亦即作為國防體系文官化之法源依據。先進國家軍隊中文官與軍職比例多有規定，例如美國軍隊中文職比例達42%，日本為11%，我國包括聘雇人員在內，僅有3.5%，如此完全無法落實文人領軍；二、國防部應於組織法中訂定，並以國防特考來建立文官體制，同時規定國防部各軍職機關與部隊內的文官應接受各機關部隊主管的指揮監督，這些皆應明定於國防部組織法中才妥當。國防部長唐飛答詢時指出：美軍所謂42%為文職，係指高司單位中的比例，我國的3%則以國防部總人數作為基準所計算得出。目前國防部部本部中的文官並不少，且考試院已表示未來會在該部組織法通過後協助推動如何建立軍中文官制度。（立法院公報，1999）但丁委員之建議並未被聯席會採納。另法制、國防委員會召開聯席會議審查國防部軍備局組織條例草案時，立法委員呂學樟曾建議，既然要軍文合一，國防部及所屬機關文官制度是否要舉辦相關特考？而不要由其他公務機關文職人員轉任，如此也可以給國防部軍職人員退休時多開一條出路，讓他們通過國防特考後轉任文職；聯席會協商後初審通過之第12條條文原加以採納為：「第八條及第九條所定列有官等、職等之文職人員，由國防特考及其他方式獲得，其職務所適用之職系，依公務人員任用法第八條之規定，就有關職務選用之。」但立法院院會二讀時，國防特考等相關文字刪除，回復一般相關職務就有關職系選用之通案體例。（立法院公報，2003）這也是相關法律在立法過程中，有關國防文官建制僅有的二次政策詢答。

　　自國防二法實施以後，國防部依該法第15條第2項，「本法修正公布後三年，文職人員之任用，不得少於編制員額三分之一」，陸續於國防部及其所屬機關軍醫局及軍備局編設280個文官職缺編制（不包括部長及副部長特任官職缺），其中國防部202個、軍醫局27個、軍備局51個。（劉健怡，2005）在現行公務人員95個職系中，國防部選用19個職系，分別為一般行政職系156人，人事行政職系18人，文教行政職系4人，地政職系4人，法制職系14人，司法行政職系11人，圖書博物管理職系7人，新聞編譯職系6人，會計審計職系13人，統計職系1人，企業管理職系6人，經建行政職系8人，土木工程職系5人，工業工程職系4

人，機械工程職系2人，電子工程職系1人，資訊處理職系6人，藥事職系3人，衛生環保職系11人。前述職務歸系狀況，以一般行政職系156人為最多，統計職系、電子工程職系各1人為最少；職務列等狀況簡任職務93個，薦任職務135個，委任職務52個。（國防部，2006）為在法定期限之內完成文職人員進用目標，除國防部現有已具文職身分之47人外，其餘員額國防部規劃採5種方式辦理進用：一、公開甄選：甄選各部會現職公務人員，及社會大眾具公務人員任用資格者，規劃辦理7次甄選作業。甄選程序包括初甄及複甄，面試部分由常務次長及單位主管親自主持；二、國軍上校以上軍官轉任公務人員考試：計提列中將轉任、少將轉任、上校轉任三等級之部分中高階職務；三、國防人員特考：比照公務人員高等普通初等考試方式，請辦國防人員一至五等特考，對一般社會大眾招考人才；四、高考一、二級考試：依考選部年度考試計畫辦理，提列部分中階職務以高考一、二級取才；五、退除役軍人轉任公務人員特考：由行政院退除役官兵輔導委員會提報考試計畫送考選部辦理，國防部將提列部分中階職務以退除役特考取才。以上各項考試如有錄取不足額情事，致未達規劃進用人數時，所缺人數將辦理最後一次甄選作業補足。所有文職人員從各管道進用後，為使文官能快速熟悉國防事務，由國防大學開設「文官基礎教育班」及「聯合參謀文官教育班」，並和台灣大學合作開辦「高階軍文官交織戰略教育班」，以提升軍文關係，強化文官國防知能。（國防部，2002）

三、國防文官以特考取才曾遭考選部否決

　　國防部組織法於2000年1月29日修正公布，由於該法修正後事涉國防部及所屬機關組織重大變革，爰條文中明訂「本法修正條文施行日期，由行政院於修正條文公布後三年內定之」；行政院遂核定國防二法自2002年3月1日施行。2002年12月國防部函請行政院人事行政局將考試計畫轉送考選部，希能請辦國防人員特考，該部請辦考試主要有二點理由：其一，時間急迫性：因國防部組織法第15條第2項規定，本法修正公布後三年，文職人員之任用，不得少於編制員額三分之一，但必要時得延長一年（在2004年2月1日以前）；準此，該部已完成規劃，在2003年12月底以前，以國家考試及公開甄選方式，達成人員進用目標。其二，人才培育留用：國防事務具高度專業性，且攸關國家整體安全，而高等普通初等考試取才為一般性，且錄取人員流動性大，為過濾應考人對國防事務之瞭解程度，及培養常留久任之國防事務專才，希望能藉由特考口試篩選及特考特用六年限制轉調之限制，達到人才培育留用之目的[2]。考選部爰邀集國防部、人事行政局、

2　國防部2003年2月19日和程字第0920001132號函。

銓敘部、保訓會等機關，先就公務人員特種考試國防人員考試規則草案進行會商，除原列之一等特考因考選部正在檢討高考一級考試定位及取得資格問題而予保留外，其餘考試等級、類科設置、應考資格、應試科目等多予以同意[3]。

　　考選部特種考試司擬具之公務人員特種考試國防人員考試規則草案，於2003年4月15日提報該部法規委員會審議，二等考試設一般行政、人事行政2類科，三等考試設一般行政、司法行政2類科，四等考試設一般行政、史料編纂、圖書資訊管理、新聞編譯4類科，合計需用名額32名。因有與會委員提出質疑要求暫緩審查，下次會議時並請國防部及人事行政局派代表列席說明，國防部業務性質有何特殊之處？高普考試為何不能滿足該部用人需求，非得辦特考不可？俟政策決定同意辦理本項特考後，再行實質審查條文。同年4月25日再度召開法規委員會，國防部代表列席說明請辦特考之理由為：一、進用文職人員管道很多，根據經驗高普考試錄取人員多未能久任，故特考特用對國防部業務推動較有利；該部曾甄選其他機關現職公務人員到部服務，但部分商調到部服務數月即離職，對機關造成困擾，故希望以特考取才；二、特殊性質機關，在法源上可適用公務人員考試法施行細則第5條第11款「其他特殊性質機關」概括規定；三、應試科目均比照高普考試，係考量本考試對外公開招考，若應試科目非學校授課內容，恐對應考人不公平；四、國防部現有文官缺額，雖也有部分採甄選方式公開進用，但甄選通過者部分任職機關不同意放人，報到者任職未久即有離職情形，因此成效不彰，需借重特考取才。法規委員會多數委員對國防部文職人員以特考取才提出不少質疑，包括：一、近年來特考種類、次數、需用名額均較過去增加，而每年地方政府公務人員特考需用名額均遠超過公務人員高普考試，形成尾大不掉現象，因此對新增特考舉辦應嚴格審查其必要性；二、公務人員考試法施行細則第5條第11款「其他特殊性質機關」應嚴格界定，且有具體性質特殊之認定基準，否則任何機關皆可援用第11款概括條款，特考舉辦將過於浮濫；三、依機關性質來看，國防部文職人員適用公務人員任用法，並無特別人事管理法律（如警察人員人事條例、司法人員人事條例等）或其他舉辦特考之法源依據（如國軍退除役官兵輔導條例第12條明訂：「輔導會為增進退除役官兵就業機會，得洽請有關主管機關舉辦各種考試，使退除役官兵取得擔任公職或執業資格。」另身心障礙者權益保障法第39條亦規定：「各級政府機關、公立學校及公營事業機構為進用身心障礙者，應洽請考試院依法舉行身心障礙人員特種考試，並取消各項公務人員考試對身心障礙人員體位之不合理限制。」）；四、既然考試類科、應試科目、應考資格等均與高普考試相同，舉辦特考唯一目的即在特考特用六年限制轉調；由於現職公務人員考上高普考試已經不得分回原機關實施實務訓練，因此對報缺

3　2003年3月17日考選部召開之「研商訂定公務人員特種考試國防人員考試規則草案會議紀錄」。

之用人機關需求較能滿足；五、為避免甄選進入國防部，或高普考試及格分發國防部現職人員，短暫任職後即行離職，未來該等人員如依公務人員陞遷法規定參加其他機關甄選通過，他機關辦理商調作業時，國防部可以不同意其調任，以避免人員流失；六、提報用人需求僅32名，規模太小，單獨辦理特種考試似不符經濟效益；七、高普考試與特種考試之舉辦，提報缺額互有排斥性，如國防部請辦本項特考，本年該部即未提報高考三級及普考缺額。考選部法規委員會最後附條件修正通過公務人員特種考試國防部文職人員考試規則草案，並決議請國防部再行檢討缺額，於請辦考試時應增加需用名額[4]。

該次法規委員會會議記錄呈核時，劉前部長贊同法規委員會多數委員之保留意見，並批示：一、請國防部就各等級類科之行政職務提出工作分析，俾本部瞭解其異於高普考試之人才需用特色為何；二、如無工作之特殊性，協調人事行政局建議國防部提報本年高普考試需用名額。考選部遂函覆國防部，內容略以：貴部建議舉辦公務人員特種考試國防人員考試一節，揆諸考試規則草案各等級所擬定類科，均參照高普初等考試類科設置，另審酌貴部文職人員職務係依工作性質歸列為一般行政、人事行政等職系，本部法規委員會審議結果咸認各等級類科均可於本部舉辦之公務人員高普考試取才或以公開甄選方式進用，並無單獨舉辦特考之必要。貴部2002年公務人員高考一、二級提報職缺11名，本部已依用人需求及考試成績足額錄取；原規劃三、四等國防特考需用12名，貴部可報本年高普考增列需用名額；另本年初等考試昨日榜示，一般行政科增額錄取22名，貴部原規劃五等考試一般行政需用名額8名，可儘速自初考增額錄取人員中遴選任用，以達成在法定員額進用時程內完成文職人員之引進[5]。至此，公務人員特種考試國防人員考試之請辦，遂予以擱置。

四、國防部文職人員特考之建制及其發展

自2002年開始國防部規劃進用國防部文職人員，前後透過多重管道共進用245人，但部分人員因不適應該部組織文化而陸續離職，至2006年6月底為止，尚在職者約有160人左右；考量高普考試及格人員訓練期滿取得考試及格資格後，即可請調其他機關，為達法令所規定之文職人員人數，國防部再度申請舉辦國防人員特考。為避免考選機關反對，國防部蔡前副部長親訪考選部林前部長協商爭取支持，確定政策性同意舉辦。國防部在來文中表示，國防事務具高度專業性，且攸關國家整體安全，為培養久任之國防事務專業人才，爰建議以特種考試公開

選拔，以達人才培育留用之目的。考試規則草案中明訂本考試分為一等及二等，以選拔博、碩士級人才；第一試為筆試，第二試為口試，筆試未通過者不得應口試；一等考試建議考普通科目三科、專業科目五科另加口試，二等考試亦考普通科目三科、專業科目五科另加口試；一二等考試普通科目均為中華民國憲法、國文、英文三科，專業科目中各等級各類科必考通科為國防法及國防體制、國家安全政策、戰略理論三科[6]。經考選部邀集國防部、人事行政局、銓敘部、保訓會等機關會商後，決議修正男性應考人兵役條件，從須服畢兵役放寬至現正服役中亦可報考；一等考試之口試採團體討論，二等考試口試則採集體口試；至於一、二等考試應試專業科目，因考選部與國防部意見不同將再協調。經兩部高層會商後確定：一等考試應試科目應考「策略規劃與問題解決（以國防法制與政策命題）」；二等考試應試科目增加國防專業科目比重，調整為「國防法與國防體制」、「國家安全政策與戰略理論」；另考試規則增列增額錄取規定。

　　2005年8月24日公務人員特種考試國防部文職人員考試規則草案提考選部第391次法規委員會審議，會中修正部分條文，包括：男性應考人除須服畢兵役者外，核准免服兵役或現正服役中，法定役期尚未屆滿者亦得報考；一等考試除原訂一試筆試及二試口試之外，中間再加入著作或發明審查，並採逐試淘汰；增列試務得委託有關機關或團體辦理之規定；一等考試各科別均列考之「策略規劃與問題解決」，附註欄增列分別依各科別專業及國防法制與政策命題，其中各科別專業占40%，國防法制與政策占60%；二等考試各科別均列考之「國防法與國防體制」，應訂定命題大綱以利應考人準備。

　　本案報請考試院審議以後，經院會決議交付審查，由輪值考試委員召集會議。審查會中有委員質疑是否非以特考取才否則不足以達到拔擢人才、留置人才之目的？亦有委員認為高等考試亦可拔擢優秀人才，且現職優秀文職人員甄補可以對外徵才，或透過國軍上校以上軍官轉任公務人員考試取才，是否同樣可達選才目的？也有委員詢及為何本考試只列一、二等，而無三、四、五等之原因？經過國防部代表之說明，多數委員認為國防事務性質特殊，近年來以高普考試進用人員，產生適應困難、離職率偏高之問題亟待解決，以特考進用較能久任；另國軍上校以上軍官轉任公務人員考試並非經常舉辦，無法及時甄補人力，故同意開辦本項特考。又依國防部組織法之編制，該部文職人員職缺設置共280人，其中簡任及薦任職務約占五分之四，故以一、二等考試來進用；至於委任職務則循公開甄選及普通考試甄補人力，此點審查會亦表示同意。審查會最後僅就本考試應試科目酌為調整，包括：一、一等考試各科別均列考之「策略規劃與問題解決」，附註欄文字修正為，「……分別依各科別及國防法制與政策命題，其中依

6　國防部2005年5月30日和程字第0940002273號函。

各科別專業命題占50%，國防法制與政策命題占50%」；二、二等考試各科別專業科目比重不高，爰將「國防法與國防體制」及「國家安全政策與戰略理論」二科，予以合併為「國防法制與國家安全政策」一科，各科別並參酌高考二級第一試另增加一科專業科目（包括一般行政科別增列「公共政策研究」、人事行政科別增列「各國人事制度研究」、新聞科別增列「國際關係研究」、會計科別增列「政府會計」、書記官科別增列「刑法」、企業管理科別增列「財務管理學」、國際貿易科別增列「國際企業管理學」、地政科別增列「民法」）[7]。爰公務人員特種考試國防部文職人員考試規則，在2005年12月7日由考試院訂定發布。

　　2006年5月首次辦理之國防部文職人員特考，一等設一般行政、法制、都市計畫行政3類科，二等設一般行政、人事行政、會計、書記官、企業管理、國際貿易、地政7類科，報考625人，到考335人，錄取31人（其中按考試等級分一等2人，二等29人，按性別分男性22人，女性9人，按教育程度分博士3人，碩士26人，學士2人，平均年齡為32.26歲），到考率為53.6%，錄取率為9.25%。2008年1月第二次辦理本考試，僅設有二等考試書記官及一般行政科別，報考297人，到考144人，錄取23人（其中按考試等級分23人均為二等，按性別分男性17人，女性6人，按教育程度分碩士23人，平均年齡為30.83歲），到考率為48.48%，錄取率為18.75%。在法制方面，本考試規則在2008年3月13日修正發布附表一、附表二，配合公務人員考試法之修正應考資格從嚴，爰刪除高考二級及格滿四年得應高考一級，以及高考三級及格滿二年得應高考二級之規定；同年4月2日再度修正第3條，配合就業服務法之修正雇主不得對求職人因年齡而予以歧視，爰刪除應考年齡上限45歲以下之規定。

五、國防文官制度現況及檢討

　　為配合國防體制轉型與運作，國防部近些年來積極建立國防文官體系，以期軍文加強溝通合作，建立國防新思維。國防二法實施後，國防部在部本部及所屬軍醫局、軍備局，共編列國防文官缺額280人，透過公開甄選後調任及請辦考試之分發（包括國軍上校以上軍官轉任公務人員考試及公務人員特種考試國防部文職人員考試），以招募長久留用之國防專業人才。該部除建議銓敘部增列國防行政及國防技術職組與職系，以滿足國防事務需要外，另訂定國防部公務人員內陞作業規定、考績考核作業要點、獎懲標準表、加班管理作業規定、訓練進修暨終身學習作業要點等，以管理規範國防文官。在職缺編設上，採軍文並列方式，正

---

[7]　考試院第10屆第161次院會議程，有關公務人員特種考試國防部文職人員考試規則草案審查報告。

副主管用軍文職務互補以共同推動國防事務；在組織業務上，強化軍文協同，發揮文武思維相輔相成之效益；在教育訓練上，實施混同施訓，以期在學習成長過程中培養合作協調能力，創建共同組織文化理念。（國防部，2008）但基本上，軍中外部引進之文官太少，因此能否達到成員多樣性進而改變原有組織文化目的，顯然還有一大段距離。

　　目前國防文官制度有兩大問題值得探討，其一，國防文官人數太少（國防部、軍醫局及軍備局僅280人），尚不足以真正發揮強化軍文合作、減少文武思維衝突、創建共同組織文化理念之功能。其實就軍政系統來看，國防部所屬陸軍、海軍、空軍司令部，後備司令部，憲兵司令部，主計局，各級軍事法院、軍事檢察署、軍事監獄；軍令系統之軍事情報局，電訊發展室，飛彈指揮部，資電作戰指揮部，國防語文中心；軍備系統之中山科學研究院，採購中心，生產製造中心，規格鑑測中心等，有許多涉及系統分析、人力資源、資訊管理、法務行政、國防科技研發、生產管理、品質管制等工作之職務，都頗適合文官來擔任。所以在軍中推動精實案，導致兵力結構逐年調整下修的情形下，利用外部文職人力資源，以延續國防業務推動，提高工作品質與績效，成了一種必要之政策選擇。看看美國軍中文官占其軍中現役兵力將近一半，日本自衛隊文職人員占其自衛隊總人數10%，新加坡文職人員占其國防人力總員額52%，可為借鏡，顯然擴大進用軍中文官，應是未來重要改革方向。其二，現有國防文官體制，包括進用、陞遷、待遇、考核、組織文化適應等方面均未周全，遂造成軍中文官工作滿意度低且離職率過高情形，影響人力穩定性而不利久任。根據調查2002年4月至2006年4月，國防部部本部204個文官職缺中，前後離職達61人（占29.9%）；調查結果顯示國防文官離職主要原因為：業務繁重無法兼顧家庭；有關軟硬體設備不能符合需要；福利措施有待提升等。其中尤以業務量繁重為主要導因，根據國軍精進案、精實案之作法，未來軍官、士官、士兵之比例將為1：2：2，因此大量軍官將被疏退，但人員裁減後業務量卻未必相對減少，接手之軍官及文官要分擔裁員後遺留之更多業務，工作只會更多更繁雜。（劉健怡，2005）另一項對包括國防部、軍醫局、軍備局全體國防文官280個職缺所做之統計，2003年至2005年共離職76人（占27.14%），其餘尚在職人員中，均有高、中、低不同程度離職傾向；調查結果顯示已離職者離職傾向較尚在職者高，男性離職傾向較女性為高，年輕資淺者離職傾向較年資長者為高，首次考試分發及文職調任者離職傾向較軍職轉任文職者為高。（洪鵬堯，2006）另有研究國防部部本部國防文官之工作滿意度者，研究結果顯示由軍職轉任文職之文官，其熟悉軍中環境及組織文化，年齡雖偏高，但長官及同僚均給予相當尊重及肯定，故工作投入程度較高；而年齡較低者，因年紀輕較有不同主見及創造力，但對軍中刻板組織文化及單調生活較不適應，故工作投入程度較低。此外服務年資越長者，因日益習慣軍中管

理風格及決策模式，致工作滿意度較高；相對的服務年資較短者，尚無法適應軍中組織文化，工作滿意度較低。而高教育程度者，因學識高較具理想抱負，但對賦予之工作不具挑戰性，而有大材小用之感，致工作滿意度較低；反之教育程度較低者，認為領薪水辦事情，即使工作性質單純，但樂得輕鬆，反而工作滿意度較高。（譚兆偉，2005）此外也有研究以問卷及訪談國防部及軍備局、軍醫局之國防文官，以檢視社會互動與工作滿意之關連性者，結果顯示多數文官期待體恤型領導風格，希望領導者要尊重組織制度和群體規範，以避免成員認知不公平；在決策參與方面，應擴大同仁參與決策機會，並尊重其專業知能，以提升其工作滿意度；在人際關係上，考試分發初任及現職調任之文官普遍認為其人際關係較軍職轉任之文官為差，且良好人際關係始有助於提升工作之滿意度。（陳道興，2006）綜合來看，軍職轉任文職之文官較考試分發或現職調任之文官工作滿意度為高，環境適應力也強，此結論雖屬當然，仍然值得省思。

六、國防部文職人員特考現存問題之探討

如從國家考試角度來檢視現行國防部文職人員特考之現況，則以下數問題，值得加以討論：

其一，用人機關申請舉辦特考，其處理程序及審查基準為何？能否客觀加以檢驗？按公務人員考試法第2條規定：「（第一項）公務人員之考試，分高等考試、普通考試、初等考試三等。高等考試按學歷分為一、二、三級。……為因應特殊性質機關需要及照顧身心障礙者、原住民族之就業權益，得比照前項考試之等級舉行一、二、三、四、五等之特種考試，……。」同法施行細則第4條界定特殊性質機關，指實施地方自治之政府機關及掌理下列特殊業務之機關，並採列舉（包括掌理審判事項之司法院，掌理國家安全情報事項之國家安全局，掌理外交及涉外事項之外交部及行政院新聞局，掌理國防事項之國防部，掌理關務及稅務事項之財政部，掌理路政及航政事項之交通部，掌理國際經濟商務、專利及商標審查事項之經濟部等11個中央機關）與概括（其他特殊性質機關）併行方式加以規範。另用人機關申請舉辦特種考試時，考選部應就機關性質及其業務需要加以認定，其合於母法第3條第2項舉辦特種考試之規定者，始報請考試院核定之。但在實務上因為欠缺審查用人機關性質及業務需要之程序與機制，也沒有具體客觀的審查基準，所以多年來最常看到的情形是用人機關之首長副首長，親訪或電洽考選部高層，同意舉辦特考後，用人機關先訂定考試規則草案送部轉報考試院審議，通過以後逕行引用「其他特殊性質機關」之法源依據隨即舉辦考試，其後才適時研修施行細則增列納入列舉條款；這也是多年來公務人員特考種類不

斷增加，甚至有許多為僅辦理一次爾後即不再舉辦之特考出現（如環境保護人員特考、體育行政人員特考、公平交易管理人員特考、監察院監察調查人員特考等）。相反的，也有先行與部協商修正施行細則，納入特殊性質機關，但因需用名額職缺太少完全不符經濟效益，致從未舉辦之情形（如內政部之國家公園管理處等）。所以成立委員會公正加以審查及建立明確客觀審查基準，應是刻不容緩之工作。

至於具體標準為何，可以現行法律中明訂應舉辦特考之規定為舉辦依據（如公務人員考試法第3條：「……照顧身心障礙者、原住民族就業權益，得……舉行……特種考試。」或國軍退除役官兵輔導條例第12條：「輔導會為增進退除役官兵就業機會，得洽請有關主管機關舉辦各種考試，使退除役官兵取得擔任公職或執業資格。」）；加上公務人員任用法第32條、第33條授權訂定之特別人事管理法律，如司法人員人事條例、關務人員人事條例、駐外外交領事人員任用條例、警察人員人事條例、交通事業人員任用條例等，均可參酌依循。換言之，如果係適用一般官等職等併列人事制度，則應審慎評估其機關性質與業務需要，以及舉辦特考之必要性。

其二，上校以上軍官轉任公務人員考試、退除役軍人轉任公務人員特考、公務人員高普初等考試及現職人員公開甄選，是否已能充分滿足國防部所需文官之用人需求？國防部文職人員特考有無舉辦之必要？按國防部進用文職人員本有多種管道，高階職務透過上校以上軍官轉任公務人員考試取材，中低階職務則可採高普初等考試及退除役軍人轉任公務人員特考用人，而辦理現職公務人員甄選更可跨越高、中、低各等級職務，因此用人理當無礙；但從過去數年經驗以高普考試及格分發進用及甄選進用之文官，其離職率確實明顯較上校以上軍官轉任公務人員考試、退除役軍人轉任公務人員特考進用人員為高，因此雖然高普考試已有一年限制轉調規定，雖然退除役特考採永久限制轉調，但考量國防專業複雜性亟需高學歷具政策規劃及分析能力之人力需求，爰請辦國防部文職人員特考藉著六年限制轉調留人，或對人力穩定及久任較有助益。惟國防機關亦應在心態上調整，誠心接納文職人員，而非作為點綴，並逐步調整內部組織文化，使文職人員真正融入機關中而利久任。

其三，國防部文職人員人數有限，能否持續辦理特考取材，答案令人存疑？按特考之舉辦，除機關性質與業務需要等法定條件而外，也要考量新進用人員人數能否支撐常態性辦理特考（如不包括消防人員及海巡人員，警政署所屬機關學校以警察人員人事條例送審者即有61,252人，司法院及法務部所屬機關（構），以司法人員人事條例送審者有20,040人[8]，永續辦理特考應無疑慮），因

8　此項統計資料係至2008年1月底為止，由銓敘部特審司所提供。

為考試及格以後分發任用，即成為常任文官，可循序陞遷發展歷練直到退休為止；如果機關規模不大，編制員額有限，仍要辦理特考，就會產生一次特考爾後即多年停辦，最後檢討法制時即廢止考試規則情況（如前述之體育行政人員特考、公平交易管理人員特考等）。國防部及其所屬軍政軍令軍備三大系統，雖然至2008年底總員額將降至275,000餘人之兵力（劉建怡，2005），但國防文官編制在國防部、軍醫局、軍備局僅有280人，現已舉辦二次國防部文職人員特考及格人員54人且六年限制轉調，加上又有上校以上轉任公務人員考試、退除役轉任特考、現職人員甄選等多重外補用人管道，因此如果國防部不再適度擴充國防文官規模，本考試之後續舉辦恐將無以為繼。

　　其四，現行國防部文職人員特考類科設置、應考資格、考試方式、應試科目等，有無再檢討改進之空間？比如一等特考之應考資格既然是國內外公私立大學研究院所畢業得有博士學位即可，不限所別及學門，以廣開大門招募優秀人才；但通過第一試筆試進入第二試著作發明審查時，對送審之著作，又嚴格要求需在最近五年內公開出版發行或在國內外學術刊物發表者，且排除博碩士論文，字數需在3萬字以上；與應考類科無關者，更在形式審查時即予退件而不送交審查委員進行實質審查。以一般行政類科為例，其職系說明書內涵本就包羅萬象，包括行政管理、公共關係、通譯、文書處理、速記、議事、事務管理、物料管理、財產管理、倉庫管理、採購、出納、打字等；而幾乎絕大多數行政類職系，其職組暨職系名稱一覽表中備註欄均會註記，本職系與一般行政職系視為同一職組，得單向調任，顯見一般行政之廣博性；再衡諸過去甲等特考普通行政類科及格人員之送審著作，有「明代胥吏」、「金律之研究」、「管子研究」等，顯見普通行政、一般行政類科應有極大包容度。但在著作審查階段即有多件因著作與該類科不相關而遭致退件，是否有值得斟酌之空間？如要嚴格認定其著作與一般行政之相關性，未來恐怕在應考資格中應明訂限文、法、商及管理等社會科學所別博士乃可報考，才能前後立場一貫。此外口試規則明訂，口試委員除由該項考試典試委員擔任外，必要時得就相關用人機關、請辦考試機關簡任級以上公務人員或有關團體富有研究經驗者或專家學者遴聘之。早期口試每組3位委員中，一位考試委員擔任主持人（按所學背景參與不同組別），一位相關領域學者，一位用人機關高階主管，理論與實務爰得以兼顧；但近幾年來，由於立法院審議考試院92年度預算時所做主決議，要求考試委員擔任典試委員長或其他考試典試業務時，不得支領綜理典試、抽閱試卷及其他任何酬勞；自此考試委員參與典試（包括命題、閱卷、口試、審查著作等）意願低落，除輪派義務性質之典試委員長而外，幾乎退出各種典試工作行列。而用人機關代表除外交及司法機關外，其餘機關極少積極主動爭取擔任口試委員，久之也就相沿成習；導致口試委員目前全數由學者來擔綱。以國防部業務分工來說，戰略規劃司、資源司、後備事務司、整合評

估室等單位職掌相差甚大，所屬軍備局及軍醫局，專業程度更高，全部學者主導進行的口試，是否會過於理論而欠缺實務面的平衡思考？

七、未來改進方向——代結語

其一，考選部應組設審議委員會，以審查應否舉辦公務人員特種考試，並建立具體客觀審查基準；不符此一基準者，即應回歸高普初等考試常態用人。不宜以高層協商請託，代替制度建立及法制運作。

其二，國防部應逐步增加國防文官人數及比重，以職司國防政策規劃及參與國防事務決策，並建立互動良好之軍文關係；進而擴大該部及所屬機關文職人員之規模，以利國防部文職人員特考爾後之賡續辦理。

其三，國防部應建立完整之國防文官法令制度，以利人才之引進，並在後續陞遷、考核、獎懲、待遇福利、訓練進修上，給予文職人員公平之對待；以有效的規劃其公務生涯發展，提高文官工作滿意度，降低離職人數及比例。

其四，國防部文職人員特考方面，如要強調開放及多元用人，則至少在一般行政類科，後續審查著作時即應兼容百川，不宜從單一專業領域角度去排除其他領域者參與；反之如認為一般行政亦有其專業，則應該修改一等特考應考資格，將不限博士學位學門改為限文法商管理等系所博士乃可報考，以強化專業性。另口試亦應在學者專家之外，增列用人機關正副首長或高階主管擔任口試委員，以提升選才之適任性。

國防二法之實施，確立了文人領軍及國防一元化之原則，為使國防政策更具前瞻性，爰設計文官參與國防事務之機制，以納入多元思維帶來創新效應；所以如何選拔具備前瞻規劃能力、國防政策分析能力、軍事專業能力及隨時應變能力之優秀人才加入國防行列，確是當前重要議題。但考試制度之良窳僅為其中部分環節，人才之延攬留用，更涉及到任用、陞遷發展、考績獎懲、待遇福利、退撫制度等多重面向，甚至攸關組織氣候及文化，爰相關機關允宜各盡其責提出妥善因應對策並同步改進，才能符合國防革新轉型之時代需求。

參考資料

一、陳天錫，考試院施政編年錄（中冊），考試院考銓研究發展委員會影印，1945年。

二、潘文秀，國防體系進用文官之研究，國防管理學院資源管理研究所碩士論文，2000年。

三、劉健怡，國軍現行進用文官制度之研究，國防大學國防管理學院法律研究所碩士論文，2005年。

四、洪鵬堯，降低國防部文職人員離職傾向之研究，國防大學國防管理學院國防決策科學研究所碩士論文，2006年。

五、譚兆偉，國軍文官工作滿意度之研究，國防大學國防管理學院國防決策科學研究所碩士論文，2005年。

六、陳道興，檢視社會互動與工作滿意關聯性──以國防部文官為例，國防大學國防管理學院國防決策科學研究所碩士論文，2006年。

七、國防部，中華民國95年國防報告書，2006年。

八、國防部，中華民國97年國防報告書，2008年。

九、國防部，國防部文職人員進用規劃與執行現況，2002年。

十、立法院公報第88卷第51期；第89卷第9期；第92卷第4期，1999、2000年。

十一、考試院第10屆第161次院會議程所附審查報告，2005年。

十二、考選部，中華民國96年考選統計，2008年。

十三、考選部網站，http://wwwc.moex.gov.tw/。

十四、國防部網站，http://www.mnd.gov.tw/。

（國家菁英季刊第4卷第3期，97年9月）

拾貳、廢除分區定額錄取與取消列考三民主義的歷史省思──從轉型正義角度加以觀察

一、前言

　　2000年總統大選第一次政黨輪替以後，對國內的政治環境與行政生態，產生了前所未見之衝擊。新接手的政府從政治面強化台灣意識，並嘗試以單一的台灣名義加入各種國際組織，在兩岸關係中凸顯一邊一國之差異，造成台海雙方關係緊張；在文化面如中文拼音之選擇通用拼音法為統一之中文拼法，而捨棄與國際接軌之漢語拼音法，另去蔣化及去中國化，大拆各地蔣介石銅像以打破威權，並以台灣民主紀念館名稱取代中正紀念堂；在國家考試上亦曾發生閩南語命題爭議與本國史地範圍僅以台灣史地為限，而完全排除中國史地之風波。前述諸多變革，其實展現的就是政權更迭之後的必然與現實，有權力者得以決定國家各項政策走向，以及取得歷史詮釋權力；而其中也確有部分是打著轉型正義的旗號，而大張旗鼓的推動進行[1]。

　　所幸考試院是傳統政治上的邊陲地帶，2000年雖然政權更替，但第9屆考試院院長及考試委員均受六年任期保障（僅副院長主動請辭），重要考銓政策遂能維持在穩定中發展。2002年第10屆考試院組成，雖然考試委員產生有政黨推薦色彩存在，但立法院立委席次藍本大於綠，加上連任考試委員與學術界出身立場較中性委員的平衡，整體看仍然呈現藍多於綠的板塊；所以採合議制之考試院，六年來雖曾經歷一些衝撞原有體制的變革與衝擊（包括部分委員提出取消公務人員退休時舊制年資18%優存制度、建立公務人員考績強制淘汰制度、全面廢考各種考試國文考科、考試榜示後全面公布典試命題委員名單等），但仍能維持一個相對穩定架構，並在緩步中漸進改革。所以或許可以說在考銓政策體系範圍內，可以轉型正義的空間不多；許多不符公平正義原則的制度或作法，其實在中國國民黨長期執政情況下，因為社會多年來快速變遷、政治反對勢力興起、解嚴之後民間活力鬆綁、應考人權利意識高漲等因素，早就促使執政之中國國民黨內縮且自省，因而被迫從事改革。本文所討論高度涉及公平正義理念的分區定額擇優錄取制度廢止（隱含大中國的主權意識，台灣僅為中國之一省），與國家考試取消列

考國父遺教或三民主義科目（特定政黨意識型態，透過考試制度而型塑定於一尊的思想），都是典型實例。

二、轉型正義之意涵

維基百科全書中界定之轉型正義（Transitional Justice），係指新興民主國家對過去政府違法和不正義行為的彌補，通常具有司法、歷史、行政、憲法、賠償等多面向。即由新政府檢討過去因政治思想衝突或戰爭罪行所引發之各種違反國際法或人權保障之行為，追究加害者之犯罪行為，取回犯罪行為所得之財產予以充公。所以轉型正義之目的是為鞏固保障基本人權之普世價值，並督促政府停止、矯正、預防未來對人權之侵犯。

轉型正義之行動起源於第二次世界大戰結束以後，國際社會對發動侵略之德國及日本相關領導人進行審判，其著重焦點在於侵犯人權之行為及相關法律追訴；從二次世界大戰之後審判納粹戰犯之紐倫堡大審；到1994年聯合國成立盧安達戰犯法庭，公開審判參與該國內戰且進行大屠殺之相關人員；2002年聯合國再成立獅子山特別法庭，審判該國內戰期間犯有戰爭及屠殺罪行，並違反國際法之相關人員。隨著第三波民主浪潮之興起，轉型正義關切之焦點，從法律問題移轉到政治問題，以期新的政府能透過此一究責程序穩固其政治權力。比如長期實施種族隔離之南非少數白人政府，因為國際社會長期抵制與經濟制裁終於下台，新黑人政府執政之後在1995年成立真相與和解委員會，主要調查在過去種族隔離者統治期間所有嚴重侵犯人權之行為，並審核請求赦免之申訴。另東帝汶在公民投票決定脫離印尼獨立以後，2002年也成立接受真相與和解委員會，讓推動獨立期間親印尼並曾有放火、掠奪等輕罪之民兵主動投案坦白，並要求其服社會勞務以資補償；至於犯有殺人等重罪者，則由檢察機關追究刑事責任；2005年印尼及東帝汶簽署協議，兩國共同成立真相與友誼委員會，對公投獨立前後發生之暴行進行調查及追究。至於蘇聯解體以後，原東歐國家逐步轉型為民主政體，如捷克在1991年即通過法律，明定曾於威權政府任職情治安全系統或前共產黨之黨工或舊政府之線民等，五年之內不得任職於政府機關、學術機構及公營企業特定層級以上職位。（劉新圓，2007）

轉型正義在台灣之實踐，由於摻雜不同政黨意識型態，造成各方見解南轅北轍，高度缺乏共識。有學者認為轉型正義在台灣之實踐，不是合法的問題，而是正義的問題：所以應該要破解合法或是未違法之迷思，以正義的觀點來突破惡法亦法之困境，重點不是合不合法，而是法律合不合正義。其次轉型正義沒有時間點的問題：所以延遲之轉型正義，應該成為未來選舉之議題，以壓迫政黨和政治

人物表態，甚至應該將政治競爭上綱成爲正義與不正義之對決。再其次轉型正義之議題無所不在：從追討不當黨產，到司法官黨籍背景公開，再到職業學生與黑名單等議題，因爲過去黨國體制無所不在，所以轉型正義之議題亦是無所不在。（徐永明，2007）也有的學者認爲台灣民主化以後只有轉型但無正義，所以2000年政黨輪替以後，國民黨的黨國體制並未眞正消失瓦解，以黨職併公職年資退休採計爲例，考試院基於法令不溯及既往及保障既得權益之觀點，對原年資互相採計要點廢止前已經擔任公職者，於退休或撫卹時仍得併計黨職年資；由於不能透過追討溢領退休金之法律行動，就無法確認黨職併公職年資之不合法，轉型正義遂無法彰顯，黨國體制遺緒仍持續維持。其次戒嚴時期造成種種冤案之軍事檢察官的歷史責任並未釐清，甚至還有部分仍在擔任法務高層首長，應嚴肅思考其個人角色與集體責任之比例原則。此外在黨國體制下分享權力生態之學術界，在2000年政黨輪替後變化不大，應參考西德對與納粹政權合作或爲其辯護之學者，於戰後各大學多以解聘之作法來處理。（汪平雲，2007）

　　但也有學者認爲轉型正義已經被濫用，因爲一般冤錯假案之平反，不是轉型正義，而制度的盲點或制度的瑕疵，也不發生轉型正義問題；因爲法律還是原來的法律，根本沒有轉型問題。過去國際社會看到之轉型正義指的是體制轉型所產生之特殊問題，舊體制和新體制之間有巨大落差，讓人感受到強烈之衝突，則一方面要加速轉換，另一方面也要降低衝擊。所以時有國有財產回復民有民營、公務人員通過再教育以利新法制等情形，但是以今日之非否定昨日之是，也明顯牴觸法治國家的核心原則——法律不溯既往。尤其台灣與東歐國家大不相同之處在於經濟上我們本來就是自由經濟市場，沒有私有財產國家化或集體化之背景，政治上也一開始即採分權體制，只是因爲戒嚴加上中央民意機關長期無法改選，才形成黨政軍之權力集中。但中央民代開始增補選以後，民主改革逐步推動，政治體制已朝軟性威權主義發展，此期間威權政黨面對民意壓力及反對黨抗爭，逐步推動中央民意機關全面改選、解除戒嚴、開放黨禁報禁、總統公民直選，可謂成功的不流血政治革命。整個過程和東歐國家轉型正義，根本不能等量齊觀。所以當有人要把東歐只在少數國家獲得有限實踐的轉型正義，移植到二十一世紀的台灣時，聽起來那麼突兀，那麼像清算鬥爭，或選舉造勢的口號。總之轉型正義最終是要通過對舊體制的檢討以確立新體制的價值，避免重蹈錯誤，因此是整個社會的內省，而不能簡化成壓迫和被壓迫者結構的翻轉，否則只會徒然掀起無止盡的社會仇恨。（蘇永欽，2008）

　　更有學者以負面角度批評，直指轉型正義不應該是勝利者的正義，尤其在眞相探求過程中，應該透過學術討論以建立基本共識，不宜以官方立場爲歷史定調，甚而排斥不同研究觀點。其次轉型正義不應該是以暴易暴的正義，南非前大主教也是諾貝爾和平獎的得主屠圖（Desmond Mpito Tutu）曾說：像二次大戰後

盟軍把所有戰犯送上法庭之方案，對南非的穩定和發展，顯然很不合適，因為如果那些被確認為失敗者的白人都被審判懲罰，讓他們參與南非的重建就會非常困難；因為南非人，無論是白人或是黑人，都必須在一個國家共同生活下去。再其次轉型正義不應該是選擇性的正義，因為轉型正義之真義，乃在於「追求真相、回歸正義、尋求和解、重建社會」，以選擇性正義對付政敵，則無法回歸正義讓大眾信服。（陳朝政，2007）對台灣在2000年政黨輪替以後所推動之轉型正義，不論是去中國化、去蔣化、追討黨產等，也有學者將其稱為以轉型正義之名行清算之實，簡單說和過去中國共產黨清算鬥爭非常類似，就是要過去的當權者還債，無論是有形或無形之債；只不過清算二字因為中國共產黨的殘暴行為而被污名化，所以假轉型正義這個絕大多數人聽不懂的學術名詞，而行共產黨式的清算之實；為了包裝好看，還鼓勵學者進行學術研究以替他們背書。此外228事件中受害的外省人也不少，當時的加害者也未必全是外省族群，另以過去白色恐怖時期為例，如今已知的受害者中有40%為外省人，遠超過其在總人口中所占的15%比例，但整體方向卻被操作成族群殺戮，以挑起仇恨；當仇恨中國之情緒被挑起時，不計成本的以「台」代「中」之正名運動就如此展開。所以具有高度道德色彩之轉型正義，因此被貶低為權力鬥爭之工具，這對轉型正義其實造成一種傷害。（劉新圓，2007）

政治學者吳乃德認為，台灣社會對追求轉型正義漠不關心，有幾個重要的原因：其一，威權統治時期剛好也是台灣經濟發展最快速、政府施政表現最好的時期，和其他國家威權統治比較，台灣對人權侵犯規模小得多，這使得多數人對過去的記憶，不是政治壓制，而是經濟繁榮。其二，是威權統治者的個人統治風格，以蔣經國統治時期為例，他成功的防止統治團體高階成員流於貪污或腐化，此種施政風格，讓他被懼怕或痛恨，但無人敢輕視；加上經濟的快速發展，反導致頗多民眾對那個時代的懷念。其三，由於民主轉型是一個長期的發展過程，而殘酷的政治壓迫在此一過程中已逐漸減輕，僅剩下政府對經濟的控制、媒體的控制、結社的控制以及部分人民政治權利限制，所以民眾會對統治者採取寬容之態度；隨著時間的流逝，人們的記憶會淡忘，道德的憤怒也會降低。（吳乃德，2005）或許這也說明了為何政權輪替之後，繼任政府如火如荼所推動之各項號稱具有轉型正義之行動，無法在社會上引起普遍支持認同的真正原因。

從前面有關轉型正義之諸多論述可以得知，不同政治理念看待轉型正義，顯然視野角度有極大的落差；由於諸多政治事件歷史真相未能真正釐清，因此政治體制雖已民主轉型成功，政黨競爭也已經成為常態現象，但正義是否得以真正彰顯，似乎仍處於多方各自表述及認知困境中；最後在考銓政策及法制面來看，其實制度面之盲點或執行面之瑕疵，本非轉型正義之真正意涵，加上隨著民主化的進程，諸多不合公平正義之作法，在外力壓迫（來源包括輿論反應、國會監督、

應考人維護自身權利意識高漲等）及考選機關自我內省的過程中，早已廢止、停辦或者有所回應改革，因此2000年政黨第一次輪替以後政府推動之各項所謂轉型正義，其實在考銓業務職掌中並沒有太大的操作空間。

三、廢除適用分區定額擇優錄取始末

（一）分區定額擇優錄取制度歷史背景

　　考試中按省區分配名額，是中國歷史文化之產物。遠在東漢和帝時，邊郡及內郡即按人口比例分配孝廉，邊郡「十萬以上歲舉孝廉一人，不滿十萬二歲舉一人，五萬以下三歲舉一人」，內郡「二十萬口歲舉孝廉一人，四十萬二人，六十萬三人，八十萬四人，百萬五人；不滿二十萬二歲一人，不滿十萬三歲一人」。宋代州縣之解試，按國子監、開封府及各路（如河北、京東、梓州、利州、河東、陝西等路），採分路取人之方式，將其名額作政治上之分配。至元代鄉試依十一個行中書省、二個宣慰司及直隸省部四處所在地，為鄉試場所，共錄取三百人，其中蒙古、色目、漢人、南人各錄取七十五人，七十五人之名額又分配在各鄉試地區。明代仁宗以後就全國區域劃分為南、北、中卷分定取士之額，其中江、浙、湖、廣為南卷，順天、山東、山西、河南為北卷，四川、廣西、雲貴為中卷。清代原亦採南、北、中卷，其後中卷屢分屢併，或將南、北、中卷分為左右；康熙五十一年，以各省取中人數多少不均，邊省或致遺漏，乃廢舊制，改為分省錄取，按應試人數多寡，臨期奏請欽定錄取名額。會試歷年多者三百數十名，少者百數十名，而以雍正庚戌四百六名最多，乾隆己酉九十六名最少。（楊樹藩，1976）名史學家錢穆盛讚自漢代以來直至清代，無論選舉或考試，都採取分區定額制度，使全國各地優秀人才得以均衡的參加政府；每次科舉考試是全國各地人才的大結合，不僅政府與社會常聲氣相通，全國各區域均有相接觸之機會，故在政治及文化上益增其向心力。（錢穆，1984）

　　國民政府成立初始，並無因省籍不同而給予優待之規定。1934年11月考試院召開全國考銓會議，各院部會及省縣市政府共提案108案。其中考試院交議「在首都或考試院指定區域舉行高等考試，或在首都舉行普通考試時，對於受教育人數較少省分之應考人，另訂從寬錄取辦法案」。綏遠省政府所提「邊區人員考試分省舉辦，並將應試資格考取程度酌予從寬，以示優待案」。甘肅省政府所提「請中央明確規定西北各省高等考試及格人數最少名額案」。河北省政府提案「高等考試應規定各省錄取名額案」。等四案因性質相近合併討論。提案理由中指出：我國幅員遼闊，各省教育程度尚多參差，尤以邊省為然，此種省分之應考人，若與內地各省比肩並試，自難有取錄機會；……若無救濟辦法，恐難得及

格之人。查一、二屆高等考試及格人員之籍貫學歷，蘇浙兩省居其半，中央大學亦居其半，蘇浙為全國文化之冠，中大乃首都最高學府，其為人文淵藪固勢所當然；推行既久，各地文化程度高者越高低者越低，數十年後邊遠省分人才越少，必須借才異地，難免不生隔閡，而蒙古西藏人士，尤感為國服務之難，終非國家百年樹人之計。本案最後決議：「在首都或考試院指定區域舉行高等考試，或在首都舉行普通考試時，對於受教育人數較少省分之應考人，另訂從寬錄取辦法。」其具體作法包括：依據全國高等及中等教育統計，編製各省教育人數表，並規定每百萬人中受高等教育或每一萬人中受中等教育者，在一定數額以下，即屬從寬錄取之省分；受教育人數較少省分之應考人得從寬錄取。1935年8月6日考試法施行細則修正公布，其第16條規定：各類考試之第一試第二試第三試，各以平均滿60分為及格。但受教育人數較少之邊遠省區應考人參加高等考試或首都普通考試時，其平均及格分數，得由考試院從寬另定之。同年8月20日考試院公布高等考試首都普通考試邊區應考人從寬錄取暫行辦法，其中規定甘肅、察哈爾、綏遠、熱河、青海、新疆、寧夏、西康、蒙古、西藏為受高等及中等教育人數較少之邊遠地區。各該省區應考人參加考試，其到考人數在5人以上，而無1人及格者，得於總成績審查時，擇優從寬錄取1人；前項從寬錄取分數，須在40分以上。同年11月舉行之高等考試，首次針對邊遠省區應考人採取從寬錄取1人之作法，此為國民政府時代對分區定額擇優錄取作法之濫觴。（考試院考銓叢書指導委員會，1983）

　　1936年5月5日公布之五五憲法草案，考試一章中並無分區定額規定；抗戰勝利以後，政治協商會議完成政協憲草，並由國民政府向制憲國大提出，其第90條規定：「公務人員之選拔，應實行公開競爭之考試制度，非經考試及格不得任用，必要時得分區定額。」國民大會制憲時，關於本條之提案多達11件，討論過程中究採彈性或剛性規定各有立論主張，審查會最後將草案「必要時得……」彈性條件，改為「應……」強制規定，大會遂照審查意見通過，此即現行憲法第85條規定之由來。（國民大會實錄，1946）1948年7月21日總統修正公布之考試法第21條第2項，將其適用範圍縮小為：「全國性之公務人員高等考試普通考試，應分省區或聯合數省區舉行，並應按省區分定錄取名額，由考試院於考期前三個月公告之。其定額標準為省區人口在三百萬以下者五人，人口超過三百萬者，每滿一百萬人，增加一人。」此所謂按省區分定錄取名額，係由考試院在1948年依據當時內政部人口局所公布各省區人口數目為計算標準，訂出全國性公務人員考試各省區錄取定額比例標準表（參見表1），就當時全國人口總數與各省人口數相比，此一定額比例數大體還算公平。

表1　全國性公務人員考試各省區錄取定額比例標準表

省區	定額比例數	省區	定額比例數	省區	定額比例數	省區	定額比例數
江蘇（南京、上海）	44	廣東（廣州）	28	綏遠	5	合江	5
浙江	22	廣西	17	察哈爾	5	興安	5
安徽	24	雲南	11	熱河	8	海南島	5
江西	15	貴州	12	遼寧（瀋陽、大連）	14	新疆	6
湖北（漢口）	24	河北（北平、天津）	34	安東	5	青海	5
湖南	28	山東（青島）	42	遼北	7	寧夏	5
四川（重慶）	50	河南	32	吉林	8	蒙古	8
西康	5	山西	17	松江（哈爾濱）	5	西藏	5
福建	13	陝西（西安）	13	黑龍江	5	華僑	26
台灣（台北）	22	甘肅	9	嫩江	5		

備註：1. 院轄市依其所在省分合併計算。
　　　2. 台灣省區錄取定額原為8人，其後因人口逐年增加，遂比例遞增為22人。

　　但是中央政府暫遷台灣以後，各省人民隨同政府來台者人口數不一，而按省區分別規定名額，卻仍依照1941年內政部人口局所統計各省區人口數而訂之比例標準表，未免失之不公，其中尤以占報考人數最多之台灣省籍應考人權益影響最大。為因應此一額滿見遺之困難，台灣地區從1950年起至1968年止，依考試法第21條第1項規定，辦理台灣省公務人員高等暨普通考試（應考人以台灣省籍為限，且不受定額比例限制），和全國性公務人員高普考試同時合併舉行，以增加台灣省籍應考人之錄取機會；另從1952年起，全國性公務人員高普考試按各省區錄取定額比例標準一律加倍錄取，以減低對台灣省籍應考人之不利。（王雲五，1967）

（二）違反公平正義原則引發外界質疑

　　為謀根本之解決，1962年8月29日考試法修正時，第21條第2項增列「但仍得依考試成績按定額標準比例增減錄取之。對於無人達到錄取標準之省區降低錄取標準，擇優錄取一人，但降低錄取標準十分仍無人可資錄取時，任其缺額。」之但書規定。程序上每年全國性公務人員高普考試第二次典試委員會，在決定各類科錄取標準後，會作成決議：各省區按比例增加若干倍數錄取，其應增加之倍數，於開拆及格人員彌封姓名冊後，查明省籍，在典試委員長及監試委員監督下，參照往例覈實決定。即按各類科台灣省籍應考人達到錄取標準總人數，除以台灣區法定定額錄取比例數，所得之結果，據以對各省區之錄取定額增加若干倍數錄取，以使台灣省籍應考人凡成績達到最低錄取標準者皆能錄取，其他省市區籍應考人即使定額比例數增加，但因未達錄取標準，也不可能因此而多錄取。此制實施以後，高普考試始終維持著台灣省籍應考人錄取者居多，其他省市區籍錄取者較少，且與台灣地區人口籍貫分布情形相近。所以分區定額之不公，已經藉著法律修正加以適度紓解。茲以暫停實施分區定額擇優錄取制度之1990年之前三年統計數字，說明全國性公務人員高等考試錄取人員籍貫統計情形：1987年錄取台灣省籍968人（77.88%），其他省市區籍275人（22.12%）；1988年錄取台灣省籍1,388人（79.79%），其他省市區籍339人（20.21%）；1989年錄取台灣省籍2,353人（78.99%），其他省市區籍626人（21.01%）。此和未再實施分區定額擇優錄取制度之1990年統計數字，錄取台灣省籍2,699人（80.69%），其他省市區籍646人（19.31%）相比較，比例十分接近，影響應屬有限。

　　但對於「無人達到錄取標準之省區降低錄取標準，擇優錄取一人，但降低錄取標準十分仍無人可資錄取時，任其缺額」之擇優錄取制度，則對偏遠省區之應考人形成相當優惠。在執行上以各該省區到考類科錄取標準最低者為基準，降低10分後，不受類科限制，擇優錄取一人。但應錄取人某科之成績未達其應考類科中特殊科目成績設限規定時，仍不得錄取，另就其他類科中擇優錄取。如有二人以上成績相同者，就專業科目成績較優者錄取之。從考選部統計資料來看，暫停適用此制之前三年，1987年高考及格1,243人，其中因降低標準擇優錄取者有8人（甘肅、熱河、遼北、吉林、海南島、西康、廣西、安東各1人），所占比例為0.64%；1988年及格1,677人，其中擇優錄取8人（雲南、甘肅、遼北、熱河、吉林、新疆、安東、綏遠各1人），占0.48%；1989年及格2,979人，其中擇優錄取5人（甘肅、察哈爾、熱河、吉林、新疆各1人），占0.17%。每年降低標準擇優錄取人數雖然有限，但畢竟使得偏遠地區省分應考人受到降低錄取標準之實質優惠，因而得以破格錄取，所以外界仍有許多批評。

（三）實質層面影響有限但遭外界嚴重誤解

　　最早對分區定額擇優錄取制度提出強烈批評的，是在1975年5月份出版之台灣政論第二期，姚嘉文律師撰寫之「高普考試還要論省籍嗎？──186比1之差異」（姚嘉文，1978），文中指出民國40年高普考試總到考人數爲2,409人，其中台灣省籍有774人，爲總人數三分之一，但錄取人數依照規定仍只有548分之9，極不公平；另高普考試競爭激烈，常因0.1分之差落榜，故降低標準10分之優待，絕對不公平。本文刊出以後，在當時引起一些波瀾，考選機關對外發布新聞稿加以駁斥，指出最近十年來高普考試，台灣省籍報考者計173,431人，占78.78%，其他省區報考者占21.23%，至於錄取人員中，台灣省籍者計10,769人，占81.66%，其他省區錄取者2,418人，占18.34%；根據前述數字，顯見有人指責高普考試台籍考生錄取率爲186與1之比，完全與事實不符。（中央日報，1975年10月5日）時任行政院院長之蔣經國先生，在立法院答覆立委質詢時，特別指出：最近有人撰寫文章，指責高普考試外省籍及本省籍錄取名額爲186與1之比，這是不符事實的，就其所知本省同胞所占比例高達百分之七十至八十，期盼外界不要以此題目來刺激人心；蔣院長並強調，政府對所有同胞一視同仁不分彼此，並希望大家發揮風雨同舟、和衷共濟的精神，達成全民的團結。（中國時報，1975年10月4日）

　　這篇文章在當時的政治環境之下雖然引起若干批判，但是對台灣主體意識擁護者而言，其產生之影響從來沒有中斷過，數十年後的今天號稱代表本土勢力者批判國民黨時，仍會援引這篇檄文之內容。如李筱峰在「被少數族群控制之國民黨」一文中即指出：在那個年代，連高普考也論省籍，直到七十年代，高普考仍採分區定額擇優錄取方式，以致本地與大陸人之錄取比例曾經產生186比1的強烈對比。（自由時報電子報，2007年4月8日）曾韋禎在「45天與十二年」一文中指出：以公務員的考試來說，國民黨政權採用分區定額擇優錄取制度，大量提供外省人保障名額，讓外省人在公務體系占有極高比例，直到1991年戶籍法修正才正式告終。（自由電子報，2005年10月30日）王順審在哲學隨筆中指出：憲法第85條之精神，應是如現今台灣地區舉辦之基層特考分區錄取，報考那一地區，錄取後就在該地區服務，並不是各省區人員有保障名額，甚至可降低錄取標準10分，眞是滑天下之大稽；如此造成劣幣驅逐良幣之事竟行之數十年，因此呼籲執政當局應統計並公布歷年按省區分定錄取名額之公務人員名單，以積極展開清算歷史之作業，否則難以弭平當年高分卻名落孫山之應考人員。學者從學術研究角度探討此一制度，立場則客觀公允許多值得深思，如駱明慶認爲高普考試分區定額錄取制度和退除役軍人轉任公務人員特考，對於早期在大陸出生、來台時已經或接近成年的外省籍世代，確實有優惠存在，此一篩選效果也表現在這些世代在公務

員生涯中的陞遷速度上；但是對於後來的世代，此一看起來對考生不公平之制度，除了極少數透過更改籍貫爲人口稀少省區而取得優待之外，事實上並沒有對一般的外省人帶來優惠。（駱明慶，2003）林丘煌亦認爲，高普考的省籍差別待遇，最初並不是國民黨政府有意明確設計要對外省人優惠，而是在政府遷台後大中國法統意識下，無法隨著現實環境改變而調整政策之結果；同時以有法令依據作爲託詞，而不能及時採取務實之作法。（林丘湟，2006）眞是誠哉斯言！

　　由於社會上要求考試公平正義之呼聲越來越高，每年降低標準擇優錄取人數雖然不多，但畢竟給外界政治特權之印象，多年來立法院審議中央政府總預算，或是考選部部長赴立法院法制委員會報告業務概況時，都會遇到跨黨派之立委強烈抨擊[2]。如吳淑珍委員即曾質詢，認爲高普考試因省籍差異，錄取分數有雙重標準，製造省籍問題，影響台灣內部團結和諧；目前台灣各省人民，均生長於台灣地區，已無偏遠省分與中原地區之分別，故分區定額擇優錄取制度早已過時而不符實際。而擇優錄取制度，因爲省籍不同而有10分之省籍優待分數，使得每年都有10餘人以落榜成績而上榜，非但有失公平影響公務人員素質，更因差別待遇，致省籍矛盾加深破壞全國團結，應速予以廢止。（立法院公報，1989）黃明和委員亦提出質詢，指出考試權雖然獨立，但行政院仍可對考試院提出改進建議；國家考試分區定額擇優錄取，根本是製造省籍歧視與省籍分裂，四十年來實施之狀況，已引起台籍考生嚴重不滿，主事者動機究竟何在？（立法院公報，1990）就考選部實際作業情形而言，確實已經發現因婚姻關係而冠夫之本籍，或因收養關係而變更爲養父本籍遂降低標準獲致錄取情形，這些漏洞發生已經使得本項制度運作蒙上一層陰影。

（四）先以行政權暫停適用後修憲凍結

　　1989年10月發生某君申請改註其公務人員高考及格證書姓名及籍貫案。該員原籍台灣省彰化縣，後由西康省籍西昌縣榮民收養，改從養父姓並變更本籍，1987年參加高考普通行政人員行政組，原始成績未達錄取標準，但因西康省無人達到錄取標準，爰依分區定額擇優錄取規定而降低標準10分錄取；俟其訓練期滿核定及格，取得考試及格證書後，該員即終止與養父收養關係，並向戶政機關申請恢復本來姓氏及籍貫，並據以向考選部申請考試及格證書改註回復原姓名籍貫。考選部認爲基於經驗法則，收養及終止收養關係，乃通謀之不正當行爲，爰

報請考試院以考試及格後發現及格人員以不正當方法，使考試發生不正確結果，故建議撤銷其考試及格資格並吊銷及格證書；考選部並建議公務人員考試法第13條未修正前，對於「無人達到錄取標準之省區，得降低錄取標準，擇優錄取一人」之規定，暫不予降低標準擇優錄取。經同年12月21日考試院第7屆第255次會議決議：申請改註考試及格證書部分，考試及格資格撤銷，並吊銷其考試及格證書；至於動員戡亂時期暫不降低標準擇優錄取部分，因考試委員意見紛歧，無法形成共識，故暫予緩議。1990年4月27日考選部以選高普字第2337號函，再度報請考試院建議全國性公務人員高普考試，擬自1990年起，暫停適用公務人員考試法第13條末段之規定。考選部舊案重提，主要理由是近期內不分黨派立法委員多人提出質詢，加上立法院審議考試院民國80年度預算時，作成決議認為降低標準擇優錄取制度，有違考試公平原則，且易造成省籍歧視，應予修法解決，在未修法前，應迅謀改善此一不合理現象在案；由於本案已轉變成為政治問題，來自立法部門之民意高漲，壓力無法抵擋，反促成考試院會形成多數共識，經考試院第7屆第273次會議決議：本（81）年舉辦之全國性公務人員高等暨普通考試，對於無人達到錄取標準之省區，不降低錄取標準擇優錄取。（考試院第7屆第255次會議速紀錄、第273次會議速紀錄）

　　1992年5月28日總統公布之中華民國憲法增修條文第14條（現已改為6條）第3項明定，憲法第85條有關按省區分別規定名額，分區舉行考試之規定，停止適用。1996年1月17日總統修正公布之公務人員考試法修正條文，原第13條分區定額擇優錄取規定，配合前述憲法增修條文修正而予以刪除，至此法制上有關分區定額之法源，因時勢變遷而完全走入歷史。（林嘉誠，2006）

四、取消列考國父遺教及三民主義始末

（一）國家考試列考國父遺教歷史背景

　　中國國民黨在1928年以武力北伐完成全國統一後，開始實施訓政階段，按照孫文建制之建國大綱設立國民政府，為行使治權並設行政、立法、司法、考試、監察等五院；1929年公布之考試法即明定普通考試及高等考試，各以國文及「中國國民黨黨義」為第一試，分科考試為第二試。1930年公布浙江省地方教育行政人員考試暫行章程，筆試科目之一即為「三民主義、建國方略、建國大綱、中國國民革命史」；接著公布之法官初試暫行條例，初試程序包括甄錄試（考國文及「黨義」）及初試（筆試8科法律科目及口試）；其後陸續公布之高等考試財務行政人員考試條例、教育行政人員考試條例、會計人員會計師考試條例、司法官律師考試條例、西醫醫師考試條例等，均列考「黨義（包括三民主義、建

國方略、建國大綱、中國國民黨重要宣言及決議）」。1936年開始，各項高等、普通、特種考試條例中，原黨義科目再改為「總理遺教（包括建國方略、建國大綱、三民主義及中國國民黨第一次全國代表大會宣言）」。抗日軍興，特種考試眾多，但應試科目中均列有總理遺教科目，甚至有少數考試還列考「總理遺教及總裁言論」（如1939年之特種考試浙江省地方行政人員考試）。（陳天錫，1945）1947年，因為已經行憲不再實施訓政，當年的高等、普通、檢定考試開始，應試科目中之總理遺教，名稱均改為國父遺教，但涵蓋內容相同，仍為建國方略、建國大綱、三民主義及中國國民黨第一次全國代表大會宣言。

　　1949年國民政府播遷台灣，1950年年初考試院及所屬考選、銓敘兩部留用人員均轉進台灣並恢復辦理各項考銓業務。該年編訂考試院施政方針除經常性業務外，考選部分特別列舉「舉行台灣省公務人員任用考試」（說明中略以……台人研習學科技術成績優異者頗不乏人，當此政府勵精圖治之時舉行此項考試選拔真才，使本省才智之士皆有登進之途為國家效用，不獨足以鼓舞人心，抑亦所以奠定法治基礎）、「舉行全國性公務人員資格考試」（說明中略以……政府以台灣為復興民族基地，前年以來內地忠義之士及優秀青年來台旅居或求學者絡繹不絕，如台灣省籍學子得邀考試，而外省人士竟致向隅將使志士煙沉人才消退，惟際此侷促一方需才有限，選拔雖不厭其頻任使則勢難兼及，故舉行此項考試僅在使優秀人才獲得公務人員任用資格，隨時隨地自由發展而不必由主管部曹分發各機關敘用……）二項。1950年全國性公務人員高普考試、台灣省公務人員高普考試中，高考各類科均列考「國父遺教（建國方略建國大綱三民主義）」，普考各類科均列考「國父遺教（三民主義及建國方略）」；專技人員律師、會計師、醫師、牙醫師、藥劑師等高考各類科均列考「國父遺教（建國方略建國大綱三民主義）」，護士、助產士、藥劑生、鑲牙生等普考各類科均列考「國父遺教（三民主義及建國方略）」。至1962年，高等考試及同等級考試之科目不變，普通考試及同等級考試之科目縮小範圍改為「三民主義」，且括弧內容刪除（考試院施政編年錄，1952），其後數十年均維持而未曾更張。

（二）政治社會環境變遷引發各方爭議

　　1983年因為公務人員高考技術類科與專技人員高考技術類科同時合併舉行，遂產生兼取資格問題之爭議，為使二者有所區隔，專技人員高等考試國父遺教及憲法二科爰予以合併為一科；至1988年普通考試等級之三民主義，亦相對增加憲法概要內容，仍為一科「三民主義及憲法概要」。在外在政治環境方面，此一時期產生極大之變化，包括1986年9月28日台灣第一個草根性民主政黨——民主進步黨成立（同年第1屆增額立法委員選舉，民進黨當選12席／73席）；1987年7月1日政府宣布台灣地區解除戒嚴；1989年1月人民團體法修正公布，使得國內政黨

政治競爭邁入一個新的階段（同年第1屆增額立法委員選舉，民進黨當選21席／101席）；1990年7月召開國是會議；1991年5月廢除動員戡亂時期臨時條款，展開修憲程序，朝民主化方向大幅邁進。1992年及1995年第2屆及第3屆立法委員選舉，民進黨立委當選席次分別為50席／161席、54席／164席。由於在野勢力快速成長，對於長期中國國民黨黨國一體之諸多體制提出質疑，國家考試列考國父遺教（或三民主義）具有意識型態意涵，遂成為主要攻擊對象之一。

　　1993年民進黨立委許添財、邱垂貞等8位立委提出質詢，認為考試院所舉行之各種高普特考，皆將三民主義、國父遺教列為共同必考科目，公然將一黨之意識型態利用考試灌輸於人民，對於人民之思想箝制既巨且深，嚴重妨害考試中立。建國方略之設計距今已近百年，早已與現代時勢南轅北轍，建國大綱更是製造一黨專政之禍端。我們有幸告別政治戒嚴時代，希望能夠儘早結束思想戒嚴時代，爰要求檢討三民主義、國父遺教列為必修課程及必考科目之妥當性。其中特別指出，國父遺教不適合列為專門職業及技術人員考試之應試科目，如會計師、建築師、醫師等，其執業能力高低與國父遺教無關；而律師、司法官則必須超越任何意識型態，獨立審視案件。（立法院公報，1993）陳光復委員也提出質詢，建議高普考試應試科目應廢除國父遺教及三民主義等；陳委員並呼籲擔任1994年公務人員高普考試典試委員長之中央研究院院長李遠哲先生，能以學術界影響力，將國父遺教等科目剔除，以為台灣基層文官排除保守勢力之反社會壓力。（立法院公報，1994）但蕭金蘭委員也曾針對考試院研議廢除國父遺教及三民主義提出質疑，認為相關科目廢考以後，將來必定無一國人會記起何謂三民主義？也不會再有人知道三民主義與現代生活之關連性重要性。（立法院公報，1995）國大代表邵宗海亦舉辦「國家考試廢考三民主義」公聽會，出席之國大代表楊樹聲、劉宗明等多人發言主張，廢考決策形成之前應在中國國民黨內部形成共識，期能在中華民國憲法科目下，以括弧加註方式說明包括三民主義；或直接改為大學課程之中華民國憲法與立國精神。惟荊知仁代表亦提醒考國父遺教其前身為訓政時期考黨義，整體環境來看，如今廢考是大勢所趨，國內各大學三民主義研究所也紛紛改名以因應變局；但廢考並不代表學校不可教。

（三）分階段漸進改革完成廢考之目標

　　1990年考選部面對複雜政治環境，初步決定將各種國家考試普通科目國父遺教、中華民國憲法2科予以合併，以減低國父遺教在總成績計算時所占之比例，案經考試院第7屆第271次院會照案通過。1993年考選部研修專技人員高普考試應試科目時，曾多次邀集職業公會、學者專家座談，出席代表大多建議取消全部或部分之普通科目。考選部評估後認為專技人員考試之本質，應注重其執業範圍內所需專業知識；且過去專技人員檢覈制度實施甚久，其一向免考普通科目，及

格後取得資格與專技人員高普考試及格者完全相同，社會上對此並無不良反映。因此考選部建議專技人員高考維持列考國文、中華民國憲法2科普通科目即可。案經考試院第8屆第189次院會照案通過，確定刪除公務人員高普考試、專技人員高普考試普通科目中之國父遺教及三民主義等科目。至於高普考試以外之特種考試、升等升資考試、檢定考試等，考選部另行擬具「刪除各種國家考試普通科目國父遺教三民主義」一案，報請考試院審議，經1994年12月25日召開之考試院第8屆第205次院會修正通過，決議：次年7月以後舉行之國家考試，均不再列考國父遺教、三民主義[3]。（考試院第8屆第205次院會速紀錄）

　　考選部在對外發布廢考說帖中，強調不再列考國父遺教或三民主義之理由如下：1.國父遺教或三民主義係過去國民黨一黨專政時期之黨義，1947年政府實施憲政時本應停止該科目考試，但其後名稱更易仍繼續列考，現在國家已進入多黨政治之民主時代，不宜以一黨之黨義採考試方式強迫應考人接受，如此反有損國父遺教之尊嚴與地位；2.我國憲法第1條雖明定「中華民國基於三民主義，為民有、民治、民享之民主共和國。」但並非意味各種國家考試就應該要考三民主義；其次憲法所規定之國民大會、五院、中央與地方權限、國民經濟等章，均係採取三民主義精神，因此考憲法即等於考三民主義，不必單獨列為一科；3.國父遺教課程在各大學已逐漸調整轉型為「中華民國憲法與立國精神領域」，在此一領域下，各校所開課程名稱不一，學生修習其一即可。如台灣大學有孫中山與中國現代化、當代資本主義批判、民生主義與台灣經濟等28個科目，清華大學有民主理論與實際、中國政府與政治等13個科目，東吳大學有中華民國政治制度、民族主義和建國運動等12個科目；所以國父遺教課程在各大學實質上已經不存在，國家考試科目命題係根據各大學所授課程內容而來，面對轉型為通識課程，課程名稱及內容差距甚大、各校幾無固定教材趨勢下，實已無法命題；4.最重要的理由，是國家考試應考人經常投書媒體或致函考選部，強烈反對列考國父遺教或三民主義，非國民黨籍人士更對此反彈抗議，考試院爰體察社會各界意見，多次通過陸續不予列考。（王作榮，1995）

（四）國考先行其後促成大學聯考跟進

　　考試院廢考國父遺教及三民主義以後，引發立法委員之熱烈迴響。如立法委員陳光復提出質詢，認為考試院廢考國父遺教，符合民主發展之時代需要，應該

3　院會中譚天錫委員建議是以中華民國憲法加以替代，而非廢考；郭俊次委員表示不考國父遺教及三民主義是敏感問題，因此對外發言時應慎重，最近大家都接到不少函電，各有不同看法；陳水逢委員認為時代不斷在變動，如不能配合就會被淘汰，考試院要為國家傳承長久歷史，不必畏懼黨派指責，也希望各黨派面對開放政策；王部長作榮表示中華民國憲法第一條規定，中華民國基於三民主義……，是因為國民黨當年一黨獨大，堅持要將三民主義入憲，由於學生多不願研讀三民主義，因此不予列考也是順應潮流。此一部份最後照部擬意見通過。

予以肯定；希望教育部也能突破政治圖騰與禁忌，取消高中三民主義課程，大學聯考也不再考三民主義；並建議教育部聘李鴻禧、楊國樞、胡佛等重量級學者召開公聽會建立全國性共識；請大學聯考三民主義命題教授公開接受學術界之專業質疑；請教育部公開說明廢考三民主義可能遭遇之困難。立法委員黃煌雄、張俊宏建議各種升學考試能全面廢除三民主義與國父遺教科目，以避免高中高職學生受到三民主義教育之思想控制，破壞青年學子獨立思考之能力。立法委員廖大林則建議刪除高中課程標準中之三民主義科目。但也有周書府委員質詢，要求大學聯考應試科目之三民主義，應該永遠保留。（立法院公報，1994）

　　教育部針對外界之各種反映，先成立高中三民主義課程標準修訂小組，對教材綱要通盤進行檢討；同時透過大學校長會議，決議由國立台灣大學校長陳維昭召集各校組成三民主義考科研議小組審慎研討，再報教育部核定後實施。陳校長召集之研議小組初步提出廢考三民主義考科之建議，但教育部政策考量後採取漸進式改革，僅同意自1997年起，三民主義考科分數從100分減至50分。至1999年社會氛圍更加進步開放，由各大學組成之大學招生策進委員會開會，廢考三民主義案再度成為焦點，最後經投票表決結果：24票贊成廢考，4票反對廢考，9票贊成廢考但以其他科目取代，會中遂決定自2000年起廢除大學聯考三民主義科目。教育部亦接受此項結論，並對外政策宣示。（自由時報，1999年3月27日）從前述變革經過可以窺知，教育體系之大學聯考廢考三民主義比起國家考試廢考國父遺教、三民主義，足足晚了五年之久；但雙方均採取相同的漸進改革模式，以合併考科或減低配分加以過渡。而這些改變都是在2000年中央政府政黨輪替之前已經完成，因此國民黨執政時期，隨著時代潮流的進步，許多考銓制度改革工程其實已經在民主化腳步中寧靜完成，因此其實沒有太多轉型正義的施展空間。

五、國家考試制度沒有轉型正義問題 —— 代結語

　　觀察2000年以前，國民黨長期一黨獨大期間，國家考試制度中的重大變革已經主動取消了配合主權意涵，以及大中國概念而實施多年的分區定額擇優錄取制度；也廢考了涉及特定政黨意識型態之國家考試普通科目國父遺教（或三民主義）；停辦了為人詬病，有因人設事量身打造之嫌，也影響眾多常任文官士氣之甲等特考；停辦了有黨國利益輸送嫌疑的社會工作人員特考，併同取消國民黨專職黨工黨職年資併計公職年資採計之作法；取消了以照顧華僑子弟為名，而採行之華僑應國家考試之加分優待措施；從嚴辦理軍職轉任文職之考試與檢覈（如配合任用提報缺額、限縮加分優待條件、嚴格執行限制轉調機關範圍等）；取消公務機關改制時，為特定機關內部未具任用資格現職人員漂白而舉辦限制競爭之銓

定資格考試等。

　　2000年以後的八年政權輪替期間，重大考銓制度變革（尤其是具有轉型正義意涵之變革）其實已經沒有多少著墨空間，由於考試院委員結構藍大於綠，加上考銓機關部會首長多出身學界，意識型態不強，施政相當自制，所以個別委員引發之閩南語命題、本國歷史全考台灣史等，都僅造成短暫性茶壺風暴影響有限。但是進一步從維護人權角度，在考試方法技術上加以鬆綁解禁，則具有另一層面深化民主之意義。比如劉前部長初枝任內，取消缺乏法源依據，但又行之多年之不當行政慣例，即司法官特考及調查人員特考，在筆試錄取後口試舉行前，由用人機關以非正式管道要求考選機關提供筆試錄取人員名單及資料，俾先作前科及素行調查，調查結果以供口試委員於口試時參考之作法。林部長嘉誠任內，則強力協調特考用人機關，取消或放寬體格檢查標準、應考年齡上限、性別設限等，為應考人創造更多無障礙之友善應考環境；同時將不定期舉辦之身心障礙人員特考、原住民族特考，改為每年定期查報缺額及舉辦考試，期使身心障礙者及原住民族任公職之比例，能與其在全國人口總數中所占比例相當或接近，落實代表性文官制度精神。

　　綜前所述，數十年來國家考試制度中，重要制度性變革不少，也都有其當初建制歷史背景與時空環境需要，但改革基本動能來自於對公平正義之要求以及應考人權益之維護，由考選機關體認時勢，主動或多數情況下被動進行改革，基本上不涉及轉型正義問題。而2000年政黨輪替以後，並無實質具轉型正義涵義之制度性變革出現，但基於人權維護之考量，所做各項法規及制度性鬆綁，則是深化民主的一種實踐，應該給予肯定，但性質上畢竟也無涉轉型正義。

參考資料

一、王作榮，國家考試不列考國父遺教之經過及理由，考選部，1995年。
二、王雲五，岫廬八十自述，台灣商務印書館，1967年。
三、立法院公報第78卷第75期；第79卷第46期；第82卷第28期、第35期；第83卷第49期、第58期、第77期；第84卷第6期。
四、考試院，考試院施政編年錄（中華民國38年至40年）1952年。
五、考試院第7屆第255次會議速紀錄。
六、考試院第7屆第273次會議速紀錄。
七、考試院考銓叢書指導委員會主編，中華民國考選制度，正中書局，1983年。
八、吳乃德，回首來時路──威權遺產或民主資產，2005年2月份總統府國父紀念月會專題報告，2005年。

九、汪平雲，國民黨黨產、黨國體制與轉型正義——有轉型而無正義的台灣民主化，當代第230期，2006年。

十、林丘湟，國民黨政權在經濟上的省籍差別待遇與族群建構，國立中山大學中山學術研究所碩士論文，2006年。

十一、林嘉誠，政治體制轉型與國家文官考試，國家菁英第2卷第1期，考選部，2006年。

十二、姚嘉文，護法與變法，長橋出版社，1978年。

十三、徐永明，轉型正義在台灣，新世紀智庫論壇第40期，2007年。

十四、國民大會秘書處，國民大會實錄，1946年。

十五、陳天錫，考試院施政編年錄（上、中、下冊），考試院考銓研究發展委員會影印，1945年。

十六、陳朝政，認清轉型正義的真義，國政評論，財團法人國家政策研究基金會，2007年。

十七、楊樹藩，中國文官制度史，三民書局有限公司，1976年。

十八、劉新圓，轉型正義與去中國化，國政研究報告教文（研）096-006號，財團法人國家政策研究基金會，2007年。

十九、錢穆，國史新論，東大圖書公司，1984年。

二十、駱明慶，高普考分省區定額錄取與特種考試的省籍篩選效果，經濟論文叢刊第31輯第1期，國立台灣大學經濟系出版，2003年。

二十一、蘇永欽，多元文化、實質平等和轉型正義，法令月刊第59卷第4期，2008年。

（國家菁英季刊第4卷第2期，97年6月）

壹、心理測驗規則與體能測驗規則簡介

　　考試院第12屆第65次院會討論通過：審查心理測驗規則與體能測驗規則草案審查報告。前述兩項法規命令，並經考試院105年12月14日發布在案。本文擬針對此兩項規則訂定之歷史背景與緣由，略述其梗概。

　　按考試院在中央政府遷台後，民國39年8月成立考試技術研究委員會，負責籌辦心理測驗之研究及實施等工作；同年11月1日通過心理測驗實施計劃；同年月19日開始實施。其施行分為三個階段：39年11月至44年12月為第一階段，也是心理測驗試辦階段。此階段首次針對39年高普考試及格人員居住台北市者實施心理測驗，40年再增加高等檢定考試通過者；41年起改為高普考試中增加心理測驗一科，分數單獨計算，作為錄取標準之有力參考。就其試題形式觀察（如圖形、語文、數字來看），性質上應屬智力測驗。45年1月至48年12月為第二階段，也是心理測驗應用階段。此階段45年起普通考試心理測驗成績仍單獨計算，惟列在最後10%者，不予錄取；但學科成績達到60分以上者，不受此限制。至46年至48年，心理測驗成績與其他學科成績平均計算。49年1月至55年12月為第三階段，也是心理測驗發展階段。此階段至49年，除原有智力測驗外，另加試人員分類測驗（分行政人員、會統人員、工業人員、農業人員、醫事人員五類），如工業人員試題即包括數理計算、機械轉動關係、機械工程圖解、空間關係理解等，就其形式觀察，性質上應屬性向測驗，兩者成績各占80%及20%。至56年考試院基於心理測驗對公務人員選拔之功能作用，及作為普通科目成績計算是否公平合理，均有重新考量之必要，爰決議取消心理測驗。

　　心理測驗取消後，考試法及後來分離立法之公務人員考試法，考試方式仍保留心理測驗，但因並無任何考試採行，遂未訂相關規則。至88年考試院舉行全國人事行政會議，提出「強化考用配合，改進考試制度」案，決議中建議考選部積極研訂測驗規則，俾使考試方式更加彈性多元。本部遂訂定公務人員與專技人員考試通用之「測驗規則」草案一種，報請考試院審議，其內容涵蓋心理測驗與體能測驗；由於心理測驗適用之測驗量表不同，進行程序、評分、參考標準亦不相

同，爲應不同機關需要，遂僅做原則性規定。至於體能測驗，基於兩性工作平等考量，部分公務人員特考請辦機關將陸續取消男女錄取名額限制，改以實施體能測驗加以取代；遂參採引水人考試、民用航空局消防士甄選及國民體能檢測項目等，訂定體能測驗種類。經考試院審查會將法規名稱修正爲「心理測驗與體能測驗規則」，並在89年11月29日訂定發布。

　　此次典試法修正，各項授權訂定附屬法規通案配合檢討。立法體例上，採新訂心理測驗規則、體能測驗規則，同時廢止原心理測驗與體能測驗規則方式處理。其中陳咬眉委員與趙麗雲委員，分別對心理測驗規則、體能測驗規則提供許多建設性建議，審查遂能順利完成。心理測驗由於目前並無國家考試採行，具體實施細節較難規劃；加上未來究竟採用國內外現已發展成熟之心理測驗，或自行開發本土心理測驗，尚未確定，因此心理測驗規則採原則性規範。由於用人機關近十餘年來也在嘗試研究推動心理測驗，也略有一點成效（如警政署委託台灣警察學術研究會辦理「警察大學及警察專科學校入學考試實施心理測驗研究計畫」，深入分析基層執法人員應具備之核心職能，並據以探討勝任執法工作之性向與人格特質；類此之數據與常模累積，對未來建立本土化之心理測驗應有極大助益）。考試院第12屆公務人力再造策略方案中，強化心理測驗與多元考選機制復列爲考選議題之一，並訂有近程、中程、遠程工作目標，相信在本屆考試委員任期內，一定會針對公務人員考試，就其適用之類科發展出適合之性向或人格測驗、智力測驗、成就測驗等，並逐步推行。只是近些年來應考人權利意識高漲，未來如果心理測驗結果不合格致不能錄取，應考人能否接受？倘提起行政爭訟，司法權介入實質審查，本部勝算如何？恐要未雨綢繆。

　　至於體能測驗規則則根據新修訂典試法施行細則條文重新界定體能測驗定義；增訂應先繳交合格體格檢查表，始得應體能測驗規定，以維護考生安全；爲避免掛萬漏一，爰刪除體能測驗種類規定；另將原公務人員特種考試體能測驗心肺耐力測驗跑走測驗施測要點中部分程序性規定，予以納入體能測驗規則統一規範；體測當日如因天候影響測驗進行，由召集人會商典試委員及體測委員決定照常舉行或暫緩施測；但如需另行擇期施測，則回歸國家考試偶發事件處理辦法處理（即由典試委員長會同考選部處理）。審查會另作成附帶決議：因各種體能測驗項目違規事項之規定影響應考人權益甚鉅，爲齊一各考試典試委員會就違規事項之決定標準，請考選部就各種體能測驗項目之違規相關事項訂定處理要點，提各該考試典試委員會會議決定。按即使是新訂發布之體能測驗規則，條文亦極其有限。未來似有必要將原公務人員特種考試體能測驗心肺耐力測驗跑走測驗施測要點的內容，未納入體能測驗規則之規定，加上跑走之違規處理規定，另外合併負重跑走、立定跳遠、引水梯攀登等各自執行測驗程序、違規處理過程等，整合

成一個體能測驗作業要點，以作爲體能測驗規則下位階之行政規則。至於目前採行體能測驗之各該公務人員特考，其採冠年度之各該體能測驗要點、以及各該體能測驗應考人注意事項，是否都要保留？抑或可以簡化整併，應該儘速研商確定，以期法制齊備而又不要功能重疊。

（考選通訊第61期，105年1月）

貳、法官法涉及考選後續配套應速辦理

　　法官法係民國100年7月6日由總統公布，其103條規定：除第五章法官評鑑自公布後半年施行，第78條法官退養金自公布後三年半施行外，其餘條文皆自公布後一年施行。因此對考選機關而言，法官法後續相關配套措施應該儘速著手推動。

一、儘速研訂法官多元進用管道

　　法官法第5條第4項規定：「第一項第六款及第三項第六款所稱主要法律科目，指憲法、民法、刑法、國際私法、商事法、行政法、民事訴訟法、刑事訴訟法、行政訴訟法、強制執行法、破產法及其他經考試院指定為主要法律科目者而言。」考選機關應參酌過去律師考試審議委員會在審查律師應考資格時應考人修習課程，准予採認之主要法律科目名稱及範圍，並考量各大學開設法律相關課程現況，在徵詢產官學各界意見後，將主要法律科目予以適度釐清及擴充，並依法對外公告。另同條第6項規定：「未具擬任職務任用資格之大法官、律師、教授、副教授、助理教授及中央研究院研究員、副研究員、助研究員，其擬任職務任用資格取得之考試，得採筆試、口試及審查著作發明、審查知能有關學歷、經歷證明之考試方式行之，其考試辦法由考試院定之。」本條之立法緣由，應係採多元評量方式，以減低筆試所占比例，而透過著作審查、學歷經歷證明審查、口試等，使學者所具備能力長才得以充分發揮。因此應儘速研訂相關考試辦法。

二、法官轉任律師要求服務表現

　　法官法第97條規定：「實任法官、檢察官於自願退休或自願離職生效日前六個月起，得向考選部申請全部科目免試以取得律師考試及格資格。」過去常見法官候補、試署合格後予以實授，立即向考選部申請全部科目免試取得律師資格；惟仍繼續擔任司法審判實務工作，任職期間如因個人品德操守引發外界質疑，或被懲戒懲處則申請退休或資遣，並投入律師行列。此次法官法對實任法官檢察官限於自願退休或自願離職生效日前六個月內，始得向考選部申請全部科目免試以取得律師考試及格資格；並責成法官檢察官之服務機關出具服務紀錄良好證明文件，因此亦應及早展開研修專技人員律師高考規則等事宜。

三、立法院責成相關機關賡續改進

　　立法院三讀通過法官法時，曾做成附帶決議，內容略以「有鑒於現行法官與檢察官之進用，以修畢法律系課程參加考試為主，錄取人員大多過於年輕，……，為改善此一情形，法官及檢察官之進用考試應研擬採兩階段進行，……。相關制度之變革，建議於本法通過後三年，考試院應會同司法院及行政院共同研擬法官與檢察官之進用採兩階段考試之可行性與相關配套措施，並至立法院進行專案報告。」考量到該兩階段考試之原始構想，發軔自考選部董政務次長保城於100年2月在「月旦法學教室」雜誌第100期發表之「百年司法官律師考試新制與司法官進場新嘗試」一文，惟其中部分細節仍有待仔細規劃設計：包括推動前述附帶決議新制兩階段考試，如何和今年剛實施司法官新制三階段考試（第一階段考測驗試題、第二階段考申論試題、第三階段口試）相整合？新制兩階段考試法源依據應如何建立？第一階段考試考些什麼科目？錄取率應為多少？第二階段應考資格條件為何？未通過第二階段遴選者得以向考選部申請全部科目免試以取得律師執業資格合理性與可行性如何？以上均有待邀集各方會商先期決定。

　　法官法的完成立法，是司法改革的重要一步，需要司法、行政、考試三院各就職掌共同努力才能落實其成果。基於業務連續性考量，現階段應儘速開始推動規劃相關法規等配套措施，以期新制能如期穩健上路，帶給人民一個嶄新的司法風貌。

（考選通訊第12期，100年12月）

參、公務人員進用制度證照化應建立法源彈性運用

　　民國38年中央政府播遷來到台灣以後，經濟上採取開放進步作法，也開創了不同階段的經濟發展奇蹟；政治上則採取開明專制模式，一方面確保台灣長期維持政治穩定，但是另一方面隨著民主化的發展、終止動員勘亂廢除戒嚴，同意開放黨禁報禁、准許集會結社自由等，也讓台灣反對黨趁勢崛起，政治被迫進行更大幅度改革。89年5月甚至造成國民黨長期執政後的第一次中央政權政黨輪替，由草根性較強的民主進步黨取得執政機會；考試院雖屬政治邊陲地帶，但不受憲法任期保障之政務人員仍然全面更迭。

　　接任的考選部劉部長在徵詢多位學者意見後，想要推動部分重要考選政策改革。當時選定了「將辦理考試的試務單位整合並成立行政法人」、「公務人員考試改成資格考試以利機關用人」、「公務人員進用專業證照化及定期再認證」等案，全力推動期能落實。結果行政法人化一案，由於國家兩廳院改制行政法人尚未法制化，無前例可資參酌；加上部分同仁擔心法人化以後，年資夠的必需先辦理退休資遣，再轉入法人組織，年資不夠的原有公務年資結算發給補償金，公務人員身分消失，再轉入法人組織；這些對公務人員身分保障權改變的憂慮，導致連續二年調離本部同仁人數，比過去有明顯增加，最後造成內部人心浮動，爰由考試院高層出面力勸遂不再繼續推動。公務人員考試從任用考改為資格考一案，也因為多數考試委員擔心採行資格考以後，用人權全面下放至各用人機關，因為金錢、權勢、政治都有可能介入其中，影響職缺進用公平公正性，本案遂無疾而終。公務人員進用專業證照化一案，也因為法制上需要配套修法才能實施，執行面也有許多盲點有待克服，相關機關意見也不一致，全案最後停擺。

　　由於考試院第11屆第123次會議審議專技人員轉任公務人員條例施行細則修正草案時，審查會曾有附帶決議：「專門職業及技術人員轉任與公務人員考試之連結，請考選部及銓敘部研處。」第11屆第124次會議審議各機關適用醫事人員人事條例職務一覽表修正草案時，審查會亦有附帶決議：「為衡平醫事人員進用範圍，請考選部檢討修正公務人員考試法與專門職業及技術人員考試法等有關報考資格及考試方法等相關規定，以解決各衛生行政機關用人需求」。近日考選部根據前述決議，擬從32個技師類科開始，規劃全面建立「公職電子工程師」、「公職土木工程師」等等類科，以取代原有高考三級技術類科「電子工程」、「土木工程」之議。其具體構想是未來新建立之各「公職○○○○師」類科，其應考資格需具備相對應之專技人員證照，如電子工程技師、土木工程技師執業證書乃可；屆時考試方式得免筆試，以口試加上實地考試（或加上著作發明審查、

學經歷知能審查等）。如此可有效提升公務人員技術類科專業水準，更可以此等制度全面取代現有專技人員轉任公務人員制度。

　　前述諸多構想，大原則應屬可行。但以下幾點因素應予併案考慮：其一，99年6月甫修正之技師高考規則，對部分較無就業市場，且未建立簽證管理制度之技師類科，將採間年舉行考試方式，未來有可能再拉長辦理考試之間距，再無具體改善措施不排除停辦該等考試。不宜因為推動公務人員進用專業證照化制度，讓這些已瀕臨淘汰之技師類科，又枯木逢春成為擔任技術類公務人員之前置跳板。其二，現正積極推動之技師改進小組，規劃未來技師考試將採分階段考試方式為之，在學期間考第一試基礎科目，畢業後具相關工作經驗一定年資始得報考第二試（命題並以實務為取向）。因此大學或研究所畢業，要參加新制技師考試取得證照恐怕得費時多年；屆時有了專技證照才能來考公職，如果就業行情不錯且有簽證制度之技師類科（如土木工程技師、電機工程技師等），大概不會投入公職行列，政府機關用人將更加等不到人。其三，現行考試制度中，對大學本科系（如土木工程系）畢業考高考三級相同之類科（土木工程科），分發任用後，於政府機關、公立學校或公營事業機構擔任該類科（土木工程科）技術工作三年以上，成績優良，有證明文件者，得申請全部科目免試，取得土木工程技師考試及格證書。此一重要誘因，促成高考三級相關技術類科報考人數維持於不墜。一旦全面推行公務人員進用專業證照化制度，皆必需取得證照才能報考公職，則全部科目免試制度將不復存在，政府公部門技術類科用人將會更加雪上加霜。

　　所以從可行性來說，以下兩點應慎重納入決策思考：一、公務人員考試法修正案納入「公務人員考試類科，其職務依法律規定或因應用人機關業務需要，須具備專門職業證書者，應具有各該類科專門職業證書始得應考」。此一法源依據如能完成立法，應視需要彈性運用，增設或調整相關類科，而非32個技師類科全面上路建立相對應之公職技術類科；二、考量推動公務人員進用專業證照化，將立即限縮甚至剝奪了應考人過去透過公職考試得以立即就業之機會。在目前失業率仍居高不下之此時，或許同一類科中分為兩組，並視用人機關提報職缺需要分列名額各別競爭，一組維持現制，大專院校相關科系畢業即可報考；另一組限制需具相關專技人員證照始得報考。採雙軌併行，以期減少民怨降低衝擊。

（考選通訊第6期，100年6月）

壹、建制考選獎章可行性研究

一、褒獎法制包括褒揚、勳章與獎章

　　中華民國憲法第83條規定，考試院為國家最高考試機關，掌理考試、任用、銓敘、考績、級俸、陞遷、保障、褒獎、撫卹、退休、養老等事項。憲法增修條文第6條復規定，考試院為國家最高考試機關，掌理左列事項，不適用憲法第83條之規定：一、考試。二、公務人員之銓敘、保障、撫卹、退休。三、公務人員任免、考績、級俸、陞遷、褒獎之法制事項。前述褒獎之法制，在現行人事相關法制中，計有褒揚條例、勳章條例、獎章條例等。

　　根據75年11月28日總統修正公布褒揚條例之規定，為褒揚國民立德、立功、立言，貢獻國家，激勵當世，垂之史冊，昭示來茲，爰制定本條例。有致力國民革命大業對國家民族有特殊貢獻者、參與戡亂建國大計應變有方臨難不苟卓著忠勤具有勳績者、興辦教育文化事業發揚中華文化具有特殊貢獻者、冒險犯難忠貞不拔壯烈成仁者、有重要學術貢獻及著述為當世所推重者、有重要發明確屬有裨國計民生者……情事之一，依本條例褒揚。褒揚方式有明令褒揚、題頒匾額；明令褒揚或題頒匾額，除總統特頒者外，須經行政院之呈請；具特定條件者，並得入祀國民革命忠烈祠或地方忠烈祠；其生平事蹟並得宣付國史館，並列入省市縣市志。

　　根據69年1月11日總統修正公布勳章條例之規定，中華民國人民有勳勞於國家或社會者，得授予勳章；為敦睦邦交，得授予勳章於外國人。勳章分為采玉大勳章、中山勳章、中正勳章、卿雲勳章、景星勳章等五種。總統配戴采玉大勳章；統籌大計安定國家者、襄贊中樞敉平禍亂者，由總統親授中山勳章；對反共建國大業有特殊貢獻者、對復興中華文化有特殊表現者、對實施民主憲政有特殊表現者，由總統親授中正勳章；公務人員有下列勳勞之一，授予卿雲勳章或景星勳章：於國家行政立法司法考試監察制度之設施著有勳勞者、於國民經濟教育文化之建設著有勳勞者、折衝樽俎敦睦邦交在外交上貢獻卓著者、宣揚德化懷遠安

邊克固疆域者、救助災害撫綏流亡裨益民生者……；非公務人員有下列勳勞之一，授予卿雲勳章或景星勳章：有專門發明或偉大貢獻有利國計民生者、創辦救濟事業規模宏大福利社會者、在國內外興辦教育文化事業歷史深長足資模範者、保衛地方防禦災害屢有功效足資矜式者、經營企業輔助政府功在民生者……；外國人有下列勳勞之一，授予卿雲勳章或景星勳章：抑制強暴伸張正義有利我國者、宣揚我國文化成績昭著者、周旋壇坫有助我國文化者……。

　　95年1月11日修正公布之獎章條例明定，公教人員著有特殊功績、優良事蹟、優良服務成績或專業具體事蹟者，除法律另有規定外，依本條例頒給獎章。非公教人員或外國人，對國家著有功績或其他優異表現，得依本條例頒給獎章。獎章種類包括功績獎章、楷模獎章、服務獎章、專業獎章。有下列情形之一者，頒給功績獎章：主持重大計畫或執行重要政策成效卓著、對主管業務提出重大革新方案經採行確具成效並有具體事蹟、研究發明著作經審查認定對業務或學術有重大價值、檢舉或破獲重大危害國家安全案件消弭禍患、檢舉或破獲重大犯罪案件有助廉能政治或對維護人民生命財產安全著有貢獻、對突發重大事故處置得宜免遭嚴重損害。有下列情形之一者，頒給楷模獎章：操守清廉有具體事蹟足資公教人員楷模、奉公守法品德優良有特殊事蹟、搶救重大災害奮不顧身有具體事實、因執行職務受傷達公教人員保險全殘廢標準、因執行職務以致死亡。另公教人員服務成績優良者，於退休（職）資遣辭職或死亡時，依下列規定頒給服務獎章：任職滿十年者頒給三等服務獎章、任職滿二十年者頒給二等服務獎章、任職滿三十年者頒給一等服務獎章、任職滿四十年者頒給特等服務獎章。至於專業獎章，在條例中並未明定頒發之具體條件。

二、專業獎章建制、請領程序及獎勵金發給

　　獎章條例第9條明定，專業獎章由各主管院或主管機關，依其主管業務之性質及需要，訂定頒給辦法，其由主管機關訂定者，應報各該主管院核定。前項專業獎章頒給辦法，由主管院訂定者，其獎章由院長核頒之，由主管機關訂定者，其獎章由主管機關首長核頒之。公務人員獲頒專業獎章者，由核頒機關送銓敘部登記。獎章條例施行細則中界定本條例適用之公教人員，以各級政府機關編制內職員、各級公立學校教職員、公營事業機構職員為範圍；界定主管機關則為各院所屬一級機關、省政府、直轄市政府、縣市政府等；總統府、國家安全會議等機關，準用前項規定。

　　專業獎章之頒給，各主管機關得另訂有關規定，報請主管院核定後辦理；公務人員獲頒各種獎章，由主管機關送請銓敘部審查登記，經審查不合規定者，不

予登記，並由主管機關追還其獎章及證書。

　　95年6月1日修正之公務人員領有勳章獎章榮譽紀念章發給獎勵金實施要點規定，對於公務人員在職期間領有勳章獎章榮譽紀念章者，於退休或死亡時，發給獎勵金以激勵士氣提振行政效率。公務人員於退休或死亡時，其在職時領有勳章獎章榮譽紀念章者，由其退休或死亡前最後服務之機關發給獎勵金，標準爲專業獎章一等5,400元、二等4,500元、三等3,600元（其餘勳章獎章種類繁多，獎勵金標準不贅述）。公務人員領有勳章獎章榮譽紀念章者，於退休或死亡時，應由退休人員本人或其遺族填具獎勵金申請表，並檢附勳章獎章榮譽紀念章證書，送經退休或死亡時之服務機關審核後核實發給。各機關發給勳章獎章榮譽紀念章獎勵金所需經費，由各級政府機關編列預算支應。公務人員在職期間著有功績勞績或有特殊優良事蹟，於退休或死亡後始獲頒或追贈勳章獎章者，準用本要點發給獎勵金；公營事業人員及公立學校教職員領有勳章獎章榮譽紀念章者，得比照本要點辦理。

三、現行各種專業獎章種類繁多

　　目前以專業獎章爲名者共有28種之多，按其機關與屬性分類，包括國家安全局之國家情報專業獎章。監察院之監察獎章、審計部之審計專業獎章。考試院之考銓獎章、銓敘部之人事專業獎章。行政院所屬機關則有內政部專業獎章、警察獎章、消防專業獎章；外交部專業獎章；經濟部專業獎章；法務部專業獎章；財政部專業獎章；交通部專業獎章；僑務委員會專業獎章；蒙藏委員會專業獎章；海岸巡防署海岸專業獎章；衛生署專業獎章；環境保護署專業獎章；農業委員會專業獎章；大陸委員會大陸工作專業獎章；原子能委員會專業獎章；公共工程委員會專業獎章；研究發展考核委員會專業獎章；體育委員會專業獎章；原住民委員會專業獎章；客家委員會專業獎章；新聞局專業獎章；主計處專業獎章等。

　　以90年1月4日訂定發布考試院考銓獎章頒給辦法爲例，其重點包括：具有下列各款情形之一者，頒給考銓獎章：一、對考銓制度之創新或業務之興革，具有重大貢獻者；二、研訂或主辦重要考銓計畫，成效卓著者；三、舉辦或參與考銓學術活動或國際會議，對宏揚考銓制度或促進國際交流，具有特殊貢獻者；四、從事考銓學術研究，撰有著作或提出重大革新方案，經審定或採行確有具體價值或成效者。本獎章分爲一等、二等、三等，均用襟綬，除事蹟特著或情形特殊者外，初次頒給三等，並得因積功晉等；同一事蹟不得頒給二個等次以上之獎章。考試院暨所屬部會人員請頒本獎章，由其服務機關推薦，考試院院長、副院長、考試委員亦得推薦。本獎章之請頒，由考試院組設之審查委員會審查通過（本會

主任委員爲副院長），報請院長核定後，以公開儀式頒給之。根據統計，至95年6月爲止，獲頒考銓獎章者共有22人，其中一等18人（考試委員及秘書長）、二等1人（副秘書長）、三等3人（院參事）。

　　再以79年4月25日銓敘部會同人事行政局發布之人事專業獎章頒給辦法爲例，其重點包括：爲獎勵對人事業務具有特殊貢獻之人士，頒給人事專業獎章。具有下列情形之一者，頒給本獎章：一、研訂人事法制及推動人事業務，具有特殊貢獻者；二、主辦重要人事工作計畫或執行重要人事政策，成效顯著者；三、從事有人事學術之研究撰有著作，或對人事工作提出重大革新方案，經審定或採行確有具體價値或成效者；四、舉辦或參與國際會議及學術文化活動，對我國人事制度之宣揚及國際地位之提升，有重大貢獻者；五、辦理人事業務，負責盡職，熱忱服務，促進機關人事團結和諧，卓著貢獻，具有特殊優良事蹟者。

　　本獎章分一等、二等、三等，均用襟綬，除事蹟特著或情形特殊者外，初次頒給三等，並得因積功晉等。同一事蹟不得頒給二個等次以上之獎章。人事人員請頒本獎章，應由各級人事機構循行政系統陳報，經各主管業務機關人事機構向銓敘部推薦，但行政院暨所屬各級人事機構向行政院人事行政局推薦。本獎章之請頒，由銓敘部及行政院人事行政局分別組成審查委員會審查通過後，分別報請銓敘部部長或行政院人行政局局長核定，以公開儀式頒給之。本獎章由行政院人事行政局頒給者，並應送請銓敘部審查登記。根據統計，至95年6月爲止，獲頒人事專業獎章者，銓敘部頒發者有109人，其中一等34人、二等15人、三等60人，人事行政局頒發者有204人，其中一等29人、二等19人、三等156人。

四、本部建制考選專業獎章可行性

　　從前面敘述可以歸納出多項結論，包括：

　　（一）褒獎之法制事項，是中華民國憲法增修條文中考試院的憲定職掌，其他各院不能取代及越位。

　　（二）褒揚、勳章與獎章，法源依據不同（分別爲褒揚條例、勳章條例、獎章條例）、目的性質不同（褒揚目的是對立德立功立言貢獻國家，激勵當世垂之史冊昭示來茲；頒勳章之目的爲有勳勞於國家社會，或爲敦睦邦交；獎章則以頒給有特殊功績、優良事蹟、優良服務成績或專業具體事蹟爲主）、適用對象不同（褒揚對象爲中華民國國民，勳章頒給對象爲中華民國人民及外國人，獎章頒給對象以公教人員爲原則，以非公教人員及外國人爲例外），與本研究最有關係者爲獎章條例，最有關係之對象爲公教人員。

　　（三）專業獎章之建制程序並不困難，主管院或主管機關，皆可依其主管業

務性質需要訂定專業獎章頒給辦法，其間差別僅在於主管院可逕行訂定頒給辦法發布，主管機關訂定頒給辦法則應報主管院核定。

（四）現行專業獎章種類繁多，至少有28種，按機關屬性分類，包括國家安全局之國家情報專業獎章1種；監察院之監察獎章、審計部之審計專業獎章2種；考試院之考銓獎章、銓敘部之人事專業獎章2種；行政院所屬機關則有內政部專業獎章、外交部專業獎章、經濟部專業獎章、法務部專業獎章、財政部專業獎章、海岸巡防署海岸專業獎章、研究發展考核委員會專業獎章、主計處專業獎章等23種。

（五）對公務人員而言，在職時領有勳章獎章榮譽紀念章等，於其退休或死亡前最後服務之機關發給獎勵金，所需經費由各級政府機關編列預算支應；公營事業人員及公立學校教職員比照辦理。以專業獎章為例，一等獎勵金為5,400元，二等獎勵金為4,500元，三等獎勵金為3,600元。

（六）就本部而言，不論是考試院頒發之考銓獎章，或是銓敘部頒發之人事專業獎章，本部從無定期檢討請頒之定制或適時就同仁重大貢獻或事蹟專案請頒之成例，僅有之四次請頒案（二件一等人事專業獎章、二件三等考銓獎章），皆為首長卸任前個人即興之舉，部內既未成立委員會公平審議貢獻事蹟後推舉，被推薦者在部內工作績效亦未必受到多數同仁高度肯定，導致報院請頒考銓獎章後未獲考試院同意。

以本部建制考選專業獎章可行性加以探討，就本部業務性質而言，確實有此客觀需要。按本部為全國最高考選行政機關，命題、閱卷、口試、著作發明審查、建立題庫試題、參與常設題庫小組運作、試題疑義處理、擔任各項考選制度改進小組諮詢、各種考試審議委員會委員等諸多典試工作，故與學術界互動頻繁；至於試務工作，則包括洽借學校做為試場、聘請現職公務人員及教員擔任監場工作，請縣市政府協助辦理分區考試試務工作，或支援入闈及管卷等業務，勞煩考選部以外機關及學校人員也是所在多有。除了待遇菲薄的典試、試務工作費用或會議出席費而外，對於學者專家及公教同仁的努力辛勞付出，並無其他更有效方法加以激勵士氣。另本部同仁，長年以辦理各種國家考試為主要之業務職掌，不論考選政策法制，或是考試方法技術，心智與勞力付出亦甚可觀，但除了考績與敘獎而外，也沒有其他更有效之激勵措施。故建制考選專業獎章，可以彌補此一方面之不足；尤其對於公務人員及公立學校教職員，於其退休時最後服務機關學校發給獎章獎勵金，因此可謂有具體實益。

就建制程序而言，本部就主管考選業務之性質需要，得訂定考選專業獎章頒給辦法，報請考試院核定發布即可實施。此頒給辦法首應敘明立法目的及法源依據（為獎章條例第9條）；其次應界定考選工作之內涵；再其次為頒給考選獎章之資格條件；本獎章之分等，分為一、二、三等，初次頒給三等，並得因功晉

等；本獎章請頒，本部應組成審查小組審查通過，報請部長核定後，以公開儀式頒給之；本獎章受獎人為公務人員者，應依規定送銓敘部登記。

五、結語──考選專業獎章與人事專業獎章可併行

銓敘部主管之人事專業獎章，雖以獎勵對人事業務具有特殊貢獻者頒給之，並明訂人事人員請頒本獎章，應由各級人事機構循行政系統呈報，其中行政院暨所屬各級人事機構向人事行政局推薦，其餘各院人事機構向銓敘部推薦。但基於以下原因，本部同仁應均可納入人事專業獎章頒給辦法適用範圍：一、依憲法第83條、增修條文第6條及考試院組織法第2條規定，考試院是國家最高考試機關，行使憲法所賦予之職權，對各機關執行有關考銓業務並有指揮監督之權；其憲定職掌分別由所屬考選部、銓敘部、公務人員保障暨培訓委員會來掌理（行政院人事行政局組織條例第1條明訂，人事行政局有關考銓業務並受考試院之監督），因此本部辦理公務人員考試，為廣義人事機構之一環應無疑義；二、本部現有預算員額為199人，職務歸系狀況如下：部長及政務次長係政務官無職系，其餘員額歸系以人事行政職系117人為最多，一般行政職系52人次之，再其次為資訊處理職系14人、會計職系4人、統計職系3人、政風職系3人，因此本部為人事機構情理上亦說得通；三、人事專業獎章頒給辦法第4條第2項規定，非人事人員或外國人請頒本獎章，程序上亦為行政院暨所屬各級人事機構向人事行政局推薦，其餘各院人事機構向銓敘部推薦。因此非人事人員依規定亦得請頒人事專業獎章，適法性上毫無疑問；從歷年請領人事專業獎章人員背景來看，銓敘部會計、統計、政風主任皆曾獲頒，因此實務上既多有案例，爰本部人事行政職系以外之同仁，如對考選業務及法制推動有特殊貢獻、對考選工作提出重大革新方案經採行確具價值等，仍有請頒人事專業獎章之可能性。據瞭解，銓敘部現正慎重考慮參探行政院人事行政局之作法，改為每年定期請行政院以外各主管業務機關人事機構向銓敘部推薦，請頒人事專業獎章；果能如此則本部未來宜透過人事甄審委員會，參酌人事專業獎章頒給條件，推薦適格人員參與角逐，如此亦可舒緩本部模範公務人員選拔之競爭壓力。

至於考選專業獎章之建制，對於辦理國家考試參與典試工作之學者專家，以及參與試務工作之公務人員及教員，甚至本部全體同仁推動考選業務，都有正面積極之激勵士氣作用；加上獎章條例對專業獎章之頒給，訂有明確建制之法制作業程序，實務上各院及部會又已經有28種專業獎章之存在，因此本部允宜訂定考選專業獎章頒給辦法，儘速報請考試院核定後實施。至於考選專業獎章、人事

專業獎章以及考銓獎章等，因各有不同頒給條件、適用對象及立法目的，所以同時併存並區隔推薦適當人選應無不可。而在業務之分工上，本部同仁請頒考銓獎章、人事專業獎章，因屬人事業務一環，仍宜由人事室賡續辦理；倘另建制考選獎章，其頒給對象主要應是參與典試之學者專家、受本部委託辦理試務之機關學校、參與試務工作之監場人員等，有重大功績或貢獻者，由於面向較廣，似宜由考選規劃司主政為妥！

（考選周刊第1078期、第1079期，95年8月3日、8月10日）

貳、這是法律尊嚴問題，而非擴張解釋問題！──上校以上軍官外職停役轉任公職的思考

　　考試院第8屆第36次會議，施委員嘉明建議國軍上校以上軍官應檢覈考試不及格者計有11人，宜由銓敘部依法處理一案，經院會決定：「交銓敘部研究參考。」銓敘部爲期集思廣益，本年4月邀集考選部、國防部、行政院人事行政局、國軍退除役官兵輔導委員會、省市政府等機關代表集會研商，獲致具體結論，並在日昨報請考試院審議。由於全案牽涉廣泛，業經考試院第8屆第89次院會決議，組成全院審查會並交付審查，由王委員執明擔任召集委員。

　　前述銓敘部研商結論，對於已轉任人員部分，期間已逾三年，仍未具擬任職務任用資格（檢覈尚未及格者），應由用人機關撤銷其派代，並協調國防部妥爲處理。關於制度檢討部分，該部列舉甲、乙兩案，其中甲案維持現行轉任規定，先派代到職，後參加檢覈，檢覈及格後送審，惟增加轉任期間限制：一、限制轉任期間爲三年，此期間內均得參加檢覈。建議檢覈規則增列停役已逾三年，或雖未逾三年但屆現役限齡或現役最大年限已無回役可能者，不得申請檢覈之規定。二、轉任人員於期限屆滿前，尚無法取得轉任職務任用資格者，由任職機關協調國防部辦理回役或輔導安置；三、另有三點配合措施：（一）建議國防部於外職停役令上加註停役人員現役限齡或現役最大年限；（二）各機關遴用是類人員，在其尚未取得公務人員任用資格前之派代期間，應依公務人員任用法施行細則第21條規定辦理延緩送審；（三）建議考選部於檢覈考試舉辦後，將及格和不及格人員名冊副知國防部、銓敘部、行政院人事行政局、應考人員任職機關。乙案則規定轉任人員須先具有擬轉任職務之任用資格後，始得辦理外職停役轉任公務人員。倘採行本案，原則上擬不修正相關法規。但其前提爲比敘條例第5條所稱「尚未取得任用資格者，其考試得以檢覈行之」，能否解釋爲「不一定要到職後始辦理檢覈」；另檢覈規則第7條規定之「外職停役令」及「任職機關之派令」能否以其他證明文件代替。如以上二者答案爲肯定，則可採行乙案。兩案中銓敘部並具體建議採行甲案，其理由爲：一、目前並無任何法律明文規定，上校以上軍官外職停役轉任公務人員，其於參加幾次檢覈考試仍不及格，未具擬任職務任用資格，即可引據公務人員任用法予以停止派代或報院降免。且陸海空軍軍官服役條例，對上校以上軍官外職停役轉任公務人員，有三年內得予回役規定，故甲案三年期限，符合依法處理原則；二、可避免前述轉任人員進退失據，影響其權益；三、變革較少，僅需修正檢覈規則，影響層面有限，容易執行。

　　又81年6月17日，立法院法制委員會舉行第89會期第4次全體委員會議，於審查考試院函請審議之「派用人員派用條例修正草案」時，法制委員會曾作成2項附帶決議：一、上校以上軍官外職停役轉任公務人員，尚未取得任用資格者，其名單及任用單位請行政院人事行政局及考試院銓敘部詳加清查，並於二週內將清查結果函本會；二、爾後國軍上校以上軍官外職停役轉任公務人員者，應依公務人員任用法第24條規定，由用人機關依職權先派代理，並於三個月內送請銓敘機關審查，其公務人員任用資格之檢覈，自應於此三個月內辦理。凡逾三個月未依法送審者，行政院人事行政局應依法追究該用人機關之責任，並公布逾期送審之機關及該派代人員名單。銓敘部就逾期送審者，應拒絕審查。本年7月，考試院第8屆第88次會議，通過施嘉明等12位委員，有關「落實公務人員任用法有關規定，以健全公務人員任用制度」提案，其中責成銓敘部全面調查：一、各機關有無違反任用法21條規定（即除法律另有規定外，各機關不得指派未具第9條資格之人員代理或兼任應具同條資格之職務），指派代理或兼任人員；二、違反任用法24條規定（即各機關擬任公務人員，得依職權規定先派代理，於三個月內送請銓敘機關審查，經審查不合格者，應即停止其代理），經審查不合格，仍未停止代理之人員；三、任用未具備任用資格之人員。如有以上三類人員，即應依任用法第30條（即各機關任用人員，違反本法規定者，銓敘機關應通知該機關改正，情節重大者，得報請考試院依法逕請降免，並得核轉監察院依法處理）規定辦理。本項提案，雖係泛指所有代理或兼任人員，不得違反任用法第21條、第24條規定而言，但針對上校以上軍官外職停役轉任公務人員之意味極其明顯。此點亦足徵立法院和考試院，就上校以上軍官申請外職停役轉任公務人員，對其程序適法性上皆有所質疑。

　　就銓敘部建議採行之甲案加以申論，行政院本年6月1日甫修正陸海空軍軍官服役條例施行細則，對原列舉得予回役之八種原因（如失蹤、被俘、免職、競選、外職、撤職、羈押、刑事），刪除競選停役及外職停役，故外職停役在前述施行細則修正後，已不合申請回役規定。此一變化，使得採行甲案理由正當性失其泰半。其次公務人員任用法是辦理公務人員任用之最根本法律，只要在本法適用範圍內，即應一體遵行毫無例外。以本法第24條為例，各機關擬任公務人員，得依職權規定先派代理，於三個月內送請銓敘機關審查，經審查不合格，應即停止其代理。上校外職停役情形明顯和本條規定不符，此恐非「沒有任何法律規定，上校外職停役轉任公務人員應檢覈之次數、年限，以及得延緩送審期限，故其未檢證向銓敘部申請辦理銓敘審查之前，尚無法律依據得採取任何措施」說辭，即能規避責任。此種「不送審即不理」之做法如果能被接受並蔚成風氣，各機關勢必競相進用未具任用資格之黑官，並以不辦理送審即可逃避銓敘部之「靜態」、「被動」任審監督，則文官制度恐將有崩潰之虞。換言之，比敘條例雖係

任用法之特別法，檢覈規則則是上開條例補充法規，但不宜解釋為未明文規定適用任用法故不受任用法規範。再其次任用法施行細則第21條規定「遇有特殊情形報經銓敘機關核准未能依限送審者，不在此限」，此應和上句「如因人事人員疏誤者（指逾期不送審或審查不合格），應查明責任處理」相連，視為「查明責任處理」之例外免責規定，而非串連到本法24條「三個月內送請銓敘機關審查」之例外。否則此等重大之除外條款在立法體例上，即應於母法中生根，而不致於列入施行細則。退一步說，就算施行細則中未能依限送審，視之為三個月內送審之例外，此亦有行政法規逾越法律之違反法律位階之嫌。至於將轉任機會，視為一種既得權益，而有利益受損之說法，則更難令人信服，蓋此等利益為未來不確定之利益（更可稱之為不當得利），主管機關並無責任義務永久維持此等權益於不墜。

其實就後備軍人轉任公職考試比敘條例當年立法過程加以觀察，本條例實具有高度政治色彩。銓敘部與立法院法制委員會在研擬及審議過程，均曾遭遇到相當政治壓力，在在說明本條例的爭議性。隨著時代環境的改變，強人政治不再，而56年6月公布施行的比敘條例，是否應該重新審時度勢加以通盤檢討修正，值得考政當局思考。不要害怕民意機構的立法監督，果真民意的向背將本條例予以廢除或大幅修正，在尊重民意前提下，又有什麼不可以！考試院是全國最高人事主管機關，有責任建立維護一個健全的文官制度，因此上校外職停役制度延伸出來的適法性探討，基本上不是一個法令擴張解釋適用的問題，而是關涉到法律執行與否的尊嚴問題，至盼考試委員諸公在行使職權時，應審慎而前瞻的加以多方作考量，並速謀解決良策。

（考選周刊第362期，81年8月4日）

後記：本文刊出以後，時任部長的王作榮先生在該文旁邊批示：「本文析論周詳，頗有骨氣，是誰寫的？以本人名義備函，送全體考試委員參考。」我當時在考選規劃司擔任科長職務。

壹、國家考試彰顯之人權意義

一、前言 —— 人權立國之理念

從人權觀念的起源發展來看，人權的內涵歷經三個不同的階段。第一代人權始自天賦人權之觀念，以打破君權神授之迷思，1776年美國的獨立宣言以及1789年法國大革命所頒布人權宣言，都受到這股思潮洗禮；其重點強調精神自由、人身自由及經濟自由等自由權，旨在防止國家對個人的干預。第二代人權則受到社會主義思潮及勞工運動影響，著重在社會、經濟與文化方面權利之伸張，其落實保障有賴國家之積極介入。第三代人權則著重集體人權之出現，其源自於被殖民者地區和被壓迫人民之追求獨立自主解放運動，所以自決權、發展權成了主要表徵，甚至引伸出環境權、健康權、和平權、人類共同遺產權等，在此一階段跨國性的區域及國際合作開展出新的人權價值，更涉及到人類全體之共同權利。（許志雄等，2000；李以德，2007）

從此一角度來看，人權不應該是抽象空洞之理論概念而已，而應在日常生活中具體實踐；人權不是個別國家發展的在地產物，而是具有國際化的普世價值，從聯合國憲章揭櫫「基本人權、人格尊嚴與價值」到世界人權宣言強調「人人有資格享有本宣言所載一切權利及自由，不分種族、膚色、性別、語言、宗教、政治或其他見解，國籍、社會出身、財產、出生或其他身分等任何區別。」再到公民與政治權利國際公約設置人權事宜委員會等種種國際性規範，皆可看出人權國際化的發展趨勢。我國自1971年退出聯合國以後，和國際間人權發展產生超過三十年的參與斷層，造成我國人權實踐和國際間的隔閡與落差。惟近些年來人權立國理念成了國家重要施政總目標，包括總統府內成立人權諮詢委員會、嘗試建立人權基本法典、對重大人權議題專案研究、對個案人權工作檢討及諮詢等。（總統府人權諮詢委員會，2006）另各部會業務興革，亦朝重視人權立國理念方向推動，以考選部為例，近幾年大幅鬆綁法規，強勢與相關特考用人機關溝通，其中考試性別設限多數取消，少數保留分列男女錄取名額者，則成立性別平等諮

詢委員會嚴格審查其限制必要性；考試程序之體格檢查予以刪除或是放寬檢查標準；應考年齡上限刪除或是予以提高等，皆是具體維護應考人權益之實例，也能獲得社會各界多數好評。

二、代表性文官制度逐漸深植人心

我國現行國家考試制度，受中國傳統科舉制度影響頗深，除了嚴密的防弊措施外（如試卷彌封作業，使閱卷委員在閱卷時不知應考人是誰；如入闈印製試題，以確保考試前試題內容不致外洩；如口試時口試委員與應考人之間，有配偶或三親等內血親姻親關係，或現任機關首長與部屬關係，或論文指導教授與學生關係等，應行迴避等），對公平正義要求也特別高。社會上長久以來普遍接受的公平正義觀念，反映在國家考試上就是公開競爭擇優錄取，不得因為應考人身分不同而給予優惠措施（如對具特定身分者給予保障名額錄取或加分優待）或是有差別待遇規定（如現職人員應考年齡上限較非現職人員為寬）；既稱擇優錄取，則一切惟考試成績結果是問；甚至連帶的迷信筆試最為公平，筆試以外的口試、測驗、著作發明審查、知能有關之學歷經歷證明審查等考試方式，則被視為容易徇私、不客觀、會受到人情干擾。

早期西方公共行政強調理性與邏輯實證，所以政府在民主社會中的角色相當窄化，公務人員注重服從命令、追求行政效率，而忽略了追求公平正義之價值，與公共利益的達成。申而言之，社會公平正義之實踐，就要檢視婦女、少數民族、身心障礙者等弱勢團體有無被公平對待，否則弱勢者如依循一般市場經濟法則呈現的僱用程序，將會處於非常不利之地位。歐美各國近些年來，在文官甄補政策中採取代表性文官的制度，其意涵指文官體系的人力組成結構（如政治、經濟、社會等特徵）應該具備社會人口的組成特性，如此才能充分代表社會上各類人員之利益，反映出各類人員之偏好與意見。比如政府的文官成員中都是具有中上階層的家庭背景，則在政策制定與執行上，便可能忽視中下階層民眾的需求與意見；而一個以男性為主的文官體系，其政策制訂與執行可能欠缺女性觀點，因而漠視了女性的需求與權益。（余致力，2007）由於國家文官考選與錄用者之結構比例，在制度性調整之下，能夠公正反映社會組成之結構比例。其具體可見之實益包括：文官來源反映不同族群、性別、社經地位、教育背景等，回應了人民變動多元之需求；進用文官實現了分配正義與社會平等，使弱勢團體能夠得到比較公道的對待；具有多元價值之文官，研擬政策時可避免單一性思考及本位主義；考試及格進入公務系統之文官即不致呈現出中產階級化、高學歷化之刻板集中現象。

當然，代表性文官制度之推動，多少會和功績制度有所扞格，在人員進用過程中，傳統考試成績較優秀者往往因為性別、族群、身體機能等條件因素，不符合被保護之價值，因而成了權益平等政策的受害者；所以反對此一政策者，認為這是不公平且無效率的作法。但是肯定此一政策者，則強調對弱勢群加強照顧，並非針對個人，而是著重在社會團體權益的保護，這才是真正彰顯公平正義。在我國因為社會上長久以來普遍接受的公平正義觀念，是公開競爭擇優錄取的形式平等、機械平等，此從公務人員考試法第3條首度增列身心障礙人員特考辦理之法源依據，並非由考試院主動提出修正條文，而是立法院在審議公務人員考試法修正草案過程中，立法委員反映弱勢族群民意要求增列而被動增加，最後始完成立法程序可以窺知一二。考選部近些年來，大力推動每年定期舉辦身心障礙人員特考、原住民族特考，全面取消性別設限等，皆具有此一反應代表性意義；換言之，代表性之政策考慮應併同擇優錄取之傳統價值來整體思考，所以文官甄補並非僅以公平效率作為唯一標準，仍應有政治安定及社會和諧之全方位考量，此一觀念上的轉變在辦理國家考試過程中已經逐步推動嘗試落實，並且產生了一定的成效。相信此一政策，亦符合辦明事實上之差異及立法目的之不同，並符合公共利益原則，即可為不同處置之區別對待的法理原則。

三、身心障礙者考試之舉辦

根據內政部之統計資料，至2007年12月底為止，台灣地區身心障礙者人數為102萬760人，占總人口數2,295萬8,360人的4.45%；致殘之成因則包括先天遺傳、疾病、意外、交通事故、職業傷害、戰爭等，其成因以疾病所占比例為最高。中華民國憲法第15條規定：人民之生存權、工作權……，應予保障。第155條規定：人民之老弱殘廢，無力生活，及受非常災害者，國家應予以適當之扶助與救濟。憲法增修條文第10條第7項規定：國家對於身心障礙者之保險與就醫、無障礙環境之建構、教育訓練與就業輔導及生活維護與救助，應予重視，並扶助其自立與發展。另為順應國際趨勢潮流，1980年6月2日制定公布殘障福利法，1990年1月24日該法修正，其第17條規定對殘障者強制定額雇用之就業協助措施為：「各級政府機關、公立學校及公營事業機構員工總人數在50人以上者，進用具有工作能力之殘障者人數，不得低於員工總人數2%。……未達前項規定標準者，應繳納差額補助費……。」1993年7月16日考試院將公務人員考試法修正案函請立法院審議，其中公務人員特考舉辦之時機明確界定為「為因應特殊性質機關之需要」，但在法制委員會審查時，時任立委之陳水扁總統發言表示，不贊成對殘障者應考試加分，但應增列舉辦殘障人員特考之法源依據，爰建議其後段增列

「……及照顧殘障者之就業權益」文字,使身心障礙人員特考得以單獨舉辦;否則公務機關如何進用相當比例之身心障礙者。(考選部,1996)1997年4月23日殘障福利法修正公布,其名稱並變更為身心障礙者保護法,原第17條變更為第31條,政府機關(構)、公立學校員工人數規模仍維持50人以上,最低僱用率亦維持2%不變。第32條另同步增列身心障礙人員特考法源依據:「各級政府機關、公立學校及公營事業機構為進用身心障礙者,應洽請考試院依法舉行身心障礙人員特種考試,並取消各項公務人員考試對身心障礙人員體位之不合理限制。」2007年7月11日該法再度修正公布,名稱並變更為身心障礙者權益保障法,原第31條變更為第38條,其中政府機關(構)、公立學校員工人數規模從50人以上降低至34人以上,最低僱用率則從2%提高至3%(惟本條文將自公布後二年施行)。

　　身心障礙人員特考,自1996年起至2003年為止,每二至三年舉行一次,2004年起迄2008年,則每年定期舉行一次;本考試迄今共辦理8次,合計報名人數為32,534人,到考人數為24,728人,錄取1,380人,錄取率為5.58%。(見表1)其中自2003年起,每年定期舉辦本考試一次,以充分落實照護身心障礙者權益。

表1　歷年身心障礙人員特考錄取人數統計表

年度	考試日期	報名人數(人)	到考人數(人)	錄取人數(人)	錄取率(%)
1996	7/28-30	7,398	5,897	474	8.04
1999	5/7-9	3,535	2,750	128	4.65
2001	8/4-6	4,412	3,273	106	3.24
2003	1/25-27	4,026	3,012	219	7.27
2004	1/22-24	2,848	2,101	100	4.76
2005	11/25-27	3,248	2,610	91	3.49
2006	11/4-6	3,626	2,534	119	4.7
2007	10/20-22	3,441	2,551	143	5.61
合計		32,534	24,728	1,380	5.58

　　對於身心障礙特考應考人而言,目前優惠及協助措施包括三類:其一,為現有考選法制中已明訂者:如97年1月16日由總統明令公布之公務人員考試法第12條規定:「應考人參加各種考試,應繳交報名費,其數額由考選部定之。身心障礙者、原住民參加各種考試之報名費,得予減少。」同法施行細則草案在研議

時，即針對此得予減少之規定界定其義爲按原訂數額減半優待。另如試場規則第2條規定，應考人每天第一節15分鐘內，其餘各節3分鐘內，得准入場應試且不扣分，逾時不得應試；性質特殊之考試，應考人每節考試得准入場時間，得由辦理試務機關變更之。目前身心障礙人員特考即依此規定從寬執行，所有應考人各節入場應試時間皆可延誤15分鐘且不扣分，以利部分應考人行動不便、無障礙廁所較少如廁費時之實際需要。其二，爲應試科目及轉調限制中隱性優待規定：如本考試等級分爲二、三、四、五等，與其他性質相近公務人員高普考試、地方政府公務人員特考相較，其三、四、五等應試科目各減少一科，普通科目中且未列考英文；另本考試及格人員六年限制轉調，幾乎以所有中央及地方各用人機關爲限制轉調範圍，所以實質上等於沒有任何轉調機關及時間限制。其三，爲考試時在試務工作範圍內所採行之各項優待及協助措施：包括如視覺障礙、上肢肢體障礙、腦性麻痺身體協調不佳致閱讀試題或書寫試卷有困難者，給予延長作答時間20分鐘，並提供放大二倍之試題及試卡（或提供電腦及磁片）作答優惠措施；輕度視障可使用附放大鏡之照明燈具及閱視機；重度視障及全盲考生，更可使用點字機及盲用電腦，搭配點字試題或語音試題。聽覺障礙者則由熟諳手語人員協助監場工作以利溝通。下肢肢體障礙者或行動不便者，可安排使用特別高度平面桌或斜面桌及輪椅設備。多重障礙者（如嚴重肌肉萎縮），則個案視其狀況，提供適當之協助，如專人代筆或口述錄音後專人謄寫等。以上諸多行政協助措施，爲能統合規範及法制化，現正研議改以行政規則體例加以整合。至於部分重度殘障朋友，建議能依殘障別分列錄取名額，或是保障重度殘障者一定錄取名額之作法，涉及到考試公平性及不同障別者之錄取權益問題，尚有待積極研究並建立共識始能推動。

根據銓敘部網站統計資料，至2007年12月底爲止，身心障礙者任公務人員爲4,625人，占全國身心障礙者102萬760人之0.45%；占全國公務人員33萬6,872之1.37%；其中男性3,013人；女性1,612人，平均年齡45.70歲，平均年資17.21年。按教育程度區分，大學以上者占43.65%；專科占30.72%；高中、高職以下者占25.62%。按障礙類別分，以肢體障礙者2,943人最多，占63.63%；其次爲重要器官失去功能者572人，占12.37%；第三爲聽覺機能障礙者417人，占9.02%，以上合計占85.02%。若以2007年全國身心障礙者人數102萬760人與全國戶籍登記人口數爲2,295萬8,360人相比，占4.45%，則身心障礙者任公務人員爲4,625人，僅占全國公務人員33萬6,872之1.37%，顯然和人口結構分布尚未能充分反應；好在前述2007年7月11日身心障礙者權益保障法修正公布，第38條將政府機關（構）、公立學校員工人數規模從50人以上降低至34人以上，其進用具有就業能力之身心障礙者人數之最低僱用率則從2%提高至3%。所以未來幾年，考選機關應掌握此一發展趨勢，持續每年定期辦理身心障礙人員特考，以縮減身心障礙之

公務人員和其所占人口比例之落差。

四、原住民族考試之舉辦

　　根據行政院原住民族委員會截至2007年12月底之統計數字，全國原住民族人口數總共有484,174人，其中依性別區分，男性239,832人，女性244,342人；依山地平地區分，山地原住民256,214人，平地原住民227,960人。若依戶政機關有辦理登記之原住民族別來看，則以阿美族172,685人最多，其次為排灣族83,391人、泰雅族81,348人、布農族48,974人、太魯閣族23,492人、魯凱族11,408人、卑南族10,897人、鄒族6,483人、賽夏族5,541人、雅美族3,337人、噶瑪蘭族1,092人、邵族626人。

　　中華民國憲法第5條規定：「中華民國各民族一律平等。」第168條規定：「國家對於邊疆地區各民族之地位，應予以合法之保障，並於其地方自治事業，特別予以扶植。」2000年4月25日憲法增修條文第10條第11、12項針對台灣地區原住民族特殊狀況，增訂相關保障條文分別為：國家肯定多元文化，並積極維護發展原住民族語言及文化。國家應依民族意願，保障原住民族之地位及政治參與，並對其教育文化、交通水利、衛生醫療、經濟土地及社會福利事業予以保障扶助並促其發展，其辦法另以法律定之。另依據憲法增修條文制定之原住民族基本法明定，原住民族指既存於台灣而為國家管轄內之傳統民族，包括阿美族、泰雅族、排灣族、布農族、卑南族、魯凱族、鄒族、賽夏族、雅美族、邵族、噶瑪蘭族、太魯閣族及其他自認為原住民族並經中央原住民族主管機關報請行政院核定之民族。政府提供原住民族優惠措施或辦理原住民族公務人員特種考試，得於相關法令規定受益人或應考人應通過族語能力驗證或具備原住民族語言能力（第9條）。政府應保障原住民族工作權，並針對原住民社會狀況及特性，提供職業訓練，輔導原住民取得專門職業資格及技術士證照，健全原住民就業服務網絡，保障其就業機會及工作權益，並獲公平之報酬與陞遷（第17條）。

　　原住民族工作權保障法明定，各級政府機關、公立學校及公營事業機構，除位於澎湖、金門、連江縣外，其僱用約僱人員、駐衛警察、技工駕駛工友清潔工、收費管理員、其他不須具公務人員任用資格之非技術性工級職務，每滿一百人應有原住民一人。至於原住民族地區之各級政府機關、公立學校及公營事業機構，其僱用前述約僱人員總額應有三分之一以上為原住民；此外原住民地區之各級政府機關、公立學校及公營事業機構，進用須具公務人員任用資格者，其進用原住民人數不得低於現有員額百分之二。行政院人事行政局為落實前述原住民比例進用原則，另訂定作業要點加以具體規範。

　　原住民相關考試辦理期間甚久，從最早1956年台灣省山地人民應山地行政人員特考開始，其後多次更名，包括台灣省山地行政人員特考、台灣省山地行政及經濟建設人員特考、台灣省山地行政及技術人員特考、台灣省山胞行政暨技術人員特考、原住民行政暨技術人員特考、原住民特考，現行考試名稱則為公務人員特種考試原住民族考試。總計從1956年至2007年（除1976年至1987年係在台灣省基層公務人員特考設置類科辦理外），其餘共辦理本考試26次，合計報名人數44,254人，到考人數30,233人，錄取2,788人，平均錄取率為9.22%。（見表2）其中自2003年起，每年定期舉辦本考試一次，以照護原住民族就業權益及工作機會。

表2　歷年原住民族特考錄取人數統計表

年度	考試日期	報考人數（人）	到考人數（人）	錄取人數（人）	錄取率（%）
1956	8/24-25	433	393	137	34.86
1957	7/11-12	207	162	53	32.72
1958	8/25-26	236	187	56	29.95
1960	5/1-2	252	210	46	21.9
1961	4/9-10	267	236	41	17.37
1962	6/24-25	348	299	49	16.39
1965	1/17-18	410	326	53	16.26
1967	1/8-9	470	372	58	15.59
1969	1/29-30	713	545	93	17.06
1971	1/16-17	559	422	150	35.55
1973	1/14-15	634	487	51	10.47
1974	2/17-18	446	351	119	33.9
1975	7/10-11	1,225	984	122	12.4
1976	5/1-3	994	813	64	7.87
1988	12/3-4	1,786	1,299	83	6.39
1991	2/23-25	1,571	947	129	13.62
1993	12/18-20	1,824	1,344	150	11.16
1996	3/1-3	2,702	1,925	189	9.92
1998	3/6-8	2,728	1,753	105	5.99
2000	3/4-6	2,941	1,855	116	6.25
2001	5/10-12	4,381	2,945	150	5.09

表2　歷年原住民族特考錄取人數統計表（續）

年度	考試日期	報考人數（人）	到考人數（人）	錄取人數（人）	錄取率（%）
2003	12/20-22	3,446	2,308	158	6.85
2004	12/25-27	3,634	2,406	158	6.57
2005	11/26-28	3,526	2,251	173	7.69
2006	11/4-6	4,327	2,809	134	4.77
2007	10/20-22	4,194	2,604	151	5.8
合計		44,254	30,233	2,788	9.22

　　根據銓敘部截至2007年12月底之統計數字，全國原住民族任公務人員爲6,785人（其中警察人員占53.54%最多，簡薦委人員占38.05%次之），占全國原住民族48萬4,174人之1.40%；占全國公務人員人數33萬6,842人之2.01%，其中男性5,237人；女性1,548人，平均年齡40.98歲；平均年資15.63年。按教育程度區分，大學以上者占13.26%；專科占34.75%；高中、高職以下者占51.98%。按族別分以泰雅族1,824人最多，占26.88%；其次爲排灣族1,527人，占22.51%，第三爲阿美族1,424人，占20.99%，以上三族合計占70.38%。從前述數字得知，原住民族公務人員人數占全國公務人員人數之2.01%，其比例和原住民族人口數484,174人，占全國人口數2,295萬8,360人之2.11%相比，仍稍嫌偏低；且原住民族公務人員人數中，警察人員即占了近五成四，同質性甚高，加上每年公務人員都有適度之退離，因此未來原住民族特考之舉辦應仍有每年賡續辦理之空間。

五、性別設限之大幅取消

　　2002年1月16日施行之兩性工作平等法第7條規定：「雇主對求職者或受僱者之招募、甄試、進用、分發、配置、考績或陞遷等，不得因性別而有差別待遇。但工作性質僅適合特定性別者，不在此限。」同年3月6日發布之本法施行細則第2、3條規定，母法第7條所稱差別待遇，指雇主因性別因素而對受僱者或求職者爲直接或間接不利之對待；母法第7條但書所稱工作性質僅適合特定性別者，指非由特定性別之求職者或受僱者從事，不能完成或難以完成之工作。該法施行後考選部多方協調公務人員特考用人機關取消原女性不得應考或分列男女錄取名額之限制，迄今仍維持分列男女錄取名額者，僅有司法特考之監獄官、監所管理員、法警，原住民族特考之監所管理員，基層警察特考，國家安全情報人員特考及海巡人員特考等5種。此外2004年舉辦之司法人員特考部分類科分定男女錄取

名額，被台北市政府勞工局裁罰；同年海巡人員特考，亦因分列男女名額而被台北市政府兩性工作平等委員會裁定構成性別歧視而加以處罰。考試院對此深入加以討論以後，提出兩項建議，作為日後審查限制性別或分定男女錄取名額之參考：一、請考選部建立審查機制，邀請兩性工作平等法中央及地方主管機關參與，於考試規則或用人計畫涉及性別限制時提供意見，並注意現場履勘方法之運用，詳實審查是否符合兩性工作平等法規定；二、請考選部函知各特種考試用人機關，於請辦考試或研修（訂）考試規則時，如有性別限制之需要，應參考歷年來被兩性工作平等委員會接受性別限制成立之案例，詳細敘明理由且符合比例原則。（考試院，2005）考選部爰根據組織法第19條設立國家考試性別平等諮詢委員會，對各種國家考試涉及性別限制事項進行審議及提供諮詢。

根據內政部統計資料顯示，2007年底我國戶籍登記人口數為2,295萬8,360人，其中按性別分：男性人口1,160萬8,767人，占50.56%，女性人口1,134萬9,593人，占49.44%，性比例為102.28（即每百名女子所當男子數）。依銓敘部統計資料，2007年底全國公務人員中，男性21萬1,350人，占62.74%；女性為12萬5,492人，占37.26%；由於男性較女性多8萬5,858人，致以每百名女性所當男性人數之性比例為168.42。按機關性質別去檢視，行政機關中男性占67.55%；女性占32.45%，若不計入因工作性質進用較多男性之警察人員，其餘行政機關女性比率為46.69%；公營事業機構中之生產及交通事業亦因工作需要，致男性員工所占比率為72.58%；衛生醫療機構與公立學校（職員），則女性人數為男性之三倍餘。（銓敘部，2007）明顯地，女性公務人員人數與女性同胞人口數，二者比例並不相當；未來在此一方面，只要性別主流化觀念持續推動，男女平權政策繼續落實，女性公務人員應有相當的成長空間。

其實從考選統計數據來看，以最近十年公務人員高考三級及普考（本項考試為完全公開競爭之考試，也是最主流之公務人員考試，歷來均無任何性別設限或分列男女錄取名額問題）錄取人數來看，每年女性錄取人數之比例和男性接近，也和台灣地區整體人數性別比例接近，其中六年女性錄取人數甚至超越男性（見表3）。另以公務人員特考而論，許多過去分列男女錄取名額之特考，男性錄取人數一向占多數，但近些年來用人機關迫於社會整體壓力，逐步取消性別設限規定以後，女性錄取人數很快即超過男性。以2007年調查人員特考為例，調查工作組男性錄取27人（39.71%）、女性錄取41人（60.29%）；法律實務組男性錄取15人（46.88%）、女性錄取17人（53.13%）；財經實務組男性錄取11人（45.83%）、女性錄取13人（54.17%）；化學鑑識組及醫學鑑識組各錄取2人，均為女性（100%）；顯然在去除了性別障礙的原因以後，女性展現出應有的實力並且已經後來居上。所以未來可以樂觀的預估，女性公務人員人數應會逐年緩步成長甚至超過男性。

表3　最近十年公務人員高考三級及普考錄取人數性別統計表

年別	合計	男性		女性	
		人數	%	人數	%
1998	2,380	902	37.9	1,478	62.1
1999	2.615	1,074	41.07	1,541	58.93
2000	2,412	1,069	44.31	1,343	55.68
2001	2,464	1,028	41.72	1,436	58.28
2002	1,303	622	47.74	681	52.26
2003	1,710	896	52.4	814	47.6
2004	1,946	912	46.87	1,034	53.13
2005	1,935	1,051	54.32	884	45.68
2006	2,334	1,215	52.06	1,119	47.94
2007	3,260	1,712	52.52	1,548	47.78

六、體格檢查標準刪除或放寬

　　為配合身心障礙人員特考之舉辦,公務人員考試體格檢查標準於1996年10月8日修正,增列如有用人機關提報適合全盲或全聾者擔任之缺額,體檢標準不受限制之除外規定;1999年4月2日前述標準再修正,增列聽障者之聽力,以矯正後之聽力為準。1996年至2003年辦理之4次身心障礙人員特考,應考人需領有身心障礙手冊乃可報名,並仍維持筆試錄取後辦理體檢作法;根據用人機關提報之職缺,對肢體障礙及顏面傷殘幾無限制,而開放給全聾或全盲報考之職缺最少,也因此引起身障團體之不平;2004年開始辦理之本考試,考選部協調分發及用人機關,對各類科均不再限制應考人障礙別,並同步刪除原身心障礙人員特考規則第6條第2項:「矯正後優眼視力未達○‧一,或矯正後優耳聽力損失九十分貝以上者,經用人機關依據考試類科職缺之工作性質,認為其無勝任能力時,就該類科職缺為體格檢查不合格。」爾後並懸為定制,換言之,只要用人機關提報本考試缺額,在榜示以後錄取人員按成績順序依序分發占缺訓練及任用時,用人機關只能接受並不得對本考試錄取人員障礙別有所置喙。

　　2005年1月考選部提出「專門職業及技術人員考試體格檢查制度通盤檢討報告」報請考試院審議,經考試院第10屆第138次院會決議,自2006年1月起取消專

技人員考試程序實施體格檢查規定，改由各職業主管機關於核發證照時依其執業需求認定。其後律師考試規則等20種相關專技人員考試規則均配合修正，刪除體檢相關規定。同年2月再提出之「公務人員考試體格檢查制度通盤檢討報告」報請考試院審議後，經考試院第10屆第143次院會決議，公務人員考試現行不需辦理體格檢查者，維持現行規定；需辦理體格檢查者，一般性類科刪除體格檢查規定，特殊類科仍維持體格檢查，但參考相關法令規定、行政院衛生署解釋、用人機關意見，對於非必要項目及過嚴之標準，均酌予放寬。其後地方政府公務人員特考等14種考試刪除體檢，司法人員特考等11種考試，放寬體檢標準及項目。目前專技人員考試已經全面刪除體檢，公務人員考試亦有逾半刪除體檢，其餘性質特殊考試（如司法人員、調查人員、警察人員、海岸巡防人員、關務人員、國家安全情報人員等）維持體檢，但體檢標準及項目則陸續放寬中。也因此專技人員考試早已出現過考試錄取之全盲律師及社會工作師，而公務人員考試也因體檢程序陸續取消，使得多種公務人員考試在辦理試務性質上與身心障礙人員特考無異，換言之身障朋友在應考試過程中受到之障礙或限制，現已大幅縮減。

七、國家考試彰顯人權意義──代結語

從近些年來考選機關基於人權保障的角度，對國家考試應考資格進行鬆綁，所以取消或大幅放寬體格檢查標準，取消或放寬應考年齡上限，取消性別設限並設置委員會對用人機關提出之分列男女錄取名額作法，進行嚴格審查，務必要做到限制之最小。同時從代表性文官考量，將不定時舉辦之身心障礙人員特考及原住民族特考改為每年定期舉辦，並懸為定制；爰公務人員隊伍中，女性、身心障礙者及原住民族，均呈現緩步增加趨勢，和其所占社會人口結構比例，漸漸呈現出對等關係。其中有的措施仍然能夠保有擇優錄取的原則（如性別設限取消），有的則以限制競爭考試方式選拔特定條件人才，雖然錄取者未必是社會第一流的人才，也和功績制精神略有出入，但是基於族群和諧、照顧弱勢等理念價值，仍有其重要的社會意義，值得持續推動。

參考資料

一、許志雄、陳銘祥、蔡茂寅等，現代憲法論，元照出版公司，2000年。
二、李以德，我國國家考試應考資格法定限制之研究，中國文化大學政治學研究所博士論文，2007年。
三、總統府人權諮詢委員會，人權立國，總統府出版印刷，2006年。

四、考選部，公務人員考試法修正案專輯，1996年。

五、余致力，性別差異對公共管理者任用之影響，代表性文官體系的理論省思與實證探索，國家菁英季刊第3卷第4期，2007年。

六、考選部，身心障礙人員考試制度白皮書，2006年。

七、考選部，原住民族考試制度白皮書，2007年。

八、考選部，國家考試性別平等白皮書，2005年。

九、考試院，考試院審查台北市政府裁罰司法特考及海巡特考構成性別歧視案審查報告，2005年。

十、考選周刊第1022期、第1050期。

十一、銓敘部中華民國96年銓敘統計年報，2008年。

十二、內政部網站，http://www.moi.gov.tw/home/。

十三、銓敘部網站，http://www.mocs.gov.tw/。

十四、行政院原住民族委員會網站，http://www.apc.gov.tw/chinese/。

（考銓季刊第54期，97年4月）

貳、法醫師考試改進之研究

一、法醫學緣起

　　法醫學（Forensic Medicine）爲研究有關法律之醫學及自然科學上的問題，並藉著醫學知識來鑑定犯罪之證據，以提供法官作爲公正裁判之依據。換言之，法官之審判案件，經常必須要有醫學基礎的支撐，看到法醫提出來的鑑定報告，許多疑點才能解釋釐清，所以法醫學又稱爲裁判醫學或法律醫學。法醫學之應用，最早起源於中國。宋朝理宗淳祐年間鄭興裔著檢驗格目，宋慈著洗冤集錄，其後趙逸濟亦作平冤錄，至清朝更有張鶴山洗冤錄續集、王又槐洗冤錄增輯、王興無冤錄等，其中內容均係根據各種命案和實際經驗，再經過不斷的求證而後增修補充，是檢驗技術上的實用書籍，其中尤以宋慈洗冤集錄之影響最爲深遠[1]。該書廣泛性、系統性對屍體外表檢查並累積經驗，對屍體變化現象、窒息、創傷、現場檢查等，都有詳細觀察與歸納。不過在當時中國的社會環境，負責檢驗、相驗的仵作、社會地位並不崇高，也沒有進一步就屍體進行解剖。至於在西方世界，Mises法典有處女凌辱、獸姦之記載，Talmud法典有不妊症及胎兒生死記載，羅馬時代Jaline Caser被暗殺時曾有醫師在其傷勢鑑定中確認第二創傷係致命傷之紀錄；依法官之命令立誓而鑑定者，首見於西元1249年義大利外科醫師Hugon Lucca；至十六世紀末，多位醫學專家編纂了法醫學著作問世，法醫學才逐步的成爲獨立專門學科；到了十八、十九世紀，歐洲的法醫學術有相當進展並產生許多法醫學者，成爲近代法醫學的發源地[2]。

　　就我國法醫學發展來看，民國成立以後，雖然1912年刑事訴訟律，已制定有關法醫解剖及鑑定人才之法律依據，但因當時並未培育及進用專業法醫師，因此均聘請一般醫師來擔任法醫工作。1930年林幾在北京大學醫學院設立中華民國第一個法醫教室，並由林幾擔任主任。1932年司法單位急需法醫師，因此由司法部派林幾成立上海司法部法醫研究所；1935年再設立廣東司法部法醫研究所，招收醫師加以一年之訓練，並由司法部發給法醫師證書，惟實施成果不佳。因此1942年開始在司法人員高等考試中招考法醫師，並以普通考試招考檢驗員，結果僅招到2名醫師，檢驗員甚至無人報考。1945年5月16日國民政府公布司法行政部法醫研究所組織條例，其中第1條明訂：「法醫研究所隸屬於司法行政部，掌理法醫學之研究、民刑事案件之鑑定檢驗及法醫人才之培育事項。」1947年第二次司法人員高普考試法醫師及檢驗員類科同時舉行，應考者亦很有限。政府遂瞭解法醫

1　黃維新，中國古代命案檢驗術，九章文化出版公司，1981年7月1日初版，頁1至3。
2　葉昭渠，法醫學，大學圖書出版社，2001年3月，頁2至3。

師來源必須透過教育體系去培育養成，1948年中央大學成立法醫研究所，下設法醫師師資班及法醫師訓練班，同時在中山大學醫學院成立司法檢驗專修科，以培養層級較低之法醫檢驗員。1949年中央政府播遷台灣以後，司法行政部囿於過去大陸時期法醫師培育失敗經驗，爰以「本部原有法醫研究所，自政府遷台，該所原有設備及技術人員均已散失。……鑒於台灣醫事設備比較完整，該項業務可以委託醫院或衛生機構辦理。」理由，訓令法醫研究所於1950年4月30日予以結束。但是遺憾的是台灣的醫院或衛生機構並未負起培育法醫學教師及法醫師責任，遂使台灣法醫學的發展進入黑暗期[3]。直到1990年法務部高等法院檢察署成立任務編組之法醫中心，由台大醫學院法醫科方中民主任召集台大、三總、國防、成大、高醫等醫學院所病理醫師，負責全台灣主要法醫解剖鑑定工作。1997年4月23日法務部法醫研究所組織條例公布施行，該所並在1998年7月1日正式成立，目前也正積極推展法醫學研究及培育法醫人才工作；該所設有法醫病理組、毒物化學組、血清證物組3組，掌理生理、病理及死因之檢驗、鑑定及研究，毒物、生物及藥物化學之檢驗、鑑定及研究，證物之檢驗、鑑定及研究，法醫學上疑難鑑驗之解釋及研究等事項。

二、法醫學與刑事鑑識學之區隔

醫學大體分為基礎醫學與應用醫學，基礎醫學再分為解剖學、生理學、藥理學、細菌學、病理學、生物化學、寄生蟲學等；而應用醫學則分為治療醫學、預防醫學、法醫學3類。其中法醫學除需具備解剖、生理、病理、生化、藥等基礎醫學外，還需兼通內外各科臨床醫學及公共衛生學，才能運用自如。由於法醫學鑑定之對象，包括活體、屍體、物品、現場、書類檢查等，所以其探討研究範圍極其廣泛，舉凡血痕、毛髮、精液、骨骼及齒牙檢查，指紋檢查，屍體鑑別及變化，妊娠及分娩、墮胎，性法醫學，自然及窒息死亡，損傷，中毒，精神疾病，親子鑑別等，都屬法醫學重點[4]。所以未必僅在刑事犯罪案件裡，才會借重法醫學之專業功能，在民事案件中，也有越來越多的訴訟必須依賴法醫專業鑑定加以解決；比如親子關係之認定，透過人類遺傳特性法則來進行血型檢定或DNA檢驗，以查明父母與子女是否具有血緣關係；又比如醫師因為錯誤或不當的醫療程序導致患者死亡，除刑法上業務過失致人於死罪而外，民法上的損害賠償，就要有法醫學的專業證據才能釐清責任歸屬[5]。簡而言之，傳統法醫學

3　郭宗禮、邱清華、陳耀昌，台灣法醫師的培育和法醫實務制度的探討，載於台灣大學醫學院網站法醫學科暨法醫學研究所法醫相關文獻，頁2至3。

4　葉昭渠，前揭書，參見目錄編排內容。

5　八十島信之助，法醫學入門，牧村圖書公司，2001年3月初版2刷，頁185至193。

（Traditional Forensic Medicine）涵蓋了法醫病理學、法醫毒物學、法醫血清學，而現代的臨床法醫學（Clinical Forensic Medicine）則擴大至活人的部分，如法醫精神醫學等，所以法醫學的發展範圍其實是越來越廣的。

刑事鑑識學（Criminal Science）則為應用自然科學的知識方法，對於物證予以鑑定、個化及評估，用以重建犯罪現場，提供偵察方向，俾提供法官作為判決參考依據。其探討重點包括：證物與現場處理、體液證物、槍擊證物與工具痕跡、指紋證物及個人鑑識、文書證物，微量證物、濫用藥物、毒物、刑事攝影等，另亦需要刑事齒科學、刑事精神病學、臨床心理學、刑事病理學等相關知識輔助[6]。

若就法醫學與刑事鑑識學加以比較，前者是將醫學知識應用在司法上，主要是就死因之鑑定，經由法醫師解剖屍體以判定死亡原因及死亡方式；後者則是對犯罪現場調查及物理證據之蒐證，由鑑識人員對物證作分析鑑定與判讀，以及現場重建。前者專業知識在於有能力去作病理解剖及死因鑑定，並蒐集分析屍體之證據，檢驗死因及方式；後者專長在現場蒐集證據及現場重建，包括指紋、輪胎及鞋印、工具痕跡比對、火藥殘餘物檢驗、以及生物跡證（包括血液、唾液、精斑、DNA鑑定）等。以國內情形來說，前者組織為法務部法醫研究所及各地方法院檢察署法醫師，後者組織則為內政部警政署刑事警察局鑑識科。就工作性質及流程來看，二者各自獨立，但在整體團隊中互為不可或缺之工作夥伴。

從公務人事制度角度來看，前二者職系說明書內涵有明顯區隔。其中法醫職系職務係基於傷亡鑑定之知能，對屍體外傷鑑定，內臟分析化驗，死者生前年齡、職業、嗜好之特殊狀態鑑定，致死原因確證等，從事計畫、研究、擬議、審核、督導及執行等工作，刑事鑑識職系職務則為基於運用科學方法，為刑事罪證之鑑識，對警用物理化學、電氣機械、土木、犯罪現場指紋、足印、痕跡、照像、複製、放大、分析、鑑定、紀錄、血跡、血型、毛髮、毒物化驗、凶器、筆跡及現場物證鑑別、犯罪心理及一般刑事鑑定等，從事計劃、研究、擬議、審核、督導及執行等工作。

三、法醫學研究所與鑑識科學系所比較

台灣大學醫學院之下，分有內科、外科、婦產科、小兒科、皮膚科、復健科、精神科、放射科等多科，其中亦列有法醫學科。1984年恢復設立之法醫學科，並在大學部醫學系六年級開設法醫學、牙醫系五年級開設牙科法醫學、法律系三、四年級開設基礎法醫學與實用法醫學；教授內容則有法醫病理學、法醫毒

6　駱宜安，刑事鑑識學，明文書局，1995年1月初版，頁3至5。

物學、法醫血清學、法醫分子生物學、法醫精神學等課程。基本上法醫學科只授課而不招生。

　　2003年3月15日台灣大學校務會議修正通過增設醫學院法醫學研究所碩士班，該所設立目的為培育現代化法醫人才、提升法醫學研究以達國際水準、支援法醫解剖協助法醫鑑定以維護基本人權、為國家永續儲備法醫人才；發展重點則是法醫病理、死因、親子、毒物、DNA、精神、牙齒、臨床等方面之鑑定。原計劃招收碩士班研究生15名（其中限醫學系、牙醫學系報考之甲組擬招收7名、限其他醫學或生物相關科系報考之乙組擬招收8名），分別修習31學分（包括法醫病理學、法醫毒物學、法醫分子生物學、法醫精神學、醫療糾紛、民刑事訴訟法、刑事證據法、法醫遺傳學、刑事偵察學等）或45學分（除法醫及法律專業課程外，增列部分基礎醫學課程，包括人體解剖學、病理學、醫用化學、組織學、胚胎學、內科學、外科學等）並通過論文考試，即授予法醫學碩士學位[7]。2004年7月第1屆法醫學研究所招生考試共有54人報考，錄取醫學系畢業醫師1人，醫學相關系科畢業者5人，總算對專業法醫師之培育跨出了重要的一步[8]。

　　中央警察大學在1989年成立鑑識科學系，1996年成立鑑識科學研究所碩士班，是目前國內唯一培育鑑識科學人才之學府，該系所主要培養學生運用鑑識科學知識與技術，從事跡證採取與鑑定，以期引導犯罪偵察走向，提升破案績效。以大學部為例，需修習分析化學、生物鑑識、消防化學、法醫學、毒物化學、分子生物學、指紋學、光譜鑑析等，最低畢業學分數為128學分；碩士班部分，除必修鑑識科學研究法、電腦輔助鑑識、現場重建，法醫學等課程外，另有化學鑑識、生物鑑識兩大領域選修科目，最低畢業學分數為24學分。

四、法醫師教育培養、養成訓練及人力進用狀況

　　監察院1995年度中央巡察司法機關後，陳光宇、趙昌平2位監察委員自動調查「各地方法院檢察署法醫師異常缺額，影響檢察官辦理相驗案件之進行及正確，十分嚴重，違背憲法及相關法規保障人權之本旨」，調查報告中指出：檢察官為法律專家，對於相驗死因之判斷，有賴法醫師憑其專業醫學及經驗，協助檢察官正確明瞭死者之死因，因此法醫師相驗屍體為檢察官偵察非病死案件之重要程序；而法醫師之素質及員額充足與否，將直接影響死者冤情能否得以伸張之關鍵所在。查法務部所屬各級法院檢察署1996年度編制員額，為主任法醫師4人，法醫師28人，檢驗員27人，合計59人；而同年度實有員額為主任法醫師3人，法

7　國立台灣大學93學年度申請增設法醫學研究所碩士班計畫書，2003年3月15日，頁3至4。
8　陳耀昌，林滴娟、葉盈蘭，法醫所，2004年7月20日，中國時報第4版名家專論。

醫師17人，檢驗員25人，合計45人；實際缺額計主任法醫師1人，法醫師11人，檢驗員2人，合計缺額14人。法醫師編制員額與實際缺額，尚有相當差距。且現有法醫師中，有即將退休者，有正在延退階段者，有檢驗員在法醫師人事費項下支薪者，整體來看法醫師年齡有偏高情形；甚至多數相驗工作，是由榮譽法醫師或特約法醫師來擔任。該報告最後並提出多項建議，包括：提高法醫師待遇，將法醫師職缺提報司法人員特考俾便取材，甄選病理專科醫師擔任法醫師，在大學醫學院廣設法醫學科（組），籌設法醫研究所，改善法醫師工作環境等[9]。

目前依各機關學校適用醫事人員人事條例職務一覽表規定，法務部各級檢察機關之主任法醫師、法醫師，為應適用醫事人員人事條例職務；各機關學校師級醫事職務級別訂列基準第2點規定，主任法醫師列師（二）級，法醫師每滿3人得列師（二）級1人，其餘法醫師列師（三）級。而醫事人員人事條例第5條復規定，經公務人員考試醫事相關類科考試及格並取得中央衛生主管機關核發之醫事專門職業證書者，或經專門職業及技術人員考試醫事相關類科考試及格並取得中央衛生主管機關核發之醫事專門職業證書者，取得各級醫事人員任用資格。目前法醫師進用途徑有下列4種管道：其一，公開甄選：依據公務人員陞遷法第5條第2項規定，職務出缺如由他機關人員陞任時應公開甄選，法務部所屬各檢察機關之法醫師出缺，外補時必須登報或上網公告，辦理公開甄選。如法務部曾在2001年7月登報及上網公告公開甄選主任法醫師及法醫師，結果甄選進用台北地方法院檢察署法醫師1名，2002年12月經公開甄選進用桃園地方法院檢察署法醫師1名。其二，公費培育進用：為解決法醫師人力不足，法務部在1990年至1993年間曾委託國立成功大學代招學士後醫學系法醫師公費生計有14名，目前已賠償公費並解約4名，另10名已畢業分赴各公私立醫療機構實習中。其三，特約法醫師：依法務部所屬檢察機關及監院所遴聘特約法醫師醫師實施要點第2點規定，就具有下列條件者遴聘為特約法醫師：1.年齡在70歲以下，身心健康且具有醫師法規定之醫師資格者；2.品行端正，未曾受刑事處分者；3.富有工作熱忱者。其四，榮譽法醫師：為解決各地檢署法醫師不足，由各地檢署視業務需要聘請具病理分析專長之公私立醫療機構醫師擔任榮譽法醫師，按次計支報酬。

根據台灣高等法院檢察署之統計資料，截至2004年4月底為止，台灣高等法院檢察署暨所屬各地方法院檢察署，主任法醫師預算員額有4人，現有0人，缺額4人；法醫師預算員額有16人，現有5人，缺額11人；檢驗員預算員額為36人，現有35人，缺額1人；以上法醫師及檢驗員合計預算員額為56人，現有40人，缺額16人。其中檢驗員部分幾乎滿額，法醫師部分則仍大量懸缺。實際相驗工作進

9　監察院陳光宇、趙昌平委員自動調查「1995年度中央巡察司法機關發現各地方法院檢察署法醫師異常缺額，影響檢察官辦理相驗案件之進行及正確，十分嚴重，違背憲法及相關法規保障人權之本旨」調查報告，頁1至2。

行，各地方法院檢察署仍必須依賴218位按件計酬之榮譽法醫師，3位聘任特約法醫師，2位聘任兼任法醫師來處理[10]。另根據法務部法醫研究所之檢討，國內法醫師人力長期不足原因有以下多項：1.培養法醫師困難：因爲要訓練一位醫師成爲一位法醫病理專科醫師，需要很長的時間，國外平均至少需要十二年才能培養出一位有經驗的法醫病理專科醫師；2.待遇低報酬不合理：法醫病理專科醫師專業程度高，比一般醫院之解剖病理更爲專精，但一位師（三）級法醫師，包括本薪、專業加給、檢驗屍傷職務加給、相驗費、鑑定費等，每月薪資約在10至15萬元之間，相較於一般醫師任職於公私立醫療院所收入所得，確實相對偏低；3.專業未受重視解剖設備不足：解剖需要設備及經費，因經費不足致設備缺乏，加之法醫師專業在檢察體系中未受足夠重視，致專業不能充分發揮；4.陞遷管道狹窄：依法院組織法規定，高等法院以下各級法院及其分院檢察署置法醫師，法醫師在2人以上者置主任法醫師，迄今全國只有4位主任法醫師職缺，法醫師職等爲薦任第7至第9職等，主任法醫師爲薦任第9至簡任第10職等；但地方法院檢察署法醫師得列委任第5職等。相較於同爲地檢署層級之檢察官，列薦任第8至第9職等或簡任第10至第11職等，主任檢察官列薦任第9職等或簡任第10至第11職等，法醫師列等明顯偏低[11]；5.工作環境惡劣：法醫師職掌驗屍，必須上山下海或於太平間工作，與一般醫師工作環境迥異；各地檢署解剖屍體場所更多在各縣市殯儀館，解剖室環境髒亂不堪，工作環境及條件甚差。由於以上多項原因交互影響，遂造成不少勘驗或解剖案件由非法醫師專業之一般醫師擔任，導致採證不良、解剖品質及解讀未盡正確，影響司法裁判公信力[12]。

五、現行國家考試法醫師相關類科辦理情形及其缺失

　　現行國家考試中有3種管道辦理法醫師相關類科考試：其一，高考三級考試刑事鑑識職組法醫職系法醫師類科：本類科最早係1990年4月考選部公告全國性公務人員高考二級考試類科及應試科目表時首次增列（當時高考二級考試法定應考資格爲公私立專科以上學校畢業），其後公務人員考試法1996年1月修正高考分爲三級，1996年4月24日修正發布之公務人員高考三級考試分試考試應考資格表即予調整後列入，其應考資格爲公私立專科以上學校或經教育部承認之國外專科以上學校醫科或醫學系畢業得有證書者，並領有專門職業及技術人員醫師執業

---

[10]　台灣高等法院檢察署人事室提供相關統計資料。
[11]　法院組織法第68、66條。
[12]　法務部法醫研究所提供相關書面資料。

證書者；應試科目則為第一試考解剖學、生理學與病理學等2科，第二試考解剖學、生理學與病理學、刑事訴訟法、內外科學、法醫病理學、法醫毒物學與診斷學、國文等7科[13]。高考三級自列入法醫師類科以後，迄今用人機關法務部從未提報過法醫師職缺。其二，高考三級考試刑事鑑識職組法醫職系法醫病理醫師類科：1996年1月修正之公務人員考試法第4條明定：「高科技或稀少性工作類科之技術人員，經公開競爭考試，取才仍有困難者，得另訂考試辦法辦理之。前項考試錄取人員，僅取得申請考試機關有關職務任用資格，不得調任。」因此考選部設計了引用公務人員考試法第3條為法源依據，應考資格、應試科目、考試方式和一般公務人員特考相同，採普通限制轉調原則之高科技或稀少性技術人員特考規則，以及引用公務人員考試法第4條為法源依據，需先公開競爭考試無人錄取或錄取不足始得辦理，採嚴格限制轉調措施之取才困難高科技或稀少性技術人員考試辦法。前者公開競爭之高科技或稀少性技術人員特考，曾在1998年1月辦理過一次，其中稀少性三等考試法醫職系設有法醫病理醫師類科，計有桃園、台中、南投、宜蘭、澎湖5個地方法院檢察署各提報法醫缺額1名，共計5名；法醫病理醫師應考資格為公私立專科以上學校或經教育部承認之國外專科以上學校醫科或醫學所系科畢業得有證書者，並具有行政院衛生署頒發解剖病理專科醫師證書者；應試科目則為普通科目中華民國憲法、國文2科，專業科目病理學、法醫學、法醫毒物學及微證物檢查學、法醫病理解剖實務、法醫相驗實務、法醫死因調查鑑定書寫作等6科；結果該類科有21人報名，7人全程到考，暫訂需用名額5名，共錄取4名（最低錄取標準50分），錄取名額尚不足1名[14]。根據法務部資料，錄取之4名法醫病理醫師均全數報到，惟其中有2人已於1999年辭職。另1997年7月17日考試院第9屆第42次會議曾決議：由於政府機關用人甚急及時效因素考量，高科技或稀少性技術人員考試於1998年1月舉辦完畢後，併入高普考試辦理；至於取才困難之類科（包括無人錄取及錄取不足情形），則依特種考試取才困難高科技或稀少性技術人員考試辦法規定迅速辦理考試。考選部爰配合修正高考三級及普考應考資格表、應試科目表，增列高科技及稀少性相關類科，及增訂高考三級及普考分試考試規則第7條之1，賦予舉辦取才困難高科技或稀少性特考法源依據，及釐清高普考試與本考試之間因果關係[15]。

　　其三，司法人員特考中之法醫師類科：中央政府遷台以後，公務人員特種考試司法人員考試規則最早係1954年6月12日訂定發布，其甲級司法人員（相當高

---

[13] 見公務人員高等考試三級考試分試考試應考資格表、公務人員高等考試三級考試分試考試類科及應試科目表。

[14] 見87年特種考試高科技或稀少性技術人員考試典試委員會第2次會議記錄。

[15] 考試院第9屆第120次會議通過公務人員高考三級考試分試考試類科及應試科目表等修正案所附審查報告。

等考試）分爲推事檢察官、監獄宮、法醫師3類科，乙級司法人員（相當普通考試）分爲法院書記官、監獄官、檢驗員3類科。法醫師應考資格爲公立或立案之私立專科以上學校或經教育部或考試主管機關承認之國外專科以上學校修習醫學4年以上畢業得有證書者（此和推事檢察官應考資格需公立或立案之私立專科以上學校或教育部或考試主管機關承認之國外專科以上學校法律政治各系科畢業得有證書者，不限最低修習年限明顯不同）；經高等檢定考試法醫師考試及格者；有醫學專門著作經審查合格者。法醫師類科應試科目則爲國父遺教、國文、本國歷史及地理、憲法、醫化學、解剖學及診斷學、病理學及精神病學、法醫學、藥物學、刑事訴訟法等10科。其後基於尊重教育主管機關職權，應考資格各類科通案將「考試主管機關承認（國外學歷）」文字刪除，亦將有專門著作經審查合格條款刪除。1989年8月21日法醫師應考資格修正爲：「一、公立或立案之私立專科以上學校或經教育部承認之國外專科以上學校醫科或醫學系畢業得有證書者。二、經高等檢定考試相當類科及格者。」另法務部爲提振檢驗員士氣，曾於1990年1月建議考選部，乙等法醫師應考資格增列第3款：「現任各級法院檢察署檢驗員擔任屍傷檢驗工作三年以上，最近三年考績一年列甲等，二年列乙等以上者。」俾利現職資深優秀檢驗員應考，以充實法醫人力。但因無學歷或低一等級考試及格資格限制，與公務人員考試法中高等考試應考資格專科以上學校畢業、高檢相當類科及格、普考相當類科及格滿三年規定不符，考選部爰函覆建議改爲：「經普通考試或相當普通考試之特種考試法院檢驗員考試及格後，並任法院檢驗員，擔任屍傷檢驗工作三年以上者。」[16]1994年8月24日司法人員考試應考資格表再修正，增列乙等檢驗員，刪除丙等法院檢驗員，以招收大專院校醫學、牙醫、藥學、復健、護理、公共衛生、醫事檢驗背景人才投身檢驗員，以補法醫師人力不足。

　　早期司法人員特考中設置法醫師類科，僅是聊備一格，用人機關並未提報法醫師職缺，自1988年開始法務部始於請辦是項考試計畫案中提報該類科缺額。從統計數字中可以得知，1988年迄今，司法人員特考中設置法醫師類科共12次，合計總報名人數爲144人，到考78人，暫訂需用名額爲80名，實際錄取21人；到考人數比需用名額還少，但因爲應考人總成績需滿50分，所以每一次都不足額錄取，甚至還有二年發生無人錄取情形。所以對法醫師而言，在人才市場上呈現的是嚴重的供給太少致不能滿足需用情形。（歷年司法人員特考法醫師類科統計資料見表1）

---

[16]　92年2月27日（79）選特字第1054號函。

表1　司法人員特考歷年法醫師類科報考、到考、公告需用名額及錄取人數

年別	報名人數	到考人數	公告暫定需用名額	錄取人數
1988	3	3	10	3
1989	6	5	10	2
1990	8	8	10	1
1991	17	12	10	2
1992	10	5	5	0
1993	6	4	5	1
1994	22	9	5	2
1995	20	7	5	3
1996	24	11	5	5
1997	15	8	5	1
1998	7	3	5	1
1999	6	3	5	0
合計	144	78	80	21
備註	1954年6月12日司法人員特考規則訂定發布時，即列有法醫師類科，惟法務部自1988年開始才在考試計畫中提報法醫師職缺。			

資料來源：考選部特種考試司。

　　2003年6月考選部曾研修司法人員特考應考資格表，擬增列法醫師類科需具備專技人員醫師證書始得報考，惟提報考試院會以後，部分委員對此有不同看法，有的認為應增列牙醫系、醫事檢驗系畢業者准其報考；有的認為增列專技證照限制資格更嚴，取才會更困難；也有的認為既然醫事人員人事條例規定，取得專技人員醫師資格，即可取得公職醫師資格，當然可以擔任法醫師，故法醫師類科可予刪除，循醫事人員人事條例用人即可；會中因無共識，考試院會遂決定暫時不修正[17]。由於法務部各級檢察署2004年度仍有11名法醫師缺額，該部原有意提報2004年司法人員特考，但仍建議增列醫師證照限制；經考選部邀集相關機關會商後，多數意見認為各級檢察署法醫師既適用醫事人員人事條例，屬於醫事人員，與其法醫師增列專技人員證照限制更加難以求才，不如由各地檢署自行依據醫事人員人事條例規定以公開競爭方式甄選即可進用，最後該部遂未提報法醫師

17　考試院第10屆第39次會議紀錄。

職缺，並採自行甄選方式用人[18]。

六、法醫師法草案中涉及考試條文之評析

　　法醫師法草案最早是因為總統府人權諮詢委員會責成行政院人權推動委員會，行政院指定政務委員蔡清彥組成小組研究，並指示法務部研擬法醫師法草案[19]。法務部最早是將法醫師法設計為公務人員特別人事條例性質，並以公設法醫師為主，所以「中華民國國民經法醫師考試及格，並經中央主管機關核發證書者，得充公設法醫師。曾任法醫師經銓敘審定有案者，得續任法醫師。」此和法醫學界所提出以專技人員考試為定位之法醫師法草案，有極大差距。經過郭宗禮、陳耀昌、邱清華等多位學者提出本法立法三大原則訴求，將法醫師考試定位為專門職業及技術人員考試、應考資格應限定為法醫學系（所）畢業者、法醫師公務人員任用應與法醫師法分開處理並另訂法規[20]。最後終於得到多數機關支持，法醫師法草案立法爰重新定位為專門職業及技術人員職業法。

　　2004年5月3日法務部邀集相關機關及學者最後一次會商法醫師法草案，會中主要針對附則中過渡條款加以處理。本草案中涉及考選部職掌條文包括：第4條：「中華民國國民經法醫師考試及格，並經主管機關核發證書者，得充任法醫師。曾任法醫師經銓敘審定有案者，得續任法醫師。」第5條：「公立或立案之私立大學、獨立學院或符合教育部採認規定之國外大學、獨立學院法醫學系或研究所畢業，並經實習期滿成績及格，領有畢業證書者，得應法醫師考試。」第6條：「法醫師連續服務五年以上，成績優良且領有證明者，得申請遴任為民間之法醫師。前項之遴任由主管機關審查，其審查辦法另定之。」第49條：「本法施行前，曾任法務部所屬機關之法醫師，經依法銓敘審定有案者，得請領法醫師證書。本法施行前，具有下列資格之一者，得於本法施行後三年內申請取得法醫師資格，執行第十四條所列之業務：一、具有醫師資格，經司（軍）法機關委託，於國內各公私立醫學院、校及教學醫院，而實際執行檢驗、解剖屍體業務連續五年以上者。二、具有醫師資格，經國防部及法務部所屬機關聘為法醫病理顧問、榮譽法醫師、兼任法醫師及特約法醫師，而實際執行檢驗、解剖屍體業務連續五年以上者。」（至於考選部所提「本法公布施行前，於法務部所屬機關，或經司

法機關委託於國內各公私立醫學院校及教學醫院實際執行相驗、解剖屍體業務連續五年以上之醫師，得應專門職業及技術人員特種考試法醫師考試。前項特種考試，於本法公布施行後五年內舉辦三次。」該條文並未受到採納）。

　　按依憲法第86條及專技人員考試法第14條規定，專技人員考試應考資格，應屬考試院職掌，職業管理法律不宜加以規範。未來如相關職業管理法律完成立法程序，考選機關研訂考試規則時自會邀集職業主管機關、公會學會、學校系所來會商，就該專業業務範圍、相關系所設置情形決定考試等級、應考資格、應試科目等。另如職業法中規範應考資格，如與專技人員考試法規定有所牴觸，依同法第17條規定，也是適用專技人員考試法而非職業法。此外新的職業法制定以後，過去在立法通例上均係在附則中針對現職從業人員，採取五年辦理三次特種考試方式以處理其執業資格問題（如社會工作師法第55條、物理治療師法第58條、職能治療師法第58條、不動產估價師法第44條、不動產經紀業管理條例第37條等），考選部立場始終前後一以貫之。在1998年5月8日司法院釋字第453號解釋出爐，認定商業會計記帳人屬於專門職業之一種，其執業資格應由考試院依法考選銓定，不得由主管機關逕行認可以後，可說是相當程度確保了專技人員應經考試及格始能執業之唯一途徑。但是近年來此一防線已經逐漸受到挑戰而鬆動，比如2003年6月11日完成立法程序之發展觀光條例修正案第32條第4項規定，本條例修正施行前已經中央主管機關或其委託機關測驗及訓練合格，取得執業證者，得受僱用或臨時招請繼續執行業務。加上本年5月剛完成立法程序之記帳士法草案，對具一定年資且有繳稅證明代客記帳業者，可以登錄繼續執業，都是永續性的。又現正在立法院審議之消防設備師法草案，其中亦規定本法施行前經各消防職類技能檢定合格者，應於本法施行後一年內向中央主管機關申請各該類別消防設備士證書，充任各該類別消防設備士。因此對現職從業人員來說，越來越多立法體例已經打破了五年辦三次特考之慣例。與其在相關職業法制定過程中因為堅持本部一貫五年三次特考立法原則，因未被職業主管機關接納，最後全面棄守；倒不如根據不同資格條件，而彈性分成幾種不同處理原則（比如說僅有繳稅證明而完全沒有任何其他資格能力證明者，應堅持五年過渡期間辦理三次限制競爭特考；但已有公務人員或專技人員同等級且性質相關考試及格證書，則可採取全部免試制度以取得職業證照，不必再重複參加考試；對持有其他機關核發類似技能檢定證書之能力證明者，則不發執業證書但同意其永久繼續執業）。

七、結論與建議

（一）本研究主要發現──代結論

1. 法醫學（Forensic Medicine）為研究有關法律之醫學及自然科學上的問題並藉著醫學知識來鑑定犯罪之證據，以提供法官作為公正裁判之依據。它的發展逐漸從法醫病理、毒物、血清，而擴大至法醫精神醫學、性侵害防治、兒童保護等。刑事鑑識學（Criminal Science）則為應用自然科學的知識方法，對於物證予以鑑定、個化及評估，用以重建犯罪現場，提供偵察方向。兩者所需專業知識及人才來源背景不同，但皆為偵查工作團隊中不可或缺的夥伴。

2. 我國宋代雖有洗冤集錄，對屍體外表檢查累積相當經驗，對屍體變化現象、窒息、創傷、現場檢查等，也都有詳細觀察與歸納。不過在當時中國的社會環境，負責檢驗、相驗的仵作，社會地位並不崇高，也沒有進一步就屍體進行解剖。而具有現代意義之法醫學科，始於歐洲，不但技術進展快速，且產生許多著作與知名學者。

3. 我國法醫師人力需求，長期處於不足狀態，此期間雖曾透過考試分發、公開甄選、公費培育等多種管道進用，但效果皆不甚理想。正式法醫師編制始終不足，只有靠榮譽法醫師、特約法醫師、兼任法醫師協助擔任驗屍工作，或由檢驗員協助法醫師進行檢驗。

4. 法醫師人力不足，最主要原因是人力市場供需關係失衡的結果，醫學系畢業生很少有人願意擔任法醫師，而法醫系所國內才剛開始有第一所進行招生，故未來還是得從供給面，尤其是教育制度著手放量增加，才能真正解決問題。倘教育制度不調整、任用條件（包括職務列等、待遇、陞遷、工作環境等）不改進，僅從考試本身來檢討，效果將很有限。

5. 新增的專技人員職業法，長久以來對未具執業資格現職人員，考選機關皆採五年辦理三次特考方式加以解決；惟從發展觀光條例修正到記帳士法制定，現職人員皆有不經考試得繼續執業的就地合法規定，因此未來對現職未具執業資格從業人員應分別情形（如是否具有公務人員或專技人員考試及格資格、或其他機關發給之如技術士技能檢定證）加以彈性處理。

6. 法醫師法草案未來如依法務部版本完成立法程序之後，司法人員特考之公設法醫師與專技人員高考民間法醫師將會同時併行。因為草案中設計公設法醫師考試及格後，需在法務部所屬機關連續服務五年以上，成績優良且領有證明，始得經遴任為民間之法醫師，以避免法醫師流失。所以新制實施之初，公設法醫師短期內將難以轉任民間法醫師。未來民間法醫師之執業項目，包括人身、創傷、性侵害、兒童虐待、懷孕流產、牙科、精神、親子血緣法醫鑑定等多種，預期市

場發展空間極大。

（二）法醫師教、考、用制度未來改進建議

1. 鼓勵大學醫學院，多設法醫學研究所，或學士後法醫學系；同時應考資格中應分醫學系科與醫學相關系科（如醫事技術、生物化學、公共衛生、藥學等）兩組分組招生，俾能用較短時間培育出夠水準法醫師專業人才。換言之，法醫師要和醫師分流，法醫系所畢業經過法醫師考試及格，僅能擔任法醫師而不能擔任醫師，才不會重蹈過去成大及陽明大學醫學系建制法醫公費生失敗之覆轍[21]。

2. 研修法院組織法相關條文，提高主任法醫師及法醫師職務列等，至少與同等級之各級法院檢察署主任檢察官及檢察官職務列等相同，以激勵士氣留住人才。

3. 待遇部分，考量法醫師工作環境特殊艱困，應將其專業加給、檢驗屍傷職務加給再加提高，以和一般醫院醫師待遇維持相當程度均衡，俾使公私立醫療機構之醫師能夠有意願擔任法醫師。

4. 將法務部法醫研究所歸屬法醫職系之相關職務（如各組組長、研究員、副研究員、助理研究員等），能比照各級檢察機關之主任法醫師、法醫師一併列入各機關（構）學校適用醫事人員人事條例職務一覽表中，以便該所延用現職醫事人員，增加法醫師及法醫病理醫師來源，從而提升法醫學上疑難鑑驗案件支援人力水準。

5. 公務人員高考三級考試法醫師類科，既久經設置但用人機關從未報缺，爰建議於類科簡併時予以刪除。至於其中稀少性法醫病理醫師類科部分，暫時保留，俟法醫師法完成立法程序以後，因其中對專科法醫師分科已有細分（包括病理、牙科、精神、臨診、毒物、分子生物等法醫專科），屆時本類科可取消，回歸專科法醫師規範處理。

6. 未來俟國內法醫教育之逐步發展，法醫師與醫師勢必要予以分流，司法三等特考法醫師類科之下似有必要分成兩組，應考資格分別規範，一組需醫學系科畢業且具醫師或法醫師專業證照，另一組為法醫系所畢業且具法醫師專業證照，兩組取得公設法醫師資格雖相同，但未來服務滿六年後轉調範圍及得適用職系有所不同。

7. 對新職業法制定，現職未具執業資格從業人員應分別情形加以彈性處理，而不宜固定只採一種方式五年辦理三次特考加以解決。以法醫師法草案為例，在本法施行前如已經過公務人員高等考試或相當等級特種考試法醫師考試及格領

---

[21] 方中民、郭宗禮等，建立台灣健全之法醫師培訓和進用制度建言書，載於台灣大學醫學院網站法醫學科暨法醫學研究所法醫相關文獻，2002年4月25日，頁8至9。

有證書者，似得參照醫事人員及技師考試制度予以全部免試方式取得專技人員法醫師執業資格；如已具有醫師資格，不論是公務人員或專技人員考試醫師類科及格，則應給予減免部分應試科目，僅考法醫師有關之核心科目即可取得專技人員法醫師執業資格，或得繼續擔任公設法醫師，連續服務滿五年後得申請遴任為民間法醫師。

（考銓季刊第41期，94年1月）

參、軍法官考試改進之研究

一、軍法官制度之起源

　　按國民政府在大陸時代，國防部並未設立軍法專門學校以培養軍法人才，依民國27年9月1日國民政府施行之「軍法及監獄人員任用暫行條例」規定，軍法及監獄人員之任用依本條例之規定。本條例所稱之軍法人員，包括各級軍法官、掌管軍法裁判、軍法行政之司長、處長、科長及科員。[1]簡任職軍法人員應就具有下列資格之一者任用之：現任或曾任簡任職法官經銓敘合格者；現任或曾任最高級薦任職法官三年以上，經銓敘合格者；教育部認可之法律專科以上學校畢業，曾任同上校以上軍法官者；教育部認可之法律專科以上學校畢業，現任同中校軍法官已滿停年，成績優良經考績核定者。薦任職軍法人員應就具有下列資格之一者任用之：經文官高等考試司法官考試及格者；現任或曾任薦任職法官經銓敘合格者；現任或曾任最高級委任職法官三年以上，經銓敘合格者；在教育部認可之國內外大學法律系畢業，辦理司法事務二年以上，經審查合格者；在教育部認可之法律專科以上學校畢業，曾任同少校以上軍法官者；在教育部認可之法律專科以上學校畢業，現任同上尉軍法官已滿停年，成績優良經考績核定者。委任職軍法人員應就具有下列資格之一者任用之：現任或曾任委任職法官，經銓敘合格者；經文官普通考試承審員考試、法院書記官考試及格者；在教育部認可之法律專科以上學校畢業，經審查合格者；在教育部認可之法律專科學校畢業，曾任同上尉軍法官者。

　　軍法人員經國民政府任命，或最高軍事機關核准委用後，除軍官佐已有官位者不得登記外，統由最高軍事機關將該員履歷彙轉銓敘部查核，按級登記。簡任、薦任、委任軍法人員之初任，應從最低級起敘。軍法人員退職時，合於服役年限及年齡條件，給予終身贍養金。另依民國27年7月15日國民政府施行之「軍用文職人員轉任普通公務員條例」之規定，軍用文職人員（包括軍用文官、軍法官、監獄官及軍用技術人員等）依各種任用條例任用並經銓敘部登記後，任各級實職二年以上成績優良，經考績核定者，得轉任普通公務員；從同中將至同少

---

[1]　國民政府時期對軍事機關進用非軍職人員定有三種法律，其一為軍用文官任用暫行條例，其軍用文官包括：秘書、書記、司書、普通科學及外國語文教官、譯述員、服務員、譯電員及其他軍用文職人員。其二為軍用技術人員任用暫行條例，其軍用技術人員所任業務包括：兵器彈藥艦艇航空器車輛研究設計製造修理檢驗、土木建築及電機機械等工程、物理化學研究試驗製作、氣象測候、軍用工廠之設計及管理等。其三為軍法及監獄人員任用暫行條例，其軍法人員包括：各級軍法官、掌管軍事裁判及軍法行政之司長、處長、科長及科員。以上三種條例適用之人員，並均可依軍用文職人員轉任普通公務員條例，依法轉任普通公務員。前述各項法律，均引自第1屆立法院編印，中華民國法律彙編，1958年5月出版，頁3143至3159。

尉，按其官階不同，分別訂有轉任簡、薦、委任職等公務員之等級及級俸。民國
33年10月18日國民政府公布施行之「軍法人員轉任司法官條例」，其中規定本條
例所稱軍法人員為各級軍法官及其他執掌軍法裁判之人員。軍法人員曾在專科以
上學校修習法律學科三年以上畢業，而任相當於委任職之軍法人員三年以上經登
記並審查成績合格者，具有轉任審判官之資格。軍法人員曾在專科以上學校修習
法律學科三年以上畢業，而任相當於薦任職之軍法人員二年以上經登記並審查合
格者，具有轉任地方法院推事或檢察官之資格。軍法人員曾任推事或檢察官1年
以上，並任相當於薦任職之軍法人員二年以上，經登記並審查成績合格者，具有
轉任薦任地方法院院長之推事、地方法院首席檢察官或高等法院薦任推事或檢察
官之資格；曾任相當於薦任職之軍法人員四年以上，經登記並審查成績合格，具
有轉任高等法院檢察官之資格。軍法人員曾任薦任地方法院院長之推事或地方法
院首席檢察官或高等法院推事或檢察官二年以上，並任相當於簡任職之軍法人員
二年以上，經登記並審查成績合格者，具有轉任簡任推事或檢察官之資格。

　　從國民政府時代建制軍法官制度，可以得知以下各點：1.當時訓政階段並未
設立軍法專門學校，因此軍法官之來源主要從一般大學法律系畢業生取才，此
外司法官高考及格及承審員普考及格者，也是拔擢人才的重點；2.為鼓勵軍司法
人員交流，對曾任軍法官者之轉任司法官，條件極為優厚；凡符合特定資格條件
者，可轉任審判官、地方法院推事或檢察官、地方法院院長或首席檢察官、高等
法院推事或檢察官等。另外也可根據其軍中級俸（從同中將至同少尉），轉任普
通公務員。

二、軍法官考試辦理之沿革

　　憲法第86條規定，應經考試院依法考選銓定資格者，僅列有公務人員任用資
格、專門職業及技術人員執業資格；而軍中武職人員之人事，本不在考試院管轄
範圍內。1954年10月國防部以「目前軍法人員甚感缺乏，因業務需要，亟待設法
補充，據統計約須軍法人員（含軍事檢察官、軍事法律官、公設辯護人、軍法行
政官）107人」為由，請由行政院轉商考試院舉行高普考試或特種考試時，增加
此項人員之考試，藉應需要而廣蓄庸。[2]同年12月21日，考選部邀集考試院秘書
處、行政院秘書處、國防部、司法行政部、銓敘部等機關代表會商軍法人員考試
事宜，會中獲致三項結論：其一，軍法人員（包括軍事檢察官、軍事法律官、公
設辯護人、軍法行政官及軍法書記官）係軍用文職人員，雖未受銓敘機關之管
理，其考試可由考試機關辦理。其二，一面由考選部會同國防部研擬，於44年高

2　考試院43年11月25日臺試秘文字第1557號函。

普考試內增列軍法人員類科，一面由國防部擬訂特種考試軍法人員考試規則草案，送請考選部轉呈考試院核布。其三，應考資格考試科目除參照司法人員考試各級類考試規定外，考試科目應加試軍事常識科目。[3]1955年6月29日，考試院公布特種考試軍法人員考試規則一種，其中將軍法人員分為甲、乙兩級，甲級軍法人員包括軍法官、軍事檢察官、軍事法律官、公設辯護人、軍法行政官、監獄官、軍法法醫官，乙級軍法人員包括軍法書記官、監獄官；凡應本考試者，於考試前須經體格檢驗，不合格者不得報考；每屆舉行考試前由考選部、國防部會商擬具考試級別、區域地點、日期，呈考試院核定後由考選部公告之；本考試組織典試委員會主持典試事宜，其試務由考選部辦理或委託國防部辦理，並由考選部派員指導。[4]軍法官考試應試科目，除刑法、刑事訴訟法而外，特別偏重陸海空軍刑法、陸海空軍審判法、證據學及刑事政策等科目。1955年首次辦理之特種考試軍法人員考試，係和當年高普考試同時舉行，由高考典試委員會兼辦典試事項，試務由考選部辦理。計錄取甲級軍法人員18名（含軍法官、軍事檢察官、軍事法律官、公設辯護人、軍法行政官），乙級軍法人員5名（含軍法書記官、監獄官）。[5]

　　1956年7月7日，總統公布軍事審判法，並於同年10月1日起施行。[6]根據軍事審判法第13條第1、2項之規定，本法稱軍法人員者，謂軍事審判機關之軍法主官、審判官、軍事檢察官、公設辯護人、書記官、檢驗員、通譯及執法官兵；本法稱軍法官者，謂軍事審判機關之軍法主官、軍事審判官、軍事檢察官、公設辯護人。前述第1項軍法人員之範圍相當廣泛，第2項軍法官之範疇則較為嚴謹，明顯的軍法官範圍較軍法人員為狹。第14條則明定軍法官由國防部就具有下列資格之一者，依法任用之：1.經軍法官考試及格者；2.具有司法官及縣司法處審判官之資格者；3.在本法施行前已取得軍法官資格者。本條所稱之軍法官，係指第13條第2項之軍法主官、軍事審判官、軍事檢察官、公設辯護人而言；第1款之軍法官考試，即指1955年首次辦理之軍法官特考而言；第2款所謂具有司法官及縣司法處審判官之資格，參照原法院組織法第33條之規定，司法官之任用資格計有11

3　43年12月21日考選部召開軍法人員考試座談會紀錄。

4　44年6月29日考試院發布特種考試軍法人員考試規則第2條至第7條。

5　考試院，考試院施政編年錄──中華民國43年至44年，頁487。

6　民國4年陸軍審判條例公布施行，軍事審判始有法律根據；19年，國民政府公布施行陸海空軍審判法，軍事審判更具雛形；30年，戰時陸海空軍審判簡易規程發布施行。以上諸法規均採會審制度，軍法官兼任軍事檢察官，程序雖簡明迅速，但被告之權益仍缺乏保障。中央政府遷臺後，40年發布軍事機關審判刑事案件補充辦法，因準用刑事訴訟法規定，審檢職權始予劃分，42年再發布軍事機關審判刑事案件選任辯護人辦法，以貫徹當事人對等主義。45年7月7日公布，同年10月1日施行之軍事審判法，則明訂現役軍人意義與範圍、確立3級2審制度、確定審判獨立與軍法官職位保障、確定審判公開原則、確立軍事檢察及辯護制度、建立覆判、抗告、再審制度等。可說是軍事審判制度的重大變革。參見陳煥生，刑事特別法實用，月旦出版公司，1997年7月初版2刷，頁73至76。

種，參照原縣司法處組織條例第5條之規定，司法處審判官之任用資格計有7種；第3款所謂本法施行前已取得軍法官資格者，係指在1956年10月1日以前已經國防部任用為軍法官者。[7]

　　自從1962年8月29日考試法修正公布，將公務人員考試分為甲、乙、丙、丁四等以後，同年12月8日考試院即修正發布軍法人員特考規則，將軍法人員考試分為乙、丙二等，乙等考試相當高等考試，丙等考試相當普通考試，乙等包括軍法官、監獄官、軍法法醫官，丙等包括軍法書記官、監獄官。惟乙、丙等考試應考人除應具備應考資格外，並須受畢軍官或士官基礎教育，年齡在現役限齡之內，因此並未排斥受畢預備軍官教育之社會青年報考。惟就實際統計數據來看，社會青年報考錄取者比例約占錄取人數三分之一左右，但絕大多數僅為取得公務人員任用資格，極少申請志願入營改服現役擔任軍法官者。[8]1990年12月5日軍法人員特考規則修正，增列第9條：「本項考試錄取人員須經訓練，訓練期滿，其訓練成績合格並送由考選部核定者，始完成考試程序，由考選部報請考試院發給考試及格證書。前項訓練辦法另訂之。」本年起軍法官特考及格人員，須經四個月之訓練，其中八週基礎訓練在國防管理學院課堂講授，其餘8週實務訓練則分發各軍種軍法業務較繁重之單位實習軍事檢察、審判實務及監所業務。[9]

　　1992年8月17日考試院訂定發布特種考試軍法官考試規則，原特種考試軍法人員考試規則廢止。[10]其訂定重點包括：本考試增訂軍事審判法第14條為法源依據；考試類科僅保留乙等考試軍法官類科；考試除筆試外增列口試程序；原試務得委託國防部或軍事教育機關辦理，考選部派員指導，修改為試務工作由考選部自行辦理。1996年1月17日公務人員考試法大幅修正，特種考試軍法官考試規則配合考試等別、限制轉調等規定加以調整，並於同年9月16日修正發布，其重點包括：考試等別改為三等特考；刪除應考資格中有關考試及格滿三年始得報考高一等別考試之限制；體格檢查於筆試錄取後辦理，其標準並依公務人員考試體格檢查標準之規定；配合公務人員保障暨培訓委員會成立，變更訓練成績之核定機關為該會，訓練並依公務人員考試有關訓練辦法規定辦理，不另訂訓練辦法；增列後備人員錄取及申請辦妥志願入營手續及相關事宜；配合公務人員考試法第3條有關特考特用規定，明定本考試及格人員不得轉調之規定。自民國1955

7　張肇平，軍事審判法釋義，正中書局，1969年4月臺2版，頁36。

8　考試院第8屆第3次會議有關79年特種考試安檢行政人員考試規則草案、79年特種考試軍法人員、安檢行政人員考試應行公告事項草案審查報告所附軍法官特考考選部補充說明。

9　參見79年特種考試軍法人員考試錄取人員訓練辦法第3條及國防管理學院軍法官特考及格人員講習班第1期教育計畫綱要。

10　考試規則名稱從軍法人員改為軍法官，主要是因為第1條增列法源依據為公務人員考試法第3條及軍事審判法第14條，既然軍事審判法明定僅軍法官需經考試及格，則軍法官以外之監獄官、軍法法醫官、軍法書記官等廣義之軍法人員，自不必考試用人。

年首次辦理軍法人員考試，至2001年最近一次辦理，四十八年當中共計辦理26次考試，總報考人數為3,032人，到考人數2,711人，及格人數1,381人，及格率為50.94%。[11]

　　2003年3月27日考選部將特種考試軍法官考試規則修正草案，報請考試院審議。其修正重點計有以下各點：刪除考試規則抬頭特種考試名稱；刪除引用公務人員考試法作為法源依據；參酌公務人員考試法增列應考資格停年規定及得以兩科原則報考之規定；個別口試改採集體口試；軍法官為軍職人員，故考試程序之訓練改由國防部辦理；明定本考試及格人員僅取得軍法官任用資格，而無法取得公務人員任用資格（因此軍法官退伍以後自不生轉任公職問題），2002年底之前原軍法官考試及格人員，仍得適用依法考試及格人員考試類科適用職系對照表，取得一般行政、人事行政、法制、司法行政職系任用資格，以維持其權益；本考試準用典試法規定組織典（主）試委員會主持典試事宜。現全案正在考試院進行審議中。[12]

三、考試院辦理軍法官考試適法性探討

　　考試院第8屆第18次會議，于考試委員惠中報告主持79年軍法人員特考典試情形，報告中對國家文官考試體系宜否包括軍法官任用資格考試問題，建議考選部加以檢討研究，經院會決定「于委員建議交考選部研究」。1991年2月11日考選部邀集相關機關，就軍法人員特考由考試院辦理之適法性加以研商，會中行政院代表認為軍事審判法第14條與陸海空軍軍官士官任官條例並不牴觸；另軍法官考試規則以公務人員考試法第3條及軍事審判法第14條為依據，均合於相關法律。國防部軍法局代表則認為，如考試院辦理軍法人員考試適法性有疑慮，則歷年所辦考試及格之軍法官即有瑕疵，故不可不慎；另公務人員有廣狹之分，軍法官為廣義公務員應可肯定。國防部法制司則引用司法院大法官釋字第262號解釋，軍人違法或失職行為成立彈劾案時，應移送公務員懲戒委員會審議，以及公務員服務法第24條本法於受有俸給之文武職公務員均適用之，故強調軍法官乃為武職之公務員。銓敘部代表表示該部主管公務人員任用、銓敘等業務，並未辦理軍職人員之任職資格銓定事項，另軍法官之身分已由早年之軍用文職人員轉變為軍職人員，因此應否由考試院辦理考試確有待斟酌。由於與會機關見解不一，因此會中並未做成具體結論。[13]

---

[11] 考選部，中華民國90年考選統計，2002年6月，頁175。

[12] 考選部97年3月27日選特字第0921500409號函所附特種考試軍法官考試規則修正草案總說明。

[13] 80年2月11日考選部召開研商特種考試軍法人員考試是否適法有關事宜會議紀錄。

　　鑒於軍法官考試之辦理，已逾憲法所定考試院職掌公務人員任用資格考試、專技人員執業資格考試之範圍，因此考選部深入研議後採甲、乙兩案併列方式（甲案不宜繼續辦理，並建請向司法院大法官聲請解釋，有關依據軍事審判法第14條第1款規定舉辦之軍法人員特考是否合於憲法第85、86條所規定之應行依法考選銓定事項或逕請國防部自行辦理。乙案宜繼續辦理，惟將特種考試軍法人員考試規則修正為特種考試軍法官考試規則，試務由考選部自行辦理，並與司法人員特考合併舉行。）報請考試院審議。[14]經第8屆第26次會議決議；本案交張秘書長協調有關機關，委託學者專家成立專案小組研究後再議。其後考試院委請戴東雄、法治斌、傅肅良、郎裕憲、甘添貴等學者組成專案小組，並去函外交部轉請駐美國、法國、日本、韓國外館代為蒐集各駐在國軍法人員有關資料。根據查報資料，法國、日本並無專職軍法人員，平時軍人犯罪一律由普通法院管轄；戰時則由軍令系統人員臨時組成軍事法庭。美國軍法人員需具法學院畢業學歷、經律師考試及格、且曾在聯邦或州法院出庭，即可經專業訓練後派任。韓國軍法官來源以國防部主辦之軍法官考試及格為主，因其並無培育軍法官之專門學校，一般大學法律系畢業生，考取後須經二年實務訓練，始得擔任軍法官；其待遇與司法官相同，並同時取得律師資格。該小組最後提出如下建議：由考試院提請司法院大法官解釋憲法中公務員與公務人員之區別，在未解釋前，可由國防部依往例函請考試院辦理軍法官考試；如未來解釋考試院職權不及軍人，則不再辦理軍法官考試。反之如解釋考試院職權亦包括軍人之考試，則為提升軍法官素質，考試院似可考慮軍法官與司法官考試合一辦理，考生以選填志願方式，排列司法官與軍法官之順序，再依成績錄取。錄取軍法官者，同時取得公務人員資格，服役相當年限後，亦可依律師檢覈辦法之規定，免試取得律師執業之資格。[15]考試院第8屆第60次院會針對本案決議：軍法人員考試繼續舉辦，但考試規則名稱改為特種考試軍法官考試規則，試務由考選部收回自辦，且與司法人員特考併同辦理。專案小組所提意見及各委員發言，均交考選部於研修考試規則時參考。

　　1994年12月考選部再度函陳考試院建議適時停辦軍法官特考，經第8屆第207次院會決議：特種考試軍法官考試再辦2次（1996年、1998年）後予以停辦，其考試規則俟1998年軍法官考試結束後予以廢止。此一決定考選部於1995年2月函轉國防部查照，國防部研究經年，在1997年2月提出申復意見，並認為軍、司法官如車之兩輪併行不悖，司法官既經考試院嚴格考選，軍法官之選拔自不宜差距太大，以免受追訴審判之人難昭信服，爰建議軍法官考試仍宜由考試院辦理。為期慎重，同年5月23日考選部再邀集國防部、法務部、銓敘部、人事行政局等機

14　考選部80年3月9日選特字第1115號函。
15　軍法人員特考宜否仍由考試院繼續辦理專案小組參考意見。

關代表及多位法律學者徵詢意見，會中多數意見皆認為軍法官考試宜由考試院繼續辦理為妥。經考試院第9屆第60次會議決議：維持第8屆第207次會議決議，軍法官考試於1998年再辦理一次後予以停辦；惟屆時軍事審判制度如有變革，為因應情勢變遷及事實之需要，再予配合檢討。[16]1997年10月3日司法院大法官釋字第436號解釋出爐，其中明示軍事審判機關所行使之國家刑罰權，必須符合正當法律程序之最低要求；平時經終審軍事審判機關宣告有期徒刑以上之案件，應許被告直接向普通法院以判決違背法令為理由請求救濟；並對訴訟救濟相關之審級制度配合調整，另軍事審判之審檢分立、參與審判軍官之選任標準及軍法官之身分保障事項等，亦應一併檢討改進。1999年10月2日總統修正公布軍事審判法全文238條，其中第11條規定：「軍法官由國防部就具有下列資格之一者，依法任用之：一、經軍法官或司法官考試及格者。……前項第一款軍法官考試，由考試院舉辦。」同年12月29日考選部再將軍法官特考宜否繼續辦理一案之研議結果，報請考試院審議，其中明確指出：軍事審判制度已有重大變革，如軍法機關改採地區制不再隸屬部隊，以貫徹審判獨立，另屬行審檢分立以獨立行使職權；又軍法官係依法從事公務之人員，屬廣義之公務員，應可於公務人員考試中取才；且現行軍法官特考規則第10條規定，本考試及格人員受限於特考特用，無法轉調國防部以外之機關應不致對他機關造成衝擊。爰建議軍法官考試，允宜自2000年起繼續辦理，並採以往與司法人員特考合併辦理方式，以齊一命題、閱卷標準，俾利擇優取才。經考試院第9屆第165次會議決議：照部擬通過。

四、軍事審判法1999年修正及軍法官轉任公職

　　行政院及司法院會銜所提軍事審判法修正案，於1999年3月29日函送立法院查照審議，經立法院司法、國防委員會密集召開6次聯席會議審查竣事；同年10月1日完成二、三讀審查，10月2日由總統公布施行。[17]其中第10條規定：「（第一項）本法稱軍法人員者，謂軍法機關之軍法官、主任公設辯護人、公設辯護人、觀護人、書記官、法醫官、檢驗員、通譯及執法官兵。（第二項）本法稱軍法官者，謂軍事法院院長、庭長、軍事審判官、軍事法院檢察署檢察長、主任軍事檢察官、軍事檢察官。」第11條規定：「（第一項）軍法官由國防部就具有下列資格之一者，依法任用之：一、經軍法官或司法官考試及格者。二、經律師考試及格，並執行律師職務三年以上，成績優良者。三、曾在公立或經立案之私立大學、獨立學院法律學系或法律研究所畢業，而在公立或經立案之私立大

---

[16] 考試院第9屆第60次會議關於軍法官考試應否繼續由考試機關辦理審查報告。

[17] 立法院公報，第88卷第42期院會紀錄，頁225至264。

學、獨立學院任教授、副教授三年、助理教授四年或講師五年，講授國防部所定主要法律科目二年以上，有法律專門著作，經審查合格，並具有薦任職任用資格者。（第一項）前項第一款軍法官考試，由考試院舉辦。……」前述規定對軍法人員及軍法官明顯加以區隔；其次將原條文軍法官考試及司法官考試及格者予以合併，明定軍法官應由相關考試及格者充任之；再其次軍法官之任用，仍採軍文併用原則，故參考司法人員人事條例第9條第3款及第4款，增訂律師及法律科目教授、副教授、助理教授、講師，具有軍官或薦任任用資格，並符合所定條件者，均得依法任用為軍法官；另明定第1款之軍法官考試由考試院舉辦（原條文僅規定軍法官考試及格者，得由國防部依法任用為軍法官，惟並未規範軍法官考試該由何機關辦理）。[18] 由於軍法官係武職人員而非公務人員，因此考試院1987年1月訂頒之職組暨職系名稱一覽表中並無軍法官可資適用職系；但依考選部會同銓敘部1987年7月訂定發布之依法考試及格人員考試類科適用職系對照表附則5之說明，依公務人員考試法規定辦理之考試，其考試類科未列明職系者，如與本表所列類科相同或性質相當者，即得適用依法考試及格人員考試類科適用職系對照表規定。依該表規定，軍法官考試類科及格者，得適用一般行政、人事行政、法制、司法行政4職系；因此國防管理學院法律系畢業生考取軍法官考試後，除得擔任軍法官而外，未來退伍以後尚得根據前開適用職系轉任公務人員。原特種考試軍法官考試規則第10條對此有明文規定：「本考試及格人員，取得軍法官資格，並適用依法考試及格人員考試類科適用職系對照表取得各適用職系任用資格，不得轉調國防部及其所屬機關以外機關任職。」所以就法制上來看，連結軍法官得以轉任公職的相關規定是軍事審判法第11條、特種考試軍法官考試規則第10條及依法考試及格人員考試類科適用職系對照表。

此次考選機關改變了軍法官考試的屬性，不再稱之為特種考試，更切斷了本考試與公務人員考試及任用之間的關係；其主要的論據是司法官大法官2003年1月10日作成之第555號解釋，該解釋文及解釋理由書中明白指出：依憲法第86條及公務人員任用法規定觀之，稱公務人員者，係指依法考選銓定取得任用資格，並在法定機關擔任有職稱及官等之人員；現行與公務員有關之法規，凡使用公務人員名稱者，包括公務人員任用法、公務人員俸給法、公務人員保障法、公務人員陞遷法、公務人員考績法、公務人員退休法、公務人員撫卹法等，均不適用武職人員。所以公務人員在現行公務員法制上，乃指常業文官（或稱常任文官）而言，不含武職人員在內。此項解釋一出，過去多年來因為應否賡續辦理軍法官考試之討論，以及軍法官是否為公務人員之爭論，都有了新的思考方向與空間，考

---

18 軍事審判法現行法、行政院及司法院修正案、審查會通過條文對照表第10條及第11條之說明欄。

選部爰大幅研修軍法官考試規則如前述。至於國防部對此次軍法官特考規則修正重點，則持不同意見，包括軍法官與司法官同為國家司法建制下職掌刑罰權之公職，雖非公務人員任用法規範對象，但官箴性質不因任官派職法律不同而有歧異；另依軍事審判法設立之各級軍事法院及檢察署，追訴罪犯職掌國家刑法權，性質極為特殊，應屬公務人員考試法施行細則第5條第1項第11款「其他特殊性質機關」；另大法官釋字第436號解釋，已肯認軍事審判制度，如果行使國家刑罰權之人，不具國家公務員考試之資格，亦即否認該等人員為國家公務員，則如何能追訴審判犯罪？此對軍中人權保障似有未周，對國家司法權公信力不無負面影響。因此要求軍法官考試維持原屬性不變，不宜排除其公務人員特種考試之性質，亦不宜排除引據公務人員考試法作為辦理之法源。[19]

本案如從法理上來看，軍法官係武職人員，不具公務人員身分，亦非常業文官，非屬公務人員考試法、公務人員任用法規範範圍，大法官已做成解釋可謂極為明確。軍事審判法第11條雖明定軍法官考試，由考試院辦理；但這並不意味著凡經考試院辦理之考試，就必然可以取得公務人員任用資格，比如考試院早期曾經辦理過之雇員考試、檢定考試、公職候選人檢覈等皆是。但從情理上來看，國防部軍法機關曾提出異見，以及部分軍法人員反彈，也可以讓人理解。其根本原因就是過去軍法官特考及格者任職軍法官，俟其服役期限屆滿退伍之後，不必再參加上校以上軍官外職停役轉任公務人員檢覈考試或退除後軍人轉任公務人員特考，憑其軍法官特考及格資格即可轉任公務人員。[20]如今此一管道遭到阻斷，對於過去已經軍法官特考及格者之轉任公職權益固然有所維護，但對考試規則此次修正以後將參加軍法官考試之國防管理學院法律系畢業生而言，此一期待利益取消，當然會有所衝擊。其次修正後之軍法官考試規則，除了刪除引用公務人員考試法法源依據，使軍法官考試及格人員不得轉任公務人員外，仍準用公務人員考試相關法規，條條幾乎都和其他公務人員特考規則相仿，如此修正當然也會引起非議。再其次同為考試院辦理之考試，上校以上軍官應轉任公務人員考試時亦為現役軍人身分，及格後即可取得公務人員任用資格，辦理退伍後立即可以轉任公職；但參加軍法官考試者則謂其為武職人員，考試及格後，卻不能取得公務人員任用資格，讓人感覺為何獨薄於軍法官？最後1999年10月軍事審判法大幅修正公

---

[19] 國防部2003年4月29日法浩字第0920001325號函及所附國防部對考選部特種考試軍法官考試規則修正草案建議意見。

[20] 根據王雲五先生（時任考試院副院長）的說法：「……就憲法和法律來講，非經考試院考試及格，是不能擔任文職公務員的。因此武職要轉到文職，無論如何，都必須經過本院舉辦的考試，在未經考試及格以前，依法是不能轉任文職的。……但這一次經過軍法人員考試及格者便不同了，他們的任用資格既經本院考試核定，任軍職後之經歷只要有充分的證明，本院當無不可承認；這樣一來，將來擔任了若干年的軍法官以後，如有轉任文職之可能和機會，不僅無須另經一次考試而可以直接認定其資格，甚至一切資歷也可以經過審核而加以承認。」參見王雲五，岫廬八十自述，臺灣商務印書館，1967年7月1日初版，頁665至666。

布，該年12月考選部函報考試院謂軍法官為廣義公務員，可於公務人員考試中取才，其及格人員且已嚴格限制轉調，不能轉任國防部以外機關任職，因此不致對其他機關造成衝擊；考選部爰建議2000年起繼續辦理軍法官特考，並經考試院第9屆第165次院會照案通過。如今並無其他的更新情勢發生，政策卻有如此的巨變與轉折，難怪會產生爭議。以上正反不同意見互相激盪，容或都有其道理，但是從推行政務應該要依法行政的角度來看，法制上如果不能立足，只是衡情論理恐怕也不能讓本案有所轉圜。

五、軍法官考試未來改進方向

　　未來考試院院會如果依照考選部原先報院修正之軍法官考試規則主要內容通過，政變了軍法官考試的屬性，使得爾後軍法官考試及格者不再能夠轉任公職，則軍法官考試之舉辦，未來仍有相當大的改進空間，茲分述如後：

　　（一）既然司法院大法官第555號解釋，已經明確揭櫫公務人員在現行公務員法制上是指常業文官而言，不含武職人員在內。考試院也已配合修正軍法官考試規則，未來軍法官考試及格者將不能據以轉任公職；則中長期來看軍事審判法第11條第2項，軍法官考試由考試院舉辦之規定，應協調國防部於下次修法時予以刪除，以符憲法第86條考試院之憲定職掌。相信在本條修正以後，由國防部自行辦理軍法官考試，為了維持軍法官素質及保障軍人權益，國防部應仍會嚴格把關進行篩選，而不至於任意鬆綁。

　　（二）短期來說，在考試院依據軍事審判法第11條第2項授權情況下，恢復辦理軍法官考試以後，實應依據典試法第2條第2項之彈性規定，因應軍法官考試性質特殊，而組織主試委員會辦理考試，必要時並可採取委託國防部辦理考試方式處理。

　　（三）如果仍將組織典試委員會辦理考試，則軍法官考試宜單獨辦理，並和司法官考試脫鉤，以滿足國防部對軍法官的用人需求，而不應僅從節省試務經費角度考量。從統計數字來看，自1996年開始為提升軍法官素質，軍法官考試與司法人員考試合併辦理，司法官和軍法官類科相同之應試科目民法、刑法、刑事訴訟法等3科，採取同一命題及相同閱卷委員及評閱標準，某種角度來看這使得國防管理學院法律系畢業生和台大、政大、台北等大學法律系所畢業生放在同一標準下參加競爭，受到這三科成績拉低的影響，於是軍法官考試的錄取率從往年的60%、70%左右，大幅滑落至1996年的23.08%、1998年的12%、2001年的18.11%，近年來嚴重的錄取不足額已經影響到軍法體系人力調度，也使得國防管理學院法律系畢業生通不過軍法官考試而被迫長期擔任軍法書記官致影響工作

士氣。其實國防管理學院法律系畢業生就是培養準備要來擔任軍法官的（有如警察大學畢業生培養要來擔任警官一樣），如今軍法官的待遇所得、身分保障及社會地位，猶差司法官一大截，現在又關閉本考試及格者得轉任公職之管道，倘政策上還要維持軍法官及司法官合併辦理考試，對國防管理學院法律系畢業生而言真是情何以堪，對國防部有關軍法官之用人更是難以密切配合。

（四）考試院現正積極推動法官、檢察官、律師三合一考試特別條例之草擬，相關機關如能有效解決軍、司法官待遇、地位差距問題，則將軍法官納入前述合一考試範圍，應可有效吸引一般大學法律系優秀畢業生投身軍法工作行列，並提升軍法官整體素質。俟其人員素質顯著提高，則服務滿若干年准其轉任公職或取得律師執業資格，自然也能得到各界的支持與認同。

（五）國民政府時代，對軍法官的任用及轉任，還曾制定軍法及監獄人員任用暫行條例、軍用文職人員轉任普通公務員條例、軍法人員轉任司法官條例等多個人事特別法律來加以規範。但在行憲多年以後，相關法律廢止，軍法官任用僅在軍事審判法第5條條文來規定，確實失之簡略，而軍法官之轉任公職，更僅以法規命令層次之軍法官考試規則及依法考試及格人員考試類科適用職系對照表來夾帶規定，難怪辦理考試及轉任公職之適法性，會一再引起外界討論與質疑。未來有關軍法官教育養成、考試訓練、任用、待遇、身分保障、在職進修、陞遷、退撫、轉任公職等規定，實應參考法官法草案之體例另訂專法，始能對軍法官相關制度完整規範。或至少在軍事審判法中以專章明確規範，以符法律保留原則。

（六）軍法官考試制度改進，不能只狹隘的和司法官考試制度加以對比，其實更應該和上校以上軍官轉任公務人員考試、退除役軍人轉任公務人員特考、後備軍人參加公務人員考試優待、軍法官申請部分科目免試取得律師資格等法制相連結。換言之，退輔安置的功能在制度設計上應該受到一定程度重視。

（考銓季刊第35期，92年7月）

肆、從考用之間關係演變談資格考試的可行性

一、前言

　　考選部劉部長在民國89年5月到部以後，即指示所屬研議將公務人員考試改成資格考試之可行性。劉部長指出：「目前的考用合一政策，考試及格人員如分發至不喜歡的工作，做起來非常痛苦；未來要更符合人性化，且更有效率，考試政策大方向要有些改變，因此如果公務人員考試改成任用資格考試，則獲得考試及格證書就有機會服公職，應更能滿足各方需要。」無獨有偶的，亦有考試委員在院會建議考選部研究能否採行資格考試，以徹底解決層出不窮之保留資格爭議。同年11月下旬，立法院審議考試院暨其所屬機關90年度預算案時，立法院預算中心提出「考選部各類考試宜採取資格考試，並廢除特種考試」之審查意見；法制及預算聯席審查會更作成附帶決議：針對全面檢討考選部所辦理之各項考試，尤其是應特殊需求之特種考試應考慮廢止，改採資格考試，以應社會需求，減少人力物力浪費以及考生負擔。考選部爰就公務人員考試採行資格考試之可行性，分函中央各部會及直轄市、縣市政府表示意見，並對現職公務人員及應考人進行問卷調查，全案並提該部考選工作研究委員會討論；由於各方意見不一，難以形成共識，現仍積極賡續推動中。

　　本文旨在從考試與任用之間關係的演變，觀察其歷史的軌跡，另從比較行政制度的角度，探討美國、日本、德國之公務人員考用程序，以為未來我國可能推行之資格考試，提供若干借鏡。

二、考用之間關係演變的歷史發展

　　中國的考試制度源遠流長，取士之法三代以上出於學，漢以後出於郡縣吏，魏晉以後出於九品中正，唐至明清出於科舉；其中學、郡縣吏、九品中正等，皆屬選舉，雖兼有射策對策，以補選舉之不足，但因落第者少，不能真正稱為考試。隋唐以後之科舉，令士子投牒自進，不分高低貴賤一體公開競爭，且普遍施行垂為永制。[1]由於布衣可為卿相，因此促成相當程度之社會流動。以唐代的科舉考試而論，其試士和試官是分別舉行的，士子經禮部考試及第後，僅取得出身資格，須再經吏部考試中式，才能授以官職；故有才華辭藻，既舉進士而累

---

[1]　鄧嗣禹，「中國考試制度史」，臺灣學生書局，1982年1月4版，頁1。

年不第者，如韓愈三試於吏部無成，則十年猶爲布衣。吏部擇人以六品以下官吏爲限，其著重的是書判與身言。因此從今日之角度觀之，其經考試機關禮部考選取中以後，再由分發機關吏部覆試，及格後才能擢用授官，故禮部考試屬資格考試之性質極濃。再論宋代考試制度，其經禮部考試及第的，即能直接服官職，不須再經吏部考試，此爲推行任用考試之重要改革，但也因爲其性質如此，故考試方式更加嚴密，包括糊名、易書、連坐、覆考等制，皆盛行或創始於宋代。[2]

　　民國成立以後，北洋政府時期姑且不論，民國18年8月1日國民政府公布考試法，並自次年4月1日開始施行；考試種類分爲高等考試、普通考試、特種考試。20年7月15日並舉行第1屆高等考試，5類科錄取99人。23年4月21日舉行第1屆普通考試，9類科錄取118人。22年3月11日公布公務員任用法，其第9條規定：「考試及格人員，得按其考試種類及科別分發相當官署任用」。其後並另訂高等考試及格人員分發規程、普通考試及格人員分發規程，據以辦理高普考試及格人員之分發任用事宜，以高考而論，其中規定「考試及格人員應於銓敘部公示報到日期，向銓敘部報到，銓敘部於報到期限截止後，應將報到人員按其考取種類等第及現有職務，並斟酌其志願，將擬分機關人數造具清冊，呈由考試院轉呈國民政府，向中央或各省區相當機關分發之。」普考部分略有不同，在首都南京舉辦之普通考試，由銓敘部辦理分發；在各省區舉行之普通考試，由各省區銓敘分機關（即銓敘處）辦理，分機關未成立前，由各省區分發。中央政府在大陸時期高普考試及格人員之分發，大體均沿用上述規程規定；自民國30年至37年，中央及各省地方政府需用人員甚多，高普考試及格人員（高考4,034人、普考6,785人）均全數加以分發，堪稱分發任用時期。[3]

　　民國38年元月公務人員任用法制定公布，仍採分發制度，其第7條規定：「考試舉行完畢，由銓敘機關將考試及格人員按種類分發相當機關任用或學習。各該機關薦任或委任職缺，除依法升補外，應以此項人員補用。各機關如無前項分發人員，須就其他考試及格或銓敘合格人員遴用。」但因戡亂而造成人事變遷，甚至政局動盪不安，中央與地方機關之用人行政，多不免軼出常軌，不合該法所定任用資格者眾多，如嚴格執行新法，必將嚴重影響機關之業務推動。銓敘部有鑒於此，乃呈請考試院會商行政院轉呈總統，於38年7月13日令准備案暫緩實施，同時將原已廢止之公務人員任用法繼續適用，以免任審業務中斷。同年中央政府播遷來台，39年4月考試院在訂定施政方針時，對於公務人員高普考試方面認爲「際此局隅一方需才有限，選拔雖不厭其繁，任使則勢難兼及，故舉行此項考試僅在使優秀人才獲得公務人員任用資格，隨時隨地自由發展，而不必由

2　沈兼士，中國考試制度史，臺灣商務印書館，1980年6月4版，頁81、121。
3　考選部編印統計報告，轉引自蔡世順，我國公務人員考用配合問題之研究，政治大學公共行政研究所碩士論文，1980年5月，頁56。

主管部曹分發各機關敘用。」同年考選部在台灣恢復舉辦全國性高普考試，以及增辦台灣省高普考試，簡章上均明訂為資格考試，以配合反攻大陸政策，預儲各類人才，應考人錄取後僅取得任用資格，及格人員暫不分發任用。[4]其後多年均本此原則辦理，此即一般人所習稱之資格考試，此一階段可謂考用配合停滯時期。在這個階段，公務人員任用資格大幅放寬，完成公務員儲備登記者高達15萬餘件，其中多數人並陸續得以充任公職；另大專及高職畢業生就業考試的大量舉辦，其及格人員經訓練後分發任用，更加凸顯高普考試及格者投閒置散的無奈。

三、推動列冊候用制度惟成效不彰

對於考試院建議暫緩適用38年公布之公務人員任用法一事，立法院在39年5月27日函覆考試院表示：「新公務人員任用、考績各法均經公布，應即適用，……如對已公布之各種新法發覺窒礙難行者，應從速查明分別審議修訂，完成立法程序。」[5]考試院爰著令銓敘部研擬修正案，同年11月30日公務人員任用法修正案送立法院審議，惟行政院對部分條文有不同意見，部分立法委員亦有所質疑，全案因而擱置。41年4月21日考試院新任院長賈景德就任後，撤回前述法案並積極協調各方俾重加修正。基本上考試院對任用資格方面主張不宜寬濫，僅以考試及格、依法銓敘合格、依法升等任用為限；但行政院則認為戡亂時期應有破格用人之法制，以免人員任使難收通權達變之效。在分發任用制度方面，考試院最初的主張是考試及格人員採分發制，分發各機關任用，但揆諸以往經驗，分發而經任用者固不乏其人，但分發未到職者亦比比皆是；故賈院長到院後主張改為開單制，擬對現職人員之任用，改為由用人機關開具職稱、職等及職掌送銓敘機關，依需要開具三倍至五倍之名單由用人機關選擇任用；惟行政院則認為開單制固然很好，但恐怕一時不易行得通，不如改為列冊制，由銓敘部編列候用人員名冊，送各機關選用，冊外人員不准任用。[6]經協調後，考試院同意將開單制改為列冊制，41年12月30日公務人員任用法再修正案並函送立法院審議，42年10月15日立法院三讀通過，43年1月9日總統明令公布施行。

此次修正主要改革如下，其一，設立編列候用人員名冊制度，該法第4條第2項規定，具有任用資格之人員，應由銓敘部分類分等編列候用人員名冊，送各機關備用。就考試院的任用權而言，此制度與考試及格人員分發制度大不相同，即較開單制亦遜一籌，但就改革當時人事制度之可行性而言，則該法規定之列冊

4　李華民，考試與任用相互配合問題，人事行政第47期，1976年12月，頁12。
5　考試院施政編年錄，民國38年至40年，頁109。
6　陳天錫，遲莊回憶錄，第5編，頁90。

制度，尚爲適宜之步驟，對行政機關任用合格人員應有其促進作用。其二，有限度之破格用人，該法明訂技術人員、教育人員、公營事業人員之任用暨派用聘用人員之管理，另以法律定之；邊遠地區有特殊情形者，其公務人員之任用，得另以法律定之；在非常時期，因特殊需要，得對一部份公務人員任用，另以法律定之。這些條文之規定，使得非常時期與特殊性質之公務人員之任用，得依法不受本法所定之常規限制。[7]對於此一新法之公布，當時學者專家均寄以厚望，如仲肇湘先生說：「就法制上來講，此爲38年元月公布的公務人員任用法之修正，但就實質上言，它可以說是行憲後創制的新法，將在我國人事制度歷史上寫下新的一頁。」張金鑑教授亦認爲：「各機關用人必須在銓敘部所編列的候用人員名冊中遴選，不能於冊外用人，這樣中國的考試用人制度，便和美國的實施相接近了。考試及格人員雖未必立即獲得任用，但因限制冊外用人，則冊內人員的任用，必將不會落空。新任用法的立法本旨，是考試與任用相配合的，……完全剷除過去考試與任用脫節的不合理現象，使中國的人事行政制度躍步邁進，跨入合理有效的新階段。」[8]但是實際的情況並非學者所預期之樂觀，其主要的原因是任用法中將考試及格與銓敘合格並列，而在此之前大批經儲備登記者均已獲得任用資格，因此對高普考試及格者產生排擠效應；而國家行局、公營事業人員等，尚未納入人事行政管理範圍，使得該等機關首長仍可自行進用未經考試及格人員；再其次更有部分特殊人事法規，勿須採取考試用人，凡此種種均導致候用名冊成爲具文。民國47年7月22日，總統特任黃季陸先生爲考選部部長；爲確立高普考試之主要地位，他對考用合一之鼓吹甚力，曾多次強調即考即用，如48年5月11日在新聞局的記者會上表示：「在現行法規定下，要做到絕對的考用合一，暫時仍有一段距離，但本年高普考試已向這方面努力；在辦理考試之前，曾徵詢各機關需用考試及格人員情形，本年考試類科及將來錄取人數，是以各機關需要爲準，以期達到即考即用、不需要就不考的目標。」[9]不過黃部長的主張與構想，似乎並未明顯解決考與用之間的落差。根據銓敘部的統計資料顯示，民國39年至55年，高等、普通及特種考試共錄取69,282人，其中高等考試3,802人，並無一人分發；普通考試錄取6,364人，分發32人；特種考試錄取59,116人，分發2,809人；高普考試與特種考試，從任用的角度來看，其間高下優劣可以窺知一二，此一階段亦可稱之爲列冊候用之資格考試時期。

7　鄭安國，我國人事行政改革過程之研究，時報文化出版公司，1981年4月20日，頁136。
8　仲肇湘，公務人員任用法之立法精神，考銓月刊第34期，1954年1月，頁16、22。
9　聯合報，1959年5月12日。

四、再朝恢復分發任用制度轉變

　　由於民國48年公務人員退休法修正，各機關人員之新陳代謝逐步發生作用，從而出缺員額增加，任用新進人員之機會亦逐漸增加，為配合此種需要，55年8月8日考試、行政兩院會同公布「高等考試及普通考試及格人員分發辦法」，恢復了考試及格人員分發制度，並規定由銓敘部分發各機關任用。又因銓敘部隸屬於考試院，分發上難以完全符合行政院所屬機關需求，總統爰依據動員戡亂時期臨時條款規定「總統為適應動員戡亂需要，得調整中央政府之行政機構、人事機構及其組織」，於56年9月16日成立行政院人事行政局，以統籌辦理行政院所屬各級行政機關及公營事業機構人事行政業務，行政院所屬各機關需用人員逕由該局辦理分發。57年6月該局首將56年高普考試及格人員，依其志願全部予以分發任用，使考用之間關係重新朝分發任用制度方向轉變。考試院長孫科在人事行政局成立典禮上曾說：「人事行政局的成立，將可彌補過去考試院許多無法實現的任務，而可配合考試院完成考用合一的理想，促進人事上的新陳代謝。」[10]衡諸其後人事行政局的組織定位與發展，重新建立分發制度、推動考用配合政策顯然是最重要的組織目標之一。[11]其後再訂頒「分類職位考試及格人員分發任用辦法」，對經分類職位公務人員考試及格者，由分發機關按職系、職等、成績，並參照志願依序分發任用。59年8月14日前述分發辦法再加修正為「考試及格人員分發辦法」，並擴大將特考及格人員納入分發對象。

　　58年10月起各機關陸續實施職位分類制度，於是分發任用受到職系之限制；加上高普考試類科之設置，仍多依大專院校科系設置而非依實際用人需要，且錄取分數一律為60分平線，遂有缺無人或有人無缺情形再度產生，無法分發之考試及格人員累積日多。民國63年人事行政局檢討考用配合狀況後，一方面向考選部建議高普考試錄取標準改採65分、60分、55分3段標準，並以最接近需求者人數為準；二方面台灣省基層特考，改採分區報名、分區錄取分發並學習一年方式，以解決基層機關人力需求問題。但由於高普考試是一般性的考試，無法就性別、年齡、兵役等條件設限，因此錄取人員分發報到率偏低，以66年為例，當年公務人員高普考試錄取2,366人，其中申請分發行政院所屬機關任用者有1,301人，立即可分發任用者僅475人，占錄取人數的34.77%，用人機關屢對考用政策表示失望。67年考選部會同銓敘部、人事行政局等機關研商高普考試改進方案，其後提出3種改進方案，甲案：將公務人員高普考試劃分為1、2類，分類報名、

10　中央日報，1967年9月17日。
11　肯定人事行政局建立具公信力之分發制度者，包括趙其文、李光雄、吳泰成等多位人事行政界
　　的前輩，詳見「行政院人事行政局30週年專輯」。

分類錄取及分類分發；應考人無在役、在學情形者，報考第1類，錄取後立即接受分發；應考人有在役、在學情形者，報考第2類，錄取後於不能到職原因消失後遇缺依序分發。乙案：將公務人員高普考試應考資格，增列兵役、性別、年齡等設限，並增加學習程序。丙案：依需用人數加成錄取；專業科目平均成績不滿55分不予錄取之設限降低為50分；公務人員高普考試與專技人員高普考試相同之類科，應試科目酌為調整變更，以避免兼取資格情形。以上3案考試院決議採用甲案，並自68年開始實施。採行分兩類制度以後，由於第1類錄取人員可依用人需求計畫決定錄取人數，並立即接受分發任用，使考試及格人員分發到職率大為提高，已較能滿足各機關用人需要。但實施以後，由於同一類科1、2類錄取標準不一（第1類依需用名額，故錄取標準最低可降至50分，第2類無立即分發任職需要，故不得低於60分），產生應考人不平；其次無法有效防止在學者報考第1類，致應考人投機取巧；故外界頗多批評。[12]74年9月18日，考選部、銓敘部、人事行政局舉行第1次部局業務座談，會中就高普考試是否仍維持分兩類辦理加以討論，最後獲致結論：取消高普考試現行1、2類之規定，採加成錄取方式，並規定筆試及格人員應經訓練或學習一年，方為完成考試程序。因服兵役延期接受訓練或學習者，其延期應不超過服役期滿後一定期限，遇缺分發學習，並由用人機關於訓練或學習期中，切實加強考核工作。

　　75年1月24日新公務人員考試法制定公布，在考用配合方面特別明定：「公務人員高等考試與普通考試及格者，按錄取類科接受訓練，訓練期滿成績及格者，發給證書分發任用。」在公務人員高普考試訓練辦法中，則規定受訓人員如因病、臨時發生重大事故或受領政府公費出國留學無法即時接受訓練者，應檢具證明文件向考選部申請延訓；其餘因在役、在學或將服役無法即時接受訓練者，應於報名時聲明；申請延訓並以一次為限。其期限因服兵役者最長為三年，因重病者最長為一年，在學或臨時發生重大事故最長六個月。此一多元彈性之規定，透過考試程序之訓練而提高到職率，但對在學、在役等情形，又有暫緩受訓之機制，因此對考用配合之政策大致可以達成。[13]

五、1996年修法任用及資格雙軌併行

　　79年12月，甫上任之考選部王部長作榮提出公務人員考試法修正案，其中最大的變革之一即是第2條刪除原「應本為事擇人，考用合一之旨」、「前項考試

12　林聰意，高普考試全面採行學習制度後應行配合改進措施之研究，銓敘部編印人事法制創作徵文得獎作品輯編（第1輯），頁5。
13　徐有守，行憲後考選制度演進釋論，考銓季刊第21期，1990年1月，頁238至240。

應配合任用計畫辦理之」規定，而增列「用人機關應就考試及格人員遴用」文字。當時考慮的主要理由如下：其一，中華民國憲法第86條規定：「左列資格，應經考試院依法考選銓定之：一、公務人員任用資格。二、專門職業及技術人員執業資格。」因此公務人員考試定位於任用資格考試，符合憲政精神。其二，多數先進國家皆採資格考試，考試及格人員列入候用人員名冊，行之多年甚具成效。其三，用人機關自行遴用考試及格人員，可賦予各機關首長較大之用人選擇彈性，應可得到用人機關支持。其四，不再依據未盡確實之任用計畫決定錄取名額，更能發揮儲備人才功能，使政府機關隨時都有適格人員得以進用。[14]但分發機關行政院人事行政局則主張維持任用考試及分發制度，其理由為：其一，資格考試將導致各類科之錄取名額，因缺乏準據遂無法配合任用需要；於是若干類科錄取嚴重不足，機關缺額無法獲得補充，反之某些類科卻又大量超額錄取，其錄取人員可能會長期無法獲得任用。其二，機關自行遴用，可能會造成錄取名次在後者，因有特殊關係，而優先獲得遴用，將引起考試及格人員反彈。其三，考試及格人員為求儘早獲得工作機會，或得到較好之工作職位（如機關層級較高、待遇較好、陞遷較快等），難免會到處請託鑽營，形成不良風氣。機關首長亦難抵擋人情壓力，而產生困擾。其四，未被遴用人員，將到處陳情申訴，而擾亂人事作業。[15]由於部局意見不同，多次召開審查會亦無法建立共識，最後考試院作成決議本修正草案擬由本院繼續研究，俟適當時機再予繼續審議。

為期有所突破，考選部以任務編組方式成立考選制度研究小組，以一年為期通盤檢討現行考試制度，並派員赴美國、英國、法國、德國、日本等國短期考察，該小組最後提出完整考察報告及總結報告。根據前述報告所提建議與資料，公務人員考試法修正案重新研議後於81年9月報請考試院審議，並撤回79年之前案。由於原公務人員考試法第2條：「公務人員之考試，應本為事擇人、考用合一之旨，以公開競爭方式行之。」其為任用考之屬性至明，但實際上雖完全依分發機關提具之任用計畫錄取，惟因為在學、在役人員之申請延訓，以及現職人員分回原機關實務訓練，而使考用之間落差頗大難以密切配合。為改善此一問題，爰依年度任用需求決定正額錄取人數，並按錄取成績先後依序分發任用；另為使用人機關於年度中仍隨時有可用之人，爰規定並得視考試成績酌增錄取名額，列入候用名冊，於正額錄取人員分發完畢後，由用人機關報經分發機關同意後自行遴用。換言之，對於增額錄取者，分發機關不負分發責任。但為避免增額錄取人員累積過多，未能完全分發造成新的困擾，復規定經列入候用名冊人員，於下次該項考試放榜之日前未獲遴用者，即喪失考試錄取資格。在保留錄取資格方面，

14　考選部主編，公務人員考試法修正案專輯，1996年7月，頁21至25。
15　黃正平，考用合一政策還能維持嗎？，考選周刊第372期第3版，1992年10月13日。

僅現役軍人法定後期尚未屆滿，且係正額錄取者，始得退伍以後再行分發任用，其餘皆必須即考即用。此項新制自85年1月開始實施以後，由於分發機關顧慮公務人員考試上榜不易，倘因列入候用名冊逾期未獲遴用，致喪失考試錄取資格，對當事人衝擊甚大；因此實務上增額之比例頗為保守，僅超過需用名額10人之類科增額一定比例（85年以後分別為3%、5%或6%，90年公務人員高普考試因部分類科人事流動較大，遂增額12%以滿足用人需求）。從統計資料來看，呈現實際狀況是增額錄取數量不足，榜示後很快即被遴用一空，至於逾期未獲遴用而遭註銷者則是屈指可數（85年為5人，86年11人，87年7人，88年16人，且多數為已就業或在國內外進修等情形）。

　　自85年採行新制以迄於今，正面來看固然改善過去錄取人員因在學在役等原因申請延訓，而造成的考用落差，另用人機關首長在增額錄取部分，亦有部分用人彈性。但從負面來看，試務流程仍然繁複瑣費時，與用人時效難以密切結合；其次典試委員會從嚴決定增額錄取比例，以致名額有限，不足以因應各機關年度中臨時出缺；再其次用人機關對於分發之正額人員無選擇權，部分人員不符機關需要，影響機關業務推展；最後，由於增額錄取人員有限，而用人機關年度中臨時出缺甚多，使得增額錄取人員有較正額錄取人員更多選擇職缺的機會，引起正額錄取人員不平，在在使得考用之間仍有極大的改進空間。

六、任用考或資格考短期內難有共識

　　劉部長初枝89年5月到部未久，即責成所屬研議將公務人員考試從任用考試屬性改成資格考試；適逢立法院審議考選部90年度總預算時作成附帶決議，要求考選部全面檢討辦理之各項考試，尤其是應特殊需求之特種考試應考慮廢止，改採資格考試，以減少人力物力及考生之負擔。考選部為集思廣益，爰就公務人員高普初等考試改採資格考試相關問題設計問卷，分別徵詢中央及地方機關首長（包括總統府及五院秘書長、中央各部會處局署、直轄市政府、縣市政府，發出60份問卷，回收47份，回收率78.33%）與現職公務人員（以前述60個機關為範圍，每一機關抽樣20人，共發出1,200份，回收1,076份，回收率89.76%：其中簡任占13.66%，薦任占43.68%，委任占42.57%）之意見。另調查問卷亦掛上考選部全球資訊網，共有3,464位網友填答。

　　綜合前述3種不同背景者填答問卷結果顯示，計有61.7%之受訪機關首長，55.3%受訪現職公務人員，36.03%填答網友，均認為現行任用考試與資格考試併行作法最能落實考用配合，較僅填答任用考試或僅填答資格考試者明顯為高。其次公務人員高普初等考試如改為資格考試，機關首長中之42.43%，現職公務

人員中之41.87%，網友中之38.23%，均認為依現有考試等級、類科由考選機關主動辦理考試為宜，均較填答按全程到考人數一定比例為及格、按用人機關提報缺額辦理考試並加成錄取者為高。再其次如政為資格考試，候用名冊有效期限以多久為宜，機關首長部分以36.37%主張五年為最多，現職公務人員及網友則分別有31.56%、35.93%贊成永久有效為最多。另如改為資格考試，分發機關依用人機關要求加倍提供名單時，一職缺以推薦幾倍為宜，機關首長中有57.58%，現職公務人員中有48.47%，網友中有41.66%，贊同三倍開單推薦，均超過一、二、四、五、六倍之推薦倍數。又用人機關如無法從分發機關提出推薦之候用名單中遴選適任人員時，66.67%之機關首長，認為可敘明具體理由經分發機關同意後，自行自候用名冊中遴用，46.54%現職公務人員認為應由分發機關再提一次推薦名單，若仍無適任者始能由候用名冊自行遴用，51.25%網友則認為要分發機關再提3次名單，如仍無適任者則任其缺額。最後受推薦候用人員獲遴用後如因個人因素自願放棄，最多可放棄幾次，有39.4%機關首長，38.81%現職公務人員，36.03%之網友，均認為最多僅可自願放棄一次。除以上3種不同背景者之共通問題而外，針對不同背景者之個別問題，亦有值得注意之處，比如詢問機關首長針對現行公務人員高普初等考試及格人員分發至機關任職之整體表現，有78.72%受訪者表示滿意。而詢問現職公務人員，其所服務之機關於決定遴用新進人員時，有48.95%認為會受人情請託關說之影響，高於秉持用人惟才原則之40.58%；網友部分認為會受人情請託關說影響的占了69.46%，遠遠超過會秉持用人惟才原則的27.46%。[16]由於問卷主軸係以「如果公務人員高普初等考試改為資格考試」為前提要件，因此受訪者爰依題序逐一作答，這未必代表多數意見係贊同資格考試；此由超過七成以上的受訪者（不論其為機關首長、現職公務人員、網友），係贊同任用考試或主張任用與資格考試併行，可以窺知一、二。另外七成八受訪機關首長肯定現行公務人員考試分發制度；接近5成受訪之現職公務人員，認為機關用人容易受人情請託及關說影響：相形之下其意涵等於對採行資格考試已經投出不信任票。

89年12月下旬，考選部召開考選工作研究委員會議（委員包括多位大法官，考試委員，法律、公共行政、教育背景之學者，銓敘部、保訓會、人事行政局政務副首長等），會中就高普初等考試改採資格考試相關事宜提出討論，會中委員發言相當分歧。有的委員認為資格考理論上雖可賦予用人機關選擇權，但事實上在中國特有的講關係重人情的文化中，反而更容易徇私用人；因此改良現制，如致力清查退休待補職缺做好人才甄補計畫；依不同類科用人需求差別規定增額

---

16 詳細內容參見考選部考選工作研究委員會89年第2次會議，議程所附「公務人員高普初等考試採資格考試問卷調查統計表」。

錄取比例等，都是可以採行的改進方向。也有的委員認爲如有周延完整之配套措施，高普初等考試可以考慮改爲資格考試，但錄取人數不宜漫無限制仍須爲任用人數之合理倍數；且全國公務人員之職等配置應合理化，中央、地方機關之層級考慮因素應降低；公務人員俸級表宜再拉長；列冊候用應訂一合理有效期限；最好先選擇部分機關進行試辦以觀後效。亦有委員主張任用考與資格考併行，公務人員高普初等考試採資格考試，用人機關有選擇權，特種考試配合機關特殊用人需要，仍採任用考試；另如採行資格考，其性質應定位爲標準參照測驗，試題難易分佈及評分寬嚴尺度應力求一致。前述部、會、局之政務副首長在會中均持保留態度，並建議審慎處理。鑒於委員之間意見不一，會中最後決議由考選部就公務人員高普初等考試採行資格考試之可行性繼續深入研究，除辦理分區座談外並蒐集先進國家辦理資格考試相關資料，再進行檢討評估；在未有完整配套措施及形成社會共識之前，不會輕易變革。[17]此次開會情形，考選部並曾在90年1月第9屆第215次院會提出重要業務報告，引發院會出席人員之熱烈討論，計有12位出席人員發言，絕大多數均反對採行資格考試；擔任主席之考試院許院長在做結論時，更是語重心長的多次表示「要愼重、要愼重」。

　　90年11月27日考試院第9屆第260次院會，討論通過考選部、銓敘部會銜函陳之「後備軍人轉任公職考試比敘條例」修正草案，此次修正其中第5條之1，考選部原採取廢除上校以上軍官外職停役檢覈，改爲先考試後任用之方式，及格人員由用人機關自行遴用；惟多數考試委員認爲採行資格考試，政策與現行公務人員考試法不合，且資格考會產生贍恩徇私、人情關說、黑函等問題，最後協商結果在限制應考資格前提下，增加按轉任機關分別報名、分別錄取任用等配套措施下回歸採取任用考試，全案始告通過。[18]90年12月6日立法院第4屆第6會期第8次會議審議通過之公務人員考試法修正案第2條，雖然大幅放寬正額錄取人員無法立即接受分發者得申請保留錄取資格事由，除原有之服兵役外，另增加進修博碩士、疾病、懷孕、生產、父母病危及其他不可歸責事由等；但由於條文中仍明確揭櫫「前項考試，應依用人機關年度任用需求決定正額錄取人數，依序分發任用。並得視考試成績酌增錄取名額，列入候用名冊，於正額錄取人員分發完畢後，由用人機關報經分發機關同意自行遴用。」[19]在屬性上仍維持原任用及資格併行之雙軌制精神，因此從法制面來看，未來如要朝資格考試的方向去調整轉變，仍必須修正公務人員考試法、公務人員任用法等相關法律，始能克盡其功。

17　考選周刊第4版新聞，考選周刊第794期，2001年1月11日。
18　「後備軍人轉任公職考試比敘條例部分條文修正草案」考試院審查報告。
19　立法院第4屆第6會期通過之「公務人員考試法修正案」第2條。

七、完整周延配套加上凝聚共識方可行——代結語

考選部劉部長在該部90年考選制度與政府再造研討會中，明確表示：「對於公務人員考試，我們有一個願景，讓透過國家考試取得公務人員任用資格的優秀人才，取得自我決定權，也讓用人機關有用人遴選權。」[20]因此推動資格考試，應是考選部未來的重要施政目標。在此特別提出以下幾點淺見，以供研議新制度的參考：

（一）從前文敘述考用之間關係演變，可知從國民政府時期以迄於今，是從任用考試而資格考試，再轉變為任用考試，以及目前所施行之任用、資格併行制，每一次制度之轉折皆有其時代背景與思考重點，如果要推行資格考試，必須瞭解歷來制度上為何改變的原因及其施行之結果與成效，以為新制之殷鑑。

（二）對於先進國家施行之公務人事制度，有必要進一步加以全盤瞭解。比如美國係採行資格考試的國家，其聯邦人事管理局每年定期舉行行政永業考試，合格者均依成績高低排序順序列入候用名冊，俟用人機關有職位出缺，應向人事管理局要求推薦合格人選，人事管理局根據出缺職位數，每一職位至少推薦3人，原則上用人機關應自推薦名單中擇一任用，如均不合適時，亦可不採用而要求另行推薦。依美國情況來看，每年有上百萬人參加候用考試筆試測驗，約有六成比例及格，但能被任用者有限，尤其是在華盛頓特區，選擇在此工作者眾，只有列在候用名冊前3%才有被進用的可能。[21]在美國的社會文化之下，多數考試及格人員列冊但未被遴用，有無引發爭議？如何化解來自應考人或國會議員之關說、請託等壓力？這些皆有必要進一步去探究。否則貿然移植其制度，而未能充分融入我國之民族性、當前政治環境及行政生態等因素而酌為調整內涵，恐將引發嚴重後遺症，故不可不慎。

（三）對於部分與公務人員資格考試性質相近之其他制度，如教師資格檢定，依師資培育法之規定需循初檢及複檢始取得合格教師資格證書，至於教師聘任程序，部分縣市係採統一甄試，而多數縣市則由各校自行辦理出缺教師之甄選。根據各界反應，確有不少內定、人情關說甚至受賄現象發生，許多準教師從台灣頭考到台灣尾參加甄選，也難謀一個教職。這些不良現象都值得加以深入瞭解，俾未來能徹底防堵可能弊端之產生。

（四）根據過去做過問卷調查顯示，有相當比例受訪者（不論其為現職公務

20　劉初枝，90年考選制度與政府再造研討會開幕致詞，90年考選制度與政府再造研討會會議實錄，考選部，2001年9月，頁4。

21　施能傑，美國政府人事管理，商鼎文化出版社，1999年4月出版，頁73至75。

人員或是一般應考人），對於推動資格考試存有很深的疑慮。因此如何讓大家相信一個新的資格考試制度，可以比行之多年且頗具公信力的考試分發制度更值得信賴，就變得非常重要；爰在制度的設計上，就必須要有周延完整的配套措施，包括考試信度效度的提升、公平合理調整中央及地方機關職務列等、分發機關嚴格控管各機關職務出缺、依職缺辦理考試以避免錄取人數過度膨脹、候用名冊有效期限合理規範、數倍開單推薦之合理原則、防止政治力不當干預及權力下放用人機關後避免內部產生腐化而徇私用人等。上述這些意見皆必須加以轉化成法規條文，再和各方加強溝通協調，以逐步減低外界反對阻力而凝聚各方共識。

　　總之，主事者不宜有既定的預設立場，而應以開放的胸襟，多聽聽各方不同的意見，並維持一個理性討論的空間；進而從國家長遠發展角度去思考問題，最後設計出來的新制度，或許能跳脫出傳統任用考與資格考的二分窠臼，而開創出一套可長可久的宏規，使考選機關、分發機關、用人機關及考試及格人員，能達多贏的境地，則國家民族幸甚！

（考銓季刊第29期，91年1月）

壹、考選行政重要里程碑──平議開放閱覽試卷正式上路

一、法制變革

(一)典試法修正

禁止閱覽試卷法源依據,最早在1986年11月12日發布之應考人申請複查考試成績處理辦法第8條:「申請複查考試成績,不得要求重新評閱、提供參考答案、閱覽或複印試卷。」1993年6月4日司法院大法官公布釋字第319號解釋略以:「考試機關依法舉行之考試,其閱卷委員係於試卷彌封時評定成績,在彌封開拆後,除依形式觀察,即可發見該項成績有顯然錯誤者外,不應循應考人之要求任意再行評閱,以維持考試之客觀與公平。考試院於1986年11月12日修正發布之『應考人申請複查考試成績處理辦法』,其第8條規定『申請複查考試成績,不得要求重新評閱、提供參考答案、閱覽或複印試卷。亦不得要求告知閱卷委員之姓名或其他有關資料』,係為貫徹首開意旨所必要,亦與典試法第23條關於『辦理考試人員應嚴守秘密』之規定相符,與憲法尚無牴觸。惟考試成績之複查,既為兼顧應考人之權益,有關複查事項仍宜以法律定之。」2000年5月考試院函送立法院審議之典試法修正案,其中遂將考試成績之複查事項以法律位階文字定之;另開放應考人在榜示後查分時得申請閱覽本人試卷。但因部分出身學術界立法委員擔心開放閱覽本人試卷後,可能會造成應考人對得分偏低情形,質疑評閱標準而提起行政爭訟,甚至會使典試委員或閱卷委員面臨親自到訴願審議委員會或行政法院說明之情形,因而影響其參與典試工作意願,最後經協商將閱覽試卷仍納入禁止事項。2002年1月16日修正公布典試法第23條爰規定:「(第一項)應考人得於榜示後申請複查成績。(第二項)應考人不得為下列行為:一、申請閱覽試卷。二、申請為任何複製行為。三、要求提供申論式試題參考答案。四、要求告知典試委員、命題委員、閱卷委員、審查委員、口試委員或實地考試

委員之姓名及有關資料。」但是近些年來，行政民主快速發展，應考人權利意識高漲，各方挑戰典試法第23條禁制事項之呼聲不斷。2009年8月考選部成立專案小組，研議典試法修正草案，經過一年半溝通協調，該部從正面考量，認為開放閱覽試卷後會對閱卷委員形成一定程度壓力，間接可以提升閱卷品質，故仍然維持開放閱覽試卷之主張。另政府資訊公開法和個人資料保護法制定公布施行，情勢與過去已有不同；復依訴願法、行政訴訟法規定，訴訟當事人亦得閱覽卷宗，爰應採行更開放政策。但該修正案報請考試院審議之後，多數出身學術界的考試委員認為無法從實證資料中看出「開放閱覽試卷」和「提升命題及閱卷品質」有直接關聯，現階段遴聘典試委員已屬不易，若開放閱覽試卷，尤其是閱覽申論式試卷更易產生爭議，故斟酌應考人權益與尊重閱卷委員專業性，兩者相權衡，多數考試委員選擇尊重閱卷委員專業性，而開放閱覽試卷因未獲多數委員支持因此亦遭刪除。爰2012年4月考試院送請立法院審議之典試法修正草案，仍將應考人榜示後閱覽試卷列為禁止事項。2014年12月29日立法院司法及法制委員會召開第8屆第6會期第22次委員會議，審議典試法修正案，代表民意之立法委員強勢主導修法，在場委員對典試法第27條所列禁止事項，要求開放程度不一，但在場所有委員最大公約數就是都支持開放應考人榜示後得閱覽本人試卷；但也採納考選部建議修正文字，採取使用者付費原則；並規定閱覽試卷時不得有抄寫、複印、攝影、讀誦錄音等複製行為。經修正後之第26條條文規範如後：「（第一項）應考人得於榜示後依規定申請複查成績或閱覽其試卷。（第二項）複查成績之申請期限、收費及相關程序等有關事項之辦法，由考選部報請考試院定之。（第三項）應考人閱覽試卷不得有抄寫、複印、攝影、讀誦錄音或其他各種複製行為。（第四項）閱覽試卷之方式、範圍、申請程序、收費及相關程序等有關事項之辦法，由考選部報請考試院定之。」面對立法院主導修法結果，有部分考試委員強烈反彈，遂要求考選部協商立法院各黨團於二讀前暫時擱置該案，但此一主張未獲得立法委員支持，仍依法定程序完成二、三讀，2015年2月4日並由總統依法公布典試法修正案。遂確定開放應考人榜示後得申請閱覽其本人試卷，已是勢在必行。

（二）閱覽試卷辦法及其作業要點訂頒

　　典試法授權訂定之應考人申請閱覽試卷辦法草案，由考選部在2015年7月報請考試院審議，與會考試委員主要就申請閱覽試卷資格條件、閱覽試卷收費基準、閱覽試卷疑義處理，以及相關配套措施等議題表示意見，歷經兩次審查會協調溝通，全案審議竣事。2015年11月27日訂定發布之應考人申請閱覽試卷辦法，其重點包括：一、本辦法所稱試卷，指經評閱完畢之筆試申論式試卷及測驗式試卷。而不包括口試、體能測驗、實地測驗、著作或發明審查之評分表在內；二、應考人閱覽試卷限本人為之，閱覽試卷之方式，以使用試務機關提供之電腦

設備閱覽試卷影像檔爲原則。非本人申請或申請逾期或未依限繳費者均不予受理；三、應考人申請閱覽試卷，每科目應繳納閱覽費新臺幣100元。每科目閱覽時間以15分鐘爲限；四、應考人因不可歸責事由，無法於指定期日至閱覽場所閱覽試卷，應另指定期日閱覽；五、應考人閱覽試卷時，不得有冒名頂替；抄寫、複印、攝影、讀誦錄音或其他各種複製行爲；隨身攜帶紙筆、行動電話、穿戴式裝置設備；窺視他人試卷影像檔或互相交談；意圖破壞或毀損閱覽場所之電腦設備等行爲。如有違反前項各款規定之一者，工作人員得當場中止其閱覽並禁止續閱。涉及刑責者，試務機關應移送檢察機關偵辦；六、應考人閱覽試卷時，如發現有試卷漏未評閱、卷面分數與卷內分數不符、成績計算錯誤或每題給分逾越該題配分等情事之一者，應當場以書面提出，由考選部報請典試委員長處理。原計成績未達錄取標準，而重計後成績達錄取標準者，由考選部報請考試院補行錄取；原計成績達錄取標準，而重計後成績未達錄取標準者，由考選部報請考試院撤銷錄取資格；原計成績與重計後成績均達錄取標準或均未達錄取標準者，由考選部逕行復知；七、因開放閱覽試卷法制面尙未齊備，且應用系統與設備及人員訓練尙有待模擬演練，因此本辦法施行日期另定。此外屬技術性、細節性規範，考選部已另訂應考人申請閱覽試卷作業要點，於2016年4月7日分函該部各單位施行。其重點包括：應考人閱覽試卷期間，由考選部視考試規模大小訂定，並登載於各項考試應考須知。每日閱覽上下午起迄時間（上午八時三十分起至十二時三十分止，下午一時三十分起至五時三十分止）、閱覽地點（國家考場八樓電腦試場）、工作流程及人員調派分工（考試承辦單位應以應考人申請閱覽之科目數所需時間、選擇時段爲原則，安排應考人分梯次進行閱覽。考試承辦單位負責試卷掃描、試卷影印本提供及人力調派；資訊管理處負責資訊設備管理及系統維護；總務司及政風室負責場地管理及安全維護），以及對身心障礙應考人所能提供協助措施等規定。

二、實務推動

（一）考選機關內部進行演練

國家考試已採行全面網路報名，爰應考人申請閱覽試卷亦採網路申請之方式辦理。有關各項軟、硬體之開發設置情形如下：1.應用系統部分：(1)網路報名資訊系統：業於2015年4月完成線上申請閱覽試卷之需求訪談及功能規劃，同年12月完成系統開發及測試；(2)試務整合性管理系統：業完成需求訪談及功能規劃，2016年2月完成系統功能開發作業；(3)閱覽場所部分：業於2015年7月完成國家考場8樓電腦試場伺服器安裝建置作業，並於同年8月完成個人電腦程式派送

及設定作業；2.購置硬體設備部分：(1)掃描器：2015年4月已購置3台；(2)置物櫃：共計272座，於2015年8月起辦理檢查及修繕；(3)彩色影印機：2015年各考試承辦單位均已分別購置1台；3.安全管理部分：配合調整國家考場保全人員之值勤位置及工作項目。

　　配合相關系統及硬體配置情形，擇定2015年特種考試地方政府公務人員考試（報名人數63,276人）、公務人員升官等考試（報名人數7,176人）、專門職業及技術人員高等考試律師考試（第二試）（報名人數2,637人）等3項考試，分別代表大中小型考試，於2016年3月16日至24日進行模擬演練作業，分別就應考人申請閱覽試卷、試卷整理掃描建檔作業、應考人閱覽試卷作業等階段，於該部電腦教室、試務工作室及印表操作中心、國家考場8樓電腦試場等地進行模擬演練作業，以整合機器設備及人力運用。同年4月邀請考試委員分兩梯次於國家考場8樓電腦試場舉行之系統展示作業，由資訊管理處就閱覽試卷系統進行簡報，另安排該部同仁模擬一般應考人及身心障礙應考人到場閱覽之作業流程，並實際進行機上操作之演練。考試委員提出多項問題，如網路申請閱覽試卷的期間、梯次或時段如何安排？增購金屬探測門以落實安全檢查；如何避免應考人攜帶手機或針孔攝影機入場，以防偷拍閱覽試卷畫面；閱覽試卷結束，應考人如對得分偏低或未錄取之結果有異議時，該如何處理？應考人在閱覽過程中對工作人員侮辱或施以暴力行為時，又該如何處置？應否將各方疑慮在閱覽試卷辦法中完整規範以利執行？考選部說明根據該部規劃，未來各考試承辦單位會根據考試規模大小，先決定閱覽試卷天數，並將此一資料登載於各項考試應考須知；在上班日上下午各有一梯次時段，每梯次座位數扣除備用機，尚有電腦試場座位300個，有如醫院醫師門診時段先填先贏，某一時段已滿，後登錄者即需另填時段，如預定申請閱覽人數超出預期，亦可彈性調整增列期日與時段。其次添購機場規格金屬探測門，費用應超過百萬以上暫不可能，但法規中已限制應考人進場後不得有抄寫、複印、攝影、讀誦錄音或其他各種複製行為；以及隨身攜帶紙筆、行動電話、穿戴式裝置設備或具資訊傳輸、感應、拍攝或紀錄功能之器材；故已可有效阻絕違規情形發生。加之應考人僅能閱覽本人試卷，因此無從與他人試卷內容及得分相比較；最後全程錄影監控、保全人員與政風人員巡察、工作人員在場監督等，一旦違反規定即當場中止其閱覽權限，相信應可有效嚇阻違規行為發生。考選部經初步評估後，認為應考人申請閱覽試卷辦法及其作業要點仍以暫不修正為宜。其理由如下：一、相關法規剛訂定發布或分函下達，尚未正式施行，基於法規安定性，不宜立即修正；二、閱覽試卷過程中之禁止事項，閱覽試卷辦法第12條已列了8款，其第8款「吸菸、飲食、嚼食口香糖或檳榔、喧嘩、破壞環境整潔或其他妨礙他人之行為」屬概括性質，已具相當處理彈性；三、部分委員擔心可能發生問題，有相關法令可以依法處理，如對工作人員侮辱或施以暴力行為，即可

適用刑法第140條：「於公務員依法執行職務時，當場侮辱者，處六月以下有期徒刑、拘役或一百元以下罰金。」或第135條：「對於公務員依法執行職務時，施強暴脅迫者，處三年以下有期徒刑、拘役或三百元以下罰金。」如破壞或毀損閱覽場所之電腦設備，亦可依刑法第354條：「毀棄、損壞前二條以外之他人之物或致令不堪使用，足以生損害於公眾或他人者，處二年以下有期徒刑、拘役或五百元以下罰金。」自可依法移送檢察機關辦理。爰開放閱覽試卷制度正式上路以後半年，再針對實際閱覽過程中發生各項問題及案例進行通盤檢討，屆時再來對症下藥研修法規較具可行性。

（二）擇定施行日期正式上路

由於閱覽試卷辦法第3條規定：「應考人申請閱覽試卷之受理期限、申請方式、收費基準及禁止行為等有關事項，均應登載於各該考試之應考須知。」第15條復規定：「本辦法施行日期另定之。」基於該等前提限制，復考量2016年度、2017年度各項考試公告報名時間、榜示時間等，考選部遂行文建議考試院閱覽試卷辦法新制上路日期，應以考試規模中小型之考試開始實施為宜，審酌2017年度各項考試，爰建議自2017年1月1日起舉行之考試始適用應考人申請閱覽試卷辦法之規定。考試院幕僚單位則認為「擬自2017年1月1日起舉行之考試」適用本辦法之規定，有規範方式未盡明確之虞（如2016年舉辦之考試，2017年始榜示，能否准予閱覽？）是否符合法規施行日期之立法體例有待釐清，並建議仍以指定特定日期施行為宜。由於應考人申請閱覽試卷辦法已於2015年11月27日由考試院訂定發布，本案倘經考試院審議通過，將由考試院另以命令發布施行日期。2016年8月11日考試院召開全院審查會，會中考選部補充說明，2017年第一次專門職業及技術人員高等考試醫師牙醫師藥師考試分階段考試等考試為電腦化測驗，無後續閱卷程序，性質較為單純，以之作為新制實施之第一項適用考試，於大型考試前累積實務辦理經驗，應屬妥適。另該項考試擬於2016年9月請辦，預定自同年11月1日起報名，屆時應考須知將配合登載應考人申請閱覽試卷相關規定，以利應考人知悉。審查會爰作成決議：應考人申請閱覽試卷辦法自2017年4月1日起施行。吾人衷心期待樓梯響了很久的開放閱覽試卷政策，終能順利推出上路；至於部分考委建議考選機關能夠再行修正典試法，將閱覽試卷恢復列為禁制事項乙節，審酌當初通過本條開放閱覽試卷規定時，在場立委全數贊成；再看看立法院現今委員組成結構，以命題及閱卷委員遴聘不易為由，而想要恢復禁止應考人閱覽試卷，成案機會應該不大；更何況法律修正通過後相關法規命令還未正式施行，就以窒礙難行為由要修法解套，恐怕很難得到多數民意支持。畢竟眾多應考人權益亦不能輕忽與偏廢。

（三）模擬各種可能發生問題

　　為因應本年4月1日起應考人得依規定申請閱覽個人考畢試卷之後續處理事宜，考選部指定由參研室、高普考試司、特種考試司及專技考試司，先行推演及模擬應考人申請閱覽個人考畢試卷之各階段，可能產生的問題及合宜應對之作法。本案遂按閱覽試卷前、閱覽試卷中、閱覽試卷後三個階段，試擬應考人申請閱覽個人考畢試卷之各種可能產生的33個問題、所依據法條及其處理方式加以羅列。並請各單位先行表示意見，其次彙整不同意見；並在2017年2月6日召開會議逐一檢視問題及其最妥適處理方式，以期整合單位間的歧見，建立共識，並利未來執行時作法一致。經檢視後之處理方式，有下列數種情形，包括：（一）現行閱覽試卷辦法、閱覽試卷作業要點有明文規定者，在相關法令未修正前，仍依現制辦理。如不開放閱覽本人口試評分表、實地測驗評分表、著作或發明審查評分表；如僅有全盲應考人，始得由其配偶、三親等內血親姻親陪同閱覽，而不及於其餘身障應考人等；（二）部分法規雖有明定，但參酌過去辦理考試執行經驗，可以彈性放寬者，仍宜彈性處理，以保障應考人權益。如於指定期日到場閱覽試卷，但已逾該指定時段，上午時段未到，則延至下午時段閱覽。在上、下午時段結束前已到達者，仍應准其閱覽試卷至結束為止。另閱覽試卷當日，如未攜帶國民身分證，或附有照片足資證明其身分之證件，除可由其家屬傳真證件影本到部外；亦可由各考試司調閱應考人之報名履歷表（或點名紀錄表）確認並查核其身分後，仍准其入場閱覽試卷；（三）此外閱覽試卷過程中，可能涉及應考人權益及後續行政爭訟情形，分述如下：1.應考人有違規行為，中止其閱覽並禁止續閱，為考試機關對外發生法律效果之單方行政行為，應為行政處分，應考人得就此提起訴願。惟為避免以言詞作成處分，會後續引發其他爭議，建議各考試司一律作成附教示規定之書面行政處分為宜；2.閱覽試卷結果，如未重新計算成績，或未重新評閱試卷，則非屬行政處分；應考人閱覽試卷後，如對成績給分偏低主觀上有所質疑，僅得於對考試成績榜示結果之實體決定聲明不服提出訴願，並一併聲明之；3.閱覽試卷結果重新計算成績，原計成績達錄取標準，而重計後成績未達錄取標準，報請考試院撤銷錄取資格（或是反之，原計成績未達錄取標準，而重計後成績已達錄取標準，報請考試院補行錄取）。此等均為新的行政處分，該部將函復應考人查核結果並重新寄發考試成績及結果通知書。對此行政處分，應考人自得提起訴願；4.應考人閱覽試卷後，如就閱覽試卷制度、法令提出建議、或就該部同仁處理過程提出舉發或應考人權益之維護等，向該部提出陳情；依行政程序法陳情專章相關規定，以及考試院2000年11月3日訂頒之考試院暨所屬機關處理人民陳情案件要點來處理。

三、衝擊應可控制並適時研修法令因應

（一）預期開放閱覽試卷衝擊應在可控制範圍內

依過去應考人申請複查成績實施經驗，應該只有錄取標準邊緣的應考人才會來複查成績；未來開放閱覽試卷以後，相信會來的應該也是以這些應考人為主。其次閱覽試卷的功能（或說是殺傷力），其實非常有限，只不過是複查成績的進階版而已，絕對沒有那麼大的後座力；因為閱覽本人試卷的結果，最多能夠發現的就是形式觀察下，偶有閱卷委員漏未評閱，或是分數加錯，或是卷面與卷內分數不符情形等，這種情形在過去未開放閱覽試卷階段，應考人透過申請成績複查同樣可以發現錯誤，發現之後依法重新評閱試卷及加總計分，如獲致錄取，該有的後續通知及報請考試院補行錄取等，皆依規定辦理。開放閱覽試卷以後，只不過將過去人工調卷查閱，轉變為人工調卷後掃描成試卷影像檔，讓應考人本人在電腦螢幕上觀看（閱卷委員姓名亦已遮蔽），和過去唯一差別就是眼見為憑，如此而已。所以這股閱覽試卷的熱潮（如果有的話），相信很快就會退燒，而回歸常態。加上每科目需繳費一百元，還要算上中南部來往路途時間與交通費用等，應會產生一定以價制量效果。如果應考人對閱覽試卷的結果仍有不服，並要求告知閱卷委員姓名、要求複製試卷、要求提供申論試題參考答案等，考選機關自應依據典試法第27條規定：「（第一項）應考人不得為下列之申請：一、任何複製行為。二、提供申論式試題參考答案。三、告知典試委員、命題委員、閱卷委員、審查委員、口試委員、心理測驗委員、體能測驗委員或實地測驗委員姓名及有關資料。（第二項）其他法律與前項規定不同時，適用本條文。」予以駁回。至於應考人如對未錄取或成績偏低之結果不服，欲提起訴願或行政訴訟，考選機關只能尊重其應有權利。所以開放閱覽試卷，但仍維持不得要求告知閱卷委員姓名、不得要求複製試卷、不得要求提供申論試題參考答案之3種禁制，其所能造成之影響其實應屬有限。至於說因為開放榜示後應考人得申請閱覽試卷，有可能會導致部分典試人員放棄參與命題及閱卷工作，考選機關除應加強對典試人員宣導說明，多年來考試過程中發生過不少命題委員命題錯誤或瑕疵，以及閱卷委員之閱卷疏失等案例，考選機關處理原則始終如一就是概括承受，既保護學者專家之個人隱私，也由機關派員赴上級機關訴願單位，或是各級行政法院進行說明答辯，頂多邀請相關學者提供專業意見俾利後續行政爭訟案件進行，從來沒有讓學者專家曝光或是站到臺前自行說明而受到外界之壓力，更不可能讓典試人員到行政法院答辯。如果說這些具體事實還不能說服相關典試人員繼續參與，該部典試人力資料庫中還有近3萬名適格學者專家，相信其中應該還會有夠熱誠肯服務，願意面對典試制度變革民主化發展趨勢的學者，來承擔國家考試典試重責大任。

（二）法制面及實務面有待賡續改進

　　如今回首檢視應考人申請閱覽試卷辦法、應考人申請閱覽試卷作業要點，其中部分內容確有疏漏者，在開放閱覽試卷半年後，本年年底時應併同各考試司執行開放閱覽試卷經驗，法制上一併進行檢討修正為宜。包括典試法第26條第三項開放應考人在榜示後得閱覽試卷之禁止事項，僅有宣示性規定，並未列入罰則或違反禁止事項之法律效果，應予補強（即典試法第26條第3項規定：「應考人閱覽試卷不得有抄寫、複印、攝影、讀誦錄音或其他各種複製行為。」）。否則在閱覽試卷辦法中，擴大禁止事項範圍，並賦予其中止閱覽試卷並禁止續閱效果，有增列母法所無限制之嫌。另閱覽試卷辦法中，對應考人因不可歸責事由無法於指定期日至閱覽場所閱覽試卷時，至遲應於前三日通知試務機關始得改期，過於嚴苛應予放寬，因不可歸責事由（如颱風來襲交通中斷，或閱覽當日發生車禍意外）之時點，在任何時間都會發生。另亦應比照複查成績，明定第一試筆試錄取、經二、三試未錄取之應考人，得於第二、三試榜示後，申請閱覽第一試筆試試卷等，以維持衡平性。此外閱覽試卷應用系統已經完成，當初開發該系統時業已訪談過各考試司業務需求，如開放閱覽試卷之應用系統設計，係以個別科目各自閱覽15分鐘來計算，本科目閱覽時間如有剩餘，不能挪為他科目賡續閱覽之用；而非閱覽多個科目，時間予以合併計算，採總量管制方式，此點對應考人來說似未盡公平，未來亦有改進空間。

四、後續壓力仍應持續密切觀察——代結語

　　榜示後開放應考人申請閱覽本人試卷，是行政民主化的重要一步。應考人隨著民主化發展腳步，對考試機關要求與挑戰越來越多；學者專家參與典試工作，在微薄的酬勞之外，責任與榮譽是重要支撐因素，此次立法權強勢開放應考人榜示後得申請閱覽本人試卷，已經造成部分典試人力對參與典試工作躊躇不前；而司法機關近些年來對專業判斷餘地審查密度增高，介入個案次數也有增加，整體趨勢似乎從嚴，致長久以來對典試人員形成的安全保護傘，已經有所鬆動。爰提出結語於後：

（一）司法審查密度有加強趨勢

　　台北高等行政法院與最高行政法院，對當事人因考試評分或未錄取所提起之行政訴訟，自55年判字第275號判例以後，長期以來多數見解皆認為：「國家考試之命題及評分，乃典試委員、命題委員或閱卷委員基於法律授權，依其個人學識素養與經驗所為專門學術上獨立公正之智識判斷，以測試應考人之能力，具

有高度專業性及屬人性，為維護考試之客觀與公平及尊重命題委員所為之學術評價，此項命題及評分之法律性質，應屬於行政機關適用不確定法律概念之判斷餘地，應受尊重，除有未遵守法定程序或就形式觀察具有顯然錯誤或判斷有恣意濫用等違法情事外，行政法院為審查時原則上應予尊重其判斷。」（台北高等行政法院100年度訴字271號行政裁判）「按考試之評分專屬於典試委員之職權，此具有高度之專業性及屬人性，其法律性質為行政機關適用不確定法律概念之判斷餘地，因而典試委員之出題及評分應受尊重，其他機關甚至法院亦不得以其自己之判斷，代替典試委員評定之分數。準此，法院對應考人考試之評分結果，除典試委員有漏未評閱計分、成績抄錄錯誤或評閱程序違法等情事或依形式觀察有顯然錯誤外，自應予尊重。」（台北高等行政法院100年度訴字848號行政裁判）「至於考試或類似考試決定，無論出題或答案的評分，涉及考試特有專業學術評價，屬主考者或評分者的專業學術與參與考試累積的經驗，以及考試的情境重現不能。兩者在行政訴訟中均不能重構，行政法院自無從對其進行審查。」（最高行政法院96年度判字第329號行政裁判）所以司法機關通常不會自行評分以代替閱卷委員評分，但會審查考試程序是否違背法令？事實認定有無錯誤？有無逾越權限或濫用權力？如有違法情事，行政法院即得撤銷該評分，使其失去效力，而由考試機關重新評定。爰長期以來專業性與屬人性判斷餘地，對參與命題、閱卷之典試人員而言，形成一道安全保護傘，司法權並不介入國家考試命題與閱卷實質審查。惟2012年11月台北高等行政法院在陳○○案判決中揭櫫一個原則，即屬於由應考人以文字敘述之申論式題型，至少應區分有待應考人進一步依題旨申論己意且無標準答案之一般申論題，以及無待申論且有標準答案之簡答題等二大類，而分別其評分方式：針對無標準答案之一般申論題，閱卷委員固得本諸其學術專業及一致性之評分標準，就應考人之申論內容予以評分；惟如係有標準答案之簡答題，閱卷委員則應依照標準答案及一致性之評分標準，就應考人之作答內容是否符合標準答案予以評分。而行政法院就閱卷委員針對申論式題型所為評分之審查密度，亦應區分一般申論題或簡答題而有異：針對前者，法院固應尊重閱卷委員學術專業上之判斷餘地；惟如係針對後者，法院即得審查閱卷委員之評分是否符合標準答案及一致性之評分標準，故於此範圍內，難認閱卷委員有何判斷餘地之可言。（台北高等行政法院101年度訴字732號行政裁判）該案最後判決：訴願決定及原處分均撤銷。被告（考選部）應依本判決意旨另為適法之處分。考選部遂重組試卷評閱小組，依原題卡所擬參考答案及評分標準，重新評閱中醫方劑學、中醫眼科學與中醫傷科學兩科目，並補行錄取10人（含陳○○在內）。所以司法權就評分閱卷個案介入實質審查之密度，在法官普遍具有保障人權觀念現實下，趨勢上看是增加的，值得未來擔任各種典試工作之委員加以警惕（類似案例其實頗多，如2012年工業安全技師類科考試，有應考人對其中「風險危害評估」

科目解題方式有不同看法，以及2013年關務人員三等考試化學工程科「物理化學」科目成績偏低有所質疑，經提起行政訴訟，臺北高等行政法院不同審判庭法官，均要求考選部提供各該科目系爭試題申論試題參考答案供參，甚至另行聘請學者專家進行專業鑑定）。換言之，對典試人員長期支撐的安全保護傘，已經受到一定程度撼動。

（二）預防立法權強勢開放現行各項管制

　　2014年12月典試法修正案在立法院司法及法制委員會審議過程中，顏寬恒委員版本主張開放應考人閱覽試卷、開放行政救濟時應考人得複製試卷、開放公布申論試題參考答案。尤美女委員版本則要求開放應考人閱覽試卷、以及公布申論試題參考答案及評分標準。呂學樟委員版本則提折衷案，建議僅在應考人提起訴願或行政訴訟時，方可要求閱覽試卷、或複製試卷、或要求提供申論試題參考答案。至於廖正井委員版本則僅支持開放應考人榜示後閱覽試卷，至於其餘複製試卷、開放公布申論試題參考答案等，他認為牽動甚多有待進一步評估其影響。爰立法委員之間的最大公約數只有開放應考人榜示後閱覽試卷，其餘部分並無多數共識。考選部董部長亦力陳複製試卷、或公布申論試題參考答案及評分標準之不可行，如一旦全面開放，對典試人力衝擊甚大，甚至會嚴重影響到典試人員參與國家考試命題及閱卷意願，申論式試題命題未來將競相改採測驗試題，以降低公布參考答案之壓力，恐會限縮學生學習思考模式等。立法院最後遂僅開放應考人於榜示後得申請閱覽本人試卷部分。如今第9屆立法院經過民主改選重新洗禮，個別立法委員已有相當幅度更迭；如果說新的國會代表新的民意，相信主流民意應該是數十萬計應考人權益，而非僅是數以千計的典試委員的想法，立法院在審議2017年考選部公務預算時，蔡易餘委員提案尤美女等3位委員連署通過附帶決議：建請考選部針對典試委員名單評估其適度公開名單可行性提出專案報告。即屬於此一趨勢下的具體實例。總之，近些年來被應考人及部分法律學者高度挑戰之三不禁制事項（應考人不得為任何複製行為。不得要求提供申論試題參考答案。不得要求告知典試委員、命題委員、閱卷委員、審查委員、口試委員、心理測驗委員、體能測驗委員或實地測驗委員之姓名及有關資料等），會不會在立法權獨大、年輕選票至上的選舉考量下，由立法委員主動提案修法突然闖關成功繼續擴大開放範圍，這才是考選機關要優先防範且應極力避免其發生的。爰如何充分徵詢學術界意見，進行較大規模問卷調查以瞭解典試人員立場態度，並從憲政高度法理及典試試務實務上備妥說帖理由，以備一旦法律案付委後能爭取到學術界及輿論界支持，使得議題討論可以維持某種程度立場均衡，才能立於不敗之地。否則三不防線一旦衝破，加上已經開放的閱覽試卷，典試工作將不知伊于胡底？

參考資料

一、黃錦堂、李震洲，典試制度應與時俱進——對典試法修正草案之省思，國家菁英季刊第8卷第4期，2012年。

二、李震洲，典試法修正案歷史意義與未來後續配套措施。國家菁英季刊第11卷第2期，2015年。

三、2012年3月29日考試院第11屆第181次院會通過典試法修正草案審查報告。

四、2014年12月29日立法院司法及法制委員會編印考試院函請審議典試法修正案、委員顏寬恒等30人擬具典試法第23條條文修正案條文對照表。

五、2014年12月29日立法院召開第8屆第6會期司法及法制委員會第22次全體委員會議議事錄。

六、2015年1月8日考試院第12屆第18次會議紀錄。

七、2015年11月19日考試院第12屆第62次院會通過應考人申請閱覽試卷辦法草案審查報告。

八、台北高等行政法院100年度訴字271號行政裁判、台北高等行政法院100年度訴字848號行政裁判、最高行政法院96年度判字第329號行政裁判、台北高等行政法院101年度訴字732號行政裁判。

九、2016年8月25日考試院第12屆第100次院會通過應考人申請閱覽試卷辦法施行日期一案審查報告。

十、2017年2月6日有關國家考試開放應考人閱覽試卷後涉及應考人權益事項處理程序會議紀錄。

（人事行政季刊第199期，106年4月）

貳、公務人員特考應適度簡併回歸高普考

考試院第11屆施政綱領中，考選部分列入「改革公務人員特種考試制度，視性質併入公務人員高等、普通、初等考試，以落實高等、普通、初等考試為主，特種考試為輔之考選制度」。由於施政綱領性質代表本屆考試院施政準據及方向，因此政策意涵非常明確。考試委員經常也在院會加以鼓吹或推動，如第11屆第50次院會，針對銓敘部98年上半年全國公務人力素質統計報告，陳皎眉委員即質疑公務人員中經考試及格任用者占八成二，其中特種考試及格者占42.35%，比例偏高是否妥適？黃俊英委員亦表示，特考應係補充高普考試取材不足或應用人機關特殊需要而舉辦，雖有其必要，但特考及格任用者之比率逐年增加，已遠超過高普考任用之比率，似有未妥，建議銓敘、考選兩部共同研商改進。顯見近些年來公務人員特種考試快速成長，超越高普考試甚多，已逐漸形成一種隱憂。

一、特考之舉辦自古即有

考試制度源遠而流長，在中國古代實施之科舉即有定期辦理之常科，與不定期舉行之特科分別。如漢代即有之詔舉之制，不定期舉辦且有時破格擢用（有別於定期舉辦之常舉）；唐代及宋代之制舉亦同，採非常設之科以選拔非常人才（有別於常年之貢舉）；元代及明代，有舉遺逸擢茂異之作法（有別於例行之科舉）；清代也在正常科舉取士之外，有特詔取士作法，至晚清更開經濟特科，策論內政、外交、理財、經武、格物、考工等學。

中華民國成立以後，不論北洋政府、廣州大元帥府時代所頒布之法制，如文官高等考試令、司法官考試令、外交官領事官考試令等均分別制定，足見高考與特考之分流在當時已有雛型。民國17年國民政府成立以後，考試院陸續訂頒各項考銓法制與官制官規，如民國18年8月公布考試法，其中明定考試分為高等考試、普通考試、特種考試，且特種考試另以法律定之。民國20年3月公布特種考試法，其中明定任命人員及應領證書之專門職業及技術人員，除高等考試普通考試外，應依本法以考試定其資格（其意為公務人員與專技人員，均有特種考試）；特種考試之種類、應考資格、考試之分科與科目，由考試院定之；特種考試之方法，由考試院依應考人學術技能經驗之性質定之；特種考試之地點由考試院指定，委託其他機關辦理者，由各該機關定之；舉行特種考試時，關於典試事宜由典試委員會任之，但考試院認為有特殊情形時，得派專員或委託其他機關辦理之。其後各項特種考試條例陸續制定公布，如特種考試助產士考試條例、特種考試郵務人員考試條例等；民國22年2月考試法修正，增列：「考試院認為有特

殊情形者，得舉行特種考試，各種特種考試條例另定之。」原特種考試法並廢
止。

二、抗戰期間特考舉辦氾濫

　　民國26年抗日戰爭爆發，政府施政多打破平常程序，為利機關快速用人，27
年10月爰制定公布非常時期特種考試暫行條例，其重點為特種考試由考試院依事
實上之需要，隨時舉行之；特種考試得分初試及再試，其初試再試，並得各分若
干試；舉行特種考試，得不設典試委員會及試務處，由考試院派員辦理考試；非
常時期舉行高等考試及普通考試，得準用前條規定，並得不設試務處。綜觀抗日
戰爭進行期間，聲請舉辦特考之機關範圍從中央部會至各省政府；類科涵蓋之種
類繁多，考試等級中低層次皆有，許多是與高考相當；為爭取時效，幾乎所有請
辦之特考，均委託用人機關自行辦理試務。單以前述暫行條例通過後之民國28年
當年為例，考試院即公布特種考試教育部所屬機關學校會計人員考試暫行條例、
特種考試公路技術人員考試暫行條例、特種考試郵政人員考試暫行條例、特種考
試財政部鹽務總局會計人員考試暫行條例、特種考試交通部有線電無線電報務員
考試暫行條例、特種考試交通部電信機工考試暫行條例、特種考試交通部電信機
務員考試暫行條例、特種考試管理中英庚款董事會會計人員考試暫行條例、特種
考試交通部會計人員考試暫行條例、特種考試浙江省地方行政人員考試暫行條
例、特種考試川康鹽務管理局重慶分局工程人員考試暫行條例、特種考試交通部
公路交通巡察員考試暫行條例、特種考試廣東省會計人員考試暫行條例、特種考
試四川省會計人員考試暫行條例等14個特考暫行特別條例。民國29年的考選委員
會工作實施報告中，提到該會前一年度（民國28年）舉辦高等考試3次（及格343
人），普通考試2次（及格269人），檢定考試6次（全部科目及格71人、科別及
格326人），特種考試33次（及格4,770人）。因此從法制成長，以及舉辦次數、
及格人數等多項指標來看，特考在當時已經大幅超越高普考試。

　　由於特考種類及數量快速激增，時任考試院院長的戴季陶先生遂十分憂慮特
種考試已經喧賓奪主捨本逐末，民國29年4月他曾在考試院院會中表示：「特種
考試近來可謂大走其運，然竊恐其將影響甚至妨礙經常的考試制度。清代政治之
弊，在不能改良經常的制度，而成立許多非常的辦法，其原因即因當時候補道人
員太多，彼輩無事可做，輒上奏章紛紛建議，至將中央地方各機關之經常機構，
弄成空虛狀態。……如特種考試變成候補道，喧賓奪主捨本逐末，其必有妨礙經
常的考試制度無疑，此不可不及早提防注意者也。」民國32年5月他在特種考試
鹽務人員考試規則草案中批示：「以一種考試而包含許多門，與現行考試制度幾
乎根本不能相治，究宜如何調整，俾法令與事實兩全，尚宜切實請考選委員會斟

酌之，否則將來各機關皆如此辦理，成何事體耶？從前的辦法原是過分從權，可見前例不好，則後事必有更甚者。以前的分別規定，可說是從權，現在則幾乎成爲制度，如之何哉？所以二、三年前余即十分憂慮，特種考試將指大於踵也。」爲避免非常之道化爲經常之制，考試院遂將部分特考暫行條例加以整合簡化，如制訂公布省縣各級幹部人員考試條例，而廢止19種個別省或縣幹部人員考試暫行條例；另抗戰勝利以後，各項施政逐步恢復正常狀態，前述非常時期特種考試暫行條例爰予以廢止，特考氾濫情況暫時得以減緩。

　　根據考選部編印之考試要覽，在大陸時期從民國20年起至37年止（38年因爲戰禍頻傳中樞風雨飄搖，完全無法辦理考試），考試院主辦公務人員高等考試27次，主辦公務人員普通考試22次，主辦公務人員特種考試16次；中央用人機關主辦高等考試3次、普通考試7次、特種考試109次；各省市政府主辦公務人員普通考試115次；各省政府及地方用人機關主辦公務人員特種考試74次。以上合計特種考試辦理199次，占全部公務人員考試辦理次數373次的53.35%。喧賓奪主、指大於踵的現象可謂相當明顯。

三、中央政府遷台後特考再度崛起

　　民國36年中華民國憲法制定公布，37年7月考試法全面修正，公務人員考試重回高等考試、普通考試之分類，遇有特殊情形時得舉行特種考試之框架。38年中央政府遷台以後，考試法歷經多次修正（其後並改爲公務人員考試法、專門職業及技術人員考試法二法分立），特考舉辦時機亦多次調整，從「……遇有高等及普通考試及格人員不足或不能適應需要，得舉行特種考試」，到「……爲適應特殊需要，得舉行特種考試，分甲、乙、丙、丁四等」，「爲適應特殊性質機關之需要及照顧殘障者之就業權益，得比照前項考試之等級舉行一、二、三、四、五等之特種考試。……」，「爲因應特殊性質機關之需要及照顧殘障者、原住民族之就業權益，得比照前項考試之等級舉行一、二、三、四、五等之特種考試。……」。

　　從前述法制演變過程以觀，特種考試之名稱，應係相對於高等普通初等考試而言，有其特殊之目的屬性；原來特考與高普考試之間差異頗大，舉凡類科設置、應試科目、應考資格、體格檢查有無、應考年齡限制、性別設限與兵役設限等均有不同；但近年來隨著體檢程序多數取消、應考年齡上限取消或寬定、性別設限之取消或嚴格審查，特考與高普考試差距大幅縮小，其間最大差別幾乎僅在考試錄取人員限制轉調年限長短而已（特考爲六年、高普初考爲一年）。

　　茲根據歷年考選統計資料加以檢視，中央政府遷台以後自民國39年起至民國97年爲止，高普初考共辦了76次（早期高考不分級，其後分爲三級，一二級

合併辦，高三及普考合併辦，初考單辦），應考3,932,682人，到考2,839,146人，錄取155,649人，錄取率為5.48%；特考共辦了727次，應考5,052,263人，到考3,521,072人，錄取480,403人，錄取率為13.64%，特考報考到考及錄取人數、錄取率，均數倍於高普初考；所以長期以來的發展就是特考凌駕在高普初等考試之上，此一趨勢從政府遷台之後以迄於今，幾乎都沒有太大改變。再從任用角度加以觀察，至98年6月底為止，全國公務人員（不包括公立學校教師）總人數為339,666人，其中13.23%為高等考試及格、5.86%為普通考試及格、1.16%為初等考試及格、42.35%為特種考試及格、19.46%為其他考試及格（含升等升資考試及格）、17.93%為依其他法令進用（如早期技術人員任用條例）。再依機關性質加以分析，行政機關中特考及格者占53.4%，18.51%為高普初考及格；公營事業機構特考及格占24.8%，10.83%為高普初考及格；衛生醫療機構特考及格者占3.41%，50.03%為高普初考及格（醫事人員人事條例施行前，為了解決醫護人員荒，公務人員高普考試每年都大量錄取已具有專技證照之醫藥護理相關類科人員），42.84%為依其他法令進用（如早期技術人員任用條例或專技人員轉任公務人員條例等）；公立學校職員特考及格者占27.4%，38.03%為高普初考及格者。所以上游的考試分布結果，反映在下游的銓審實務上，依舊是特考錄取人員比例偏高，特種考試錄取儼然成為用人主流管道。

四、觀察歷年來公務人員特考發展趨勢

　　要瞭解公務人員特考消長情形，可以從歷年辦理特考次數多寡加以切入，也可以從新增或廢止特考規則角度來檢視。根據考選統計資料，政府遷台後民國40年起恢復舉辦特考（2次），警察人員特考、警察電訊工程人員特考首開先河，41年（3次），42年（7次），43年（5次），44年（8次），45年（7次），46年（12次），47年（10次），48年（4次），49年（10次），50年（13次），51年（7次），52年（11次），53年（13次），54年（11次），55年（12次），56年（12次），57年（13次），58年（11次），59年（11次），60年（16次），61年（13次），62年（24次），63年（18次），64年（18次），65年（15次），66年（16次），67年（14次），68年（15次），69年（16次），70年（14次），71年（11次），72年（15次），73年（8次），74年（13次），75年（10次），76年（13次），77年（13次），78年（25次），79年（15次），80年（10次），81年（13次），82年（15次），83年（15次），84年（14次），85年（16次），86年（12次），87年（13次），88年（13次），89年（10次），90年（15次），91年（10次），92年（12次），93年（13次），94年（12次），95年（14次），96年（17次），97年（19次），98年（16次）。從每年辦理特考次數加以比較，可以

發現以下幾個趨勢：

其一，辦理次數最多的前10大年度依序是，78年（25次），62年（24次），97年（19次），63年（18次），64年（18次），96年（17次），60年（16次），66年（16次），69年（16次），98年（16次）。再去比對每一位部長之任期，其實可以明顯看出有的首長任內對於特考之舉辦，並沒有切實的把關，所以特考快速的膨脹。其中又以民國60年至70年、民國90年至98年兩個波段，為特考辦理次數相對高峰期。

其二，早期的特考中，辦理次數頗多的台灣省專科以上學校畢業生就業考試、台灣省高級職業學校畢業生就業考試，在民國47年以後停止辦理，並由台灣省鄉鎮區縣轄市村長自治人員考試、台灣省經濟建設人員考試加以取代。早期辦理頻繁之交通事業人員九大業別特考（如郵政、電信、鐵路、港務、公路、民航、水運、氣象、打撈等），以及經濟部所屬事業機構人員考試、公營金融保險事業機構人員考試等，隨著部分業別移轉民營或改組成公司化，或公股股票上市等原因，原有從業人員已不再具有公務人員身分，多項特考陸續停辦。

其三，部分特考帶有濃厚政策性考量，隨著時代進步，人事制度也要民主化，所以在民意壓力下該等特考逐步走入歷史。如以協助軍中服現役之軍士官於退伍前取得公務人員任用資格為目的之國防行政及技術人員特考，以落日條款方式在民國78年辦理最後一次爾後即告終結；另以解決國民黨及救國團專職黨團幹部出路問題而舉辦之社會工作人員特考，隨著政黨政治興起，在野政黨強力進行監督，終於也在民國68年辦理最後一次以後廢止考試規則。

其四，其中最明顯有簡併特考成效的，應屬王前部長作榮任內，79年9月接任的王部長，歷經78年辦理25次，79年辦理15次特考之衝擊，他大刀闊斧的取消研考人員特考、環保人員特考、安檢行政人員特考、公平交易管理人員特考、社會工作人員特考、國防行政及技術人員特考，廢止各該考試規則，爾後不再辦理；另金融人員特考、保險人員特考、稅務人員特考、中央銀行行員特考、技術人員特考、體育行政人員特考等則予以簡併，納入公務人員高普考試原有類科辦理，因此在民國80年至84年他的任期之內特考大幅減少。但其後幾位部長任內，稅務人員特考、商標專利審查人員特考、社會福利工作人員特考、國防部文職人員特考、基層警察人員特考等相繼舉辦，有的是重新恢復辦理，也有新增加之列考，於是原來簡併之成效又為之破功。

其五，民國85年開始辦理之身心障礙人員特考、民國90年更名後辦理之原住民族特考，原來均係二年舉辦一次，惟為照顧弱勢族群就業權益，彰顯代表性文官制度精神，民國92年開始，改為每年定期查報缺額舉行考試。

五、特考問題在於欠缺審查程序及機制

　　根據公務人員考試法第3條規定，爲因應特殊性質機關需要及照顧身心障礙者、原住民族之就業權益，得舉行一、二、三、四、五等之特種考試，及格人員於服務六年內，不得轉調申請舉辦特種考試機關及其所屬機關、學校以外之機關、學校任職。同法施行細則第4條第2項，採列舉及概括併行方式界定何謂特殊性質機關，意指實施地方自治之政府機關及掌理下列特殊業務之司法院、國安局、內政部、新聞局、國防部、財政部、法務部、經濟部、交通部、退輔會及海巡署等機關，在立法體例上採取業務及機關雙重規範方式，如掌理審判事項之司法院，審判事項爲業務規範，司法院爲機關規範；另比如掌理關務及稅務事項之財政部，關務及稅務事項爲業務規範，財政部則爲機關規範。至於概括條款「其他特殊性質機關」則爲備而不用性質，或時機急迫未及修正增列法源前，得先據以辦理新增特考。

　　過去經常看到下列幾種不太正常的現象値得注意，其一，用人機關想盡辦法來文或建議，將其納入前述業務或機關列舉範圍中，但眞正要請辦特考時，往往因爲人數太少不符經濟效益，所以也辦不成，如內政部之入出國及移民行政、國家公園規劃及建設管理即是。其二，是先引用前述施行細則第十二款「其他特殊性質機關」之概括條款辦理考試，等下一次施行細則修正時再予補行增列，如水利及水土保持人員特考即是。其三，先高層溝通尋求支持，當考選部拍板定案同意舉辦特考後，再補行辦理法制作業，將其納入特殊性質機關中，並隨即辦理特考。如商標專利審查人員特考、基層警察人員特考皆透過考試院高層交辦。又如國防部文職人員特考在劉前部長任內，國防部曾訂定特考規則草案送考選部審議，但在考選部長無定見情況下，考選部法規會將其打了回票，因所有委員皆認爲高普考試即可足以讓國防部充分取才，不必辦理特考；惟到了林前部長任內，時任國防部副部長的蔡明憲親訪本部尋求支持，最後政策先決定同意要辦理特考，因此法規委員會已經無力加以阻擋。前述情形共通之處就是都沒有經過一個正式嚴謹的審查機制及程序，始形成同意新增特考之結論。

　　所以吾人要問，當新的公務人員特考產生時候，究竟是誰有權力最後決定是否增辦特考？同意其辦理之法定程序爲何？准予辦理特考之認定基準又是什麼？在現有法規規範中，似乎找不到明確答案。公務人員考試法施行細則第4條第5項規定：用人機關申請舉辦特種考試時，考選部應就機關性質及其業務需要加以認定，其合於本法第3條第2項舉辦特種考試之規定者，報請考試院核定之。至於「機關性質及其業務需要」爲何？認定程序及標準又爲何？並無具體規範存在。目前由於新特考之舉辦，幾乎皆由高層或高高層政策決定同意在前，承辦司配合

完成行政程序簽報在後，因此從未真正發揮過實質審查功能；加上是否符合本法第3條第2項舉辦特種考試之規定，並無審查小組建制流程及具體審查標準，因此所謂「因應特殊性質機關之需要」成了彈性無限的循環論証；運用之妙完全存忽一心。

六、確立審查基準可免受外界無謂壓力

　　為了避免前述情形一再發生，首先應該建立請辦特考之審查基準，並納入公務人員考試法施行細則明文規範，未來才能有所依循。此一審查基準至少可列舉三點，其一，有明確舉辦特考之法律依據者：如國軍退除役官兵輔導條例第12條規定：「輔導會為增進退除役官兵就業機會，得洽請有關主管機關舉辦各種考試，使退除役官兵取得擔任公職或執業資格。」又如身心障礙者權益保障法第39條規定：「各級政府機關、公立學校及公營事業機構為進用身心障礙者，應洽請考試院依法舉行身心障礙人員特種考試。」原住民族基本法第9條規定：「政府提供原住民族優惠措施或辦理原住民族公務人員特種考試，得於相關法令規定受益人或應考人應通過族語能力驗證或具備原住民族語言能力。」國家情報工作法第28條第2項規定：「情報機關得於情報人員任用考試期間，對應試人員進行安全查核，應試人員拒絕接受查核或查核未通過者，應不予錄取或不予及格。」另公務人員考試法第4條規定：「高科技或稀少性工作類科之技術人員，經公開競爭考試，取才仍有困難者，得另訂考試辦法辦理之。」其二，需有特別人事管理法律，足以證明其業務性質特殊者：如有警察人員人事條例、司法人員人事條例、關務人員人事條例、駐外外交領事人員任用條例、交通事業人員任用條例等，遂可以舉辦警察人員特考、司法人員特考、關務人員特考、外交領事人員特考、交通事業人員特考等。其三，工作性質特殊，非現行高普考試類科設置、考試方式、應考資格、應試科目所能舉才：遂因此必須採取體格檢查、分列男女錄取名額、限制男性應考人兵役條件、限制應考年齡上限等作法，或採取筆試以外之體能測驗、口試、實地考試等考試方式，方能選拔適格人才者。

　　茲試以前述三項審查基準，逐一檢視現行所有公務人員特考，確認其屬性定位，並嘗試提出簡併建議如後（見表1）。

　　從前述分析對照可以得知，有明確法律依據得以舉辦特考者，當然可以賡續辦理下去；所以根據國軍退除役官兵輔導條例第12條、身心障礙者權益保障法第39條、原住民族基本法第9條、國家情報工作法第28條、公務人員考試法第4條等規定，爰得以舉辦退除役軍人轉任公務人員特考、身心障礙人員特考、原住民族特考、國家安全局國家安全情報人員特考、取才困難高科技或稀少性技術人員

表1　現行公務人員特考性質特殊與否對照表

特考名稱	性質特殊依據		
	法律明定得以舉辦特考	特別人事管理法律	非高普考試所能取材
司法人員特考	×	司法人員人事條例	第二試口試
外交領事人員特考	×	駐外外交領事人員任用條例	第一試外語口試、第二試口試；有年齡、兵役、體檢限制
國際新聞人員特考	×	×	第一試外語口試、第二試口試；有年齡、兵役、體檢限制
國際經濟商務人員特考	×	×	第一試外語口試、第二試口試；有年齡、兵役、體檢限制
警察人員特考	×	警察人員人事條例	有年齡、體檢限制
基層警察人員特考	×	警察人員人事條例	有年齡、性別、兵役、體檢限制
調查人員特考	×	×	第二試體能測驗、第三試口試；有年齡、兵役、體檢限制
國家安全情報人員特考	國家情報工作法第28條	×	第二試體能測驗、第三試口試；有年齡、性別、兵役、體檢限制
交通事業人員特考	×	交通事業人員任用條例	有體檢限制；有實地考試或口試
民航人員特考	×	×	第一試外語口試、第二試口試；有年齡、體檢限制
地方政府公務人員特考	×	×	×
退除役軍人轉任公務人員特考	國軍退除役官兵輔導條例第12條	×	×
原住民族特考	原住民族基本法第9條，公務人員考試法第3條	×	一、二等有口試、著作發明審查；另有體檢限制

表1　現行公務人員特考性質特殊與否對照表（續）

特考名稱	性質特殊依據		
	法律明定得以舉辦特考	特別人事管理法律	非高普考試所能取材
身心障礙人員特考	身心障礙者權益保障法第39條，公務人員考試法第3條	×	×
海岸巡防人員特考	×	×	第二試有口試；有年齡、性別、兵役、體檢限制
關務人員特考	×	關務人員人事條例	有體檢限制
稅務人員特考	×	×	×
專利商標審查人員特考	×	×	第二試有口試
社會福利人員特考	×	×	有兵役限制
國防部文職人員特考	×	×	有口試、著作發明審查，有兵役限制
水利及水土保持人員特考	×	×	高考三級原有水利工程科別、水土保持工程科別，惟本特考係因應八八水災造成之水患而辦理；僅應考資格與應試科目與高考三級略有不同
取才困難高科技或稀少性技術人員特考	公務人員考試法第4條	×	高普考試相關類科已無人錄取或錄取不足額始得辦理本特考，考試方式為口試、著作發明審查、實地考試、知能有關學歷經歷證明審查

特考。其次有特別人事管理法律，且為單一用人機關者，亦足以證明其工作業務性質特殊，所以根據司法人員人事條例（用人機關為司法院暨法務部及其所屬機關）、駐外外交領事人員任用條例（用人機關為外交部及其所屬機關）、警察人員人事條例（用人機關為內政部暨行政院海岸巡防署及其所屬機關學校）、交通事業人員任用條例（用人機關為交通部及其所屬機關構）、關務人員人事條例

（用人機關為財政部及其所屬機關構），爰得以舉辦司法人員特考、外交領事人員特考、警察人員特考及基層警察人員特考、交通事業人員特考、關務人員特考等。惟此之特別人事管理法律，並非得以舉辦特考之唯一必要條件，所以雖有人事管理條例、審計人員任用條例，但因高等普通及初等考試已能充分取才，故不會增辦人事人員特考或審計人員特考。

　　至於非高普考試所能取材之事實認定，則應從嚴為之。以國防部文職人員特考為例，國防部及其所屬機關軍醫局及軍備局合計編設280個文官職缺編制，其中國防部202個、軍醫局27個、軍備局51個；透過公開甄選後調任及該部二次請辦特考之分發，多數職缺早已滿額。由於員額本就不多，加上高考一、二級考試每年都會舉辦，筆試、著作發明審查、口試皆能配合需要，採官等職等併立制之國防部，實在沒有理由請辦特考。與此類似之情況，還有經濟部智慧財產局請辦之專利商標審查人員特考，以及內政部請辦之社會福利人員特考，因無所屬機關，或因人員編制有限，致二或三年始辦理一次特考，加上適用公務人員任用法，人事法制上並不特殊，因此應檢討回歸高普考試取材。此外稅務人員特考，多年前曾被王前部長作榮簡併回歸高普考試，而後捲土重來又以特考面貌出現，其實用人制度毫不特殊，允宜按其中央稅及地方稅之區隔，將缺額回歸高普考試及地方特考分別用人。而與治安相關之海岸巡防人員特考、調查人員特考，雖無明確舉辦法律依據，亦無特別人事管理法律，但因第二試體能測驗、第三試口試；並有年齡、兵役、體檢等諸多限制，顯非高普考試所能取材，因此認定為具有特殊性質需要應屬允當。具涉外性質之國際新聞人員特考、國際經濟商務人員特考，第一試外語口試、第二試口試；另有年齡、兵役、體檢限制；亦非高普考試所能取材，因此認定為具有特殊性質也稱合理；但宜與外交領事人員特考合併，並更名為涉外人員特考。同理，民航人員特考第一試有外語口試、第二試口試；有年齡、體檢限制，非高普考試所能取材，所以維持特考較能符合用人需求。以上這些因為考試方式多元化，而暫維持之特考，亦可改變思維，將公務人員高普考試分為二種，一種是僅採筆試除學歷外無其他設限之高普考，另一種是筆試以外兼採口試、實地考試、體能測驗，並有兵役、年齡、體檢設限之高普考試，分流雙軌併行，即可解決相關問題。

　　最後辦理多年特考之地方政府公務人員特考，其類科設置、應考資格、應試科目等與高普考試高度雷同，又無兵役、年齡、體檢等限制，考試方式也是單一筆試為主，本無採取特考之必要；但現階段偏遠地區之用人及留人，確有極大之困難，因此基於限制轉調六年之目的，宜在公務人員考試法第3條，將落實地方自治與照顧身心障礙者、原住民族就業權益併列，列為舉辦特考之條件，以利地方政府人力資源維持穩定。至於最新出爐的水利及水土保持人員特考，用人機關經濟部水利署及行政院農業委員會水土保持局，均為一般行政機關適用公務人員

任用法，高考三級技術類科也有水力工程、水土保持工程類科設置，正常情況下辦理特考頗為不易；但此次八八水災傷亡慘重，災後重建用人恐急，整體社會氛圍促成該項特考快速通過；未來本考試如需賡續辦理，為與前述原則扣合，宜先確立水利及水保人員核心職能，再據以檢視現行考試方式，有無增列体能測驗或口試之必要，始能與其他特考維持平衡。

七、特考應適度簡併──代結語

從中國古代歷史經驗來看，不定期舉辦之特科，本來就是選拔人才之常態；民國成立之後，不論是國民政府在大陸或是播遷到台灣，特種考試仍然扮演吃重角色，所以今天問題重點不在取消特考，而是如何讓高普考試和特種考試維持衡平性，不要產生特考喧賓奪主、指大於踵，甚至非常之道化為經常之制現象；因此適度簡併特考回歸高普考試，應屬刻不容緩要務。

現行公務人員考試法施行細則第4條第5項規定：「用人機關申請舉辦特種考試時，考選部應就機關性質及其業務需要加以認定，其合於本法第三條第二項舉辦特種考試之規定者，報請考試院核定之。」至於機關性質及其業務需要意涵為何？認定機關性質及業務需要之程序與標準又為何？現行法制並無具體規範。在實務上則多由高層之間進行溝通、或高高層指示交辦，而後始確定要增加辦理新的特考，其處理程序畢竟不符合當今資訊透明公開原則；時代總是要進步的，而具體可行之審查基準，應比人治色彩強烈之請託關說，更能得到人民的信賴支持。

爰本文建議「機關性質及其業務需要」之審查基準有三：其一有明確舉辦特考之法律依據者；其二需有特別人事管理法律，足以證明其業務性質特殊者；其三工作性質特殊，非現行高普考試類科設置、考試方式、應考資格、應試科目所能舉才者。此一認定基準如能法制化，未來新增特種考試審查即能有所準據；而原有公務人員特考，亦應在此相同基準下逐一檢視有無賡續舉辦之必要，或是加以簡併回歸高普考試。

參考資料

一、楊樹藩，中國文官制度史，三民書局有限公司，1976年9月。
二、陳天錫，考試院施政編年錄（上、中、下冊），考試院考銓研究發展委員會影印，1945年12月。
三、考試院考銓叢書指導委員會主編，戴季陶先生與考銓制度，正中書局發行，

　　1984年7月。

四、陳天錫，戴季陶先生文存續編，中國國民黨黨史史料編纂委員會發行，1967
　　年5月。

五、全國考試要覽（民國20年至40年），考選部編印，1966年12月。

六、各種考試及檢覈筆試簡表（39年至50年），考選部編印，1991年2月。

七、各種考試及檢覈筆試簡表（51年至75年），考選部編印，1988年2月。

八、全國公務人員人力素質統計季報（至98年6月底止），銓敘部統計室編印，
　　2009年8月。

九、中華民國89年考選統計，考選部編印，2001年6月出版。

十、中華民國94年考選統計，考選部編印，2006年5月出版。

十一、考選法規彙編，考選部編印，2009年2月出版。

　　　　　　　　　　　　　　　　　　　（人事行政季刊第169期，98年10月）

參、後備軍人轉任公職考試比敘條例制定經過及修正案評析

　　後備軍人轉任公職考試比敘條例第3條、第5條、第5條之1修正案，91年1月8日立法院第4屆第6會期第12次會議審議通過，完成二、三讀程序；總統在同年1月30日增訂（修正）公布。本文旨在從比敘條例當初制定之時代背景及立法經過加以探討，從而述及三十多年來對軍轉文制度在母法不修前提下所作之局部性改革，最後論及此次比敘條例研修經過及其未來可能產生之效益，以供各界參考。

一、比敘條例制定之時代背景

　　先總統蔣公一生當中親手創辦又寄以厚望的學校，武的有黃埔軍校，文的則為中央黨務學校（後更名為中央政治學校、國立政治大學）。黃埔軍校民國13年創校，短短十幾年完成了東征、北伐、抗日等任務，成就不凡；而中央政治學校則似無重大的表現成就。蔣公在不同的場合對文、武職幕僚幹部講話，可以明顯的看出他的重武輕文。民國29年5月12日，中央政治學校成立十三週年紀念，他以「中央政校創設的宗旨和教學的方針」為題訓勉全體師生，指出：「軍官學校可以說完全達到總理當初創辦黃埔軍校的期望，黨國賦予他們的責任大部分已經作到了，政治學校相形之下，不能不格外努力急起直追。」35年4月24日對軍官總隊以「軍官總隊的任務及其訓練的要點」為題發表演說時指出：「過去各級政府多由文職人員擔任，他們都沒有受過嚴格的軍事訓練，他們所受的教育多半是散漫的、是遲鈍的，既不知組織，又不守紀律，到了機關工作，還是以舊式衙門的習慣來做事，無論計劃、管理與考核訓練，都比不上我們受過軍事訓練的人員來得敏捷而有效率。」「這些隊員都是最難得的幹部（指轉業軍官），比任何大學畢業出來的學生還要寶貴，他們一個人將來訓練轉業之後，要使他們能當1,000個人來用，甚至他們將來發生的效能比1萬個人還來得大。」[1]

　　從前述講話可以看出，當時的國家領導人對軍人的高估，以及對大學畢業生的輕忽，深信武職人員的敏捷與效率，卻懷疑文職人員的能力；這種認知及價值取向，深深影響到往後國家考選用人政策。[2]其次抗戰勝利以後，復員軍人的轉業處理不當，裁減軍隊的未能因勢利導，使得中共相對獲得大量兵源，因而導致戡亂剿匪的失敗，這個教訓凸顯了軍人退伍安置的重要性。再其次要吸引有志

---

[1]　蔣總統集第二冊，蔣總統集編輯委員會編纂，中華大典編印會，1974年10月4版，頁1277、1544。

[2]　陳德禹，中國現行公務人員考選制度的探討，五南圖書出版公司，1982年4月初版，頁116。

青年從軍報國，則軍中必須建立一套公平有效的陞遷體系，因此適度建立疏退制度，暢通人事陞遷管道，將有助於激勵軍中士氣。最後是中國傳統的崇功報德的觀念，認為軍人長年征戰沙場，對國家生存與安全卓具貢獻，因此其退伍後應予以妥當照顧，並助其重新調適平民生活。以上種種原因，充分說明了為何民國38年中央政府播遷來台以後以迄於今，要投下龐大的人力物力設法安頓解決退伍軍人的出路問題？為何要建立制度借重軍中幹部的長才，使其轉任進入政府機關繼續服務？

國軍退除役制度，其完成立法程序，初見於民國23年6月15日國民政府公布之「陸海空軍官佐服役條例」，可惜立法未久抗日戰爭爆發，上述法律未克施行。民國34年抗戰勝利，開始對軍官辦理甄審退役。中央政府遷台後，為配合國軍整建及照顧退除役人員生活，民國41年10月22日公布「陸海空軍軍官在臺期間假退除役實施辦法」；其後又對不適合服現役士官兵實施檢定與安置，正式建立退除役制度。民國43年11月1日，行政院之下設立國軍退除役官兵就業輔導委員會，專責辦理國軍退除役官兵輔導事宜。[3]在優待退除役軍人相關法制上，首為36年2月19日公布施行之兵役法施行法第80條明定「軍人及其家屬優待條例另定之」。根據本條，49年12月28日總統公布「軍人及其家屬優待條例」，其優待對象分為兩類，分別為現役軍人及其家屬、後備軍人；對現役軍人及其家屬之優待，包括清償或回贖期間之延展、終止租典契約之禁止、薪餉所得免稅、乘坐交通工具及水電之優待等；對後備軍人之優待，則有轉任公職年資之合併計算、考試與比敘之優待、保留職位之優先等。惟本條例規定多屬概括性之原則，細節仍須另定（如現役軍人及其家屬申請土地助耕、減租之優待辦法由內政部另定；後備軍人轉任公職考試與比敘另以法律定之），復因對違反規定者並無強制拘束力，因此屬宣示性法律規定。

53年行政院草擬國軍退除役官兵輔導條例草案，送請立法院審議，總統在同年5月15日明令公布，由於本條例的制定，遂使退除役官兵之輔導安置，有了明確的法律保障。其中退除役官兵之範圍為依法退除役之軍官、依兵役法第49條志願在營服役之士官士兵依法退伍除役者、服士官士兵役因作戰受傷致成殘廢於除役後生計艱難需長期醫療或就養者，此種定義較兵役法第25條、軍人及其家屬優待條例第2條後備軍人之定義明顯狹窄許多。條例中對退除役官兵之輔導安置及其應享之權益，均有明確之規定，更由於明定本條例之施行以行政院國軍退除役官兵輔導委員會為主管機關，各有關部會及省市政府為協管機關，因而確保了退除役軍人輔導安置政策之貫徹實施。其中與就業及優待有關者，包括下列諸項：

3　輔導工作二十年紀念集（上冊），行政院國軍退除役官兵輔導委員會出版，1974年11月1日，頁16。

如退除役官兵之輔導就業，由輔導會創設附屬事業機構，或分別介紹於各機關學校社團等機構予以安置；政府機關、公營事業及公立學校任用新進人員時，其條件相等而為退除役官兵者，應予優先錄用；輔導會為增進退除役官兵就業機會，得洽請有關主管機關舉辦各種考試，使退除役官兵取得擔任公職或執業資格；退除役官兵參加各種任用資格考試或就業考試時，應分別職業酌予優待；退除役官兵轉任公職，除各級學校教員外，其原服之軍職年資應予合併計算。其中若干具體之規定，已替退除役軍人轉任公務人員特考之舉辦、考試加分優待、轉任公職前後年資合併計算等，植下了堅實的法律基礎。

二、比敘條例研議制定之緣起

　　國防部為期達到文武人才相通之目的，於民國52年曾研訂文武轉任推行計畫初步構想。希望達成軍人於年富力強時完成考試、文武資位相互認定、文武轉任完成準備等多項目的；其具體要項包括：軍官基礎教育畢業學生於畢業同時比照大專院校畢業生就業特考成規舉辦特種考試；軍職專長測驗比照文官資格檢覈或銓定資位考試舉行，並相互認定文武相當專長之通用性；武官上尉晉等考試與文官升等考試同為法定之考試，其方式與內容亦概略相同，其同等效力由文武雙方相互認定；現役軍人參加高普考試時應依其軍階年資予以加分或簡化考試內容之優待；軍中政治大考取得及格證書得免試高普特考之相當科目；現役軍人經高普考試及格，其所考科別為軍中所需要者，檢討現行辦法儘先予以適當任用，如所考科別不為軍中需要而為文官需要，經考選、銓敘兩部推薦任以文官，同意其於適當時機轉任文官；有關文武考試部分擬協調考選部辦理，其餘各項如銓敘部同意宜早日訂定轉任條例。[4]其後並成立文武轉任比敘研究委員會加以推動，委員會由副參謀總長馬紀壯上將擔任主任委員，考選、銓敘、內政、教育等部之次長一人為副主任委員，各有關部高級職員為委員。

　　52年9月9日，行政院函轉國防部研議之「文武轉任比敘方案之研究」案一種，擬自文武轉任考試、文武學資比敘、軍民專長對照三方面同時策劃推行，藉以吸引社會知識青年樂於從軍，取得文武通用之資格，亦可於退伍後就業就學無後顧之憂；更可由此加強國軍新陳代謝，永保軍隊活力。考試院分交考選、銓敘兩部詳加研議具報憑核。[5]同年12月12日召開之第一次文武轉任比敘研究委員會議，考選部梅次長建議文武轉任比敘問題，能依武官之學經歷，以檢覈考試方式辦理較易進行；文武轉任比敘案原則同意，技術問題宜交研究小組研議。教育部

4　國防部人事參謀次長室52年3月1日開會通知單及附件「文武轉任推行計畫初步構想」。
5　考試院52年10月7日（52）考臺秘二字第1645號函及附件「文武轉任比敘方案之研究」。

鄧次長表示，學資比敘在教育部職權範圍內，當盡力協辦，須經立法程序者，則需專案研究辦理；原則上用之於行政職務之學資可以從寬，用之於師資方面之學資則應從嚴。銓敘部曹次長表示，資格比敘方面，依憲法規定公務人員之任用以考試定其資格，惟考試方式不拘一格，自可適應類科之需要而定，未經考試前已辦儲備登記者已可比敘；年資比敘方面，此項已有法案作此研究，如經何種考試及格僅取得適任何項等級最低級任用資格，再計算其曾任軍職之年資，核以較高適當之等級，應無問題。[6]主席結論對解決文武轉任比敘問題，究以立法方式或行政方式，應作進一步之研究。

53年5月15日考選部、銓敘部會呈「後備軍人轉任公務人員考試與比敘條例草案」乙種（副本並函送國防部），經考試院第3屆第167次會議決議交付審查，並由劉委員象山負責召集。審查會中修正兩條，其一為第3條：「本條例所稱後備軍人，以軍人及其家屬優待條例第二條第二款所列之範圍為限。」所稱後備軍人既已在該優待條例明文規定，本草案似無須再列，本條爰刪除。其二為原4、5條均係規定優待事項，擬合併為一條並明定考試成績加分標準，爰修正為：「作戰或因公負傷依法離營之後備軍人參加公務人員考試時得予下列之優待：一、應考資格除特殊類科外，得以軍階及軍職年資應性質相近之考試。二、考試成績得酌予加分，以不超過總成績十分為限。三、應考年齡得酌予放寬。四、體格檢驗得寬定標準。五、應繳規費得予減少。」同年7月10日國防部針對前述草案提出多項修訂建議呈送行政院，包括條例名稱建議修正為「後備軍人轉任公職考試比敘條例」；明定本條例所稱後備軍人，其範圍包括常備軍官依法退除役者、志願在營服役之士官士兵依法退除役者、作戰或因公負傷依法離營者；明定一般後備軍人參加公職考試或檢覈時，以軍階應相關種類考試、寬定體格檢驗之標準、放寬應考之年齡、減少應納規費、優待乘車乘船、總平均分數得予加分；傷殘後備軍人參加公職考試或檢覈時，除一般之優待外，另應視傷殘程度得報考不妨礙工作之類科、應考期間之食宿得享有優待；後備軍人轉任公職比敘時得給予下列優待，包括取得公職任用資格者按全部軍職年資合併計算比敘相當級俸、奉命外職停役轉任公職尚未取得任用資格者按全部軍職年資並依檢覈規定比敘相當級俸、轉任公職經比敘其資格相等者應予優先錄用、轉任公職之機關遇有緊縮編制或改組時應予優先留用。其中外職停役檢覈之規定，係考試院版本所無，說明欄中指出：「凡外職停役轉任公職者，皆係應業務之需要呈奉總統核定，如有尚未取得任用資格者應以檢覈方式完成任命，始符憲法第41條總統依法任免文武官員之規定。」[7]因此顯見外職停役檢覈制度之建制，最早起源於國防部之主動建議。考

6　文武轉任比敘研究委員會第一次委員會議記錄，1963年12月13日。

7　國防部53年7月10日（53）頒預字第312號呈及附件「後備軍人轉任公職考試與比敘條例草案修訂建議」。

試院收到行政院函轉之國防部建議以後，重新召開審查會，並於53年9月4日第3屆第187次會議審議通過，再修正條文中相當程度容納國防部建議，對外職停役轉任規定爲「上校以上奉令外職停役轉任公務人員尚未取得任用資格者，按軍中資歷，直接比敘任用資格及相當俸級」。54年4月3日考試院將後備軍人轉任公務人員考試與比敘條例草案，函送立法院審議。

三、立法院審議經過多所波折

　　前述條例草案經提立法院第35會期第13次會議決定，交付法制、內政、國防三委員會聯席審查。在36及37會期間，先後舉行7次聯席會議，並邀考選部、銓敘部、國防部、內政部派員說明立法要旨並答覆委員詢問，會中作成下列修正：一、法律名稱參酌軍人及其家屬優待條例第36條之用語，修正爲「後備軍人轉任公職考試比敘條例」；二、參採國防部之建議，增列第3條，明定本條例所稱後備軍人之對象爲常備軍官依法退伍者、志願在營服役之士官士兵依法退伍者、作戰或因公負傷依法離營者，以資遵循；三、至於第5條第3款「上校以上奉令外職停役轉任公務人員，尚未取得任用資格者，按軍中資歷，直接比敘任用資格及相當俸給」之規定，因多數委員認爲未臻妥善，並有兩種不同修正意見提付表決，其中張子揚等委員修正意見（即刪除該款規定）未能通過，蔣肇周等委員修正意見得到多數通過；即取消第3款改爲增加第2、第3項爲「上校以上外職停役轉任公務人員，尚未取得任用資格者，其考試得以檢覈行之」、「前項人員所稱外職，應與原任軍職階級相當，專長相近，且係重要職務者爲限」。聯席會中並有張金鑑、張子揚、趙公魯、趙珮、黃通等多位委員保留院會發言權。[8]

　　立法院第1屆第39會期第20次會議、23次會議、25次會議，多次二讀會審查後備軍人轉任公職考試比敘條例草案。召集委員吳延環說明審查經過時，特別針對形成爭議之第5條第2、3項指出：考試院送請審議之條文，將上校以上外職停役規定列入第4條第1項第3款，但憲法第85條規定公務人員非經考試及格者不得任用，因爲該款的規定與憲法的精神違背，同時單列一款也不妥當，也和第三條規定對象不符，所以審查會修正將其另列一項，以和第3條所指對象有所區別。因爲檢覈是考試的一種，並不違反憲法的規定，所以「……其考試得以檢覈爲之」在立法上並沒有毛病；這一條的修正條文，是幾方面都不滿意的協調，然而也是折衷的結果。持反對意見的，有張金鑑委員，他發言表示：既然是後備軍人轉任公職考試比敘條例，上校乃現役軍人，當然不包括在本條例中，此項規定與法律名稱不合；上校以上可藉此取得任用資格，爲了優待上校以上少數軍官，

8　立法院法制、內政、國防委員會55年8月16日臺法字第1064號函所附審查報告。

而得罪多數中校以下軍中人員，將會造成不平影響士氣；上校以上軍官可進退自如，左右逢源，可文可武，但文官卻不能轉任武官，將使文官也為之不平；檢覈並非真正之考試，且與憲法的精神不相符合，因此對審查會通過之意見不敢苟同。嚴廷颺委員則認為憲法規定公務人員非經考試不得任用，故由軍職轉文職應該也要經過考試，才合乎國家之制度；本條係有害無利、害多利少，故應予刪除；為了調和不同意見，可在第3項末句加上「且以本法施行前轉任者為限」字樣，以解決現實問題。趙珮委員表示，國防部想為一百多位已轉任文職之上校以上軍官，解決任用資格問題，如今演變為永久制度，一方面破壞文官體系，另一方面也影響到軍中軍官；公務人員非經考試不得任用，為憲法硬性規定，幾十年努力建立之文官制度，不宜因少數軍人轉任文職而加以破壞。本院不能一面在立法，一面在毀法。張子揚委員則表示，上校以上外職停役軍官不經考試轉任簡任官顯然抵觸憲法，因檢覈代替考試係掩耳盜鈴，公務人員考試方式不包括檢覈始符憲法考試用人精神；其次上校外職停役軍官不符本法第3條後備軍人之定義，且上校以上軍官其尊嚴與榮譽，並非外職停役即可任意捨棄；再其次中校以下軍官不能援例比照，如此之差別待遇容易造成紛擾不平，又上校以上軍官直接廣泛轉任簡任官，亦將影響皓首蒼顏勞碌終年之大量文職人員士氣，因此建議將第2項修正為「上校以上外職停役轉任公務人員尚未取得任用資格者，得應公務人員特種考試之甲等考試」，並可適用考試加分優待。如此既達到國家優待軍人目的，又可維護憲法考試用人之規定。

　　持贊成意見者，則有蔣肇周委員，他表示審查會通過之條文合法合理絕不違憲，因檢覈是考試方法之一，且專技人員即有以檢覈行之規定；其次總統在第11屆軍官會議上指示，「目前人事法令呆板，使軍政人員交流仍多窒礙，今後應進一步促成溝通」，因此軍官轉任文職可刺激政府工作人員提高其工作熱忱及工作效率；再其次西德在二次世界大戰之後，對參戰軍官予以不經考試直接比敘優待，美日等國亦有軍人優待之規定；最後上校以上軍官在軍中資歷教育完整，且外職停役轉任人數不多，當不致影響大量文職人員晉升。另仲肇湘委員表示，考試法既明定考試得以檢覈方式行之，則檢覈即為考試方式之一，上校外職停役檢覈即無違憲問題；其次外職停役之軍官，既經停役，其為後備軍人身分毫無疑義；第三認為軍官外職停役轉任文職將阻塞文職人員之晉升實屬過慮，倘立法之時先假定行法者必將濫用職權，則國家將無可立之法。最後本案以表決方式處理，張金鑑等委員所提建議刪除第5條第2項之意見，僅14位委員附議，不成立；張子揚等170位委員所提修正動議「上校以上外職停役轉任公務人員尚未取得任用資格者，得應公務人員特種考試之甲等考試」，提付表決，在場委員182人，贊成人數26人，少數未通過；表決審查會修正案，在場委員182人，表決贊成人

數150人，多數通過。全案並在第26次會議完成三讀。[9]

四、條例制定後三十餘年未曾更張

　　民國56年6月22日，後備軍人轉任公職考試比敘條例由總統令制定公布全文7條。57年5月15日，考試院根據前開條例第6條規定，訂定後備軍人轉任公職考試比敘條例施行細則，對所稱依法退伍、依法離營、考試成績得酌予加分、應考年齡得酌予放寬、優先留用等，均有明確之細部規定，至於上校以上軍官外職停役之檢覈除在細則中賦予訂定檢覈規則之法源依據外，另規定此等檢覈及格者轉任簡任低職等職務及先以薦任第八職等或第九職等任用者，除予合格實授外，其依規定應取得較高官等職等之任用資格仍予保留。考試院同年月日訂定發布之國軍上校以上軍官外職停役轉任公務人員檢覈規則，其中明定國軍上校以上軍官，經國防部核准外職停役，具備以下條件者，得申請檢覈：一、轉任之外職係簡任或相當簡任或中級以上薦任，而轉任人員可敘至高級薦任者；二、轉任之外職，與其曾任之軍職經歷或軍職專長性質相近者；三、轉任之外職係正副主管或重要職務者。另本檢覈以審查證件方式行之，必要時得舉行面試。[10]

　　比敘條例施行以後，曾經多次準備進行研修，比如國防部在71年10月建議考選部，將第3條後備軍人適用範圍適度擴大，其第1款「常備軍官依法退伍者」修正為「志願在營服役之軍官依法退伍者」，使專科學生班、專修學生班畢業惟服役未達十年者（其身份仍為預備軍官）亦予納入。惟經邀集國防部、內政部、銓敘部、人事行政局等機關會商結果，多數意見仍認為後備軍人轉任公職考試與比敘之優待，其立法有特殊之時空背景與環境，當初在立法院審議時也造成極大爭議，隨著民主化的逐漸落實，多元開放價值觀念產生，再針對特定職業或族群擴大適用優待範圍，立法難度甚高，全案因此擱置。[11]第8屆考試院第93次院會曾決議，國軍上校以上軍官外職停役轉任公務人員，交銓敘部與有關機關於三年內全盤檢討，改採轉任人員須先具有擬轉任職務之任用資格後，始得辦理外職停役。[12]另82年7月12日立法院法制、國防兩委員會聯席會議，審查考試院所送國軍上校以上軍官外職停役轉任公務人員檢覈規則及應試科目表時，即曾附帶決議：「應維護文官考試任用制度之公平性，貫徹憲法第85條：『公務人員之選拔，應

9　有關立法院院會二讀時，正反雙方激辯後備軍人轉任公職考試比敘條例第5條之發言及表決情形，以及三讀時之內容，參見立法院公報第56卷第4冊第7期、第5冊第4期、第5冊第7期、第6冊第2期、第6冊第3期。

10　57年5月15日考試院訂定發布之國軍上校以上軍官外職停役轉任公務人員檢覈規則第3條、第4條。

11　參見考選部，研商後備軍人轉任公職考試比敘條例第3條條文修正案會議紀錄。

12　參見81年9月8日出刊之考選週刊第367期第4版新聞。

實行公開競爭之考試』精神，考試院應會同有關機關針對後備軍人轉任公職考試比敘條例及相關法律之存廢作通盤檢討。」惟銓敘部經多次會商有關機關，國防部及退輔會均持不同意見，爰先取得任用資格再辦理外職停役轉任之議，仍無法推動落實；而由於相關機關的堅持，使得比敘條例只能在如何修正上去加以著墨，而從來沒有加以廢除的考慮。

由於多年來母法始終無法修正，因此只能在施行細則、檢覈規則中就檢覈辦理方式、應試科目、轉任職務性質等方面，微幅進行調整。比如84年12月30日檢覈規則修正增訂第4條之1：「自八十五年一月一日以後始外職停役轉任現職者，於考選部連續辦理兩次考試後，尚未取得擬任職務任用資格者，由用人機關停止其派代。」另85年1月17日公務人員考試法修正公布，明定：「自民國八十八年起，特種考試退除役軍人轉任公務人員考試，其及格人員以分發國防部、行政院國軍退除役官兵輔導委員會及其所屬單位任用為限；上校以上軍官外職停役轉任公務人員檢覈及格者，僅得轉任國防部、行政院國軍退除役官兵輔導委員會、中央及省市政府役政、軍訓單位；後備軍人參加公務人員高等暨普通考試、特種考試退除役軍人轉任公務人員考試之加分優待，以獲頒國光、青天白日、寶鼎、忠勇、雲麾、大同勳章乙座以上，或因作戰或因公負傷依法離營者。」爰施行細則及檢覈辦法均配合修正。

五、情勢變遷審慎研修比敘條例

89年5月考選部劉部長初枝到職，未久即多次在部務會議中裁示，責成所屬研修後備軍人轉任公職考試比敘條例，以符合憲法規定公開競爭之考試原則；上校以上軍官外職停役轉任公務人員，應先經考試及格再派代職務，並將檢覈改為特種考試。同年12月2日立法委員宋煦光等40位委員提案修正後備軍人轉任公職考試比敘條例第3條，納入服志願役之預備軍官，使其依法退伍後亦得享有退伍後之照輔，按其軍職年資比敘相當俸給。同年12月30日立法委員林政則等37位委員提案修正比敘條例第5條，採本項檢覈於本條例修正施行後繼續舉辦十年為限之落日條款。[13]經考選部衡酌各方意見，多次與國防部、退輔會、內政部、海巡署、國家安全局、銓敘部、人事行政局等機關會商研議，基於比敘條例立法當時僅常備軍官屬軍中志願服役之軍官，並無軍事學校專修班及四年制預備軍官之設置，迭有機關及當事人之反應建議放寬適用；比敘條例中對於後備軍人轉任公務人員之任用比敘優待僅作概略性規定，對於優先任用之順序及標準、比敘之官等職等及俸級、優先留用之範圍、優敘俸級之標準等事項，均於該條例施行細則

---

13 參見立法院議案關係文書院總字第1339號委員提案第3348號、3419號。

中規定，並無法律授權依據，與行政程序法第174條之1規定不合；又比敘條例制定之初，爲疏退軍中人力及借重高階軍官經驗，爰設計上校以上軍官外職停役轉任公務人員尚未取得任用資格者其考試得以檢覈行之制度，惟該等規定與憲法第85條「公務人員之選拔，應實行公開競爭之考試制度……非經考試及格者不得任用」、公務人員考試法第2條「公務人員之考試，以公開競爭方式行之」、公務人員任用法第9條「初任各官等人員，需具有擬任職務所列職等之任用資格者始得任用」等規定均不相符等多項理由；90年9月20日考選部、銓敘部會銜函請考試院審議之後備軍人轉任公職考試比敘條例修正案，第3條將志願在營服役之預備軍官納入適用範圍；第5條刪除上校以上外職停役轉任公務人員尚未取得任用資格者其考試得以檢覈行之相關規定，並增列轉任公務人員之後備軍人任用比敘優待之授權規定；另增列第5條之1，明定國軍上校以上軍官轉任公務人員之考試、取得資格、任用程序、轉調範圍及過渡時期之處理方式等規定。[14]

　　由於第5條之1規定，本考試及格人員，由考選部函送國家安全會議、國家安全局、國防部、行政院國軍退除役官兵輔導委員會、行政院海岸巡防署及其所屬機關（構）、中央及直轄市政府役政、軍訓單位遴用；因此引起考試委員之疑慮，認爲考選部在藉此法案修正推動公務人員考試採行資格考試。第一次審查會時，考選部先就法案修正後之衝擊、外職停役檢覈運作方式、未來轉任需求、廢檢覈改爲先考後用之考試方式、及格人員之遴用、新制與公務人員考試法第2條第2項有無牴觸等提出說明；列席之國防部、退輔會等用人機關代表則表示希望維持轉任制度，先考後用方式能和原檢覈精神相容，基於機關性質特殊建議採推薦式、資格限制式、各官等不同考試方式，另爲顧及軍中倫理避免反淘汰現象，及格人員宜由用人機關依成績、期別綜合考評遴用，且以現役軍人應考爲主考上後再轉任。審查會認爲資格考有許多弊端，爲避免人情關說、貪瀆、賄賂等情事發生，且與公務人員考試法第2條規定不合，應審慎考量。第二次審查會考選部再說明指出，未來新制轉任考試屬於特考，另如採分發任用考試依成績名次分發，則無法兼顧及格人員專長、軍中資歷、工作表現等因素；審查會認爲本案法律問題涉及比敘條例施行細則及未來轉任考試規則，部提第5條之1無法全然瞭解其用意，爲避免無法預期之問題，責成考選部根據委員之發言重擬第5條之1，並提相關之配套措施以利審查。第三次審查會考選部提出甲、乙兩案，多數委員認爲並未對資格考、任用考提出完整說明理由，因此要求部再就下列四點作具體比較分析，俾利審查：一、本法應否修正問題，若修正依部之構想，對考試用人制度之得失及修法過程之風險如何？二、新制是任用考或資格考？應明確列出配套規定，如任用計畫、應考資格、考試類科、不同軍階是否採不同考試方式、正額

14　90年9月20日銓敘部銓三字第2070539號、考選部選規字第0901300324號會銜函及其附件。

及增額錄取、考用分發、列冊候用、軍文兩用機關、是否規定應分回原機關改以文職任用等相關事宜，且國防部是否允許其轉任才得以應考等？三、本條例乃公務人員考試法之特別法，本案之改革，在法制上究應如何處理？四、對於以任用考為目標，以資格考為過渡之意見，部具體之看法為何？考選部遂與國防部等相關用人機關協商，希望上校以上軍官轉任公職考試能採任用考試方式，俾與各種公務人員考試一致，經多方折衝國防部等機關同意在應考資格限制下，增加按轉任機關分別報名、分別錄取任用等配套措施下改採任用考，並重擬第5條之1再修正條文。第四次審查會終於開始進行逐條審查，委員們對第3條第2款「志願在營服役」有無包括國防役及替代役；國防役替代役及義務役適用本條例比敘時，年資如何銜接探計等，認為應先予以釐清，爰暫擱置該條。第5條之1第2項「依應考人軍階採不同考試方式」，軍階之用語應與第5條一致；第4項說明欄中加註限制轉調行政院海巡署限定轉任類科之理由，並說明本條處理與現行公務人員考試不同之處。第五次審查會審查結果：第3條照案通過（即後備軍人定義增列常備士官、志願在營服役之預備軍官、預備士官）；第5條修正通過（即第1項第2款文字增列「各官等」、「官等官階」字樣，另比敘標準及其他有關優待事項，授權於施行細則中明定，則照案通過）；第5條之1修正通過（即第2項「軍階」之用語改為「軍職官等官階」）。[15]

全案在90年12月3日送請立法院審議，立法院於同年月24日併案審查宋煦光委員之第3條修正案及林政則委員之第5條修正案，審查會中相關部會首長報告後並無委員詢答，均照考試院送請立法院審議條文通過；惟會中作成附帶決議，要求考選部就隨同業務移撥行政院海岸巡防署及其所屬機關（構）之國軍志願役中校以下軍士官舉辦考試，以保障其轉任公職之權益。同年月31日立法院朝野黨團完成協商，將第5條之1第4項「航海」兩字修正為「航海（空）」外，其餘均照審查會版本通過，並在91年1月8日立法院第4屆第6會期第12次會議審議通過；總統在同年月30日公布在案。[16]

本條例修正公布施行後，由於配合兵役制度之演變，適度擴充了後備軍人的定義範圍，因此對志願在營服役之軍校專修班畢業及志願留營之預備軍官退伍後得以適用本條例。其次廢除外職停役檢覈制度，以符憲法第85條、公務人員任用法第9條之規定。再其次為借重高階軍官之經驗智慧，轉任制度仍予維持，但程序從先占缺後檢覈改為先考試後任用，以符公務人員考試法第1條、第2條之規定；未來並將在考試規則中，明定應考類科設置、應考資格（包括年齡及工作經驗等）、應試科目等。最後為配合軍文兩用機關逐步朝文職機關發展之趨勢，又

---

15 參見考試院「後備軍人轉任公職考試比敘條例部分條文修正草案」審查報告，2001年11月28日。

16 考試院第9屆第265次院會考選部重要業務報告。

考量到國家安全局、行政院海巡署、國防部、退輔會等機關，業務性質差異甚大，為利業務推動，將來轉任考試將採分機關報名、分機關錄取任用方式運作，但本考試及格人員仍可在上述機關之間相互轉調，以維持整體人力運用之彈性。

六、後續法制作業宜速推動——代結語

　　國軍上校以上軍官外職停役轉任公務人員制度，從它的立法沿革及此次修正過程，皆可以看出此一制度具有高度爭議性。學者對其制度存續也多所質疑，比如許濱松教授即表示：「國軍上校外職停役是否有違憲嫌疑尚有值得探討之處，何況又是先到職再檢覈，是以應該廢止，不應再賡續辦理。」[17]持平來看，此種轉任制度雖有促進政治安定、維持社會安全、提振軍中士氣等之正面效益；但從負面來看，也確有難辭酬庸理論、影響行政機關組織氣候、侵擾考選常態運作、阻礙青年朋友就業機會、貶抑高級人力發展等諸多缺失。[18]此次考選部、銓敘部能痛下針砭，針對累積三十多年的陳痾痼疾，大刀闊斧進行改革，其間與國防部、退輔會等利害攸關機關多方坦誠溝通說明協調，在考試院與立法院審議過程中，更是排除各方歧見終於形成共識，前後修法程序之緊湊與慎密，確實值得給予肯定。

　　本法修正通過以後，三年之內新舊制將同時併行，法制配合方面，除必須研修同條例施行細則外，尚須訂定國軍上校以上軍官轉任公務人員考試規則，此一部分將來除本條例特殊規定而外，其餘亦將回歸適用公務人員考試法、典試法、監試法。至於隨同業務移撥行政院海岸巡防署及其所屬機關之國軍上校以上軍官，尚未取得公務人員任用資格者，在本條例修正公布施行後，三年內得依「原」國軍上校以上軍官外職停役轉任公務人員檢覈規則辦理；因此原檢覈規則、檢覈筆試口試實地考試辦法、檢覈委員會組織規程等，均應予以維持以利平順過渡。另依過去處理專技人員考試法第12條第2項「前項檢定考試之補考，依原檢定考試規則辦理之」、第16條第3項「本法修正公布施行前，申請檢覈經核定准予筆試或面試者，得就原核定科目於五年內參加筆試或面試」之前例，既稱「原……」，則相關法規即毋庸修正，以對原得應檢覈之人員給予信賴保護。最後關於立法院所通過之附帶決議，一方面附帶決議並非法律，不執行沒有違法問題；另一方面依85年1月修正之公務人員考試法第2條第1項之規定「公務人員之考試，以公開競爭方式行之，……其他法律與本法規定不同時，適用本法」，因

17　許濱松，中華民國公務人員考試制度，五南圖書出版公司，1992年4月初版，頁526。
18　杜煜慧，退除役軍人轉任公務人員制度之研究，政治大學公共行政研究所碩士論文，1987年6月，頁203-234。

此近些年來考選機關已先後阻卻海關艦艇技役、智慧財產局約聘審查員、精省後省屬機關約聘僱人員等,希望辦理限制競爭考試之要求,爰基於公平公正原則考量,為行政院海巡署未具任用資格之中校以下軍職人員辦理封閉性考試實無可能。其實根據行政院海岸巡防署組織法第22條之規定:「本署軍職人員之任用,不得逾編制員額三分之二,並應逐年降低其配比;俟本法施行八年後,本署人員任用以文職人員為主,⋯⋯。」此一過渡期間部分軍職人員將會屆齡退伍,其餘人員期限屆滿法律亦僅要求「以文職人員為主」,依過去機關改制處理未具任用資格現職人員之前例,至少可以有「任現職至其離職為止」之保障,因此對該等人員之工作權應無太大影響。

　　誠盼相關主管機關儘速完成前述各項附屬法規之制定及修正工作,俾使此一深具改革意義之後備軍人轉任公職之新制,能在穩健中步入坦途,並使我國考銓法制之健全化,能向前邁進一大步。

(人事行政季刊第139期,91年4月)

肆、新制專門職業及技術人員考試法評析

一、前言

　　專門職業及技術人員考試法修正案，立法院第4屆第2會期第11次會議在民國88年12月7日審議通過，並由總統在同年同月29日修正公布。由於本法修正條文自中華民國90年1月1日施行，因此考選部在89年1月成立專案小組，全面進行30餘項附屬法規之修（制）定工作，其中包括通案性法規，如本法施行細則、專技人員考試審議委員會組織規程、總成績計算規則、體格檢查標準、口試規則、實地考試規則等9種；個別考試規則則有律師高考規則、民間之公證人高考規則、會計師高考規則、建築師高考規則、技師高考規則等25種。全部修法工作已在同年12月底以前全部完成，考選部也編印新制專技人員考試宣導手冊，分送相關機關學校參考，期能順利轉型實施新制。由於實施新制架構和舊制相距頗大，對應考人報考權益也造成若干實質影響，爰爲文說明專技人員考試法修正要旨、新制專技人員考試運作情形、附屬法規研修（訂）大要及其缺失、未來專技人員考試法再修正時可能考慮之重點等，以供外界參考。

　　按現行之專門職業及技術人員考試法之制定，係在民國74年，原考試法修正草案於立法院法制委員會審議時，由張前立法委員子揚等44位委員連署提案，主動將考試院送審之考試法1分爲2，成爲現行之公務人員考試法、專門職業及技術人員考試法兩法併行制度。但是由於係立法委員主動立法，復因時間匆促，並未充分考量兩種不同性質考試之差異，致該法自民國75年1月公布施行以後，運作上有若干缺失逐漸浮現，比如檢覈規模日益擴大遭致外界批評、專技人員特考等級不明、應考資格消極條款限制過嚴、考試方式與技術欠缺彈性等，均亟須檢討改進。爲改革上述缺失，健全專技人員考選法制，考選部在81年底成立專案小組，通盤檢討專技人員考試法，並廣徵學者專家、相關職業主管機關及職業公會全聯會之意見，多次召開會議研商，復於83年6月將修正草案初稿向全體考試委員簡報後將部分意見再予納入，以使草案內容益臻週妥。同年8月專技人員考試法修正草案報請考試院審議，歷經3次全院審查會始修正通過，並於同年12月由考試院函送立法院審議；立法院法制委員會在85年1月15日第2屆第6會期第10次全體委員會議完成初審。其後因法案性質不具政治敏感性，亦非重要民生法案，因此遲遲未能排入立法院院會進入二、三讀；88年2月考選部陳前部長金讓轉任國民大會副議長，吳挽瀾先生接掌部務，積極協商立法院，終於在同年11月17日朝野黨團協商竣事，12月7日順利完成二、三讀程序。總統於同年12月29日公布。

二、專門職業及技術人員考試法修正要旨

此次專技人員考試法之修正重點，茲分述如次：

（一）界定專門職業及技術人員之定義，為「依法規應經考試及格領有證書始能執業之人員」，至於其具體考試種類，則仍依現行方式由施行細則加以規範。此之「依法規」，係以職業管理法律及法律授權訂定之法規命令為限，而排除行政規則與職權命令；「應領證書」則指職業證書或職業證照而言。另司法院大法官會議第352號解釋有關土地登記專業代理人係屬專門職業之詮釋，以及釋字第453號解釋之理由書中，有關專門職業及技術人員，係指具備經由現代教育或訓練之培養過程始能獲得特殊學識或技能，而其所從事之業務，與公共利益或人民之生命、身體、財產等權利有密切關係者而言（此項解釋係民國87年5月8日公布，當時專技人員考試法修正案立法院法制委員會已完成初審）。未來在認定某一新增職業，是否屬於專門職業及技術人員時，應可作為輔助之參考依據。

（二）憲法第86條規定，專門職業及技術人員執業資格，由考試院依法考選銓定之。增修條文第6條亦規定，考試為考試院獨立完整之權力。因此此次修法刪除相關條文中「會同關係院」之文字，未來有關專技人員之應試科目、應考資格、體格檢查標準等，均由考試院掌理。不再會同關係院訂定發布。惟研議過程中，仍будe邀請職業主管機關、公會全聯會、大專院校相關系所與會，並充分尊重專業判斷。

（三）專技人員考試等級，分為高考、普考、初等考試3種，特種考試等級則分別比照高普初等考試列等。由於專技人員轉任公務人員條例自82年8月公布施行迄今，已有4千餘人以具有專技人員高普特考及格資格，依此條例轉任公務人員，故高普考試等級仍予維持，並增列初等考試；又特種考試等級明定比照高普初考，以避免爾後逐一認定產生困擾。另對專技人員而言，通過高等考試即取得各該專技人員執業資格，故其性質和公務人員不同，爰不按學歷（博士、碩士、大專畢業）再將高考予以分級。

（四）為配合高等教育之發展及實務作業考量，專技人員高等考試之應考資格，在專科以上相當科系畢業之外，增列研究所畢業者亦得報考，惟如職業法有特別規定研究所不得報考者，仍從其規定。如就讀醫學研究所者。有可能是生物系、生化系畢業者，其研讀基礎醫學並獲致碩士學位，惟並未經醫學系嚴格之臨床實習，因此醫師法乃特別規定公私立專科以上學校或教育部承認之國外專科以上學校修習醫學，並經實習期滿成績優良，得有畢業證書者始得應醫師考試。

（五）取消行之多年之檢覈制度，但將原檢覈精神融入考試，即規定應考人僅具學歷條件者，應全部科目考試，除學歷條件外另有相當資歷者，視其條件之不同，減免全部或部分應試科目，使得專技人員執業資格之取得，能在同一命

題、閱卷標準、錄取標準之下完成，以齊一專技人員之素質。另外在檢覈制度廢除以後，爲保障原申請檢覈經核定予以筆試者之權益，爰訂定5年過渡條款，使原申請檢覈經核定予以筆試者，得就原核定筆試科目繼續應試。

（六）爲彈性辦理專技人員考試，規定專技人員考試得視類科需要，每年或間年舉辦一次，必要時亦得臨時舉行。換言之，未來專技考試之舉辦次數將趨於彈性多元，不同類科採取尊重專業、多元彈性之原則，一年可以舉辦2次以上，也可以一年1次，或二年1次。另爲改進考試方法技術，考試及格方式亦得視考試等級或類科之不同，採取科別及格制、平均成績滿60分及格制、錄取各類科全程到考人數一定比例及格制3種方式，俾利各類專技人員考試彈性運用，以提升專技人員執業水準。

（七）爲建立專技人員應經正規教育養成，以確保執業水準之政策，爰刪除高普檢定考試，但爲保障原經高普檢定考試及格者之應考權益，訂有特別條款以資適用。同理，中醫師檢定考試亦予取消，惟因國內正規中醫教育尚不發達，爲顧及中醫人才之培養，中醫師檢定考試在本法修正公布施行後五年內繼續辦理5次，以作爲過渡。中醫師檢定考試及其補考，仍依原檢定考試規則辦理。

（八）明定各種考試榜示後一年，有因典試或試務疏失致應錄取而未錄取者，應由考試院補行錄取；反之，有不應錄取而錄取者，則由考試院撤銷其錄取資格。

（九）爲顧慮專技人員職業管理法規眾多，由各該主管機關同步修正難度頗高，爰以凌越條款方式明定專技人員職業管理法規，其有關考試之規定與本法牴觸者，應適用本法。

三、未來專技人員考試之運作方式

未來專技人員考試之檢覈，在檢覈制度廢除以後，檢覈即與考試合流。但在本法修正公布施行前，已申請檢覈經核定准予筆試或面試者，得就原核定科目於五年內參加筆試或面試。爲因應未來檢覈取消以後，平時辦理審議申請減免應試科目案件之需要，因此參酌現行檢覈委員會之制度及功能，設立各種專技人員考試審議委員會，以辦理減免應試科目案件之審議。其中有關全部科目免試案件之處理，仍循現制全部免試檢覈模式，即經各專技人員考試審議委員會決議准予全部科目免試及格之案件，由考選部核定後報請考試院核發證書，不另提報典試委員會；至於部分科目免試則和全程考試，皆須受典試程序之規範。

又爲配合修法後現行專技人員高普考試與檢覈之整合，專技人員考試辦理之型態，將從目前高普考試每年辦理1次，依類科之性質，逐步予以分散舉辦；以90年度各種考試期日計畫表爲例，原於每年12月統合辦理之專技人員高普考試，

將改爲7月份辦理醫事人員、中醫師、營養師、獸醫人員高普考試，10月份辦理律師、會計師、社會工作師、民間之公證人高等考試，12月份辦理建築師、技師、不動產估價師高等考試。至於專技人員高普考試應考資格表、應試科目表則會打散，個別於各該考試規則中整合現行之應檢覈資格併同規範，以使未來專技人員考試之辦理，能因應各類專技人員不同之持性及社會需求，而更具靈活彈性。總之，專技人員考試法修正通過後，未來專技人員考試辦理之型態，不同類科將予以合併或分散辦理，並依需要彈性運用，其應考資格、考試科目數、及格方式及考試方式等，各類科均將在尊重專業的前提下有所區隔。以應考資格來說，高等考試應考資格第1款將改爲本科系所（以會計師爲例，即爲會計科系所），第2款則爲相當科系所（以會計師爲例，其認定標準則爲需修習會計系主要學科科目表中科目至少7科達20學分以上，其中每科目最多採計3學分，且其中必須包括初等會計學或會計學（二）成本會計或管理會計學、審計學或高等審計學），以提升專業水準。應試科目方面，高考以8科、普考以6科爲原則，惟仍尊重專業保持科目數之彈性設置。考試方式則可在筆試、口試、實地考試等方式中，彈性運用及組合。及格方式可在各科目平均滿60分爲及格、錄取各類科全程到考一定比例及格、科別及格（各類科各應試科目成績以各滿60分爲及格，部分科目及格者准予保留三年，其未及格之科目，得於連續三年內繼續補考之，期限屆滿尚有部分科目未及格者，全部科目應重新應試）等三種方式中擇一採行。

四、專技人員考試法修正案第13條起風波

此次專技人員考試法之修正，其重點之一即是專技人員之養成回歸正規教育，以提升執業素質，因此中醫師檢定考試應予限期廢除。但又考量到國內正規中醫教育尚不十分發達，復因中醫系畢業者在同時持有中醫及西醫2張證書以後，大多數均選擇執業西醫，使得中醫師檢定考試及特種考試成爲培育中醫師之主要管道，爰在專技人員考試法修正案中預留三年之緩衝時間，以資過渡。同時爲促成正規中醫教育人力回流，考試院同時作成附帶決議：「自民國84學年度起入學之中醫學系學生，僅得報考公職中醫師、專技中醫師。」對於專技人員考試法第13條，考試院原擬之條文爲：「（第一項）本法修正公布施行前，經中醫師檢定考試及格者，取得專門職業及技術人員高等考試或特種考試中醫師考試之應考資格；部分科目不及格並於三年內繼續補考及格者亦同。（第二項）中醫師檢定考試於本法修正公布施行後三年內繼續辦理三次，部分科目不及格者，准予三年內繼續補考三次。（第三項）中醫師檢定考試及其補考，依原檢定考試規則辦理之。」85年1月15日立法院法制委員會照考試院條文通過完成初審。惟林委員政則等19位委員以國內中醫師教育尚不普及爲理由，提出前條第2項修正文字

為：「中醫師檢定考試於本法修正公布施行後暫仍繼續舉辦，及格者取得如前項考試之應考資格；部分科目不及格並於三年內繼續補考及格者亦同。俟國內設有中醫學系且有畢業生之醫學院達半數（含）以上，始予停辦。」考選部認為目前除中國醫藥學院設有中醫學系之外，長庚大學亦已增設，而慈濟醫學暨人文社會學院亦正籌設中醫學系中，為提升中醫師之執業水準，落實教、考、用配合政策，有關限期停辦中醫師檢定考試之過渡期限，實不宜過長。該部爰委請劉委員光華提修正案，將第2項文字修正為「中醫師檢定考試於本法修正公布施行後五年內繼續辦理5次……」，並經立法院院會順利完成二、三讀後，總統明令公布。

　　至於限制中醫系報考西醫之附帶決議，由於中國醫藥學院中醫系師生、中國醫藥學院校友會、中醫師公會之強烈反對與抗議，考試院在邀集教育部、衛生署等相關機關會商以後決定變更決議為：「自民國85學年度起入學之中醫學系學生，僅得報考公職中醫師、專技中醫師。惟中醫學系畢業生如已完成中西醫學雙主修課程者，不在此限。」因此中醫學系畢業生在取得中醫師資格以後，得以報考西醫師之管道仍予保留。

　　專技人員考試法第13條第1項，對「本法修正公布施行前，經中醫師檢定考試及格者，取得專門職業及技術人員高等考試或特種考試中醫師考試之應考資格；部分科目不及格並於三年內繼續補考及格者亦同。」其之所以高等考試與特種考試併列，主要是因為目前中醫師檢定考試及格者僅能報考中醫師特考，中醫學系畢業者則可報考中醫師檢覈筆試及中醫師特考；未來檢覈取消以後，檢覈制度將回歸考試，故高等考試將增列中醫師類科。倘中醫師特考爾後予以停辦，原中醫師檢定考試及格者仍可參加高考。為因應中醫師檢定考試及格者和中醫學系畢業者可能一起參與高考之競爭，原擬規劃配套措施，包括：中醫師檢定考試及格者需自費負擔並接受一年半的臨床訓練，以補其正規教育知能之不足；另研訂高考中醫師考試規則草案時，將考量中醫學系及學士後中醫學系之課程內容，對應考資格、應試科目、命題形式、及格方式等審慎規劃，以利正規中醫系畢業生之應試，俾彰顯重視正規教育之修法精神。惟中醫學系學生在專技人員考試法修正案完成立法程序以後，對於中醫師檢定考試及格者准予參與應考高等考試極為不滿，並以罷課及陳情方式提出訴求；89年4月24日立法院法制委員會審議通過立法委員賴勁麟等37人所提專技人員考試法第13條修正案，刪除原第1項之規定。法制委員會並作成多項附帶決議，包括：（一）本修正條文通過以後，中醫師特考仍應繼續辦理，但考試院應評估中醫師之社會需求及中醫師養成教育之政策，對中醫師特考之舉辦及舉辦特考時之錄取成績及人數，作審慎適當之考量；（二）考試院應就中醫師檢定考試及格，參加中醫師特考者之應考資格、應試科目、錄取標準、臨床訓練等事項，加以檢討釐定及修正特考規則等規定，以提升

考試及格者之中醫學術素養及技術，保障國人中醫醫療權益；（三）行政院衛生署應就中醫醫事技術、中藥藥材品質管制等項目，研擬具體辦法，提高中醫藥之技術水準與現代科技相結合，俾中醫藥之成就更加發揚光大。同年5月19日立法院朝野黨團完成協商，除照審查會條文通過外，另增列一項附帶決議：「經評估後，如特種考試中醫師考試決定停辦，其原經中醫師檢定考試及格者，應研擬辦法給予進修中醫必要學科及學分之機會，兼具上開條件者，始得報考專技人員高等考試中醫師考試，考試院並應與教育部、行政院衛生署會商訂定上開進修相關辦法。」本條文立法院於9月26日完成二、三讀程序，總統於同年6月14日公布。本條文公布以後中醫學系畢業者與中醫師檢定考試及格者僅能分別報考中醫師高等考試與特種考試，基本上維持原有之分流處理的現況。另考選部將會在民國97年（配合90年開始五年過渡辦理5次以及3次補考之最後年限）邀集教育部、衛生署、中醫師公會全聯會、各大學中醫學系代表，檢討中醫師特考之存廢，倘經評估後確有停辦中醫師特種考試之必要，屆時將會另行會商相關機關研擬中醫師檢定考試及格者准予修習中醫必要學科及學分之相關辦法，俾使兼具上開條件者，得以報考專技人員高等考試中醫師考試。

五、附屬法規研修（訂）大要及其評估

　　新制專技人員考試之附屬法規，其中施行細則、審議委員會組織規程在89年7月25日發布；口試規則、實地考試規則在同年11月27日發布；總成績計算規則、體格檢查標準、心理測驗與體能測驗規則在同年11月29日發布；華僑應專技人員考試辦法在同年12月2日發布（同日外國人應專技考試條例函送立法院審議）。至於原統合辦理之高普考試，將依事實需要分散辦理，其應考資格、應試科目數、考試方式及及格方式等，均在尊重不同專業維持個別差異情況下另行訂定相關考試規則。其中驗船師特考規則在89年11月14日發布；航海人員特考規則在同年12月26日發布；中醫師特考規則等10種規則在同年12月20日發布；民間之公證人高考規則等二規則在90年1月9日發布；不動產經紀人特考規則等二規則則在90年1月30日發布。至於高等考試律師、會計師、建築師、技師考試規則草案，則至本文執筆之3月初尚在考試院審議中。

　　綜合來看，新制專技人員考試制度取消檢覈回歸考試、重視正規教育、考試辦理次數應試科目數及格方式等均趨彈性多元、應考資格相當系科認定探修習學分數、明訂應試科目之題型（如測驗題、申論題或混合題）等，均較過去有所進步。但如從求全責備之角度來看，確實有若干缺失有待檢討，茲分述如下：

　　（一）專技人員考試法第27條第2項規定：「本法修正條文自中華民國九十年一月一日起施行。」理論上說，所有專技人員考試附屬法規，即應該在89年底

以前發布，並配合自90年1月1日起施行。但從前述相關法規發布日期來看，泰半考試規則皆拖到90年新制實施以後始陸續發布，對有志應考者來說，時效上明顯有所延誤。尤其是應考資格從嚴、考試科目變更，又無緩衝期限，考前半年多始遽予公布，頗多考生一時無法調適因而心生不滿，遂在網路上大肆批評。

（二）新制專技人員考試法規眾多，最理想的方式應該在考試委員座談會中就新制全盤架構及其運作先行簡報，以利爾後審查會時建立共識及縮短時間。另外在報請考試院審議流程中，亦宜採取包裹立法方式或按性質分數批報院，始能完整平衡加以考量。但實際作業，卻按照90年度考試期日計畫表之順序零星個別報院，遂產生前面通過多種考試規則對於應考資格從嚴皆無過渡處理規定，後面審到會計師高考規則草案時，應考人的抗議引起注意遂增列會計師應考資格中核心科目三年落日條款的突兀且失衡情形。

（三）新制專技人員考試制度，和原有規定差別頗大，因此所有思考應重新歸零，而非率由舊章逕行轉換。比如說專技人員考試法中有關考試的等級係分為高等、普通、初等3個等級，特種考試的等級則比照高普初考認定。但航海人員之類科設置則仍援舊例，一等船長、輪機長、大副、大管輪、船副、管輪、二等船長、輪機長、大副、大管輪之等級，皆相當於專技人員高等考試；於是應考資格中有以經歷為主的船長、大副、輪機長、大管輪，也有學歷與經歷併列的船副、管輪；應試科目中更出現同為高考等級之一等船長、大副、船副、二等船長、大副併列，而一等與二等應試科目完全相同的奇怪現象；此外像相當普考之二等船副應試科目8科亦較相當高考之一、二等大副考5科為多，也和所有專技人員高普考試的科目設置原則不符，此一部份允宜考慮僅辦各等級中最基礎類科之考試，其餘類科應回歸經訓練後升等之作法。再比如引水人之學習，其原錄取人員學習辦法之內容和引水法、引水人管理規則多所重複，但涉及錄取人員權益之課程時數、付費標準、延訓補訓退訓等及註銷受訓資格之條件、成績計算標準等均未加規範，因此僅修改法源，其餘賡續因陋就簡即有所不宜。

（四）考試名稱及屬性應加以通盤檢討，同時眾多考試規則，亦可適度進行法規簡併。依專技人員考試法規定，專技人員考試分為高等考試、普通考試、初等考試三等，為適應特殊需要，得舉行特種考試。換言之，高普初等考試為主，特種考試為輔之原則，應極為明確。但衡諸實際，特種考試種類卻遠超過高普考試；且特種考試中；有永續辦理性質者，亦有限期停辦者，性質混淆不清外界更難理解。未來除考試等級與高普考試顯下相容者（如航海人員特考）外，實應將永續辦理之特考回歸高普考試。另外諸多考試規則中，除應考資格、應試科目、及格方式等少數條文不同外，基餘立法體例及文字大體均相同，基於法規簡化原則，對同一主管機關管理之專技人員，亦可考慮合併成為單一考試規則。

（六）部分附屬法規之訂定，似已偏離了母法的立法原意，未來恐會引發爭

議。比如專技人員考試法第19條規定之及格方式包括科別及格、各科目平均滿60分及格、錄取各類科全程到考人數一定比例為及格等3種。同法施行細則第15條界定「各科目平均滿60分及格」,指各類科應試科目總平均成績滿60分及格,語意並不十分明確;各該考試規則中,則仍援舊例,採普通科目成績以每科成績乘以10%後之總和計算之,專業科目成績以各科目成績總和除以科目數再乘以所占剩餘百分比計算之。這一種計算方法,似非母法所揭櫫之「各科目平均滿60分及格」之本意──即普通與專業科目每一科目所占比重均相同。

　　6. 應考資格從嚴規範,沒有過渡條款,造成許多去年根據3科原則報名專技人員高普考試者,今年採取高門檻學分數,以致於無法報考情形。其實新制專技人員考試法有關高等考試應考資格之基本規定,和原有條文並無太大出入,但是為了能夠科學化認定應考資格,遂改採第1款本科系所,第2款相當科系所(以修習一定學分數為認定基準)之原則,此一基本構想甚佳。但在邀集職業主管機關、公會、相關學校本系科所會商過程中,由於與會人員同質性甚高,因此相當系科所之認定標準門檻即大幅拉高,一般皆為至少20學分修習7科,甚至建築師更有高到36學分情形,另外再加所謂必修之核心課程;各類科中除會計師因考試委員有財經背景者提出質疑,因而訂定三年過渡條款外,其餘類科皆發布考試規則後立即實施沒有緩衝餘地,隨著考試規則陸續發布,各方不同意見逐漸湧現反彈,此一從嚴規定究竟阻卻了多少人的報考機會,因為沒有具體數據資料無從推估,但其可能所引發之後續效應,值得密切加以觀察。其實當時如能考量原採計3科9學分准予應考之現實,因而酌增至4科12學分或5科15學分,並刪除核心科目要求,由於和舊制相去不遠,新舊制接軌應會比較順利。

六、未來專技人員考試法再研修之重點

　　89年12月27日總統公布增訂行政程序法第174條之1,明訂:「本法施行前,行政機關依中央法規標準法第七條訂定之命令,須以法律規定或以法律明列其授權依據者,應於本法施行後一年內,以法律規定或以法律明列其授權依據後修正或訂定;逾期失效。」基於此,目前在施行細則中授權訂定之各類科高等普通初等考試規則、應考資格審查規則等,均允宜提升其位階至法律。除此之外,下列各點亦可考慮納入研修範圍:

　　(一)憲法上之「專門職業及技術人員」,在專技人員考試法第2條賦予其定義為「依法規應經考試及格領有證書始能執業之人員」,其重點似在於「應經考試及格」、「領有證書」等形式要件。其實司法院大法官會議第352、453號解釋之解釋理由書中,對專門職業、專門職業及技術人員皆有周延的運作定義,應可考慮納入條文,以強化專技人員之定義內涵,減少未來認定時之爭議。

（二）專技人員高等考試應考資格，學歷部分規定為國內外專科以上學校相當科系所畢業，並無工作年資限制。近年來有頗多學術界及實務界人士建議，專技人員考試應有相當工作經驗始得報考，才不致考出來的專業人才只能紙上談兵缺乏實作能力；但另一方面如醫事人員必須領有職業證照始能執行業務，未有執照前無從累積工作經驗。因此工作年資之限制，宜視類科性質不同而彈性規範。

（三）專技人員普考應考資格，為公私立高級職業學校相當科系所畢業者，一方面國外高級職業學校未予納入，再一方面國內高中高職融於一爐之綜合中學似也不在高級職業學校範圍，此外部分普考等級之專技人員（如土地登記專業代理人、不動產經紀人等）並無高級職業學校在培養相關人才，確有必要斟酌放寬納入高級中等學校畢業者。

（四）典試與試務疏失，致應錄取而未錄取者應補行錄取，此原為公務人員考試法與專技人員考試法之共通規範；此次專技人員考試法修正，增列了不應錄取而錄取者應撤銷其錄取資格之規定，目前已經產生兩法規範不一之情形。新增之規定似乎很公平，但從應考人之角度來看，第2次典試委員會已經決議並正式對外榜示，如因典試或試務之疏漏因而補榜，固皆大歡喜；如因此而將原已榜示錄取者再予撤銷資格，既易引起反彈恐亦不符信賴保護原則。

（五）外國人應專技人員考試，新制仍規範「另以法律定之」。其實就外國人應專技人員考試條例之實質內容而言，多規定各類科專技人員外國人之應考資格而已，此等屬考試規則之層次，不必採法律規範；故可將外國人與華僑應專技人員考試，授權另訂辦法即可。

七、結語

新的專技人員考試法已自中華民國90年1月1日施行，由於新制和原有制度差距頗大，因此對應考人勢必造成一定程度之衝擊，此由考選部全球資訊網站詢問及表達意見人數之多，可以窺知一二。目前30餘種附屬法規已陸續訂定發布，考選部也已編印說帖小冊分送相關職業主管機關及學校，以供各界參考及加強宣導新制。同時應特別注意，未來這一年對於外界的各種反應及意見回饋，允宜多方蒐集並檢討評估，進而後續調整改進。最後，因為時代快速進步、社會分工越細，新的專門職業不斷增加，考選部實應全面檢討，何者可以改為委託職業主管機關或具公信力之民間團體辦理考試，以減輕行政負荷；同時試務工作亦應進行簡化流程，合併辦理考試，以提升工作效率，並符小而能的政府再造趨勢。

（人事行政季刊第135期，90年3月）

壹、從高科技或稀少性工作類科標準修正說起

一、考試院審議通過高科技或稀少性工作類科標準修正案

考試院第12屆第43次院會，討論通過考選部提報之高科技或稀少性工作類科標準修正案。審查會中刪除高科技或稀少性工作定義，並恢復原擬刪除「各機關高科技工作類科之職務，應以薦任官等以上之職務為限。」「經認定之高科技或稀少性工作類科，應每三年檢討一次。」之條文，其餘均照部擬條文通過。

本案在考選部研議階段，曾先後兩次經該部法規委員會決議退回重擬。其理由為：一、宜併同公務人員特種考試取才困難高科技或稀少性技術人員考試辦法修正案，重新統合規劃研修後再送本會審議；二、應審酌是否明確界定何謂高科技或稀少性定義？宜參照公務人員考試須具備專門職業證書始得應考類科審核標準做法，明確規範標準之具體程度或條件為何；另工作類科應詳細列舉，不宜空白授權考試前臨時訂定，以利後續考試類科設置；三、宜考量透過高科技或稀少性工作類科建制，吸納部分聘任機關職務能以考試公開用人，以利人才久任；四、部分現行高考一級、高考三級及普考原有高科技或稀少性工作類科，是否應予以刪除，全部回歸特考辦法。（考選部法規委員會，2014）最後由考選部董部長召集部內會議，確定高科技或稀少性工作類科標準與公務人員特種考試高科技或稀少性技術人員考試辦法脫勾處理；研訂工作類科標準時，應參酌前於2003年報考試院審議之高科技或稀少性工作類科標準草案及司法院大法官第702、709號等解釋；俟高科技或稀少性工作類科標準修正通過後，始據以訂定相關考試規則，考試類科、考試方式、應考資格等，均可依等級、類科、性質不同彈性處理。（考選部，2015）其後工作類科標準修正草案方能順利訂定。

二、未來高科技或稀少性工作類科考試恐難舉辦

　　按照程序來看，高科技或稀少性工作類科標準修正通過以後，如有用人機關申請新增高科技或稀少性工作類科時，應填具申請書，敘明工作內容、職務所需具備之核心職能，執行職務所需知能與新增高科技或稀少性工作類科關聯性，建議新增類科名稱、所屬職系、考試等級、應考資格及應試科目等，透過人事行政總處或銓敘部函轉考選部。高科技工作類科由考選部邀集科技部、人事行政總處、銓敘部、用人機關及學者專家依據職務內容係屬尖端性、前瞻性科學技術工作，職務所需具備之專業知能與高科技具相當關聯性，職務適用高科技工作類科之合宜性等標準加以審核；稀少性工作類科則由考選部邀集人事行政總處、銓敘部、用人機關及學者專家依據職務內容係屬需具有特殊專業技能、且不易羅致人員之工作，職務所需具備之專業知能與稀少性具相當關聯性，職務適用稀少性工作類科之合宜性等標準加以審核。

　　不過從考試院審查會所邀列席用人機關代表之發言，可以看出若干未來可能之發展。如衛生福利部表示：該部食品藥物管理署業務涉及中藥材基原鑑定、中藥製劑國產查驗登記、市售中藥產品品質調查、中藥材標本維護與中藥檢驗等；鑒於國內對中藥管控標準不斷提高，該署仍有進用生藥中藥基原鑑定人才之需求，爰高考三級稀少性類科生藥中藥基原鑑定類科仍建請維持，但該部並無請辦稀少性工作類科特種考試需求。文化部表示：該部並無高科技人員需求，至於特殊專業領域人員，目前係比照教育人員任用條例採聘任制；又銓敘部刻正研擬聘任人員人事條例草案，未來如能完成立法，即可依法聘任人員。故宮博物院表示：該院研究職專業人員進用，係依該院組織法規定，準用教育人員任用條例規定聘任之，並訂定國立故宮博物院專業人員新聘及升等審議作業要點，以資遵循。又為因應教育推廣、展覽布置、文物修護、文物攝影及美工設計等專業技術人員需求，另訂有國立故宮博物院聘任專業技術人員送審作業原則，作為該類稀少性並具專業技術性質人員進用依據。該院亦期待銓敘部正研擬聘任人員人事條例草案，能早日完成立法程序，以循該條例辦理相關人員進用。（考試院審查報告，2015）簡而言之，相關用人機關認為現階段各該機關高科技或稀少性用人，以聘用人員聘用條例（聘用制）、準用教育人員任用條例（聘任制），已足可維持彈性靈活用人方式，但對提報職缺考試用人似乎興趣缺缺；同時用人機關對銓敘部研議中之聘任人員人事條例草案，充滿期待與憧憬，認為一旦該條例完成立法，相關人員即可成為常務人員，其薪給、考核、陞遷及退撫等皆與任用人員相同。因此在聘任人員人事條例草案未完成立法前之過渡階段，很難期待這些用人機關會根據高科技或稀少性工作類科標準之法定程序提出新增工作類科申請。

三、溯源高科技或稀少性工作類科考試辦理依據

　　現行高科技或稀少性工作類科考試之辦理，係源於王作榮先生擔任考選部長時派員赴日本及韓國考察，發現日本科學技術廳部分特殊職務用人（如醫師、船長、研究人員等），採競爭考試以外能證實能力之考試方式錄用；另韓國對精通外語者、科學技術人員、或具特殊實務經驗者之任用，得依特別採用考試而為錄用；或不採筆試，以口試、實地考試、著作發明審查、學經歷知能審查等交叉混用，或多元考試方式併採筆試，但筆試占分比例不高。故1996年1月17日總統修正公布公務人員考試法第4條遂參採增列：「（第一項）高科技或稀少性工作類科之技術人員，經公開競爭考試，取才仍有困難者，得另訂考試辦法辦理之。（第二項）前項高科技或稀少性工作類科標準，由考試院會同行政院定之。（第三項）第一項考試錄取人員，僅取得申請考試機關有關職務任用資格，不得調任。」規定。（李震洲，1997）

　　本案規劃之初，係採雙軌方式建置，公開競爭考試部分，考選部訂定特種考試高科技或稀少性技術人員考試規則草案；取才困難考試部分，則另訂特種考試取才困難高科技或稀少性技術人員考試辦法草案，報考試院審議後並同步發布施行。公開競爭考試之考試規則中，高科技人員考試分為一、二、三等，稀少性人員考試分為二、三、四等；其中一等考試採筆試、口試、審查著作或發明方式，二、三、四等考試採筆試或筆試及實地考試方式；本考試及格者，取得同職組各職系任用資格，不得轉調請辦考試機關及其所屬機關以外機關任職。附表中高科技設有一等高科技生物製劑之開發技術、二等生物製劑及藥物開發技術、三等核醫影像處理（正子數學模式分析）、醫用物理、原子能科技、醫事技術類科；稀少性設有二等臨床工程、三等航空器維修（航空工程）、義肢裝具、生藥中藥基原鑑定、法醫病理醫師、航空駕駛類科，四等設有航空器維修技術、醫學工程、齒模製造、屍體防腐化妝之處理技術類科。應考資格與高等考試及普通考試相當，應試科目一等筆試四科及口試、審查著作或發明；二等考六科；三等考八科；四等考七科，其中部分類科應考資格有限制工作經驗或受訓期限，部分類科專業科目且採實地考試。至於取才困難之考試辦法中，高科技人員考試仍分為一、二、三等，稀少性人員考試分為二、三、四等；本考試各科別之舉辦，需經公開競爭考試，無人錄取或錄取不足額時，始能配合設置；其中一、二等考試採口試、審查著作或發明方式，三、四等考試採口試、實地考試方式，均不以筆試為必要；本考試及格者，取得同職組各職系任用資格，不得轉調原分配訓練、分發任用機關以外機關及同職組以外其他職系之職務。附表中類科設置、應考資格與公開競爭考試類似；考試方式則視考試等級與類科需要，貼近實際用人需求。

如三等醫用物理，實地考試考核子醫學儀器品管作業及人員劑量計算，原子能科技實地考試考高能直線加速器各種物理特性校測及治療操作，生藥中藥基原鑑定實地考試考中藥組織切片實地操作及鑑定，航空駕駛實地考試考模擬機飛行；四等考試醫學工程實地考試考醫療儀器檢修技術，齒模製造實地考試考假牙製作。

考試院第9屆第42次院會審議通過特種考試高科技或稀少性技術人員考試規則、特種考試取才困難高科技或稀少性技術人員考試辦法時，曾作成附帶決議：公開競爭考試部分於1998年1月舉辦完畢後，併入高普考試辦理。

四、公開競爭考試首次辦理後錯失取才困難考試辦理契機

1998年1月首次辦理公開競爭之高科技或稀少性技術人員特考，計設有一等考試高科技生物製劑之開發技術科；二等考試生物製劑及藥物開發技術科、臨床工程科等2科別；三等考試核醫影像處理（正子數學模式分析）、醫用物理、原子能科技、醫事技術、航空器維修（航空工程）、生藥中藥基原鑑定、法醫病理醫師、航空駕駛等8科別；四等考試航空器維修技術、醫學工程、齒模製造、屍體防腐化粧之處理技術等4科別。合計需用名額32人，報考328人，到考200人，錄取30人（不足額錄取2人），及格率為15.00%。不足額錄取類科分別為三等醫事技術1人（該類科需用名額1人，無人錄取），法醫病理醫師1人（該類科需用名額5人，錄取4人，不足額錄取1人）。幕僚同仁向當時陳部長建議，根據特種考試取才困難高科技或稀少性技術人員考試辦法第5條規定：「本考試各等類考試科別，須經公開競爭考試，無人錄取或錄取不足額時，予以配合設置。」宜立即啟動辦理取才困難考試，以符法制並建立制度。陳部長考量到需用名額甚少，如啟動取才困難考試，因考試方式彈性多元（口試、實地考試等），所費不貲顯不符經濟效益；因此協調分發及用人機關另以聘用人員進用替代，取才困難考試遂未舉辦。使得當初規劃設計彈性快速用人之取才困難考試，無法發揮其功能，而失去建立制度之契機。

1998年10月考選部邀集相關用人機關代表會商公開競爭之高科技或稀少性考試類科，自1999年起併入公務人員高普考試設置相關類科辦理事宜，部分用人機關認為高普考試只能限制學歷，其餘工作經驗、訓練時數等無法配合限制；此外高普考試都採筆試為主，較不能符合機關實務需求；經考選部承諾應考資格除學歷條件外，同意增加工作經驗、訓練時數限制；必要時亦可增列實地考試方式。1999年3月公務人員高考三級及普考規則修正，原公開競爭之高科技或稀少性技術人員考試11科別分別納入高考三級及普考類科；2005年高考三級及普考簡併類

科，原高科技類科均予刪除，僅稀少性類科高考三級維持航空駕駛、航空器維修、生藥中藥基原鑑定三類科，普考維持稀少性航空駕駛、航空器維修二類科。爾後再有高科技或稀少性技術人員用人需求，均需先循公開競爭高考三級及普考（仍分別為筆試8科及6科）管道用人，需該等類科無人錄取或錄取不足，始能啟動取才困難高科技或稀少性技術人員考試辦法機制。

　　而2003年7月修正發布之公務人員特種考試取才困難高科技或稀少性技術人員考試辦法，與過去最大區別在於刪除原有應考資格表、應試科目表；如有實際用人需求，要先納入高科技或稀少性工作類科，然後在高考三級及普考應考資格表、應試科目表增列考試類科，經公開競爭考試無人錄取或錄取不足，始能在取才困難高科技或稀少性技術人員考試辦法中增設類科辦理考試。但是十四年來，未聞任何一個用人機關曾申請新增高科技或稀少性工作類科，高考三級及普考現有稀少性工作類科報缺不多，亦少有錄取不足額情形發生（1999年至2014年，高考三級及普考5個稀少性工作類科中，共報缺116人，僅生藥中藥基原鑑定類科2000年不足額錄取1人），所以取才困難之高科技或稀少性技術人員考試更無從舉辦；從此一角度來看，高科技或稀少性工作類科標準、公務人員特種考試取才困難高科技或稀少性技術人員考試辦法，儼然是兩個有效但卻從未發生過實質功能之法規命令。

五、2014年修法取消取才困難前提以期彈性鬆綁

　　2014年公務人員考試法修正，審酌前述變遷經過及累積問題，其第8條（原第4條）逐刪除原第1項「經公開競爭考試，取才仍有困難」之前提要件，未來用人機關如有需求，不待前揭要件實現，只要被列為高科技或稀少性工作類科技術人員，就可隨時根據用人需要申請舉辦考試，以回歸原本法規鬆綁及彈性快速用人之立法本意。只是從後續考選機關會同銓敘部、人事行政總處、衛生福利部、科技部、文化部等機關，配合國家政策及科技發展長遠需要，重訂高科技或稀少性工作類科標準時，相關用人機關似乎並不領情；即使法規鬆綁讓機關可以快速請辦考試，可以用簡易便捷考試方法，讓各該機關聘用及聘任人員取得正式公務人員身分，但用人機關仍然毫無提報高科技或稀少性工作類科之意願。當然以考試進用高科技或稀少性工作類科人才，考試程序較為繁複，薪資待遇福利與一般公務人員相同，難與民間企業競爭吸引優秀人才；再者，科技進步快速，從事高科技工作者，須保持技術精進，永業制之公務體系是否適合高科技業亦有待斟酌，此或許也是用人機關不傾向以考試用人之考量因素。

　　目前考選機關只能樂觀期待，原本用人程序繁複的高科技或稀少性工作類

科考試，現在已經在法制面加以鬆綁，去除「經公開競爭考試，取才仍有困難」之限制，以利機關主動申請舉辦考試；讓考試用人管道更加通暢及多元。但在此利多之下，後續配套法制亦讓人有所隱憂，包括工作類科標準只有程序性規定，而沒有具體工作類科，形成空洞化；其次高考一級、高考三級及普考中現有高科技或稀少性工作類科考試，仍然按照原來考試方式在原來考試架構中繼續運作，修法鬆綁顯然不及於這些本屬高科技或稀少性工作類科，應否檢討納入新制高科技或稀少性人員考試規則中，以彈性多元考試方式取才（如採口試、實地測驗、著作發明審查或學經歷知能審查等），以符合機關用人需要？同時應思考奈米科技、積體電路、航太產業、生物製劑、能源科技等，有無增列為高科技工作類科之必要？古畫裱褙、劇場燈光、舞台監督、文化創意等，有無增列為稀少性工作類科之必要？以期吸納部分聘任機關專業人才，透過此一管道，取得正式公務人員資格。最後新制高科技或稀少性人員考試規則是所有公務人員考試規則中唯一特例，既無應考資格表，亦無應試科目表；用人機關倘有實際用人需要，得先提報工作類科，再增列考試類科，研訂應考資格及應試科目，由於用人機關多需才孔急，考試前始提出工作類科之作法，屆時難免不會被外界質疑有量身打造及專屬客製嫌疑，甚至被批評為黑箱作業或人選內定等，這些都是在轉型建立新制時應該整體規劃考量到的。

六、結論──可以預見另一個失落的十年

　　國家社會多元化發展結果，影響到考試機關的公平性概念有所改變。不是每一位考試進來的公務人員都得筆試8科才叫做公平，其實考試方式的彈性多元，應該允許不同性質考試（如警察人員、調查人員考試要體能測驗、心理測驗）、不同等級考試（如高考一級要口試、著作審查）、不同類科考試（如技藝類科要實地測驗），可以採取不同的多元考試方式為之。甚至同樣性質考試，也可以因為具備資格條件不同，不同類科之間考試方式予以差別處理（如高考三級一般類科僅需學歷條件要筆試八科；但具專業證照之類科在學歷條件外則另需證照加二年工作經驗，筆試2科以及口試），以上諸多類科雖採取不同考試方式辦理，但均無礙於考試本身公平性的維繫。

　　衛生福利部、科技部、文化部等用人機關，在現階段排斥考試進用高科技或稀少性工作類科人員。主要原因為現階段比照教育人員任用條例，或採用聘用人員聘用條例的彈性便利用人，讓用人機關拒絕改變。但是聘用人員畢竟非屬正式公務人員，其俸給、陞遷、退撫等條件，在保障程度上仍屬有限；而比照教育人員任用條例之聘任制，以學歷條件加上學術著作、研究成果，方能審查通過進

用及升等，則有另外一種生存的壓力。而對聘任人員人事條例草案寄以厚望，亦屬過度樂觀；因為聘任人員人事條例草案本身，還未經考試院審議通過，其間又有聘任與聘用兩個條例應否整合的爭議存在；加上聘任人員人事條例草案法源依據在公務人員基準法草案第5條第2項：「聘任人員之範圍、職務等級、資格條件、薪給、考核、陞遷、退休及撫卹等有關事項，另以法律定之。」（立法院，2012）而公務人員基準法草案已經多次進出立法院，都因為屆期不連續原則而退回考試院重擬；法律本身的爭議性及其上位法源的不確定性，使得聘任人員人事條例草案何時完成立法程序充滿變數，爰將納編及正名希望寄託於此，恐怕會有得等。在此過渡階段，如果用人機關心態不改，依然排斥考試用人，可以預見舊事即將重演——那就是雖然通過兩個有效的法規命令，但是情況依舊不動如山，無法發揮任何實質改進功能；另一個失落的十年可以預見。

參考資料

一、李震洲，高科技或稀少性技術人員考試建制始末，人事月刊第24卷第5期，1997年。

二、本刊編輯部，高科技或稀少性考試法制變革，考選週刊第924期，2003年。

三、考試院審查高科技或稀少性工作類科標準修正案審查報告，2015年6月30日。

四、考選部法規委員會第517次會議紀錄，2014年10月6日。

五、考選部研商高科技或稀少性工作類科標準修正草案會議紀錄，2015年1月29日。

六、立法院議案關係文書院總第1668號，考試院、行政院函請審議公務人員基準法草案，2012年4月4日。

七、銓敘部聘任人員人事條例草案簡報，2015年4月22日。

（公務人員月刊第223期，105年1月）

貳、評介「做一個成功的公務員」

　　政府機關為推動各項政務，因此必須設官分職，進用適格而勝任之人員擔任；加之機關組織成員異動，有如人體新陳代謝功能一樣，免不了有退休，資遣、死亡、離職等情況發生，這些出缺的職務，可依法辦理機關內部人員陞遷甄審，或是對外辦理公開甄選，或是申請考試及格人員分發。前者甄審或甄選情形，多為具相當工作經驗之現職公務人員陞遷調補，到任後亦多能迅速銜接業務；後者透過初任考試進用，則以甫畢業之大專院校畢業生為主。因為他們多數經驗不足，所以一方面在考試程序中列有訓練階段（分為基礎及實務訓練），另一方面初任各官等人員，如未具與擬任職務職責程度相當經驗，應先予試用六個月，試用期滿成績及格始予以實授。所謂基礎訓練，是基於新進人員經驗不足的假設，所以透過密集課程安排（包括當前國家重要政策、行政執行知能與實務、行政倫理與群己關係、公務行為與相關法律、公務人員權利義務等），以快速充實其擔任公務人員應具備之基本觀念，服務態度及行政能力。所謂實務訓練，其功能某種程度上來看，和試用不無重疊之處；所以對於現任或曾任公務人員，具有和考試錄取類科同職組各職系之資格，並具有與擬任職務職責程度相當且工作性質相近實務經驗四個月以上，得檢具銓敘審定函申請縮短實務訓練。同樣地，初任各官等人員，如具有與擬任職務職責程度相當經驗六個月以上，即可免除試用。綜合前述法制規範，可以得知行政工作經驗與歷練的重要性，但是這種體驗必須靠著時間的累積，與個人智慧的增長，才能逐步的心領神會。

　　今天如果有人願意將其多年從事公務的經驗去蕪存菁，並且用最短的時間告訴甫入公門的後進者，相信一定可以減少很多新進公務同仁的盲目摸索與錯誤嘗試，並使他們快速融入機關組織發揮最大行政生產效能，在保訓會所屬文官培訓所辦理之公務人員高普考試及格人員基礎訓練課程中，安排有中高階文官曾獲選為全國傑出公務人員者擔任專題演講，以傳承優質公務經驗，可說是具體而有效的方式之一。台灣商務印書館近日出版之徐教授有守新著「做一個成功的公務員」，更是有系統的針對公務員面對的三件重要工作——寫好公文、開好會議、處理好工作環境等，深入淺出的加以剖析，行文中展露出作者久任公職之豐富體驗與智慧累積，相信現職公務員同仁讀之當有所感，而信手拈來之官場軼聞趣事，讀之尤其令人拍案叫絕。

　　本書分成3個單元，在製作公務文書的基本認識中，揭櫫了11項原則，包括依法辦事、言必有據、誠信確實、程序優先、數據齊備、文義明確、不談情理、嚴禁浮文、切勿輕薄、酌用慣詞、敬業樂業等，讀之雖然平淡無奇；但是如能仔細去咀嚼其中的意涵，就能從小地方發現大道理。比如依法辦事，本為法治國

家最基本的行政運作原則，初任公務員者自當奉行不渝；但是如果遇有法令（包括法律、法規命令、行政規則等）沒有明確規定時又該如何？作者建議有法者依法，無法者依規，無規者依例，無例者交付眾議，眾議應依法理，議而無結論者，依法報請有權解釋之上級機關請求解釋。短短幾句行政箴言，道盡了處理行政事務的各種可能方法，這些經驗最低限度可以提供公務同仁保護自我而不致越界觸法。比如敬業樂業，鼓勵公務同仁把公文書製作當成創作藝術品的心情，才能在工作中找到興趣；同時更建議身為長官者，對優良公文稿適時批示勉勵文字以激勵同仁士氣。反之，刪改文稿時，不宜大筆濃墨塗抹原稿，或是在原稿上打叉或打問號，甚至寫上責備性文句，以免部屬感受遭到羞辱。這些處理公文的小撇步，值得今天許多為人長官者加以參考以及自省。

在如何開好公務會議中，作者提出會議成功的基本條件，包括議題明確、準備充分、主席主持得當、與會者充分表達意見、會議決議確係綜合會議意見作成、決議合法且具可行性等，其中最重要的關鍵因素有二：其一，為議題明確，其二，為主席對議案充分瞭解與主持會議之明智果斷。關於前者，如果議題本非社會主流價值，或是具高度爭議性本可預期，則自然難以獲致多數具體共識，即使主席能力再高明，主持會議戰術再靈活，亦很難有所突破。關於後者，如果議題屬於中性本有充分討論空間，則主席事前對全案詳加瞭解，找出不同意見爭執焦點，對每一腹案事前評估其可行性等就極為重要；換言之，此時主席的角色就不單是主持會議進行程序而已，凡遇到下同意見除請主管單位加以說明之外，主席也必須在適當時機明確表達個人意見以引導全案的討論走向。對於會議作成決議，作者特別提醒決議涵意與措辭均應明確，不應宣示決議但意旨不明，尤其不應在會後擅行將內容迥異之決議文字列入記錄之中，這些警語對於時有機會擔任各種會議主席之高階文官來說，應有一定程度警惕與啓發作用。在發展公務員的4種智力潛能中，作者在傳統的IQ（智力商數），EQ（情緒智商）、AQ（逆境智商）之外，另外提出CQ（創造潛能）的觀念；由於前3Q的形成來自先天稟賦的成份居多，後天學習改變者少，但如此又太被動太消極。所以作者主張積極自我發動創造，才能開拓新境界與新領域。至於如何開展CQ（創造潛能），首先要主動立志，也就是提出未來人生方向及願景，其次要有毅力，要持續不斷的努力和堅定不移的決心，再其次要集中力量全力以赴；最後在方法手段上要彈性機動，適時改變策略以期達到成功目的，在觀念上更要樂觀輕鬆要捨得更要放得下。

本書作者徐教授有守，早年係國立政治大學政治研究所畢業，專研公務職位分類制度，曾追隨王雲五先生擔任總統府行政改革委員會秘書；其後在黃少谷先生任內，進入國家安全會議服務，擔任簡派秘書；57年第1屆公務人員甲等特考人事行政科別及格；61年至銓敘部擔任常務次長垂十餘年，73年改任該部政務次

長，81年再調考選部擔任政務次長，83年辦理政務官退職。其服務公職期間長達四十餘年，在考銓機關任常務及政務次長職務更長達22年，這種公務經歷在中華民國文官史上也算是少見。由他來執筆教導新進公務員如何製作公務文書、如何開好公務會議、如何發展公務員的4種智力潛能，堪稱是公務界的不二人選。筆者有幸，在徐先生任職考選部政務次長任內，以部屬身份多次隨同他赴行政院及立法院法制委員會開會，對他考銓法制業務嫻熟、事前準備資料之周詳、臨場突發問題之化解等諸多表現，印象極為深刻。而從旁觀察他主持考選部相關會議，批閱或修正公文的機會更是所在多有，每一次都讓人感覺到有許多值得學習效法的地方；從這個角度來說，本書所展現的豐沛公務經驗與過人行政智慧，對中高階公務員來說，也有值得參考借鏡之處。因此願意誠摯負責的推薦這本書，相信熟讀以後舉一而反三，一定能讓你成為一個成功的公務員。

（公務人員月刊第95期，93年5月）

壹、公務人員考試法修正後之影響及其相關後續配套

　　立法院第8屆第4會期司法及法制委員會，102年12月23日舉行全體委員會議第26次會議，審議通過公務人員考試法修正案；該案在103年1月3日立法院第8屆第4會期第17次院會完成二、三讀程序，並經總統在103年1月22日修正公布。該法此次修正異動條文甚多，對應考人、用人機關、分發機關、訓練機關等，都有不同程度之影響。相關後續配套各項措施，考選部積極推動進行迄今，並已完成泰半，茲略述其梗概，以使人事同仁有所瞭解，並利未來人事工作推動。

一、公務人員考試法歷來修正沿革

　　考試法於民國18年8月1日由國民政府公布，將公務人員考試、專門職業及技術人員考試合併規範，未分別立法，全文計18條，其中包括適用範圍、考試種類、應考資格、三試程序、典試與監試等。22年2月23日第一次修正，調整三試名稱、增列臨時舉行考試法源。24年7月31日第二次修正，包括賦予考試院另訂特考條例法源依據、增訂三試採逐試淘汰、舉行高普考試前應舉行檢定考試等規定。其後31年9月24日國民政府公布專門職業及技術人員考試法，以特別法之立法方式，規範專技人員考試相關事宜（專門職業及技術人員考試法復於37年7月21日廢止）。37年7月21日第三次修正之考試法，重點包括公務人員考試、專門職業及技術人員考試分別以專章規範；公務人員考試與專門職業及技術人員考試應考資格及應試科目相同者，其及格人員同時取得兩種考試之及格資格；全國性之公務人員考試應按省區分定錄取名額；專門職業及技術人員之檢覈相關規定。41年2月27日第四次修正之考試法，應考資格增訂中等以上學校畢業，曾任委任職或相當委任職滿三年以上者得應高等考試。51年8月29日考試法第五次修正，增訂公務人員考試應配合任用計畫公開競爭舉行；各種考試應考人於考試舉行前

應接受體格檢驗；增訂甲等特考應考資格之規定；對於按省區分定錄取名額，另增列：「但仍得依考試成績按定額標準比例增減錄取之。對於無人達到錄取標準之省區降低錄取標準，擇優錄取一人；但降低錄取標準十分仍無人可資錄取時，任其缺額。」之但書限制規定。56年6月8日制定公布分類職位公務人員考試法，全文16條，配合職位分類制度，將分類職位公務人員初任考試依職系分為十個職等舉行，分別為第一職等至第十職等，其後經多次修正，最後改為八個職等舉行，包括第一、第二、第三、第五、第六、第八、第九、第十職等考試。61年2月5日考試法第六次修正，將「高考及格服務滿六年成績優良」列為甲等特考應考資格。69年11月24日考試法第七次修正，將「專科以上學校畢業曾任民選縣市長滿六年，且有專門著作者」增列為甲等特考應考資格；另考試程序體格檢查，得視情形於考前或考後辦理。75年1月24日立法院法制委員會之委員於審議考試法時主動將其拆開，改為公務人員考試法、專門職業及技術人員考試法兩法分別立法，原考試法及分類職位公務人員考試法並予以廢止，此次修正幅度甚大，其中公務人員考試法重點包括：高考按學歷博碩士、大專院校分為一、二兩級；特考分為甲、乙、丙、丁四等；為適應特殊需要，得舉行特種考試；體格檢查時間，改為彈性授權考試院決定；考試方式增加審查知能有關學歷、經歷證明及論文一種；高普考試及格者應按錄取類科接受訓練，訓練期滿成績及格者，始發給考試及格證書並分發任用。

　　84年1月13日公務人員考試法第一次修正，此次由立法委員主動提案，修正重點係刪除原甲等特考之法源依據，甲等特考遂走入歷史。85年1月17日本法第二次修正，其重點包括：規定公務人員考試應以公開競爭方式為之，不得因身分而有特別規定；增列增額錄取制度，俾用人機關於年度中仍隨時有可用之人；高等考試必要時，得按學歷（博士、碩士、大專）分一、二、三級舉行之規定，另特種考試等級，改為比照高考（一、二、三級）、普考、初等考試，分為一、二、三、四、五等考試，並增訂公務人員特種考試殘障人員考試之法源；增訂限制特種考試錄取人員僅取得申請舉辦特考機關及其所屬機關有關職務任用資格，不得轉調其他機關之規定；增訂辦理取才困難高科技或稀少性技術人員特考之法源依據，俾得以較為彈性之考試方式辦理考試。90年12月26日本法第三次修正，其重點包括：公務人員考試正額錄取人員保留錄取資格對象，由現役軍人擴及至進修碩博士、疾病、懷孕、生產、父母病危及其他不可歸責本人等事由，均可提出申請。公務人員特考及格人員限制轉調期限由永久限制放寬為6年限制。配合憲法增修條文，增訂原住民族特考舉辦之法源依據。增訂考試院得依用人機關請求及任用之實際需要，規定應考人之兵役狀況及性別條件。增訂各種考試類科，依其職業管理法律規定，須領有執業證書始能執行業務者，須領有執業證書始能報考之規定。96年1月24日本法第四次修正，由立法委員提案刪除有關退除役軍

人轉任公務人員特考及格人員原永久限制轉調之規定，其考試及格人員限制轉調期限比照其他公務人員特考，改為六年限制轉調。97年1月16日本法第五次修正，其修正重點如下：為回應社會各界對於增額錄取人員分發公平之期待，將原增額錄取人員由用人機關自行遴用之方式，修正為由分發機關依考試成績依序分發。增訂公務人員高普初等考試及格人員於服務1年內不得轉調原分發任用之主管機關及其所屬機關、學校以外之機關、學校任職。高考三級應考資格修正為獨立學院以上畢業，另基於信賴保護原則，規定具專科學校畢業資格者，於本法修正後三年內得繼續應考高考三級考試。99年1月27日第六次修正，配合民法修正將「禁治產宣告」一級制，改為「監護宣告」與「輔助宣告」二級制，將消極應考資格規定之「禁治產」宣告修正為「監護或輔助」宣告；另增訂考選業務基金之法源依據規定。102年1月23日公務人員考試法第七次修正，其第19條放寬應考資格訂定專門職業證書之條件，不限須其他法律規定，因用人機關業務性質需要，亦得配合訂定需具備相關專門職業證書，始得應考之規定。

二、此次公務人員考試法通盤研修重點

　　此次公務人員考試法修正案，考選部早在民國99年即成立專案小組進行內部研修程序；101年4月至9月間並分別於金門、花蓮、台東、台中、嘉義及高雄等考區辦理修法座談會；同年5月29日提報考試院第11屆考試委員第62次座談會，9月19日向考試院關院長進行簡報；9月26日召開學者專家會議；10月22日邀集中央暨各地方政府機關開會研商；11月至12月再召開4次部內會議。102年1月24日再提報考試院第11屆考試委員第71次座談會。全案歷經長時間徵詢各界意見及多次會議研商，重新檢討修正草案相關內容，最後才審慎定稿。提出修正重點包括：一、遇有同項考試同時正額錄取不同考試等級或類科者，應考人應擇一接受分配訓練，未擇一接受分配訓練者，由分發機關或申請舉辦考試機關依應考人錄取之較高等級或名次較前之類科逕行分配訓練；二、進修公立或立案之私立大學或符合教育部採認規定之國外大學碩士或博士學位，其保留期從五年、三年，一律縮短為不得逾二年；另增列養育3足歲以下子女，其保留期限不得逾三年。但配偶依法已申請育嬰留職停薪者不得申請保留；三、服兵役為憲法規定國民應盡之義務，為維護增額錄取人員之權益，並參照司法院大法官第455號解釋，基於法律體系正義之原則，增訂增額錄取人員如因服兵役未屆法定役期無法立即接受分配訓練者，得檢具事證申請延後分配訓練；四、公務人員高普初考限制轉調年限從一年修正為三年，以維護機關人事安定，更可提升高普初考競爭力；五、高科技或稀少性工作類科之技術人員考試，刪除「經公開競爭考試，取才仍有困難

者」之前提要件，前項考試及格人員，並明確界定不得轉調原分發任用機關以外之機關任職；六、爲使考試更具彈性及減輕應考人之考試負擔，增訂分階段考試之法源，至於分階段考試之年齡、應考資格、考試科目、分階段通過資格之保留年限等相關執行細節，將另於本法施行細則及各該考試規則規範；七、基於考試公平性及衡平性，及其及格人員所擔任職務攸關人民生命健康及財產安全，與公共利益息息相關，爰增訂不應錄取而錄取者，由考選部報請考試院撤銷其錄取資格之規定。並和專門職業及技術人員法立法體例一致；八、爲加強照顧弱勢，在原身心障礙、原住民之外，增列低收入戶及特殊境遇家庭，得以減徵、免徵或停徵考試及格證書費額法源。

三、考試院及立法院審議過程中斟酌調整

本案於考試院審議時，考試委員發言意見集中在公務人員考試宗旨爲何、特種考試地方政府公務人員考試直轄市部分缺額應否併入公務人員高等考試普通考試及初等考試取才範圍、延長高普初等考試限制轉調年限、分階段考試法源依據等議題，並提出許多建議與看法，最後經過委員反覆討論及考選部再三說明，僅第2條公務人員考試本旨刪除「應本爲事擇人，考用合一之旨」文字；第4條將進修博碩士保留錄取資格年限，從五年、三年縮短爲三年、二年；第6條有關地方特考中直轄市政府用人擬完全排除回歸高普初考乙節，因多數委員不同意，遂予刪除，但高普初考錄取人員轉調年限則從一年延長爲三年；第18條分階段考試法源依據，則照部擬文字修正通過。其餘條文亦多照部擬條文通過。

考試院函送本案至立法院審議後，立法院司法及法制委員會審查本案時，對原草案列入候用名冊之增額錄取人員，因服兵役未屆法定役期，無法立即接受分配訓練者，得於規定時間內檢具事證申請延後分配訓練之外，另增列因養育3足歲以下子女，亦得延後分配訓練。高考一級應考資格刪除原增列三年有關工作經驗規定，維持原條文，立委並明確表示反對公務人員任用法修正高考一級及格取得簡任第十職等任用資格，以避免舊日甲等特考捲土重來。各種考試之報名費，得予減少之適用範圍，除原列身心障礙、原住民族、低收入戶及特殊境遇家庭之應考人外，另增列中低收入戶之應考人。考試及格證書得減徵、免徵或停徵費額之適用，除原列身心障礙、原住民族、低收入戶及特殊境遇家庭之應考人外，亦增列中低收入戶之應考人。此外同意本法增列分階段考試法源依據，但深恐空白授權範圍太廣，遂要求說明欄中明示分階段考試之定義，將以「法官與檢察官採二階段考試進用及公務人員普通科目與專業科目採二階段考試」爲範圍，並於本法施行細則中明定，俾資明確。此外委員會並通過附帶決議兩項，分別爲：「公

務人員高普初等考試限制轉調年限由一年改為三年，有關錄取人員因家庭、經濟、個人身體健康等因素，而有調職需求者，請考選部會同銓敘部、行政院人事行政總處基於人道關懷精神，研議解決方案。」「有關現役軍士官及退除役軍人轉任公務人員考試，其及格人員之分發任用及轉調限制及後備軍人轉任公職考試比敘條例，請考選部會同相關機關，針對國軍募兵制之推動，及行政院組織改造等因素，研擬相關配套機制與修法於三個月內送立法院審議。」

四、立法院附帶決議之後續處理

　　前述立法院之附帶決議，其中「公務人員高普初等考試限制轉調年限由一年改為三年，有關錄取人員因家庭、經濟、個人身體健康等因素，而有調職需求者，請考選部會同銓敘部、行政院人事行政總處基於人道關懷精神，研議解決方案。」部分，由於涉及銓敘部主管之公務人員考試及格人員分發辦法，以及現職公務人員調任辦法之修正，爰考選部應適時提醒相關機關立法院之附帶決議內容，並請其參考研修有關法規，納入彈性處理規定；惟此特殊例外情形，條件應非常嚴謹而不宜寬濫，以免產生後遺症造成更多不平。本案103年10月17日考選部邀集銓敘部、行政院人事行政總處及五個直轄市政府，研商如何解決公務人員高普初等考試錄取人員個人調職需求會議決議略以：（一）公務人員考試法甫於103年1月22日修正公布施行，有關公務人員高普初等考試限制轉調年限延長為3年之規定，宜於施行一段期間後，再行檢討其施行成效；（二）在符合限制轉調相關法規前提下，如各用人機關所屬人員因健康、家庭等個人因素而有調職需求，請各用人機關基於人道關懷精神，予以協助調整；（三）公務人員高普初等考試係採全國一致性之標準，未來如基於人道關懷精神，以錄取人員之個人調職需求排除限制轉調之規定，則應於公務人員考試法增訂但書規定，並採全國一致性之標準，以杜實務執行之爭議。

　　其次「有關現役軍士官及退除役軍人轉任公務人員考試，其及格人員之分發任用及轉調限制及後備軍人轉任公職考試比敘條例，請考選部會同相關機關，針對國軍募兵制之推動，及行政院組織改造等因素，研擬相關配套機制與修法於三個月內送立法院審議。」部分，由於102年12月11日立法院第8屆第4會期外交及國防委員會第21次會議時，會中退輔會及國防部明確主張為：「退除役軍人轉任公務人員特考放寬應考資格，從服志願役滿十年且領有榮民證，改為服志願役四年以上退伍者。」「建議刪除公務人員考試法、後備軍人轉任公職考試比敘條例中對退除役軍人轉任公務人員特考、上校以上軍官轉任公務人員考試轉調機關限制，及將上校以上軍官轉任公務人員考試永久限制轉調改為六年限制轉調。」

「上校以上軍官轉任公務人員考試放寬應考資格，使服滿法定役期之現役軍官士官均得報考，並得保留錄取資格，以建立公職儲備制度。」前述3項建議，與此次立法院附帶決議精神完全相同，因第1項僅涉及退除役軍人轉任公務人員特考規則之修正，況且即使應考資格放寬，參與考試人數增加，僅係擴大選材範圍，但因缺額仍屬有限，故不致過於影響考試公平；爰屬可行。第2項應否調整轉調限制全面鬆綁，須考量當初85年1月17日公務人員考試法通盤修正之背景，在對軍人轉任文職嚴格限制轉調之前，上校以上高階軍官透過先占缺後檢覈方式輕易轉任高階文官、中校以下退除役軍士官則透過資格考性質之退除役軍人轉任公職特考大量轉任中低階文官，長期引發社會不滿，尤其侵害大專畢業青年公平就業機會；王前部長作榮任內因勢利導掌握民氣，在立法院多數立委支持情形下，和退輔會及國防部多方溝通，終於達成後來大幅限縮軍轉文機關範圍及年限之共識規範。目前基於全面推動募兵制政策考慮，如何打通退伍官士兵就業出路問題固然重要，但重點似應放在對待退軍士官兵加強職業轉職訓練，以導入民間企業就職為主，轉任公職部分僅為輔助性管道，如何不致過於侵害其他應考人合法就業權益，允宜平衡審慎處理。故在用人機關同意前提下，適度鬆綁酌為擴大轉調機關範圍（如配合軍中技術專長，結合政府部門需要，增列內政部消防署、營建署，交通部民航局、航港局、氣象局等），或為可選擇之途徑，但欲全面取消轉調機關及年限限制，則極為不妥。第3項要修法使服滿法定役期之現役中低階軍官士官士兵均得報考原上校以上軍官轉任考試，並得保留錄取資格，以建立公職儲備制度乙節，更屬不可行。一方面違反公務人員考試法「應依用人機關年度任用需求決定正額錄取人員，依序分發任用。並得視考試成績增列增額錄取人員列入候用名冊，……定期依序分配訓練」基本原則；更破壞了原上校以上軍官轉任公務人員考試和退除役軍人轉任公務人員特考，兩者制度設計上係分別解決高階軍官及中低階軍士官退伍後出路問題之初衷（上校以上軍官轉任公務人員考試及格係取得簡任第十職等任用資格，故如何能全面開放給所有現役軍士官兵大家一起來報考？如果尉官或士官士兵考上是否也該取得簡任第十職等任用資格？），這將會造成兩種考試性質混淆不清，以及取得任用資格和其軍中官階不搭之矛盾現象，故不可不慎。本案經考選部多次邀集內政部、國防部、退輔會、人事行政總處、銓敘部等機關代表，研商國防部所報募兵制配套措施需各部會配合及協助事項；其間並曾冒出國防部擬以制定募兵制推動暫行條例草案，納入突破永久轉調限制及全面開放軍官士官士兵報考原上校以上軍官轉任考試之條文。所幸經過考選部穿梭協調行政、立法部門，該兩條涉及考試院憲定職掌之條文，均經行政院同意刪除。未來近程將循修正退除役軍人轉任公務人員特考規則擴大應考資格範圍著手，中程則由考試院本於職權研修公務人員考試法及後備軍人轉任公職考試比敘條例，適度擴大轉調範圍，再提請立法院審議。此一後續處理，仍須從國

家社會整體利益來考量，而不宜僅考慮募兵制之得失而已。

五、公務人員考試法修正通過後之影響

（一）對應考人權益有影響部分

　　1.第4條第2、3、4項：「正額錄取者進修博士申請保留錄取資格，年限從五年減為三年，碩士從三年減為二年；除疾病、懷孕、生產、父母病危或其他不可歸責事由外，增列子女重症，亦得保留二年；另增列因養育三足歲以下子女保留錄取資格三年之規定。」2.第5條第3項：「列入候用名冊之增額錄取人員，因服兵役未屆法定役期或因養育三足歲以下子女，無法立即接受分配訓練者，得於規定時間內檢具事證申請延後分配訓練。」3.第6條第1項：「公務人員之考試，分高等考試、普通考試、初等考試三等。高等考試按學歷分為一、二、三級。及格人員於服務三年內，不得轉調原分發任用之主管機關及其所屬機關、學校以外之機關、學校任職。」4.第10條第3項：「因懷孕或生產前後無法參加體能測驗者，得保留筆試成績並於下次逕行參加相同考試類科之體能測驗，有關保留筆試成績及其限制等相關事宜，由考選部報請考試院定之。」5.第18條第3項「身心障礙、原住民族、低收入戶、中低收入戶及特殊境遇家庭之應考人，各種考試之報名費得予減少。」6.第21條第3項：「對身心障礙、原住民族、低收入戶、中低收入戶及特殊境遇家庭之考試及格人員，考試院得減徵、免徵或停徵證書費額。」7.第22條第2項：「應考人有前項第二款至第四款情事之一者，自發現之日起五年內不得應考試院舉辦或委託舉辦之各種考試。」

　　以上增列申請保留錄取資格之條件、具特定身分之增額錄取人員得延後分配訓練、將中低收入戶考試及格人員納入減免報名費及證書費範圍等，屬對應考人有利事項；縮短部分條件者保留期限、高普初考延長轉調年限、有冒名頂替或偽造變造證件情事者，自發現之日起五年內不得應考試院舉辦或委託舉辦之各種考試等規定，則屬對應考人不利事項。考選部除就公務人員考試法通盤修正重點儘速撰寫淺顯易懂說明文字，掛載全球資訊網之外；並自本年6月以後之公務人員考試開始，於寄發准考證或錄取通知書時一律在准考證上加註文字，提醒應考人上本部全球資訊網應考人專區特定區塊，以瀏覽公務人員考試法修正重點說明，提醒應考人注意相關重要變革，而勿忽視自身權益。

　　考選部並與保訓會協商決定新修正公布公務人員考試法適用時機之原則如下：公務人員考試法（以下簡稱考試法）經總統103年1月22日修正公布，按中央法規標準法第13條規定：「法規明定自公布或發布日施行者，自公布或發布之日起算至第三日起發生效力。」考試法第28條規定：「本法自公布日施行。」因

此，本法生效日期為本年1月24日。於考試法修正公布後，始公告舉辦之考試，應適用新法，即103年公務人員特種考試警察人員考試、一般警察人員考試、特種考試交通事業鐵路人員考試及其以後辦理之各項公務人員考試。至於考試法修正公布前，已公告舉辦之考試或已辦理竣事之考試，其錄取人員於原考試法存有信賴保護利益之事由，基於信賴保護原則，可適用原考試法之規定。爰對於第3條第2項（同時正額錄取同項考試者應擇一接受分配訓練）、第4條第1款（服兵役事由）、第4條第2款（進修碩士學位、博士學位事由）、第4條第3款（疾病、懷孕、生產、父母病危、子女重症或其他不可歸責事由）、疾病、懷孕、生產、父母病危或其他不可歸責事由、第4條第4款（養育三足歲以下子女事由）、第5條第3項（增額錄取人員得申請延後分配訓練）、第6條第1項（限制轉調年限由一年延長為三年）等不同情形，各項公務人員考試錄取人員適用考試法之處理原則為何，考選部於103年2月26日以選規一字第1031300079號函統一規範解釋。

（二）對分發機關有影響部分

1.第3條第1、2項：「公務人員之考試，應依用人機關年度任用需求決定正額錄取人員，依序分配訓練。……遇有同項考試同時正額錄取不同等級或類科者，應考人應擇一接受分配訓練，未擇一接受分配訓練者，由分發機關或申請舉辦考試機關依應考人錄取之較高等級或名次較前之類科逕行分配訓練。」2.第5條第3項：「列入候用名冊之增額錄取人員，因服兵役未屆法定役期或因養育三足歲以下子女，無法立即接受分配訓練者，得於規定時間內檢具事證申請延後分配訓練。」3.第6條第1、3項：「公務人員之考試，分高等考試、普通考試、初等考試三等。高等考試按學歷分為一、二、三級。及格人員於服務三年內，不得轉調原分發任用之主管機關及其所屬機關、學校以外之機關、學校任職。……考試及格人員因任職機關業務調整而精簡、整併、改隸、改制、裁撤或業務調整移撥其他機關，得不受轉調規定之限制。但於限制轉調期間再轉調時，以原考試轉調限制機關範圍、前所轉調之主管機關及其所屬機關之有關職務為限。」

前述第3條依序分發任用修正為依序分配訓練，兩者意涵有無不同？銓敘部主管之公務人員考試及格人員分發辦法，行政院人事行政總處主管之公務人員高普初等考試增額錄取人員分發作業規定等，有無必要更名？其內容應如何修正？另應考人擇一分配訓練亦屬新創，爰有必要適時提醒相關機關公務人員考試法修正案條文及其立法意旨，並請配合修正。另第5條第3項部分，由於增額錄取者首次開放因服兵役未屆法定役期或因養育3足歲以下子女，無法立即接受分配訓練者，得申請延後分配訓練；其所產生之實質效果，就是得以保留受訓資格。故其人數多寡將影響後續分發機關必須有職缺方能分配該等人員補訓及任職。預期分發機關挪缺分配訓練之壓力將會較過去增加。至於第6條第1、3項：「公務人員

之考試，分高等考試、普通考試、初等考試三等。高等考試按學歷分為一、二、三級。及格人員於服務三年內，不得轉調原分發任用之主管機關及其所屬機關、學校以外之機關、學校任職。……考試及格人員因任職機關業務調整而精簡、整併、改隸、改制、裁撤或業務調整移撥其他機關，得不受轉調規定之限制。但於限制轉調期間再轉調時，以原考試轉調限制機關範圍、前所轉調之主管機關及其所屬機關之有關職務為限。」由於高普初考限制轉調期間延長，機關人員流動率相對會降低，有助機關內部人事進用公平性與穩定性；連帶也會促成地方特考用人穩定，因其再改考高普考試亦仍須再服務三年，故重考效益降低。另過去考選部針對解釋部分轉調期限未滿因組織調整或業務移撥，但在相關組織法律中無明確排除適用規定之個案，未來據此即可順利解套。

除此之外，地方政府公務人員特考雖賡續辦理，惟該案在102年7月考試院全院審查會審查時，本部曾與行政院人事行政總處初步達成共識，未來將直轄市提報高普考試與地方特考名額比例酌為調整，以回歸高普考試為主流之原則。按高普初考與地方特考需用名額，人事行政總處自民國90年起實施分流管控原則，直轄市政府（或縣市政府）及區公所（或縣轄市公所），上年度高普初考提報每滿5人，次年度得提報地方特考1人，以後逐步下降至3：1，2：1，至101年起再降為1：1。此次公務人員考試法研修時，人事行政總處原則同意在高普初考維持三年轉調前提下，未來分流管控比例，直轄市暨所屬一級機關及區公所部分將提高為2：1，各縣市則仍維持1：1。此種作法勿需修改法規，僅需變更人事行政總處前函示內容即可；就效果而言，雖不修法但可達修法七、八成之改革目的，應屬理想兼顧實際作法。爰應積極後續協調溝通期能落實，以逐步扭轉特考與高普考之間指大於踵之怪異現象。

（三）對用人機關有影響部分

1.第6條第1、3項：「公務人員之考試，分高等考試、普通考試、初等考試三等。高等考試按學歷分為一、二、三級。及格人員於服務三年內，不得轉調原分發任用之主管機關及其所屬機關、學校以外之機關、學校任職。……考試及格人員因任職機關業務調整而精簡、整併、改隸、改制、裁撤或業務調整移撥其他機關，得不受轉調規定之限制。但於限制轉調期間再轉調時，以原考試轉調限制機關範圍、前所轉調之主管機關及其所屬機關之有關職務為限。」2.第8條第1項：「高科技或稀少性工作類科之技術人員，得由考選部報請考試院另訂特種考試規則辦理之。前項高科技或稀少性工作類科標準，由考試院會同行政院定之。」3.第10條第1、3項：「公務人員考試，得採筆試、口試、心理測驗、體能測驗、實地測驗、審查著作或發明、審查知能有關學歷經歷證明或其他方式行之。除單採筆試者外，其他應併採二種以上方式。……因懷孕或生產前後無法參

加體能測驗者，得保留筆試成績並於下次逕行參加相同考試類科之體能測驗，有關保留筆試成績及其限制等相關事宜，由考選部報請考試院定之。」

　　前述第6條高普初考轉調年限提高以後，可以有效提升高普初考競爭力，考選部應加速與部分用人機關協商，鼓勵部分無特殊人事管理法制、無明確舉辦考試法源依據之公務人員特考退場（如國防部文職人員特考、水利及水保人員特考、社會福利工作人員特考及稅務人員特考等），回歸高普考試取材用人。另機關精簡、整併、改隸、改制、裁撤或業務調整移撥其他機關，得不受轉調規定之限制，亦能有明確法源得以解決部分在轉調年限內人員異動之困難。又第8條第1項新規定實施後，不再受到需先經公開競爭考試取才困難之前提限制，因此本條修正條文實施後，考選部應配合科技部、衛生福利部等相關科學技術用人機關，銓敘部及人事行政總處等，衡酌國家政策及科技發展需要，修正高科技或稀少性工作類科標準，於標準中明確納入航太、光電、生技、太陽能、人工智慧、機器人、文創等新興產業為明確工作類科，以提示各政府科學及技術部門提報職缺（目前此工作類科於法規中未列入，而係空白授權用人機關於請辦考試時臨時提出再來審查，遂功能不彰，法規通過後十年迄今未曾有機關報缺，更遑論舉辦考試），開闢更具彈性之用人管道；惟限制本考試及格人員，不得轉調原分發任用機關以外之機關任職，以維持人事進用公平性與穩定性。具體來說，就高科技或稀少性工作類科標準部分，應明確界定何謂高科技或稀少性定義；參照公務人員考試須具備專門職業證書始得應考類科審核標準做法，明確規範標準之具體程度或條件為何；工作類科應詳細列舉，不宜採空白授權考試前臨時訂定，以利後續考試類科設置；透過高科技或稀少性工作類科建制，以吸納部分聘任機關職務能以考試公開用人。就公務人員特種考試取才困難高科技或稀少性技術人員考試辦法部分，現行高考二級、高考三級及普考原有高科技或稀少性工作類科應予以刪除，全部回歸特考辦法〈名稱建議修正為考試規則〉；刪除取才困難及經公開競爭考試無人錄取或錄取不足額之前提限制；類科設置、應考資格及應試科目等，均應納入考試規則附表並對外公開，以期公允；依據工作類科設置考試類科；考試方式維持彈性多元，以利快速用人；並嚴格限制轉調。

　　至於第10條第1、3項揭櫫考試方式多元化以後，考試可以辦理得更細緻、更具信效度，未來應鼓勵用人機關採更多元化考試方式取材，使進用人才符合機關具體需求；而不宜以經濟成本考慮，退守僅以筆試取材之傳統窠臼。

（四）對訓練機關有影響部分

　　1.第3條第1、2項：「公務人員之考試，應依用人機關年度任用需求決定正額錄取人員，依序分配訓練。……遇有同項考試同時正額錄取不同等級或類科

者，應考人應擇一接受分配訓練，未擇一接受分配訓練者，由分發機關或申請舉辦考試機關依應考人錄取之較高等級或名次較前之類科逕行分配訓練。」2.第4條第2、3、4項：「正額錄取者進修博士申請保留錄取資格，年限從五年減為三年，碩士從三年減為二年；除疾病、懷孕、生產、父母病危或其他不可歸責事由外，增列子女重症，亦得保留二年；另增列因養育三足歲以下子女保留錄取資格三年之規定。」

　　以上兩條文均涉及保訓會主管之「公務人員考試錄取人員訓練辦法」之修正，該會並已在本年7月10日完成公務人員考試錄取人員訓練辦法修正案，由考試院、行政院、司法院三院會銜發布。

六、積極推動後續相關配套措施──代結語

　　公務人員考試法修正案完成立法程序以後，考選部初步檢視需配套修正之法規計有36種，因修正內容繁簡不一，按適用迫切性、僅修正法源依據或應考資格、尚待與相關機關會商等原則，分為三批處理。第一批報考試院審議或送立法院查照部分，包括本法施行細則、公務人員升官等考試法、高考三級及普考規則、公務人員考試規費收費標準等4種；第二批包括高考一、二級、初等考試及各該公務人員特考規則等29種；第三批包括高科技或稀少性技術人員特考規則、高科技或稀少性工作類科標準、公務人員考試分階段考試第一階段考試規則草案等3種。前兩批在本年2、3月，7、8月分別包裹修正發布在案；最後一批現正緊鑼密鼓凝聚各方共識中，明年初將會完成全部法制作業程序，並報請考試院審議。由於此次修法幅度甚大，將會產生多項正面效益，如有效促成用人機關人事穩定、彈性多元考選進用人才、保障女性合法權益、減輕考生準備普通科目負擔、擴大照顧弱勢族群等，對未來公務人員選才功能及品質提升定有助益，相信只要實施一段期間，正面效益將會逐步彰顯，大家可以拭目以待。

參考資料

一、考選部，公務人員考試法修正草案第2次全院審查會補充資料，2013年。
二、考試院，審查考選部函陳公務人員考試法修正草案一案審查報告，2013年。
三、立法院議案關係文書院總字第1339號，2014年1月1日印發。
四、立法院第8屆第4會期司法及法制委員會第26次全體委員會議議事錄，2013年12月23日。
五、考選部，研商公務人員考試法修正後之配套措施會議，2014年1月。

六、考選部，配合公務人員考試法之修正相關子法修正項目及預定進度一覽表，
　　2014年2月。

七、考選通訊第38期，2014年2月1日。

八、考選部法規委員會第517次會議紀錄，2014年10月6日。

（人事月刊第352期，103年12月）

貳、甲等特考法源刪除始末

一、立委修法刪除甲考法源

　　民國83年12月29日，立法院三讀修正通過立法委員盧修一、謝長廷等73人擬具之「公務人員考試法第3條及第17條條文修正草案」、立法委員盧修一、謝長廷等26人擬具之「公務人員任用法第13條及第16條條文修正草案」，使得公務人員考試法中舉辦甲等特考之法源（包括考試等級與應考資格），公務人員任用法中甲等特考及格人員之相關任用規定等，一舉予以刪除。立法院在通過前述法律修正案時，針對第一案列有二項附帶決議：一、甲等特考廢除後，引進高級人才進入文官體系之管道仍應維持，請考試院通盤規劃更公平、合理之人才考選方案，儘速提出考試法修正草案，送立法院審議；二、因取消甲等考試後，考試院應在一年內提出進用高學位人才方案。就第二案亦列有二項附帶決議：一、除公務人員任用法外，其他與甲等特考有關之法律，亦請考試院儘速配合修正，於本會期內送本院審議；二、為保障甲等特考廢除前考試及格者之權益，原公務人員任用法所定：「特種考試之甲等考試及格者，取得簡任第十職等任用資格。但初任人員於一年內，不得擔任主管職務。」應於施行細則中明定。至此特種考試公務人員甲等考試，已從現行公務人事制度中完全消失，並且走入歷史。

二、甲等特考建制歷史背景

　　美國政府在第2次世界大戰之後成立之第2次胡佛委員會（從1953年7月至1955年6月），曾提出「建立高級文官體系」之建議，其構想為聯邦政府應建立一種高級文官制度，就政府各機構現有才能卓越成績優異中層官員中，甄拔部分人選，以應高級職位需求，此種人選由機關首長提名，經兩黨組成之高級文官委員會根據個別情形任用，基本上其性質是內升制度。

　　民國46年9月，王雲五先生以考試院副院長身分赴美出席聯合國第12屆大會，順道考察胡佛委員會報告建議及其執行情形。47年3月，其奉派主持總統府行政改革委員會時，更以主任委員身分，自擬「建立高於高等考試之考試制度」案，以使敍至薦任（派）一階之公務員、教授副教授，具博碩士學位者，經此一考試及格，得任簡任職公務員。以上「建立高於高等考試之考試制度」案，經列為行政改革委員會總報告中之第79案，其後並經先總統蔣公列入優先順序，交由考試院研辦。考試院據此於48年12月擬定「公務人員最高考試條例」草案，經院會通過後，送請立法院審議，惟部分立法委員不予同意，遂使本案擱置。其後改

採修正考試法方式，於51年8月17日經立法院三讀通過考試法修正案，將特種考試分爲甲、乙、丙、丁四等，並明訂甲等特考之應考資格。

三、歷年甲等特考改進重點

考試法51年增列甲等特考法源後修正公布，考試院乃於57年3月公布「特種考試公務人員甲等考試規則」、「特種考試公務人員甲等考試口試辦法」，並修正公布「應考人著作發明審查規則」，至此有關甲等特考之輔助法規，大體建立竣事，並於57年首次辦理甲等特考。其後61年應考資格增列「高等考試及格並就其錄取類科在機關服務六年以上，成績特優有證明文件者」；69年應考資格再增列「公立或立案之私立專科以上學校畢業，並曾任民選縣市長滿六年，成績優良，具有專門著作者」；75年1月公布之公務人員考試法，再將縣市長報考之學歷規定，從專科以上修正爲「獨立學院以上」。此外應考資格中再增列「公立或立案之私立獨立學院以上學校畢業，或經教育部承認之國外獨立學院以上學校畢業，或高等考試及格，曾任公營專業機構董事長或總經理3年以上，或副總經理6年以上，成績優良，有證明文件」一款。

第7屆考試院任內，考試委員王作榮曾提案限期停辦甲等特考，惟末獲院會支持通過，僅從嚴將甲等特考之年齡上限從55歲放寬至58歲；考試程序分爲一、二兩試，第一試爲筆試一科及著作發明審查（各占50%，二者合併計算占總成績70%），第二試爲口試（占總成績30%），第一試不及格者不得應第二試，口試成績不及格者，總成績雖達錄取標準，仍不予錄取。本考試應按任用計畫錄取名額，分發任用，必要時並得視考試成績酌增錄取名額，於分發人員分發完畢後，列冊候用。此外送審之專門學術著作須與應考類科性質相關，並以最近五年內公開發表者爲限；考試錄取人員所送審查之著作，得送中央圖書館公開陳列；口試委員如遇有應考人爲其配偶或三親等內之血親姻親，或與應考人有現任機關首長及直屬長官與部屬關係，或研究所畢業論文指導教授及同屆所長之師生關係者，應行迴避。

79年4月，考選部訂定公告「公務人員考試類科及應試科目表」（其中包括甲等特考、高考一、二級、普考等8種），以防止用人機關因人設置甲等特考類科情形發生。79年7月，考選部報請考試院通過，將筆試科目從一科增加爲二科；考試程序由二試改爲三試，分別爲筆試、著作發明審查及口試；前一試不及格，不得應次一試考試，第三試（口試）不及格者不予錄取；將原列冊候用，修正爲依序進用；筆試試卷評閱，改採平行兩閱方式；今後不得以博碩士論文參加著作審查；送審著作與應考類科是否相關，應先交應考資格審查委員會審查過

濾，再交著作發明審查委員審查，如經審查其與應考類科性質無關，則不予評分並敘明理由。惟以上變革並無機會實施，甲等特考法源已遭立法院廢除。另79年8月起，公務人員高考分列為一、二兩級，高考一級應考資格為具有碩士以上學位，考試及格者取得薦任第7職等任用資格，以期舒緩舉辦甲等特考之壓力。自57年至77年，甲等特考共辦理10次，錄取503人。

四、82年度是否舉辦甲考起爭議

79年9月，考選部長由王作榮先生接任，考選部著手研修之公務人員考試法修正案，擬將甲等特考之法源刪除。81年2月考選部舉行記者會，有記者詢及82年度是否舉辦甲等特考時，王部長表示基於考試公平之考量，不宜舉辦，隨即見諸於報端。不久，考試院第8屆第67次會議決定，由院秘書處逐行函請行政院人事行政局就甲等特考之需求提供有關資料，經行政院人事行政局初步調查，計有經濟部、交通部、國家科學委員會、原子能委員會、行政院公平交易委員會、行政院公共工程督導會報等12機關提報之69個缺額，經考選部審慎研究結果，認為不宜立即舉辦。其理由如下：一、依公務人員任用法第13條規定：「特種考試之甲等考試及格者，取得簡任第十職等任用資格，但初任人員於一年內，不得擔任簡任主管職務。」故缺額查報應限於各機關組織法規所定簡任第十一職等以下非主管職務為限。所列人員是否均合於規定，宜請用人機關再予詳查；二、文官甄補，宜內升外補並重，高級文官尤宜以內升為優先，以激勵現職人員工作士氣，故表列缺額，宜請用人機關先行檢討，確無績優足堪升任之現職人員後始能考慮外補；三、行政院公共工程委員會組織條例草案尚在立法院審議中（迄今尚未完成立法程序，仍維持任務編組之公共工程督導會報），即列報需用甲等特考及格人員27人，此與公務人員考試法即考即用之原則有違，應予刪除；四、歷年甲等特考及格者，仍有部分有分發工作之意願，而用人機關沒有接受者，外界迭有反應，宜先行調查，若有相關職系職務，應請分發機關繼續辦理分發。

此外考選部認為在公務人員考試法中凡屬考試院之職權者，均明文予以列舉，如公務人員考試法第4條：「公務人員各種考試之應考年齡、考試類科及分類、分科之應試科目，由考試院定之。」第5條：「公務人員考試應考人須經體格檢查。體格檢查時間及標準，由考試院定之。」如未列舉者，即屬概括授權，應為考選部之法定職掌。故原公務人員考試法第3條2項：「為適應特殊需要，得舉行特種考試，分甲、乙、丙、丁四等。」至於如何判定是否特殊需要，純為一考選行政與技術之問題，並不涉及政策，考選部可以全權加以決定。惟考試院考試委員則有不同之見解，遂在考試院會中逐行提出舉辦甲等特考之議案，當時在

場有權投票者有18人，經以10票通過要求考選部辦理甲等特考。王部長則以考試院會決議違反法律，破壞制度及侵犯考選部職權，拒不執行院會決議，形成院、部關係趨於緊張。82年4月24日，考試院局部人事改組，孔德成院長去職，改由邱創煥先生接掌院務，力主廢除甲考之王部長獲層峰留任；邱院長行政歷鍊豐富，政治觸覺敏銳，很快即察覺到多數民意之所嚮。82年7月，考試院會通過考選部所提公務人員考試法修正草案，以博碩士報考之高考一、二級，取代了甲等特考。

五、立法部門展現民意支持廢考

　　相對於考試院的，則是代表全國最高民意機關之立法院，近若干年曾提出口頭或書面質詢，要求停辦甲等特考之立法委員，不下數十位之多。81年6月3日，立法院法制委員會邀請考選部部長、行政院人事行政局局長到會報告「甲等特考有關問題」，委員會最後作成決議：「現行公務人員考試法有關甲等特定之規定，有違考試公平，破壞文官制度，且歷屆甲等特考之舉辦，其公平性迭遭社會各界詬病，於相關法令修改前，應暫停舉辦甲等特考；行政院各機關所需高職等人才，應由現職合格公務人員中遴選任用。」隨後立法院通過之82年度中央政府總預算附帶決議及注意辦理事項中，並規定考選部非有必要時，不得動支第二預備金舉辦甲等特考。至第2屆立法委員選舉產生，為表達民意的強烈支持，82年4月7日立法院法制委員會再度邀請考選部王部長前往，就甲等特考問題作專案報告並備詢問，會中作成以下二點決議：一、甲等特考應予廢止，在相關法令修正前甲等特考應停止辦理；二、考試院應儘速於本會期內將該公務人員考試法修正草案送本院審議。

　　同年4月21日，立法院法制委員會審議盧修一、謝長廷等委員主動所提公務人員考試法、公務人員任用法部分條文修正草案，委員會中通過刪除公務人員考試法中甲等特考法源及應考資格，以及公務人員任用法中甲等特考及格之任用資格，有如前述。原本委員會審查通過之法案，排入立法院院會以俊，由於待審法案大塞車，何時才能完成法定程序，時效上甚難掌握。此次在立法院休會前，立法院要製造審議法案之業績情形下，故將內容小幅修正之法案，儘量提前其審議之優先順序，並順利完成立法程序。此舉對考選機關而言，應是象徵意義大於實質意義。因為在考試院送請立法院審議（現已排入院會議程，正在等待二、三讀）之公務人員考試法修正草案第3條規定：「公務人員之考試，分高等考試、普通考試、初等考試三等。高等考試按學歷分為一、二、三級。為因應特殊性質機關之需要及照顧殘障者之就業權益，得比照前項考試之等級舉行一、二、三、

四、五等之特種考試。錄取人員僅取得申請舉辦特種考試機關及其所屬機關有關職務任用資格，不得轉調其他機關。」換言之，高考一、二、三級之應考資格分別爲博士、碩士、大專院校，以使具有博碩士學位之應考人，於應公務人員高等考試時，有較公平合理之機會。另外在考試院送請立法院審議之公務人員任用法、公務人員俸給法修正案，均已配合考試法之修正而調整，使得高考一、二、三級考試及格，分別取得薦任第九職等、第七職等、第六職等任用資格。以博士報考之高考一級爲例，和甲等特考不同的是，其及格者不能一飛沖天逕行派任簡任官，而必須從薦任第九職本俸一級非主管職務先行歷鍊，五年之後晉至薦任第九職等本俸五級，始取得晉升簡任職務之資格。此一做法既能考量到高學位者取得學位之努力過程，又因任職若干年已和機關內部同仁打成一片，如能陞遷至簡任職務，所受阻力自然較少。因此只要立法院能儘速完成公務人員考試法修正案之立法程序，即能符合立法院附帶決議之要求。

六、任用問題應採任用手段解決

基本上，考選部力主廢除甲等特考，並不是因爲甲等特考之辦理，過去多次發生弊端，因爲試務上的缺失，還可以從考試方法技術上著手改進。但結構性的毛病，除非廢除，否則根本無從改進。比如一切公正前提下，同一類科中數十本待審查之著作，即使研究領域相近，由於不同評審委員，理念認知不同、寬嚴尺度不一，評分差距極大，遂使運氣成分大爲增加。考試結果運氣竟然占了相當比例因素，此即爲結構性弊病。又口試的辦理，在過去經驗中，人情世故的影響，口試委員主觀意識極強，缺乏客觀評比標準等，都是年年發生的老問題，似乎也找不到具體解決辦法。尤其是外補考試及格者的快速陞遷與破格拔擢，傷害了數十萬中低階層公務員兢兢業業的辛勞與努力；而少數幸運的現職中階公務員，一試中第，立即連跳數級，雖係內升，但使得昨日之部下變成今日之長官，違反機關行政倫理，實莫此爲甚。此等結構性問題，只有廢除一途，才能撫平人心。

不容諱言，甲等特考舉辦之初，確有其外補選用高學歷人才之正面意義。但時至今日，國內教育水準發達，現有各種高級人才無虞匱乏，循現有公務人員高普特考管道進入政府機關服務者比比皆是。甲等特考存在的必要性與妥當性，似乎皆已不存在。畢竟任用過程中產生的用人困難，應從任用法制上加以解決才是正辦，捨此正途而不爲，而欲以考試手段解決高級人才進用不易問題，往往不容易達到目的。美國的高級行政主管職制度，在高級文官一定比例範圍內，得採非常任任用方式，不受任用資格限制，但應與機關首長同進退。韓國別定職公務員，採雙軌用人，有任用資格者受保障，無任用資格者隨時黜免。日本以特殊法

人組織，成立研究或諮詢單位，以借重學術界之專業人才與知識，皆值得吾人借鏡。

　　日前省縣及直轄市自治法完成立法程序以後，省市政府一級單位主管，都成了政務官。而無獨有偶的，科學工業園區管理局組織條例修正，亦將局長改為比照簡任十三職等之政務官，因此擴大政務官範圍似成了不可抵擋的趨勢。未來銓敘部在研擬政務人員法草案時，如能適度擴大政務人員範圍，但又不過份侵害常任文官晉升管道情況下，審慎研擬法制，相信甲等特考法源刪除，對政府機關的整體用人，應不會產生太大的影響才對。

（人事月刊第113期，84年1月）

　　後記：甲等特考之舉辦，有其選拔高階人才積極功能；但可惜辦理過程中發生多起找人代筆撰寫論文、翻譯代替著作等試務疏失，加上因人設置類科、及格者頗多官二代，結果引發輿論強烈批評，遂經立法院主動刪除公務人員考試法及公務人員任用法相關法源依據，甲等特考走入歷史。撫今追昔，看看民主進步黨不斷擴大政務職位範圍，對常任文官陞遷及士氣影響更大，不禁懷念起當初甲等特考的公開競爭原則。

壹、依法行政才能立於不敗之地——評持證照報考高普考試政策跳票

　　日前各媒體皆以顯著篇幅報導：教育部、考選部合作規劃，讓持有技職證照之人員報考高普考試方案，在今年公務人員高普考試報名截止後，已確定跳票。新聞中並引述教育部吳部長京的說法，指出教育部將和時間賽跑，由教育部自行修改《大學法》、《專科學校法》、《職業學校法》，或協調考選部修正公務人員考試法及專技人員考試法，或協調行政院勞委會於技能檢定法草案中予以增訂，以及時在本年10月專技人員高普考試報名前取得法源依據。

　　按對於持有技能檢定證者准予報考國家考試，早在民國81年行政院勞委會推動（強化技術士技能檢定執業證照功能方案）時，該會即曾向考選部正式提出建議，經考選部先後3次提報該部應考資格審議委員會討論，因與公務人員及專技人員考試法之基本應考資格不符，因此未能同意。85年9月，教育部吳部長為建立學力重於學歷之價值觀，以及建立多元文憑制度，同時藉以提升技職教育水準，提出落實職業證照制度具體改進方案，其中包括：取得各等級技術士證有若干年工作經驗，得以技術學院、專科學校、高級職業學校畢業同等學力資格，報考研究所、技術學院、專科，以及公務人員及專技人員高普考試。建議對持有證照者，應國家考試時予以加分。建議對持有證照者，得依轉任條例轉任公務人員。由於吳部長的主張普遍得到社會各界的掌聲，因此對考選部形成相當大之壓力。

　　85年10月4日教育部邀集相關機關，研商落實職業證照制度，會中考選部代表明確表示：反對持有證照者於應國家考試時予以加分，因為既不符公平原則，亦和公務人員考試法第2條：「公務人員之考試……其考試成績之計算，不得因身分而有特別規定。」有悖。對持有技術士技能檢定證照轉任公職乙節，考選部亦不表同意，因技術士技能檢定目前尚非屬專技人員考試範圍，故不符轉任條例第2條：「經專門職業及技術人員高等考試或普通考試或特種考試及格者，轉任公務人員，依本條例規定辦理。」之規定。至於持有技術士證擬報考國家考試，

正辦應為修改二個考試法。但是如教育部能參照大陸地區大專畢業生資格檢覈或補習教育資格考驗模式，採認持有技術士證照且具工作年資者具有相關學校相關系科畢業學歷，並出具正式證明書，考選部即可據以採認准予報考。此一處理意見，並曾提報考試院第9屆第6次院會，多位發言之考試委員均表示支持。

85年11月、86年2月、4月、5月，教育部先後召開5次協調會，考選部出席代表在原則支持的前提下，僅對資格證明書之格式、技術士技能檢定以外之證照如何認定、教育部委託臺北技術學院研訂之各類證照等級及職種報考高普考試同等學力認定對照表等提出改進意見。此一期間教育部針對執行方式，前後提出3個方案，其一，不逐案發給資格證明書，而由教育部通函解釋。此一作法由於和目前考試法施行細則中規範報名時所應繳交之「應考資格證明文件」規定不合，因此考選部不能同意。其二，教育部派員赴考選部協助認證，但證明書直接發給考選部。考選部認為資格證明書不能限制其用途，更不能扣留不給應考人，因此建議教育部再加斟酌。其三，對持證照報考者，考選部發給其補件通知單，由當事人據以向教育部申請資格證明書。但是由於一般考試報名期限甚短，因此時效上似乎趕不及。為了有所突破，教育部技職司司長在本年6月5日再到考選部協調，雙方原本達成共識，同意本年公務人員高普考試由教育部派員到考選部核發證明書，未來應直接發給當事人；證明書中不得加註「限報考用」字樣；證照及學力對照表中，每一職種僅能對照一個系科，以求其與其他學歷之平衡。

前述共識經提6月10日召開之考選部第495次部務會議，不料引發欠缺法源依據之質疑。按在大學法、專科學校法、職業學校法中均有「同等學力標準，由教育部另定之」規定，為使持有証照者得以報考研究所、技術學院、專科等各級學校，教育部已配合修正前開各種同等學力標準，因此可謂是依法行政、於法有據。但是有關報考國家考試部分，則在教育法規中沒有任何法源依據，而完全靠教育、考選兩部之間的行政協商。所以從健全法制體系的角度來思考，賦予明確法源依據確實也是正辦。

從教育部提到的幾個修法方向加以檢討評估，首先是修改二個考試法，不論是在法定應考資格中增列技術士技能檢定及格，或是在正規學歷畢業之下增列「同等學力」規定，似均有不宜。因為前者對持有技術士以外之証照者不公平，後者在考選機關取消檢定考試回歸正式教育體系以後，如又承認證照等同於學歷，則政策上似乎前後矛盾。至於在行政院勞工委員會所草擬之技能檢定法修正草案中，增列持有技術士證照等同於技術學院、專科，高職等畢業學歷，亦似有未妥；因為一方面有獨厚技術士之嫌，另一方面亦超出了技能檢定法應行規範之範疇。所以最後解鈴還是繫鈴人，宜由教育部透過修正大學法等相關法律，從而建立明確法源依據。不過，如果修法可能曠日廢時，短期內無達到目的。教育部亦可本於職權訂定職權命令（非法律授權之委任命令），規範持有證照者有一定

工作年資即具有技術學院、專科、高職畢業相同之學歷，以及其申請證明書之程序等。在教育部現行所訂頒之法規中，有頗多此種並無法律授權依據，而係本於職權訂定者，如派赴國外工作人員子女返國入學辦法、各級學校畢業證書發給辦法等。總之，依法行政始能立於不敗之地，對於持有證照能否報考國家考試乙節，吾人亦應作如是觀。

（人事管理第34卷第7期，86年7月）

　　後記：行政程序法係民國88年2月3日由總統公布，並自90年1月1日施行。本文係86年撰寫，當時才會建議採職權命令規範。

貳、請落實考用配合政策——兼論考選部技術性犯錯

一、前言

　　考選之意為對於應試者的知識能力，作抽樣的評量與估計用以推斷全體，以遂行擇優錄取為國掄才之目的。任用則指機關組織中的人員遇有出缺或增設職位時的人員補充而言；一般所謂考用合一即指考試及格後任用，或考試錄取的人員一定分發任用，惟考與用之間由於實際作業的困難，客觀環境的複雜，而使得二者無法真正合一，現在已改稱「考用配合」。

二、大陸時期之考用配合

　　我國第一屆高等文官考試，係在民國20年7月15日於首都南京舉行，分5個類科，共錄取99人，依據第1屆高等考試及格人員分發規程規定，考試及格人員應於銓敘部公示報到日期向銓敘部報到，銓敘部於報到期限截止後，應將報到人員按其考取種類、等第及現有職務，造具清冊，呈由考試院轉呈國民政府，向中央或各省區相當機關分發之，這是我國分發制度之始。23年4月21日普通考試，亦首次在南京舉行，分9個類科，錄取118人，同樣由銓敘部辦理分發。由20年至37年，中央及各省地方政府需用人員甚多，考試及格者有限，不會分發不出去，由（表1）可知高普考試及格者與分發人數完全相等，堪稱考用完全配合的分發任用時期。

三、政府遷台後之情形

　　政府播遷來台之初，由於機關緊縮人事凍結，使得考試用人政策發生極大困難，考試院於39年4月訂定施政方針時，即認為「侷隅一方需才有限，選拔雖不厭其繁，任使則勢難兼及，故舉行全國性公務人員考試僅在使優秀人才獲得公務人員任用資格，隨時隨地自由發展」，自此以後，每年考試都比照辦理，以期大量儲備人才，高普考就由「任用考」一變而為「資格考」。民國42年公務人員任用法修正，本擬採用考試及格人員「開單制」之法，使各機關如有職位出缺，應向銓敘機關申請，由銓敘機關就其種類與性質，在考試及格人員中開具3至5人名單，由申請用人機關自行選用。後由於客觀環境限制，修正為考試及格人員由

表1 大陸時期高普考試及格及分發情形（1931年～1948年）

年度	高等考試		普通考試			
	及格人數	分發人數	及格人數		分發人數	
			中央	地方	中央	地方
1931	101	101	—	—	—	—
1932	—	—	—	—	—	—
1933	99	99	—	409	—	409
1934	—	—	229	13	229	13
1935	248	248	—	263	—	263
1936	115	115	163	128	163	128
1937	35	35		35		35
1938	—	—	—	—	—	—
1939	208	208		56		56
1940	310	310	145		145	
1941	321	321	151	—	151	—
1942	275	275	117	14	117	14
1943	410	410	38	1,072	38	1,072
1944	395	395	22	684	22	684
1945	183	183	100	188	100	188
1946	621	621	243	558	243	558
1947	478	478	517	996	517	996
1948	235	235	186	454	186	454
合計	4,034	4,034	1,911	4,870	1,911	4,870

銓敘部編入候用人員名冊，分發各機關備用，至於各機關是否就冊列人員中選用，銓敘機關已無強制之法律依據加以執行。但考試及格者僅取得任用資格，並不分發派職的情形並未改變。民國49年黃季陸先生任考選部長任內，鑒於中央機關公務人員中，考試及格者僅占16%，地方機關公務員則占7.6%的現況，於是針對「考入不能用」與「用人不必考」的時弊，大聲疾呼提出了高普考試「考用合一」的口號，也就是即考即用，不需要就不考。希望該年各類科錄取人數以各機

關實際任用需要為準。其構想雖很好，但由於用人機關的匿缺不報，和分發機關的威信不立，使得考與用之間仍然不能配合。

四、恢復分發任用階段

56年9月16日，行政院人事行政局成立，適逢公務人員任用法修正公布，第4條3項明定「考試及格人員，應由銓敘部分發各機關任用。但行政院及所屬各機關任用人員，由行政院人事行政局分發。」同時配合修正高普考試及格人員分發辦法以資適用。根據此項辦法，57年6月將56年公務人員高普考試及格人員，依其志願全部予以分發任用，並對57年以前歷屆考試及格人員尚未分發任職者，視實際情形同時辦理，這是高普考試恢復分發任用的重大突破。但其實施的成效，根據（表2）的數字顯示則大有疑問：

表2　政府遷台後恢復分發任用制度情形（1968年～1979年）

年度	高等考試		普通考試	
	及格人數	分發人數	及格人數	分發人數
1968	295	277	365	255
1969	389	246	1,032	366
1970	383	218	1,128	535
1971	461	116	2,108	493
1972	542	178	1,204	552
1973	364	380	1,369	710
1974	622	285	1,323	883
1975	417	401	1,310	1,085
1976	397	433	528	1,041
1977	482	333	884	771
1978	778	543	1,186	1,003
1979	482	454	974	1,008
合計	5,612	3,864	13,411	8,702

這十二年中，高考及格未分發者有1,748人，普考及格未分發者4,709人，合計6,457人。這就是考用配合的理想與現實之間的差距，其原因究竟是用人機關

不重視考試權？或是考試制度不合乎用人機關的要求？值得吾人思索。未分發人員當中，有的是現職人員無需分發，留在本機關中改任換敘即可；有的是民營機關人員僅想取得任用資格證明自己的能力，並為往後陞遷創造契機；也有的是在學學生，或服役中的青年，事實上無法立即接受分發，這些人的放棄或保留分發，造成用人機關的缺額無法遞補，也使考用配合的政策流於形式。

五、分兩類錄取之改進

　　以67年高普考試為例，分發行政院所屬機關之及格人員1,847人中，有878人要求保留分發，有348人為現職人員，實際接受分發到職者621人，僅占分發總人數的34%。對此情形，行政機關認為不夠配合用人需要，落第考生認為考取而不到職者虛占錄取名額，社會輿論亦認為舉辦這樣大規模的全國性高普考試，而考取到職者不過數百人，未能切合國人願望。因此自68年起，採取分類報名、分類錄取作法，將公務人員高普考試各類科組區分為一、二兩類，應考人無在役、在學等情形，願立即接受分發者，報考第一類，並依用人機關實際需用人數擇優錄取，其經錄取者即應接受分發，不得申請延期；應考人有在役、在學情形或不需分發者，報考第二類，經錄取之在役、在學人員，由分發機關於不能到職之原因消失後，遇缺辦理分發。

　　本辦法實施之初，遭致各方的疑慮，其最大疑慮所在是第二類應考人權益交代不清，因為理論上說第一類錄取名額依用人機關的實際需用人數而定，於是年年如此，就永遠不可能有多餘的缺，也就是說第二類錄取人員年年有在役、在學原因消滅者，卻難有分發機會，既然無缺可遇，也就沒有所謂依序分發。想謀得一職除了再度參加高普考第一類取得分發機會而外，就只有拿著及格證書奔走於權貴之門，希望靠著八行書或人情介紹以得到工作。68年首次試辦分類報考分類錄取，結果第一類錄取人員1,712人，有1,507人接受分發到職，比率高達80%人，餘12%未接受分發者係自動放棄分發任用。而第二類錄取人員1,138人中，亦已先後分發任用700多人。69年此項考試第一類及格人員2,705人，其分發任用情形，據銓敘部及行政院人事行政局統計，接受分發到職者2,377人，占總分發人數87.87%，第二類及格人員2,289人，亦由分發機關遇缺分發任用中。由此可知，第二類錄取人員之出路並非全然悲觀，由於第一類錄取者有相當比率的自動放棄分發，以及到職後或因環境不佳，或因另有高就而辭職，加之各用人機關由查報缺額開始至次年錄取人員分發為止，不斷會有退休、資遣、離職人員，因此實際缺額數目將有增無減。

六、實施後之弊端

　　第一類應考人由於是依用人機關實際需用人數擇優錄取，所以68年高普考試放榜，發生了水土保持科總平均74分方才錄取，而交通行政人員僅50分即錄取的不平現象。為了補救前者的不利，考試院第6屆126次會議決議：本年（70年）公務人員高等及普通考試第一、二類，均以60分為錄取標準；如第一類錄取人數不足任用需要之類科組，得由典試委員會酌予降低標準錄取，但不得低於50分，第二類中之同一類科組，因不需立即配合任用需要，不予降低錄取標準；又如第一類因依60分錄取標準而致錄取人數超過任用需要者，其超額錄取者，視同第二類錄取人員，遇缺分發。

　　報考同一類科組的應考人，由於第一類、第二類的錄取標準有別，遂造成第一類分數較低但遷就任用需要而錄取，第二類雖未60分及格但比前者為高，因不需立即配合任用需要反不獲錄取，這種立足點的不平等遭到各方批評。在考選部編印的高普考試應考須知：（伍）考試分類部份，有「務請先自行斟酌個人因素慎選第一類或第二類，報名後不得更改」字樣，但在報名繳納證件時並未要求考生呈繳有關證件（如男性應考人報考第一類，即應有退伍令，或該年退伍之證明等），考選部疏忽在先，造成了某些考生的投機在後。有相當數量的在學、在役者利用未查驗無在學、在役證明的空隙，以在學、在役之身分報考第一類，以圖錄取人數不足任用需要時酌予降低標準錄取，這種身份的第一類錄取者明知不得申請延期分發，其主要動機就是想藉著降低標準錄取後取得任用資格，以便在學、在役原因消滅後，講關係找門路圖任公職，他們的數量激增將完全破壞分兩類報考錄取的良法美意。於是第一類分發任用到職比率降低，又造成用人機關的嚴重缺員，考政當局應當對此速謀補救之計。

七、不得擅自遴用考試及格人員

　　本年7月17日考試院院會中，討論通過了考試及格人員分發改進案，其主要內容包括「考前查報的缺額」，「查報後的臨時缺額」，「現職人員經考試錄取調整職位後的遺缺」，非迫切需要並先經分發機關同意者外，下得隨意遴補，否則銓敘時一律不予審查。需求多錄取少的類科，除舉辦特考外，並得分發其它相近職系考試及格人員。各機關對應行分發考試及格人員的職缺，如需自行甄選遴用考試及格人員，應先經分發機關同意。本項改進措施，最主要的影響是縮減了機關首長的用人裁量權，使分發任用的權力歸併到銓敘部及行政院人事行政局，間接的作用則使第二類錄取人員的出路，可望合理得到解決。由於不得擅自遴用

考試及格人員，各機關的缺額除了商調它機關的現職人員補充外，只有向分發機關要人，分發機關則遇缺依序將第二類及格人員分發出去。對於第二類考試及格者，此改進有其積極的作用，但對具有第二類在役在學身份而去報考第一類的投機者而言，考政當局的這項變革可說是將了他們一軍，因為他們走漏洞取得了考試及格資格，但事實上不能接受分發，等到在學或在役原因消滅，又因為各機關不得擅自遴用考試人員之故，而失去後路，這種進退維谷的窘境也確實令人堪憐。考選部失察於先（未能審查第一類報考者的無在役、在學證明），卻又讓違規報考的考生負全部的責任於後，於情、法、理三方面言之，都不無商榷的餘地，對於這些應考人如果他們將來考試及格，是否可以採取列入選用名冊，於不能到職原因消失後遇缺分發，以撫平部分青年人的憂慮。

八、結語

欲徹底解決第二類錄取者的出路，以落實考用配合政策，除了前述的「不得擅自遴用考試及格人員」外，另外在去年度第二類錄取者尚未完全分發完畢前，本年度應調查其在學在役原因消滅情形，以為酌量減少本年度錄取人數之參考，同時切實遵照考試法第2條之規定，於第二類人員尚有多餘時，應暫不舉辦同性質之特種考試，尤其不可政策性在特種考試中超額錄取，以免侵害高普考試及格者的正當權益。惟有這樣，「考」與「用」才能徹底相結合，也惟有這樣，才不會野有遺賢、朝有倖進。

（中國論壇第144期，70年9月）

參、喜見民主中道力量成長茁壯 ── 由包斯文著「黨外人士何去何從」一書談起

　　靠出版《500年來白話文學第一高手》李敖「文存」「全集」而發了一筆小財的四季出版公司，最近又有大手筆的行動 ── 準備以每月5本，一年60本的速度，推出一系列的新生代作品，這些作品將以「政治」為中心，探討台灣當今現存的種種癥結問題，或是用比較研究的態度介紹外國的典章制度以為我們決策施政的參考。首批5本以四季文萃為名的叢書，在69年12月7日（中央民代增額選舉過後一天）正式上市，它們是黃年的「台灣政治發燒」，包斯文的「黨外人士何去何從」，南方朔的「帝國主義與台灣獨立運動」、「憤怒之愛」，楊祖珺譯的「少數人的民主」。這幾本書的推出有幾點值得注意之處，其一，並未趕在大選前搭上選舉列車，以求刺激銷路。其二，推出的時間適逢年關書籍銷售淡季，因為每家書店都挪出了黃金地段販賣聖誕卡、賀年卡、月曆等應時物品。其三，大膽的以街頭書報攤為根據地發動促銷攻勢，而書報攤一向現實掛帥，沒有十足的把握絕對不會代賣書籍。其四，在20天之內包著「黨外人士何去何從」即銷售一空，30天之內黃年的「台灣政治發達」跟進，這不能不說是出版市場的異數。其五，叢書的作者群皆係新生一代知識青年，並無廣泛的知名度，他們之能受到讀者的肯定，顯然是購買者的品質提升，進而認同書中的見解內容與主張。

　　筆者在拜讀了包斯文君所著「黨外人士何去何從」以後，有許多感觸，願意在此加以進一步的引申與評析如後。

一、中間路線的政治信仰

　　由「黨外人士何去何從」一書，我們可以了解到作者包斯文先生的心態，稱其為中間路線者並不為過。何謂中間路線呢？中間路線不是「隨著政治風向而轉變的」，它也不是「牆頭草風吹二頭倒」，它更不是「當今國家的大害左右逢源」，中間路線的政治信仰是「反共」、「民主」、「憲政」、「愛國」。從經濟制度、生活方式、社會結構等種種不同的角度看，共產主義都是違反人性的，所以中間路線者的第1條政治信仰就是反對共產主義，而且其反共情緒強烈出自內心，絕對不下於某些「標榜」反共，或是「宣稱」反共的政治投機者，當然他們更不會以反共為職業，或是以反共為跳板，以遂行自己的登龍之術。反共的共識大家既然是相同，那麼究竟該如何來反共呢？中間路線者認為一個異質的多元化社會已經形成，只要不違背反共的大前提，方式和手段是可以巧妙各有不同

的；我們之所以要反共，是基於正邪之爭善惡之辨，所以反共不是國民黨的家務事，而是每一個自由中國人的使命，既然如此就不該只用某一個黨派的反共方式來反共，尤其不可用共產黨的方式來反共，今天海峽二岸的中國人在歷史的跑道上競爭。在某些客觀條件上，我們比不上中共，比如說土地、人口、資源、科技發展，尖端軍事科技，但是截至目前為止，雙方之所以打成平手，那是因為我們經濟發展的領先、政治穩定的領先。我們反對共產黨的極權專制，我們就得讓民主在台灣落實生根，這樣才能透過對比的方式分出優劣，所以中間路線者的第二個政治信仰就是民主，而且他們認定只有藉著民主的檢驗才能反共成功，才能在「經濟學台北」之外，提出「政治學台北」的號召。

在亞、非、拉許多開發中國家往往會看到一種反常的政治病象，就是執政黨不能完全實施它自己所制定的憲法內容，有種種特殊的環境與理由，使得執政黨要縮小憲政施行範圍，甚至進一步凍結憲法中若干條款的適用，特別是牽涉到基本人權、人民的各種自由權利的時候更是如此。所以口口聲聲要求「護憲」的、「尊重憲法精神」的，都是在野黨人士，而以「非常時期」、「戰時憲法」、「動員戡亂」等名義，力主擴大政府職能，暫時犧牲人民部份自由權利的，或是對上述現象找尋理論基礎使其合理化的，都是執政黨員。非律賓的馬可仕政府、韓國前朴正熙政府，都可以看出這種傾向。所以中間路線者的第三個政治信仰就是堅守憲政陣營，以杜絕他人口實，即使是執政當局有其實際困難，也得在得與失之間慎加考量。「愛國」這個名詞常被許多人所誤解濫用，有以「跳機」為愛國者，有以「寫信給美國總統請其不要拋棄台灣」為愛國者，有以「誓死消滅黑拳幫的餘黨」為愛國者，所以有人戲稱三百六十行外又多了一行「愛國」的行業。誰才真正愛國呢？駐守在前線、海防的戰士是愛國的，在紡織廠裡默默加工生產的女工是愛國的，在礦坑裡冒著生命危險採礦的礦工是愛國的，奉公守法的公務員是愛國的，具有活力以拓展外貿為職志的商人也是愛國的；換句話說一個人只要盡了憲法19、20條所規定納稅、服兵役的義務，在他的本行裡埋頭苦幹，這就是最具體的愛國行動，具備這個條件的任何一位老百姓都可以一位「愛國者」自居。可是我們也常常看到另一種類型的冒牌愛國者，或者是想盡辦法逃避了二年兵役，或者是漏稅、冒貸、呆帳的行動者，或者是兒女全在外國居住，一人在台共赴國難的，卻也滿臉忠貞的披著愛國的外衣，口中背誦著一些虛偽的愛國教條語言，實在讓人為之心寒。所以中間路線者的第四個信條，就是愛國是純粹的犧牲奉獻，愛國不含有任何利己的不良動機。

二、中間路線即中間力量

　　就前面所歸納的幾點政治信仰，我們可以正確認識中間路線的基本原則和立場。總之中間路線的知識分子在做價值判斷時，基於反共、愛國的前提，不問黨派、不問省籍、不問利害，只問「是非」、「公道」、「正義」，所以執政的國民黨有了突破性的改革應該給它喝采，同樣的黨外人士有了建設性的作為也要給它掌聲鼓勵。以這些持著中間心態的知識分子所擁有的條件能力，如果他們熱烈追隨國民黨的政策路線，他們不難出頭天，但是他們捨此而不為，不「歌德」、不「保皇」，而要「犯顏直諫」，「面折大人」，這是他們充份發揮了道德勇氣的明證。有「80年代」、「自由鐘」、「青雲」的黨外刊物，就有「黃河」、「顯微鏡」、「自由青年」的國民黨刊物，有美麗島的左傾盲動主義，就有疾風的右傾機會主義，這就是言論自由市場的平衡，但正因為左右色彩鮮明，所以會黨同伐異、搞小圈子，中間路線者適時而出的居中調和，超脫出左右和黨內黨外的對立，客觀褒貶時政，發抒理性公正善意的建議，誰曰不宜？所以我們認為中間力量就是主導社會安定的中堅力量，也就是促成台灣民主憲政健全發展的中道力量，這種力量已經逐漸被知識分子所認同，我們有理由相信，這種政治態度將普遍深入的被接受。

三、黨外力量的發展演變

　　自從民國38年國民黨政府在中國大陸遭到了挫敗，轉進到台灣以後，反國民黨的在野力量就不絕如縷未曾間斷，早期的反對力量最主要來自青年黨、民社黨和部分具有自由主義思想的國民黨籍知識分子，他們的代表刊物是「自由中國雜誌」，這股書生論政所形成的集團固然讓當局頭痛，但因為向未威脅到政權的根基所以不曾被強力取締；等到地方自治研究會成立，使得這股力量和若干具有地方勢力群眾基礎的非國民黨籍政治人物相結合，籌組新黨的態勢呼之欲出。導致領導人物雷震因「為匪宣傳」、「包庇匪諜」罪嫌被捕，組反對黨的計畫胎死腹中；這個階段的所謂黨外人士，大多粗鄙無文，素質極低，予人觀感惡劣，也正因為合流未成，所以使得黨外的境界不能提升，只好採取激烈的言行手段、訴諸族群因素來爭取中下階層的游離支持。在「自由中國」之後，「台灣政論」之前的一段真空時期，是黨外力量的黯淡時期。屈指可數的黨外政治人物偶能當選，也是因為個人英雄形象突出的關係，集團性的黨外政治力量在這個階段簡直就是空想，一直到康寧祥的「台灣政論」創刊，才使得日益增多的知識分子（以台灣省籍為主）真正投入了黨外政治運動，因而促成黨外品質的改良，帶動了這股制

衡力量的急速發展。

　　包斯文君的「黨外人士何去何從」一書，以一個中間路線者的超然立場。回顧了近三年來黨外政治力量的發展過程（民國67年至69年），他選取了9個有代表性的重大事件「中山堂事件」、「新潮流事件」、「許信良休職案」、「政論雜誌風起雲湧」、「中泰賓館事件」、「政治溝通」、「高雄事件」、「美麗島軍法大審」、「化戾氣致中和」，連綴起來並分別加以敘述和評論，以他擔任政治記者的身分能有許多機會接觸到政壇上的要角，也目睹了多次歷史性的活動聚會，再加上他不同流俗的推理分析能力，使得他的評論文字見解不凡。在我們的輿論界往往不由自主陷入激情的時候，包斯文君有如外科醫生的冷靜，一刀就割在問題的關鍵，當我們的大眾傳播工具一面倒的充滿殺伐之聲的時候，包斯文君卻能站在另外一個角度提出不同的評價。比如使勞政武等反共義士聲名大噪的「中山堂挨揍事件」發生以後，所有的宣傳機器都一致聲討黨外人士的「沒有風度」、「具有暴力傾向」、「不可與之言」、「擅改國歌否定國家」，包君獨具慧眼提出二點檢討：一、全國黨外候選人座談會及中外記者招待會，照說只有黨外候選人及記者才有資格出席和發言，勞、蕭等人未被邀請自無發言資格，如強要發言，主持會議者有權加以制止，因為這是會場的秩序及規則問題；這就好比國民黨召開全國代表大會時，黨外人士擅闖會場，並爭搶麥克風強行發言一樣的不近情理；二、記者招待會中受邀出席的，以外國通訊社、報社、雜誌的駐台記者為多，國內報社及雜誌的記者反而少見，一些公、民營大報，根本未被邀請，這對國內傳播界的報導尺度，毋寧說是一項無言抗議。在批評黨外人士的行為做法之餘，同時也設身處地的考慮他們的立場，這才是面對國內反對力量所該具備的一個正確態度。

　　黨外政治力量近幾年的快速膨脹，66年5項公職人員選舉是一個催化劑，4席縣市長、21席省議員的戰果，使得國民黨長期穩固的威權領導受到了公然的挑戰；但是不論黨外力量如何擴張，基本上它仍不夠成熟，因為由一群不同政治利益而略帶草莽作風的烏合之眾所組成的黨外，這裡面缺乏足夠的管理人才、外交顧問、經濟專家等，因而使得他們的政治主張一直停留在廢除黨禁、報禁，全面改選國會等議題上，未能和老百姓之切身利益相結合，這是黨外集團的先天缺陷，卻又不能一時彌補過來的。從正面積極的意義看，黨外力量的存在，亦有其貢獻，他們也許不適合擔任雄才大略的經國之計，但他們扮演民意代表的角色來批評監督政府，倒是游刃有餘，足以讓執政當局如臨深淵如履薄冰的不敢掉以輕心；經過黨外人士這幾年的窮追猛打，拖延二十年之久無視司法院大法官會議解釋的法院隸屬問題終於定案了，國家賠償法、社會秩序維護法、選舉罷免法都已完成立法程序，國民黨面對著黨外力量的刺激，使得改革的幅度步調加大加快許多。包斯文抱著求全責備之情來看黨外，但鞭策之餘還有關懷期待，他關懷黨外

的發展環境，他期待這一股力量能導入正途。在自序中他說：「我對黨外人士並無偏見，卻有一份較社會一般人爲多的關懷與注意……我對他們付出更多的關懷，自然也給予較嚴屬的批判。」黨外人士何去何從一書，就是這樣有褒有貶有喝采掌聲有批評指責的空谷足音。

四、黨外人士何去何從

　　黨外政治力量經過美麗島事件的衝擊，首要主流份子紛紛繫獄，重要的發言刊物也紛遭停刊處分，正可說應了一句「眼見它起高樓、眼見它宴賓客、眼見它樓塌了」的老話，精銳盡失的黨外殘存力量，短時間之內恐怕難以回復元氣。老一代的黨外前輩能孚眾望擔當領導人大任的並不多見，中間一代的黨外人物大多涉及美麗島事件服刑獄中，就算若干年後他們刑滿出獄，「叛亂罪名」、「褫奪公權」已經使他們的政治生涯打了休止符，新生代的黨外人士固然具有充份的熱情勇氣和相當的理論水平，但是缺乏政治鬥爭經驗是他們的致命傷，面對著組織嚴密的執政黨，他們能否迅速移位填補黨外的空隙，延續黨外的香火，我們有所存疑。對於誰來繼續領導黨外的問題，包君提到了康寧祥、黃順興等人選，但是他們的聲望能力是否足以駕御這一輛多頭馬車，抑或黨外集團將繼續維持以往多元領導而又不相隸屬的複雜關係？截至目前爲止尚不足以見分曉。至於黨外路線問題，這是決定未來黨外發展的重要關鍵，因爲人事問題較易解決，可以協商推出龍頭，可以妥協改採集體領導，而路線如果錯誤，必使黨外淪入萬劫不復的地步。包斯文君提醒黨外人物「在策略運用上，必須放棄以前左傾盲動的自毀作風，改採溫和路線，如此黨外才有可能生存，能生存才能進一步談到發展」，這個黨外的溫和改革路線，其實也就是以康寧祥爲首的80年代系統所一貫堅持的政治信念。所以在包君的潛意識中，是企盼黨外力量能理性和平的健全發展，以構成牽制國民黨的平衡力量，在「二條路線二種策略」一文中，我們可以看出他的用心，他稱讚康寧祥「深知民主時代的政治領袖必經長期的磨鍊始克成熟」，「與其採取暴力邊緣政策，不如善用輿論力量，以強大的社會壓力迫使國民黨加速革新」，他大膽預言「從長期觀點看，溫和派黨外聲勢將逐漸壯大，它除了會取得黨外理性新生代的擁護外，還有可能贏得中間選民的支持，特別是一般開明的知識分子爲然」；從69年12月份的中央民代增補選結果以觀，康系的黃煌雄、張德銘、王兆釧等順利突圍且高票連任，或許能見到一點端倪。

五、社會正義的最後一道防線

　　民主社會裡，防止權力腐化促成政治清明的機制，有一個鐵三角的組合「國會」、「輿論」、「司法」。國會藉著任期制度，隨時展現最新的民意，它上焉者能削減預算，下焉者能質詢詰問，當政者對它的法力無邊畏懼三分；輿論也能代表民心向背，無冕之王手持利筆摘奸發伏，力陳政府缺失痛斥當道偏差，在新聞自由的保障下，它的防腐功能徹底發揮；獨立的司法更是伸張正義保障民權的重鎮，它不畏行政機關的職能擴張，堅決的貫徹憲政精神。但如果輿論有被壟斷之虞，而司法形象又被扭曲，不再被人民信任時又該如何？此時一個積極的第三者挺身而出，會有助於局面的穩定，更能刺激國會、輿論、司法使其振作。中間路線的知識分子所形成的清議，成了仲裁社會的公道力量；他們成了社會正義的最後一道防線，他們也替爾虞我詐的現實社會留下了一絲浩然正氣。包斯文先生在評論敏感的政治問題時，力求避免自己感情的介入，因而不致偏袒某方，他樂見黨外力量適度正常的運作發展，他更因國民黨內部的奮發向上而感到高興，他以社會公平正義的最後一道防線自勉自命，他並沒有繳白卷，「黨外人士何去何從」一書就是他固守陣地的成績單。

　　列為本書第二部分的「與重要黨外人士對話錄」可讀性極高，深入淺出的報導手法，使得筆下所指涉的人物神靈活現，施明德的狂妄自大、許信良的得意自滿、黃信介的淺薄無知、張俊宏的執著冷靜，都給人留下深刻的印象。這幾篇訪問稿雖然有肯定讚揚之處，但不是在替他們政治平反，雖然有揶揄諷刺之處，但也不是落井下石蓄意詆毀。結果執政的國民黨頗感不以為然，所以「張俊宏的書生悲劇」一文還一度臨時抽版，直到美麗島事件判決定讞案情熱度稍微冷卻後，才能和讀者見面；若干黨外人士也不諒解包君，認為他「心懷偏見」、「以醜化黨外領導人物為能事」，認定他是國民黨的職業文化打手；其實包君既不是美麗島集團的同情分子，也不是代替國民黨出擊的文化傭兵，他只是一個對自己良知負責，並善盡知識分子言論報國責任的勇者。

六、化戾氣致中和

　　對於一度尖銳對立的二極化衝突，包君再三的強調此風不可長，對激進黨外所組成的左派力量，他勸他們要向右靠，走溫和改革的穩健路線；對極端右派的疾風團體，他呼籲他們要理性守法，以避免擴大社會裂痕。也就是說雙方都要拋棄暴戾的想法與行動，朝中間祥和之路邁進，那才是台灣實施民主政治之福。包斯文君沒有政治野心，也不藉著中立之名培養自己的政治資本，更不想在宦途

求顯達，所以他的逆耳忠言動機單純；「黨外人士何去何從」一書裡所蒐集的篇章，足以讓我們一覽近三年來黨外活動發展的歷程，對於這樣一個特殊政治環境下的畸形產物──「黨外」，我們必須正視它的存在，承認它在現實政治中舉足輕重的影響力，認清它的積極正面功能，然後因勢利導使其發揮功能，萬萬不可心存芥蒂，老是把黨外、台獨、共產黨之間打上等號，甚至視其為三合一敵人；惟有這樣子的高瞻遠矚才能使政黨政治在台灣萌芽，也惟有這樣子的兼容並蓄，才能使執政的國民黨，顯示出它「革命」以外的「民主」精神。

由統計學上的常態分配來看，二極都應該只是少數，社會裡的大多數成員都分布在中間地帶，因此我們對中間路線的前途寄以樂觀。由包斯文君的「黨外人士何去何從」一書，我們見到了令人振奮的好現象──新生代的知識分子已經逐漸覺醒，並且認清了他們自身的價值，他們不會一窩蜂的以反對國民黨為時髦，但他們同樣不會以熱烈的效忠執政黨來換取平坦的前程；他們支持對的反對錯的，擁護自由民主抗拒極權獨裁，他們的政治理想就是在這一塊美麗島上樹立起一種最適合中國人民族性格的制度與生活方式，他們的實際行動就是超然客觀，不論是誰犯錯都得挨板子。包斯文君是新生代知識分子的典型，我們期待他能繼續給台灣的現實政治把脈下藥！我們更希望他所秉持的中間路線能成長茁壯，從而促進台灣更多的和諧與團結！

（縱橫第1期，70年2月25日）

後記：包斯文是我政治大學中山所的學長耿榮水的筆名，青年時期他主編過不少政論刊物，我也追隨他的觸角，在若干政論雜誌撰稿。近四十年前的文章，揭櫫了我對中間路線的支持，看看今日的藍綠大亂鬥，或許白色力量、無色覺醒會是當今時代的另一種選擇。

肆、爸爸和媽媽

　　小學時候的作文題目，「我的母親」、「我的父親」，現在已經記不得寫的是什麼了，大概是不外乎那幾個剛學來的形容詞，「慈祥」啦！「和藹」啦！「威嚴」啦！「古銅色的皮膚」啦！「聲若洪鐘」啦！等等，以後上了初中、高中，就一直沒有遇見過類似題目以讓自己發揮。10月30號是媽媽和爸爸結婚二十八週年紀念（這個日子是我在壓箱底的那份已經長了蛀蟲，而又字跡模糊的結婚證書上發現的），做了他們二十二年的兒子，我覺得我有義務在他們的大日子中，回憶一下往事，以表彰他們的功勞和苦勞。

　　感謝他們在困頓艱難的生活裡，讓我不斷的讀書，使我能夠慎思明辨，分別是非。我覺得流水帳式的邀功並不能增進他們的偉大，最好的辦法就是「平凡中透出不平凡」。從個個角度，說他們的優點，數他們的缺點，把他們的眞實面目徹底呈現出來，也許下筆傳眞度太高，會多少揭露一些生活上的隱私，不過我相信他們會原諒我這個老么的。我們李家戶口名簿上的戶長是爸爸不錯，可是爸爸的地位和英國女王一樣是「虛位元首」的性質，本來在他們結婚之初，也是男主外女主內的，後來爸爸鈔票全交給了媽之後，大權就旁落了，以後媽媽也做了事賺了錢，有了獨立的經濟來源，爸爸的地位日形低落，至此，媽媽「唯我獨尊」的事實就告確立。

　　爸爸是個標準鄉下佬，在河南老家種了幾年田以後，就隻身跑去當兵，他當的既不是步兵，也不是裝甲，更不是砲兵，而是一輩子沒有拿過槍殺過人的看護兵。從九一八到七七而抗戰勝利，也算是走遍了大江南北，奇怪的是那股土包子氣還是沒改掉。話說勝利以後在北平遇到媽，頭一回見面時吃香蕉連皮吃的就是爸，每一回媽媽數落爸的「落伍」，就提這檔事，爸只能低下頭面有愧色。爸也實在「太不行」了，從民國39年他晉升少校到54年退伍，整整十五年，領章上還是一顆梅花，像他這樣「官拜少校十五載」的例子，恐怕並不多見，等到後來我了解他的爲人處世之後，我就發現他之所以升不了官，實在有原因的。民國40年前後，台灣省內的兵役制度尚未完全上軌道，體檢不合格的驗退，由各新兵訓練中心軍醫組自行負責，只要組長點個頭說聲退，此人就得享免服兵役之特權。爸那時候是新竹關東橋第一新兵訓練中心的軍醫組長，新竹有家麵包店的小開，爲了逃避兵役，就曾在中秋月餅禮盒裡夾了2萬元的紅包，這份大禮媽也沒看就收下了，等到爸知道了連夜送還，第二天體檢照舊正常，一點也不馬虎，那個小開上上下下早全打點了，就是爸不賣帳，所以爲此和中心裡的同仁有了隔閡，以後好幾次要陞遷，總是輪不到他，這就是爸演「正派主角」的下場。那會子，爸一個月薪水135元，2萬元對我們而言眞是天文數字，只「怪」做事有原則，所以既

升不了官，也發不了財。爸的這種作風，媽一向都很讚揚的，只有碰到家裡青黃不接的時候，媽才會「昨是而今非」的指責爸的「擇善固執」、「不識大體」。

說到媽的出身，可就比爸高明多了，外公幹的是小學校長，也通文墨，稱書香世家並不為過。外公早死，家道為之中落，媽讀完了高中就做事了，要是那時候她去讀個北大、南開之類的大學的話，現在可不抖了。不過話又說回來，假使媽讀了北大，她鐵定不會看上私塾三年、高小二年的爸。那也就輪不到我在這寫文章了。媽的學歷固然不高，可是她的經歷可真顯赫，做過店員、售票員、會計、護士、接線生、總務，她最引以為榮而又津津樂道的就是，和馬歇爾將軍握過手談過話（雖然她的英語表達能力並不十分高明），原來國共和談的時候，美國以第三方面的資格擔任調處，北平市特別蓋了多處招待所接待各方的談判人員，就在一個意外而又偶然的場合裡，馬歇爾將軍和一位25歲的總機小姐握手寒喧，這段珍貴的史料就成了咱們李家家譜中不可缺少的一環。每當媽媽覺得她的「專制統制」有危機的時候，她會在適當的時機，白頭宮女話天寶的重複當年的盛況，如此一來能夠證明她的掌權是「順天理，應民意」的德政，二來更能貫徹她的「愚民」統治，鞏固她的領導中心。

新醫師法實施之前，爸是妙手回春的軍醫，然而新法實施以後，爸就成了「密醫」，在軍隊裡幹了二十五年的醫官，有著豐富的經驗，可是他沒有科班的醫科教育，所以沒有那張「以昭大信」的證書。退除役官兵輔導委員會為了解決退除役軍醫執業的問題，委託考選部舉辦了「公共衛生醫師特考」，已屆知天命之年的爸，也只好做了二次的考生，他應付考試的精神和態度，是很可佩也是很好笑的，比如他讀書還留在搖頭幌腦，有節拍有韻律的三字經年代，那些醫學上的專有名詞，「腦神經」、「皮下脂肪」、「胎盤」、「微血管」等，夾著英文單字，由他那河南家鄉味濃厚的土腔唸出來的時候，堪稱一絕，不但自家人要迴避，就連左鄰右舍也得側目。可惜的是年紀太大，記性不好，讀了前面忘了後面，最後好不容易低空閃過，勉強通過考試取得醫師執業資格。

媽和爸比起來，不論學識、氣度、儀態，她都比爸強一百倍，唱平劇是她的拿手絕活，青衣、花旦、老生，她都能哼兩句，腦子裡的戲碼，不下五、六十齣，比起只會聽河南梆子的爸，真是不可同日而語。她的那口正宗北平腔，有幾年新竹縣婦女節慶祝大會的司儀非她莫屬，這也許近水樓台先得月和她的職務有關，她是「新竹縣婦女會的秘書」，這個頭銜聽起來不小，實際上手下的工作人員沒有三個半人，就連「直屬」「附屬」的工作同仁一併搭上去，也只有一打，可是全縣的婦女活動、工作、組織，全是她負責推動策劃的，她和爸都是「寧為雞頭，不為馬尾」的單位負責人，所以回到家來官癮未消之餘，往往相互指揮一番，最後輸的總是爸，所以洗碗、掃地的重任也都是爸挑著。

媽媽和爸爸代表了二種不同的形態，媽媽「進步」、「現代」、「積

極」，爸爸則是「保守」、「消極」的代表。要買冰箱了，提議的總是媽，反對的總是爸，最後媽罵了幾聲以後，冰箱就買回來了。家裏不論添購新家具、增加什麼新設備，都是經過這幾個階段，才能順利完成。當年媽在北平讀書的時候，也是時髦的，「才子佳人」的小說看了一大堆，「亂世佳人」第一回看就是在她高一17歲的時候，前一陣子重新拷貝的亂世佳人，她已經是看第4遍了。我們兄弟倆聽熱門音樂的興趣還是她引起來的，在家用拮据的時候，她斥資買了手提電唱機和西洋歌曲的唱片，講起貓王，講起平克勞斯貝，講起湯姆瓊斯，她居然能夠略知一二，這比起聽到熱門音樂就臉紅脖子粗的爸，又不知道高明了幾倍。

媽和爸也有吵架的時候，剛開始二邊論嗓門、論內容是不相上下的，爸說媽亂花錢，媽說爸賺錢少，所以局面也還旗鼓相當，可是媽時常奇兵突出的搬出幾個絕招，於是爸就只有投降的份了。媽的絕招之一就是指責爸「虛報年齡」，「一個連自己的生辰年月都隱瞞的人，是沒有資格說話的」，這就是媽的邏輯。爸在剛認識媽的時候，宣稱他是民國8年生的，等到結了婚，他才說他是民國4年生的，到了後來他再更正爲民前3年，也就是宣統年間出生，至此爸的眞實年齡才告確定。媽說爸是清朝時候的人，清朝的人和民國的人之間有「代溝」存存，自然對於爸的「老朽」、「昏庸」也就不用加以深責了。總之，他們的吵架「其爭也君子」，一不動粗，二不說髒話，僅是點到即止，就是互相人身攻擊，也是找有檯階的地方，免得對方沒有退路。

說爸是個「老粗」並沒有錯，幹了三十年的軍人想細也細不起來，吃飯時，碗筷敲打成聲，每頓沒吃三碗飯不下桌，領帶從來沒打正過，皮鞋也是終年灰塵滿布，但是他「粗」也有可愛的一面，吃雞的時候雞頭、雞腳、雞屁股的三不管地帶包辦的總是他，剩菜剩飯打掃的也是他，每天早晨最早起來報曉的還是他，長久的軍旅生活，使他養成了一些固定的習慣，比如早睡早起啦！不吃零食啦！這些習慣帶給他一副好身體，使他這個「清朝時代」的人，至今還擔著家庭的重擔。電視裡頭老一輩的老夫老妻，以「孩子的爹」、「孩子的媽」相稱呼，外國人即使是老頭、老太婆還是叫「甜心」、「甜蜜」、「親愛的」，媽媽和爸爸卻不是這樣，他們不是互稱名字，他們也不叫小名，媽媽要喊爸爸之前，先唉聲嘆氣一下，這個聲音有點像「嘿」，又有點像「咳」，反正我們一聽到媽嘆氣，我們立刻曉得，她又準備叫爸做事了。

屈指算來，今年是媽媽「獨裁統治」的第28個年頭，在這些年裡，她恩威併施，鐵腕治「家」，居然從赤手空拳的困境，到現在住在屬於自己的房子裡，這一切媽的功勞實不可沒。爸從前有一陣子也很想發動政變，推翻媽媽而自立爲王的，可是他看了家庭收支帳簿和薄薄的薪水袋以後，還是決定打消叛變的陰謀。因爲家裏的開支好像是個燙手山芋，誰接手誰煩惱，他十分樂意讓媽媽繼續爲柴米油鹽醬醋茶去操心，省下來的時間他還可以看看報紙，種種花草。既然爸都已

經承認了媽政權的合法性，並且接受她的領導，我自然不必瞎操心，去演「陳橋兵變」、「黃袍加身」的鬧劇。況且媽媽當權的時候，我是她的第一號謀士兼大忠臣，對於她政策的決定有很大的影響力，如果換了爸爸掌權，說不定會杯酒釋兵權解除我宰相的位子呢！尤其重要的一點，媽媽治理天下，對她二個兒子很少說「不」，零用錢也很充足，要是換了「節儉以致富」的爸爸，可就沒那麼輕鬆了，所以我堅決的支持媽媽獨裁。

　　只要爸爸不反對，我相信李家的獨裁政體會無限期的延長下去，即將進入媽媽執政的第29個年頭，我寫這篇文章祝賀她的政績清明，我也虔誠的希望媽媽和爸爸能夠身體健康百年好合。

（大華晚報，64年12月25日至26日）

附錄一　寫作與公職生活回顧

壹、前言

一、筆耕與公務生涯都是我人生重要成分

　　這是很長的一篇回顧，因為它貫穿了我過去四十年的生命精華，當然不是三言兩語就能說完的。高中畢業考完大學聯考的暑假，首次投稿在當年的青年日報，這一無心插柳的偶而為之，後來竟然成了習慣，從大學開始持續寫作不斷，四十多年來竟然也生產了1,032篇文章，累積400餘萬字，也領了逾150萬元的稿費，連我自己都非常吃驚。其中頗多早年發表的文章內容，今日重新展讀，以現在的我所具備的年齡、經驗、歷練與智慧來看，我應該不會去寫；但是在當時面臨的政治環境逐步開放、國內政論刊物百花齊放，以及一股關心國家社會的心理驅動下，我終究在我的青年時代，留下了不少年少輕狂的足跡，足以讓我回憶再三。至於人事刊物發表的文章，包括服務公職以後，在考選部先後奉命籌辦之考選周刊、國家菁英季刊、考選通訊等刊物，職務之便前後撰稿數量甚多；以及後來陸續投稿或約稿之考銓季刊、人事行政季刊、人事月刊、公務人員月刊、人事管理等刊物，幾十年累積下來討論考選政策與法制相關議題文章，為數亦不少，社會各界人士如要研究政府遷台以後中華民國考試制度之變革，這些文章就是可以參考的材料與軌跡。

二、研究所、預備軍官及高考的人生三部曲

　　民國58年我初中畢業考高中，同時考上新竹中學、新竹高工、新竹師專三所學校，原本有意去念師專享有公費，以減輕家裡面的經濟負擔；但是我哥哥極力勸說讓我念普通高中，以期接觸更廣面向，所以我做了師專及高工的逃兵。民國61年新竹中學畢業以後考大學，同時考上東吳大學法律系以及中央警官學校公共安全系（該校係在聯招之外單獨招生），軍人出身的父親希望我去念警官學校，

因為在校四年公費且畢業以後可以不愁找工作，所以他還買了一個新的皮箱送給我裝行李，準備要去憲兵訓練中心參加入伍訓練；我哥哥又擋了下來，讓我慎重思考自己的前途，所以我最後去了外雙溪的東吳大學。五年法律系生涯，民國66年大學畢業，考了一次司法官考試落榜，其後進入政治大學中山人文社會科學研究所就讀，因為研究所碩士論文題目是現行考銓制度領域範圍，所以高考就改考人事行政類科，靠著宿舍公共行政研究所同學向上兄提供張潤書教授「行政學」上課筆記，加上我大學時代修過的行政法、民刑法、心理學，以及自修現行考銓制度等科目，雖然各國人事制度當年只考了28分，但是民國67年還是順利的考上高考人事行政類科。研究所唸了一年，為了未來能夠早點就業，就休學先去服預備軍官義務役（軍法書記官），二年役期從桃園下湖而淡水關渡，服役期間有兩件事至今難忘，一件是陸軍每天早上都要5,000公尺晨跑，我當時的95公斤體重，長跑能耐只能跑一半，後半段就用走的回來，回到師部以後大家早餐都已吃完，餐廳也已經休息，所以我有很長的時間沒吃過早餐。當年陸軍總部年度體能抽測，特別指定野戰師師部軍官連全員都要參加，並以最後一名到達時間計算團體總成績，226師虎嘯部隊毛師長怕我拖累大家，特別指定兩名同梯次預官左右陪跑，測驗當天後半段路程，我是在被挾持的狀態下第一次隨著軍官連全體同仁如期跑完全程。

　　另一件事是民國68年過舊曆年前，師部軍法組組長、軍事審判官、軍事檢察官因為都是志願役軍人，所以休假回家過年，留我一個預官小少尉春節值班，軍事檢察官臨走前對一位因侵占公款判有期徒刑一年緩刑兩年之收押上尉，已經開了釋票，交代我大年初一去軍事看守所將其釋放，並轉知其將調任另外一個單位報到服務；我銜命辦理該案，當天按程序走完，臨行前將該員之兵籍安全資料，以牛皮紙袋裝封用訂書機釘好，請其至新單位報到時，資料袋交給旅部保防官收執。不料該上尉報到後，保防單位收了兵安資料，以資料未能雙封袋且彌封蓋章，恐有被當事人開拆疑慮，嚴重影響軍中安全紀律為由，要求檢討程序進行議處。全案在軍法組及政四科多方簽會角力下，最後毛師長宅心仁厚，批示：新進預官經驗不足犯錯，為免懲處留下不良紀錄影響該員往後前途，予以嚴屬口頭告誡。這讓我提前瞭解到職場的處處凶險，對我日後的公職生涯，有著很大的警惕作用。軍中追隨過的軍法組組長謝添富，後來逐級晉升至國防部法制司少將司長；前幾年我隨同董保城部長為了協調法案，至立法院拜會國民黨軍系不分區立委陳鎮湘，遇到他已退伍並擔任陳委員辦公室副主任，幾十年未見真是喜出望外。

　　我退伍前函請人事行政局請求高考分發工作，69年8月20日退伍，同年月23日即經分發前往法務部高等法院檢察署人事室報到，開啟了我的公務生涯。71年9月1日轉換跑道商調至考選部，服務至今屆齡退休為止。所以我的公務經歷不

多，僅法務部、考選部兩個機關而已。公務年資三十九年半年，加上二年義務役兵役年資，爰以「考選論衡──公職生涯四十年回顧」為名，作為本書書名。以下分成我的寫作生涯、我的公務生涯、談我追隨過的幾位長官等三個段落分別加以敘述。

貳、我的寫作生涯

一、在報紙副刊初試寫作啼聲

　　我生平第一篇文章刊出，是在省立新竹高中畢業以後，考完了大學聯考，61年7月投稿青年日報青年園地獲刊出的「迷途知返」一文，是寫自己和朋友爬山結果迷路，費了很大的功夫才找到出路的經驗，看到自己的名字印在報端，又領了微薄的稿酬，心理與物質的雙重滿足，奠定了我爾後繼續筆耕的基礎。61年9月唸了東吳大學法律系，隔了一年先辦法律系刊、再辦學生會校刊，讓我有了一小片可以自由揮灑的天空；但是那時候相對封閉的政治環境，校刊審稿制度不但事前要嚴審內容，對於我們偶而偷渡未送審即發排的文章，更是派員到印刷廠要求拆版撤稿，我們幾位編輯校刊溪城雙週刊的時代憤青（如宏言兄），半年後就「被請辭」。我滿腔的怒火無處發洩，既然校園沒有適當園地可以耕耘，順勢就轉往中南部的台灣日報、台灣時報、台灣新聞報等報刊投稿，其中尤其是高雄發行的台灣時報，有一個專欄名為「學校風景線」，各大學都有不少言論受到壓抑的學生，在其中爆料各自學校的苛政或亂象，形成大家競相批判自家學校而相互取暖的熱烈場面。我在學校風景線上面多次撰文，批評東吳大學的堂堂點名制度、校刊出刊前審稿制度、強制參加安素堂的宗教晨會活動等等，爽領稿費之餘，又在言論上得到解放，自是十分快活。前面兩家報紙是民間經營的，以郵局匯票方式寄發稿費，而台灣省政府出版發行的台灣新聞報則寄發稿費通知單，在我大學同學鴻飛兄陪同下，兩個毛頭小子多次到公辦刊物的台北辦事處（位在衡陽路）去領取微薄的稿酬，那種興奮又惶恐的心情，現在還有印象。民國65年4月，高雄勝夫書局曾將學校風景線刊出期間發表之文章挑選部分集結成冊出版，按其性質分為師道與良知、愛情婚姻文憑、奈何明月照溝渠等三編，書名亦為「奈何明月照溝渠」，我寫的文章蒐錄了6篇在其中，撫今追昔真是點滴在心頭。同時期發表文章的李筱峰、陳永興、蘇培源、黃忠霖、呂自揚等人，如今也都在各自專業領域上有一定成就表現，這證明就算年輕時候多麼桀驁不馴、多麼出言不遜、多麼離經叛道，投入社會職場以後，不代表其日後不能出人頭地。當時的台灣時報副刊主編陳冷在本書的序中所說「年輕人也許經驗不足，年輕人容或智慧未全開，但年輕人多的是熱情、理想與勇氣，在閱讀過年輕學生各式各樣

的精彩文章後，我更能肯定這一點。」算是一個持平的註腳。

記得剛升上大四（東吳法律系要讀五年）的某一天，接到訓導處的通知，次日下午端木愷校長要召見談話，隔天在訓導長、總教官、課外活動組主任陪同下進入校長室。端木校長是知名的國際大律師，也是東吳上海法學院畢業的前期校友，是我輩學生仰之彌高的大人物，如今約略記得他說：「東吳大學在台灣復校不易，希望在校的學生與畢業的校友，都能以東吳為榮，將來畢業離校進入社會工作，我們靠的就是東吳這個招牌，所以大家應該愛護東吳；在報章雜誌撰文批評學校，就會影響社會對學校的觀感。你畢業在即，應該靜下心來思考自己未來的前途，比如參加國考或是研究所的入學考試。如有任何的困難，歡迎你隨時來校長室找我。」端木校長的一席話，讓我大夢初醒，所以報紙上的批評性文章，我就暫時休兵。後來我也請校長協助，在東吳大學的圖書館工讀了一年多，一方面賺點助學金，另一方面強迫自己沉澱在良好的讀書環境中。66年大學畢業那年，同時考上了台大、師大、政大、文化四家三民所或中山所或大陸所，最後選擇政治大學就讀。

二、研究所時期投稿政論刊物

進了政治大學研究所（同班同學中，畢業後較知名的有擔任過立法委員的新黨副主席李勝峰、曾任衛福部次長英年早逝的曾中明等人），接觸的層面廣了，認識的人多了，寫作功力突然開了竅，加上當時政治民主化呼聲風起雲湧，解除戒嚴、開放黨禁報禁，一時之間政論雜誌滿坑滿谷，我前幾期的政大學長黃年、金惟純、陳國祥、胡鴻仁、卜大中等一堆人，進入各種政論刊物及報紙擔任編輯、記者，並經常在報章媒體褒貶時政，所以年紀很輕就在當時輿論界暴得大名。其中我最敬重的學長耿榮水（筆名徐策、包斯文，曾寫過「誰是蔣經國的接班人」一書而大賣）就是一個典範，他先後主編過時報雜誌、自立晚報、大時代、雷聲、薪火、前進等諸多刊物。因為和他的志趣相投，也因為我下筆立馬能文，所以追隨他的人脈逐漸擴大撰稿的刊物範圍，轉戰甚多政論雜誌，甚至成為部分刊物計劃約稿的固定對象；其中有中性的中國論壇、綜合月刊、大學雜誌、書評書目、時報雜誌、大時代，也有右派的黃河、巨橋、雷聲，更有左派的黨外雜誌八十年代、夏潮、薪火、前進、縱橫、新生代等。比如巨橋雜誌，當初之所以會撰稿，就是因為時任政大外交系的李偉成教授，擔任該刊的編輯顧問，親自到政大研究生宿舍來找我邀稿，我只是一個小小研究生兼新進法務部菜鳥科員，受寵若驚之餘自然要湧泉以報。比如投稿過一次八十年代，批判當時政府用人黑官橫行現象，文章刊出以後，時任主編的江春男（筆名司馬文武）在贈閱刊物中夾了一封短信，說明文章內容不錯已經刊出，該刊政論性文章無虞，但是對整體公務人事政策法制方面著墨較少，希望未來如有合適文稿能夠投稿該刊以光篇

幅。在我寫作過程中，其實遇到類似貴人不少，因為有他們的勉勵與支持，才有我在後來不斷的持續產出。

三、服兵役期間出版了生平第一本書

　　研究所讀了一年以後，為了能夠早點就業，我就先休學去服預官役，服役期間整理了過去幾年來在台灣日報、台灣時報、台灣新聞報、中國論壇、綜合月刊、夏潮、書評書目發表過的文章，擇其部分篇章，以「五年一覺雙溪夢」為書名，68年5月出版了這一生的第一本著作，出版者是高雄的德馨室出版社，也算是對階段性的寫作生涯留下一個紀錄。我東吳大學的老師蔡明哲在該書序中寫到：「震洲的作品有強烈的社會關心，使他在大學課程之外而心有旁騖，但可貴的，他對事務的看法不同流俗，更能有勇氣把它說出來。至少他已具備一個知識青年對社會所應貢獻的潛能：相信隨著時間不斷歷練，他會產生更多的貢獻。」我政治大學研究所的學長耿榮水所寫的序則指出：「我知道震洲兄的心是好的，腸子是直的；他有一枝犀利而善於批評的筆，卻決少胡亂批評，雖因勇於批評而帶來一些麻煩，但從不放棄批評，這種態度與勇氣，正是今日台灣社會所需要的。」這兩位師友四十年前對我的看法，到如今印證了我的本性就是如此，似乎始終沒有改變，在四十年公務生涯中，遇到賞識的長官能夠多所發揮，靠的是語言和文字的表達；當然也曾經因為會議發言或在報章雜誌刊出文章批評內容而得罪長官，遂因此受到責難；其實知我者可以瞭解這是我的本性使然，而非刻意要去迎合誰或是對抗誰。至於有沒有如我老師當年的期許，隨著時間的不斷歷練，而對社會產生更多的貢獻，這要由閱讀本書的我歷年來追隨過的長官、共事過的同事、同窗過的同學、交往過的朋友們來論斷。

　　檢視前述報紙刊出的文章，大致分成三類，第一類是前述學校風景線，主要談論的是校園的教育問題、校內點名制度、校刊審稿制度等；第二類是對當時時政評論與針砭，如由以色列女兵談起、法律系學生筆下政見發表會記實、我參加了預官考試、研究生手記、讀二十四孝的聯想、雙重國籍問題等；第三類則是書評，青年時期的我很愛買書、讀書，行有餘力則以學文，也寫了不少書評，承這幾家報紙副刊的抬愛刊登了不少篇章，這些書評還曾得到若干讀者的正面迴響，如評孤影「對年輕人的真心話」、評介「殷海光最後的話語」、從「道南從師記」看王雲五的成就、從「第三隻眼」談到書評等。甚至在原作者出版後續書籍時，還會將相關書評納入，如張拓蕪的「代馬輸卒補記」，即收錄我寫的書評「從手記到續記——張拓蕪大兵世界的探索」；「徐復觀雜文續集」，亦收錄我寫的書評「一部鮮活生動的歷史——評徐復觀雜文憶往事」。

　　至於研究所時代進入政論刊物時期所發表的文章，其實有幾個特色：其一，考量到市場生存導向，所以政論刊物的文章標題及內容都比較辛辣，內容辛

辣度是作者在撰稿之初就可以具體掌握的，但是文章題目經常會被編輯修改成語不驚人死不休，如今看起來更是有些驚世駭俗；在當時卻不是我能掌控的。其二，由於刊登文章多為批判時局（如民主法治、政黨政治、新聞自由與選舉制度等），或檢討人事政策法制（如黑官問題、機關員額膨脹、甲等特考、軍職轉文職政策等），兩者的比例約為7比3。但民國69年8月起我已初任公職，擔心嚴厲批評政府或國民黨，可能會有不可預測的後果，所以文章率多以筆名李科員、李文碩、李文彥、李友直等名義刊出，只有少部分用真名刊登；其實政論刊物也不希望作者皆用相同真名或筆名出現，以免被外界視為言論壟斷，所以經常也會主動更改刊登文章的筆名，如今檢視早期刊登文稿，從筆名經常都難以判斷是否出自我的手筆，要檢視具體內容才能窺知。其中寫人事銓政策法制問題文章，多以李科員筆名刊登；當時我高考及格服畢兵役甫分發初任公職，靠著撰寫碩士論文期間蒐集來的部分論文、期刊等資料，眼高手低的寫了若干不太成熟的批判文章，在當時幾乎完全政治掛帥的政論刊物來說，也算獨樹一幟。後來在台大政治系陳德禹教授出版「中國現行公務人員考選制度的探討」一書中（五南圖書，71年4月初版），有引用我70年5月在巨橋雜誌發表的文章「考試院降格自辱？——青年朋友心目中的考試權」（該文主要在探討公務人員特考壓過高普考的現象，並對退除役軍人轉任特考多所指摘）部分內容，在相關頁次中註釋寫到「引自李科員（按疑是李震洲）：⋯⋯」。個人對陳教授如此實事求是的精神表示欽佩，另一方面忝為一位小科員能夠受到知名學者如此青睞真是與有榮焉。其三，早期投稿報紙，稿費不高，只是賺點零用錢；後來轉戰政論刊物，才發現稿費頗豐，現在已經記不得當時每千字是多少元稿酬。但是我高考及格初任委任一級科員，每月薪水新台幣1萬元出頭，同時期每月寫稿稿費所得至少5、6,000元，此一相對比較，讓我在幾年研究生兼科員的時代，請同學吃宵夜頻率甚高，頗有一點大哥大的得意與風範（此點現為外交官的萬里兄大概還有印象）。其四，此一階段因為市場取向而政論書籍當道，我也經常在書評書目、出版與研究等刊物撰寫書評，惟多為評論政治性書籍，如一個知識青年的諍言——評黃年著「臺灣政治發燒」、我們需要忠實的反對者——評司馬文武著「我愛凱撒」、評李利國著「從異域到臺灣」、喜見民主中道力量成長茁壯——由包斯文著「黨外人士何去何從」一書談起等，某種程度上它也反映了我的政治理念與主張，就是民主、法治與中道。

　　不過還是要特別強調，寫政論文章倒也不是宅在宿舍撰寫就能無中生有，你必須密集的參加研討會或聽演講或和同學清談國事、廣泛閱讀市面上各種不同立場報章雜誌書籍、逢選舉四處遊走蒐集文宣品並聆聽不同黨派候選人政見發表會等基本功夫都要做足，才能爆出火花下筆成文。這也是為何在民國71年6月研究所畢業離開學校以後，漸失各種政治訊息來源滋養，下筆反而趨於艱難。加上投

身到公務體系，成為公務人員以後，多少還是會受到行政倫理的規範拘束，又要顧慮爾後在公部門的陞遷發展，所以隨著職務逐級陞遷，膽子越來越小；74年在考選部由薦任科員晉升編纂以後，我就逐漸淡出政論刊物行列，轉而向人事考銓刊物發展出另外一段迴然不同的筆耕生涯。但是對於政論雜誌時期撰寫的諸多文稿，以及在那樣的環境氛圍中的經驗與記憶，是我人生中的重要發展歷程，稱其為璀璨亮麗亦不為過。第9屆考試委員蔡文斌，在其到任之初曾到所屬部會拜會寒暄，到了考選部看到我劈頭就說，過去曾經在黨外雜誌看過我發表的文章；這就說明了大家雖然背景不同、理念有別，但畢竟是有著共同的政治與生活回憶。

四、任公職初期奉命參與多本叢書寫作

我初任公職是69年8月在法務部高等法院檢察署人事室，71年9月調任考選部研究管制室。到部頭二、三年，工作上特別的忙碌，先是考試院首席參事洪德旋（後曾任考試委員、監察委員）主編的「中國考試制度史」，找我去寫元代考試制度；接著銓敘部次長徐有守（我的碩士論文指導教授）主編「中華民國公務人員退休撫卹制度」，指派我寫我國公務人員退休制度之演進；考選部次長顧守之簽報唐部長「中華民國特種考試制度」一書，也指定我擔綱；以上三本書，皆為考試院考銓系列叢書之一環。在同時段考選部也邀請多位學者及部內長官同仁，撰寫一套中外考選制度叢書（我國歷代部分包括隋、唐、宋、元、明、清等朝代，各國部分包括英、美、德、日、韓、菲、泰等國家），承唐部長振楚之命，讓我協同范參事煥之共同撰寫宋代及隋代考選制度。以上多本書籍，在72年、73年兩年中陸續完稿且公開出版，一起參與撰稿的，皆為院部資深績優的參事、司（處）長、中央部會人事處處長、專門委員等，只有我忝為考選部新進薦任六職等科員，如今回首前塵往事，只能說我的表現沒有辜負唐部長當初的一番苦心。當中「中華民國特種考試制度」一書，是我人生中第二本獨力撰寫完成的書籍，也首次把甲等特考的來龍去脈、辦理過程、歷年及格人員背景分析以及未來改進方向等，根據本部檔案資料以及我在碩士論文寫作期間蒐集到的論文、專書、期刊資料等，完整撰寫後對外披露；本書對提升甲等特考制度的透明度應該很有幫助。但相對的，及格人員名單與論文題目的曝光，也受到外界嚴格的檢視及批評，如及格人員充斥黨國官二代、類科設置配合論文題目因人設事（如美術工藝科送審論文為「首飾工業製作研究」、經濟行政人員海域資源法制組送審論文為「國家管轄權界限內海洋礦物資源法制研究」）、論文內容與類科屬性專長不符等，加上後來的幾次發生錄取人員被檢舉論文找人代筆、以翻譯代替著作以及引用資料未註明出處等違反學術倫理事件，引起立法委員及媒體強烈批判，最後遂由立法委員主動修改公務人員考試法、公務人員任用法將其法源刪除，甲等特考遂走入歷史。這本書在民國76年我曾加以增補修訂及資料更新，並自費重新

出版，用以報考77年研考人員甲等特考（考選部同時報考的，還有良文兄、靖華兄），榜示結果良文兄技高一籌榮登金榜，遂能平步青雲開展他日後順利的仕途，我和靖華則繼續在本部奮鬥打拼。

另外72年底還承擔了一件新開發的工作，當時唐部長想參照行政院做法，出版一本年度工作業務報告書，由於沒有單位願意承辦，研管室任拓書主任非常積極一口答應下來；該書後來定名為「中華民國考選行政概況」，為配合隔年是第6屆考試院任期最後一年，所以資料涵蓋基期為67年至72年。作法上由各單位提供基礎資料，任拓書參事、范煥之參事以及李震洲科員3人負責重新整理改寫文字及製作統計圖表，內文裡增加很多制度沿革及分析檢討，出版後分送該年參加考試院及所屬部會年度檢討會議的成員參考，因為是考試院部之間首創，所以得到頗多好評。事後唐部長為表達謝意，特別邀請我們執筆3人至其民生東路寓所餐敘。其後考選行政概況每年定期出版懸為定制，以迄於今。

五、考選周刊出版發行二十一年不敵網路而退場

公務生涯中，前後三次受命籌辦新刊物，這也是滿特殊的經驗，以下分別說明如後。第一次是民國73年初唐部長振楚鑒於補習業者誇大不實廣告以及發布不實考試訊息，常對應考人產生誤導，因此交由研究管制室參考法務部出版之法務通訊與司法院出版之司法周刊做法，研議出版新的刊物以廣宣傳；在當時任拓書主任（這是我跟過的第一位好長官，恩威並施信賞必罰，在他麾下工作，將我從七職等編纂簽報代理九職等組長以支領主管加給，記功敘獎也從不吝嗇，後來他做過本部主任秘書及常務次長）帶領下我們去了法務部及司法院取經，回來以後就簽報出版新刊物作業計畫，但因為開辦經費籌措不易，該案遂被擱置。到了同年9月瞿部長韶華到任，全案重啟並迅速定案開始落實推動。由政務次長傅宗懋督導全案進行，以74年7月創刊為目標，包括辦理新聞紙雜誌申請登記、洽商配合印製廠商、辦公地點尋覓、人員教育訓練等（編輯及發行業務皆為本部同仁兼辦，想不到我大學時代辦系刊及校刊的經驗，竟然在此發揮了大用）。傅次長特別敦請了政大新聞系趙嬰教授到部對兼辦同仁講授編輯採訪、出版發行實務，就靠著這個現學現賣學來的一點知識，考選週刊在74年7月1日發行試刊號3,000份用以推廣，7月15日並正式發行創刊號，從這一天開始連續二十一年半至1103期為止，從來沒有中斷過，也沒有脫刊脫期過，我從一版編輯，做到執行編輯、總編輯，不論在研管室、秘書室、考選規劃司、參研室，業務始終跟著人在走；我與這一份刊物之間的感情之長，甚至超過我公務生涯之半。正式出刊以後至76年付費訂戶已達6,000份以上，足以自負盈虧，爰開始實施自立計畫，舉凡稿費、印刷費等皆由讀者訂費支應；77年訂戶增加至13,000份，79年訂戶更達到16,500份的最高峰。

　　當初刊物經營成功,有幾個特點:其一,新聞性甚強。本刊新聞消息來源有二,分別爲考試院院會議程及紀錄,以及考選部部內各項政策法制研修相關會議資料;根據前者所撰寫考銓要聞,讓沒有參加考試院會的讀者,一樣可以知道院會討論焦點及結果;根據後者所發的考選新聞,讓讀者可以嗅得出許多考選政策制度的可能改革方向。這些考選消息由於甚具新聞性,每週出刊後採訪考試院會新聞之各家媒體記者拿到本刊,多會跟進報導或繼續追蹤深入報導,可以窺知其功能。也因爲所有新聞來源皆是有所本,所以直到今天,針對早期考選制度變革情形,如有查考需要,我很少去檔案室調卷查檔,因爲直接查詢考選周刊電子檔即可達到相同目的。其二,服務應考人的角色功能。除了新聞以外,本刊發布大法官會議解釋、考選法規選刊、考畢試題、典試委員分組名單、考試各類科報名及到考人數、各類科錄取人數及錄取分數等;另外邀約各項考試榜首撰寫考試經驗談,以提供個人讀書與準備考試的方法,都對應考人會有所幫助。在當初網路尚未發達的時代,本刊的服務性功能也還算是不錯。我就碰過考試院、銓敘部、台北市政府及台中市政府的公務同仁,在監考過程中告訴我,當初他(她)們參加高普特考得以上榜,考選周刊幫忙很大,老實說碰到此種讀者的良性回饋,就是我們得以繼續奮鬥下去的重要動力。其三,人事人員意見溝通平台。考選部是廣義的人事行政機關,考選周刊是每周出刊一張的人事刊物,新聞報導含括考選、銓敘、保訓各領域,加上二、三版開放外部投稿,所以從某種功能上來說,本刊在人事行政議題取向上,確實有意見溝通平台功能;此外考試委員也很樂意撰稿或寫社論或接受專訪,因此院、部、會之間各項議題討論甚多。就考選議題內容來看,我們有新聞分析、考銓評論兩個專欄,前者是從報導之考選新聞中延伸分析其幕後背景訊息及爾後可能面臨之走向;後者則是對考銓政策法制面加以探討、評論甚至有所褒貶,因爲兩者皆以本刊編輯部署名,沒有立即面對外界批評之壓力,所以言論尺度彈性甚寬,在二十一年半編輯經歷中經過盤點我總共寫了671篇文章,其中署眞名或筆名者約有四分之一,以本刊編輯部名義刊登者約有四分之三。因文章刊出後引起個別考試委員或學者專家批評,或其它機關表達關切者確實遇到過好幾次,但多由部次長擋下所有的壓力,並在事過境遷後委婉告知爾後要注意改善;王作榮部長更曾在某期周刊新聞分析專欄旁邊手批:「本文析論周詳,頗有骨氣,是誰寫的?以本人名義備函,送全體考試委員參考。」並請秘書送來。迄今我從未對這些長官當面言過謝字,只能慶幸自己很榮幸有機會追隨這幾位既開明又有GUTS的長官,也眞誠的感謝他們的海量與包容。

　　但是畢竟時代在快速發展進步,網際網路興起後,平面紙本媒體逐漸失去競爭力,你每週一張,他天天發稿,新聞速度與數量皆趕不上網路,愛訂戶日益下滑;其間也曾研議要轉型爲電子報,但是讀者收費問題難以克服,外來稿件仍將支付稿費,損益無法平衡結果,只有忍痛做成96年2月起停刊之決定。停刊後除

原有訂戶訂費核實退還外，我們在將剩餘款解繳國庫之前，運用了其中100萬元將21集合訂本共1103期的內容全部完整掃描建立圖檔（因早期出刊係鉛字排版，並無電腦文字檔案），所以現在在考選部全球資訊網中，讀者仍然可以在出版品項下，根據本刊集別、期數、分類、標題、作者等不同選項輕易查詢各項資料內容，這是停刊前本刊對讀者、對未來制度研究者所做的最後一項服務。我在停刊前最後一期（1103期）寫了一篇題為「美好的仗已經打過——對本刊作者及讀者的最後祝福」一文，並感謝歷任發行人及社長，包括傅宗懋、施嘉明、陳庚金、徐有守、李光雄、許慶復、張國龍、郭生玉、任拓書、饒奇明、黃雅榜等多位長官；以及參與編輯發行之靖華兄、炳煌兄、秀端、惠琴、惠玲、亞光、慶玲、耀章等同事；在我今天即將退休之際，我還是要向這些長官及同仁誠摯的表達敬意與謝意。

六、國家菁英季刊出版十二年考委高度肯定

　　93年5月林嘉誠部長接任，在其主持第1次部務會議時即新官上任點了30把火，揭櫫了未來四年他要推動的各項政策與改革重點。其中之一就是要創辦一份略具學術色彩的政府公辦刊物，以討論考選政策、考試方法技術等議題改進作為重點；該案並由我來負責召集規劃辦理。刊物性質定位：採政府預算方式，出版學術性季刊名之為「國家菁英季刊」，預算編列及審查順利，從94年開始發行，出刊時間為每年3、6、9、12月。編輯所需人力精簡比照考選周刊，採任務編組方式，由各單位人力抽調兼辦；另設編輯委員會：借重學者專家經驗智慧，俾能研議每期主題、個別子題及推薦擬撰稿者之參考名單，除發行人、社長、總編輯之外，另聘編輯委員17人，其中外聘學者12人，涵蓋法律、政治、公共行政、教育、心理、資訊等不同專業領域，部內主管5人。初期參與的江明修、侯崇文、翁興利、黃世鑫、黃秀端、蕭全政等學者，在當時都算是知名的A咖學者，中期以後加入施能傑、余致力、陳金貴、彭錦鵬、程明修、陳敦源等中壯代學者，以擴大參與來源；後來考量實務性文章增加，也增加了高明見、陳皎眉、詹中原、黃錦堂、周萬來、周玉山等多位考試委員，以協助訂定較實務面主題以及協助審查實務性質文稿。94年度開始出版季刊每年4期，撙節編列預算暫定每年新台幣120萬元整，包括審查費、稿費、外聘委員出席費、印刷費、郵資等。在內容設計上每期有一特定的專題，稿件來源以邀稿為主，原則上先由編輯群草擬8至12個專題名稱供參，再由編輯委員會討論修正後挑選四個定案；同時推舉4位外聘之編輯委員負責各專題子題名稱決定及每一子題擬撰稿者之推薦人選名單，俟核定後依序聯繫撰稿意願並進行邀稿；專題稿件每期以6至7篇為原則；另也開放接受外部投稿一般論述。本刊審稿方式，各篇稿件均由兩位審稿委員審查，原則上其中一位為本刊編輯委員（依其學術領域及專長分派審稿），另一位則為外聘；

採匿名方式審稿。也因為此一制度，國內不少大學系所對在本刊刊登文稿，採認作為該校教授年度中的研究發表成果，這對後來約稿及邀稿有很大的助益。其實後來在楊朝祥部長到任之初，也有考試委員在院會中曾質疑本部發行此一刊物之價值何在？不過也有支持出刊的考試委員當場引用司法院大法官解釋多所引用本刊文章（如655號解釋大法官協同意見書，以及682號解釋大法官不同意見書等）加以肯定，因此刊物得以繼續辦理。十二年來該刊討論專題範圍廣泛，遍及憲政發展及考試權定位與歸屬、考選機制與國家競爭力、全球化競爭下之人才選拔、政治體制轉型與國家文官考試、新知識經濟時代與國家專技考試、教育發展與考選制度、社會菁英流動與國家考試、人權價值與國家考試、轉型正義與國家考試、資訊公開與國家考試、國家考試與專業倫理、從國際人才競爭角度探討兩岸專技人員考試、國家考試評量方法之精進與展望、兩岸公務員考試制度比較、國家考試與永續發展、海峽兩岸公私部門人才交流初探等，觸及廣度及深度皆能獲得外界好評。此從研究所博碩士論文及學者專家撰寫人事專業刊物文章，引用本刊曾刊登發表過文章頻率甚高可以窺知一、二。

　　難怪105年9月第103次考試院院會時，因國家菁英季刊將予停刊消息披露，多位考試委員為該刊大抱不平，周玉山委員表示：「該刊兼顧理論與實務面，作為政府規劃考選政策的知識庫。近十二年來，季刊已成為考選部的名片和門面，以及與學界之間的橋梁，如今都化為烏有；蔡部長任內，季刊停刊。停刊既然是部長的政策決定，事先不需要到院會報告，和大家商量嗎？一紙通知就結束了刊物，不覺得太過簡單粗暴嗎？」陳皎眉委員表示：「過去本席與許多編輯委員共同規劃每年主題，擔任輪值主編、邀稿、審稿等，本季刊非常重要，且越做越好，已經建立專業地位，各界都肯認，如今說停就停，實讓人感到遺憾與可惜。建議部審慎處理此問題，不要在大多數委員都不知情狀況下，國家菁英季刊就被停刊了。」黃錦堂委員表示：「本席意見國家菁英季刊應予維持，理由為：1.這是「傳統」，要建立傳統並不容易；這是「光榮」，特別是國家菁英季刊，水準非常高，是本院的門面，加上我國考選在全世界處於領先狀態，這個刊物都是我們考選部的優勢與光榮；2.這個刊物具有政策檢討性、存續性、前瞻性、外國制度比較性，有相當的政策創新意涵；3.其亦具有對外窗口、人才庫及互動性的功能。」楊雅惠委員則認為：「考選部刊物停刊，感到十分錯愕與惋惜。通常行政機關辦理專業知識性期刊有虧損是為常態，但行政機關仍有辦理相關刊物之需要。因透過刊物可報導、呈現相關議題分析，使單位同仁專業能力於刊物中能有所展現，各界對相關議題可從理論與實務面向作深入研析。誠心期盼部能繼續出刊，並希望從學術中立角度考量期刊的存廢問題。」只可惜機關首長要停刊心意已決，再多的建議也不被接納，國家菁英季刊在出刊十二年48期之後終於在106年1月還是走入了歷史。由於辦理這份刊物，得以和學術界透過邀稿、約稿、審

稿的過程，產生諸多互動，也讓自己可以多認識不少學術界的朋友；機關首長要停刊本刊，我沒有聽到首長一句惋惜或肯定的話，但是多位考試委員的仗義發言與褒獎肯定，等於是寒冬中送暖，讓我在停刊的失望氛圍中頗感安慰；至少我過去擔任過十二年執行編輯的努力成果，有被大家看到及重視。國家菁英季刊雖已停刊，但林嘉誠部長當初推動創刊的遠見應該給予高度肯定；而擔任行政編輯多年的劉科員慧娥（高考及格、政大公共行政所碩士及美國南加大公共行政學博士），認真負責任勞任怨，做事雖然有點龜毛，但確實是個稱職的好幫手，也要記上一筆。

七、考選通訊月刊人事更迭後轉型電子報

　　考選周刊停刊後，國家菁英季刊還在賡續辦理，99年8月賴峰偉部長接任，他到任沒多久隨即指示同仁「規劃民國100年起出版發行考選通訊月刊實施方案」，並由我負責協調辦理。考其用意應係為傳播考選政策法制及考試相關訊息、宣導考選業務施政成果，落實到各中央機關、大專院校、直轄市及縣市政府與鄉鎮市公所、各種專技人員公會學會等，並廣泛聽取社會各界對考選制度改進建言，以作為未來本部規劃建制考選政策制度的重要參據。所以規劃之初就是以原考選周刊型態作為藍本，差別僅在於每月出刊一大張，每年出刊12期。每期出版3,000份，發送對象如下：1.各中央機關及地方政府（含直轄市及縣市政府、鄉鎮市公所等）；2.各大專院校、各縣市文化中心、圖書館；3.考試院、銓敘部、保訓會、行政院人事局及相關人事機關（構）長官及單位主管；4.各專技人員公會學會，以及本部各委員會外聘委員。每期內容定稿後，配合紙本出刊日期，同步由資訊管理處同仁，將每期刊物內容電子檔掛載本部全球資訊網站本刊電子報欄位，供各界參閱、下載或訂閱。主要內容包括考銓要聞，以立法院審查重要考銓法案、監察院對重要考銓案件調查報告、考試院審議本部所提考選法規修正案、本部辦理重要活動行程（如召開重要會議、研討會舉辦、外賓參訪等）為主。社論由考試委員、部次長、司長、參事輪流撰稿。在我參與的頭半年，我並規劃了上下古今談（刊登過現代考銓制度奠基者戴季陶、中國古代科舉舞弊漫談、高階軍官轉任公職考試適法性無虞等）、榜首國家考試經驗談、讀者信箱、書林清話（如評吳挽瀾著「贏在紅海──組織管理縱橫談」）、專題筆談（如地方政府公務人員特考改進之方向、財團法人接受公會委託辦理涉及專技證照測驗妥適性）等多個專欄。這些專欄有的要自行撰稿，有的要設計規劃專題內容，有的要去計劃性約稿，所以頗為花費時間精力。半年後刊物已趨穩定我交棒給成基兄，再接續的靖華兄，到筆圓、光基、秀雀、玉貞等，每位努力風格與重點各有不同，我原規劃的相關專欄，後續無人推動逐一退場。到了新首長到職，號稱新人新政，前面先停刊了國家菁英季刊，後面將紙本的考選通訊月刊也停刊並宣

稱將轉型為電子報型態的考選集粹，採不定期刊出文章方式，故無固定期別，106年1月開始改版迄今，二年十個月以來共刊出8篇文章（多為考選部提報考試院會之考選統計資料分析），以及11篇考試院長副院長及考試委員專訪，此種兩天打魚三天曬網的興革做法，也算堪稱一絕。至於說和過去曾經發行過的紙本考選刊物相比較，這份電子報刊物能否作為考選部對外的代表性刊物？答案不必我說，每位閱讀者的心中自有一把尺去判斷衡量。

八、其他人事專業刊物也有長期耕耘

除了考選部出版的刊物而外，廣義的人事專業刊物也有不少，比如人事行政學會出版的人事行政季刊，81年2月刊登「國家考試優待法制之研究」，算是我第一篇投稿且較具水準的專業文章，該篇文章是我調到考選規劃司擔任科長以後所撰寫的一篇研究報告，探討國家考試中高普考試分區定額擇優錄取省籍優待、華僑應國家考試加分優待、大陸來台義士義胞優待、現役及後備軍人應考試優待、銓定資格考試優待等；該報告除了印成小冊分送相關機關及圖書館參考外，我將它略加整理後投稿刊登。其中引據考選法規及統計數據並多所評論，文章刊出後，學術界接續有人加以深入探討；後來中央研究院許雪姬、中山大學林丘湟等在撰寫省籍優待相關論文時皆有引用或是互動討論。人事行政季刊編務多年來皆由銓敘部協辦，並指定該部參事一人擔任主編，陳勝宗、洪國平、江玟珠、鄭政輝等參事先後主持編務，因為都是人事圈裡的老朋友，所以時常會接到他們的邀稿電話。近幾年每兩年就會輪到一次以考選為主題的正式邀稿，從賴部長以後邱部長以前，就直接交給我協調處理，包括該期本部擬定合適題目、找何人撰稿等。總之二十多年來我也在該刊寫了19篇文章。此外考試院出版的考銓季刊，整合考選、銓敘、保障、訓練等不同業務面向，具有相當代表性，也是一份理論兼顧實務的公辦刊物。劉初枝擔任考選部長時，曾要求參事每年都要撰寫研究報告供參，這些報告奉批核後我都投稿考銓季刊，先後刊登過任用考與資格考之比較、法醫師考試改進之研究、軍法官考試之研究等8篇文章。如釋字第704號解釋大法官陳新民不同意見書，即曾引用前述軍法官考試一文。但98年1月起，該刊更名為文官制度季刊，稿約中強調國內外有關公共行政、公共治理、公共服務、政府體制、公務人力資源管理、知識管理等相關論文及書評均歡迎賜稿；且編輯委員會全部改由學者出任，並以達到SSCI水準為努力目標。自此實務性文稿幾乎難以刊出，我也識相的不再投稿。銓敘部原有一份刊物稱之為銓敘與公保，85年7月改名為公務人員月刊，該刊撰稿範圍甚廣，舉凡與公務人員相關之考試、任用、俸給、考績、陞遷、獎懲、公保、訓練、保障、退撫等議題均涵蓋其中；二十多年來我也寫了17篇文章，包括從考選角度探討專技人員轉任公務人員條例、政府再造考選機關的因應之道、公務人員特考何去何從等文。至於人事月刊

原為人事行政局所出版，機關更名為人事行政總處以後以原名稱繼續發行，我在該刊發表過海峽兩岸考試制度之比較、公務人員高普考試採行分試制度之探討、公務人員考試法修正後之影響及其相關後續配套等文，二十多年來我也寫了11篇文章。最後是台灣省政府人事處出版之人事管理月刊，在精省政策執行以前，台灣省政府人事處是一個強而有力的人事機關，人力充沛且執行力強，指揮監督各縣市政府人事室極具成效；當時陞遷序列，台灣省政府人事處處長之後就是調升人事行政局常務副局長。所以人事管理月刊在討論人事行政業務實務問題時，也有其獨到特色，我在該刊上寫過國家考試成績複查、淺談高普考試分試制度、公務人員考試類科簡併與科目調整、電信總局業務服務員任用資格問題等10篇文章。

89年我參加保訓會辦理的高階主管班受訓（行政院以外之總統府、立法院、司法院、考試院、監察院及其所屬機關12職等以上人員參加），一個月訓練期滿結束前有個綜合報告課程，全體學員分成三組討論指定之專題，三組報告人分別為蔡炯墩、陳火生、李震洲，主持人是城仲模教授（時任司法院副院長，曾做過考試委員、法務部部長，我大學時上過他講授的行政法課程），他對我們三人都還算熟悉，所以報告前花了一點時間逐一介紹我們三人背景，約略記得他說我：「長期服務於考選機關，對考試制度頗有研究，幾十年來在人事專業刊物上筆耕不斷，留下不少篇章；政治、公共行政系所博碩士班研究生，只要是以國家考試制度作為研究主題，不少都會參考引用其寫過的文章。」受到昔日老師公開的稱讚，當時我還有點汗顏；如今又過了二十年，寫考選制度文章的數量與質量持續增加，我想這個謬譽也許我勉強可以承受。對我幾十年來的寫作生涯，城老師的稱讚等於是預言式的替我做了一個宣告。

九、公職最後三年只能在風傳媒褒貶政策

106年1月1日起，考選部的國家菁英季刊、銓敘部的公務人員月刊、人事行政總處的人事月刊有志一同的同時停刊；至於真正停刊原因與時機為何？這是部長級的大人物才能夠答覆的問題，我一無所知。只是做為人事行政界的一位即將解甲的老兵，頗為感嘆今後想要自由的表達意見，顯然舞台是越來越少。此時剛好碰到考選部主辦的公務人員高普考試減列專業科目案，被考試院全院審查會擱置，審查會並決議：俟銓敘部簡併職組及職系案定案通過後，本部再賡續推動辦理高考三級及普考減併類科及減列科目。對本案處理過程因為心中頗有所感，所以就以筆名寫了一篇題為「給考試院按個讚——評高普考試科目調整案急踩煞車」文章，原想投稿中國時報的「時論廣場」，或是聯合報的「民意論壇」，但因文章稍長恐難被平面媒體接受，所以準備投稿網路電子報，我從美麗島電子報、民報、上報、風傳媒、新頭殼、信傳媒、鏡傳媒、筆陣論壇等多家網路媒體

中，挑選了比較中性、且沒有特定政黨色彩的風傳媒作爲投稿對象。稿件寄出後的第二天，收到該刊編輯寄來電子郵件，其中寫到「你是我認識的震洲兄嗎？呵呵，我是夏珍，之前在中時，不知你還記得嗎？我現在在風傳媒……」；這才發現是過去我在秘書室擔任科長兼辦新聞聯繫業務時認識的中國時報記者夏珍，後來我調任考選規劃司負責考選政策法制規劃業務多年，她偶而會來電詢問一些考銓新聞背景資料，也算有一點交情，直到我改調參事職務以後，離開了第一線，雙方就逐漸失聯。

　　此次在多年後重新恢復聯絡，倒讓我充分體認到網路媒體的特性，它每日都出刊，文章數量不少而且可以接受長稿，但影響力其實不輸平面媒體（我幾次刊出之文章，考試院新聞剪報中，在新聞摘要與分析裡皆大篇幅引用摘錄）。另外網路媒體刊出以後，有讀者留言功能、按讚功能、分享功能，可以與作者產生互動；亦可累積點閱過該篇文章的人數（如前引之文章，106年7月26日刊出二年多以後，累積人氣數爲20,779人。）這使我在公務生涯的最後三年，又重新找到一個可以發聲的有效管道。這幾年因爲許多重要的考選政策在機關內部無從參與研議，或是雖曾參與但淪爲永遠的異議者，灰心之餘就陸續寫了多篇文章來表達我的異見，也發抒一下落寞的情感。三年中先後撰文討論過航海人員考試存廢、專技人員考試全部科目免試制度、律師考試制度專業科目400分的門檻爭議、食品技師與營養師的恩怨情仇、立法院修法取消導遊及領隊考試國考地位、監試法廢止案等議題；我的立論有時與考選部相同，有時與考選部不同（甚至是站在對立面），多數是在政策尚未形成時走在前端希望影響到政策未來發展方向，也有的時候則是在政策定案後臧否人物或是批判政策制度。因爲我領教過機關首長的胸襟，也體認到人在江湖的凶險，所以文章皆以筆名發表以期趨吉避凶。

十、唯一一篇真名刊出文章緣由與後果

　　唯一以眞名刊出的文章，是106年10月25日刊登「立法院初步修法取消導遊及領隊考試國考地位」一文，該文會以眞名示人，主要因爲我前後曾在考選規劃司工作十二年半，從科長、專門委員、副司長、一路晉升到司長；這段期間恰好主辦專門職業及技術人員考試權擴大範圍案。簡單來說，我在考選規劃司司長八年任內，前後經過好幾年，召開過10幾次專家會議，以及和相關職業主管機關密集溝通協調，報請考試院審議通過，先後從財政部手中收回專責報關人員、保險從業人員考試，從內政部手中收回不動產經紀人考試，從交通部手中收回領隊人員及導遊人員考試。加上消防法修正，在立法院內政委員會和勞委會代表多次辯論奮戰，最後得到與會多數立委支持，將消防設備師及消防設備士考試均予以收回，納入國家考試範圍。另外針對商業會計法修正授權中央主管機關經濟部，對商業會計記帳人資格逕行認可及發證，本部以有違憲之虞主動聲請釋憲，司法

院大法官其後作成釋字第453號解釋，認定商業會計記帳人既在辦理商業會計事務，係屬專門職業之一種，依憲法第86條第2款之規定，其執業資格自應依法考選銓定之；相關條文委由中央主管機關認可商業會計記帳人之資格部分，有違上開憲法之規定，應不予適用。本解釋其後促成記帳士法的完成立法，本部遂得以增加舉辦記帳士考試。

　　前述多項考試能夠由本部順利收回辦理，明顯擴大了專技人員考試範圍，倒也不是我個人的功勞，主要在於時任部長之王作榮先生政策方向明確，部分法政學者多次提供法律專業見解支持，考選規劃司同仁的團隊合作及努力，加上考試院院會的政策背書，最後遂得到立法委員以及司法院大法官的認同。對於在我們手中收回來的考試，現在面對立法委員的主動修改發展觀光條例，要取消領隊及導遊人員考試國考地位，回歸觀光局自辦訓練及測驗，其中感受自然是格外強烈。個人會在網路媒體寫文章表達意見，主要是因為這是一個重要的議題，有其歷史背景與發展過程，但是因為年代久遠，考試院院部當中瞭解本案發展經過的長官同仁多數皆已退休，所以我整理出一些資料（包括當初收回辦理原因與經過、回歸考試權之後面臨問題、民進黨立委提案修法立論、考選機關回應外界建言之具體作為等），以供各界參考，尤其希望考試委員能夠認知到本案通過以後會產生骨牌效應的嚴重性，後續並應妥為因應；如果立法院真的強行通過，考試院應不排除主動聲請釋憲可能性，以捍衛考試權的獨立完整。

　　從媒體報導來看，本案從鄭運鵬委員106年4月提出發展觀光條例第32條修正案以後，考選部部內並未召開過任何正式會議商討因應對策。直到106年10月11日立法院交通委員會審議通過本案，從媒體上看到鄭委員對記者表示：本案考選部部長沒有意見。而交通委員會開會當天，部長、政務次長、主管司司長均未出席，僅指派一位專門委員代表本部，並發言表示尊重立法院審議結果，且建議要有緩衝期，新制期能從108年1月起施行。如此的消極立場與態度，要說是考選部在強力的捍衛獨立考試權存續，實在很難讓人相信。機關首長為何秉持消極立場以對？我寧願相信是誤判情勢而掉以輕心，心理上更不願意承擔憲法與法律賦予本部之職權。該文在風傳媒刊出以後，似乎多少產生了一點波瀾，多位考試委員對本案連續表達關切，並在院會要求考選部能積極面對本案；原來沒有意見的機關首長可能感受到外界壓力終於開了金口，106年12月在年終記者會上對中央社、經濟日報等媒體記者表示：領隊人員及導遊人員考試，仍以維持目前國考方式運作為宜；如果去國考化，後果是很嚴重的。後來考選部也協調民進黨團將發展觀光條例修正案在立法院二讀前進行朝野黨團協商，由鄭委員運鵬召集會議，結果最後又延後半年施行新制；部長終於表達反對領隊導遊考試去國考化意見，時機上雖然慢了一點，但是至少維護了考選部的基本立場，還是應該要給予肯定的。至於我個人因為此文所受到的後續壓力或接踵而來的不利益後果，讓我烏雲

罩頂了很長的時間；但是過程中多位考試委員的表達關切與肯定，不少同仁私底下的慰勉與鼓勵，讓我能夠樂觀面對困境並且繼續昂然挺立；現在回過頭來看這些金錢上的有形損失，老實說真的算不上什麼。我的真名出擊究竟是對還是錯？其實很難說。如果是筆名刊出，可能會被視為網路酸民的雜音，只有一日新聞效應，然後無疾而終；但是以真名示人，至少會讓考試院部有權力者反思，為何考選部參事會不畏壓力公然跳出來挑戰機關首長的領導權威？而對本案多一點的關注。從後續發展來看，該文雖不能扭轉整個局勢，但至少帶動池水一絲漣漪，其產生效應及最終結果還有待繼續觀察。如果最後立法院在109年1月底以前，未能完成發展觀光條例修正案修法程序，而保住了領隊導遊考試的國考地位，我當時的犧牲打，也算有了一點價值。

　　公職生涯最後兩年，因為業務被完全架空，突然清閒了下來，除了蒐集資料準備出版本書；以及清理我辦公室1,500多本藏書，分類裝箱分別捐贈給考選部圖書室，考試院圖書館及台北市立圖書館永建分館以外，適逢考試院要編印出版「中華民國考試院院史」一書，承蔡委員良文邀請我參與撰寫考選相關議題，所以精神上有所寄託，也算得上是個人對考試院部的最後一點看得到的貢獻。此一過程中，與蔡委員、邱華君前部長、熊忠勇參事、郭世良參事等共同撰稿、一起討論及反覆修改，大家同心協力榮辱與共，充分發揮團隊精神，特別值得一記。初稿完成後，送請何寄澎、周玉山委員進行審查，兩位委員提供不少修正意見，在此也要一併感謝。

參、我的公務生涯

一、初任公職為法務部菜鳥委任科員

　　69年8月23日，退伍以後的第3天，按照人事行政局分發通知單所載，我到法務部所屬高等法院檢察署人事室報到，在高檢署服務期間兩年負責辦理公保、待遇福利以及綜合業務（包括組織員額評鑑、人才培育方案等）。此期間初任公職，和同仁多方互動，深刻體驗到在司法機關惟有法官檢察官才是人上人，他們的意見，檢察長才會重視，其餘公務人員皆等而次之，甚至矮了一大截；另外面對司法機關錄事（當時皆依雇員管理規則進用）及人會統的雇員等，切莫掉以輕心在言語上有所衝撞，因為司法界的家族人脈網絡盤根錯節，一不注意就會得罪某大法官的小姨子，或是最高法院某庭長的女兒等等，屆時就會被長官訓斥為不長眼。任職一年半以後某日碰到法務部人事處張處長（該處長為軍職少將外職停役轉任，姑隱其名），請教處長在一般情況下高考及格約需多久時間才能從委任晉升到薦任，處長告知無法確定，因為法務部及其所屬機關200多位人事人員

中，頗多係退伍軍人經退除役轉任特考或國防行政特考及格者所轉任，鑒於該等人員轉任公職後多已擔任委任職務許多年，也要考慮他們的士氣與陞遷；如要立馬陞遷薦任職務，則綠島監獄薦任人事管理員甫出缺，鼓勵我可以一試。基於前述諸多原因，我就有了商調離職的打算。

二、取得碩士學位後商調考選部薦任科員

我在考選部任職前後三十七年半，先後經歷過13任部長，前幾任部長時我的職務不高，也沒有參與重要政策法制機會，做的多屬例行性業務，比較乏善可陳。所以我只敘述引領我進門的唐部長；任內提攜我不遺餘力也讓我得以高度參與本部各項政策的王部長；讓我得以充分發揮能力的董部長等任內發生一些讓我銘記在心、深有所感的的事情。其餘幾位部長，則在我所追隨過的長官章節中予以敘述。

在我研究所三年級下學期，正在趕寫碩士論文中，也仍在高檢署任職。某日接到擔任考選部部長的唐振楚老師來電（我研一時曾修過他的課），請我去他仁愛路公館吃晚飯順便聊聊天，老師特別交代聽同學說我在黨外雜誌常寫文章，所以讓我印幾篇文章給他看看。是日懷著忐忑不安的心情到了唐府，老師認真的展讀我寫的文章，片刻之後他說：你的文筆不錯，但是只在黨外雜誌上發聲，似乎搞錯了方向；既然做了公務員，就要讓能力用在正途，將來才能有所發展。考選部現在有適當職務出缺，他想要調我過來工作，問我意下如何？當下我就首肯，只是向老師報告，等論文口試結束後再異動較無壓力，因此商調時程能否略為延後。71年9月在法務部任職已滿兩年，我從法務部委任科員調任考選部擔任薦任科員，在研究管制室任職；初期工作一為部長交辦事項，二為主動自行研究撰寫報告。關於前者先後寫過國民黨中常會以及國家建設研究委員會考選工作業務報告，以及張金鑑教授七十歲祝壽論文中「我國考試制度與國家建設之前途」等文。唐部長就像老師授課一樣，他先撰擬好題目及大綱，再找我去口頭說明與溝通，俟我初稿完成後送請過目，他會再和我討論修正文字才正式定稿。事後回想會採用這種運作模式，其原因或許是師生之間無話不可說，像教導學生一樣無處不可改，效果上比較能夠落實他自己的施政理念，反之體制內由簡任秘書或參事撰寫文稿逕行呈核，較不易掌握部長的想法吧！關於後者撰寫研究報告一節，我從來也不缺乏適合的題目，主因是我的碩士論文20萬字，涵蓋當時整體公務人事制度探討與改進建議，其中涉及考選制度的篇幅就有10萬字左右，舉凡高普考試分區定額擇優錄取制度、軍轉文制度、國考加分優待法制、甲等特考、社工特考、銓定資格考試、公職候選人檢覈等具爭論性議題，都在我的論文中有所討論；後來進入考選部以後，我也陸續整理更新資料，寫了幾篇研究報告呈核後移送業務司參考改進（如醫事人員相關考試改進之研究、中醫師教考訓用配合之研

究、退伍軍人轉任公職政策之研究等）。這些爭議已久的議題，後來在歷經唐部長、瞿部長與王部長3位任期內，多數皆已進行大幅變革。

三、王作榮部長任內得以施展發揮

瞿部長任內我已調升秘書室第一科科長，負責新聞聯繫及重要會議議事事項。對接任的王部長，我只知道是位知名的經濟學者，也曾任第7屆考試委員，因為負責編輯考選周刊，所以每週我都會翻閱考試院會議程及上週院會會議紀錄，得以瞭解他在院會曾提案要大幅改進甲等特考、要減併公務人員特考舉辦、對特考及格人員要嚴格限制轉調等，但是因為合議制院會，他孤掌難鳴許多提案都未能落實實施。記得王部長到任的第一天，在舊行政大樓入口貼了一大張海報紙，上面寫明他已經於某年某月某日到任就職，並無花籃滿部情形。第一次主持部務會議，他即提出交接典禮後歡送瞿部長離去，同仁夾道歡送，但因獻花數量不夠，所以有捧花重複使用情形，他認為此舉欠缺真誠以及對離職首長的尊重，因此期盼同仁未來要務實而不要只做表面功夫。也讓同仁認識到他有話就說、不留情面的真性情。

我和王部長沒有任何淵源，真正結緣是在他到部3個月以後，79年12月即提出公務人員考試法修正案並送考試院審議（主要改革重點為任用考及資格考雙軌併行，取消甲等特考，以及特考及格人員僅以請辦考試機關任用為限之嚴格轉調限制等），因為立法理由及條文說明過於簡略，考試委員意見甚多，院會遂要求本部補充說明理由後再議。原由各單位分條文各自撰寫說明後再彙整的結果，但其內容政務次長不滿意，最後交給時任秘書室第一科科長的我來重新執筆改寫；我完全捨棄原有資料不用，就我理解的王部長改革理念加以闡明，如對任用考及資格考雙軌併行做法，參考吳庚大法官編著之「公務員基準法之研究」一書，引用日本、法國、韓國國家公務員法列冊候用規定加以佐證，另從高普考試資格考轉變為任用考歷史變革予以敘述，並說明單軌制度各有其缺失，故雙軌制兼容並蓄方屬最佳選擇。對廢除甲等特考之主張，則從王雲五先生主持總統府行政改革委員會提出高於高等考試之考試制度案開始，探究甲等特考建制案來龍去脈，以及其與美國胡佛委員會所提高階文官甄補方案之不同，因後者僅採永業文官內陞制度，所以不影響原公務體系士氣；前者內陞與外補兼具，所以外補太多學者轉任公職高階文官往往會影響原有人員士氣，甚至會妨礙到機關內部和諧。另外也以子之矛攻子之盾，引用人事行政局問卷調查報告，顯示63%受訪之副司處長級以下現職公務人員，認為甲等特考破壞了文官制度公平性，來質疑分發機關立場矛盾，未能周詳全盤考量。這份部長未曾過目的補充說明資料，送到考試院以後，城仲模、郭俊次等多位大咖考試委員都頗為稱讚，王部長為此特別找我去面談，除了垂詢我對甲等特考、軍轉文職考試、銓定資格考試等改進意見外，特別

對我說：「現在公務人員當中文筆流暢有政策論述能力的並不多見，你的基礎不錯要好好努力，我擔任部長期間會特別注意觀察你的表現。」公務人員考試法修正案後來因為人事行政局的強烈反對，以及部分考試委員的抵制，最後未能通過。但是王部長倒是不時交辦一些臨時性工作，如撰寫世界各主要國家有關退伍軍人進入文官系統優待辦法之比較分析、美國會計師考試辦理現況、日本法官檢察官及律師三合一考試制度概況、舉辦甲等特考本部立場與看法等文章限期呈核，其中有的僅供部長瞭解相關問題背景，有的經過部長修正後成了本部政策說帖或列為赴立法院報告附件資料，這一種觀察測試過程，使得一位小小的科長在本部重要考選政策建置或變革過程中，有機會留下一點點努力過的痕跡，也成了我畢生難忘的公務生涯經歷。接著我被調到考選規劃司，開始了爾後一連串重提公務人員考試法修正案，專技人員考試法研修、公務人員升官等考試法研修、典試法研修的重責大任。

　　和王部長另外一個互動頻繁的場合，是第一梯次考選制度研究小組的組成運作，這個小組的成立緣由，主要是他剛到部時有一些改革的觀念想法，很難透過各單位主管去推動落實，所以想啟用科長級年輕同仁先研究及蒐集美、英、法、德、日等先進國家公務人員及專技人員考試制度最新發展現況，以做為未來重要法制政策改革參考依據；另外透過同仁任務編組定期集會發掘問題，以使人才培育與訓練相結合，並為定期輪調制度預作準備。所以他從考選部同仁中親自挑選10位40歲以下大學畢業（其中6位具有碩士學位）高考及格具發展潛力者（7位科長3位編纂），成立第一梯次考選制度研究小組，由他親自指揮監督。該小組以一年為期，廣泛蒐集各國考試制度基礎資料，並和現行考選法令規章加以整合比較，在小組存續一年期間，先後開會91次，有會議紀錄可稽者有38次，部長也多次到會暢談他的改革理念，並提示將公務人員定義與分類、高級文官與特殊才能文官選拔、分階段考試、命題及閱卷改進、題庫建立、委託辦理考試、試務流程簡化等，均納入研究及考察主題。喬為經大家推選出來的召集人（副召集人是慧敏），所以和部長有較多接觸與對話機會，也對他有更多的瞭解。小組同仁最後分為兩團，由饒奇明、楊廷和兩位長官帶隊，分別赴美國、日本、韓國及英國、法國、德國等國家考察，返國以後先後出版了出國考察報告、考選譯叢及考選制度研究小組總結報告（考察報告大家共同撰寫，總結報告則由我、光基、漢城、明和四人執筆）等三本書；小組最後所提結論與建議，後來頗多由王部長納入相關法規修正依據。在公開場合中他多次肯定第一梯次同仁表現優異，對於他的改革很有助益，此種培訓也結合了陞遷，後來其中多位同仁40歲左右就陞遷至司處長，此等破格拔擢快速陞遷方式讓外界為之矚目。如今回首看看這些同仁仕途發展，1位任職常務次長，1位曾任主秘，4位曾任司處長，1位研究委員，1位副處長，兩位專門委員，如今雖然多數皆已退休，但從人才培育角度來看算是成功的

例子。

　　81年考選部重提公務人員考試法修正草案，經過冗長座談會、公聽會及專案會議程序，同年9月草案報考試院。其中重點包括：公務人員考試以公開競爭為原則，其考試成績之計算，不得因身分而有特別規定。其他法律與本法規定不同時，適用本法。分高等考試、普通考試、初等考試三等；高等考試按學歷分為一、二、三級。特考則分為一、二、三、四、五等。特考特用嚴格限制轉調。任用考與資格考雙軌並行。取消檢定考試。全面建立考試程序訓練等。該案考試院通過以後，82年7月送請立法院審議，在立法院由於民進黨立委大力支持，該案遂能完成法制委員會初審審議。但因條文中擬取消退除役軍人應考試加分優待規定，二讀前朝野協商時國民黨軍系立委遂杯葛反對。王部長思考再三對此有所讓步，並指派政務次長李光雄與退輔會、國防部等機關溝通協調，再將此結論寫成折衷版條文委請國民黨不分區立委葛雨琴於二讀時另提第23條修正條文，仍維持上校以上轉任考試及退除役軍人轉任考試法源，但限縮其優待範圍並嚴格限制轉調，終能順利完成立法程序。本法85年1月17日公布施行以後，為人詬病之銓定資格考試停止辦理；特考及格人員調動浮濫情況受到遏止；具資格考色彩之增額錄取制度建立，使考用之間更能配合；高科技及稀少性工作類科考試首次辦理等。簡言之，公務人員考試在除弊與興利兩方面都大有改進。

四、擴大專技人員考試範圍案影響甚大

　　81年7月立法委員林鈺祥向行政院提出質詢，對於行政部門委託青輔會辦理各項專技人員考試（如財政部委託辦理之專責報關人員、保險代理人經紀人公證人資格測驗），違反憲法及專技人員考試法規定，為維護考試制度完整性與公平性，要求行政部門立即停止此種委託，日後亦應尊重考試權並事先與考試院協商。林委員亦致函考選部王部長，對青輔會接受委託辦理多項專技人員考試，對考試制度破壞甚鉅，希該部多予研究關注。同年10月財政部函請考試院解釋該部委託青輔會辦理專責報關人員、保險代理人等資格測驗，及格者核發資格證書與執業證書，究竟有無違反專技人員考試法規定。考試院則行文本部就該案研議具復。考選部先後多次邀集相關機關代表及法政學者研商，最後綜合各方意見，82年4月考選部將研議結果陳報考試院，其中指出依憲法第86條規定，專門職業及技術人員之執業資格，應由考試院依法考選銓定之，內容明確毋庸置疑；同法施行細則第2條第8款「其他依法規應領證書之專門職業及技術人員」，係概括規定，則各該職業主管機關所訂定之管理辦法或規則，皆應屬此法規範圍，故相關資格之取得，自應由考試院以考試定其資格。因此職業主管機關以資格測驗或其他名稱取代考試，實有規避考試權行使之嫌；爰專責報關人員、保險代理人經紀人公證人之執業資格測驗，應一併納入考試權行使範圍，由考選部依法辦理考試

為妥。考試院主簽本案參事朱武獻，簽註意見表示本案涉及之專責報關人員、保險代理人經紀人公證人，符合「依法規」、「應領證書」規定；至於專門職業及技術人員雖尚無明確定義，但一般情形下，要成為專技人員多具備若干條件，包括「該項職業須具備相當專業知識，此等知識並應有正規教育加以培養」、「取得該項專門職業及技術人員執業資格，應以考試方式為之」、「要訂有職業管理法律」、「從業人員應成立專業性學會或公會」等，故從實務上來看，本案所述人員當可列入專門職業及技術人員。因此簽註同意專責報關人員等執業資格測驗，自應一併納入考試權行使範圍，由考選部依法辦理考試。考試院第8屆第132次會議針對本案作成決議：「一、專責報關人員、保險代理人、保險經紀人、保險公證人，依法應屬專門職業及技術人員，均應納入考試權行使範圍。由考選部即與各有關職業主管機關會商於一年內辦理，在未納入考試權行使範圍前，暫由現行職業主管機關根據實際需要辦理資格測試。二、其餘證券商高級業務員等多種人員，交考選部積極研處，逐步納入考試範圍。」該兩項考試並在83年首次由考選部收回辦理在案，同時考選機關也積極展開一個大波段的擴大專門職業及技術人員考試種類與範圍的策略行動。

　　擴大清理過程中，首先是全面整理行政院所屬各部會自行辦理或是委託辦理各種涉及證照資格之考試、測驗、檢定等，初步發現有財政部主管之精算師、核保及理賠人員、證券投資分析人員、證券商高級業務員、證券商業務員、期貨經紀商業務員；行政院勞工委員會主管之技術士、職業訓練師、就業服務專業人員；交通部主管之領隊導遊、航空人員（包括正副駕駛員、飛航機械員、地面機械員、領航員、簽派員、飛航管制員）；經濟部主管之中小企業經營輔導專家；教育部主管之高級中等以下學校及幼稚園教師；行政院環境保護署主管之公民營廢棄物清除處理機構專業人員、空氣污染防制專責人員、毒性化學物質專業技術管理人員、事業或污水下水道系統廢污水處理專責人員、病媒防治業專業人員、公私場所及交通工具排放空氣污染物檢查人員等，以上人員合計共25種。86年7月考選部將研處意見報請考試院作政策決定，同年8月21日第9屆第46次院會決議：精算人員等人員應否納入專技人員考試案，是否以職業主管機關定有職業管理法律，且明定其執業資格應經考試及格為限乙節，由於事關落實憲法賦予考試院之職掌，因此有必要對專技人員執業資格作一釐清；審查會遂決議由考試院邀集行政院所屬相關部會、學者專家成立專案小組，研訂專技人員執業資格、界定標準及相關法令、技術配套等措施，以作為進一步檢討之依據，並推考試委員洪文湘擔任召集人，考選部負責幕僚作業，向院會提出研究報告。專案小組隨後多次邀集學者專家、職業主管機關、全體考試委員開會研商，研擬專案小組報告，全案並經考試院87年2月26日第9屆第70次院會決議通過，採「依法規」、「應領證書」、「專門職業及技術人員」3項檢視指標加以檢討，均符合者即應納入專

技人員考試由考試院辦理，包括不動產經紀人、就業服務專業人員、導遊人員、領隊人員、航空人員（包括正副駕駛員、飛航機械員、地面機械員、領航員、簽派員、飛航管制員）等5種；其餘精算人員、核保及理賠人員、證券投資分析人員、證券商高級業務員、證券商業務員、期貨商業務員、保險業務員、技術士、兒童福利專業人員、中小企業經營輔導專家、高級電信工程人員及電信工程人員、商業會計記帳人等12種，由考選部續洽職業主管機關研訂（修）職業管理法規建立完善職業管理制度，並由主管機關核發證書後，再予納入專技人員考試考試範圍。考選部據此先後與相關職業主管機關會商，修正發展觀光條例收回領隊導遊人員考試、修正不動產經紀業管理條例收回不動產經紀人考試；並藉著消防法修正，在立法院政策激辯收回消防設備師（士）考試；透過聲請釋憲，司法院大法官做成第655號解釋，收回記帳士考試。但多數部會更逆向操作，根據考選部的提醒修正職業管理法規，將原行政機關委託財團法人辦理之測驗或檢定，改成同業公會委託財團法人辦理，原行政機關發給之測驗合格證書，改為同業公會認可或受委託財團法人發給證明，以和職業主管機關在形式上完整切割，如此改變結果離回歸國家考試目標反而更加遙遠。

在王部長六年任期中，有機會追隨他推動廢除甲等特考、建立公務人員高普考試分試制度、修正考選部組織法、完成公務人員考試法及專技人員考試法修正、就教育人員任用條例第21條及商業會計法第5條修正有違憲之虞而提出釋憲聲請、擴大專技人員考試範圍等，頗有一點小小的成就感。同時82年1月、83年1月、83年9月，我先後調陞專門委員、副司長及司長，在陞遷機會與速度上，王部長待我非常優厚；我也秉持著士為知己者效命態度認真推動工作。在我升任司長派令發布後，在考選部不定期出版的自強文摘上，王部長針對人事調整加以說明：「考選規劃司負擔兩大任務，一為研究中外考選制度，隨時提出改進建議；二為將研究結果法律化，提出法案建立制度。並應有解釋考選法規及與外界協調有關考選法規之能力，故需有良好中文寫作能力以及法律知識，能代表本部出席部外各項會議等。該司為本部之頭腦或稱火車頭，以帶動本部改進。」「李司長經本人長期觀察具有上述能力，近些年來有關本部法律、政策之解釋及制度之建立及法制化，亦多由該員經辦，堪任為司長。」有長官能夠充分信任至此，當然要全力以赴不負所託。以上這些重要的工作，事成後也都編印了「公務人員考試法修正案專輯」、「專技人員考試法修正案專輯」、「公務人員高普考試分試制度案專輯」、「公務人員升官等考試法修正案專輯」「職業主管機關辦理涉及專門職業及技術人員執業資格考試案專輯」等，以利後來研究者參考查閱。王部長六年任滿，李登輝總統任命他擔任監察院院長，任職未久就發現胃部癌病變後來切除胃部，自此身體健康狀況漸差，88年任期屆滿後政務官退職。部內多位受過其提攜的同仁，包括慧敏、光基、漢城、學泰和我，偶而會連袂去看看他，即使

身體不適他也要出來坐在客廳和大家聊天；有一次他堅持要請大家吃飯，就在他家樓下日式速食餐廳吃蛋包飯，他自己胃口不佳坐在旁邊喝著飲料陪我們話家常，然後堅持要買單，對昔日部屬一如往昔照顧。在他晚年，身體狀況雖然不如以往，但是記憶力還是非常好，談起過去在考試院及考選部任職經歷，他還能如數家珍，也對時局及政治人物有很多發人深省的評論；其實他的人生歷練極為豐富，學術界、輿論界與公務界都有相當事功，只是經濟方面的長才沒有被政府重用及發揮而已，絕對不會是壯志而未酬。前考試院院長邱創煥形容王院長是「學問淵博、見解獨到、是非分明、擇善固執」，可謂十分貼切而且傳神。他過世以後，以他為名的文教基金會每年都會舉辦多次演講或座談會，主題都是關心國家政治及經濟發展、司法及考銓制度改革等，繼續散發著對國家社會的關心之情，就像他的個性使然；我後來有機會擔任基金會董事也能協助推動部分業務與活動，以表達對老長官的敬意與懷念。

五、董保城部長任內善盡參事政策幕僚責任

王部長之後我雖然經歷過多位部長，但是只做過兩個位子（規劃司司長及參事），司長是單位主管，應該是配合部長政策理念來推動業務，否則就應該離開這個職位，由願意配合部長政策的人來擔綱。參事算是非主管，也是輔助性職務，性質上應是部次長的政策幕僚，但是業務職掌範圍則可大可小，信任的首長可以無事不參，沒有緣分的首長可能就成為無事可參；介於兩者之間的多數首長其實會指派參事擔任特定的職務，如法定組織法規委員會或應考資格審議委員會執行秘書，或臨時性任務編組小組（如政令宣導小組、民調小組、知識社群小組、外事小組等）執行秘書，並仍維持主管加給。從劉部長以後，我主要負責應考資格審議委員會、考選周刊、國家菁英季刊、政令宣導小組等業務。到楊部長就任，找了政治大學法律系教授董保城來擔任政務次長，董次長是知名公法學者，也長期在總統府、教育部等機關兼任法規會及訴願會委員，理論與實務兼具。他也是我東吳大學法律系學長（他大三時當選系學會會長，找大二的我去做系刊東吳法友的主編），所以在校時就略有往來；他取得德國波昂大學法學博士學位以後返國任教，先在東吳大學法律系教書後轉戰政大法律系，歷任政大總務長、公企中心主任等職務。我踏入職場以後，大學同班同學中有幾位好友，大家雖已結婚生子仍定期家庭間有所聚會，其中文森兄和他相熟也邀請他參加，從此四家家聚變成五家參與；公務上有法律問題疑難，我也經常會向他請教。我在編輯國家菁英季刊的時候曾向他邀稿，所以94年7月國家菁英第1卷第2期就刊登過他的大作「應考試權與實質正當程序之保障：釋字第319號解釋再省思」一文；我還曾和他開玩笑：考選部與學術界互動頻繁，因此歷來政務次長皆為學者出身，你對考試制度既然有興趣，又有法律專業背景，其實倒很合適來考選部擔任

政務次長。結果幾年後我的戲言竟然成眞。

楊部長任內，對法制事項多數皆授權給董次長處理。董次長首要變革就是強化法規委員會運作功能，過去本部法規委員會雖有經過開會程序審議法案，但是長期以來沒有外聘委員，部內委員雖也會有意見，但組織文化上多尊重提案單位，理由是因爲未來在考試院及立法院要審議，是由提案單位自行說明，故予以尊重。因此先增加外聘委員以提升審議專業性，幾年中先後增聘江明修、余致力、張文郁、陳淑芳、陳愛娥、程明修、劉建宏等多位法政教授參與。其次執行秘書換人，原執行秘書是阿扁總統台大法律系同班同學，89年總統大選變天以後，由台北市政府某區區長調升本部研究委員兼法規會執行秘書，該員口頭禪是「尊重與會委員多數意見」，因此法規會功能不彰。董次長遂指定我去接法規會執行秘書，並先研修法規會組織規程，增列「議案提本會討論前，本會得提出書面意見」規定，以提升法規會審議功能，聚焦討論重點；此一簽註審查意見之工作需查閱法規沿革調檔研究，頗爲費時且吃力不討好；惟經過多年努力逐步建立信譽，到後來簽註意見約有七成以上能得到多數委員（尤其是外聘委員）支持而獲採納；多數單位也從頗有微辭心存抗拒而逐漸支持配合。在我經手過八年多任期中，300多件法案，不論是簡易案件或是複雜案件，全部親力親爲自行簽註意見，所以累積了不少資料，如今回首過去的努力，苦澀當中帶有一點點的驕傲。此外本部全球資訊網及內部行政網法規整理更新；本部法規動態登記、統計及管制事項；本部各單位間法規疑義爭議之審議事項（如考試當中應考人手機置於背包結果響鈴，監場人員主動將其關機適法性討論。公務人員考試法第22條五年禁止報考，執行疑義討論等）；清理近幾年被台北高等行政法院判決敗訴案件以及被考試院訴願審議委員會撤銷原處分另爲適法處分案件，研議其撤銷緣由，並建議後續配合措施或修法擬議等。

另外就是辦理考選法制講習，此一講習始自民國100年起，該年本部辦理全員訓練時，其中3小時由法規委員會執行秘書講授「考選法制作業實務」。爲賡續提升本部各單位法制作業品質，加強同仁對考選法規熟悉程度，以利公文辦理、法規研訂修正處理正確性，101年起則在考選法制講習之外，增加測驗以強化落實。講習範圍：包括：1.法律、法規命令、行政規則法制作業解說；2.一般法律原則（如明確性原則、平等原則、比例原則、信賴保護原則、不溯及既往原則等）適用及舉例；3.舉行講習前，年度中各項考選法律、法規命令、行政規則修正重要條文簡介；4.與考選有關之司法院大法官解釋說明（如釋字第319、352、453、655號等解釋）；5.訓練及任用相關法規介紹（如公務人員考試錄取人員訓練辦法、職系說明書、職組暨職系名稱一覽表、依法考試及格人員考試類科適用職系對照表、專技人員轉任公務人員條例、專技人員考試及格人員得轉任公務人員考試類科適用職系對照表、專技人員特種考試相當專技人員高等或普通

考試等級表等法規）；6.行政爭訟適用法規介紹（包括行政程序法第二章行政處分，以及訴願法、行政訴訟法）等。講習及測驗參與對象，以本部各單位副主管以下人員全員參加（包括約聘僱人員）為原則，各單位主管及參事研究委員、即將退休或調離本部同仁免予參訓及測驗。但志願參加者不在此限。講習時雖分兩梯次辦理但教材相同，測驗時採統一命題、同時舉行方式，但測驗及格標準按單位性質及法規需要程度區分為A、B兩組。A組包括考選規劃司、高普考試司、特種考試司、專技考試司、題庫管理處、秘書室，及格成績為60分。B組包括總務司、資訊管理處、人事室、會計室、統計室、政風室，及格成績為50分。測驗成績最高之前6名同仁分別發給獎金獎品。測驗成績不及格者，通知單位主管加強督導。現在回頭來看，由於定期舉辦考選法制講習及測驗，所以帶動本部同仁研讀法規風氣，連帶提高對法規業務熟悉程度，各單位辦理公文作業及法制研訂（修）品質較已往也有顯著提升，值得加以肯定。在此尤其要謝謝一起授課的成基兄，以及共同參與命題的幾位參事同僚。只是新的機關首長105年5月上任以後，學者性格完全看不上眼這些基礎工作，我也不願意被潑冷水，就讓這項業務自動人間蒸發。

在董次長及董部長時代，我的業務頗為忙碌，除了原有國家菁英季刊編印外，新增法規會執秘業務，另新成立了法規整理小組，負責處理本部行政規則訂定、修正及廢止（停止適用）案件；該小組由首席參事召集，參事研究委員、各單位副主管參與，對有效整合行政規則體例及提升作業品質，也有助益。另外承董部長的指派，重要考選政策法制推動幾乎無役不與，如公務人員考試法修正（增訂公務人員考試類科，其職務依法律規定或因用人機關業務性質之需要須具備專門職業證書者，應具有各該類科專門職業證書始得應考）、專技人員考試法修正（增訂專門職業及技術人員考試種類之認定基準、認定程序、認定成員組成等有關事項之辦法法源依據）、典試法修正（增訂分數轉換辦法、考試性質特殊者經考試院同意後得不予公布試題及測驗題答案之法源依據，開放應考人於榜示後可申請閱覽本人試卷等）、新制司法官律師考試分試推動、警察人員雙軌分流考試、波蘭醫學院畢業報考醫師考試爭議、高考三級公職證照類科建置、葉寇行政爭訟案順利結案、大地工程技師分階段考試建置、考選部部史編纂等等，從這些案件先後順利完成可以看到董部（次）長的人格特質所在，就是不畏艱難、耐心溝通及反覆折衝，許多看似無解的案子，最後終能在他的手裡順利解套。當然做事也要有技巧方法，以考試院行政生態來說，當時三位法律背景考試委員都能支持他的諸多改革政策，主因是重要法案他都會先去報告考委溝通尋求支持，甚至有的時候就透過委員提案方式來推動改革（如律師考試第二試增設選試科目案），透過考委提案及進行連署，得以在考試院會中快速通過並順利實施。

另外基於對法規會的信賴，不少各單位簽報或對外答覆公文，只要適法性有

疑慮或是答覆內容不妥適者，董部長都會加會法規會表示意見，他再最後定奪。
幾年下來我的隨身碟檔案當中累積了數以百計各種簽註意見（如女性懷孕應考人
無法參加第二試體能測驗，要求能於分娩後再擇期應試適法性；以中文作答專業
英文案適法性；舉辦考試之公告擬免刊登新聞紙適法性；褫奪公權期間能否報考
不動產經紀人考試之處理意見；行政法命題能否排除行政救濟部分之處理意見；
行政規則訂定應否在法規命令中訂有授權依據等等），透過這些個案實作上的廣
泛參與，可以體會到各單位所面對的疑難雜症，對自己全盤瞭解考選業務也有很
大的幫助。當然在過程中他也曾經遭受到一些誤解，如有考試委員認為他政策衝
太快而曾經在院會提案要譴責他，最後勞動考試院伍院長出面緩頰才能解圍；或
是因為開放應考人榜示後可申請閱覽本人試卷，而有委員質疑是他串通少數立法
委員要開放應考人閱覽試卷，而故意違背考試院政策。其實當天在立法院審議典
試法修正案現場，非常清楚的看得到立法委員之間的最大公約數只有開放應考人
榜示後閱覽試卷（在場立委咸表支持），其餘部分包括開放複製試卷、或公布申
論試題參考答案及評分標準、公布委員名單等則並無多數共識。董部長也當場按
照院會決策表達反對開放應考人閱覽試卷之意見，但因為立委們不支持，遂只能
尊重委員會最後多數決議；這些艱辛，不在第一線的人是很難理解與體會的。榜
示後開放閱覽試卷案實施之初，多位考委憂心爾後會找不到學者擔任命題及閱卷
工作，也有委員擔心大量應考人申請閱覽試卷，會造成考選行政業務不堪負荷甚
至癱瘓等等，事實上當初我們即預判閱覽試卷不過是複查成績的2.0版而已；就
算開始閱覽初期人數較多，但好奇心理很快就會退燒，後來的發展證明閱覽試卷
上路果如預期平順無波，原先的許多擔憂顯然都是過慮了。至於遴聘委員不易問
題，也沒有想像中的困難，其實學界當中人才濟濟，多花點時間與精神誠懇邀
約，還是有人願意犧牲奉獻參與典試工作的。

　　綜合來說，董部長任內因為因緣際會，所以我有機會參與各種不同面向的
業務，參事政策幕僚的角色也可以發揮到極致，雖然工作頗為忙碌，但是忙得有
意義也看得到成績，對於這一段工作經驗我是點滴在心頭。簡而言之如要自我評
價，也就是信任你的機關首長在適當的時間，把對的人放在正確的位置上，做了
一些有意義的事情，如是而已。

六、公職生涯中最難共事的一位機關首長

　　我公務生涯中最難共事的一位機關首長，是某大學法律系教授（此處姑隱其
名，但為表示尊重，以下尊稱其為長官），從新聞媒體披露此項人事消息開始，
部裡就流傳出多項過去該長官曾參與典試工作與本部同仁互動經驗，以及長官在
行政院相關部會擔任法規會訴願會委員的各種軼事。當時就有預感，此人恐怕不
會太好相處。基本上我自己的處世態度還是前後一貫並沒有改變，那就是公私分

明言所當言，但也絕對尊重首長的最後決定權，從我擔任司長開始到後來調任參事的二十五年中，對歷任部長我都是秉持此項原則應對，也承蒙歷任部長都能容忍我在公開場合的各項建言（即便是第一次政黨輪替以後接任的劉初枝部長，每一次部務會議面對我所提的建言，她都還會以「謝謝李參事的建議，請某某單位參考」來回應。）在該長官未到任前，部內曾有考試單位因為能否遴聘長官之配偶擔任典試委員而產生疑義，當時部長請法規會表示意見，記得我當時簽註三點意見供參：一、考選法規中迴避規定，係針對典試人員參與典試工作後，於其本人、配偶、三親等內之血親、姻親應考時，對其所應考試類科有關命題、閱卷、審查、口試、心理測驗、體能測驗、實地測驗等事項，應行迴避之謂。而參與題庫試題命擬與審查之委員限制更寬鬆，僅於其本人報名參加該類科考試時，應主動以書面告知考選部即可。題庫試題採聯合命題，考試前由典試委員長商同或商請各組召集人或典試委員就題庫試題或提前命擬密存備用試題抽審選用，長官之配偶過去雖參與題庫試題建立，如無應迴避情形，未來試題繼續使用應無疑義；二、公職人員之配偶雖為公職人員利益衝突迴避法第2條適用範圍，但有無同法第4條至第7條之適用（如公職人員知有利益衝突者，應即自行迴避。公職人員不得假借職務上之權力、機會或方法，圖其本人或關係人之利益）。因本部並非該法律之主管機關，爰尚難認定。但依典試法第3條規定：「典試委員長，由考試院院長提經考試院會議決定後，呈請總統特派之。典試委員由考選部商同典試委員長遴提人選，報請考試院院長核提考試院會議決定後，由考試院聘用之。典試委員得依考試類科或考試科目性質分為若干組，每組置召集人一人，由考選部商同典試委員長推請典試委員兼任之。」因此很難說在典試委員及召集人遴聘過程中，都是典試委員長的權限，其實考選部部長的實質影響力透過商同的程序，當然可以左右名單產生；三、爰為杜絕眾人悠悠之口，520之後未來四年，本部辦理考試如有遴聘長官配偶擔任任何典試工作（除在此之前已完成遴聘程序者外），恐有違公職人員利益衝突迴避法之疑慮。加之考試委員強力監督、在野黨立委守株待兔、媒體對政治人物高道德標準要求等原因，似仍以不宜再參與典試工作為妥。

此一意見送出以後，結果究竟如何我並未後續追問。但半年之後據一位剛退休主管同仁轉述，長官事後對此一看法大為光火，認為我對法條解讀有誤，顯然在其到任之初我就已經得罪了人而不自知；其配偶後來在長官任內也連續多年受聘擔任國家考試典試委員（如在律師高等考試，擔任典試委員及公法組召集人），顯然他們認定適法性無虞，看來一切都是我太多慮了。一位法律背景現任的考試委員，曾在私下詢問我此事適法性與妥當性如何，我只能以公職人員利益衝突迴避法非本部主管法律，因此無法評論加以回應。顯然考試委員公開場合雖未明講，但私底下似乎是很有疑慮的。

　　長官到部之初，仍援過去幾任首長前例，每週召開一次四長會議（由部長、兩位次長、主秘參加），討論未來一週重要待處理事項，承常次、主秘好意，向長官報告亦請首席參事與會，以擴大集思廣益；所以頭兩個月我亦參與此項非正式會議。但此期間發生幾件事情，我的主張似乎和長官意見明顯有別，因而產生芥蒂。包括其一，應考人申請閱覽試卷辦法應否修正問題：長官到部以後主持第一次部務會議，會中對閱覽試卷辦法內容有諸多批評，並自擬了一份修正條文草案，請與會人員會後表示意見。會後我以法規委員會名義，針對其修正重點逐一說明，並建議該項法規發布後尚未施行，似無窒礙難行之理由，仍以暫緩修正為妥。比如針對第3條：「應考人申請閱覽試卷之受理期限、申請方式、收費基準及禁止行為等有關事項，均應登載於各該考試之應考須知。」其認為無實益應刪除。我則主張維持，理由為本條係考試院全院審查會所增列之條文，執行時本部應無窒礙難行之處，部分委員且將其當作本部應踐行之行政程序，以維護應考人權益。為避免院部關係緊張，建議維持原條文。其認為第4條規定：「應考人閱覽試卷限本人為之。」無法排除本人申請閱覽他人之試卷。我的看法則為典試法第26條第4項授權規定：「閱覽試卷之方式、範圍、申請期限、收費及相關程序等有關事項之辦法，由考選部報請考試院定之。」其授權彈性及範圍極大，本條規定閱覽試卷限本人為之，自符合母法授權目的及範圍。且按舊典試法第23條所列應考人不得為之事項，如閱覽試卷、任何複製行為等，依舉輕以明重法理，本人試卷都不得閱覽或複製，他人試卷更不得主張。此次修法開放榜示後得申請閱覽試卷，基本法理並未改變，爰自不得申請閱覽他人試卷。其認為第12條應考人閱覽試卷時，不得為之行為，僅有第2款「抄寫、複印、攝影、讀誦錄音或其他各種複製行為」之規定；有典試法之法律依據，其餘各款均屬增列法律所無之限制，宜刪除為妥，以免侵犯人權。我則認為雖然典試法第26條應考人閱覽試卷之禁止事項，並未規範違反該規定之法律效果。但明顯的立法者在開放閱覽試卷之際，為避免產生不良後遺症，所以要法律授權限制閱覽試卷過程中抄寫、複印、攝影、誦讀錄音或其他各種複製行為。司法院大法官第612號解釋文略以：「其以法律授權主管機關發布命令為補充規定者，內容須符合立法意旨，且不得逾越母法規定之範圍。其在母法概括授權下所發布者，是否超越法律授權，不應拘泥於法條所用之文字，而應就該法律本身之立法目的，及整體規定之關聯意義為綜合判斷。」可資參照。加上母法授權訂定閱覽試卷辦法，授權目的及範圍明確，因此在閱覽試卷辦法中訂定對違反抄寫、複印、攝影等行為之處置措施，應符合母法限制精神。增列禁止冒名頂替；禁止隨身攜帶紙筆、行動電話、穿戴式裝置；禁止互相交談；禁止窺視他人試卷影像檔；不得意圖破壞或毀損閱覽場所之電腦設備等，亦均屬對母法為整體性綜合判斷之補充規範。該電子郵件寄出以後，完全沒有任何回應。最後閱覽試卷辦法沒有立即大修，不過倒不

是因為我的建議，而是長官問了多位考試委員，都認為法規公布尚未實施就要修正極為不妥，最後才踩了煞車。

　　其二，國家考試身心障礙應考人權益維護措施辦法草案處理程序問題：長官到任後身心障礙應考人權益維護措施辦法草案，考試院審查會已經召開過一次，僅保留第18條，其餘條文均已審查竣事；長官擬再修正法規名稱及其他共9條條文，提第二次審查會。我以法規委員會名義，寄發電子郵件給長官提醒其注意，第二次審查會應僅就保留之第18條條文加以討論修正，不宜大幅進行更張。如有大幅調整之必要，似以撤回全案重擬並另行報考試院審議為妥，否則於第二次審查會時對已審查通過條文，突然提出諸多再修正條文，程序上恐會引起爭議。結果該案後來果然因為多位考委反對且拒審，105年7月由本部撤回重擬；106年10月始重新修正文字後報院審議。

七、對新增專技人員由考試院認定長官不以為然

　　其三，醫務管理師是否應新增加為專門職業及技術人員問題：長官到部以後，幾次找我討論一些其擬推動之業務興革重點，有一次明確交代專門職業及技術人員考試法暫時不修、專門職業及技術人員新增考試種類認定辦法維持暫不廢止、專門職業及技術人員考試種類認定諮詢委員會停止運作、行文衛生福利部有關醫務管理師草案之立法，由該部自行循立法程序辦理，毋庸送考選部認定。當場我沒有與其辯駁，但是業務司依指示準備停開專門職業及技術人員考試種類認定諮詢委員會時，我在送會法規會公文上加簽以下意見：（一）鑒於在認定某種新增專業是否為專技人員時，考試院長期以來欠缺有效著力點，因此在修正專門職業及技術人員考試法時有意強化參與主導權，期能在各職業主管機關研定新職業法草案之初先知會考試機關，透過產官學界之參與以及專家諮詢會議，先行建立共識，俟原則方向確立後實際推動時，有利於整合行政與考試兩院意見。考選部董保城部長任內遂推動修法，102年1月23日總統修正公布之專門職業及技術人員考試法第2條遂規定：「（第一項）本法所稱專門職業及技術人員，係指具備經由現代教育或訓練之培養過程獲得特殊學識或技能，且其所從事之業務，與公共利益或人民之生命、身心健康、財產等權利有密切關係，並依法律應經考試及格領有證書之人員；其考試種類，由考選部報請考試院定之。（第二項）前項專門職業及技術人員考試種類之認定基準、認定程序、認定成員組成等有關事項之辦法，由考選部報請考試院定之。」本條文最大意義，是行政權對考試權給予適度尊重，並確保透過此一程序，在立法權開始審議新增職業管理法律前，促使行政權與考試權意見能夠整合。考選部並配合研訂專門職業及技術人員新增考試種類認定辦法草案，報請考試院審議通過後於102年10月21日發布施行。該辦法通過後，本部已據此召開多次會議，先後認定公共衛生師為專門職業及技術人員，

證券投資分析人員非屬專門職業及技術人員，並報請考試院同意後，分別函復各該職業主管機關辦理後續作業在案；（二）本部曾在105年1月27日由謝前政務次長邀集產官學界召開會議，就衛生福利部函送專門職業及技術人員考試種類（醫務管理師）需求說明書及認定審查表交換意見，會中作成決議：請承辦單位就本部與會人員所提建議意見整理分類後，併會議紀錄函復衛生福利部及台灣醫務管理學會答復相關問題，並請修正專門職業及技術人員考試種類需求說明書及認定審查表送請本部辦理後續事宜；（三）本案如依長官原指示專門職業及技術人員考試法暫時不修、專門職業及技術人員新增考試種類認定辦法維持暫不廢止、專門職業及技術人員考試種類認定諮詢委員會停止運作、行文衛生福利部自行循立法程序辦理等，與前述修法意旨、前述案件發展走向及會議決議明顯扞格。由於本案事涉重大考選政策轉變，為避免未來考試委員有不同意見而產生爭議（如認為考試院正在危急存亡之秋，本部棄守法定職權，乃進一步弱化考試權等等）；本案仍宜先提報考試委員座談會徵詢意見，再視風向決定如何處理為妥。最後長官就本案批示：醫務管理師認定部分，仍依現制賡續辦理認定云云。

其後對相關職業主管機關制定新職業法草案時（如行政院農業委員會研訂植物醫師法草案），長官明確批示：本部不宜主動積極建議提送專技人員考試種類認定，更不宜要求相關單位提報資料，此事部內已有明確政策決定。爾後各職業主管機關制定新職業法草案時，考選部代表應建議相關部會之職業法草案逕送行政院轉立法院審議即可，完成立法程序後本部即配合辦理考試，毋庸再送考選部審議。顯然專門職業及技術人員考試法暫時不修、專門職業及技術人員新增考試種類認定辦法維持暫不廢止、新職業管理法草案之立法由各職業主管機關自行循立法程序辦理毋庸再送考選部審議之政策，隱然已在推動執行。惟考試院102年10月21日訂定發布之專門職業及技術人員新增考試種類認定辦法第3條、第4條規定：「為辦理專門職業及技術人員考試種類認定事宜，考選部應成立專門職業及技術人員考試種類認定諮詢委員會，辦理新增專門職業及技術人員考試種類認定案件之諮詢及建議事項。」另「專門職業及技術人員考試種類認定之處理程序如下：一、各職業（目的事業）主管機關研議新增專門職業及技術人員，應依第二條要件擬提專門職業及技術人員考試種類需求說明書，同時應填具專門職業及技術人員考試種類認定審查表及佐證資料行文考選部。二、考選部收到職業（目的事業）主管機關來函後，由諮詢委員會主任委員邀請相關領域委員召開會議，必要時得召開公聽會，彙整各方意見及配套措施後，並加具意見提會審議。三、審議結果由考選部報請考試院審定之。四、經審定為新增專門職業及技術人員，職業（目的事業）主管機關應擬具職業管理法草案送請立法院審議。」所以我現在還是要向長官說：從依法行政的角度，這樣的做法錯了。應該先修專門職業及技術人員考試法，刪除專門職業及技術人員新增考試種類認定辦法之法源依據，俟

立法院通過總統明令公布，然後再廢止該新增考試種類認定辦法才是正辦，而在相關法規未修正及廢止之前，是否應該繼續維持現狀並依法行政為妥？否則外界很有可能會認為此舉是在弱化考試權，先逐步架空考試院業務職掌，並為廢除考試院而預為前置準備。

八、對長官親擬條文簽註不同意見觸怒龍顏

　　至於壓垮駱駝的最後一根稻草，則是法規委員會第539次會議的召開，該次會議討論5案，其中有3案文字為長官所親擬，其中第二案為專門職業及技術人員高等暨普通考試航海人員考試規則第2條修正案；第三案為專門職業及技術人員考試法施行細則第2條修正案；第四案為公務人員考試法第22條修正案、專門職業及技術人員考試法第19條修正案、公務人員升官等考試法第9條之1增訂案。實際上該3案承辦司司長，已明白告知條文為長官所擬，亦為長官交辦之案件，法規會最好不要表示不同意見，以免長官不悅。但身為法規委員會執行秘書基於職責所在，該3案確有不妥，考慮再三我仍然簽註不同意見，供與會委員參考。實際開會時，外聘5位法律學者亦多支持法規會意見，第二案遂兩案併列（原決議：本案建採甲、乙兩案併列方式，由部長擇一採行。甲案，本案依專技考試司所擬文字通過，報請考試院審議。乙案，本案暫緩修正及報院，俟交通部儘速研修船員法刪除「航海人員考試及格」等字，並將原航海人員考試及格者納入但書以保障其合法權益規定完成立法程序後，再行報請考試院廢止本考試規則）。第三案亦兩案併列（原決議：本案建採甲、乙兩案併列方式，由部長擇一採行。甲案，本案依考選規劃司所擬文字通過，報請考試院審議。乙案，本案依法規委員會建議援過去立法體例文字通過（即第1項第3款末增列「驗光師、驗光生。」第10款刪除現已停辦之牙體技術生考試種類，以下各款款次遞移。第2項刪除「除法律另有規定外，」等文字，即維持現行條文文字）。報請考試院審議。第四案則決議：一、公務人員考試法第22條修正案、專門職業及技術人員考試法第19條修正案，請考選規劃司參酌委員發言意見重新整理文字，並補強條文對照表說明欄內容（包括為何第1項每個階段皆要撤銷應考資格？第4款增列舞弊，其與詐術、其他不正當方法之區別為何？自發現之日起修正為自應考資格遭撤銷時起之立法考量為何？）再提下次會議審議；二、公務人員升官等考試法第9條之1建議毋庸增訂，因公務人員升官等考試本為公務人員考試之一環，且其法源為公務人員考試法第23條；因此公務人員考試法之相關規定，公務人員升官等考試當然可以適用。且增訂本條會衍生掛一漏萬問題，將引發外界質疑公務人員考試法條文中，本法未增訂者即不得適用。當天法規會召開竣事後，有出席者即向長官電告，謂長官交辦之三案均未照案通過，長官遂大發雷霆，當即致電會議主席政務次長並多所責難，並要求次日先送會議決議呈閱；次日決議文字送核後，果然長

官不能接受其交辦案件未能照案通過之結果，並交代修改決議文為「第二案，本案採司擬文字通過，委員不同意見供部長參考。第三案，本案採司擬文字通過，委員不同意見供部長參考。第四案，公務人員考試法第22條修正案、專門職業及技術人員考試法第19條修正案、公務人員升官等考試法第9條之1增訂案，請考選規劃司參酌委員發言意見重新整理文字，並補強條文對照表說明欄內容後；逕行報請考試院審議。」我迫於無奈只好同意修正相關決議文字，並請同仁配合修改會議紀錄發言紀要主席裁示部分文字以資配合。

我在楊朝祥部長任內接任法規委員會執行秘書，前後八年多的時間，楊朝祥、賴峰偉、董保城、邱華君4位部長都是尊重法規會合議制審議功能，除少部分案件甲、乙兩案併列由部長擇一採行外，其餘絕大多數均依法規會通過結論辦理。此次長官要求法規委員會通過決議須先陳閱，並須配合長官期待修改會議決議內容方能呈核會議紀錄情形。為了怕有外聘委員於下次會議時會質疑，上次會議紀錄決議內容與會議當天主席實際裁示決議內容明顯不符情形，後來還奉主席指示發電子郵件給所有外聘委員委婉說明經過，尋求大家諒解。隔沒多久我就接到長官秘書通知，即日起每週一次的四長會議，首席參事免予列席參加；再隔二個月，法規會委員聘期屆滿，原董部長任內所聘四位部外委員全部不予續聘。這麼多事情連結到一起，讓我體認到長官的心胸與氣度。長官也曾經向某位親綠（曾在卡管拔管案中多次提出特定法律見解）的法律系教授抱怨，謂考選部有位參事，對其推動的各項改革多所反對，影響其施政云云；這位教授在一項學術研討會中又轉述告訴其他多位教授，恰好其中某位教授與我相識，所以主動來電示警，略以伴君如伴虎，還是識時務者為俊傑少講話的好，我只能苦笑言謝。

不過後來聊以自慰的是，第539次會議紀錄長官最後批示：「第三案、第四案均暫緩報考試院審議。」這意謂著雖然照案通過了其所擬的修正文字，維持了尊嚴保住了面子，但是顯然其也認知到該兩案確實不周延而有疑慮，所以暫緩報請考試院審議（迄今都沒有送出）；從另一個角度來看，這也是還了我的清白，證明當初我簽註的審查意見不是無的放矢，而是有所本的。另外航海人員考試規則第2條修正案報考試院以後雖然照案通過，但院會附帶決議要求本部研議合憲、合法之解決方案，迄今該案仍無法順利結案，成為燙手山芋。反之當初如採納我的意見：「該案暫緩修正及報院，俟交通部儘速研修船員法刪除『航海人員考試及格』等字，並將原航海人員考試及格者納入但書以保障其合法權益規定完成立法程序後，再行報請考試院廢止本考試規則。」反而相對單純，不至於治絲益棼自行陷入困境。有同仁事後問我，對於當初簽註的不同意見，我後來有沒有後悔過？老實說看看我過去大學時代會被端木校長找去談話；幾十年來的公務生涯中文章寫了不少，也多次闖禍遭到長官責難，但有話直說、桀驁不馴的個性始終未曾改變，所以就算是人生可以重來，我想我應該還是會做相同愚蠢的事情

吧！

九、法規委員會改組執行秘書職務被請辭

接下來長官找我及政務次長，討論法規委員會運作方式要改變事宜，長官會談中明確表示：法規委員會之功能僅為諮詢性質，開會時本部部內委員不宜表示不同意見，亦不宜由外聘委員完全主導法規修正走向，最後決定權應仍在本部。政策已定之法規修正案，委員不宜挑戰及變更政策內容；僅能就立法體例文字，以及說明文字表述，原條文疏漏及不周延處加以調整補強，否則即屬逾越權限。本會委員不宜兼任執行秘書職務，以免裁判兼選手，角色有所混淆；執行秘書因未得到其他委員授權，因此無權簽註審查意見，爾後改由參事輪流簽提送法規會審議法律及法規命令案之書面審查意見。法規會開會時如有委員就審議條文提出質詢問，一概由原提案單位主管負責說明即可，法規委員會執行秘書毋庸就條文實質內容答覆說明。會中如參採個別委員意見修正文字時，主席應徵詢其他委員附議，確認為多數意見後始納入決議。爰決議紀錄時，無需註記提出修正意見之個別委員姓名。爾後法規會紀錄改由會議主席政務次長核定即可，另以六欄（分別為現行條文、建議修正條文、建議修正條文理由說明、原提案單位意見、部長核示等）表格式條文對照表簽報長官云云。我當場僅說明依考選部法規委員會組織規程第5條規定：「本部各單位對於擬送本會審議案件，應於簽奉主任委員核可後，以提案表移送本會。議案提本會討論前，本會得提出書面意見。」目前作法係由執行秘書做為本會幕僚簽註書面審查意見後，經呈主任委員核可，併同開會通知及議程發出，以供本會委員參考並利討論聚焦，並非完全沒有依據，且過去實施多年成效尚屬良好。但長官強勢要求配合，我在次日（即105年9月9日）遂據實彙整長官意見簽報呈核，爾後將調整法規委員會運作方式一案，該文呈核後遲遲未獲批覆，公文管制展延兩（每次三個月）都簽了四次，直到107年1月5日接到長官秘書通知該文管制案准予銷號結案，但公文並未退回，直到今天我還是沒有看到這件公文原本；也對公文仍然壓在長官處，亦未歸檔文檔科，卻能銷號結案感到不解。雖然公文未批，但其後透過政務次長陸續傳話，原來法規會運作方式早就改變。公文消失不批，但可以銷號不再管制，顯示一個機關的公文管理流程大有問題；真的期盼考選部只有我碰過這種怪事，而不是各單位的常態，否則那就不是機器螺絲鬆散的問題，而是機器的引擎核心出了狀況。

前述公文為何會積壓甚久最後會演變成無法批示？我的解讀原因有二，其一，有些話在言談之間一時脫口而出，事後一旦形諸文字，甚至批示後要歸檔永久保存，就必須慎重考慮其妥適性。比如前述限制法規會委員發言權限之意見，是我跟隨過的歷任部長中唯一有此高見者，真不知其他公法學者是否會認同其理念？或是法規會執行秘書無權簽註審查意見（那法規委員會組織規程第5條授權

規定：「議案提本會討論前，本會得提出書面意見。」又算是什麼？本會又該由誰提出書面意見？）。其二，其想法事後又改變了，與前述指示內容不同，因此讓後續難以批示，以免自己打臉。比如改由參事輪流簽註審查意見，實施了兩個月就停止，再改為無須簽註任何審查意見，直接提會去討論。以六欄表格式條文對照表簽報長官，實施了三個月又取消，改為法規會結束後一週內各提案單位逐行簽報條文對照表報院，俟長官核定後即送考試院審議。我原聞照錄據實簽報公文之作法，大概讓長官認為是有意讓其難堪；所以自此以後長官不再直接找我談話溝通，有事皆透過次長或主秘傳話交辦。參事是機關首長的政策幕僚，首長當然有權交辦業務，但是交辦的過程卻不願意親自說明轉達，還要轉一手透過二手傳播來發號施令，其心態實在令人大惑不解。比如106年9月長官透過主秘傳達訊息，要我撰擬「航海人員考試後續處理之意見」供參，花了3天的時間我整理了一份書面報告，最後提出三點建議：「一、航海人員考試重新委託交通部辦理，法制面及實務面均不可行。二、本部恢復辦理航海人員考試，與交通部航海人員測驗雙軌併行，法理上有疑慮，且不符產官學界期待，更有後續船員法修正不確定因素。三、具體建議本案暫緩處理及報院。並洽商立法委員以委員提案方式儘速提出船員法修正案，刪除舉辦航海人員考試之法源依據；俟完成立法程序後，屆時再報考試院修正專門職業及技術人員考試法施行細則第2條刪除航海人員，及廢止專門職業及技術人員高普考試航海人員考試規則。」此一書面報告送交長官後，然後無聲無息石沉大海，也沒有得到任何反應或回饋。

後來法規委員會執行秘書職務，終於順從長官意思，我自動上簽請辭免兼（實質上應該是被請辭）；接下來長官指示法規整理小組（該小組由參事研究委員、各單位副主管組成，首席參事擔任召集人，處理行政規則訂定、修正及廢止案）裁撤，行政規則直接改由各單位簽報長官核定後即發布或分函；國家菁英季刊（我擔任執行編輯）停刊。另外原來我擔任之性別平等委員會委員、專技人員認定諮詢委員會委員、人事甄審委員會委員、應考資格審議委員會委員等，或未到期即提前改派，或到期後另聘他人。要說這一切都沒有任何針對性，其誰能信？我只舉專技人員認定諮詢委員會委員遭撤換一事，來說明凡事都不能只看表面，其實背後都有算計與考量。

前文曾述及醫務管理師是否為專技人員之認定，曾經一度差點要退回衛生福利部，請該部將職業法草案逕送行政院轉立法院審議，經過我加簽反對意見，才又賡續進行認定程序。105年12月恢復舉行之專門職業及技術人員考試種類認定諮詢委員會，會議一開始本部兩位委員立即先聲奪人受命爭取發言，一位表示：是否為專技人員應以是否完成職業法立法來做為認定，換言之必須有醫師法、記帳士法等等，這些職業管理法律，經由立法院通過認定始為專技人員，與應否由考試院認定無關。專技人員考試法第2條第1項列有特殊學識技能、公共利益2項

認定要素，但並非有此兩項即可認定為專技人員，仍需回歸憲法之法律保留原則，必須要職業法完成立法。其他國家多由學會及民間團體發給醫務管理師之證明，由醫院經營者自行考慮是否僱用，並無任何國家強制要求醫院必須進用此項人才，爰據此認為醫務管理師不應列為應以國家考試定其執業資格之專門職業及技術人員。另一位則認為驗光人員法立法時，衛福部並未行文到本部來認定其為專技人員，而係由立法院立法委員透過委員提案方式完成立法，以建立新職業管理法律，本案希能比照辦理。某位外聘法律背景綠色學者則認為：社會職業並非公務人員，故應依照一般行政對社會職業監督的方法進行，例如律師是由法務部處理，醫療專業的人士由衛福部來處理，如德國的職業團體較為發達，故除了法律保留以外，有些都是把這些職業考試等等，歸屬其職業團體去加以考試認定。爰依此脈絡，以及社會職業特性等等，考試院乃至於考選部，對於專門技術人員的認定，不能超越原來應該監督之主管機關的職權，故在憲法上的解釋不宜擴張，而應視後來的演變及法律，如專門職業技術人員考試法第2條明列：依法律應經考試及格，領有證書之人員。故是否要辦理此項考試，前提是先要有職業法律。

　　眼見當天發言情勢一面倒，似乎馬上就要下定論，我忍不住發言如下：一、今天開會主要目的，是要請在座產官學各界學者專家協助認定醫務管理師是否為專門職業及技術人員，如多數意見認為是，本部彙整報考試院後亦得到院會支持，衛福部即可開始推動後續立法程序（如過去公共衛生師法草案）；如多數意見認為否，本部報考試院後亦得到院會支持，衛福部則應打消推動後續立法工作（如過去證券投資分析人員案）；二、從專技人員考試法第2條有關專門職業及技術人員定義，以及衛生福利部提送認定審查表相關資料，從形式觀察角度來看，新增之醫務管理師似乎是專門職業及技術人員。其理由為專門職業及技術人員有三個要件，其一，係指具備經由現代教育或訓練之培養過程獲得特殊學識或技能（衛生福利部提送資料，台灣有29所醫務管理相關系所，每年畢業2,113人；而執業範圍如醫事機構設立或擴充之設計規劃及評估，醫事機構營運管理及風險評估，醫事機構保險業務規劃與管理等，顯然不具相當特殊學識或技能者無法勝任此一工作）。其二，其所從事之業務，與公共利益或人民之生命、身心健康、財產等權利有密切關係（根據衛生福利部提送資料，執行業務，與公共利益或人民之生命、身心健康重度相關）。其三，並依法律應經考試及格領有證書之人員（所以衛福部草擬之醫務管理師法草案中，只要有「中華民國國民經醫務管理師考試及格，並依本法領有醫務管理師證書者，得充醫務管理師。」類似條文規定即可）以上三者條件皆具備，似符合新增專門職業及技術人員定義範疇。惟實質上認定結果如何，仍有賴在座各位學者專家集思廣益，倒不必在意個別委員如何發言主張。我發言以後，隨後發言的楊志良委員、陳再晉委員等，明確支

持我的意見，並表明現在的問題應不在於法律，而是應聚焦認定醫務管理師是否為專門職業。另過去推動公共衛生師法草案的過程，即是考試院先認定為專門職業，衛福部始啟動後續推動立法過程，完成立法程序之後才可辦理考試。由於該次會議諮詢委員發言內容正反雙方還算均衡，最後做成中性決議如後：（一）醫務管理師是否為專門職業及技術人員？應尊重職業主管機關衛生福利部基於醫療管理政策上的需要考量；（二）衛生福利部如認為醫務管理師屬專門職業及技術人員之範疇，依專門職業及技術人員考試法第二條規定，基於法律保留原則，該部須先完成醫務管理職業管理法律的立法程序，考選部始得據以辦理國家考試。做法上可針對新制定一個專法（例如醫務管理師法）；亦可於現行其他醫事相關職業管理法律中增訂相關種類條文即可。

　　該項會議紀錄呈核後，大概是結論不符合長官的需求，我的發言也牴觸了長官的政策，我任期尚未屆滿的委員職務隨即遭到撤換；其後並再召開第三次諮詢會議，終於得到長官滿意的結論（即醫務管理師雖具有專業人員特性，但仍不宜認定為專門職業及技術人員新增考試種類），106年7月報請考試院審議。該案考試院會交付小組審查後，因為多位委員不同意考選部不予認定之意見遂形成僵局，經前後召開三次審查會皆無法獲致共識，至今（108年11月）還在繼續卡關中。

十、萬般煩惱皆因公務上見解不同而產生

　　直到退休前夕，我仍然認為我和長官之間的若干歧異，皆是因為對於公務上處理方式或見解有別而產生，以下再信手拈來幾個實例說明如後：其一，公務人員考試高考三級及普考減列專業科目案，長官堅持要與銓敘部簡併職組及職系案脫鉤處理先行上路，以求取績效（我個人則認為減列科目後立即會衝擊到應考人權益，不是因為科目減少就當然對應考人有利；加上職組職系簡併定案後又要配合減少考試類科還要再變更科目，短期當中兩次變革對應考人影響更大，所以應該一次處理為妥）；該案處理程序上本部承辦司同仁自行先減列科目，其後再徵詢中央機關意見，倘有不同意見者始找該機關派員來開會（完全排除學界參與）。個人在部會中多次發言表示，宜俟銓敘部簡併職組及職系案定案後先減併考試類科再減列科目；並循過去慣例邀集產官學與會，先開大會再開分組會議；報院案中有減列科目之類科，有合併科目之類科，有更張科目之類科，處理原則不一難求其平。結果該案報考試院審議後，因多位考試委員有意見，全院審查會遂決議：俟銓敘部簡併職組及職系案定案通過後，本部再賡續推動辦理高考三級及普考減併類科及減少科目案。本案花了那麼多的人力與時間去推動，結果因為一開始的戰略方向錯誤，導致全案被擱置的歸零結果；後來108年簡併職組及職系案確定以後，考選部配合簡併類科並減少應試科目，考試院僅同意簡併類科，

專業科目減少案則被院會打槍，這是一個施政上的重大挫敗。其二，長官曾經指示高考三級新增材料科學、毒物化學兩類科，配合已報院之高普考試專業科目減列案，高考三級僅列4科為原則。個人在法規會中發言表示，高考三級應試科目減列案，院會並未通過，此兩新增類科既非公職證照類科，考試方式亦僅有筆試，而無口試、實地測驗等，因此新增類科應依現況專業科目列六科為妥。部務會議中我亦發言表示，院一組已簽註意見專業科目以6科為妥，因此主管司在院審查會召開前，應先邀集用人機關原能會、環保署及學者專家補列2科專業科目，以便審查會時適時一併提出以爭取時效。可惜言者諄諄聽者藐藐。結果第一次全院審查會時，發言委員皆主張6科專業科目為妥，並對用人機關提列科目名稱及內容有所質疑；遂召開第二、三次審查會始以6科修正通過。

　　其三，長官主張消防設備人員考試規則修正，對及格方式不分師與士均改採60分併行16%，並認為已徵得職業主管機關內政部消防署同意在案。法規會時個人發言表示，五年前修正該考試規則時，因公會反對，遂師與士及格標準分別訂為10%與16%；此次併採60分又一律提高至16%，錄取太多恐對市場執業造成衝擊，公會一定不會同意，請再審酌，最後仍依司擬原案送出。結果該案在院審查會時，因邀請公會代表列席表示意見，公會提出異議，最後遂照公會意見修正為師級60分併行10%，士級60分併行16%。其四，前述國家考試身心障礙應考人權益維護措施辦法草案，由本部撤回一年後重擬，經法規預告後並提報法規會審議。法規會時主席直接裁示：本案係長官重新研修條文，爰不做實質內容討論，照案通過。個人當時雖表示尊重主席裁示，但仍然要求發言提出4點意見，並請列入會議紀錄：（一）第2條既將權益維護措施與協助分列，其後條次也分別採不同用語，則說明欄應說明此二者之不同處為何；（二）第3、7、9條有「測驗題試卷（卡）」之用語，建議修正為「測驗式試卷」為妥。因104年2月修正之典試法第25條規定：「申論式試卷評閱得採單閱、平行兩閱、分題評閱、分題平行兩閱等方式行之，必要時得採線上閱卷；測驗式試卷採電子計算機評閱。」顯見試卷概念已包括試卡。另該條授權訂定之試卷保管辦法，亦僅有申論式試卷、測驗式試卷用語，既無測驗題試卷名稱，亦無測驗題試卷（卡）名稱，爰建議維持法制上用語；（三）僅在報名網頁公布不予受理決定，不另通知，似與國家考試報名及申請案件電子送達實施辦法第3條：「考選部得就下列事項，依本辦法規定送達方式（即簡訊、傳真、電子郵件等）通知應考人：……二、國家考試報名及申請案件，不予受理之通知。」有所扞格；（四）第15條針對審議委員會作成之准駁決定，僅在報名網頁公布結果，不另以書面通知，僅考慮到本部之簡政，完全未顧及申請人權益及便民。更和國家考試報名及申請案件電子送達實施辦法第3條第2項：「……國家考試報名退件及申請案件否准或需變更原評定成績之處分應以掛號郵遞方式通知應考人。」規定不符。此涉及應考人重大權益，

如後續提出訴願及行政訴訟等，故應以書面且為掛號郵遞方式通知方妥。能否以特殊行政處分為由排除應考人合法權利，應再審酌。結果該案在院審查會審查時，（一）、（二）點院一組均有簽註意見，本部同意一組意見配合文字修正；（三）、（四）點有考試委員提出質疑，本部最後同意法規雖不修正，但未來在作法上將輔以電子郵件、簡訊、電話等多元方式通知應考人，以維護其權益。

　　其五，後備軍人轉任公職考試比敘條例第5條之1修正案，該案甚單純，只是配合行政院組織調整，將行政院國軍退除役官兵輔導委員會名稱刪「行政院」三字，以及將行政院海岸巡防署更名為海洋委員會。部內會議時我特別提醒該條第5項規定：「隨同業務移撥行政院海岸巡防署及其所屬機關（構）之國軍上校以上軍官，尚未取得公務人員任用資格者，本條例修正公布施行後，三年內得依原國軍上校以上軍官外職停役轉任公務人員檢覈規則辦理。」所稱本條例修正公布施行後，是指91年1月30日，因此三年期限早已屆至，且該項檢覈規則在95年3月22日亦已廢止，爰該項文字宜予刪除。此一建議在本部政策已定修法單純化考量下，未被法規會接受。到了院裡，院一組果然簽註相同意見，本部亦敬表同意配合刪除該項文字。其六，建築師考試規則修正案在本部法規會審議時，我提了不少意見，但多數皆未被採納。連最基本的條文中序言有者，各款不要加者。以及專技人員考試法第9條第3項明訂98年12月31日前經高普檢定考試及格者，得分別應專技人員高考或普考相當類科，母法並無落日條款限制；因此考試規則不宜以落日條款限制高檢及格者報考，以免增列母法所無之限制。惟均未被接受。到全院審查會有考試委員對此提出質疑，考選部均同意照委員意見修正通過。以上舉了這麼多的例子，倒不是想證明我多麼厲害，只是想說我根據過去的公務經驗以及對考試院行政生態的瞭解，對考選業務改進很務實的提出若干建議，只可惜完全受到忽視；等到案子到了考試院，院一組簽註了不同意見，或院審查會時考試委員也提出不同看法，這時為求法案順利過關，部裡通常也都接受這些主張。這種我說的話被置之不理形同狗吠火車，同樣意見由考試院有權者口中說出則欣然接受的作法；讓我感覺和滿清時期慈禧太后所說的「寧與外人不與家奴」之名言，頗有一點神似。想來真是讓人感傷。

十一、退休以後就要揮一揮衣袖不帶走一片雲彩

　　幾位相熟的好朋友問我，既然感覺受到委屈，為何不掛冠求去辦理提前退休？我續任公職的理由有三，其一，民進黨政府推動不公不義的年金改革，砍了我的法定退休金30%（也是我未來的期待利益），晚年退休生活已大受影響，原來每年要去日本探視女兒的計畫只好縮水，為了拚40年年資所得替代率62.5%，只好為五斗米折腰，繼續忍辱負重做到屆齡退休為止。其二，為了彌補年金減損的影響，近幾年買了多個儲蓄型保險，每年繳納保費將近60萬元，與其提前退休

用退休金支應保費致影響生活品質，倒不如繼續工作以較高薪資支應保費較為寬裕；所以必須要做到底做到滿。其三，雖然成為失去戰場的士兵，在公務上沒有太大揮灑空間，但是偶而有些同仁會私下請教一些考選業務及法制事項疑義；在法規委員會開會時，凡長官沒有定見的法規，我針對立法體例及文字敘述所提出修正建議，提案單位頗多也能採納，也讓我覺得公務人生似乎還有一些剩餘價值可以發揮。朋友續問，既然都要退休了，國事公事管他娘，何必要為這些過去發生的無聊公事浪費文字或口舌？退休以後把考選部列為拒絕往來戶，從此一刀兩斷不再踏入一步，以解心頭之恨即可。我的說法是：就是因為要退休了，所以要一股腦地把這些我認為不平的事情傾吐而出，完全宣洩乾淨，退休以後才能真正的揮一揮衣袖不帶走一片雲彩；否則這些鬱悶與怨氣，隨著我的退休回歸家庭，將會如影隨形跟著我一輩子成為夢魘。搞得不好，午夜夢迴之際，想到這些不愉快的過往瑣事，我會夢中驚醒，然後失眠直到天明（退休前二、三年，我已經發現有此現象）。所以藉著本書的出版，透過一些事實的描述，傾倒了滿滿的垃圾，用意只是告訴關心我的長官、同事、同學、朋友，我公職生涯尾聲的實際工作狀況，如此而已。這幾年不愉快的公職生活，我很少對人傾吐，因為這不符合我的個性。有時候面對昔日長官朋友關心的垂詢，我也是簡單數語帶過，因為就算說出了實情，並不能改善或解決我原有的困境，則多說亦是無益。如今一旦退休，回歸中華民國國民以及總統頭家的身分，再也不必為考績、懲戒、懲處而擔心，讓我一吐怨氣，也是一件公平合理的事情。在考選部服務的期間，幾乎等於是我全部的公務人生，前後歷經了13位部長，我幾十年的青春都貢獻給了這個機關，多少也留下了一些努力過的痕跡；考選部也伴隨著我的家人、小孩的成長茁壯。這種感情當然讓人難以割捨，絕不會因為一位長官的個人言行修為，而減損了我對這個機關滿滿的關愛。

這就是為何在退休之前，我會將上千本歷年蒐集的考銓藏書，全部捐贈給考選部圖書室、考試院圖書館及台北市立圖書館永建分館的原因（這些藏書約有八成是我自費購買；一成是長官、同事、學界朋友贈送之出版著作；還有一成是多位歷年退休的次長、司長、參事及研究委員等老長官，知道我有閱讀及寫作習慣，而在退休前主動找我去辦公室讓我儘量挑選所搶救下來的）。讓這些書籍回到圖書館（室），可以延長其使用的功能與壽命，也讓考銓文物得以永續保存，也算美事一件。若干年後如果有一天，考試院真的修憲廢除了，考選部降編成了人事行政總處所屬的國家考試局（或署）；我還是會自豪地告訴我的親朋好友、我的兒孫，在那個考試權獨立行使的時代，我曾經有幸追隨過一些有膽識、有智慧的長官同仁，在我們的崗位上努力不懈且無所愧於憲定職掌的付託。

十二、決策缺乏溝通且權威不容挑戰

　　長官到任以後推動的各項重要政策，很可惜我多數都沒有機會參與，所以我是沒資格來評斷其事功的；但是做為一位旁觀者，近幾年從側面以路人身分多少可以觀察到一些反常的現象。比如越是重要的政策法制，在考選部越不需要開會邀集各單位集思廣益，多數是長官個人慎謀能斷，可能是長官找了主管司司長科長討論後即告定案，也可能是御前會議（即部次長及主秘參加的四長會議）即告拍板，一般的情況是完全排除參事參加政策討論（以免我們提出異見難以處理），機關內部單位的橫向聯繫以及與外部機關學校的溝通明顯不足。所以很多試務上的細微變革，或是重要考選政策改革方向，本部絕大多數的同仁經常是無從參與，直到新規定上路，或報紙刊出新聞才能略知一、二，大家相互戲謔皆為路人甲、乙、丙、丁，無奈之中多少反映出問題所在。反而是體制中重要的決策平台——部務會議，完全失去功能，從兩週一次減為每月一次（還經常性因故停開），從有討論案改為只有報告案，從一次2至3小時變成長官訓話完旋即散會。108年3月秘書室突然通知爾後部務會議停止召開，部長如有必要會找各單位座談溝通意見。107年3月剛修正的考選部部務會議要點4、5規定：「部務會議原則上每月召開一次，必要時得增減之。」「部務會議議程，……將本部重要決策與業務發展列為討論案，提交部務會議討論。」前述規定減之，可以減到停開嗎？最近三年來的部務會議，從來沒有看過討論案，請問重要政策是如何形成決策的？想到長官在部務會議曾多次強調，本會是形成決策的重要意見溝通平台。言與行竟有如此大的反差，也算讓我開了眼界。律師考試專業科目400分門檻案，許多的法律系教授考量法律系所學生考試錄取權益是有不同意見的，但是公聽會上為了避免雜音太大，只邀請了本部幾位律師考試審議委員會的外聘法律學者作為學界代表充數；後來雖然強渡關山通過律師考試規則修正案，但迄今餘波還在蕩漾中。

　　又試場規則是國家考試舉行時，使用最為頻繁的法規之一，涉及到幾千位監場人員執行職務品質良窳以及數以萬計應考人應考權益維護，長官前後兩次親自研修條文以後交到主管司，既未邀請外部機關代表參與研商（如經常協辦國家考試之直轄市及縣市政府人事處），連部內各單位也不開會討論即送法規會審議，將監場工作實務經驗完全棄之如敝屣；因為是長官親擬的條文，所以政策已定不容置喙，法規會中我多次發言表達不同意見，提出我的疑慮及修正文字，但結果一字不能修改，幾乎照原案逕送考試院審議。考試院第一次審查會時本案即遭擱置，要求補強內容後再提審查會；第二次審查會因為扣考一律移送法辦引發委員不同意見爭論，最後決議併同監場規則修正案一併提下次會議討論，最後終於審查竣事。後續真正的問題在於變革過大，部分條文立法用意不明，且未曾徵詢各

方可行性意見，通過之後恐怕才是監場工作混亂的開始。近些年來有太多未經深入評估可行性，長官一聲令下就力推的制度面或試務性工作變革，結果提到考試院會考選行政業務報告，或是考試委員座談會時，因多數考委不表支持而告停擺或撤回。如試場規則與監場規則統合規範事宜案（多數考委反對，結果仍分別訂定）。地方特考增設離島縣市政府需用相關類科案（多數考委認為規劃格局太小，應通盤檢討地方特考改進後報核）。各種考試離島考區考題E化案，由考選部將國考考題網路加密傳輸至離島縣市政府接收，各相關縣市政府再行列印及裝訂試題供應考人考試時使用（多數考委質疑保密及防弊問題，且無典試及監試機制參與，公信力不足，後來停擺）。國家考試考區設置採彈性變革，由各考試應考人選填三層次志願加以確定（多數考委反對，理由包括：程序上反而化簡為繁；考區確定時間太慢，考試業務司恐作業不及；應考人交通、住宿辦理過於倉促等，後來無疾而終）。所以太多人力物力投入在類此無實效的議案，也形成無形資源浪費。

另外一個大問題是長官不太能夠體會五權分立下的機關首長的角色與分際，也常常跳過考試院逕為重大政策決定，以致逾越了那條界線，所以和考試院考試委員的關係並非友善甚至有點緊張，國家考試園區的規劃案就是最明顯的例子。該案係楊朝祥部長任內，向監察院爭取撥用公有土地，準備興建多功能考試闈場及試務大樓，但因為部分土地上尚有監察院退休人員占用戶，處理程序非常困難繁複。所以長官想要化繁為簡，考選部逕逕自行文給財政部國有財產署請求同意廢止撥用土地，後來因為第12屆考試院公務人力再造策略方案考選業務議題必須變更執行內容，始被考委發現引發多位考試委員強力抨擊，考試院李秘書長在院會報告本案經過時，四度言及「未函知本院」以釐清責任；連同為民進黨的李逸洋副院長亦不願意替其護航，而要求考選部儘速協調財政部進行溝通，將廢止撥用土地重新申請撥用。溫柔敦厚的考試院大家長伍錦霖院長，院會中公開斥責長官，略以：「本院是合議制機關，任何政策之形成及變更都是經過審慎嚴謹的討論程序才會確定，院部會首長及同仁，都應該共同戮力執行，達成各項政策目標。如果對院會通過的政策，因為時空環境改變，導致有窒礙難行或執行疑慮，都應該提交院會重新討論確認，在院會決議變更以前，絕不能由各部會首長，個別逕行變更。建置國家考試園區是本院第12屆的重要政策之一，已列入本院公務人力再造策略方案，並經本院第12屆第48次會議通過，及第150次會議再次確認。本人在此要嚴正提醒考選部部長，往後執行院會通過的各項政策，務必秉持上開原則辦理。」考試院後來並組成督導小組，由副院長召集，多位考試委員參加，直接介入國家考試園區規劃及執行；這是其跨越紅線以後的一個重大挫敗。

第12屆第203次院會，長官又遭到考試委員強烈抨擊，起因是剛榜示不久之

身障人員考試，有某位考試錄取人員因前曾受輔助宣告尚未撤銷，於分配訓練期間經訓練機關發現並函知考選部，經查證屬實。爰依公務人員考試法第12條第1項第4款規定，受監護或輔助宣告，尚未撤銷者，不得應考；同法第22條第1項第1款規定，應考人具有公務人員考試法第12條第1項但書各款情事之一，考試訓練階段發現者，撤銷其錄取資格。考選部並自行發出處分書將該員撤銷應考資格與錄取資格，並重新公告該類科變更錄取標準補行錄取他人。考試委員周萬來首先發難質疑爲公務人員考試法第20條明定：「公務人員各種考試榜示後發現因典試或試務之疏失，致應錄取而未錄取者或不應錄取而錄取者，由考選部報請考試院補行錄取或撤銷其錄取資格。」考試院會議規則第10條規定：「下列事項應列入報告事項：……七、各種考試增加錄取名額案與依法補行錄取案。」本案既涉及撤銷錄取資格，又要補行錄取，卻完全未提報及知會考試院會，遂引發多位委員強烈批評。該案最後伍院長表示：「本院所屬各部會辦理相關業務，屬於院的權責部分，應依法定程序報院核議，絕對不能擅權決定，這是最基本，也必須確立的原則。……本案撤銷錄取資格及補行錄取部分，請考選部依法定程序報院。」有時看到長官在考試院會遭到考委炮轟，一方面替其感到難過，另一方面我會聯想如果類此法制上疑義案件，長官不要太過獨斷做成決定，也能有察納雅言及博探眾議的胸襟，內部先召開會議檢視各種狀況，有一些顯有違誤的作法應該有可能事前會發現並且加以避免。

十三、對人生勝利組的感謝與期許

長官到部以後，經常會在公開場合脫口批評本部缺乏法律人才、法制作業品質很差，相關法規條文訂得極爲不妥等語（這不是一下子把同爲德國法學博士的前任劉前部長、董前部長都罵進去了嗎？），不曉得其他同仁對此有何感覺？我個人在考選規劃司前後服務十二年，負責本部主要政策法制研議及修正事宜，後來調任參事十四年首席參事四年（其中又有八年多擔任法規會執行秘書），自認最近二十五年以來考選法制變革參與及著墨程度甚深，所以對前述嚴詞批評，我會覺得太過偏頗而難以接受。因爲法規訂定或修正，此期間流程甚長，主管司研議條文、各種專案會議、本部法規委員會、院一組、院審查會（法律案還要送立法院審議）等等，其間歷經多少研議溝通與折衝協調，所以我長年的想法就是，考選部及考試院歷年的長官同仁，以及本部法規委員會外聘委員、參與審議法案之考試委員、立法委員等，都有相當的智慧與貢獻，故批評現行考選法規糟透了，等於是抹煞了歷來前輩們的所有努力與奉獻，這是極不厚道的事情。

長官到部之初，曾要大修應考人申請閱覽試卷辦法（當時法規剛通過發布尚未施行），我曾在部務會議當面建言，當決定重要考選政策變革前，要從機關首長立場發想決策，而非是秉持教授的立場。我也曾在其辦公室當面建議長官，儘

量避免站到第一線去做科長的工作，因爲直接跳下來修正法規撰寫條文，然後就交到司裡提送法規會審議，這樣就沒有太大的討論空間。相關法規修正案還是應該照正常程序走，由次長先邀集部內單位及部外相關機關討論會商爲宜。但是這些話顯然從來沒有產生任何效果。因爲長官是典型的人生勝利組，台大畢業、律師高考及格、德國法學博士、法學教授，以這樣的優質背景接掌考選部部務，也算是年少得志的成功範例。這些優秀的條件，形成其人格特質就是自信滿滿，這是優點與強項，相反的也正是缺點和罩門。在其心目中，知識才是力量，其餘的工作經驗或是實務見解，皆不值一提。所以當我在公文上簽註不同意見，或在會議中表達與其不同的看法時，會被視爲在挑首長權威；而其法律見解，是不容許機關內部任何人批評挑戰的。

根據考選部的陞遷序列，績優副司處長才會晉升研究委員，再經過多年磨練，適當時機就會調升司處長；至於參事，則都是擔任司處長多年後才調任參事。不可能擔任副司處長或司處長時候，能力甚強而且績效優異，一旦調任研究委員或參事以後，就能力變差，而且沒有績效；其實司長與參事只是職務上的轉換，角色功能的不同而已（也許可以用第一線、第二線來區隔）。做爲一位稱職的機關首長，是要讓每一位不同職位的同仁都能貢獻長才，團隊績效才能帶動發揮。參事是部長的政策幕僚，但實際職掌業務的多寡本來就是很有彈性的，在楊部長、賴部長、董部長、邱部長的時代，我們可以無事不參提供很多政策性意見，作爲考選部的智囊，沒有理由換了一位部長，就能力突然衰退，變成無事可參投閒置散；其實能否發揮功能，全在首長一念之間而已。即便我們三不五時的提出若干異見，首長只要秉持著「言者無罪、聽者足戒」的心態，當成是決策過程中的一種反思或示警，其實也未必皆不能採納。不知長官在考試院審議法案過程中，看到院一組的簽呈意見或是考試委員的建議，和部內的雜音有所雷同的時候，會不會有一點感觸或是反省？老實說長官的態度是一種清楚的指標，一旦其言行舉止表現出厭惡不同意見的出現，時間久了一言堂的文化自然形塑完成，沒有人願意公開表達不同意見的結果，長官只好繼續辛苦的扮演其科長的角色功能，在考試院審查會中獨力奮戰（因爲眞的沒有人能充分瞭解其改革理念與意旨）。而這一切領導統御上的問題根源，應該肇因於其行政經驗與歷練不足所致。

不過最後我還是要公開說幾句肯定及感謝長官的話，首先肯定這麼多法案在考試院會被擱置、被延宕、被大幅修正，委員也經常對其嚴詞批評，面對諸多挫折，長官還能不畏艱難勇敢面對，這種態度眞的很不容易。其次要感謝長官雖然對我很有成見，且在兩人「相敬如冰」的互動氛圍下，職務上也把我冷凍，但在本部公開會議的場合中，長官倒從來沒有斥責過我，至少在形式上還保留一絲尊重。再其次我被業務架空的結果，使我失去了公務上發揮的戰場，一旦空閒下

來，讓我得以認眞思考應該在退休前整理一下歷年來發表過的文章，並且從中挑選一些具代表性的篇章編印成冊，以爲四十年的公務生涯劃下一個完美的句點，甚至爲獨立的考試權行使留下一點點的紀錄；如今新書出版在即，追溯其源頭，本書的意外催生者其實就是長官，這是我雖不願意面對卻又必須誠實以告的。最後更要祝福長官，本來榮升司法院大法官以後，能夠跳脫過去知識貴族的心態，以及偏狹的視角，掌握社會的多數脈動，尊重實務經驗，在釋憲及統一解釋法律方面能夠眞正爲國家社會做出貢獻。

十四、與中國大陸考試機關交流經驗與感想

　　考選部自民國38年追隨中央政府遷到台灣以後，和中國大陸的考試機關就從來沒有來往接觸。到了馬英九總統執政八年期間，兩岸關係和緩，雙方在文化、經貿、學術交流方面，有了很大的開展關係，各部會及地方政府才漸漸動了起來。董保城接任考選部長以後，由於過去東吳大學、政治大學法律系和對岸大學法律系所以及司法機關早有往來，也因此累積了一些人脈，所以他主動交辦希望本部派員赴大陸相關考試機關參訪考察，首發團由我、寶珠專門委員、文宜科長三人成行。但是中國大陸對於我們這些在台灣出生成長的人來說完全人生地不熟，參訪考察談何容易。還好董部長洽商大陸的中國法官學會發出邀請訪問函，最高人民法院港澳臺辦公室協調國務院臺灣事務辦公室出面聯繫受訪機關國務院轄下人力資源和社會保障部、司法部等機關，始能完成及接受參訪審批。原先想以考選部機關名稱及職稱申請參訪，但國臺辦方面表示有困難，最後遂以人民團體「中國人事行政學會會員」身分登錄始能過關；但至相關機關參訪及座談過程中，本部機關名稱及個人職稱仍可順利使用。接待方人資社保部國家公務員局及人事考試中心、司法部司法考試司及司法考試中心等機關（構），安排會議室均採兩方人員面對面對坐方式，倒還符合對等原則，雙方互相介紹各自考試制度大要，並互相詢問對方制度差異與特色，場面相當熱絡。家母恰好爲北平人，平日也略知北京風土習俗，所以增加不少互動的話題。101年12月我們3人首度前往北京參訪，赴大陸司法部司法考試司、人力資源及社會保障部國家公務員局，考察大陸司法考試、國家公務員錄用考試；此爲兩岸考試機關首度接觸交流，算是雙方破冰之旅。也確立大陸對口機關及單位爲人力資源及社會保障部之港澳臺處。由於大家都是辦理考試的機關（構），稱得上是同行，有共同語言及話題，也都面臨社會快速進步帶來的後續影響（比如應考人以高科技電子器材作弊、未錄取應考人要尋求行政救濟等），因此更有必要相互學習。而考選部與人力資源和社會保障部，在同時辦理公務人員考試、專門職業及技術人員考試之職權功能上，性質高度相近，所以可稱爲典型的對口機關。又司法部正積極將司法考試工作標準化、法制化，部分辦理考試相關內部參考文件，也正陸續轉軌爲行政法規後出

台，以面對社會及群眾；但大陸司法考試在多年前即開始考畢以後主動對外公布試題及答案，並接受應考人提出異議之作法（但異議彙整後提專家會議討論之處理結果，則不對外公布），顯然是比台灣在107年初始因立法委員審查中央政府總預算時作成附帶決議壓力，首次公布司法官及律師考試考畢試題解析與評分重點，來得更快速而進步。大陸方面對本部辦理考試法制完備表示值得學習，更對典試法27條限制事項（禁止任何複製行為；禁止提供申論式試題參考答案；禁止告知典試委員、命題委員、閱卷委員、審查委員、口試委員、心理測驗委員、體能測驗委員或實地測驗委員姓名及有關資料等）表達高度興趣。綜合來說此次破冰之旅的考察，雙方座談討論議題直接且深入，發言內容坦誠氣氛熱烈，為未來後續推動交流互訪，奠定了良好的基礎。而當時大陸司法部司法考試司丁司長、人力資源和社會保障部人事考試中心范主任，都屬於青壯一代中堅幹部，專業知識與經驗豐富，也讓參訪同仁留下深刻印象。

其後各年赴大陸考察，均由我負責與對岸窗口聯繫，程序上由大陸人力資源及社會保障部所屬中國人才交流學會發出邀請函，本部奉派考察同仁方能向我內政部入出國及移民署提出赴陸申請；至於大陸各相關考察機關行程則由人力資源及社會保障部港澳臺處會同國務院台灣事務辦公室協調安排。爰102年12月本部指派蘇主任秘書秋遠等3人，赴大陸人力資源及社會保障部專技人員管理司、住房和城鄉建設部、國家衛生和計劃生育委員會，考察其專技人員考試，以及註冊工程師及執業醫師考試。103年12月本部指派顏司長惠玲等3人，赴大陸人力資源和社會保障部國家公務員局考試錄用司及其所屬人事考試中心、山東省人力資源和社會保障廳考試錄用處及其所屬人事考試中心，考察其國家公務員及省級公務員錄用考試之公共考試科目筆試（含行政職業能力測驗及申論）之設計及實際執行情形。同一時段，大陸司法部司法研究所副研究員、浙江省人力資源及社會保障廳副廳長、人力資源及社會保障部副部長，亦先後帶團到本部參訪司法官及律師考試、考試方法與技術改進、專門職業及技術人員考試等。104年本部赴大陸考察預算被刪減成3萬元，當年遂無法派員成行；105年預算有了，但是即將政黨輪替，雖勉強將考察對象調整為住房及城鄉建設部主管註冊建築師資格考試，包括一級及二級註冊建築師資格考試；食品藥品監督管理總局主管執業藥師資格考試等；以降低敏感度。但該年5月起至8月底為止，我多次發送電子郵件給人力資源及社會保障部港澳臺處對口同仁，惟未獲回應；亦多次以手機撥打該部港澳臺處處長辦公室，亦無法接通。最後只好簽報全案取消而經費依規定繳庫。本部與大陸人力資源及社會保障部互動往來，承董部長推動起了個頭，在我手裡建立起機制也順利運作一段時間，但是政治上的變動造成大陸方面對我方政府機關接觸均採已讀不回作法，這一條線頭在我手裡又斷了線，如今只能空留餘恨。

十五、自我評價公務生涯究竟留下些什麼？

　　服務考選規劃司十二年期間，除監試法未動而外，其餘公務人員考試法修正案、專技人員考試法修正案、公務人員升官等考試法修正案、典試法修正案等，均修過一輪；至於通案法規命令及行政規則部分，數量更是龐大。調任參事負責應考資格審議委員會期間，對應考資格疑義案件合理把關，兼顧法令規定與應考人權益，並整理歷年案例掛載網路，如新案例變更舊案例者並予以更新，以供應考人查考。在負責法規委員會期間，逐案嚴謹審查法案並逐條簽註審查意見供法規會委員參考，以強化審議功能；並推動辦理全員法制講習及測驗，有效提升本部法制作業品質。從以上工作經驗可以得知，最近二十五年來各項考選法規訂定或修正，其中應該有不少我努力過的痕跡。此外長期辦理新進監場人員講習，隨著試場規則、監場規則等法規不斷修正以及試務作業程序改變，適時提供最新法令措施及實務案例，俾供監場人員瞭解，以利各考區監場工作順利執行。在擔任司長及參事以後的二十多年，有機會在國家文官學院、地方研習中心、台電人員訓練所、主計人員訓練所、經濟部專業人員訓練中心、勞委會職訓中心等訓練機構，擔任公務人員高考三級及普通考試、地方政府公務人員特考、初等考試、身障人員特考等錄取人員基礎訓練講座，講授公務人員權利及福利、會議管理、公務人員行政責任與權利義務等多種課程，也和新進公務同仁傳達一些公務行政經驗。同時三十多年來參與國家考試宣導，赴各大專院校演講及座談；或參加各校就業博覽會，以鼓勵青年朋友參與國家考試，應該有為人才招募政策略盡棉薄之力。此外前後創辦考選周刊、國家菁英季刊、考選通訊月刊等，以快速傳播正確考政訊息，加強社會各界對考政認識，並建構知識討論平台。另在考選部長期服務期間，參與試務工作亦是重要環節，從考試前報名審查應考資格、檢查試卷卡、校對彌封姓名冊；到考試期間秘書組、總務組；再到題務組校對、校樣、題務組組長，場務組監場員、監場主任、巡場主任、試區主任、辦事處主任、場務組組長等，從事試務工作占了公務生涯相當比例。尤其改調參事以後，輪派分赴各考區擔任辦事處主任機會甚多，十幾年下來也認識許多優秀的人事界同仁，如前高雄市政府人事處葉瑞與處長、台中市林煜焙處長、陳杉根處長、台南市許瑛峰處長、沈德蘭處長、桃園市郭修發處長、張建智處長、南投縣劉蓬期處長、宜蘭縣郭忠聖處長、花蓮縣王偉曦處長、吳黎明處長、台東縣游梅子處長、屏東縣康人方處長、金門縣蔡流冰處長、澎湖縣許明質處長等，以及他（她）們的優秀人事團隊同仁，靠著你（妳）們的細心努力與兢兢業業，使得每年的國家考試能夠在各考區順利舉行竣事，真的謝謝大家幫忙。

　　自己在四十年公職生涯中，兩次由考選部推薦參與全國傑出公務員選拔（分別在司長及參事任內，雖未當選但都進入銓敘部第一輪決選，倒也彌足安

慰），一次當選考選部模範公務人員（民國81年在考選規劃司科長任內）。敘獎部分，共計兩大功1次，一大功有2次，記功兩次有10次，記功一次有11次，嘉獎兩次有5次，嘉獎一次有4次，次數不多是因為中央機關敘獎本就比較節制，且擔任司長及參事以後，幾乎都是每年年終併案一次處理，甚至沒有敘獎之故。這些成績多是歷年以來各級長官的厚愛，1次兩大功是在王部長任內辦理的，原來舊公務人員任用法規定，高考及格合格實授敘薦任第9職等本俸最高級任職滿三年，考績一甲二乙以上者，取得升任簡任官等任用資格；79年12月法規鬆綁修正為「高考及格合格實授薦任第9職等職務滿三年，考績二甲一乙以上，並敘薦任第9職等本俸最高級，取得升任簡任官等任用資格」，為趕搭新制陞遷列車，81年底王部長交議以「負責考選政策與制度綜合規劃業務，研擬改進方案」為由，專案考績1次兩大功方式晉本俸一級，82年初即調升專門委員。1大功1次則分別為96年時考選周刊停刊時（該刊自74年起籌備創刊，我一路參與編輯發行業務長達二十二年之久，最後因不敵網路而停刊），黃代理部長雅榜主動交議敘獎，他曾說周刊每週出刊一次，二十二年共出刊1,103期，從未間斷也未脫期，如果不是我在勉力支撐，該刊早就已經停擺。另外1次則是78年完成考選行政資料室內部之文案撰擬及軟硬體籌建等，在當時也博得外界好評，由部長交議敘獎。此外74年因撰寫「中醫師教考訓用配合研究」報告呈核，部長認為不錯，時任研究管制室主任任拓書遂簽提人甄會敘獎，考選部長期以來就是辦理考試與試務酬勞文化掛帥，幾無類似寫報告敘獎前例；後來聽說時任首席參事的李廣訓在人甄會中力陳應鼓勵年輕同仁培養研究風氣，才通過記功一次。這也對我很有啟發，後來我擔任司長及參事，有機會被遴聘為人甄會委員，對鼓勵同仁加強研究發展爭取敘獎，我一向都是多予支持肯定；因為時代不斷在進步，資深同仁陸續都會退休，終究是要由年輕後進來接棒，人才是逐步培養及磨練出來的，多給同仁一些激勵，其實能夠轉化為更強的奮鬥動能；有的時候就會在年輕同仁身上，看到三十年前自己那種熱情、衝撞又富有理想的身影。

　　考績的部分也值得一提。我在法務部服務兩年只有一年完整考績，是考列甲等；其餘年資要麼不足半年連另考都沒有，要麼商調前後同年度委任及薦任年資不得併計考績（舊考績法規定）。進入考選部以後，72年起有完整考績，該年雖然自認做了不少事情（光是參與多種叢書寫作，就寫了超過30萬字），但是菜鳥科員最後還是吃了鴨子。73年起至105年，歷經12位不同的部長，連續三十三年都是考列甲等（早期甲等比例不得超過二分之一，想要連續其實是有點難度的），這也算是對自己公務生涯表現的一種價值肯定。只可惜公職生涯最後三年，碰到無緣又八字不合的長官，連續二年被考列乙等。因為考績乃機關首長的法定權限，我只能選擇尊重與認命，但畢竟在公務生涯尾聲留下了小小的遺憾；只是想到取消我所有業務讓我投閒置散的是這位長官，說我工作量不足考績要打

乙等的也是這位長官，有權決定者及話語解釋者皆爲同一人，橫豎長官怎麼做怎麼說都贏，而無力抗衡的我只能滿腹辛酸的黯然接受。

肆、談我追隨過的幾位長官

一、唐振楚部長

　　唐部長振楚，湖南省衡陽縣金坑鄉人，中央政治學校（政治大學前身）大學部第九期行政系畢業，擔任過湖南省政府任法制專員、秘書、湖南省藍山縣縣長。後來任職內政部秘書，也擔任過先總統蔣公侍從秘書、總統府第一局副局長及局長、內政部次長、總統府副秘書長等職務。68年1月18日正式接掌考選部部務，至73年9月1日轉任總統府國策顧問爲止，在考選部主持部務前後歷時五年八個月。任內重要政績包括：公務人員高普考試分兩類錄取，有效提高第一類分發報到率超過九成，相當程度滿足用人機關需求。研究改進甲等特考，擬議推動第一試增加列考筆試；規定送審著作以最近五年內公開出版者爲限；著作審查2位委員評分差距過大時，將增聘第三位委員審查，並以3位平均分數爲準，以提升考試公信力。另推行醫師牙醫師分階段考試，在學期間考基礎醫學，畢業後僅考臨床醫學；敦聘醫學相關產官學代表參與國考命題作業，逐步建立醫師牙醫師考試題庫；對醫師制度整體發展影響深遠。此外推動分區舉行考試以嘉惠考生，71年起首設高雄考區，以方便中南部應考人就近應試。另購置城中區仰德大樓會議廳以利典試工作進行，專供開會及閱卷之用。任內邀集學者專家及本部同仁，撰寫中外考試制度叢書13冊（包括隋、唐、宋、元、明、清歷代及美國、英國、德國、日本、韓國、菲律賓、泰國等考選制度），以帶動同仁研究風氣。唐部長用人公正不阿，倍受同仁肯定，所有部內職務出缺，除由現職人員內升外，一律分發或遴用高普考試及格人員，確保新進人員維持一定水準；多年後接任考選部長的王作榮先生，即曾在公開場合中稱讚考選部足堪擔當大任之主管副主管，絕大多數皆爲唐部長任內引進之高考及格者，因此肯定他留才育才的成效。

　　我到部頭兩年時間，在唐部長任內歷經兩次辦理陞遷皆未雀屏中選，唐部長曾召見了多所慰勉，並以姜子牙80歲才被周文王拜相故事相勉勵；他還叮嚀我參與撰寫的多本叢書要按進度完成，趁著年紀還輕，要在公務生涯中多留下一些努力過的成績。畢竟是自己的老師，我對此無怨無悔。他退職以後，我和良文委員（也是他的學生）相約，每年過年前幾天一定到他民生東路的住宅拜訪探視兼敘舊，一直持續到老師及師母都過世爲止。

二、傅宗懋次長

　　傅宗懋次長是政治大學政治研究所博士，對清代政制研究著墨甚深，曾任政大公共行政研究所所長、政治研究所所長及公企中心主任，民國70年借調考選部擔任政務次長，79年重返政大任教，81年出任中國文化大學校長。和傅次長結緣始自籌辦考選周刊，認識到他爽朗的個性與用人不疑之胸襟，新刊物的辦理，除了任拓書主任是高階簡任12職等職員以外，其餘編輯、發行、財務7、8人全都是年紀30歲出頭的薦任及委任科員，靠著次長的精神鼓舞和不時的物質獎勵（比如偶而在季園餐廳聚餐吃個砂鍋雞湯，或是到聯合報的南園旅遊等），這份刊物不但如期出刊上路，而且長期發行從未脫期，外界對於該刊也有不錯評價。傅次長擔任發行人角色，職掌就是籌措經費及承擔責任等大事，其餘細節工作幾乎全部充分授權由大家各自發揮表現。因為來自學術界，所以部內典試方面遴聘命題、閱卷或審查委員，或是邀集學者專家開會提供專業意見等，就是他的強項。據說經國先生曾有意要延攬他出任行政院人事行政局局長，但是因為長期抽菸喝酒喝濃茶的影響，他手部會不自主抖動，因此未能成其事。最後因為督導甲等特考舉辦，識人不明致當中發生若干弊端，遂辭去公職重返學界。不過他領導部屬的凝聚力與向心力很高，說明他是一位得人緣的好長官。

三、瞿韶華部長

　　我對瞿韶華部長瞭解不多，只知道他是北平朝陽大學法律系畢業的，38年政府遷台以後，先後任職台灣省政府教育廳人事室主任、行政院副秘書長、台灣省政府委員兼秘書長、行政院秘書長等職，長於政黨暨府會間之協調聯繫。民國73年9月奉派出任考選部部長，任職期間至79年9月9日。此期間我先後晉升編纂、秘書以及秘書室科長；和瞿部長僅止於公事上的接觸，並無其他太多私領域互動。印象中在他六年任期內，重要政績有下列各點值得一提，一是本部組織法修正案，在與考試委員及立法委員充分溝通協調下，終於完成立法；使得考選部得以增設考選規劃司、資訊管理室，亦增設訓練委員會辦理公務人員考試程序之訓練業務。二是從甲等考試、高等考試及普通考試、丁等考試、簡任薦任及委任升官等考試等，均建立完整應考資格表及應試科目表對外公布，對考試公平公開特性大有裨益。三是改進軍人轉任相關考試，除78年1月舉辦最後一次資格考性質之國防行政及技術人員特考外，退除役軍人轉任公務人員特考，則限制錄取人員不得超過公告錄取名額，同時配合任用需要提高錄取標準；嚴格維持監場紀律，國防部及退輔會職員不得參與本項考試監場工作。四是以中醫師檢定考試及格資格報考中醫師特考者，筆試及格需經臨床訓練，期滿成績及格始能發給考試及格證書；另中醫師檢考及特考，為避免典試委員長臨時入闈翻書在該頁內容命題之

弊，開始建立及啓用題庫。最後是興建新的闈場大樓，特請中山科學研究院電子
研究所專家規劃防制電波外洩及監視系統之特殊建材及設備，啓用後各種招生考
試經常洽借作爲入闈場所。由於他的行政歷練與人脈關係豐富，舉凡爭取預算及
推動法案等難度甚高的大事，他都能突破困難順利完成，顯有其過人之處。

四、王作榮部長

　　王部長作榮，湖北省漢川縣人，中央大學經濟系畢業，美國范登堡大學經濟
研究所碩士。先後任職美援運用委員會專門委員兼資料室主任、參事兼經濟研究
中心主任、行政院國際經濟合作發展委員會處長及顧問、台灣大學經濟系專任教
授。67年起擔任中國時報主筆、工商時報總主筆，70年與中研院蔣碩傑院士因台
灣經濟發展政策走向觀點不同而發生王蔣大論戰，73年至79年擔任第7屆考試委
員。79年9月起擔任考選部部長至85年9月，任內致力於甲等特考之廢除；軍職轉
任文職人員考試之改進；機關改制現職人員任用資格考試之停辦；簡併部分公務
人員特考回歸高普考試；研擬實施高考三級及普考分試制度；從財政部接辦專責
報關人員及保險從業人員測驗，並納入專技人員考試範圍，逐步擴大專技人員考
試範圍種類。85年轉任監察院院長，至88年任期屆滿退職，時年80歲整。曾著有
「壯志未酬」、「台灣經濟發展論文選集」、「走上現代化之路」、「欣雲雜文
集」、「財經文存」、「王作榮看台灣經濟」、「王作榮談李登輝」、「一士之
諤諤」等多種著作。

　　王部長六年任期中，至今猶令人津津樂道者，有下列幾點：其一，從任職
第一天開始至其離職爲止，從未自外部以商調方式進用任何人員，所有出缺如爲
中級以上則辦理機關內部陞遷作業遞補，至科員助理員階層，則一律透過高普考
試及格人員分發；所以任期當中，同仁陞遷管道活絡，只要努力工作拿出實際績
效就會有所回饋。部分年輕優秀同仁不次拔擢快速陞遷，所以單位主管年齡平均
僅40餘歲，在中央部會極爲罕見。其二，大力推動試務及行政資訊化，運用經費
設立電腦教室，55歲以下同仁全面強制學習電腦，無法達成基本文書處理及運用
要求，則考列乙等考績；在政策導向嚴格要求下，考選部資訊化程度遂能打下良
好根基。他退職以後曾經半開玩笑的對我說，他會推動資訊化並從電腦打公文開
始實施，是因爲看我手寫的公文及報告，字又小又不工整太費眼力的關係，眞是
讓我爲之汗顏。其三，推動正確政策排除萬難義無反顧，如研修公務人員考試法
縮減現役及退除役軍人應考試之優惠，與國防部及退輔會關係緊張；停辦及取消
甲等特考，更和考試院院會、人事行政局立場對立一度形成僵局；但最後得道者
多助，在多數立法委員、公務人員及媒體輿論一面倒的支持下，由立法委員推動
相關法律修正，改革終能順利完成。可以這麼說，考選制度中諸多具爭議性的制
度，經過王部長六年來的大力整頓，絕大多數皆已變革或廢除，防弊或補漏成效

卓著，尤其值得肯定。但是從王部長一生事功來看，服公職擔任考選部長只占了其中一小部分，他其實集大學教授、意見領袖、政府官員三重身分，經常走在改革前端，且能言人所不敢言，其綜合影響力遠遠超過任何一位教授、一位意見領袖或一位政府官員。

五、徐有守次長

徐次長江西省吉水縣人，江西國立中正大學政治系畢業，政治大學政治研究所碩士。曾追隨王雲五先生，在總統府臨時行政改革委員會任職，後任職台灣商務印書館擔任總編輯。復再任國家安全會議簡派組長，57年首屆甲等特考人事行政類科及格以後，61年9月調任銓敘部常務次長，73年轉任政務次長，82年5月調任考選部政務次長，83年9月申請自願退職，公務生涯逾四十年。在銓敘部次長任內，前後參與及主持新人事制度兩制合一規劃案，並在考試院及立法院進行溝通與政策說明，終能順利完成立法，為我國新人事制度樹立重要里程碑；也因為長期代表考試院出席立法院法制委員會，審議各種公務人事制度法律及官制官規，又對考銓法規業務嫻熟，而被立委譽為「考銓法制活字典」。我就讀政大中山人文社會科學研究所一年級時，擬撰寫論文題目屬現行考銓制度領域，當時楊樹藩所長就推薦他政大政治研究所同班同學徐次長擔任我的論文指導教授，所以往後和老師有較多的接觸，每次去他辦公室討論問題時，他都會提供相關參考資料供參或就所詢問題仔細說明，審閱我論文草稿時亦極為仔細；直到我口試順利通過為止，他才放下心來，對學生關心照顧之情溢於言表。此點他曾經指導過的學生王幸蕙、郭樹英、張小蘭等人，相信都會感同身受。

不過真正和他共事，是在他調任考選部政務次長以後的一年四個月的時間，我當時擔任考選規劃司專門委員及副司長期間，有機會經常追隨他去開會，如部內有會議要主持，他一定前幾日即先研讀會議資料，甚至預擬各種不同的可能狀況，以及衍生之參考決議，開會當天再根據會場發言狀況臨時調整。如屬部外會議，尤其涉及考選部職掌相關法規，他一定先邀主管司研議參考條文文字後與會，在會場上並本於憲法賦予本部職權盡責發言。公文批示更可看出他的認真與用心，尤其涉及法制部分，如有不同看法，他會加簽不同意見供王部長最後政策考量，簽文中字體工整、引據法規周延，密密麻麻就像他一絲不苟的為人處事態度一般，這種公文日後歸檔及再調檔，想必都會讓後來的同仁為之瞠目結舌。徐次長退職以後才開始學習電腦打字，而且逐字打出了多本新著「考銓新論」、「考銓制度」、「考試權的危機」、「做一個成功的公務員」等，讓研究考銓制度後學者得以瞭解他對相關制度的許多獨到觀點；這種活到老學到老的精神，更是讓人欽佩。

六、陳金讓部長

　　陳金讓部長，係東吳大學法律系畢業，曾擔任多屆國大代表及國民大會秘書長，85年9月轉任考選部長，任職至88年1月爲止，再回任國民大會副議長。任職期間二年四個月，最主要貢獻就是將王前部長任內規劃之公務人員高考三級及普考之分試制度，在多次徵詢各方意見後內容微調終能順利上路。按原規劃高考三級第一試須考綜合知識測驗（包括中華民國憲法、計算機概要、英文、政治學、經濟學、社會學、法律學、歷史學、數學、化學、物理、生物、地球科學等13科目）及專業知識測驗（2科專業科目），由於科目數太多，涵蓋範圍太廣，引起應考人恐慌。陳部長透過對大專院校學生進行問卷調查、召開大專院校校院長諮詢會議、學者專家專案會議等，將高考三級綜合知識測驗內容減列爲中華民國憲法、英文、法學緒論、本國歷史、數的推理、地球科學等，並以測驗題方式爲之，提報考試院會後獲得支持通過；並迅速對外公布數的推理及地球科學之命題範圍、模擬試題等，以安民心，87年起此一分試考試制度終於能夠實施。陳部長選舉出身久任國大代表，個性圓融且爲人海派，政治上亦有其豐沛人脈；長期擔任國民大會秘書長，所以管家個性強烈，對員工餐廳米價菜價高於市價，或公務車更換輪胎報價太高，他都能一眼看出端倪並要求再去訪價調整，也算是一絕。只是當初他同意回任國民大會副議長時，大概沒有料到，不旋踵朝野政黨即達成修憲共識，將國民大會廢除，更由於總統大選國民黨失利，使他爾後失去了政治舞台。

七、吳挽瀾部長

　　吳挽瀾部長，江西省臨川縣人，中興大學行政系畢業，菲律賓馬尼拉大學公共行政碩士。曾任嘉義縣政府主任秘書、救國團總團部副主任、中國國民黨高雄市黨部主任委員、中央社會工作會主任、台灣省黨部書記長、主任委員、行政院青年輔導委員會主任委員、考試院秘書長、考選部部長等職務。主持考選部部務期間僅一年四個月（88年2月1日起89年5年20日止），惟整體施政上，整建考選法制推動多項法律修正案，將延宕多年之專技人員考試法修正案、公務人員升官等考試法修正案，順利完成立法程序，展現其豐沛之黨政關係，足以超越黨派；因應921震災，主動配合輿情，增辦司法人員特考及補辦公務人員升官等考試各一次，兼顧法理與人情，展現施政魄力；取消多項公務人員特考男性應考人兵役設限，並從嚴規範特考性別限制，有效維護應考人權益；推動題庫試題電腦建檔、管理及抽選，並將考畢試題及測驗題標準答案掛載網路，供應考人自行檢索及下載；成效極爲卓著。在內部領導統御上，對同仁生活起居非常關心，921震災後隔天第一時間，即派總務單位同仁攜帶糧食飲水及帳棚寢具等用品赴台中，

妥爲安置本部中部辦公室多位同仁；另亦洽商建築師，赴同仁家中協助鑑定房屋損壞龜裂狀況，並提出後續維修建議。任期當中，更曾前無古人後無來者的舉辦同仁自負部分費用之國外旅遊活動（包括馬來西亞、新加坡、沖繩等地），過程當中他雖然沒有出國，但在國內全程以電話和各梯次擔任領隊同仁密切聯繫關注大家安全，迄今參與過國外旅遊之諸多同仁仍然難以忘懷。該次旅遊期間正值921震災後沒多久，外界忙於救人救災，但旅遊活動早經規劃多時且完成招標及付費，所以是否要取消出團部內也在研議，最後挽公拍板定案行程照走但低調以對，事後他告訴同仁如果旅遊消息見報，在當時的時空環境下恐不免遭到外界嚴厲批評，他是有把烏紗帽摘下來的心理準備，以面對最壞的情況。

　　89年的春節前夕，部務會議結束，假劍潭救國團青年活動中心餐廳，吳部長宴請全體出席部會主管同仁表達謝意，廚師麵食手藝高超，除豐盛菜餚外，外加蒸餃、包子、鍋貼、餡餅、蔥油餅、烙盒子、炸醬麵等一一上桌，讓人回味無窮。餐敘終了，吳部長及夫人在門口送客，送給每位同仁一包香腸臘肉，搭配上濃濃的年味，這個有感的年終聚餐，到今天還印象深刻。此種平易近人帶人帶心的領導方式，在歷任部長中也算是少見。政黨輪替吳部長退職後，部分同仁與他經常仍有所往還，他開朗個性與勸酒功力依舊，只是增加不少對時局的感傷；直到他過世爲止，我們都能感受到他言詞中還是充滿對國民黨內部紛爭的憂慮與無奈。

八、劉初枝部長

　　劉初枝部長，台北市人，台大法律系法律研究所畢業，德國杜賓根大學法學博士；曾任輔仁大學法律系教授、阿扁市長任內擔任台北市政府公務人員訓練中心主任。第一次政黨輪替以後，接任考選部部長，任期從89年5月20日至93年5月20日。劉部長係歷任部長中，意識形態最鮮明的一位首長，如對同仁談話中會糾正同仁發言「抗戰勝利紀念日」不當，應爲「二戰終戰紀念日」；甚至會不經意的說出「前朝舊官僚」用語；對甫經首次政黨輪替衝擊的考選部同仁而言，簡直就是一場震撼教育。她任內流傳很多眞實事蹟，讓人爲之絕倒。比如要整頓精簡約聘僱人員，她會坐在特定對象辦公室1至2小時，觀察統計其工作量，接了幾通電話？收了幾件公文？打了多久電腦？據以在年終時作爲是否續聘續僱依據。但是不續聘不續僱後騰出來之職缺，則另行再進用其屬意內定新進人員。週六週日她有時會來辦公室加班，也順便巡視各樓層，曾看到同仁在辦公室讀書準備參加升官等考試，不但沒有慰勉鼓勵同仁，反而指責同仁讀書考試是個人私事，不宜利用公家水電等資源，而要求同仁關燈返家。初到部時，依例舉辦考試時部長都會到各考場巡視，她都是獨來獨往穿平底布鞋，不通知試區主任，悄悄走進試區自行巡視試場；曾遇到其他機關公務同仁擔任監場人員但不認識她，也沒有看到

她配掛識別證，而要求其離開教室走廊之尷尬情形。她任內大概怕參事及研究委員太閒無事可做，所以要求大家每年撰寫研究報告二篇以改進考選業務，這些報告後來簽報後還曾編印成二冊「考選部專題研究報告彙編」，分送給相關機關及學校參考。

我在考選規劃司司長任內曾和她有過一年磨合共事經驗，她剛到部時很想要有所表現，所以力推公務人員考試採行資格考試；也想將考選部組織大幅調整，將辦理考試單位集中改為行政法人化之考試中心；另外要力推公務人員進用專業證照化及定期再認證（即報考公務員考試時要先取得相對應之專技人員證照）。我則直接了當告訴她：部分同仁會擔心法人化以後，年資足夠的必需先辦理退休資遣，再轉入法人組織，年資不夠者原有公務年資結算發給補償金，公務人員身分消失，再轉入法人組織；這些對公務人員身分保障權改變的憂慮，恐會導致人心浮動。公務人員考試從任用考改為資格考一案，恐怕多數考試委員會擔心採行資格考以後，用人權全面下放至各用人機關自行遴用，因為金錢、權勢、政治都有可能介入其中，影響職缺進用公平公正性，對寒門布衣之士衝擊尤大，屆時流浪準公務員恐怕會像流浪教師一樣滿街走。公務人員進用專業證照化一案，也因為法制上需要配套修改法律才能實施（如公務人員考試法），執行面也有許多盲點有待克服（如不少公務人員考試類科並無相對應專技人員證照類科，如人事行政、教育行政、勞工行政、戶政等，要如何推動？）她則指責我全案未曾全面蒐集資料深入研究，為何就說不可行？最後我只好召集同仁勉強加以研議推動，結果法人化案子真的造成考選部離職人數顯著增加，各種反對聲音四起，考試院高層介入疏通以後急踩煞車。資格考試一案，泛藍考委居多，大家憂心政治力介入也強烈反對，遂無疾而終。公務人員進用專業證照化一案，各方意見也不一致難以建立共識，全案最後停擺。她則認為是我們規劃不周詳宣導不夠力，所以未能成功爭取考委支持，真是令我傻眼。後來適逢她想推動司長及參事輪調制度，我就志願填表改調參事以避開是非之地，這也開啟了我往後十幾年冗長的參事生涯。不過畢竟劉部長還是有點行政經驗與智慧，懂得領導統御的藝術，在調職之前她找我談話也送個「一帆風順」紀念牌表達謝意，並告知調任參事以後希能兼辦應考資格審議委員會執行秘書，並維持主管加給不變。她四年任期內倒也中道持平，沒有讓參事在考績上明顯受到不公平對待，還是值得一記。另外她也實施過主管與同仁的相互評鑑制度，其結果我們雖然看不到，但是有把不具名的評語與建議送給單位主管參考，所以看到當時考選規劃司同仁對我的諸多期許與意見，也讓我能夠有所自省及改進。

九、林嘉誠部長

林嘉誠部長，台灣省嘉義市人，台灣大學經濟系畢業，台灣大學政治研究

所碩士及博士。民國70年起擔任教職，曾任東吳大學社會系副教授、教授計十四年，期間亦兼任報社總主筆評論時政。林部長深具學者風範，年輕時就常在中國論壇、聯合月刊、大學雜誌等刊物發表文章，而頗有文名。民國83年12月陳水扁當選台北市市長，他以學者身分先後擔任台北市政府研究發展考核委員會主任委員、政務副市長等職務，為陳水扁市長所倚重。民國89年中央政府首次政黨輪替後，他先後擔任行政院研究發展考核委員會主任委員、考選部部長（93年5月至97年5月）。甫上任之初他即推動30項創新措施（他自己戲稱是新官上任30把火），賦予本部新活力，包括擬定未來四年中程施政計畫、強化資訊安全功能、加速實施網路報名、擴大電腦化測驗考試種類、擴大內部行政網、推動公文線上簽核、成立國家考試宣導小組、知識管理小組、外事小組、民調小組、發行國家菁英季刊等。他曾在部務會議中說，民進黨政治人物絕大多數出身選舉，也缺乏執政經驗，所以普遍對公務人員存有敵意；他是少數曾有執政經驗者，因此充分體認到執政如要有績效，須要常任文官全力協助與支持。首次主持部務會議之後，他逐一和同仁握手致意，對當時謝首席參事多所肯定與期許，後來在謝首席領導下，所有參事及研究委員與林部長高度配合，有的負責宣導小組、有的負責知識管理小組、有的負責民調小組，我則負責籌辦國家菁英季刊，大家共同努力在他四年任期中還真的做了不少事情。其任內政績包括：實施中程施政計畫制度，型塑考選部未來四年發展遠景，擬定各年度績效目標與評估指標；落實人權保障及代表性文官理念，每年舉辦身心障礙人員特考及原住民族特考，並修法給予弱勢族群報名費減半之優惠；專技人員考試全面刪除體檢相關規定，公務人員考試絕大部分改為不需體檢，少數因工作性質特殊，仍維持體檢者再放寬體格檢查標準；成立國家考試性別平等諮詢委員會，審查公務人員考試特殊類科分定男女錄取名額之合理性；公務人員高等考試三級考試暨普通考試95年起恢復為一試；醫師及牙醫師考試分別自96年、98年起採二階段分試；善用資訊科技，推動全面電子化作業，試務系統大幅電子化、行政系統全力推動資訊安全管理，取得國際資訊安全規範標準ISO/IEC270001驗證；在原有航海人員、藥師類科電腦化測驗之外，96年起增加牙醫師、呼吸治療師、職能治療師、助產師、獸醫師等五類科電腦化測驗。

　　林部長到任之初，曾從行政院研考會陸續商調4位12職等同仁到部擔任主任秘書、總務司長、專技司長、資管處長等職務（包括邱吉鶴、張瑞弘、盧鄂生、林裕權等人），因而相當時間內影響到考選部同仁後續陞遷機會，致引發若干怨言。不過持平來說，和這幾位同仁後來共事的經驗，可以體認到他們的品德學養、專業能力等，都有相當水準，對考選部來說也未必就是失分。林部長四年任期施政尚稱平順，任期屆滿前先後出版了「政府改造與考選創新」、「因緣際會——十二年政務官回顧」二本書，前者蒐錄他對考選制度研究探討的部分文

章，後者則透過回憶錄方式敘述，揭露了不少他從政過程中經歷政壇秘辛，國家菁英季刊同仁有幸在此一過程中協助校對，也算結了點善緣。退職前不久因為任內特別費報支問題，遭到檢方起訴，加上媒體渲染報導，對他產生一定程度傷害，所以聽聞退職以後一度身陷憂鬱症困擾，還好特別費問題因為橫跨藍綠形成歷史共業，最後政策上修正法律以達除罪化目的而根本解套，才算還了他的清白。後來部分同仁有機會和他聯絡上，大家曾多次餐敘往還，也看到他恢復昔日樂觀與笑容；生活正常以後，他在蘋果日報、台灣時報、民報電子報等刊物經常發表文章褒貶時政，並再出版「政治經濟文集」、「政治評論集」等書。如今回首看看林部長以學者身分從政，退職以後脫離政壇回到民間，並客觀論政提出建言，只可惜不被當道者所接受；但是這種不畏權勢的書生論政表現仍然值得大家敬重。

十、黃雅榜代部長

　　黃代部長是民國75年甲等特考普通行政類科及格以後分發考試院任職，歷任院參事兼組長、首席參事、保訓會專任委員、本部常務次長及代理部長、考試院秘書長等職務。他擔任本部常務次長過程頗為戲劇性，前述劉初枝校部長任內因原常務次長屆齡退休，她又不願意循往例由部內同仁擇一升任，故對外辦理公開甄選，應徵者眾多，經層層過濾與面試，第一名為高雄市政府某處局首長，第二名為公務人力發展中心某主任，他則為第三名；後來第一名傳出任公職期間涉及多起緋聞事件恐有爭議，第二名個性較為優柔寡斷，帶領部屬時有指揮不動情形。最後考試院姚院長提醒劉部長，常次為機關文官長，外補容易打擊士氣不如內升為妥。爰在考試院及保訓會任職多年的黃專任委員遂能脫穎而出擔任常次職務。確實院部會同仁對黃次長普遍印象，就是為人謙和有禮，任公職數十年竟能完全不樹敵不結怨正是他的人格特質。自97年520以後，馬總統雖已就職但考試院正副院長及考試委員任期至該年8月底為止，所屬部會首長及政務副首長，則基於責任政治已先行辭職，故考選部、銓敘部、保訓會三個機關皆由常務次長（或常務副主委）代理部長（或主委）方式維持三個月的過渡。黃次長代理部長期間，他針對重新咨請監察院輪派監委監試、第三試務大樓施工安全、實施國家考試電子計算器新措施等特別重視，成立專案小組以資督導推動，爰在平順中度過代理期。99年3月他奉調考試院接任特任秘書長一職，媒體讚揚他資歷完整，專業能力受到肯定，且個性圓融、內斂、協調溝通能力佳，應為很中肯的評論。

十一、楊朝祥部長

　　初聞楊朝祥部長要來接掌部務，對他的認識僅及於書面文字資料，包括美國賓州大學教育博士、曾任師大工教系主任、甲等特考教育行政類科及格後轉任

公職，歷任教育部技職司司長、常務及政務次長、研考會主任委員、教育部部長等重要職務，是學者從政的典範；但也曾因涉及景文案，而訴訟纏身多年，最後經過司法程序終於還其清白。因為他過去擔任過多個機關首長，行政經驗極為豐富，他接掌部務以後首重傾聽民意，所以多次辦理大規模分區座談會，聽取各界對地方特考、原住民族特考、身心障礙人員特考、領隊導遊考試、技師考試、醫師考試、護理人員考試以及典試工作改進意見，並配合成立相關專案小組推動後續改進事宜，廣獲各界好評。其次強化機關間協調，除了和行政院人事行政局之間部局會談外，也和內政部、勞委會、原民會等機關對相關議題高層協商確立改進原則後，儘速推動後續改革工作。也注重國會關係，立法院委員為數眾多，選民服務壓力勢不可免，凡是在法令範圍內事項，尤其是屬本部職權裁量範圍者，皆從對應考人有利原則處理；如逾越法令界線，無法同意者，亦由部長或次長當面或電話回覆說明以示尊重。由於天資聰穎決策判斷正確，比如設置考選業務基金，將年度報名人數增加超收之報名費轉入基金運用，用以改善典試工作條件（如命題及閱卷費用調整），以提升試題品質減少疑義。畢竟長期事務官及政務官雙重歷練，能夠讓他理想與現實兼顧而不致偏廢。他尤其善用幕僚集體智慧，逢重大考選政策變革，皆會召集司處長及參事，在部長會客室徵詢大家意見，並瞭解過去相關業務處理情形後才會最後定奪，以尊重多數人的經驗及智慧。而人事調整一律內升，加速人才培育，有效激勵士氣，所以任期內陞遷人數之多，都打破近十年的紀錄；這樣的結果其實有一個重要的原因，就是楊部長一肩扛下所有外來推薦及關說之壓力始能有成。

　　民國98年10月考選部辦理全員訓練講習，楊部長以「讓我們一起來做夢、圓夢」為題，談他對考選政策制度及方法技術的改進構想，其中提到考試作業基金、考選組織再造、試題來源多元化、建立職能評估基準以決定考試方式等多項重點，在場聆聽之同仁頗多為之動容。只可惜任職1年11個月以後，他選擇轉換不同的事業跑道，接受星雲大師邀約赴宜蘭佛光大學擔任校長。至今還記得他說過的名言：「在行政院擔任部會首長，是我說了算；在考試院擔任部會首長，則是我說了，就算了。」一語道盡考試院合議制之下特殊的行政生態，以及公公婆婆太多，導致所屬部會首長巧婦難為無米炊的窘境。

十二、賴峰偉部長

　　賴峰偉部長，台灣省澎湖縣人，東海大學化學系畢業，美國密蘇里大學工業管理碩士、博士。曾任行政院原子能委員會科長，經推薦踏入政界擔任國民黨澎湖縣委員會主任委員，後當選澎湖縣第13、14屆縣長，擔任澎湖縣長期間，以發展澎湖成為「國際島嶼、海上明珠」為目標，積極改善居民生活品質及產業環境，尤其嚴格取締毒魚炸魚、盜採砂石，以及鼓勵風景區墓地遷葬、火葬入塔等

政策普獲好評。擔任縣長八年,使澎湖人光榮感提升,將「悲情島嶼」改造成生活品質全國第一、光榮感全國第一的縣份。其治理能力並獲天下雜誌調查居25縣市第一名。縣長卸任後在馬政府時代,先後擔任內政部政務次長、總統府副秘書長。於民國99年8月1日出任本部部長,101年2月卸任。賴部長是歷任部長中唯一具有民選地方首長資歷者,所以他很重視實務經驗,到任之初鑒於國家考試典試、試務工作過去多年發生不少法規適用疑義、補行錄取及撤銷、應考人舞弊、突發事件處理、行政爭訟案例等,爰將歷年解釋及重要案例處理加以彙編成冊,以使寶貴經驗得以傳承。他也很能察納雅言,樂於接受同仁提出不同意見,記得到部之初,國防部副部長曾率員到部洽商上校以上軍官轉任公職考試以及退除役軍人轉任特考鬆綁變革事宜,雙方暢談甚歡,賴部長也承諾儘速提報院會期能通過施行;當時我提醒他考試委員多出身學界,對軍人轉任公職一向嚴格以對,要再鬆綁恐怕難度甚高。其後報院果然砲聲隆隆,發言委員幾無贊成者,連關院長亦明確表示反對,全案遂擱置。後來在部會中他坦承該案他過於樂觀,未來會注意考試委員的生態及文化,也肯定我事前曾提出警訊。任內重要建樹如下:研議實施司法官、律師新制考試;警察雙軌分流考試;續推楊前部長航海人員執業資格考試改由交通部辦理之政策,並經考試院同意辦理。考量區域平衡增設考區,民國100年起公務人員高普考及地方特考增設桃園、台南考區,101年起公務人員高普考及專技人員普考導遊領隊人員考試增設澎湖、金門、馬祖考區,方便應考人就近應試。特種考試公務人員身心障礙人員考試於民國100年增設花蓮、臺東考區,101年增設宜蘭考區,此一政策性措施可謂體現社會正義。另推動試務資訊化政策,包括國家考試全面網路報名、報名無紙化、線上集中閱卷、線上申請試題疑義以及線上命審題等措施,以達成簡政便民目標。並發行出版考選通訊、考選論壇等刊物供各界瞭解考政及擴大交流。

賴部長因為經過選票洗禮,也擔任過多年地方政府民選首長,所以草根色彩濃厚,他在離開總統府副秘書長職務以後,曾出版「誠拙」一書回顧他在總統府工作經驗;並以誠拙二字形容對馬總統施政體認,其實這二字也適合對他為人處事描述。101年1月考選部尾牙餐會,因為現場氣氛熱烈,他講了兩個帶有顏色的笑話,不意遭到同仁錄影及次日對媒體爆料,隨後引發輿論強烈批評指其不尊重女性,最後竟然導致去職;作為當天在場參加尾牙者,現在回想起來因為大家情緒都很嗨,所以當下沒有感覺到其發言特別突兀或不當,至於是否有女性同仁感覺被騷擾,則不得而知。只能說考選部的職掌,在中國古代即為禮部,考選部部長就是古代禮部尚書,故社會輿論用最嚴格標準檢視其言行,甚至予以逼退;但現在看到政壇上不少講幹話之王,輿論則習以為常,甚至可以容忍或完全無視,這真的讓人徒呼負負!退職以後,同仁和他還是偶有聚會,他爽朗的個性以及渾厚的歌聲依舊。107年3月他重獲國民黨提名,老驥伏櫪回鍋參選澎湖縣縣長,同

年11月24日九項地方公職人員選舉結果揭曉，他擊敗了原來民進黨籍尋求連任的縣長，讓澎湖重回藍天。重新掌理縣政以後，老馬識途魄力依舊，仍然是走動式管理行程滿檔，並很快抓到施政重點。包括嚴格取締燒烤業空污問題；整頓市區停車亂象；海邊淨灘與海底廢漁網清理；定期禁捕海產以及魚苗放流以永續經營海洋資源等。相信以他的經驗智慧，這最後一役的為民服務機會，一定會有亮眼的施政成績呈現。

十三、董保城部長

　　董保城部長，出生地台北市，德國波昂大學法學博士。先後任教於東吳大學、政治大學，83年至88年擔任政治大學總務長，89年至95年擔任該校公共行政與企業管理教育中心主任，97年9月借調本部擔任政務次長，101年2月代理部長，同年3月任本部部長。董部長於學術界耕耘二十餘年，治學嚴謹，專研憲法、行政法、地方自治法、高等教育法等，兼備理論與實務。主要政績包括：推動司法官進用管道多元化並精進律師考試，除採分試制度，並使二項考試第一試同時舉行，暨推動律師第二試增設選試科目。推動臨床技能測驗（OSCE）納入醫師牙醫師考試分試考試第二試應考資格，擬藉由臨床情境模擬實作過程，評量醫學生的臨床技能、態度與專業素養。檢討修正「典試法」、「公務人員考試法」、「專門職業及技術人員考試法」，各項法律之修正草案均依時程報考試院審查，並送立法院以完成立法。推動專技人員分階段考試，於大地工程技師考試納入實務工作經驗，第一試檢測基礎工程知識能力，第二試則衡鑑實務專業能力，第一試及格後並具備二年以上實務工作經驗，始得報考第二試。強化「二場二庫」功能，二庫即「典試人力資料庫」與「題庫」，嚴格篩選典試人力名單，作為遴聘之重要依據；成立多個常設命題小組，持續充實題庫，嘗試試題來源多元化，公開對外徵題與考畢試題重新整編再入庫。二場則是「闈場」與「閱卷場」，要求落實闈內標準作業流程等，詳載闈場工作紀錄加以檢討改善；並強化對閱卷委員之服務，將其專業表現與閱卷態度列入服務紀錄，作為再次遴聘之參考。為利專門職業及技術人員考試種類之認定，訂定專門職業及技術人員新增考試種類認定辦法。配合用人機關業務需求，研議設置公職專技類科，以專門職業證書與實際工作經驗作為應考資格。

　　董部長個性任勞任怨耐煩耐操，雖是推動繁複政策，亦能不斷與各方溝通協調，求同存異整合多數意見，以100年起警察人員雙軌分流考試為例，實施以後雖然外界屢有公平性雜音，前後並歷經兩次監察院調查報告風暴，但是後繼者無論想要如何變革，皆難形成共識，雙軌分流原則牢不可破。司法官律師考試改革亦然，100年起實施之司法官律師考試，筆試程序改採二試；調整應試科目內容；成績計算由百分制改為總分制；命題融合實體法與程序法，兼備理論與實

務；第二試採行平行雙閱，避免評分寬嚴不一；律師整體及格率由現制8%提高為10.89%。因為過程中產官學各界皆高度參與，所以意見整合順利，其後律師並微調增加多種選試科目，亦同樣平順上路。董部長最後會提前退職，主要是力推的公務人員高普考試分階段考試，考試委員始終缺乏共識，後續難以推動；其次配合法官法修正，立法院所作附帶決議，司法官考試應考資格擬增加三年工作經驗案，在具體作法上司法院始終有不同意見，該案到了考試院全院審查會亦復如此，全案遂告停擺，讓他起了不如歸去的念頭。加上政大教職無法在其部長任內辦理退休（依教育部函釋，至少要辭掉部長回任政大專任教授一天乃可辦理退休），使他進退兩難，他針對教育部行政處分雖先後提出訴願，而行政院訴願會也兩度做出「撤銷原處分，另為適法之處分」之平反決議，但教育部另為適法之處分時仍維持原處分內容，所以問題無解；最後基於個人權益考量，台北科技大學通識中心智慧財產權課程適逢有法律學門教授職務出缺，他遂選擇政務官退職提前離開，俾未來能夠順利辦理公立大學教職退休，這也是合乎理性的正常選擇。後來他在台北科技大學辦理屆齡退休，剛好母校東吳大學副校長出缺，潘維大校長禮聘他擔任講座教授，並兼任副校長，他遂得以返回母校服務，其本性關心學生又熱愛教書，這個抉擇也算是適得其所。

十四、邱華君部長

　　邱華君部長是民國77年甲等特考法制類科及格以後分發考試院任職，歷任院參事兼編纂室主任、參事兼組長、首席參事、保訓會專任委員、本部政務次長及部長職務。我最早認識邱部長，是過去在主編考選周刊期間，週刊每周出刊一期，一版闢有社論專欄，我們延聘了十幾位學者及院部會長官輪流執筆，經常文稿要發排前有人會交不出稿件，我常常就會緊急拜託邱參事或是邱專任委員代打，往往第二天就能交稿解決我的燃眉之急，如此快筆讓我非常敬佩也感念在心。他在多所大學授課、也在公務機關或是公務人員訓練機構長期講授行政中立及行政倫理的課程，上過課的同仁都知道專業之中充滿幽默風趣，更有不少的智慧之言（比如痛苦是比出來的、煩惱是想出來的、生病是吃出來的、快樂是悟出來的；知福惜福、修福養福，最後就可五福臨門；成功的要件是自己的謙卑，和別人的成全），聽到這些充滿人生經驗的哲理，常常會發人深省回味再三。邱部長待人接物都非常謙沖有禮，因為他是我新竹中學高一屆的學長，所以偶有公事相商，他都會持公文卷宗下樓來我辦公室討論，禮賢下士做法讓人印象深刻。

　　邱部長是在前任董部長閃辭情況下，104年8月3日由政務次長職務臨危受命接任部長，至105年5月20日任期屆滿為止僅十個月，過渡色彩濃厚，大方向就是蕭規曹隨及與民休息。任期內各項考試試務工作平順，沒有發生任何問題，確實達到辦好國家考試之目標。其次電腦化測驗考場持續增加；彌封姓名冊以電腦

檔案取代紙本存放固封保管，開拆與核對採資訊化自動比對及列印錄取人員姓名冊；大地工程技師分階段考試終於順利上路等，顯見在精進考選技術和方法上，也有一定成效。而最大的貢獻則是104年2月4日新修正通過之典試法，共有27個附屬法規，邱部長任內完成26個，僅剩身障應考人權益維護措施辦法草案，105年5月初召開過一次院審查會後還有一條文遭到保留有待後續協商，整體看來還是功不唐捐，因此在健全考選法制的施政成效上是有目共睹的。我在邱部長任內，因為謝首席參事調升政務次長，所以邱部長指派我接任首席參事，對於他的愛護之心，我當然銘記在心不會忘卻。

以上是從我和這些長官他們多年來的互動，所做的觀察與評論，這些位部次長，黨籍不同、性別不同、個性不同、專業背景不同、處事圓融度也不相同，畢竟每一位都有他（她）的長處與成功之道。總括來說條條大路能通羅馬，他（她）們能夠坐上這些位置，自然都有值得後輩學習之處。當然也有可能有部分長官同仁，會對他（她）們有不同的看法與評價，因為每個人視野角度不同，我也只能表示理解與尊重。無論如何，公務上的過往對人生來說有如往日雲煙，如今過去的長官同仁有的已經過世、有的已經退休養老，極少數還在職場繼續任職；只能說大家曾經同在考選部共事任職就是有緣，這就是為何我只記得諸多老長官的優點，也願意加以彰顯，而刻意遺忘了他們缺點的原因。

（完稿於108年10月10日）

附錄二　著作、期刊與報紙文章清單

著作（合計14本）

1. 「奈何明月照溝渠」（學校風景線文章選輯，與黃忠霖、陳永興等合著），勝夫書局出版，民國65年4月。
2. 「五年一覺雙溪夢」，德馨室出版社，68年5月初版。
3. 「從先總統蔣公思想探討我國人事制度」（政治大學中山人文社會科學研究所碩士論文，指導教授徐有守），民國71年6月。
4. 「中華民國特種考試制度」，正中書局印行，73年9月初版
5. 「中國考試制度史」（與洪德旋、李光雄等合著），正中書局印行，72年11月初版。
6. 「中華民國公務人員退休撫卹制度」（與徐有守、卜達海等合著），正中書局印行，73年6月初版。
7. 「隋代考選制度」（與范煥之合著），考選部印行，73年8月初版。
8. 「宋代考選制度」（與范煥之合著），考選部印行，73年2月初版。
9. 「考選部考選制度研究小組考察報告」（與曾慧敏、林光基等合著），考選部印行，81年2月初版。
10. 「考選部考選制度研究小組總結報告」（與林光基、胡漢城等合著），考選部印行，81年2月初版。
11. 「大陸公務員考試與司法考試制度參訪報告」（與蔡寶珠、楊文宜合著），考選部印行，102年1月初版。
12. 「中華民國考選部部史」（與謝連參、王成基、董鴻宗等合著），考選部印行，102年10月初版。
13. 「中華民國考試院院史」（與蔡良文、邱華君、熊忠勇、郭世良合著），考試院印行，109年1月初版。
14. 「考選論衡——公職生涯四十年回顧」，五南圖書公司出版，108年12月初版。

人事期刊（合計791篇）

風傳媒電子報（9篇）

1. 依法行政真有這麼難嗎？（108年10月28日）。
2. 可以對身障朋友再公平友善一點嗎？（107年2月2日）。
3. 又見民進黨立委虛而不實的政治操作——從廢止監試法提案說起（106年11月17日）。

4. 立法院初步修法取消導遊及領隊考試國考地位（106年10月25日）
5. 食品與營養恩怨情仇二十年（106年9月16日）。
6. 評律師考試制度變變變（106年8月28日）。
7. 全部科目免試取得專技人員執業資格，公平合理嗎？（106年8月18日）。
8. 航海人員考試究該花落誰家？（106年8月10日）。
9. 給考試院按個讚──評高普考試科目調整案急踩煞車（106年7月26日）。

國家菁英季刊（18篇）

1. 幾個值得推動的考選政策改革理念──談分階段考試、資格考試與特考簡併（第12卷第1期，105年3月）
2. 典試法修正案歷史意義與未來後續配套措施（第11卷第2期，104年6月）
3. 軍職轉任文職政策建制、發展及其未來改進方向（第11卷第1期，104年3月）
4. 從臺灣政經發展談律師考試制度變革走向（第10卷第3期，103年9月）
5. 國家考試與永續發展──從考選機關幾個重要的政策改革方向說起（第10卷第2期，103年6月）
6. 欣見行政、考試兩院開啟良性互動──從幾個新專技人員擬建立職業法草案說起（第9卷第3期，102年9月）
7. 中國大陸公務人員及專技人員考試制度評述──從臺灣觀點的觀察（第9卷第1期，102年3月）
8. 典試制度應與時俱進──對典試法修正草案之省思（第8卷第4期，101年12月）
9. 證券投資分析人員資格測驗屬性定位──兼論專技人員考試法修正疑慮（第7卷第1期，100年3月）
10. 職業法對現職從業人員執業資格處理之研究（第6卷第2期，99年6月）
11. 消防考試及相關問題評議（第5卷第4期，98年12月）
12. 專技人員考試建制、發展及其未來改進方向（第4卷第4期，97年12月）
13. 國防部文職人員特考建置、發展及其未來改進之研究（第4卷第3期，97年9月）
14. 廢除分區定額錄取與取消列考三民主義的歷史省思──從轉型正義角度加以觀察（第4卷第2期，97年6月）
15. 特種考試國家安全情報人員考試制度建制、發展及其未來改進之研究（第3卷第4期，96年12月）
16. 軍職轉文職考試制度檢討及其未來改進（第3卷第2期，96年6月）
17. 警察人員相關考試建制、發展及其未來改進之研究（第3卷第1期，96年3月）
18. 原住民國家考試建制、發展及其未來改進之研究（第2卷第1期，95年4月）

考選論壇（1篇）
談監場人員講習及回流訓練辦理（第1卷第3期，100年7月）

考選通訊（11篇）
1. 心理測驗規則與體能測驗規則簡介（第61期，105年1月）
2. 國安防駭專業人才宜循稀少性工作類科管道用人（第50期，104年2月）
3. 法官法涉及考選後續配套應速辦理（第12期，100年12月）
4. 上下古今談——「博士之父」王雲五先生與考銓制度（第7期，100年7月）
5. 公務人員進用制度證照化應建立法源彈性運用（第6期，100年6月）
6. 現代考銓制度奠基者戴季陶先生（第6期，100年6月）
7. 中國古代科舉舞弊漫談（第5期，100年5月）
8. 高階軍官轉任公職適法性無虞（第4期，100年4月）
9. 解構分區定額擇優錄取制度（第3期，100年3月）
10. 內外簾官、初覆考官及詳定官（第2期，100年2月）
11. 鎖院、別頭試、封彌和謄錄（第1期，100年1月）

考選週刊（671篇）
第21集（8篇）
1. 美好的仗已經打過——對本刊作者及讀者的祝福（第1103期，96年1月25日）
2. 對公務人員考試應考資格改進進一言（第1100期，96年1月4日）
3. 身心障礙者及原住民減免報名費問題（第1081期，95年8月24日）
4. 建制考選獎章可行性（下）（第1079期，95年8月10日）
5. 建制考選獎章可行性（上）（第1078期，95年8月3日）
6. 談公務人員待遇福利問題（第1072期，95年6月22日）
7. 談國家考試應考資格改進（下）（第1059期，95年3月23日）
8. 談國家考試應考資格改進（上）（第1058期，95年3月16日）

第20集（5篇）
1. 公務人員考試法研修芻議（第1036期，94年10月6日）
2. 中醫師檢定考試確實該走入歷史（第1031期，94年9月1日）
3. 考委再度提出司法官律師考試條例草案（第1014期，94年5月5日）
4. 談監試制度之廢止（第1011期，94年4月14日）
5. 訪吳委員嘉麗談國家考試兩性平權問題（第1007期，94年3月17日）

第19集（12篇）
1. 國家考試試題疑義處理程序改進芻議（下）（第995期，93年12月16日）
2. 國家考試試題疑義處理程序改進芻議（上）（第994期，93年12月9日）

3. 訪林部長嘉誠談考選工作改革（第991期，93年11月18日）
4. 訪伊凡諾幹委員談原住民族考試改進（第983期，93年9月23日）
5. 訪洪委員德旋談專門職業及技術人員考試範圍及未來發展（下）（第976期，93年8月5日）
6. 訪洪委員德旋談專門職業及技術人員考試範圍及未來發展（上）（第975期，93年7月29日）
7. 記帳士法完成立法後的思考（第973期，93年7月15日）
8. 從營養師法修正說起（第969期，93年6月17日）
9. 訪郭委員光雄談高考一、二級考試改進（第968期，93年6月10日）
10. 談國家考試全面取消體檢問題（第963期，93年5月6日）
11. 立院初審通過記帳士法草案（下）（第951期，93年2月12日）
12. 立院初審通過記帳士法草案（上）（第950期，93年2月5日）

第18集（16篇）
1. 司法人員三合一考試條例再度立法（第945期，92年12月25日）
2. 立委提案放寬退除役特考轉調限制（第944期，92年12月18日）
3. 需證照之公職應考資格應酌為設限（第940期，92年11月20日）
4. 從職組暨職系名稱一覽表修正說起（第939期，92年11月13日）
5. 我國加入WTO以後專技人員考試該如何調整？（第937期，92年10月30日）
6. 訪李委員慶雄、邱委員聰智談法官檢察官律師三合一考試（下）（第930期，92年9月11日）
7. 訪李委員慶雄、邱委員聰智談法官檢察官律師三合一考試（上）（第929期，92年9月4日）
8. 高科技或稀少性考試法制變革（第924期，92年7月31日）
9. 從建立公務人員核心能力說起（第918期，92年6月19日）
10. 航海人員特考將大幅變革（第912期，92年5月8日）
11. 軍法官考試屬性改變（第908期，92年4月10日）
12. 訪許委員慶復談對未來考選工作改進之看法（第904期，92年3月13日）
13. 從司法人員三合一考試說起——論其他相關司法人員應否一併納入辦理考試（下）（第903期，92年3月6日）
14. 從司法人員三合一考試說起——論其他相關司法人員應否一併納入辦理考試（中）（第902期，92年2月27日）
15. 從司法人員三合一考試說起——論其他相關司法人員應否一併納入辦理考試（上）（第901期，92年2月20日）
16. 高考一、二級考試宜儘速改進（第897期，92年1月16日）

3. 採行資格考應有理性辯論的空間（第791期，89年12月21日）

4. 服替代役或國防役期間正額錄取尚不得保留受訓資格（第789期，89年12月7日）

5. 外國人應專技人員考試有所變革（第788期，89年11月30日）

6. 考試方式彈性多元應可提升人才素質（第787期，89年11月23日）

7. 專技人員考試新制即將施行（第785期，89年11月9日）

8. 如何找回書記官之工作尊嚴（第783期，89年10月26日）

9. 談海巡人員考試有關問題（第781期，89年10月12日）

10. 從國家考試觀點談教師資格檢定（第773期，89年8月17日）

11. 談公務人員進用制度證照化（第773期，89年8月17日）

12. 談專技人員職業管理法律之立法（第771期，89年8月3日）

13. 監試法允宜儘速修正（第758期，89年5月4日）

14. 專技考試法附屬法規宜儘早對外發布（第753期，89年3月30日）

15. 公務人員考試法修正有其時代性（第749期，89年3月2日）

16. 專技人員考試將邁入新的里程碑（第741期，88年12月30日）

17. 性別設限應有法律授權限制依據（第738期，88年12月9日）

18. 立院初審通過升等考試法修正案（第737期，88年12月2日）

19. 交通事業特考及升資考應通盤檢討（第735期，88年11月18日）

20. 小問題大道理（第738期，88年12月9日）

21. 司法三合一考試即將定案（第731期，88年10月21日）

22. 公務人員考試法修正宜集思廣益（第727期，88年9月23日）

23. 期盼升等考試法修正案儘速完成立法（第724期，88年9月2日）

24. 法官檢察官律師三合一考試蓄勢待發（第722期，88年8月19日）

第14集（**38篇**）

1. 談專業代理人管理之立法（第713期，88年6月17日）

2. 全國人事行政會議之省思（第711期，88年6月3日）

3. 增加需用名額與增額錄取可兼容並蓄（第707期，88年5月6日）

4. 基層公務人員特考宜推動分試（第706期，88年4月29日）

5. 升等考試錄取標準宜明確化（第704期，88年4月15日）

6. 不動產經紀人考試即將籌辦（第704期，88年4月15日）

7. 部分無執業空間之技師不宜驟然停辦考試（第701期，88年3月25日）

8. 高科技或稀少性技術人員考試程序再變（第699期，88年3月11日）

9. 未役男性報考特考彈性鬆綁（第697期，88年2月25日）

10. 走在過渡階段的專技人員高普考試（第696期，88年2月11日）

2. 淺談法官法草案（第660期，87年6月4日）

3. 現役軍人身分認定時點向後延伸以後（第658期，87年5月21日）

4. 從釋字第四五三號解釋說起（第658期，87年5月21日）

5. 司法官律師改革宜先從考試合一開始（第655期，87年4月30日）

6. 從閱卷規則修正說起（第654期，87年4月23日）

7. 談專技人員高普考試錄取標準（第651期，87年4月2日）

8. 專技人員高普考試應考資格之檢討（第650期，87年3月26日）

9. 高普考試分試蓄勢待發（第649期，87年3月19日）

10. 限制人民應考權宜合憲適法（第647期，87年3月5日）

11. 警佐升等考試能否開辦生變（第646期，87年2月26日）

12. 公務人員教考之間能否配合？（第644期，87年2月12日）

13. 職業主管機關不宜規避納入國家考試（第644期，87年2月12日）

14. 文官制度研討會結論宜落實執行（第643期，87年2月5日）

15. 新增專門職業不宜就地合法（第642期，87年1月22日）

16. 樂見公務人員升等考試法修正（第641期，87年1月15日）

17. 監察院巡迴監察考試權之聯想（第640期，87年1月8日）

18. 談公設辯護人免試檢覈問題（第637期，86年12月18日）

19. 整建警察升等考試法制（第637期，86年12月18日）

20. 憲定職權不容放棄——對職業主管機關自辦考試的看法（第635期，86年12月4日）

21. 房地產仲介人員應屬專技人員（第633期，86年11月20日）

22. 公務人員考試專業科目平均成績設限應否打破？（第632期，86年11月13日）

23. 談國家考試使用電子計算器問題（第631期，86年11月6日）

24. 公務人員考試法施行細則宜適時修正（第629期，86年10月23日）

25. 警察人員應採多元化管道用人（第628期，86年10月16日）

26. 高考二級考試宜研修科目（第627期，86年10月9日）

27. 以證照報考高普考試終告定案（第627期，86年10月9日）

28. 評「考試院箚記（第一輯）」（第626期，86年10月2日）

29. 公校職員任用資格考試不予辦理（第625期，86年9月25日）

30. 評「國家發展與文官政策」（第624期，86年9月18日）

31. 續辦軍法官考試應再全方位思考（第624期，86年9月18日）

32. 擴大專技人員考試權尚待努力（第622期，86年9月4日）

33. 試院年度檢討會成果豐碩（第621期，86年8月28日）

34. 最後呼籲公校職員不宜再辦封閉考試（第620期，86年8月21日）

35. 樂見專技人員再添專責報稅人員（第619期，86年8月14日）

27. 第九屆考試委員蓄勢待發（第575期，85年10月1日）

28. 評「公務員讀本」（第573期，85年9月17日）

29. 評公務人員考用和證照制度相結合（第572期，85年9月10日）

30. 考政改革六年有成（第571期，85年9月3日）

31. 第八屆考試院即將功成身退（第570期，85年8月27日）

32. 評介「我見我思」（第568期，85年8月13日）

33. 評介「考銓新論」（第566期，85年7月30日）

34. 升等升資考試趨於合併（第564期，85年7月16日）

35. 港澳關係條例草案有待建立共識（第563期，85年7月9日）

第11集（43篇）

1. 從釋字第四○五號解釋說起（第561期，85年6月25日）

2. 委任晉升薦任官等露出曙光（第560期，85年6月18日）

3. 對保訓會成立後之期許（第559期，85年6月11日）

4. 轉任條例修正逐漸形成共識（第558期，85年6月4日）

5. 專技考試法後續法制作業宜未雨綢繆（第557期，85年5月28日）

6. 消防設備人員考試即將辦理（第555期，85年5月14日）

7. 從立法委員問政態度說起（第555期，85年5月14日）

8. 禮失而求諸野——聞立法院法制會修正聘用條例有感（第553期，85年4月30日）

9. 高科技或稀少性技術人員考試即將開跑（第552期，85年4月23日）

10. 技能檢定考試究應如何定位？（第551期，85年4月16日）

11. 高考一級考試方式應審慎規劃（第549期，85年4月2日）

12. 八十六年考試期日計畫的聯想（第546期，85年3月12日）

13. 特考特用限制轉調政策重新出發（第546期，85年3月12日）

14. 任用資格考試已成歷史絕響（第545期，85年3月5日）

15. 解讀公務人員考試法修正案（五）（第543期，85年2月13日）

16. 解讀公務人員考試法修正案（四）（第542期，85年2月6日）

17. 解讀公務人員考試法修正案（三）（第541期，85年1月30日）

18. 升等考試法制宜審慎檢討（第541期，85年1月30日）

19. 解讀公務人員考試法修正案（二）（第540期，85年1月23日）

20. 專技考試法修正案立院初審通過（第540期，85年1月23日）

21. 解讀公務人員考試法修正案（一）（第539期，85年1月16日）

22. 文官制度新里程碑——公務人員考試法修正案通過以後（第538期，85年1月9日）

9. 轉任條例修正宜審慎（第501期，84年4月25日）
10. 科技行政機關不應規避考試用人（第499期，84年4月11日）
11. 特別人事管理法律仍應考試用人（第497期，84年3月28日）
12. 八十五年度考試期日計畫表確定（第496期，84年3月21日）
13. 進入世貿組織外國人專技執業資格問題（第495期，84年3月14日）
14. 從中華民國憲法命題說起（第495期，84年3月14日）
15. 論差勤管理（第494期，84年3月7日）
16. 公務人員升等考試法修正宜集思廣益（第493期，84年2月28日）
17. 退伍軍人加分優待應考慮廢止（第492期，84年2月21日）
18. 對新一年的立法展望（第491期，84年2月14日）
19. 國家考試不再列考國父遺教、三民主義案始末（第489期，84年1月24日）
20. 公務人員考試採行分試原則可能性（第489期，84年1月24日）
21. 從法檢辯考訓合一說起（第488期，84年1月17日）
22. 兼取考試及格資格問題應審慎處理（第487期，84年1月10日）
23. 土地法第三十七條之一修正緊急煞車（第486期，84年1月3日）
24. 考政學會應再強化功能（第485期，83年12月27日）
25. 論中醫系畢業生限制報考西醫（第484期，83年12月20日）
26. 試院通過專技考試法修正案（第483期，83年12月13日）
27. 公務人員高普考試分試如何辦理？（第482期，83年12月6日）
28. 期待試院研發會充分發揮功能（第481期，83年11月29日）
29. 建立行政中立法制此其時矣！（第480期，83年11月22日）
30. 中共首次辦理中央行政機關公務人員錄用考試（第480期，83年11月22日）
31. 公務人員高普考試榜示後的聯想（第479期，83年11月15日）
32. 政務官範圍宜酌為放寬（第478期，83年11月8日）
33. 解讀專技人員考試法修正草案（第476期，83年10月25日）
34. 評高科技或稀少性工作類科標準（第476期，83年10月25日）
35. 殘障特考將在法源齊備後辦理（第475期，83年10月18日）
36. 中央健保局人事再起風波（第474期，83年10月11日）
37. 臨時機關新設及改制人員處理將予設限（第473期，83年10月4日）
38. 外交人員考用問題宜全方位檢討（第472期，83年9月27日）
39. 高普考試應試科目調整（第471期，83年9月20日）
40. 分階段考試重新再出發（第470期，83年9月13日）
41. 學校行政人員銓定考試不再舉辦（第469期，83年9月6日）
42. 中共國家公務員錄用制度規模粗具（第468期，83年8月30日）
43. 國營中華電信公司人事體制應慎重思考（第468期，83年8月30日）

315期，80年9月3日）

45. 世界各主要國家有關退伍軍人進入文官系統優待辦法之比較分析（中）（第314期，80年8月27日）

46. 世界各主要國家有關退伍軍人進入文官系統優待辦法之比較分析（上）（第313期，80年8月20日）

47. 日本能！我們為何不能？（第308期，80年7月16日）

48. 考試與檢覈應予適度區隔（第307期，80年7月9日）

第6集（41篇）

1. 釋字第二七八號解釋通過之後（第306期，80年7月2日）

2. 法與情之間（第304期，80年6月18日）

3. 警察人員特考及格限制轉調應予落實（第300期，80年5月21日）

4. 日本公務人員考試制度簡介（下）（第299期，80年5月14日）

5. 日本公務人員考試制度簡介（中）（第298期，80年5月7日）

6. 從立法院審查預算說起（第298期，80年5月7日）

7. 日本公務人員考試制度簡介（上）（第297期，80年4月30日）

8. 簡併類科減少應試科目踏出第一步（第296期，80年4月23日）

9. 公務人員特考舉辦條件宜嚴格界定（第295期，80年4月16日）

10. 特種考試從嚴辦理略見成效（第294期，80年4月9日）

11. 公務人員考試法修正案陷入僵局（第293期，80年4月2日）

12. 應給機關首長較大用人權限（第292期，80年3月26日）

13. 行政改革應考慮生態環境（第291期，80年3月19日）

14. 八十一年度考試期日計畫定案──兼論甲等特考應予廢除（第291期，80年3月19日）

15. 人事管理應注重人性層面（第290期，80年3月12日）

16. 行政中立原則的省思（第289期，80年3月5日）

17. 從技術士技能檢定說起（第288期，80年2月26日）

18. 為公務人員考試法修正案辯白（第287期，80年2月12日）

19. 對中共考銓法制確有必要研究（第287期，80年2月12日）

20. 應加強對大陸考銓法制之研究（第286期，80年2月5日）

21. 警察人員特考改進初獲共識（第285期，80年1月29日）

22. 專技人員檢覈制度應通案考量（第284期，80年1月22日）

23. 國家考試優待法制應通盤研究改進（第283期，80年1月15日）

24. 民主政治應為多數民意之治（第282期，80年1月8日）

25. 公務人員及其考試範圍應予釐清（第281期，80年1月1日）

36. 公立學校職員考試仍採從嚴原則辦理（第160期，77年8月23日）

37. 醫師國考科目修正應考人負擔加重了嗎？（第160期，77年8月23日）

38. 中醫師考試過渡階段再展新猷（第158期，77年8月9日）

39. 專修預官納入轉任考試優待範圍（第157期，77年8月2日）

40. 新制度實施總是利弊互見（第156期，77年7月26日）

第3集（47篇）

1. 技術人員進用貫徹考試用人精神（第154期，77年7月12日）

2. 又見司法特考國文設限廢止之議（第153期，77年7月5日）

3. 國軍外職停役轉任制度將趨從嚴（第152期，77年6月28日）

4. 廣納民意應在政策形成之前（第154期，77年6月28日）

5. 又見甲等特考（第151期，77年6月21日）

6. 公務人員高普考試即將舉行（第150期，77年6月14日）

7. 警察特考強化專業性性格（第149期，77年6月7日）

8. 新增類科科目應不受考前六個月公告限制（第149期，77年6月7日）

9. 全面停辦特種考試，談何容易？（第148期，77年5月31日）

10. 交通事業人員特考規則大幅修正（第147期，77年5月24日）

11. 升等考試能否如期辦理再生波折（第144期，77年5月3日）

12. 考試期日計畫表公信力有待建立（第144期，77年5月3日）

13. 律師轉任法院推事尚待決（第143期，77年4月26日）

14. 沒有法律依據如何辦理考試？（第142期，77年4月19日）

15. 公立學校職員考試可望舉辦（第141期，77年4月12日）

16. 考選部組織法修正踏出第一步（第140期，77年4月5日）

17. 法院書記官將併入司法特考取材（第139期，77年3月29日）

18. 退休人員保險俸額之爭有望解決（第138期，77年3月22日）

19. 公務人員升等考試即將辦理（第136期，77年3月8日）

20. 情理法乎？法理情乎？（第135期，77年3月1日）

21. 職務列等表困局預期可解（第134期，77年2月16日）

22. 國文設限恐難廢止（第133期，77年2月9日）

23. 七十八年度考試期日計畫表訂定（第130期，77年1月19日）

24. 營養師考試塵埃落定（第129期，77年1月12日）

25. 警察特考改進有待集思廣益（第129期，77年1月12日）

26. 專技高考宜放寬輔系應試（第129期，77年1月12日）

27. 鐵路及民航人員特考即將籌辦（第124期，76年12月8日）

28. 中醫系畢業生之出路（第124期，76年12月8日）

第2集（29篇）

11. 何不參加國家考試？（下）（第79期，76年1月20日）

12. 何不參加國家考試？（上）（第78期，76年1月13日）

13. 專技高普考試地位將日趨重要——轉任條例通過後之新情勢（第78期，76年1月13日）

14. 從嚴辦理檢覈是時代所趨（第76期，75年12月30日）

15. 現行公務人員俸給及待遇情形簡介（第70期，75年11月18日）

16. 訪張委員維一談學校職員考試（第69期，75年11月11日）

17. 訪馬委員慶瑞、陳委員水逢談司法人員考試（第68期，75年11月4日）

18. 學校職員考試辦法暫予保留始末（第66期，75年10月21日）

19. 營養師檢覈辦法呼之欲出（第63期，75年9月30日）

20. 基層特考之發展趨向（第62期，75年9月23日）

21. 訪王委員華中談中醫之振興（第62期，75年9月23日）

22. 勞工檢查員特考敗部復活（第61期，75年9月16日）

23. 國防特考應否續辦頗費思量（第60期，75年9月9日）

24. 從會計師檢覈辦法看律師檢覈修正方向（第59期，75年9月2日）

25. 停辦藥劑生考試將有突破（第58期，75年8月26日）

26. 中醫改進各界寄以厚望（第57期，75年8月19日）

27. 學校職員任用資格考試可能加嚴（第56期，75年8月12日）

28. 律師檢覈辦法修正阻力甚大（第55期，75年8月5日）

29. 警察特考改進意義深遠（第55期，75年8月5日）

第1集（25篇）

1. 公職候選人檢覈宜提高學歷（下）（第43期，75年5月13日）

2. 公職候選人檢覈宜提高學歷（上）（第42期，75年5月6日）

3. 中醫師教考用配合之研究（六）（第41期，75年4月29日）

4. 中醫師教考用配合之研究（五）（第40期，75年4月22日）

5. 中醫師教考用配合之研究（四）（第39期，75年4月15日）

6. 中醫師教考用配合之研究（三）（第38期，75年4月8日）

7. 中美考試制度功能比較（下）（第38期，75年4月8日）

8. 中醫師教考用配合之研究（二）（第37期，75年4月1日）

9. 中美考試制度功能比較（上）（第37期，75年4月1日）

10. 中醫師教考用配合之研究（一）（第36期，75年3月25日）

11. 先總統蔣公對考試權之詮釋（下）（第33期，75年3月4日）

12. 先總統蔣公對考試權之詮釋（上）（第32期，75年2月25日）

13. 訪王玉賀金榜高中談考場經驗（第18期，74年11月11日）

14. 司法人員考試簡介（第13期，74年10月7日）
15. 訪耿雲卿委員談司法人員考試之改進（第13期，74年10月7日）
16. 基層人員特考簡介（第10期，74年9月16日）
17. 律師與司法官考試訓練之合一（下）（第5期，74年8月12日）
18. 律師與司法官考試訓練之合一（上）（第4期，74年8月5日）
19. 警察人員特考簡介（第4期，74年8月5日）
20. 分區定額眞的影響考生權益嗎？（第2期，74年7月22日）
21. 醫事人員考試改進芻議（創刊號，74年7月15日）
22. 考用配合？公平原則？──分類報名錄取的兩難之局（試刊號，74年7月1日）
23. 從保護殘障觀點看體格檢查問題（試刊號，74年7月1日）
24. 訪陳水逢委員談甲等特考改進之道（試刊號，74年7月1日）
25. 公務人員特種考試簡介（試刊號，74年7月1日）

考銓季刊（8篇）
1. 國家考試彰顯之人權意義（第54期，97年4月）
2. 國家考試申論式試題應否公布參考答案之研究（第42期，94年4月）
3. 法醫師考試改進之研究（第41期，94年1月）
4. 公務人員升官等考試改進之研究（第38期，93年4月）
5. 軍法官考試改進之研究（第35期，92年7月）
6. 改革律師資格考試問卷調查報告（第33期，92年1月）
7. 從考用之間關係演變談資格考試的可行性（第29期，91年1月）
8. 軍轉文職政策應審時度勢通盤檢討（第2期，84年4月）

人事行政季刊（19篇）
1. 考選行政重要里程碑──平議開放閱覽試卷正式上路（第199期，106年4月）
2. 國家考試辦理現況及其未來發展方向（第194期，105年1月）
3. 公務人員考試法制改革彰顯之意義（第185期，102年10月）
4. 考選法制現況、檢討及其未來發展（第178期，101年1月）
5. 國家考試現況及其未來發展方向（第173期，99年10月）
6. 考選部99年至102年實施考選新措施析論（第171期，99年4月）
7. 公務人員特考應適度簡併回歸高普考（第169期，98年10月）
8. 應考資格審查應改爲考試後榜示前爲之（第162期，97年1月）
9. 公務人員升官等考試法及公務人員考試法修正草案簡析（第159期，96年4月）
10. 公務人員考試法研修之我見（第157期，95年10月）

11. 國家考試英文科目改由國內現有英語能力測驗取代是否可行？（第153期，94年10月）

12. 高資低考問題平議（第150期，94年1月）

13. 後備軍人轉任公職考試比敘條例制定經過及修正案評析（第139期，91年4月）

14. 外國人應專門職業及技術人員考試條例修正案評析（第137期，90年9月）

15. 新制專門職業及技術人員考試評析（第135期，90年3月）

16. 公務人員考試法修正條文析論（第130期，88年12月）

17. 轉型期中之公務人員考試程序訓練（第118期，85年8月）

18. 解讀「公務人員高普考試分試制度」（第115期，84年11月）

19. 國家考試優待法制之研究（上）（下）（第100、101期，81年2月、5月）

公務人員月刊（10 篇）

1. 從高科技或稀少性工作類科標準修正說起（第223期，105年1月）

2. 淺談公務人員特種考試與升官等升資考試性質——兼論交通事業人員升資考試之定位問題（第171期，99年9月）

3. 從考選角度探討專技人員轉任條例（第148期，97年10月）

4. 公務人員特考應審時度勢通盤改進——以國安、警察、退除役轉任三特考為例（第143期，97年5月）

5. 評介〈做一個成功的公務員〉（第95期，93年5月）

6. 談考選工作未來努力的方向（第77期，91年11月）

7. 典試法修正草案評析（第64期，90年10月）

8. 政府再造考選機關的因應之道（第32期，88年2月）

9. 談警察人員考試之改進（第15期，86年9月）

10. 擴大專技人員執業資格考試範圍此其時矣！（第11期，86年5月）

銓敘與公保（7 篇）

1. 中醫學系畢業生不得報考西醫師檢覈平議（第45期，84年3月）

2. 對公務人員考試法修正草案幾個爭議問題的看法（第35期，83年5月）

3. 公務人員特考何去何從（第27期，82年9月）

4. 評介「各國人事制度」（第24期，82年6月）

5. 我國當前公務員考用問題之研究（上）（下）（第18、19，81年12月、82年1月）

6. 新技術人員任用條例施行後產生公立醫療機構醫事人員進用困難之分析及其解決之道（上）（下）（第16、17期，81年10月、81年11月）

7. 模範公務員專訪:考選規劃工作的設計者——李震洲科長（第16期，81年10

月）

人事月刊（11篇）

1. 公務人員考試法修正後之影響及其相關後續配套（第352期，103年12月）
2. 公務人員考試法修正草案評析（第193期，90年9月）
3. 公務人員升等考試法修正案析論（第170期，88年10月）
4. 高科技或稀少性技術人員考試建制始末（第141期，86年5月）
5. 從國家考試限制性別說起（第134期，85年10月）
6. 「公務人員考試法修正草案」之立法經過（第125期，85年1月）
7. 公務人員高普考試採行分試制度之簡介（第121期，84年9月）
8. 甲等特考法源刪除始末（第113期，84年1月）
9. 海峽兩岸考試制度之比較（上）（中）（下）（第108、110、111期，83年 8、10、11月）
10. 公務人員考試法修正經過及其立法旨意（第96期，82年8月）
11. 中共國家考試制度之研究（上）（中）（下）（第84、85、86期，81年8、9、10月）

人事管理（10篇）

1. 從國家考試成績複查說起（第35卷11期，87年11月）
2. 爭取期待利益不等於保障工作權（第35卷5期，87年5月）
3. 對八十七年起實施高普考試分試制度說明（第34卷8期，86年8月）
4. 依法行政才能立於不敗之地──評持證照報考高普考試政策跳票（第34卷7 期，86年7月）
5. 升等考試類科簡併與科目調整（第33卷8期，85年8月）
6. 辦理殘障特考仍應考量任用目的（第31卷1期，83年1月）
7. 受理妨害考試案件平議（第31卷5期，83年5月）
8. 對專門職業及技術人員考試法研修之我見（第30卷6期，82年6月）
9. 公務人員考試採行科別及格制（第29卷8期，81年9月）
10. 現代化文官制度有待建立（第28卷11期，80年11月）

考政會訊（1篇）

專技人員認定宜回歸法制面（第11期，86年12月）

全國律師（1篇）

法官檢察官律師三合一考試制度評析（2000年5月）

律師通訊（1篇）
專門職業律師高考錄取標準釋疑（第176期，83年5月）

師說（1篇）
國家考試公平公正形象毋庸置疑（第57期，82年5月）

今日生活（1篇）
大專畢業生如何參加國家考試（第321期，82年6月）

生涯快遞（1篇）
從教考用配合角度談專門職業及技術人員考試（第6期，91年12月）

考選情報（5篇）
1. 從九十年度考試期日計畫表說起（第19期，89年11月）
2. 邁向二十一世紀國家考試發展趨勢（第15期，89年3月）
3. 法官・律師・檢察官將採行合一考試（第15期，89年3月）
4. 專技人員高考即將增加民間公證人（第13期，88年11月）
5. 細說高普考分試制度（第2期，87年1月）

實用稅務（1篇）
談「報稅代理人法」草案之立法（第304期，89年4月）

智謀雜誌（4篇）
1. 專技考試走入新時代（第9期，84年11月）
2. 評分制度怎麼走——考生聽天由命？（第5期，84年7月）
3. 法律人的三線路——律師高考、律師檢覈及司法官特考（第2期，84年4月）
4. 分試制度仍有兩難（第1期，84年3月）

政論期刊（合計102篇）

中國論壇（6篇）
1. 退伍軍人轉任公職優待政策內容與評估（第187期，72年7月）
2. 請落實考用配合政策——兼論考選部技術性犯錯（第144期，70年9月）
3. 我對高普考試改進方式的疑慮（第91期，68年7月）
4. 外交部加油（第80期，68年1月）
5. 請給青年朋友們公平競爭的機會（第72期，67年9月）
6. 檢討當前預官考選的智力測驗（第55期，67年1月）

大學雜誌（4篇）

1. 中山先生對「黨綱」、「黨德」、「黨紀」的詮釋（第119期，67年11月）
2. 「選戰風雲」讀後（第115期，67年5月）
3. 表裡不合一的一個例證──談現行職位分類制度（第111期，66年10月）
4. 給大學新聞社長一帖藥（62年12月）

綜合月刊（3篇）

1. 上下要加大,左右要拉平──論公務人員待遇調整（第146期，70年1月）
2. 我看國民黨新提名制度（第119期，67年10月）
3. 研究生獎助學金風波（第110期，67年1月）

書評書目（5篇）

1. 一個知識青年的諍言──評黃年著「臺灣政治發燒」（第96期，70年5月）
2. 一部鮮活生動的歷史──評徐復觀雜文〈憶往事〉（第90期，69年10月）
3. 我們需要忠實的反對者──評〈我愛凱撒〉（司馬文武著）（第88期，69年8月）
4. 〈阮高祺回憶錄〉的聯想（第75期，68年7月）
5. 評介趙永茂君有關地方自治的二本新書（〈臺灣地方派系與地方建設之關係〉、〈臺灣地方政治與地方建設之展望〉）（第67期，67年11月）

出版與研究（2篇）

1. 〈大陰謀〉（謝傳聖著）讀後（第56期，68年10月）
2. 評〈從異域到臺灣〉（李利國著）（第23期，67年6月）

書評（1篇）

一段永不消失的記憶──評「眷村物語」（第59期，91年8月）

大時代（5篇）

1. 從私辦政見會中給幾位黨外政治人物打分數（第17期，70年1月）
2. 柳暗花明又一村──評「黃河雜誌」的路線轉變（第16期，69年12月）
3. 條條大路通羅馬──替無任用資格的青年朋友借箸代籌（第15期，69年11月）
4. 請勿攪亂我們的人事任用管道（第13期，69年9月）
5. 從柏楊案的餘波探討言論自由法律問題──我讀「柏楊和我」有感（第4期，68年10月）

薪火（14篇）

1. 學校職員考試攻防戰──兼向王作榮委員致敬（第71期，75年10月）

2. 國防特考限期停辦的省思——兼論考試院雙重決策標準之不當（第69期，75年10月）

3. 甲等特考缺失知多少？（第66期，75年8月）

4. 黑官名人大集合——甲等特考妙聞趣事（第63期，75年6月）

5. 瞿韶華用人唯私（第60期，75年1月）

6. 國家掄才大典面臨考驗（第41期，74年5月）

7. 為醫事人員任用問題請命（第34期，74年3月）

8. 甲等特考不可輕言廢止（第19期，73年11月）

9. 檢覈制度應通盤檢討（第13期，73年9月）

10. 王作榮大澆邱創煥冷水（第12期，73年9月）

11. 是誰在製造地域觀念？（第10期，73年9月）

12. 王曾才、瞿韶華、陳桂華加官晉爵（第9期，73年9月）

13. 監察院果真每下愈況！（第8期，73年8月）

14. 考試院人事大地震（第6期，73年8月）

八十年代（2 篇）
1. 不容黑官合法化（第28期，71年11月）
2. 考試用人應該走大路（第11期，70年5月）

夏潮（2 篇）
1. 提拔了烏鴉，漏掉鳳凰（第28期，67年7月）
2. 一個值得警惕的現象——論合法逃兵（第21期，66年12月）

台北檔案（1 篇）
不公平的考試法——法學教授的見樹不見林（第6期，75年3月）

法律知識（1 篇）
查禁問題何時了——兼評史為鑑的「禁」（復刊號，70年7月）

人權論壇（2 篇）
1. 以數人頭代替打破人頭——評林聖芬著「多數人的政治」（第35期，70年4月）
2. 不默而生鳴而不死——評李筱峰著「恐龍的傳人」（第34期，70年3月）

前進時代（1 篇）
從兩項決策看考政當局的欺軟怕硬（第3期，73年1月）

前進（3篇）

1. 行政院又「嫁禍於人」（第17期，72年7月）
2. 大哥、二哥、麻子哥——混沌不清的黨、政、軍三角關係（第4期，72年4月）
3. 「綠官」是怎麼來的？（試刊號，72年3月）

縱橫（12篇）

1. 1982年高普考試為何跌停板？（第19期，71年10月）
2. 賢路於今未開（第18期，71年9月）
3. 黨外壯大是託國民黨之福——常任文官公平陞遷體制有待建立（第17期，71年8月）
4. 黨外須要加緊培養行政長才——黃順興事件的聯想（第16期，71年7月）
5. 林正杰的一小步，黨外的一大步（第10期，70年12月）
6. 黨外選戰書評（第9期，70年11月）
7. 黨外新生代的十誡（第8期，70年10月）
8. 愛國不是專賣事業——龍旗雜誌在說些什麼？（第6期，70年8月）
9. 國民黨新生代心態及政治前途（第5期，70年7月）
10. 評胎死腹中的進步雜誌創刊號（第4期，70年5月）
11. 走馬觀花看當前政論雜誌（第2期，70年3月）
12. 喜見民主中道力量成長茁壯——由包斯文著「黨外人士何去何從」一書談起（第1期，70年2月）

新生代（4篇）

1. 為建立司法人員養成一元化制度而催生（第14期，72年6月）
2. 孫內閣應從速遏止機關員額膨脹（第13期，72年5月）
3. 不要像選拔登陸月球的太空人——對最近律師考試抗議事件的看法（第8期，71年12月）
4. 東吳需要力爭上游（第6期，71年10月）

時報雜誌（1篇）

對於懲貪問題的一個老構想（第21期，69年4月）

雷聲（3篇）

1. 黨政協調應以保憲為前提（第23期，73年9月）
2. 孔夫子也要搖頭（第21期，73年8月）
3. 誰來接考試院長——析論考試院的人事動向（第7期，73年5月）

聯合月刊（1 篇）
論高普考省籍優待存廢問題（第23期，72年1月）

財訊（2 篇）
1. 孔德成、林金生做過什麼事？（第131期，82年2月）
2. 考試院黑幕一籮筐——孔聖人怎樣領導一院兩部？（第123期，81年6月）

巨橋（21 篇）
1. 黨外整合要從政論雜誌做起（第49期，73年7月）
2. 對俞內閣的幾點期待（第48期，73年6月）
3. 現行公務人員高普考試分兩類報名錄取政策應否廢止？（第47期，73年5月）
4. 兩極化是民主政治的不祥徵兆（第43期，73年1月）
5. 黨外為什麼在選戰中失敗？論黨外發展的歷史性危機（第42期，72年12月）
6. 台北市增額立委選舉大勢（第37期，72年7月）
7. 外省籍國民黨新生代對黨外陣營的幾點疑慮（第36期，72年6月）
8. 祝福「前進」真正前進（第34期，72年4月）
9. 黨外雜誌加油！去歲黨外文化工作的病理診斷（第33期，72年3月）
10. 還張溫鷹一個政治公道——以鐵的事實駁斥無謂的流言（第32期，72年2月）
11. 對正杰兄的陣前喊話（第31期，72年1月）
12. 容忍與自由——對「政治家」雜誌停刊一年的幾點看法（第30期，71年12月）
13. 黨禁之戰胎死腹中——讀「博觀」雜誌第二期有感（第29期，71年11月）
14. 從幾則統計數字看我國當前考選制度（第28期，71年10月）
15. 何必在公務人員頭上打算盤？（第26期，71年8月）
16. 他們為何會上榜？台北市選戰黨外新秀評介（第19期，70年12月）
17. 台北市黨外陣線管窺（第18期，70年11月）
18. 歡迎政論雜誌界的幾位新朋友（第16期，70年9月）
19. 值得信賴的高普考——當前憲政主義下權變措施之一（第15期，70年8月）
20. 五月分政論雜誌排行榜（第13期，70年6月）
21. 考試院降格自辱？——青年朋友心目中的考試權（第12期，70年5月）

黃河（3 篇）
1. 組織員額評鑑能夠防止機關員額膨脹嗎？（第45期，72年4月）
2. 積極的第三者？對縱橫、新生代的期許（第42期，72年1月）
3. 風風雨雨的律師考試問題（第41期，71年12月）

大高雄（3 篇）

1. 我們要團結不能分裂——對當前政局的若干省察（第8期，68年3月）
2. 評介趙永茂君有關地方自治的二本新書（〈臺灣地方派系與地方建設之關係〉、〈臺灣地方政治與地方建設之展望〉）（第7期，68年2月）
3. 革新基層黨務面面觀（第3期，67年8月）

報紙（合計125篇）

自立晚報（4 篇）

1. 難道非他們不可？論黑官問題解決之道（71年7月9日至11日）
2. 對軍公教退撫制度改革方案的幾點疑慮（71年7月29日至8月2日）
3. 從先總統蔣公思想評估我國現行考試制度（71年10月31日）
4. 研究所獎助學金完全變質（66年11月27日）

大華晚報（4 篇）

1. 盼春（65年3月10日）
2. 爸爸和媽媽（64年12月25日至26日）
3. 閒話牯嶺街（62年10月9日）
4. 體檢記（62年8月30日）

台灣時報（60 篇）

1. 蛋頭何其多（68年8月30日）
2. 從手記到續記——張拓蕪大兵世界的探索（67年9月26日）
3. 讀「1977年世界國力評估」有感（67年6月3日）
4. 爲「新女性主義」辨正（64年2月21日）
5. 胡適在新詩中應有他的地位（63年7月20日）
6. 爲未來的主人翁請命——兼談二十四孝（63年8月12日）
7. 何時重振籃球雄風——一個球迷的話（63年9月14日）
8. 何不恢復固有書院教育制度（63年8月25日）
9. 談國人的世界觀（63年7月1日）
10. 國片與影展的商榷（63年8月30日）
11. 星*星*星（63年4月23日）
12. 女人狂想曲（63年5月3日）
13. 校刊審稿制應考慮廢止（63年11月20日）
14. 論法科學生出路問題（62年10月7日）
15. 爲私校說幾句公道話（62年11月1日）
16. 漫談分數（62年11月22日）

17. 由筆戰談起（62年12月1日）

18. 由以色列女兵談起（62年12月27日）

19. 由殺千刀的看批評態度（62年12月10日）

20. 民族精神那裏去了（63年1月30日）

21. 「欣」聞私校收費增加（63年2月14日）

22. 當前教育面面觀（62年12月28日、29日）

23. 校刊編輯甘苦談（63年10月23日）

24. 中庸乎？非中庸乎（63年3月11日）

25. 群英會——記本校詩人大會盛況（63年3月10日）

26. 點名制度的商榷（63年4月5日）

27. 淺談考試作弊（63年5月4日）

28. 漫談民族自尊（63年6月20日）

29. 死讀書*讀死書*讀書死（63年5月31日）

30. 吾校圖書館有待改進（63年9月2日）

31. 學生會所為何事？（63年12月3日）

32. 由東吳半月刊停刊談起（63年12月25日）

33. 明朝兩大奇書之一——何典（64年5月6日至10日）

34. 一腔怒火焚新詩（64年7月11日）

35. 讀「史學新論」有感（64年7月16日）

36. 由胡適翻譯的短篇小說談起（64年8月4日）

37. 評「香島隨筆」（64年9月3日）

38. 談宗教晨會（64年9月15日）

39. 評「東京之行散記」（64年9月28日）

40. 評「紐約客談」（64年10月19日）

41. 考試微言（64年11月29日）

42. 評「怎樣判別是非」（64年12月31日）

43. 從「花鼓歌」到「天之一角」——黎錦揚筆下的擺夷風情畫（65年2月26日）

44. 夜空裡兩顆發光的明珠——旅美小簡與旅人小記（65年3月2日）

45. 介紹「大陸作家生活實錄」（65年4月21日）

46. 集現代中外書畫於一堂的「左手的繆思」（65年3月5日）

47. 「閒話秘密社會及黑社會」這本書（65年5月4日）

48. 悲哀乎？驕傲乎？（65年5月12日）

49. 孤影「對年輕人的真心話」（65年5月30日）

50. 白頭宮女話天寶——夏元瑜的「老生閒談」（65年7月27日）

51. 他使法律邁向大眾化——評介武忠森的「古事今判」（65年8月4日）

52. 談「性加暴力」這本書（65年8月7日）
53. 評黃驤的「大學生的惡作劇」（65年8月30日）
54. 「又來的時候」——逯耀東、張伯敏、楊允達的三人行（65年9月7日）
55. 爲什麼要越俎代庖——評「各說各話第五集」（65年10月25日）
56. 春蠶到死絲方盡——評介「殷海光最後的話語」（65年11月9日）
57. 冷硬中的多姿——評介居浩然的「十論」（65年11月28日）
58. 評「大學生活面面觀」（66年3月10日）
59. 重讀「異域」（66年9月20日）
60. 我讀「延安日記」（66年10月20日）

台灣新聞報（40 篇）

1. 從「道南從師記」看王雲五的成就（70年1月2日）
2. 我因書而富（68年2月5日）
3. 評介「吳豐山專欄」（67年8月4日）
4. 談當前幾本雜誌（67年3月8日）
5. 評「活該他喝酪漿」（67年5月2日）
6. 從一本書看韓國（67年5月18日）
7. 梁啓超與辦報（67年6月13日）
8. 由歷史到方法（64年4月8日）
9. 「歷史的教訓」讀後（64年3月24日、25日）
10. 評介「君王論」（64年3月10日）
11. 談「一九八四」（64年3月1日）
12. 談文體——由文言白話到語體文（64年2月10日）
13. 「中國近代史大綱」讀後（64年1月29日）
14. 「海鷗飛處」書評（63年9月7日）
15. 談倒戈（64年7月15日）
16. 從華佗談起（64年8月4日）
17. 寫作兩週年小感（64年8月6日）
18. 南港行（64年7月31日）
19. 悼吾師（64年9月20日）
20. 傳記文學的寫作（64年9月5日）
21. 一位法律系學生筆下政見發表會記實（64年12月31日）
22. 讀「動物農莊」後（65年2月7日）
23. 閒話阮籍（65年4月20日）
24. 雙重國籍問題（65年3月8日）

25. 早年的梁啟超（65年3月28日）

26. 評「汪洋中的一條船」（65年4月17日）

27. 媽媽投稿記（65年3月7日）

28. 從「第三隻眼」談到書評（65年7月16日）

29. 談「隧道外的大學生」（65年7月29日）

30. 從「女與男」談新女性主義（65年8月16日）

31. 吳唅和他的「朱元璋傳」（65年9月20日）

32. 我讀近代史（65年10月29日）

33. 我讀「中國大陸見聞錄」（65年11月19日）

34. 校園裡的投影（66年1月18日）

35. 評「起風的時候」（66年3月25日）

36. 從七出看中國古代婦女的地位（66年4月28日）

37. 我參加了預官考試（66年5月13日）

38. 透視高普考（66年9月20日）

39. 評「從陳獨秀到李金髮」（66年11月28日）

40. 研究生手記（66年12月2日）

台灣日報（14 篇）

1. 批判哲學的老祖宗王充（64年8月20日）

2. 評「病理三十三年」（64年8月6日）

3. 外國人筆下的中國歷史人物（64年7月29日）

4. 真面目的中國人（64年2月17日）

5. 郁達夫的「沉淪」（64年2月19日）

6. 「北洋大軍閥」觀後感（63年11月20日）

7. 給林則徐重新評價（64年1月5日）

8. 讀二十四孝的聯想（64年10月23日）

9. 古人的夢（64年11月27日至28日）

10. 春秋折獄的董仲舒（65年1月15日）

11. 談古代的刑罰（65年3月8日）

12. 評「書的故事」（65年8月22日）

13. 破除心理上的大敵（66年10月19日）

14. 忠奸之辨（66年11月30日）

青年日報（3 篇）

1. 憶竹中三年（63年9月11日、12日）

2. 落第（62年8月31日）

3. 迷途知返（61年7月20日）

校刊（合計15篇）

東吳青年（4篇）
1. 我讀近代史（第67期，66年6月）
2. 五年一覺雙溪夢──法老的獨白（第67期，66年6月）
3. 東吳青年的總回顧（第62期，64年1月）
4. 民主與自由淺釋（第62期，64年1月）

東吳半月刊（3篇）
1. 看看我們這一群（63年3月5日）
2. 由建立一個正確的觀念開始（63年3月20日）
3. 優良學生頒獎記（63年4月10日）

溪城月刊（5篇）
1. 對東吳朋友們的建言和期望（67年4月24日）
2. 更上一層樓，可乎？（66年4月15日）
3. 中國人眼裡的牛津劍橋（66年3月18日）
4. 東吳文壇點將錄（63年11月10日）
5. 由大學國文說起（63年10月10日）

東吳法友（2篇）
1. 多數和少數（63年12月4日）
2. 由出版法說起（63年10月25日）

東吳會計系刊（1篇）
會計人應踴躍參加國家考試（77年1月14日）

國家圖書館出版品預行編目資料

考選論衡——公職生涯四十年回顧／李震洲
著. -- 初版. -- 臺北市：五南，2019.12
面；　公分
ISBN 978-957-763-766-6（平裝）

1.考試制度　2.文集　3.中華民國

573.4407　　　　　　　108019229

4P76

考選論衡——公職生涯四十年回顧

作　　者 — 李震洲

發 行 人 — 楊榮川

總 經 理 — 楊士清

總 編 輯 — 楊秀麗

副總編輯 — 劉靜芬

責任編輯 — 林佳瑩

封面設計 — 姚孝慈

出 版 者 — 五南圖書出版股份有限公司

地　　址：106台北市大安區和平東路二段339號4樓

電　　話：(02)2705-5066　　傳　　真：(02)2706-6100

網　　址：http://www.wunan.com.tw

電子郵件：wunan@wunan.com.tw

劃撥帳號：01068953

戶　　名：五南圖書出版股份有限公司

法律顧問　林勝安律師事務所　林勝安律師

出版日期　2019年12月初版一刷

定　　價　新臺幣450元

經典永恆・名著常在

五十週年的獻禮 —— 經典名著文庫

五南，五十年了，半個世紀，人生旅程的一大半，走過來了。

思索著，邁向百年的未來歷程，能為知識界、文化學術界作些什麼？

在速食文化的生態下，有什麼值得讓人雋永品味的？

歷代經典・當今名著，經過時間的洗禮，千錘百鍊，流傳至今，光芒耀人；

不僅使我們能領悟前人的智慧，同時也增深加廣我們思考的深度與視野。

我們決心投入巨資，有計畫的系統梳選，成立「經典名著文庫」，

希望收入古今中外思想性的、充滿睿智與獨見的經典、名著。

這是一項理想性的、永續性的巨大出版工程。

不在意讀者的眾寡，只考慮它的學術價值，力求完整展現先哲思想的軌跡；

為知識界開啟一片智慧之窗，營造一座百花綻放的世界文明公園，

任君遨遊、取菁吸蜜、嘉惠學子！